# 中国数字教育
# 创新实践案例集
## 2023

中国教育科学研究院数字教育研究所
全国教育科学规划领导小组办公室　编

教育科学出版社
·北 京·

出 版 人  郑豪杰
责任编辑  翁绮睿  赵琼英
版式设计  锋尚设计  杨玲玲
责任校对  马明辉
责任印制  米  扬

图书在版编目（CIP）数据

中国数字教育创新实践案例集. 2023 / 中国教育科学研究院数字教育研究所，全国教育科学规划领导小组办公室编. -- 北京：教育科学出版社，2024.6
ISBN 978-7-5191-3903-2

Ⅰ.①中…  Ⅱ.①中…②全…  Ⅲ.①网络教育－教案（教育）－中国  Ⅳ.① G434

中国国家版本馆 CIP 数据核字（2024）第 109142 号

中国数字教育创新实践案例集（2023）
ZHONGGUO SHUZI JIAOYU CHUANGXIN SHIJIAN ANLI JI (2023)

| | | | | |
|---|---|---|---|---|
| 出 版 发 行 | 教育科学出版社 | | | |
| 社    址 | 北京·朝阳区安慧北里安园甲 9 号 | 邮    编 | 100101 |
| 总编室电话 | 010-64981290 | 编辑部电话 | 010-64981280 |
| 出版部电话 | 010-64989487 | 市场部电话 | 010-64989009 |
| 传    真 | 010-64891796 | 网    址 | http://www.esph.com.cn |
| 经    销 | 各地新华书店 | | |
| 制    作 | 北京锋尚制版有限公司 | | |
| 印    刷 | 天津市光明印务有限公司 | | |
| 开    本 | 890 毫米 ×1240 毫米  1/16 | 版    次 | 2024 年 6 月第 1 版 |
| 印    张 | 40.5 | 印    次 | 2024 年 6 月第 1 次印刷 |
| 字    数 | 741 千 | 定    价 | 178.00 元 |

新一轮科技革命与产业变革加速演进，以人工智能、大数据、区块链等为代表的数字技术正在重塑人类思维方式和社会运行模式。拥抱数字技术，推进教育数字化转型，已成世界大势、时代必然。世界各国和国际组织高度重视数字教育变革，以国家战略的高度系统谋划教育数字化，着力推进数字素养与技能培养，加快完善数字教育基础设施建设，加强优质教育共建共享，全面探索人工智能教育实践，稳妥应对数字技术带来的一系列新挑战，携手铸就数字教育的美好未来。

中国拥有丰富的科技与应用场景、海量的教育数据资源和强大的终身学习需求，为教育数字化转型、高质量发展和学习型社会构建开辟了广阔空间。今年，中国国家教育数字化战略行动即将进入第3年，将从联结为先（Connect）、内容为本（Content）、合作为要（Cooperation）的"3C"，走向集成化（Integrated）、智能化（Intelligent）、国际化（International）的"3I"，突出应用服务导向，扩大优质资源共享，推动教育变革创新，纵深推进国家教育数字化战略行动。

党的二十大报告提出"推进教育数字化，建设全民终身学习的学习型社会、学习型大国"，对教育、科技、人才一体部署，开辟教育发展新赛道。2024年政府工作报告列入"人工智能"议题，并再次强调"大力发展数字教育"。这些国家重大政策，都说明数字教育的深化发展，是高质量发展和教育强国建设的关键引擎和创新动力。

近年来，中国教育数字化转型取得丰硕成果。国家智慧教育公共服务平台建立，建成了世界第一大教育教学资源库，发布了一系列教育数字化的标准规范，辐射1880万名教师、2.93亿名在校生及广大社会学习者。教育治理体系逐步完善，正加速建立教育数据标准体系和安全发展环境，建成覆盖近6亿名学生和2000余万名教职工的教育数据底座。教育公共服务水平不断提高，完成硬件基础设施数字化和智能化改造，"三个课堂"深入农村教育，大学生就业指导精准高质，全民终身学习的学习型社会逐步形成。

放眼未来，技术赋能教育新发展渐成现实。面对数字教育的挑战，各级政府、学校、科研院所和教育企业，在素养培育、人才培养、教育服务、数字基座、数据赋能、教育治理等领域开展教育变革创新探索。届时，生成式人工智能教育应用场景广阔，基于元宇宙的沉浸式学习成为可能，区块链支持下的数字化评价让终身学习更为丰富，人机共智的复合型教师将成教师新常态，数字教育应用新生态迎来蓬勃发展，可持续发展的数字教育指日可待。

扎根中华大地，教育领域全方位探索数字教育，一系列生动鲜活、极具特色的实践在身边持续涌现。乘全球数字教育变革之东风，汇各方之力，中国教育科学研究院数字教育研究所、全国教育科学规划领导小组办公室面向国家基础教育、职业教育、高等教育和特殊教育教学成果奖有关获奖者以及代表性地区，征集数字教育创新实践案例，从全国范围遴选一批代表性案例，全方位展示中国教育数字化转型的最新成果。本次遴选共征集到377个案例，涉及区域和学校两大类型，涵盖基础教育、职业教育、高等教育三大学段，尤其关注农村教育和特殊教育。按照《中国智慧教育发展报告（2023）》的"智慧教育创新案例评选标准"，在自主申报和专家评议的基础上，来自一线的126个创新案例脱颖而出，从区域整体推进、数字资源建设、课堂教学创新、育人模式探索、教育评价改革等多个维度，呈现中国教育数字化转型的生动实践，为数字教育深化发展引路。

时代是思想之母，当今世界大变局加速演进，大数据、区块链、云计算等扑面而来，数字技术拉开人类历史转折的大幕。实践是理论之源，中华大地开出的数字教育之花，在教学、资源、服务、治理等各方位闪烁着希望之火，平台的大规模创新性应用、知识和数据"双轮驱动"的集成应用体系、开放包容的教育专用大模型、智慧高效的全流程治理等共同构筑起数字教育的广阔前景，打开通往美好未来的希望之门。

preamble

目录 Contents

# contents

contents

# contents

第一部分

# 区域整体推进

# 数字化支撑省域基础教育优质均衡发展的宁夏实践

## 宁夏回族自治区教育信息化管理中心

"公平"和"质量"始终是贯穿我国教育事业改革和发展的关键词。党的十八大以来,面对更加公平、更高质量教育的时代召唤和人民期待,宁夏紧抓教育信息化发展契机,全省域部署、全流程重构、全方位保障,开展了一场以数字化撬动教育变革、促进教育公平、提高教育质量的创新探索与生动实践,走出了一条以数字化支撑省域基础教育优质均衡发展的宁夏新路子。

### 一 实践背景

宁夏地处西北内陆,是全国五个少数民族自治区之一。受区域位置、自然资源等因素影响,宁夏经济基础比较薄弱,优质教育资源短缺,城乡、校际教育发展不平衡不充分等问题较为突出。面对与日俱增的教育高质量发展需求和人民群众"上好学"的强烈愿望,如何立足自身实际,破解教育发展困境,走出一条"弯道超车"的新路子,成为一项迫切任务和重要课题。

对此,宁夏坚持以信息化为支点,撬动教育数字变革和融合创新,于2014年印发《宁夏回族自治区教育信息化发展规划(2013—2017年)》,大力推动教育信息化顶层设计和基础建设。2018年,宁夏启动"互联网+教育"国家级示范区建设,全面推进教育信息化深度融合和转型发展。2022年,宁夏基本完成示范区建设任务,实现全区教育信息化发展转段升级。包括优质数字资源全域共享、智能教学应用全面普及、教师数字素养全员测训、创新素养教育全段贯通、教育管理服务全链升级,以数字化支撑省域基础教育优质均衡发展的宁夏实践在塞上江南熠熠生辉。

### 二 创新经验

宁夏以"纵向到底、横向到边、全员参与"为基本原则,坚持区域(体)、县域(面)、校际(线)、学校(点)四维联动,围绕基础设施、数字资源、教学模式、教师研训四个方面综合发力,积极探索数字技术助推教育创新变革的经验模式。

## （一）搭建"云网端"一体化服务体系，升级教育基础设施建设

着力打造集资源共享和教学应用于一体的宁夏教育云平台，集成教学应用、资源共享、网络教研、学校管理、学生学习、家校共育等功能，破解全区资源建用壁垒。建设一体化大数据中心，打破信息孤岛，融合资源平台和管理平台，统筹数据收集、分析、应用、管理和共享。县域整体推进教育专网、5G等新基建，畅通城乡资源共享之路，全面实施数字校园全覆盖工程，数字终端和应用覆盖所有教室，开辟云端互助"通道"。开展智慧校园试点示范，按需建设数字图书馆、数字化探究实验室、未来学习中心等智慧空间，推动课堂从"一块黑板、一支粉笔"的传统模式向技术赋能、数据驱动的智慧模式迭代升级。

## （二）创新数字资源供给路径，保障优质教育资源普惠共享

依托宁夏教育云平台，贯通区市县校四级教育用户，面向全域所有学校、教师、学生和家长提供均等化教育服务，实现优质数字资源的深度整合和开放共享。建立数字资源分级评审和版权保护机制，通过对接国家资源、引入企业资源、本地自建资源等多种渠道，打造覆盖中小学所有学段、学科的数字教育资源体系。紧扣农村学情，建立校本资源需求清单，通过"三个课堂"精准解决优质课程立刻有、授课教师质量优等资源供给问题，深度激活课堂，提升教育教学质量。

## （三）变革传统教学模式，推动数字技术与教育教学深度融合

以百所标杆校为引领，构建智能教育环境，探索创新教学模式，推动数字技术与创新素养教育深度融合，开展中学生全过程纵向发展评价和德智体美劳全要素横向评价，着力培养学生创新人格、创新思维和创新精神，实现"一校一特色、一区一典型"。建立政企校研四方协调合作及专家包县入校指导机制，邀请清华大学、北京师范大学、华中师范大学等20多所知名高校专家共200多人次来宁指导，帮助学校基于实际发展数字教育，形成以点带面、全面开花的良好局面。精准化搭建京宁、沪宁、闽宁空中课堂，创建城带城、镇带乡、中心带教学点的阶梯形帮扶模式，常态化开展"三个课堂"，实现网络精准扶智全面覆盖（见图1）。

## （四）利用大数据赋能精准研训，满足城乡教师差异化需求

依托教育大数据中心，建立教师专业化发展评价数据库，并与教师基本情况数据库互联互通，将教师管理信息系统、中小学教师继续教育网络研修等平台整合

图1 ▶
城乡同步课堂

融入宁夏教育云平台，基本建成自治区教师工作决策大数据系统，实施基于大数据分析的资源定向推送、师资精准培训和智能决策管理，形成一批人工智能助推教师队伍建设的智慧成果。打造县级教师智能研修中心，开展城乡"智能手拉手"活动，重塑区域同侪研修模式，打造线上线下同侪研修共同体，逐级辐射县域核心区、乡镇区和农村边远区教师，促进全区教师个性化成长和高层次专业发展。

## 三 主要成效

宁夏教育数字化发展成效显著，有力促进了宁夏的教育公平和质量提升，跑出了教育高质量发展的"加速度"。全区基础教育信息化发展综合指数排名从2016年的全国第16位上升至目前的第5位，先后获批国家级人工智能助推教师队伍建设行动试点、国家智能社会治理教育特色实验基地、"5G+智慧教育"应用试点、国家智慧教育公共服务平台整省试点。"宁夏'互联网+'支撑省域基础教育优质均衡发展的实践探索"荣获2022年基础教育国家级教学成果奖一等奖。"互联网+教育"典型经验先后亮相世界互联网大会乌镇峰会、国际人工智能与教育会议、全球智慧教育大会、全国教育数字化现场推进会等国内外重要会议。

### （一）教育资源普惠共享，城乡学生同享优质资源

打造"云网端"一体化服务体系，建成省级"互联网+教育"大平台，集成5400多万份优质数字资源，覆盖城乡所有学校，每一名学生都能平等享有优质资源服务。所有农村学校都与城市学校结成发展共同体，实现名师"在线走教"、网上专门开课、同步上课，有效缓解了乡村薄弱学校缺师少教的困境，实现优质教育资源覆盖村小末端、惠及百万学子。累计开展"三个课堂"互动教学近50万节，显著提高了偏远薄弱地区学校教育教学质量，有力促进了教育公平。

## （二）信息技术深度应用，中小学校教学质量显著提升

▲ 图2
智慧课堂

积极开展课堂革命，普及智慧学伴、教学助手等应用，汇聚海量学情数据，以数智融合支撑精准化教学和个性化发展，形成"人师+机师"双师共育、线上线下混合教学、数据驱动因材施教等一批新型教学模式（见图2）。全区义务教育巩固率从85%提高到100%，68个校（区）案例被评为全国教育信息化应用典型案例，宁夏入选2021年、2022年部级基础教育精品课的数量分别位居全国第五和第三。

## （三）教师素养整体提升，城乡教师队伍一体化发展

实施教师数字素养全员轮训，累计开展各类应用培训600多场次，培训教师26.4万人次。连续3年开展信息素养分级测评，合格率接近100%，优秀率达到70%。创建教师教育创新基地，每年培养"人工智能+学科专业"复合型师范生1500余名。成立人工智能教育研究院，在8个县设立教师智能研修中心，统筹推进区域教学改革、教师培养、教学研究和成果培育，辐射带动教师专业发展，推动教育水平整体提升。

## （四）教育管理转型升级，数据驱动管理服务水平全面提高

深化教育"放管服"改革，建成教育政务服务网上办事大厅，实现转学入学、办学审批、资格认定等百余个服务事项"一端通办"，考试招生、教育装备、就业创业等24个业务系统"一网集成"。建成教育科学决策服务系统，汇聚近20年的全区教育和经济社会发展数据，形成教育数字地图，实现各地各校数据多维对比、指标动态监测和智能预警，推动教育治理从"人治"向"人数共治"转变。

# 数字化全域共享的教师网络研修共同体建设

## 浙江省湖州市爱山小学教育集团

### 一 数字化全域共享创新实践背景

推进义务教育新课程改革中，学科的教学理念、内容和教学方法发生了很大改变，对小学科学的任教教师提出了更高要求。据观察，科学教师普遍存在专业水平不足、培训机会缺乏、教学资源匮乏等问题，在农村及偏远地区这些问题尤为突出。具体表现为：教师专业水平不足影响学科教学质量；教师成长意愿强烈但缺乏支持；传统方式下的教研难以支持大规模、跨时空培训；培训者与被培训者交流渠道不通畅，培训难以持续产生效果。

分析上述现状，要解决这些问题，建立网络研修共同体并在信息技术支持下以研促教是一个好办法。

我们致力于破解如何利用数字化技术提供全域共享的专业能力提升机会和优质资源、促进城乡教师的快速成长、整体提高科学教学质量等核心难题，在探索与实践中，主要解决以下三个问题。

1. 如何共创学科平台，唤醒"网络研修共同体"的专业发展意识？
2. 如何共建教学资源，提供"免费共享全覆盖"的专业成长支持？
3. 如何共进研修品质，激活"师生发展可持续"的专业提升动能？

### 二 数字化全域共享的创新举措

#### （一）主要做法

以行动研究为主要手段，通过"需求调查—统计分析—平台建设—模型提炼—教学实施—资源汇集"的研究过程，结合个案分析和比较研究等方法，提炼出教师专业发展的理念、路径与策略。大致经历了探索、优化和引领三个阶段。

- **探索阶段：** 更新研修理念，组建网络研修共同体。
- **优化阶段：** 拓展研修途径，创构融合式同频研修策略。

● 引领阶段：数字化全域共享，引领学教和研修方式改进。

## （二）四项创新

**第一** 观点创新。提出了"平台共创·资源共建·研修共进"的学科网络研修共同体建设新观点。立足本省，服务全国，推进全员共享、全程共享和全面共享，走向城乡教育和东西部教育的"共同富裕"。

**第二** 模式创新。构建了网络研修"数字化全域共享"的理论模型，实现了线上与线下的融合、时间与空间的互补、个体与团体的协同，丰富了教师研修的途径和方法，突破了城乡教师专业成长的瓶颈，特别是解决了农村及偏远地区教师成长难题。

**第三** 策略创新。凝练了理念先导、群体辩论、项目驱动、同步课堂和黏性管理的五大"融合式同频研修"的数字赋能策略，提供了教师自主选择的发展路径，实现了教师专业成长的精准助力，满足了不同年龄、不同层次的教师专业成长需求，形成了相互借鉴、相互促进的专业成长网络研修共同体。

**第四** 平台创新。打造了"数字化全域共享"立体交互式研修平台。开发了网站主页、微信公众号、同步课堂、研修直播室、精品资源库、教学论坛、即时研讨群七个新平台，支持教师开展多层次、宽领域的同频研修，拓宽了教师专业素养提升的途径。

## （三）四项经验

**第一，建构"数字化全域共享"的网络研修理论模型，提供了可借鉴、可推广的省域经验。**

该模型力求体现指向"数字化全域共享"的网络研修三大特征：一是覆盖面，融入"广辐射"理念的全员共享；二是成长性，融入"无边界"理念的全程共享；三是普遍性，融入"全覆盖"理念的全面共享。以"创建学科平台、开发精品资源、优化研修模式"为主要抓手，在"共创、共建、共进"式网络研修中提升"数字化全域共享"的覆盖面、成长性和普遍性（见图1）；以"线上活动+线下活动"相融合的网络教研为主轴，打造教师专业发展共同体，提升教师群体的专业化发展水平，实现资源共享、队伍成长、骨干培养、均衡发展等多维发展目标；通过教育资源的集成共享，实现教育教学的全覆盖式精准推送，实现专家教师群体向一线教师辐射，城区优质学校资源向农村学校辐射，发达地区教学理念及方法向边缘地区辐射的全域共享，在无边界资源共建、理念共享、团队共进中，推进城乡、区域、东西部教育等优质均衡发展，为教育系统率先推进"先进

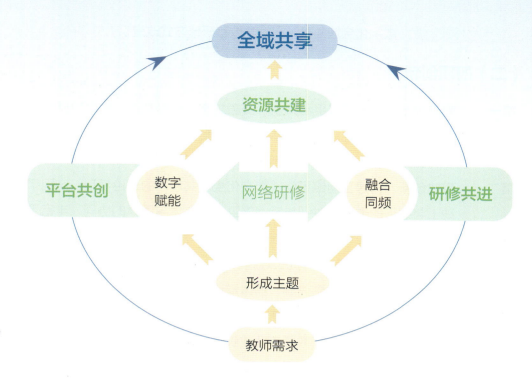

图1 ▶
"数字化全域共享"
理论模型

带后进"、走向"共同富裕"提供可复制、可推广的省域行动范例。

**第二，创建"一轴六轮"立体交互式研修平台，提供了跨时空、全方位的开放式学习环境。**

"一轴"指的是以微信公众号为轴心，发挥其枢纽作用。"六轮"指的是网站主页、教学论坛、即时研讨群、精品资源库、研修直播室和同步课堂。以上七大平台各司其职、相辅相成，支持了全覆盖、无间隙的网络研修模式，基于学习场域，融合集成了不同年龄段的学习共同体，满足了教师多样化的学习需求（见图2）。

教学论坛上的精华帖会自动显示在网站首页，供更多教师浏览、借鉴和回帖讨论；也会转发到QQ群和微信群，让教师们进行即时研讨共享；更会通过微信公众号推送给每一位关注用户，供更多教师参与研讨，使论坛的主题帖内容更加丰富和精彩。

开展现场教研活动时，现场教师一边观摩课堂教学，一边在微信群里写下观课的即时感受，跟全体现场教师交流，上课教师也能够在课后观看群内的讨论，及时反思教学中的得失；团队成员会把教学设计、课堂实录、课后反思和上课照片，及时上传到教学论坛主题帖，让教师继续对课进行研讨；微信公众号会推送优秀的帖子和内容，所有关注用户都可以看到相关内容，达到现场教研活动和线上研讨价值最大化。

微信公众号承担通知公告、信息报道、资源推送等服务功能，创建9年来关注人数已超30万人，辐射34个省级行政区。其中浙江省关注人数占47.26%，省

注册会员
**3.9万**

最高发帖
**512次/天**

总下载量超
**1000万次**

已开113期，
累计参加人次超
**100万**

成员超
**3.1万**

共121期，
受益学生超
**50万人次**

◀ 图2
"一轴六轮"立体
交互式研修平台

外人数占52.74%，最高年度阅览量达到1000万人次，实现了"立足本省、服务全国"的设想。

**第三，凝练"融合式同频研修"数字赋能策略，达成了共发展、同成长的多维目标。**

"融合"指的是线上与线下、传统和创新的结合；"同频"指的是时间与空间的互补、个体与团体的协同。"融合式同频研修"是对传统研修模式的改进和发展，主要借助"一轴六轮"平台，为教师提供了可自主选择的发展路径，实现了教师专业成长的精准助力，满足了不同年龄、不同层次教师的专业成长需求，形成了相互借鉴、相互促进的专业成长网络研修共同体。理念先导、群体辩论、项目驱动、同步课堂和黏性管理的五大"融合式同频研修"数字赋能策略，助力达成共发展、同成长的多维目标。

**第四，开发"免费共享全覆盖"的数字化精品资源，满足了全学段、个性化的教学需求。**

以项目驱动为手段，利用数字化技术，架构脉络清晰的资源体系，并采用全员互动审核的方式保障资源的质量。精品资源包括教学理论资源、教学资源包、专题资源。

## （三）主要成效

用网络研修项目模式做教育公益，打造助力乡村教师高质量发展的"数字化全域共享"新范式，远远超越了送钱、送书、送设备的"慈善公益"传统模式，有别于组织选派定期支教的"行政模式"，也不同于各种各样的"志愿者模式"，是数字化时代教育公益的一个实践创新。

17年来，在无行政要求、无经费支持、无编制人员的"三无"条件下，爱山小学教育集团建设了小学科学教学网，把公众号、每月研修、同步课堂等打造成特色品牌。在探索实践中，锻造了一张金名片："共同富裕"的省域样本，成就了一大群教师；"共同成长"的数字红利，成长了一大批学生。公众号关注量超30万，辐射全国34个省级行政区；精品资源总下载量超1000万次；研修已开展113期，累计参与教师100多万人次；面向西部地区开放121期同步课堂，受益学生超50万人次，助推城乡教育均衡发展。

"数字化全域共享"的网络研修全覆盖、交流全参与、资源全共享、线上线下相融合的方式，受到全国各地同行的赞赏，并在河南、西藏、福建、湖南、河北、四川、青海等省份推广使用。

# 大数据赋能精准教学的"三位一体"协同实践体系

## 四川省教育科学研究院

## 一 案例背景

为全面落实教育部《教育信息化十年发展规划（2011—2020年）》和四川省教育信息化行动计划，四川省教育科学研究院成立了信息技术与应用研究中心，统筹规划并全面部署了教育信息化建设的和发展任务。依托研究中心成立专题研究小组，研究小组通过应用驱动，开展多维度的调研分析、技术储备、人才队伍建设、体制机制建设等基础研究，并对数字教育的资源建设与运行机制进行研究。

研究小组坚持边研究边推广的实践策略，不断扩大研究成果的影响力和辐射面，逐步形成大数据赋能精准教学的"三位一体"协同实践体系（见图1）。

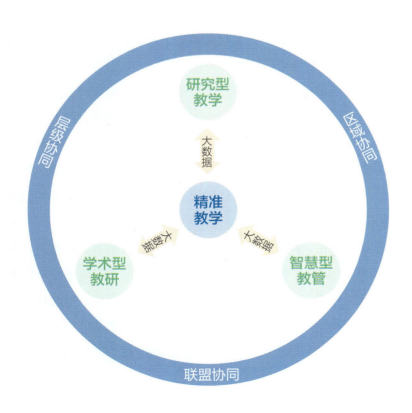

▲ 图1
大数据赋能精准教学的"三位一体"协同实践体系

10多年来，省内外37个市（州）共1.72万所学校受益，逐步解决了教学精准性不高、教研针对性不强、教育管理科学性不足等难题，实现了"减负提质"的目标，为基础教育改革和教育信息化与学科深度融合提供了样本。

## 二 主要经验

### （一）构建"四级"数据资源库，形成平台建设与大数据融通的机制

为解决省内各区域现有数字资源建设缺乏系统规划、形态单调、内容单一的问题，研究小组广泛开展省、市（州）、区（县）、校四级大数据平台建设与系统开发的实践研究，形成了"政府主导、多方参与、专家引领、共建共享"的平台建设与大数据融通机制，解决了以往"信息孤岛"的问题，提升了数据挖掘的智能化程度和有效利用率。

截至2023年9月，共建成1个省级中心，37个市（州）级数据中心，71个区（县）级数据中心，1720个校级数据中心。四级数据资源库的全面建成，也助力各级大数据运用进入常态化实施和深入推进阶段。

### （二）创建支撑项目运行的专用平台，充分挖掘各级各类教育数据价值

研究小组在多次调查、研讨与尝试的基础上，确定了平台建设与运行方案，创建各类支撑项目运行的专用平台。

创建多层级网络教研平台。研究小组以四川省教育科学研究院为核心组建了网络教研平台，平台具有"一主多支、多主多支、一幕多屏、异地同步、同屏互动、资源共享、自主回看、数据智能、层级管理、跨区联动"等功能。通过省级学科专家引领，整体规划，制定"学段覆盖、学科轮转、主题教研、责任到人"的管理办法，充分发挥优质区域、优质学校、优质学科、优秀教师的引领示范作用，促进教研方式的变革。

创建远程评课平台。研究小组开发了网络智慧评课软件，并制定"中小学课堂教学评价要素"，研制了课堂教学评价指标体系，形成了网络智慧评课平台。该平台可以对课堂教学进行随机、常态和持续的监控与评价，形成教师、学科、年级、学校、区域等个体和整体的动态数据，为各级相关部门提供及时、精准、高效、全面的课堂教学管理依据，有效促进教师教学理念、教学方式的变革，提升课堂教学质量。

创建个性化学习平台。为满足学生个性化需求，促进学生个性化发展，研究小组研发了个性化学习平台，对学生学情数据进行全过程、伴随式采集，并自动形成各层级各维度的数据分析报告。教师通过报告，可以对学情、教情进行精准分析、精准定位，为教师实施因材施教、个性化指导创造了条件，也为学生开展个性化学习提供了有效资源。

创建作业管理与预警平台。2021年，研究小组根据省内各市（州）建立的作业管控机制，开发了作业管理与预警平台，有效控制了作业总量和时长，切实减轻学生过重作业负担。

## （三）构建大数据赋能精准教学的"三位一体"协同实践体系，推进信息技术与教育全面深度融合的实践

基于对大数据教育力的理解，研究小组构建了基于"1个核心，4个基本观点，4大操作模块"（简称"1+4+4"）的大数据赋能精准教学的协同实践体系。

**1个核心：**教学、教研和教管"三位一体"。

**4个基本观点：**以学生差异、学生需求、学生发展为本的生本化观点；尊重教学对象（个体）、教学内容、教学时机的差异化观点；基于层级教研、校本教研、智慧教学的精准化观点；对学习过程、学习状态、学习结果、教研过程、教学过程实现诊断与评价的智能化观点。

**4大操作模块：**精准教学关注学生差异、立足学生需求、促进学生发展，是实现因材施教，促进育人方式变革的有效途径；精准教研是基于学生、基于课标、基于教师的教学与研究，不仅促进教师的发展，更是教师实施精准教学、精准辅导的关键；精准评价贯穿精准教学的整体过程，是促进学生发展、教师成长和学校提质的重要环节；精准教管是推进大数据赋能精准教学协同实践、落实立德树人根本任务、促进学生全面发展、塑造良好教育生态以及推动教育现代化发展的重要保障。

基于"1+4+4"的大数据赋能精准教学的协同实践体系，可以提炼出以下操作模式。

### • 大数据驱动的精准教学操作模式

研究小组根据对在教学各个环节中应用大数据的理解，提出了大数据驱动教学的基本要求，在专家委员会的指导下，通过前期在38所学校的试点实验，总结提炼并形成了"诊·研·教·评·学"五步精准教学操作模式（见图2），在255所学校得到了应用。

### • 大数据驱动的精准教研操作模式

研究小组坚持开展"依托数据、专家引领、扎根课堂、以生为本"的学术

型教研，通过在21个市（州）、183个区（县）的293个课题研究，提炼形成"备·想·说·议·思"精准教研操作模式（见图3），推动全省基层学校教研工作的应用创新，涌现出大数据精准备课、"落地式问题"、个性化辅导等精准教研模式。

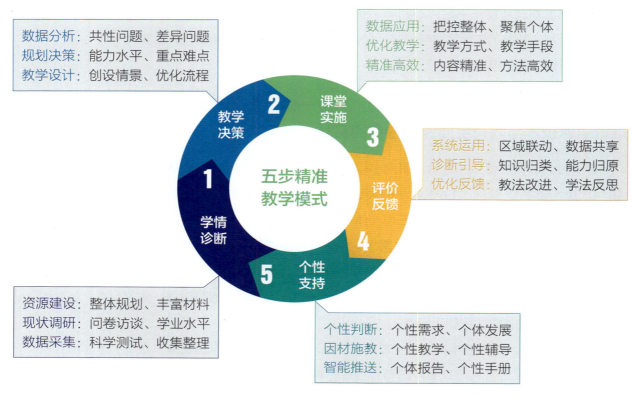

▲ 图2
"诊·研·教·评·学"五步精准教学操作模式

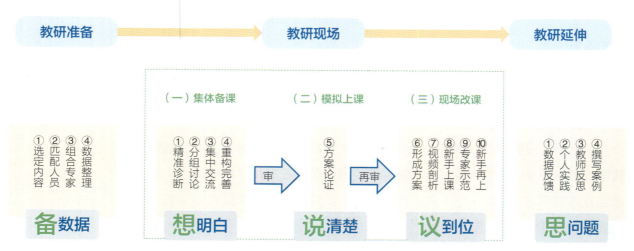

▲ 图3
"备·想·说·议·思"精准教研操作模式

### • 大数据驱动的精准评价操作模式

为了加强课堂教学的指导，项目组经过调研、讨论和实践，从学生学习和教师教学两个维度出发，经过多所实验学校的应用总结，形成精准评价操作模式（见图4）。

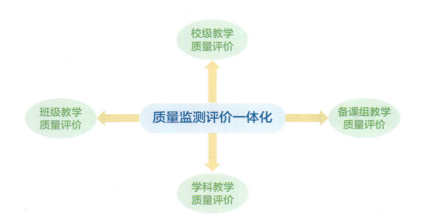

◀ 图4
精准评价操作模式

### • 大数据驱动的精准教管操作模式

研究小组依托省、市（州）、区（县）、校四级大数据中心，实现多层级、多区域数据融通，进行多视角对比分析以及多次研讨与实践探索，提出了"决·行·督·评"精准教管操作模式（见图5）。运用信息技术手段形成数据库，既能从宏观上把控整体情况及变化趋势，又能从微观上甄别区（县）、校、

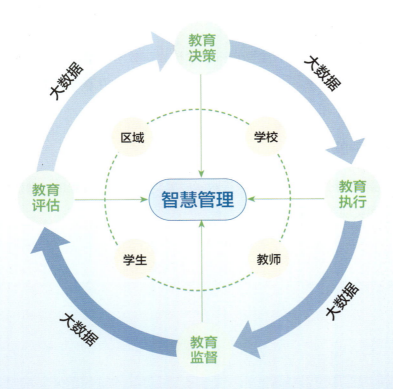

◀ 图5
"决·行·督·评"
精准教管操作模式

年级、班级、教师、学生的问题，对出现的问题即时对症下药，推动教育生态良性发展，真正实现教育管理由宏观到微观、定性到定量的转变，较好地解决了"信息孤岛"、数据关联和价值挖掘不够、精细化管理不足等问题。

## 三 主要成效

经过多年省内外大面积的应用推广，以实践改革驱动教学、教研、教管高质量发展，成效显著。

### （一）学生发展全面

100%的实践学校实现数据常规化采集，生成212.3万个知识点、15.8万份个性化报告及学习手册；84.2%的实践学校实现家校数据融通，日访问量约6万人次，形成了家校共育机制，为学校开展因材施教、全面育人提供了重要基础。促进学生改进了学法、激发了潜能、提高了学习效率。

### （二）教师素养提升

团队成员主持国家级、省级重点项目4项，形成了教研协同体系，开展了1058场网络教研，促进了学校提高教研针对性、教研机构和学校提高培训质量、教师提高教学针对性，实现了个性化教学，促进了教师专业发展和素养提升。

### （三）学校提质显著

经过10多年探索实践，全面提升了学校教育教学质量，特别是促进了欠发达地区教育的均衡发展。推动了教师利用数据进行常态化教学评价，教育管理部门提高了管理效率和决策质量。

### （四）社会影响广泛

研究成果被评为基础教育国家级教学成果奖二等奖。成果助力薄弱中学办学质量在6年间实现飞速提升。

# 从资源建设到应用创新：职业院校互联网学习生态建设的实践与研究

天津市教育科学研究院

## 一 成果背景

　　数字化作为教育系统性变革的内生变量，正在变革学与教的方式。数字资源是互联网学习持续进入课堂、改造课堂的重要引擎。

　　资源建设撬动了课堂革命，倒逼学校进行人才培养方案、课程体系的改革，推进构建了以互联网为支撑的学与教新生态。为监测、评价以互联网为支撑的学习生态，我院2013—2014年研发了职业院校互联网学习调研问卷，2017年形成了职业院校互联网学习评价EDM模型［学习环境（Learning Environment）、学习开展（Learning Development）、学习者成熟度（Learner Maturity）］和发展水平指数。"互联网学习"指学习者利用互联网获得信息、习得知识、提高学习能力和问题解决能力、激发学习兴趣和学习动力、提升学习体验和自我价值实现水平的网络化学习。

　　11年间，天津市教育科学研究院经历资源建设、广泛应用、应用创新三个阶段，构建了以标准为引领，以基础设施、数字资源、学习环境为支撑，以教师与学生能力提升为目标的资源建设应用创新模式，推进形成了有理念、有标准、有资源、有机制、有评价、有模式的互联网学习生态（见图1）。

▼ 图1
互联网学习生态建设实践

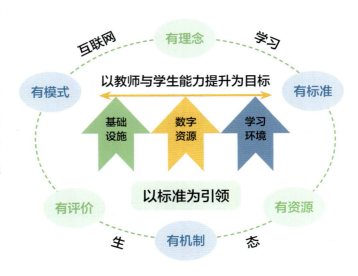

## 二 主要经验

### （一）创建优质数字资源开发建设的技术规范与标准，形成以标准为引领的共建共享格局

　　利用标准引领资源开发建设，创新性地探索形成标准规范的资源开发建设路

径。研制印发共建共享计划科研课题项目管理办法、资源开发技术规范、视频公开课程研发与制作规范、课堂教学设计活页格式框架等一套制度标准。建立资源开发建设的标准组织流程，以课题方式组织申报立项、建设和验收；建立资源类型和研发内容的标准操作流程，建设精品课程、视频公开课程、通用主题素材、管理信息系统和专业群落网站五类资源及其相关内容。

以国家示范性职业学校为骨干，联合国内知名专家，组建全国职业教育数字化资源共建共享联盟及73个专业协作组；79249个单位参与共建，其中职业院校、高等学校、研究机构等达1349所（个），合作办学生产型和服务型企业6600多家，共享单位3032个。协作组成员单位共同提供人员、技术、资源等，按统一政策和标准开发资源，资源供建设和申请共享单位使用。

## （二）创建科研支撑、协同创新、共赢发展的共建共享机制

资源开发建设以政府引导、地方组织、校企研协作为方式，按照"服务产业、需求导向、标准引领、共建共享"原则，在国家重点振兴的10大产业、7大战略性新兴产业以及现代制造业、现代农业和现代服务业等领域，遴选量大面广、人才紧缺、岗位急需的专业、课程和项目，开发包括网络课程、虚拟仿真实训单元、生产流程模拟软件、通用主题素材库等多种形式的职业教育优质数字化信息资源。

创建职业教育数字化资源共建共享协作组、职业教育数字化信息资源库等可考评、看得见、用得上的资源建设载体，各类载体统筹设计、相互关联，"共识、共建、共用、共享"，创建了政、行、校、企、研广泛参与的运行机制。参与资源研究、开发和服务的学校教师、管理人员和专家15600余名，正式课题组成员8413人，行业、企业、研究机构专家3500人。按照"需求导向、多元共建、协同创新、交流共享"原则，严格立项和验收，建设大批与产业发展、职业岗位变化相匹配的资源，创新性地构建优势互补、协同创新、共赢发展的可持续共建共享机制。

## （三）形成以评促用促创的互联网学习推进模式

资源开发与建设最终落实在课堂应用与创新中。在资源开发同期，研制职业院校互联网学习调研问卷和职业院校互联网学习评价EDM模型。经历了2014—2015年指标体系建立、2016—2018年全方位调研、2018年形成发展水平指数三个阶段。2016年重点开展了全国首次职业院校互联网学习的资源情况、学习环境、基础设施摸底调研；2017年重点调研互联网学习中职业院校教师和学生两个主体的互联网学习体验与应用；2018年重点调研职业学校教师互联网教学和

学生互联网学习的基本信息素养；2019年开展职业教育互联网学习发展水平指数专题调研。累计调研职业院校3200多所，师生近50万人次；编制问卷9个，收集典型案例50多个，提出相关建议20多条。

以评价推进应用融合创新，推进数字资源静态势能转化为课堂改革动能。通过监测评价，形成了协作组牵头的开发建设—应用创新—优化更新、会建会用—能建能用—好建好用的自循环模式，实现了高质量开发建设、多样化课堂应用、个性化教学（课堂）创新、全维度常态化监测评价。

## 三 应用成效

### （一）形成良好实践成效

创建了可即时建设的资源平台，可持续的标准、机制、模式，并由此带来了教师和学生能力提升、学校实力提升，形成了溢出效应。

研发73个专业的600多门精品课程资源及管理信息系统、通用主题素材库平台、专业群落网站等。

培育了一批熟悉资源需求、了解技术标准、通晓资源开发、热心资源共享的教师骨干和学校管理骨干。

涌现出教师教学创新团队、全国高校黄大年式教师团队等优秀教师团队。

获国家级教学成果奖6项、省部级教学成果奖13项。获国家级和省部级先进集体或个人等42项。师生获国家级竞赛奖33项、省部级竞赛奖11项。

| **6**项 | **13**项 | **42**项 | **33**项 | **11**项 |
|---|---|---|---|---|
| 国家级教学成果奖 | 省部级教学成果奖 | 国家级和省部级先进集体或个人 | 国家级竞赛奖 | 省部级竞赛奖 |

### （二）形成丰富理论成果、产生较大影响

形成了研究报告、论文、专著等理论成果。

实践成果在3000多所职业学校应用，惠及师生上百万；30多万人次参加成果资源建设与应用培训；先后被多家媒体宣传报道。

# 信息化教研赋能教师集群化高质量发展的创新与实践

华南师范大学

## 一 案例背景

习近平总书记指出，国家繁荣、民族振兴、教育发展，需要我们大力培养造就一支师德高尚、业务精湛、结构合理、充满活力的高素质专业化教师队伍。教师是教育的第一资源，是建成高质量教育体系的重要保障。加速教研转型、推动教师发展，体现在《教育信息化十年发展规划（2011—2020年）》《中共中央、国务院关于全面深化新时代教师队伍建设改革的意见》等政策之中。

在教师队伍整体发展过程中，传统教研面临三类难题：第一类是结构性难题，区域教师队伍需求复杂，划一式教研模式失效；第二类是机制性难题，教研服务要素离散、供给失衡；第三类是效能性难题，一线教师教研粗放式发展，规模化个性帮扶失准。本案例呈现了利用信息化教研助力教师集群化协同高质量发展的具体做法。

信息化教研赋能教师集群化高质量发展的创新与实践

## 二 实践创新思路、举措与典型经验

### （一）实践创新思路

以信息化赋能进行顶层设计。首先，厘清传统教研痛点，明确核心目标为实现"信息化教研赋能教师集群化协同高质量发展"。其次，利用信息化改变教研实施模式，创新教研机制和帮扶策略，寻求各类难题的解决对策。最后，将对策应用于实践，检验成效并迭代完善，实现教师队伍的整体高质量发展。

### （二）实践创新举措

信息化赋能以实现教师集群化协同高质量发展为核心目标，依据"基础调研—理论建构—模式梳理—实践检验"路线，结合教研的实践性特征，设计研究范式，采用实证方法，推动信息化教研深度应用与广度辐射。信息化赋能实践自

2006年启动，按照时间脉络，其具体过程与方法如下。

**基础调研（2006—2008年）：扎根一线、规模调研、两端发力。**
调研本市2.8万多名教师，从深入区校考察与理论资料查阅两端入手，剖析三类教研难题成因和信息技术潜值。

**理论建构（2009—2010年）：混合为基、主体协同、三课一问。**
针对将教研理论与教研实践、学科素养与信息素养、校本教研与区域教研相融合的基本要求，明确了以混合式教研来实施教师群体教研，初步探索了以三方主体协同机制来解决教研服务要素离散的问题。以"三课一问"帮助教师在"学于课程、行于课堂、研于课题、落地于问题化学科教学实践"中有效提升能力短板，初步解决教研帮扶失准问题。

**模式梳理（2010—2012年）：场景关联、操作细化、多样普适。**
以混合式教研为主，兼顾场景差异，创建操作性强、多样普适的区域信息化教研"3融1主N创"新形态模型，有效解决划一式教研模式失效的难题。结合对信息化教研模式研究的经验积累和现实需求，2020年编著《在线教研实用指南》，该书被《中国教师报》评为2021年度"助推教师发展的十本书"之一。

**实践检验（2012—2022年）：从小到大、技术升级、五化推广。**
一是从本省市小规模实证到全国35个区域1653所学校的大面积推广。二是在主体协同基础上升级融合三重技术协同，以双协同机制有效解决教研供给失衡的难题；结合国家发明专利攻关和教师画像技术，发展出智能技术支持的"三课一问"精准帮扶策略，有效解决规模化个性帮扶失准的难题。三是深化教研前沿理论引领、强化教研实践支架应用、细化教研场景指导、多样化建设教研资源、精准化评估教研效能，迭代推广。

## （三）实践创新典型经验

**理论上创建了满足差异化需求的区域信息化教研"3融1主N创"新形态模型。** 以教研理论与教研实践、学科素养与信息素养、校本教研与区域教研相融合为基本要求，以"线上线下相融合的混合教研"为主模式，以与差异化场景需求相适应的N种衍生教研方式为拓展，构建了区域信息化教研"3融1主N创"新形态模型（见图1）。

**实践上构建了信息化教研赋能教师集群化高质量发展的双协同机制。** 通过大学、教师研修部门、中小学校"三方主体协同"实施机制，有效聚合主体要素，推动教师教研集群化发展；构建互联网、大数据、人工智能"三重技术协同"赋能机制，扩大教研供给的服务规模。

**方法上凝练了智能技术支持的教师信息化教研素养"三课一问"**

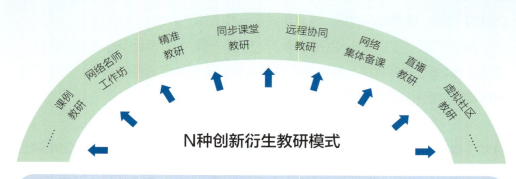

图1 ▶
区域信息化教研
"3融1主N创" 新
形态模型

**精准帮扶策略**。结合教研大数据进行教研行为建模诊断与教师智能画像，规模化精准诊断教师能力短板和盲点；通过"课程研修+课例研磨+小课题研究+问题化教学"，实现"学于课程、行于课堂、研于课题、落地于学科实践"，有效帮扶教师（见图2）：第一，"学于课程"着力于以课程研修提升教研理论素养；第二，"行于课堂"通过课例研磨优化教研实践性素养；第三，"研于课题"以小课题研究增强教研的科研素养；第四，问题化教学实践强调教师信息化教研与学科实践的紧密融合。

图2 ▼
智能技术支持的教师信息化教研素养"三课一问"精准帮扶策略

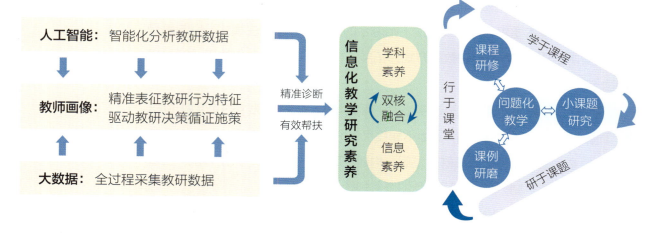

应用上形成了信息化教研"五化"推广策略。形成了"深化教研前沿理论引领、强化教研实践支架应用、细化教研场景指导、多样化建设教研资源、精准化评估教研效能"的信息化教研"五化"实践推广策略。确保了"从小范围实证，到大面积推广"和"升级技术手段"的与时俱进和辐射推广。

## 三 主要成效

### （一）结合"五化"策略进行实践应用检验

以讲座调研、课例评析、工作坊等主要形式，2013年与中央电化教育馆合作开展教师虚拟学习社区实践；在中央电化教育馆"信息技术支持下的区域研修模式研究"项目的35个地区1653所学校和广东连山壮族瑶族自治县（少数民族帮扶地区）、湖南天元区等地应用；2015年创建"信息化教学创新"公众号并累计发文1000余篇，关注教师超12.8万人；2021年起在31个智能研修平台应用试点区域升级推广。"人工智能教育应用"教师教育慕课服务超3.5万人；合作指导及培育的一线教师获9项省级教学成果奖，实现了集群化高质量协同发展。

### （二）获批高层次课题及成果奖励

获批国家社会科学基金项目"面向'互联网+'的教师教研形态转型与变革研究"、教育部−中国移动科研基金项目等国家级和省部级课题9项；发表中英文论文46篇（21篇发表于核心期刊），出版论著、教材10本，获国家发明专利2项、省部级奖7项。

### （三）"抗疫"有担当，成果获教育部批示

大规模直播讲座受益教师累计超122.8万人次；专报《大力推动疫期后名优教师集群化协同发展的建议》获教育部领导批示；论著《在线教研实用指南》入选《中国教师报》2021年度"助推教师发展的十本书"。

### （四）成果推广被同行认可，受国家级媒体报道

为省数字教材资源全覆盖项目1.9万余所学校的80万余名教师提供教学模式指导与教研资源服务；在全球人工智能与教育大数据大会、教育技术国际论坛等学术活动中做主题报告，历年做各类讲座培训300余场；《人民日报》、"学习强国"、《中国教育报》、《今日教育》等多次报道；同行高度评价成果的理论创新和应用实践。

# 深化数字化改革　重塑教育新生态
## ——温州智慧教育探索与实践

浙江省温州市教育教学研究院

温州市牢牢把握教育数字化"开辟教育发展新赛道、重塑教育发展新优势"的核心要旨，围绕赋能"教育共富"和优质均衡的高质量教育发展，主动施为、持续发力，不断深化教育数字化改革，推进区域智慧教育再上新台阶。

## 一　主要举措与成效

### （一）政府重视，市县校逐级赋能模式推进

市政府出台示范区创建方案，全面实施示范区"12465"创建体系，重点落实大共同体建设、数字化改革、智慧校园建设、资源集约供给、创新人才培养和教师素养提升"六大行动"。基本形成温州市"教育数字大脑赋能+智慧校园标准引领"为县、校赋能的数字化转型模式，初步形成发达县域和欠发达山区县域多样化智慧教育发展模式，如瓯海区、鹿城区"区域云赋能应用，驱动学校个性化建设"，龙湾区、文成县"区域统一部署应用学校创新应用"和苍南县"区域统建统管拷贝式智慧校园建设"等模式，具有很强的推广价值。

### （二）数字大脑，赋能区域教育发展

建设温州教育"数字大脑"应用体系，建成归集库、主题库和共享库三大数据库，数据中枢作业数达到76个，数据接口56个，汇集数据15亿条以上，归集应用建设"好学温州"云平台赋能县域和学校。一是纵向数据贯通，实现跨层级

业务协同。整体数据上联省教育魔方和国家平台，平行汇入温州城市大脑，下沉全部区县教育局和学校。比如全国教师管理系统与温州市教育人事管理系统实现互通，数据回流、动态归集，业务全流程迅捷通办，服务全市10余万名教师。二是横向数据联通，实现跨部门业务协同。温州教育大脑融入城市大脑，联通公安、住建、人社和民政等跨部门数据，实现教育业务数据"跑办"。如"入学入园一件事"改革，全流程在线办理，系统自动核验，免跑率达90%以上。三是关联数据融通，实现业务创新赋能。如"数e证"证书发放系统，实现各类获奖证书数字化，再反向归集到师生主题数据库，形成数据闭环，实现业务汇聚、流程再造。四是应用服务系统集成，三大端口高效运行。打造"好学温州"云平台，形成教育治理、教育资源、未来学校三大服务中心，共计38个应用，其中19个应用实现单点登录。学校和教师应用汇聚到"钉钉"端，群众服务应用汇聚到"浙里办"端，决策服务应用汇聚到"浙政钉"端，实现政务服务智能化、校园服务数字化和社会服务一体化。

## （三）标准引领，学校个性化发展

相继制定出台了区域智慧教育发展指数评价体系，研制发布交互式多媒体技术参数标准、教学新型空间应用指南等。出台温州版智慧校园2.0指标体系，构建28个指标，学校基于市、县供给的各类资源、应用、服务，结合办学特色与发展理念，围绕"教学管评研"场景展开数字化变革探索。已建成智慧校园2.0学校80余所、达标校400余所。

## （四）双向施为，同向发力打造载体

一是自上而下制度推进。以国家教育数字化战略和省、市数字化改革为契机，自上而下推进。二是自下而上以赛促创。自2021年起连年举办教育数字化改革创新应用大赛，面向全市自下而上挖掘遴选优质应用场景和数字赋能案例，按年度编著《温州智慧教育发展报告》，推进教育领域重大应用全面贯通、示范和创新。

## （五）应用为王，统筹部署成熟先上

一是推广国家资源平台应用。率先开展国家中小学智慧教育平台试点行动，建立省级试点区2个，省级试点校13所，市级试点校56所，专家指导团队（温州讲师团）32人，组建专家团队工作室。温州区域激活学校2177所，总注册人数为51.6万人，其中学生25.7万人，教师注册率为100%。访问设备数为310.86万个，排名全省第二。二是统筹全市信息化刚性和共性需求，通用的办公、教学应用和资源市级统购统采。如云阅卷、云图书、白板、人工智能教学平台等成熟应用全市统一建设，辅以云服务方式服务区域和学校。三是优选区域教育教学急需应用、市面上广泛使用的技术上成熟的产品，节约成本统一建设。比如用于青少年近视防控的视力筛查系统，助力温州成为全国唯一的儿童青少年视力健康管理先行示范区；响应"双减"要求升级打造的课后助学"学问通"平台在全省推广。四是针对学校教师个性化需求，研究推广技术稳定、实惠价低的第三方软件平台。比如全市近12000台多媒体设备安装配置知名企业研发的智能教学助手，实现842所学校、近8万名用户常态化使用，技术赋能教学实践探索，覆盖率达到60%。

## （六）素养提升，创新育人新突破

一是建立"一平台四能力"教师数字素养培养体系。设立未来教育技术学院（虚拟学院），按照培养信息化领导力、指导力、研究力和应用力等建立课程体系和实施计划。首批遴选产生24名智慧教育领航校长（CIO），推动全市教育数字化转型和智慧升级。二是区域整体推进人工智能教育，构建"5133"生态体系，打造人工智能教育"温州样本"。率全省之先出台中小学人工智能教育实施方案，启动实施"新五个一"工程，构建全市统一的"人工智能教育平台"，建设三阶课程体系、三层次师资培养体系和三层次素养评估体系，市人工智能追梦营、青少年创客文化节、科创春"玩"等成为创新育人文化品牌。建立完善"试点先行、统筹统建、特色发展"推进机制，全市近800所学校积极创建人工智能实验校。

## （七）聚焦课堂，全域推进大数据精准教学

一是高中、职高、初中、小学、幼教五个学段全面推进大数据精准教学试点工作，目前有苍南、乐清两个省级试点区，文成、龙港两个市试点区，以及其他162所试点校。基于大数据、人工智能聚焦课堂、作业、管理，全域推进精准教学。二是成立研究项目组，召集362名各学科骨干教师组建团队，立足学科、管理，克难攻坚，理顺流程，研究基于大数据、个性化学习的精准教学的规律和特点，12名教师在浙江省精准教学论坛上做大数据精准教学的报告，形成温州精准教学推进的新模式。三是建立大数据精准教学的质量管理系统，涵盖学业大数据、精准作业、课程管理等优质数据资源，该平台涵盖新高考所有学业数据，成为使用效率最高的大数据支持平台，为建设优质高效课堂、开展基于数据的问题分析提供了必要支持，为大数据精准教学的实施奠定了深厚基础，同时助力温州高考连续十年成绩提升。

## （八）成立温州教研大数据中心，成为浙江省地市级教研部门首个专职教研数字化改革的部门

通过整合教研数据，研究和设计教研大数据评审平台，保障教研数字化改革，实施大数据支持教研共同项目，目前已经连续在永嘉、文成、龙港等县市区推进大数据在教研方面的深度应用，召开研讨活动，众多骨干教师参加线上与线下学习，教研人员及骨干教师的数据素养得到了有效提升。

## 二　面临问题与挑战

主要的问题与挑战体现在融合新技术的教育教学变革跟不上新时代智能技术的迭代升级。

**第一** 理念更新相对滞后。学校信息化领导力不强，缺乏准确思变、科学应变、主动求变的意识。教师数字化教育理念转变迟缓，数字意识仍有待提升。

**第二** 业务机构职能异化。县域教育信息化机构名称各异、非信息化业务工作繁重。专业技术人员不足，既懂教育又精技术的教师引留困难。

**第三** 信息化专业教师缺乏。学校信息技术专业教师结构性短缺，网络管理员不足，设备维护、数字技术和应用支撑不足。

**第四** 教育科技产品繁杂导致数据治理困难。产品主体多元、数据标准不一导致数据互通难、运维服务难、校际共享难、应用交互难、教研交流难。

**第五** 海量资源和工具带来"选择难"。学校、教师和家长面临如何适配切入、如何科学选择、如何使所选资源和工具符合学生个性化需求和成长进度等问题。

**第六** 信息化专职队伍支持课堂与教研的专业度不够。信息化建设队伍不理解课堂与教研需求，很难有效支撑深度的基于大数据的课堂教学改革；建设的系统不符合一线需要，成为摆设；多数工作停留在业务层面，难以进入教学改革深水区。需要进一步整合教研、骨干教师及信息化队伍，提升专业能力，为智慧教育向课堂教学的深入推进奠定基础。

## 三 参考对策与建议

**第一，进一步厘清资源建设分工职责。**科学合理定位各级平台资源建设和服务侧重方向，从国家和省级层面进一步整合，或免费开放端口由市县平台统整，以减轻教师多门户登录、重复上传、跨平台使用的负担，提高资源建设和使用效益。建立学校教师为资源开发和应用主体、市县为组织实施和实践指导主体、国家和省为平台建设和资源集成三体的更为合理的分工结构。

**第二，加强企业产品数据标准落实落地。**国家标准逐步建立完善，需进一步采取强有力的措施指导企业依标实施，加速系统和数据融通汇集，强化网络和数据安全管理。

**第三，进一步加强机构和队伍建设。**联合人社部门出台加强地方教育信息化机构建设管理规定，明确教师为各级教育信息化机构和学校信息化工作人员，教育信息化工作计入教学工作量，建设高素质"双师型"教育技术工作队伍。

**第四，关注试点区域探索实践和提炼推广。**加强示范区创建区域调研指导，搭建更多展示平台，衔接资源、纾困解难，组织专家协助总结提炼，加快成熟成果转化推广。

**第五，突出教研部门在数字化建设过程中的专业融合引领作用。**厘清各部门职责，按需建设，有长期计划，尽量避免跟风或者造势，脚踏实地实施基于技术的课堂与教学、管理与评价改革，让数字化真正支撑学生的个性学习。

**第六，制定教育数字化经费保障指导标准。**将教育新型基础设施建设作为基本办学条件设立经费专项，强化地方财政经费保障。出台市场化参与机制，探索支持政策。研究区域学校年度经费投入保障标准，确保智能技术应用增量资金投入，防范技术迭代新鸿沟和资源分配不均衡等问题。

# 立足"点线面"，打造区域智慧教育展示带

重庆市九龙坡区教育信息技术与装备中心

近年来，重庆市九龙坡区教委结合区域智慧教育实际情况，统筹区域教育资源，立足"点线面"，打造区域智慧教育展示带，做出了不错的成绩。

## 一 背景分析

"江山多娇城，龙凤呈祥地"，重庆市九龙坡区作为重庆市主城区中心城区，东领人文之地，西踞科学之城，作为百年工业大区，有着厚重的历史文脉和科技创新传统。2017年底，"九龙坡区智慧城市推进办公室"成立，全面推进包括智慧教育在内的智慧城市建设。2020年，九龙坡区成功摘得重庆市"智慧教育示范区"称号，为"十三五"期间区域教育信息化工作画上圆满的句号。

过去几年，九龙坡区着力加强教育信息化基础设施建设和应用推广，取得了显著成效：顶层设计不断优化、基础条件不断改善、数字资源不断丰富、应用水平不断提高、信息素养不断提升。但与全区"率先构建高质量教育体系、加快推进教育现代化、建设教育强区"的教育发展目标要求相比还存在着较大差距：区域教育信息化基础设施建设有待加强、区域教育信息化应用绩效有待提升、区域教育信息化保障机制有待完善、区校两级信息化支撑团队有待壮大。

2022年，九龙坡区政府办公室印发《重庆市九龙坡区优质教育布局规划建设项目（2023—2025年）三年行动计划》，提出通过发挥优质教育品牌辐射引领作用，扩大优质教育资源覆盖面；区政府印发《重庆市九龙坡区教育事业发展"十四五"规划（2021—2025年）》，提出利用区域教育优质资源，布局布点学校特色建设，实现东西联动发展、一体发展，推动智慧教育展示带建设和智慧教育示范区建设，提升区域教育智能化水平。

## 二 主要经验

九龙坡区教委聚焦九龙教育"五化新格局"，围绕"九龙坡智慧教育展示带"重点推进，立足"点线面"：以智慧校园示范校为建设中心点，以区智慧教育云

平台应用推广为研究基本线，全面扩大师生数字应用的覆盖面。

## （一）点上发力，培育智慧校园示范学校

按照《重庆市智慧校园建设基本指南（试行）》，九龙坡区积极推进智慧教育建设，目前有13所学校成功创建为重庆市智慧校园建设示范学校，此外还有30所区级智慧校园建设为示范学校。

**顶层设计，导好方向。** 近年来，九龙坡区教委努力做好顶层设计，加大智慧校园建设的专项经费保障力度，开展智慧校园示范校的两级建设：大力推动区级智慧校园示范校建设，重点推动市级智慧校园示范校培育工作；组织专家团队共同研制了"重庆市九龙坡区智慧校园评估量表"，从完善的机制保障、融合的基础环境、智慧的场景应用、优质的数字资源、卓越的信息能力等方面对学校建设进行指导，在学校申报的基础上，每年评选5—10所九龙坡区智慧校园示范学校，全面推动九龙坡区智慧教育纵深快速发展。

**示范引领，创建特色。** 一是"云上"统筹建特色。以九龙坡智慧教育私有云为核心，在全区实现"宽带网络校校通、优质资源班班通、网络空间人人通"全覆盖的基础上，较多学校建设了录播教室、电子班牌、云办公系统、精准教学阅卷系统和人脸识别系统；育才实验学校等6所学校50多个班级进行了智慧教室建设和应用试点，实现了私有云带动全区智慧校园建设。二是"集团"应用创特色。推动全区"十大教育集团"整体应用推广，促进重庆谢家湾学校、彩云湖森林小学、四川外国语大学九龙坡区附属小学校、彩云湖小学B区、育才明诚学校等多所智慧校园示范校建设，目前正在建设科学城育才中学、科学城谢家湾学校、巴国城小学等智慧校园，实现云集团总校带分校。三是"联盟"辐射亮特色。区教委组建全区智慧校园联盟，充分发挥九龙坡区13所重庆市智慧校园建设示范学校的带动作用，常态化开展联盟活动，实现以一校带多校。

## （二）线上延伸，推广九龙坡智慧教育云应用

2021年建成的"九龙坡智慧教育云"集九龙坡区教育数据基础平台、教学平台、资源平台和管理平台于一体，是全区智慧教育的主要抓手，也是全区未来教育网络化、数字化、个性化、终身化的重要基础。加强九龙坡智慧教育云建设与应用是"十四五"期间全区的重要任务。

**营造氛围，夯实技能。** 加大九龙坡智慧教育云应用推广宣传力度，组织开展了以"乐享云上教育，未来无限精彩"为主题的教育云平台宣传月活动，线上线下合力推动，落实《教育信息化2.0行动计划》关于促进信息技术与教学融合应用的要求，以学科组为主导，紧密结合学科教学与云平台应用开展培训，提

升了培训的实际效果。

**鼓励探索，激发活力**。做好全区教育大数据治理新生态的构建工作，推动全区师生深度应用九龙坡智慧教育云平台，促进区域教育优质均衡发展。九龙坡区组织开展了基于九龙坡智慧教育云的应用试点工作，全区20余所中小学校参加了智慧教学、数字资源、数据服务、智慧评价、数据治理等方面的实践研究。各学校按照各自办学特色和侧重方向，在创新课堂教学、突破评价发展、重构数字资源、校本教研等方面开展实践与研究，打造智慧教育新生态，积极进行教育数字化转型与变革，推进基础环境智能化、培养模式创新、教与学空间重塑，构建教育公共服务生态，升级教育治理方式。

**五项试点，重点探索**。一是加强对智慧教学的探索。聚焦教学、课堂、师生活动，全面推动九龙坡智慧教育云平台应用，定制特色智慧教学应用系统，开展智慧教学的探索与研究。二是加强对数字资源的探索。共建共享教学资源库，参与区级资源库建设，开展关于数字资源的建设、应用和服务的探索与研究。三是加强对数据服务的探索。探索应用九龙坡智慧教育云开展教育服务，探索各具特色的教育数据汇聚、共享与服务的机制与制度；探索教育大数据的挖掘与分析应用，数字技术与教学深度融合设计，创新业务场景，实现学校教育的系统性创新与构建。四是加强对智慧评价的探索。开发和应用学生成长评价系统，共同探索智慧评价的机制，完善评价体系，探索教育大数据应用与综合评价的融合。五是加强对数据治理的探索。探索各类教育管理数据的汇聚和利用数据分析治理学校的机制与制度，以及学校数字治理与现代教育服务。

## （三）面上突破，扩大数字应用覆盖面

**优化功能，建设提质**。九龙坡区的智慧教育体系建设以"互联网+教育"为目标，通过构建"云+端"智慧教育平台，为教育管理者、老师、学生和家长提供全方位的教育信息服务。九龙坡智慧教育云建成以来，加快了平台特色应用工具建设，通过编程平台、互动电影、大数据、微课制作、录播课堂、走班排课、生涯规划、活动评比等教学应用工具的快速建设推动了智慧教学的应用；搭建了干部管理系统、装备管理平台、九龙坡区智能数据管理系统，实现了教学与教育管理数据的初步汇聚；开发了"九龙坡行知云课堂"，对接了中小学图书室管理系统、重庆市数字图书资源平台、重庆市基础教育资源公共服务平台等管理系统，促进了优质资源共享。

**专家领衔，立体培训**。全区成立了教育技术装备专家团队、编程教练员团队等专家骨干团队，通过进校调研、示范授课、专家论坛等方式对全区学校的相关业务进行指导。同时，开展线上、线下多种形式的宣传培训活动，编制各类

应用操作指南等指导学校、教师全员应用，有效提升了教师数字化应用能力。2023年，九龙坡区创新开展了"未来教育大数据分析师"学习活动，旨在培养一批教育大数据应用实践领域的骨干。

**活动搭台，师生共建。**面向全区学校，开展了区级智慧校园示范校评选、市级智慧校园示范校培育、九龙坡智慧教育云应用试点、编程教育先进单位评选等活动；面向师生，组织开展了九龙坡智慧教育云应用作品评选、九龙坡智慧教育云应用设计大赛、优秀教师空间评选、教师创新实验操作与实验说课评比、中小学计算思维与编程竞技、智慧教育成果展示等活动，扩大了数字应用覆盖面。

**课题引领，深化应用。**九龙坡区专项经费推动教育信息化研究，尤其是重视数据理念、课堂教学模式、师生学习交流、学校管理和家校沟通的探索与研究，组织开展了智慧教育课题研究活动，每年评审10个区级信息化课题，同时鼓励并指导学校积极参加国家级和市级的信息化课题研究。

**加强管理，落实考核。**区、校两级的信息化管理制度逐步建立和完善，由九龙坡区教育信息技术与装备中心牵头，教育信息技术与装备管理专项调研和检查督导形成常态。区、校均积极探索智慧教育奖惩激励机制，设立智慧教育专项资金，鼓励学校依托智慧校园建设项目和云平台试点项目进行特色文化、特色项目、特色队伍等的建设，积极开展特色示范学校创建活动，将九龙坡智慧教育云建设与应用工作纳入学校办学水平综合目标考核，推进基于数字化的特色学校建设向科学化、规范化、常态化发展。

### 三　主要成效

#### （一）智慧环境建设质量显著改善

近五年来，九龙坡区教委投入约7亿元大力提升全区教育技术装备水平。2020年5月，全区教育城域网改造完成，实现中小学万兆到校、千兆到桌面和无线网覆盖，建成了全市教育系统首个"绿色数据中心"和首个区级教育大数据服务中心，网络多媒体教室（含功能室）覆盖率100%，"优质资源班班通"覆盖率100%。2020年，九龙坡区被重庆市教委授予重庆市"智慧教育示范区"称号。

#### （二）智慧平台应用效能显著提升

2021年下半年建成的九龙坡智慧教育云是全区智慧教育的重要抓手。全区97所中小学、幼儿园、中等职业学校已全部接入平台，平台用户总量近13万人，中小学教师和适龄学生网络空间开通率达100%。平台目前自有资源总量达170多万条，区本、校本资源库的资源数量也在不断增长。疫情期间，九龙坡智慧教育云发挥了巨大的作用，保障了线上教学活动的顺利进行，得到了社会的广泛好评。平台运行两年来，日均登录量近2000次，上传资源达700余个，教师公开分享的区级资源达16万余件，资源浏览量达11万余次，教学应用6万余次。利用"录播课堂"直播1200余次，在"编程平台"上发布课程65个。

## （三）智慧教育特色日益显现

迄今为止，九龙坡区已有13所学校被授予"重庆市智慧校园建设示范学校"称号，4所学校被评为教育部网络学习空间应用普及活动优秀学校。市级智慧校园建设示范校育才中学被授予全国十佳科技创新学校称号，并成功取得2024年全国青少年信息学奥林匹克竞赛承办权。市级智慧校园建设示范校重庆外国语学校森林小学研究成果学生综合素质评价系统被国家版权局授予计算机软件著作权登记证书。教育信息化应用案例"互联网+环境下小学生综合素质评价"被重庆市教委评为信息化应用典型示范案例。影视作品《奇妙的视错觉》获得最佳教学影片金犊奖。

# "一核一横十纵"助推城乡教育一体化高品质发展

## 广东省广州市白云区教育局

### 一 开展数字教育创新实践的背景

广州市白云区基础教育规模庞大，受历史因素影响，区域城乡二元结构明显。其中，农村学校数量超过全区的三分之一，农村学校专任教师8205人，占教师总数的36.67%。城乡及学校之间教育教学水平差距明显、教师队伍发展不均衡问题比较突出。面对教育数字化战略要求，白云区走出智慧教育"一核一横十纵"整体推进模式（见图1），即以一体化区域教育数字基座为核心，通过智慧校园试点校的横向全面推进和智慧教育应用联盟基地的纵向着力深挖，示范引领、以点带面、整体联动，全面引领学校智慧教育发展、教师信息素养提升、学生能力提升、家校共育水平提升。白云区通过智慧教育促进城乡一体化发展，聚焦破解乡村学校教学资源短缺的难题，探索智慧教育助推城乡教育一体化高品质发展之路。

图1 ▼
白云区智慧教育
"一核一横十纵"
整体推进模式

一体化区域教育
数字基座

智慧校园建设（140所，逐年递增）

智慧教育应用联盟基地

三个课堂
可信教育数字身份
网络学习空间
创客教育
虚拟现实场景教学
AI+智慧教学
人工智能教育
智慧阅读
数字教材
智慧研修

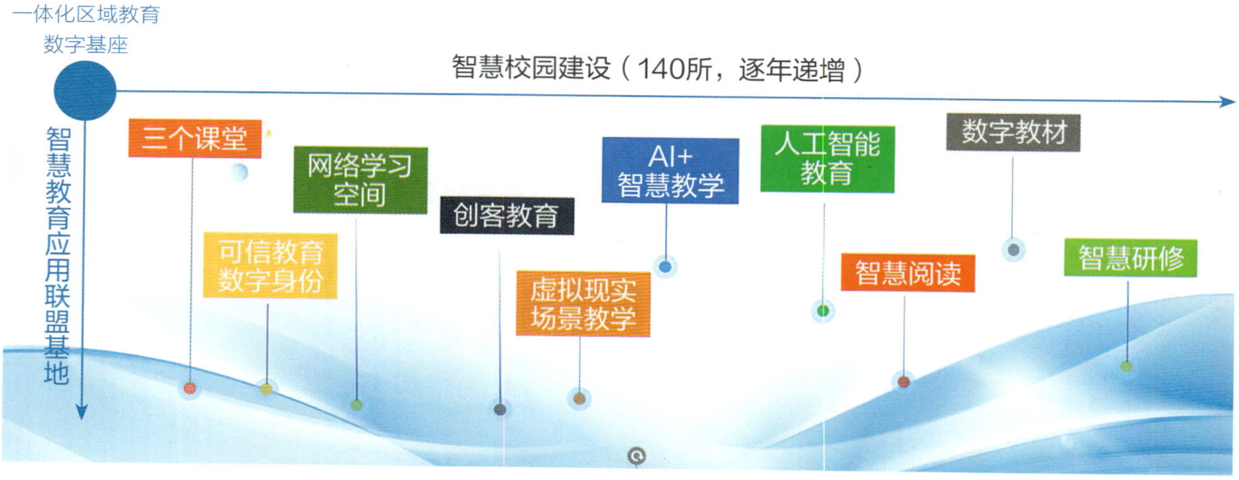

## 二 实践创新举措及典型经验

### （一）以一体化区域教育数字基座为核心，支撑全区智慧教育发展

以"需求牵引，深化融合、创新赋能、应用驱动"为指导思想，构建"政府汇资源、搭平台，企业做产品、供服务，学校用平台、买服务"的新型数字化服务模式，建设区域教育数字基座。建设集成教学、管理、学习、应用、资源于一体的智慧白云教育大数据云平台，实现区域应用与校级应用开放共享、数据互通。区、校、家三级贯通，各类业务应用系统互联互通。网络学习空间实现全区中小学校和师生全覆盖。整合自主研发的人事系统、课后托管系统等公共应用服务13个，集成创客教育、数字教材等公共应用服务68个。通过数据分析服务功能，实现精准教学、个性化学习，为因材施教提供支持。作为全国可信教育数字身份应用试点区域，通过与可信教育数字身份打通，实现教育教学数据与师生可信教育数字身份的绑定，推进课堂教学数据在各级各类教育应用系统以及跨行业的业务系统的安全广泛使用，提升课堂教学数据的应用价值。

### （二）横向全面推进智慧校园建设，形成智慧教育整体氛围

制定智慧校园建设方案，通过逐年遴选、诊断帮扶、评审考核、展示推广的循环管理模式，打造六批共140所区智慧校园试点学校，推动全区智慧教育形成"学校有特色、教学有特点、学生有特长"的整体局面。

**第一，创新机制，促进可持续发展。**一是创新管理机制，改革组织架构。成立区教育系统网络安全和信息化管理系列队伍，严格落实"一把手"负责制；成立智慧教育建设与应用专项工作组，将教育局信息装备中心更名为教育信息发展中心，由负责教育教学的领导分管，工作重心转向硬件建设与内涵发展并重；提升活动规格，所有教育信息化类的比赛和公开课证书由教育局统发。二是完善制度体系，优化顶层设计。出台《广州市白云区智慧校园建设方案》《广州市白云区教育信息化三年行动计划（2021—2023年）》等系列文件，引领区域教育信息化发展。制定《广州市白云区中小学教育信息化应用激励表彰方案》等管理办法，激励学校、教师应用探索。三是构建集成机制，实现深度融合。云平台接入创客教育、数字教材等各类平台，实现融合应用、资源共享；强化信息发展中心与教研机构的紧密配合，保证信息技术与教育教学相互促进、深度融合。四是组建智慧教育专家团队，加强推广应用。成立白云区智慧教育专家团队，按需深入学校开展指导调研。开设134个名校长、名教师、名班主任工作室，进行网络研修，辐射带动5000余名中青年教师，促进优秀教师智力共享。

**第二，多维推进，提供全方位保障。**形成"三联动，三保障"体系，区教育局、片区教育指导中心、学校三级联动，形成立体化、网格化管理体系。通过组建专项工作组、聘请专家顾问和购买服务，提供全面保障。通过落实"政策保障，促师成长""专家引领，打造样板""组建团队，全域培训""以赛代练，促进成长""科研深化，助力发展"五大策略，构建了包含硬件设施、软件应用、技术人员等方面的保障体系，形成了"专家引领+服务保障+教师实践"的白云模式。

**第三，点面结合，实现全覆盖培训。**一是线上线下协同推进。与华南师范大学教育信息技术学院签订了战略合作协议，成立区级专家团队及研修活动讲师团队，构建教师发展联盟、教师学习实践共同体。按需到各中小学校开展培训讲座近500场次，组织各类在线研修活动200余次。通过直播"带课"，举办了包括云平台基础应用、教学资源使用、人工智能辅助工具应用、大数据应用、生成式人工智能应用等直播研修活动，吸引了全区2万多名教师参与线上同步学习。常态化采用现场直播、千人QQ服务群日常答疑等形式进行应用的宣传和推广，发挥了引领示范作用。教师交流互动密切，成效显著。二是宣传推广典型案例。每年遴选部分优秀的智慧校园试点校，在全市或全区参与智慧教育展示活动。如2018年全区有22所智慧校园试点校开展交流展示活动，2022年有9所学校参与广州市智慧教育展示活动。每年开展全区教育信息化总结和表彰活动，部分学校做经验分享。各智慧校园试点校按照自己的发展路径茁壮成长，在智慧课堂、智慧课程、教师培训、精品资源等方面积极探索，精心打造自己的信息化办学优势，凝练具有示范作用的特色教育信息化项目。

## （三）纵向深挖应用联盟基地效能，带动城乡应用融合创新

在智慧校园试点校全面推进的背景下，白云区提出深化应用、凝练特色、打造亮点的工作思路。通过智慧教育应用联盟基地评选活动，评选出在智慧教育应用各领域成效突出的学校，先后成立了网络学习空间、"三个课堂"（专递课堂、名师课堂、名校网络课堂）、可信教育数字身份、数字教材、人工智能教育、"AI+智慧教学"、创客教育、虚拟现实场景教学、智慧研修、智慧阅读十个智慧教育应用联盟基地。开展"1（基地）+10（辐射学校）"的应用推广模式实践与研究，通过联盟基地的示范、帮扶、推广，引领辐射学校开展各类智慧场景整合创新应用，以点带面引领带动全区中小学智慧教育的深度融合发展。各基地按照要求，发展成员校，成立共同体，自主开展培训，挖掘并发展各领域的优势，促进区域教育资源的合理流动和优化配置，推进全区融通发展。在各智慧教育应用联盟基地的引领下，全区智慧教育不断向纵深发展，特点突出，亮点纷呈。

白云区"网络学习空间应用联盟基地"通过应用网络学习空间连通学校与

学校之间的教育资源，创新家校共育模式；同时，组建共同体，联结10所成员校，通过三场培训、两次展示，在全区形成网络学习空间建设和应用热潮。白云区"创客教育应用联盟基地"辐射13所成员校，将"我们一直很努力""把梦想变成现实"的创客教育理念传播到城乡各个学校。在开展创客活动的过程中，引导孩子们不断提出问题、研讨问题、解决问题，并着手制造，培养他们自主探究、批判思维、协作研讨、艺术创作等能力。"三个课堂应用联盟基地"组织39所学校的300多名学科教师成立白云区"三个课堂应用共同体"，开展城乡学校结对帮扶（见图2）。通过"五个同步"，推进"专递课堂"的常态化按需应用，解决农村学校师资薄弱、课程开不好等"老大难"问题。2022年，全区开展城乡互动课堂153场，仅江村小学与棠溪小学进行的小学数学专递课堂，累计测试和上课就达30余次。

▼ 图2
白云区"三个课堂应用共同体"结对关系表（部分）

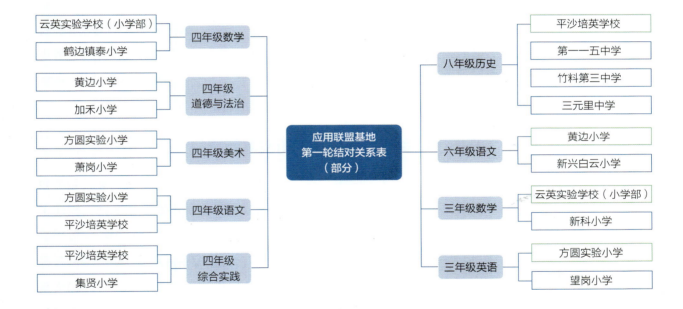

## 三 主要成效

### （一）促使城乡教育更加公平、更有质量发展

白云区一体化区域教育数字基座为城乡教育提供坚实基础。智慧白云教育大数据云平台总资源容量大于10TB。其中，试题总量达到830万道，微课总容量大于20GB，微课数量大于15000节，教师的自创课例、微课、课件等教学资源有45000余份。城乡学校充分利用平台实现优质资源共建共享，开展德、智、体、美、劳等教育教学活动，开展信息化与教育教学融合的优质教育。

全区已有103所学校、4390名教师加入"三个课堂"应用平台，上传和发布优质课程近1500节，观看人次逾250万。城乡教师同步备课、上课及教研，2021年上半年共开展智慧教研活动160余场，覆盖了小学、中学多个学段，以及数学、语文、英语、美术、音乐、历史等10余个学科，区级教研活动平均覆盖教师500多人，场均时长2.6小时。"三个课堂"为薄弱学校提供成长平台，直接带动乡村教师的快速成长，促进课堂教学质量显著提高，推动城乡教育教学深度改革与创新。

## （二）提升了数字时代师生的数字素养

数字赋能教育高质量发展的意识在区域内得到广泛认同。信息化赋能教学，有助于提升教师信息化素养和融合创新能力，依托大数据技术实现学生的个性化学习，探索创新型人才培养模式，助力师生的减负提质。全区开展人工智能课程普及，学生数字素养得到全面提升。2023年，形成国家中小学智慧教育平台融合应用及人工智能促进教学创新案例共186篇。同时，通过采集教师的教学过程数据，借助人工智能技术对教师的教学能力、教研能力、教育技术应用能力等进行多维度分析，构建教师的能力画像，帮助教师精准定位自身能力薄弱点，挖掘教师的个人发展需求，提升教师自我认知和成长能力。

## （三）开拓了城乡教育高质量均衡发展新路径

近些年，白云区在推动智慧校园建设、优化教师智能研修、提升教师智能教育素养、智能引领乡村学校与薄弱学校教师发展等方面不断探索实践，构建了"一核一横十纵"整体推进的白云数字化转型生态。荣获"教育部2020年度网络学习空间应用普及活动优秀区域"称号。在多个省部级平台及活动中分享白云经验，各类活动被《人民日报》等报道，在社会各界产生较大影响。形成10余篇区域智慧教育案例，其中"破除城乡二元结构，智慧教育促进城乡一体化实践"和"'一横十纵'推进城乡教育一体化融合发展"分别被评为2022年度、2023年度教育部智慧教育优秀案例，"区域教育数字基座平台建设与可信应用实践"入选教育部"2022—2023年数字化赋能教育管理信息化建设与应用典型案例"。至2023年，全区共建设智慧校园试点校140所，其中乡村学校60所。各智慧校园试点校在智慧管理、智慧学习、智慧研修等方面深入探索、不断实践，培育出一批成效突显的智慧校园建设项目和典型案例。智慧教育应用联盟基地涵盖十个智慧教育场景，辐射带动130多所学校，正按照"1+10+N"示范推广，以点带面、一校一案、分类分批推进全区智慧教育深度融合，形成了城乡教育高质量均衡发展新路径，助推区域教育优质均衡发展。

# 以"番禺教育数字化中枢平台"
# 开辟教育发展新赛道

## 广东省广州市番禺区教育局

 **一 番禺区数字教育创新实践背景**

### （一）岭南古邑，数字番禺

珠江水韵，孕育了岭南古邑广东省广州市番禺区的千年文化。这里不仅是历史与现代的交汇点，更是数字创新的热土，1800余家国家级高新技术企业汇聚成推动番禺教育数字化发展的强大引擎。在这片教育沃土上，592所中小学、幼儿园如明珠般镶嵌，名校、名师云集，他们共同为38万余名中小学生及幼儿提供优质的教育资源，合力书写番禺教育的新篇章。

### （二）数字布局，智启新程

在推进教育数字化的初期阶段，教育局面临多重挑战：一是数字化转型的价值尚未被广泛认识，导致投入不足；二是教育数据存在共享难、利用率低、管理分散等问题，缺乏有效整合；三是教师的数字化素养有待提升，尤其是在数字技能、文化意识和安全意识方面；四是数字化技术与课堂教学的融合尚不深入，教学资源整合不足。

针对上述问题，教育局积极响应党的二十大精神，全面落实国家教育数字化战略部署，以前瞻性眼光加强教育数字化转型的顶层设计。历经精心筹备、反复论证与修改，2022年11月，《"番禺教育数字化中枢平台"实施方案（2022—2025）》正式出炉。该方案以"数字赋能融通育人"为理念，旨在推动番禺区教育全要素、全流程、全业务和全领域的数字化转型，落实立德树人根本任务，最终促进师生身心健康成长。番禺区教育局通过精准发力、深度赋能，致力于构建新时代未来教育新生态，打通教育数字化改革"最后一公里"，让优质教育资源触手可及，让每个孩子都能享受到公平而有质量的教育，为教育高质量发展注入强劲动力。

## 二 推进中枢平台建设的创新举措

"番禺教育数字化中枢平台"包括标准接口、统一认证、统一门户、数据融通、统一防护、家校共育、资源整合、极简管理、极简开发等核心要素。平台形成"1+N+N"（"一个核心平台+N个应用+N个智慧硬件"）的架构，拥有开放共享、数据互通、技术集成、应用协同、交互活用的教育数字基座（见图1）。这一平台已经帮助实现区教育局、教育指导中心、学校、家庭四级贯通，各级各类应用系统互联互通，智慧硬件无处不在，为全区教师、学生、家长等超百万用户提供全连接的数字空间，为教育数字化转型奠定坚实的生态基础。

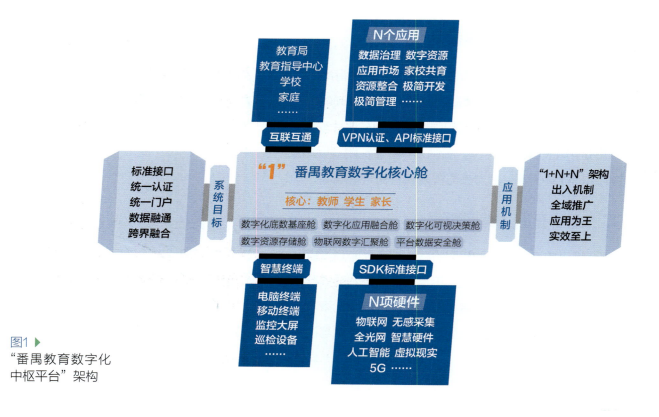

图1 ▶
"番禺教育数字化
中枢平台"架构

番禺区教育局以企业微信作为平台基础，实现局校互联，并已完成平台基础和通用功能的开发，从学校管理、校园安全、教学教研、家校共育等方面全方位推进学校工作的移动互联网转型。

### （一）强化中枢平台应用互联互通，落实数据治理

以数字化推动教育管理质的飞跃，强化数据的主导作用，助推教育治理体系的完善提升。"番禺教育数字化中枢平台"打通业务应用平台，实现以下功能：一是集中运维管理和自动采集教育装备数据，实现扁平化管理；二是建立全区质

量监测智能化阅卷系统，有效提升全区教育教学管理效率；三是实施学校食堂"明厨亮灶"互联工程和建立区级校园安全视频监控调度中心，加强校园安全管理，确保各项信息实时推送，与市、区级公安部门实现联防联控；四是建立教育督导信息管理平台，进一步提升教育督导的数字化、科学化水平；五是实现数据融通，平台统管。

## （二）夯实数字化教育的基础设施建设，提供网络支撑

在数字化基础设施建设方面，要求软件平台对接"番禺教育数字化中枢平台"，实现平台统管。目前，区内学校已全部接入互联网、建有校园网、配备计算机室和多媒体教学平台。超过90%的学校实现办公区域无线网络覆盖，96所学校建有5G基站，229所学校接入智联、绿色、安全的番禺区教育专网，完成全区公办学校上网实名制认证。2022年起，对区内12所中小学的老旧校园网进行全光网升级改造，"光纤入室，千兆到班"，实现极简全光网集中部署，保障校内资源与应用的高速访问。将全区49所学校共2355台模拟摄像机升级为数字高清网络摄像机，为校园安全保驾护航。教育系统互联网出口升级到12.6Gbps，以满足师生对宽带网络的需求。

## （三）实施数字化改革赋能课堂教学，开展教学AI工程

通过多终端教育技术应用，提升课堂教学效果。一是强化教学资源的开发和对现有资源的应用。番禺区教育局印发了《番禺区国家课程数字教材规模化应用全覆盖工作实施方案》和《番禺区使用国家中小学智慧教育平台等五大平台开展教学应用指南》，进一步强化融合应用。二是强化多终端融合应用。创设基于智慧学习卡、智能学伴、智慧纸笔、大数据精准教学与智慧作业管理平台等的新型智慧互动教学环境，探索借助新型智慧教学应用模式实现"双减"目标。目前，番禺区开展以智慧学习卡为终端的智慧课堂实验校有28所，班级有340个，智能学伴实验班有30个，涵盖小学、初中、高中学段，实验学生16362人。三是以区域数字化听评课为切入点，推进教研数字化转型。建立"融乐"课堂数字化评价量表，区域数字化听评课系统已接入"番禺教育数字化中枢平台"。该系统收集和分析了番禺区不同年段、学科、学段和教师的课堂教学评价数据，最终形成区域数字化听评课大数据驾驶舱，为番禺区教研治理决策的精准高效、校区和学科建设的强化提供了科学数据支持。

## （四）开展以培养数字能力为基础的区域培训，提升教师数字素养

到2023年上半年，番禺区共有24651人次参加了"中小学教师信息技术应

用能力提升工程2.0"研训。其中，网络研修完成率为95%，校本研修完成率为93%。通过参加上述研训，全区中小学及幼儿园校（园）长的信息化领导力、教师的信息化教学能力以及培训团队的信息化指导能力均得到了显著提升，实现"三提升一全面"的总体目标任务，为教育数字化转型提供了有力的人才保障。

### （五）全面落实数字化网络安全工作，筑牢网络安全屏障

网络安全是教育数字化的前提和保障，番禺区教育局切实筑牢教育数字化网络安全屏障（见图2）。具体工作如下：一是建立网络安全管理体系，制定并实施网络安全政策和规章制度。二是开展专项网络安全整治行动，包括排查虚拟货币"挖矿"行为、整改信息系统弱密码，加强关键时期网络信息安全管理，并全面清查信息系统以落实网络安全保护等级测评工作。三是加强网络安全基础设施建设，从技术层面提升安全防范能力，建立网络安全态势感知系统，实时监测网络和系统的安全状态。四是强化网络安全意识，通过开展校园网络安全教育系列活动，不断提升教育系统人员的网络安全意识。在全区教育系统的共同努力下，番禺区在网络安全方面取得了显著成果。2021年，番禺区荣获广东省教育厅颁发的"广东省校园网络安全示范区"称号（广州市唯一，全省共5个名额），并有3所学校被评为"省校园网络安全示范校"。2022年，番禺区又有15所学校（占全市44%）获此殊荣。

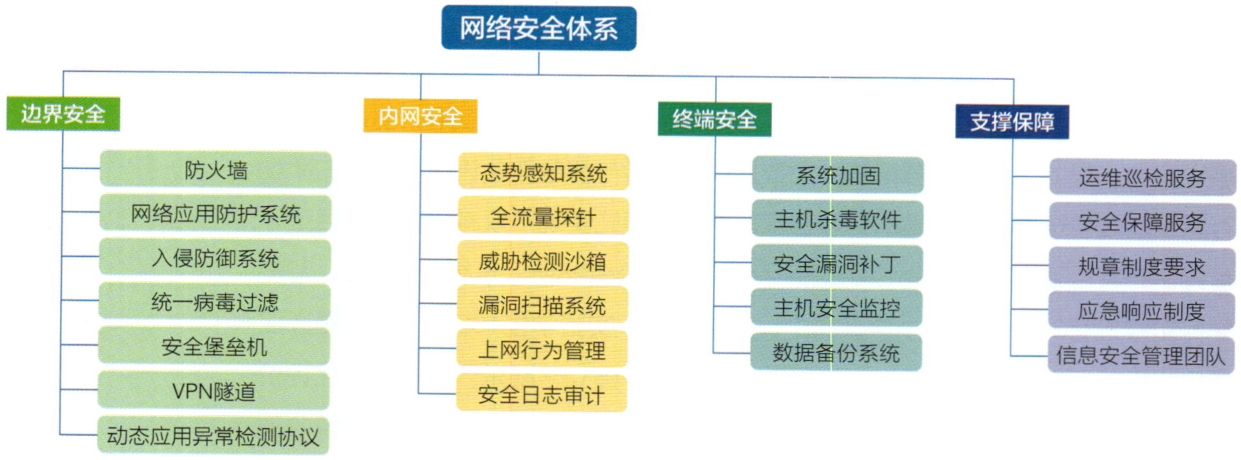

图2 ▼
"番禺教育数字化中枢平台"网络安全体系框架

```
                          网络安全体系

   边界安全          内网安全          终端安全          支撑保障

   防火墙            态势感知系统        系统加固          运维巡检服务
   网络应用防护系统     全流量探针         主机杀毒软件        安全保障服务
   入侵防御系统        威胁检测沙箱        安全漏洞补丁        规章制度要求
   统一病毒过滤        漏洞扫描系统        主机安全监控        应急响应制度
   安全堡垒机         上网行为管理        数据备份系统        信息安全管理团队
   VPN隧道           安全日志审计
   动态应用异常检测协议
```

## 三 应用"中枢平台"初显成效

截至2023年10月，"番禺教育数字化中枢平台"已获得阶段性进展，具体情况如下。

**一是全覆盖完善架构**。全区教育系统共592个单位已全面完成局校互联工作，实现100%覆盖。目前，已有55622名教职工和774541名家长成功加入平台，并有专人负责持续更新组织架构。

**二是全方位增强黏性**。全区公办学校已统一使用区域网出口，并在2023年9月实现企业微信登录认证上网，从而有效增强软件的用户黏性。目前，教师日平均在线人数超过教师总人数的95%。

**三是全流程整合应用**。已对接中国知网、小学资源网、中考资源网、高考资源网，为全区教师提供一站式的资源访问服务。只需通过中枢平台认证，教师即可自动获得访问这些网站资源的权限。同时，完成中国移动、中国电信、中国联通的5G教育专网建设，并开发教育城域网故障报修、值班交班登录等功能。目前，教育督导信息管理平台、教师发展中心听评课系统等应用已顺利接入中枢平台。

**四是全应用服务师生**。在2023年9月8日和15日的暴雨红色预警生效期间，教育局通过中枢平台迅速、准确、统一地向全区77万余名家长推送停课或延时放学通知，为孩子们的上下学出行安全提供及时的信息支持。

**五是全范围应用培训**。为进一步提升全区师生对中枢平台的使用熟练度，教育局2023年3月23日在广东仲元中学举办"番禺教育数字化中枢平台"应用培训。培训提供了详细的平台操作说明，并全部制作成微视频，方便师生、家长随时学习使用。这些微视频具有直观易懂的特点，适合不同技术水平的用户学习。

**六是示范引领成效明显**。2023年10月20日至22日，中国教育装备行业协会在国家会展中心（天津）举办"推进教育数字化技术装备创新应用交流会"。会上，"番禺教育数字化中枢平台"再次展现其卓越实力。番禺区市桥黄编小学以"'数·智'管理 助力学校发展"为题，分享其基于该平台实现的精细化管理经验。案例详细介绍如何通过构建智能移动办公平台、家校社共育平台、教学管理平台、安全护航平台等四大平台，实现"一平台统管理"的精细化管理目标。这种管理模式不仅可以简化工作流程、提高工作效率，还能更好地关注师生的个人发展需求，为师生发展提供科学、客观、全面的数字支持。这一成功案例为区内各学校提供了可借鉴的经验和启示，也进一步证明了"番禺教育数字化中枢平台"在推动学校数字化转型方面的巨大潜力。

面对新一轮科技革命的浪潮，番禺区教育局将主动求变、积极作为，以数字化转型助推教育强国建设为目标，努力办好人民满意的教育，为番禺教育的高质量发展贡献力量。

# 智慧作业，变"题海战术"为"靶向赋能"

## 四川省成都市青羊区教育局

### 一 背景介绍

作为全国基础教育综合改革实验区、全国义务教育优质均衡先行创建区、全国教育改革创新先进区、国内第一批开展未来学校建设研究的区域，长期以来，四川省成都市青羊区始终将信息化、数字化作为开辟教育发展新赛道和支撑教育优质均衡发展的重要引擎。"双减"政策出台以来，青羊区顺应数字时代需求，强化数字技术赋能，多方发力走深落实，发布《青羊区中小学教育教学常规管理手册》《青羊区现代课堂学科规范标准》《青羊区作业设计指导意见》等相关规范准则，推动学校"双减"工作落地落细。

同时，为数字技术充分赋能区域教育优质均衡发展，青羊区精准聚焦，主动作为，充分发挥作业的育人功能。针对区域作业管理统筹力度不够、集体研究缺乏、课堂效率不高以及作业针对性不强等问题，为区域6所"强校工程"实验校（初中）开发引入"青羊区智慧作业云平台"，贯彻系统设计与多方参与的理念，通过区校共研、数字赋能，实现"区、校、班、家"四级联动，实现作业监管智慧化，促进教育管理、教研以及学校教师形成合力，助力学生脱离"题海战术"，实现"靶向赋能"（见图1）。截至2023年12月，"青羊区智慧作业云平台"共覆盖区域6所初中学校、40个班级、138名教师、1830多名学生。

### 二 经验做法

围绕"作业管理"与"提质增效"两大核心目标，青羊区以智慧化的作业管理助力区域教育优质均衡发展，区校协同，构建"区、校、班、家"四级联动机制，实现教育管理者、教研员、教师、家长的多元参与。

#### （一）区域统筹，研管并驱保障资源适切性

教育数字化的推进要牢牢把握"方法重于技术、组织制度创新重于技术创新"

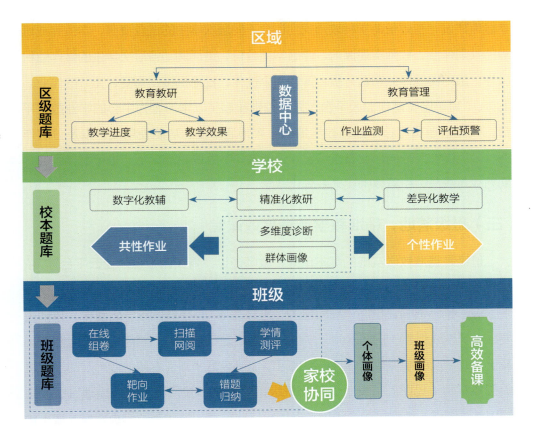

的工作理念。青羊区从区级层面统筹布局，以作业为切入点，打造本地化高质量题库辅助作业设计，利用数据分析诊断问题反哺教学管理。

共建试题资源平台，打造高质量"区级题库"。区域教研员牵头，联合100多位一线教师组成命题团队，根据实验校的学情校情，定制开发独具适切性的题库。当前，加上互联网资源库，平台题库现有题目1300多万道，分为基础类（A类）、适中类（B类）、拓展类（C类）等不同的难易程度，约覆盖1200本教材，涵盖4000多个知识点。

构建作业数据中心，开展精准、及时的评估预警。"青羊区智慧作业云平台"通过全域全样本采集作业数据，初步实现了对教育教学与作业管理的全域关注与监测。以作业时长为例，通过智能扫描采集作业完成耗时，以周、月、学期等为周期进行统计，可以全面摸清各校作业布置的基本情况，进而及时向作业负担过重的学校发布预警，并进行跟踪监测，倒逼学校将"双减"工作落地落细。

## （二）因校制宜，校本教研满足需求多样性

基于区域的统筹安排，各实验校因校制宜，强化校本教研，充分发挥学科备课组的力量，结合学校发展实际需求，充分应用区级题库以及互联网资源库，打造"校本题库"。例如，有学校通过探索作业分层设计，重点打造分层式的校

本题库建设，有效帮助学科教师找到适合不同层次学生的试题资源，学生完成班级的共同作业，教师实现课前、课后学情分析，进而调动各层次学生的做作业积极性，最终实现作业布置分层、弹性和个性化，杜绝机械、重复、无效的作业。此外，"青羊区智慧作业云平台"为学校构建起了以学习者为中心的学业数据平台，校级管理员可总体把握教学情况、教师活跃度、功能使用度，以及分层作业、分组作业、靶向作业布置情况，还能基于数据的精准分析，进行群体画像，助力教育决策，引导教师实施差异化教学。

## （三）班级落地，精准教学塑造高效课堂

班级是精准教学实施的基本单元，教师通过"青羊区智慧作业云平台"，依据班情学情和教学需求，在区级题库、校本题库以及海量互联网资源题库的支撑下，进一步筛选构建精准、高质量的"班级题库"。在具体教学实践中，教师主要经历"在线组卷—扫描网阅—学情分析—错题归纳—靶向赋能"这五个阶段。基于及时精准的学情数据分析，平台可制作班级群体画像，帮助教师及时了解班级整体学情（见图2）。此外，基于班级错题记录，教师可进一步梳理班级学生知识体系图谱，结合平台资源库、各层级作业题库，迭代更新班级题库，在平台的辅助下生成靶向性阶段自测，通过分层作业、分组作业以及靶向作业等多种形

图2 ▼
班级作业分析

式，科学合理地为学生设计个性化作业。

### （四）家校协同，智慧管理实现靶向赋能

"青羊区智慧作业云平台"还可进一步促使家校发挥协同作用。学生通过平台的作业情况、错题记录，可生成个人错题集、梳理知识体系图谱。家长通过客户端也能够深入了解学生作业情况以及学习情况，进而进行针对性的辅导。同时，平台基于学生基本作业数据，进一步为每位学生生成错题本，制作学生个体画像，一人一案，形成持续、循环追踪的数据，结合学科知识点、考点、训练点、能力点，筛选出适宜每名学生的个性化作业，进行一对一推送，向学生提供高效的靶向作业，大大减少了学生的无效作业时间。

## 三　实践成效

### （一）"双减"成效显著，促进了区域教育优质均衡发展

通过数字化赋能作业监测与管理，青羊区实现了精准的作业管理、评估与预警，"双减"效果显著：一方面，作业量有效减少，80%的学生表示自己可以在规定时间内完成作业，对作业压力的感受是"正好"；另一方面，作业类型增加，88%的学生表示学校会布置实践性作业和解决问题类的综合性作业。此外，区域教育均衡发展水平有效提升，在教育部对成都市的义务教育优质均衡发展评估中，青羊区位列全市第一，教育满意度居中心城区第一，连续8年获得成都市教学质量提升奖。

### （二）推进数字化转型，有效提升了教师数字素养水平

"青羊区智慧作业云平台"作为初中"强校工程"定制开发的综合平台，集备课、上课以及作业管理于一体。区校协同，研管并驱，"青羊区智慧作业云平台"促进了对实验校的支持力度，构建了本土化题库，涵盖1300多万道题目、超26000份区本课件，覆盖近1200本教材、4000多个知识点，激发了实验校发展的内生动力，加快推进了学校的数字化转型进程。此外，教师数字素养水平显著提升，约90%的教师表示，平台能够为教师提供便利的教学支撑，提升了教师用信息技术和数字工具优化教育过程的积极性。2023年，在基础教育精品课遴选中，青羊区20多节课被评为市级推优课程，相关单位被授予"成都市基础教育精品课活动先进单位"荣誉称号；在四川省微课大赛中，青羊区29名教师在省级层面斩获佳绩，388名教师在市级层面斩获佳绩。

## （三）加强家校协作，实现了学生靶向赋能

"青羊区智慧作业云平台"有配套的家长端，家长端具备查看作业、错题归因梳理、查看学习报告等功能，使得平台成为连接学校、孩子和家长的纽带，进一步加强了家校协作。调研显示，93.3%的家长会持续从学生的作业反馈中了解学生的学习状况。例如，家长刘女士表示，自己会经常和孩子一起根据平台数据分析学习弱项和不足，周末帮助孩子根据平台记录整理错题。此外，学生基于错题集可以针对性地纠错和归因，最终平台通过学情数据布置靶向作业，高效助力学生发展。最新的监测数据显示，青羊区学生学业发展质量显著提升，相关指标得分率均高于成都市平均水平。

"青羊区智慧作业云平台"的应用有效推动了区域的作业数字化进程，为教师提供了课堂精准教学的数据支持，同时助力教师实现对学生作业的个性化指导，变"题海战术"为"靶向赋能"。

# 依托数字化转型　构建区域智慧教育新生态

### 北京市海淀区教育科学研究院

## 一　开展数字教育创新实践的背景

　　北京市海淀区作为全国知名的科技、教育与经济强区，历来将教育作为区域发展的"金名片"。教育部实施国家教育数字化战略行动以来，海淀区因时乘势，把住"稳发展"基本盘，聚焦"促创新"关键词，关注丰富教育教学优质资源供给，坚持把教育信息化作为教育现代化的有力支撑，推动教育新型基础设施建设，以新技术培育教育发展新动能，以"互联网+"教育更好实现教育有效均衡，在完善环境保障、优化资源供给、提升师生数字化素养、创新教育发展、助力教育治理等方面大胆探索、量力而行，努力打造智慧教育"样板工程"，稳步构建高水平教育现代化新样态。

## 二　实践创新举措

### （一）打造集约高效的支撑体系

　　海淀区坚持实用化发展，基于真实的、核心的业务场景需求，按照区域统筹、集约高效、绿色安全、自主可控的原则，先后统筹实施了"智慧教育云中枢""智慧教室"等项目。截至目前，全区已有86个业务系统平台迁移至海淀区"智慧教育云中枢"，为构建精细化、协同化、智能化的教育管理体系提供了强大的支撑。"智慧教室"经过三期的建设，实现全区95%以上的教室具备开展"三个课堂"的环境条件。建设完成的海淀区智慧教育软件服务体系支撑平台，为海淀区各类智慧教育平台提供统一支撑，目前支撑平台已接入4个市级业务系统、12个区级业务系统，累计有近120万条数据，建立主题分析专用数据集129个，制作报表112类，持续助力海淀区推进教育数字化转型。

### （二）提供丰富适用的学习资源

　　**开展数字化教育资源共建共享**。海淀区建设智能化教育资源公共服务平台，汇聚互联网上各类教育、教学、科技、文化等优质资源3万余个，"海淀·空中课堂"资源1.2万余个，优质作业题库题量超18万道。海淀区充分发挥区内各中小学骨干教师、名师的示范作用，积极开展数字化教育资源共建共享，生成的教育资源一部分供给国家中小学智慧教育平台，共包含11个学科的2000余个课程资源包，另一部分按照每年不少于6000个教育资源的进度，补充至区中小学资源平台。

**推动优质教育资源辐射与帮扶**。依托海淀区教育系统云课堂直播平台、海淀区教师研修平台，开展"海淀'大教研'之一体化联研"的系列实践。目前，云课堂直播平台已邀请上百位全国、北京市知名专家开展了近200场培训课程，约12万名教育工作者参加了直播课程培训。教师研修平台为460个学校和单位、156名学科班主任、40879名学员，累计建立了352门在线研修课程，组织开展了4500余次研修活动，实现了184万人次在线学习，辐射范围涵盖北京市内其他区县以及新疆和田县、内蒙古科尔沁右翼前旗、四川大凉山等教育资源薄弱地区，目前参与人数稳定在每月2.5万余人。

## （三）促进点面结合的素养提升

海淀区建立了教师专业发展动态追踪与过程评价体系，对不同发展阶段的教师进行多维度的能力与素养评价，通过数据支撑教师的持续发展。海淀区将赛事驱动与课程教学相结合，实现以赛促学，提升学生的数字化素养。多次举办的海淀区"智慧杯"中小学生计算机程序设计大赛、中小学物联网大赛等已发展成品牌活动，通过营造激发学生实践精神和提高学生创新能力的氛围，引导学生知行合一、全面发展。此外，海淀区加快了科技创新人才早期培养的力度，率先与清华大学计算机科学与技术系合作，成立人工智能创新人才早期培养班，从初一年级开始，连续五年对优秀学生进行科学与技术的系统化培养，为我国科技人才培养和建设科技强国提供后备力量。

## （四）开展内涵丰富的模式探索

海淀区按照"以资源供给为基础、以教学指导为重点、以线上巡课为抓手"的区域研究指导路径，开展区内校际混合式教学模式的探索实践。积极开展跨区域教师远程协作的模式创新，以"双师课堂"为载体，通过跨区域教师协同备课、协同教学，探索出一条教师柔性交流的新路径。同时，海淀区抓住创建教育部"基于教学改革、融合信息技术的新型教与学模式"实验区的发展机遇，实现教学模式从分散探索到融合创新的升级。海淀区一大批优秀的信息化新型教与学模式多次在全国范围内做经验分享。

### （五）创新先进高效的治理方式

海淀区依托软件支撑平台和大数据分析工具，创新数据应用，为疫情防控、办学布局调整、义务教育教师交流轮岗、幼儿园招生管理、班车线路设计等提供决策支撑。在"双减"政策背景下，海淀区加强校外培训治理，针对校外培训机构开展"阳光教室"建设，将校外培训机构的视频监控图像联网，同步上传至区教委视频监控平台。助力"平安校园"建设，海淀区主动使用智能安防平台、智能地面、定向广播等技术，取得非常理想的效果。

## 三　主要成效

### （一）先行先试，聚力打造智慧教育应用试验场

海淀区委、区政府搭台，成立海淀互联网教育研究院，汇聚政、企、研、校、社各方面的教育专家，建立教育数字化转型的产学研联盟，以智慧教育创新应用场景——北京一零一中·未来学校为突破点和试验场，聚力落实智慧教育应用，探索泛在、灵活、智能的教育教学新环境，构建教育数字化转型下的人才培养新模式。在这个试验场中，北京大学、清华大学、中国科学院大学等高校与一些科技企业共同创建了各类创新实验室及创新学习空间，并以此为基础探索出了40余个创新应用场景。

### （二）数据赋能，助力区域智慧教育管理创新应用

**以大数据分析助力教师交流轮岗。**海淀区在落实全区义务教育教师交流轮岗工作中，利用大数据分析技术，搭建教师交流管理系统，以全区综合分析、各学区情况分析、各集团校情况分析、小学成绩分析、中学成绩分析、体质健康成绩分析、学科教师分析等7个分析维度，建设10余个数据模型（见图1），对近70万条数据进行全维度分析，形成17个学区、38所集团校、134所学校的精准画像，锁定127所符合输出要求的集团校和非集团校，确定其输出任务比例，并锁定6814名符合要求的可轮岗教师，由此推动教育决策由经验驱动转向数据驱动，教育服务由被动响应转向主动提供，促进教育治理进一步精准化和教育服务供给品质提升。

**大数据助力精准教学，赋能教育教学减负增效。**海淀区基于人工智能、大数据、知识图谱、智能阅卷等技术，通过搭建学校大数据精准教学平台，多渠道、智能化采集线上线下学业数据，建立精准的学生画像；构建学科知识

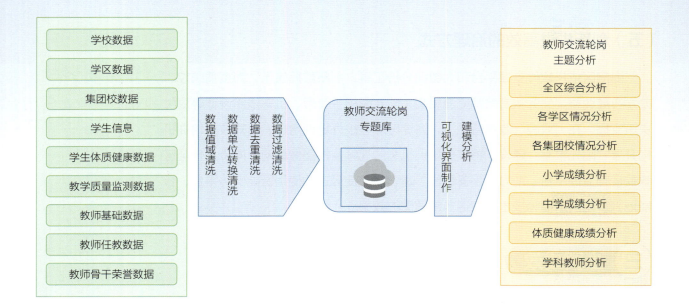

图1 ▲
依托大数据平台建立教师轮岗主题分析

图谱，根据学生画像为教师精准推荐班级学情分析和教学辅导资源，提升教学效率和精准性；为学生匹配个性化学习资源，有效提升学习效率和质量。截至2022年12月，海淀区已有包括北京一零一中学、清华大学附属中学、中国人民大学附属中学等58所中小学校、9521名学科教师常态化应用大数据精准教学平台开展日常考试阅卷、质量评价、精准教学、学情跟踪及题库组卷工作，共支撑24937次考试练习与学业数据采集，为教师提供超50万道练习试题，累计为师生智能生成超8500万份学情分析报告，实现了信息技术支撑下师生教与学的减负增效。

## （三）以智护心，创新区域师生阳光心态培养方式

针对学生心理健康的严峻形势，充分利用大数据和人工智能技术，研发海淀区中小学心理危机管理系统，通过人工智能减压亭/舱和树洞小屋等多终端、多类型的资源，为每位学生提供专业心理健康交互与学习空间，各终端共提供超300个心理测评、教育、减压放松资源，让每一位学生都能享受到心理健康教育和辅导服务，促进学生自我认知的发展，增强学生心理调节能力。同时，海淀区利用心理测评平台，将学生心理健康情况由线下的全面摸排转换为线上的关键性记录，加强了对异常信息的收集，并通过专业分析研判，深化了对重点群体的心理档案数据管理，强化了对异常学生及心理问题严重学生的动态化管理。面向普通教师、班主任、心理教师，分层分类提供学生日常教育、家校共育、心理教师成长等资源，通过线上课程的方式，让教师掌握心理健康知识，提升教师心育工作能力。

# 数字化赋能教育转型的南山路径
## 广东省深圳市南山区教育局

## 一 转型背景

南山区作为深圳市经济大区、创新强区和教育高地，在教育数字化转型的浪潮中紧跟时代趋势，积极贯彻"建设数字中国"的方针，走出了一条独具特色的教育数字化转型路径。《南山区教育发展"十四五"规划（2021—2025年）》围绕教育数字化提出打造三个"先锋城区"的发展目标，即"区域教育治理现代化的先锋城区""创新人才培养的先锋城区""智能教育发展的先锋城区"。《南山区教育信息化"十四五"发展规划》为落实目标，进一步提出新理念、新基建、新师资、新模式、新机制、新素养、新评价、新治理的数字教育"八新"变革，积极回应教育数字化转型的时代命题。

教育数字化赋能基础教育先锋城区创建

新理念 · 新基建 · 新师资 · 新模式 · 新机制 · 新素养 · 新评价 · 新治理

**数字教育"八新"变革**

## 二 主要做法

### （一）推行"共性集约+个性自主"的数字基座建设模式，提高投入效益

"共性集约"指区域教育城域网、智慧教育综合服务平台等，由区域统一规划、统一标准、集中建设和分级管理；"个性自主"指学校个性化特色应用平台、未来教室、未来学习中心等，由学校在区域建设指引下，自主设计、实施、应用。目前全区109所中小学和236所幼儿园全面实现有线、无线"双网"全覆盖；全区27万多名师生和25万多名家长都已接入南山智慧教育平台，拥有个人学习空间，实现了学校、教师、学生三类"画像"，精准指导学生成长，指引教师发展，助力家校共育，从源头上实现"低投入、高效益"的经济建设目标。

## （二）构建"课程-空间-环境"的学习空间再造流程，推动学习方式变革

  "课程-空间-环境"指区域要求各学校设计各类创新课程，再根据课程实施需求来设计空间，最后将各个空间融入校园文化大环境。区域按照"普通教室适应未来学习改造""功能室数字化提升""创新实验室建设""未来学习中心""泛在学习空间"五个导向推进数字化教学创新空间建设，支持师生线下学习；积极应用国家智慧教育公共服务平台，开展教师培训，挑选优质资源促进学生自主学习，建设师生线上学习空间。目前，全区建设了113间未来教室、88间创新实践室、63个未来学习中心、65个泛在学习空间（见图1）。

图1 ▼
南山区中小学创新
教学泛在学习空间

## （三）创新教育数字化转型"三个协同"机制，解决推进过程真问题

  推进区域教育数字化转型，机制创新是核心，教学应用是导向，南山区为了解决区校工作脱节、技术与业务"两张皮"、服务滞后等问题，创新了区校协同、部门协同和校企协同等机制。

  **区校协同：打造"一官两员两师"校级数字化队伍。**区教育局印发文件要求各学校成立信息中心（或教育技术中心），指定一名中层干部担任中心主任（"首席信息官"），设立学校网络管理员和应用系统管理员，培养一名教育技

术名师和多名学科技术导师，解决区教育局与学校工作脱节和推进不力的问题。

**部门协同：组建"1+1+N"数字化学习共同体**。一名学科教学名师配一名教育技术名师或一名学科技术导师，带多名学科教师，组织一个数字化学习共同体，开展创新应用研究，提升教师数字素养，解决技术与业务"两张皮"问题。

**校企协同：推行"政企校"多方参与建设和安全运维机制**。探索建立"政府主导投入、企业参与提供、学校购买服务"的教育数字化发展机制，学校可根据实际情况，开展多层次的外包服务，解决技术更新太快而服务滞后的问题。

## （四）探索"UGS"应用推进模式，建设多元应用形态

**构建区域范式，形成校际联盟**。南山区充分利用高校或科研机构力量与资源，采用"高校–政府–学校"（University-Government-School，UGS）模式，即政府根据区域教育数字化创新应用需求，提出方向和目标，再从全国高校或科研机构遴选成熟的项目，由学校自主选择申报，成立项目协作体或联盟，践行"扎根课堂、培养教师、变革教学"的理念。南山区与中国教育科学研究院、教育部课程教材研究所、北京师范大学、首都师范大学等科研机构和高校遴选五个创新应用项目，62所学校参与，每个项目带领一批学校组成联盟校，鼓励校际成果与经验交流。

**鼓励校本创新，呈现多元形态**。"十四五"期间，南山区承担了"智能时代教与学方式变革的实践探索"和"信息技术支撑学生综合素质评价"两项国家级课题的试点工作，要求学校结合校本，自主创新。南山区目前共有467个学生自带终端（Bring Your Own Device，BYOD）教学班，开展教育数字化校本创新应用研究，初步形成了教育数字化创新应用区域基本式与学校的四种典型变式——基于慕课的翻转课堂教学模式、基于APP的创客式教学与游戏化学习模式、基于智能教学平台的个性化学习模式、STEAM课程探索。

## （五）营造创新人才培养生态，提升师生数字素养

南山区结合未来教育的理念，精心选择国家智慧教育公共服务平台上的学习资源作为本土资源的扩展，提升学生的综合能力和创新素养，为培养拔尖创新人才奠基，开创了一系列特色创新项目。

**探索5G建设与人工智能教育**

南山区大力推进中小学5G基站建设，全区65所学校建设150个宏站。印发《南山区中小学推进人工智能教育的指导意见》，在全市率先推进人工智能普及教育，打造全国"人工智能教育示范区"。

大力推动中小学创新教育，启动"南山少年创新院"项目，全区已挂牌49所分院学校，建成80个创新实验室、100多个学生科技社团，利用南山高新技术企业资源，遴选了26个中小学创新实践基地，学生创客作品多次参加"高交会"路演。

**成立区域少年创新院**

**开发"校园No.1"平台**

秉持"教育的本质就是发现与唤醒"的理念，原创开发"校园No.1"网络竞技平台。目前各级赛区共有386个，受理通过了420个在线竞技项目，累计产生了3697项全国分年级纪录，当前纪录1880项，累计参与人数超过30万人。

启动"面向未来创新人才培养行动"，目前正与深圳零一学院合作，培养37名创新型教师，由这批创新型教师在区域内组建"零一班""零一社团"，培养区域创新型学生及教师。

**组建零一班或零一社团**

## 三 应用成效

### （一）"一官两员两师"数字化师资队伍建设模式受到国家级肯定和推广

2013年开始，南山区要求各中小学组建"一官两员两师"的数字化师资队伍，推动学校的数字化应用工作。在2017年全国首批教育信息综合应用试点验收期间，教育部科技司两次来南山区调研"一官两员两师"的建设模式。2018年，教育部下发的《教育信息化2.0行动计划》中写道："各级各类学校应普遍施行由校领导担任首席信息官（CIO）的制度，并明确责任部门，全面统筹本校信息化的规划与发展。"2019年7月16日，该模式得到《中国教育报》的报道推广。

### （二）"1+1+N"数字化应用学习共同体建设模式在省内大范围推广

2016年，南山区要求区级以上"名师工作室"以"1+1+N"模式建设成为数字化学习共同体，目前已建成区级共同体245个。2018年，广东省教育厅来南山区调研，充分肯定了南山区这一做法，建议全省推广。2019年开始，广东省的名师和名校长工作室都要求加入一名"信息技术专家"。

## （三）国家智慧教育公共服务平台助力师生数字素养提升

全区有109所中小学、236所幼儿园、25万余名师生，利用国家智慧教育公共服务平台开展管理、培训、教研，以及教与学方式的探讨，实现了"三个100%"，即100%的中小幼参与、100%的教师达标、100%的单位通过平台对接使用，推动全区师生数字素养全面提升。与国家、省、市各级智慧平台共享优质创新课例1445节，入围省、市示范资源331节。南山区先后被评为教育部"信息技术支撑学生综合素质评价试点区"、广东省"中小学教师信息技术应用能力提升工程2.0优秀试点区"。全区拥有深圳市智慧校园示范校23所，约占全市的25%。

## （四）创新人才培养成果丰硕

南山区通过打造创新人才培养体系，评选了172名"中国少年科学院小院士"（占全市一半以上）、61名"南山少年创新院小院士"、182名2022年度深圳市中小学"明日科创之星"。2023年，2名南山学子获评广东省"最美南粤少年"，19名南山学子获评深圳市"最美鹏城少年"。在2023世界机器人大赛锦标赛中，南山学子共获6项冠军、2个二等奖、4个三等奖。

## （五）"南山经验"为国家教育数字化转型贡献智慧

南山区先后获评"全国教育信息化创新应用典型区域优秀实践奖"、教育部"第一批教育信息化区域综合应用优秀试点区"。几乎每周都会接待两三个不同地方来访调研的团队。2023年共计接待约40个地区的调研团，既包括北京、上海、江苏、浙江等东部地区，也包括广西、青海、甘肃、新疆等西部地区。南山区近年来多次在国家级研讨会或论坛上，就"南山区未来学校规划建设探索与实践""南山探索拔尖创新人才培养之路，赋能教育高质量发展""核心素养导向下学生评价改革的南山实践""数字化赋能教育，创建基础教育先锋城区"等主题对数字化赋能南山教育高质量发展的探索进行分享。

# 以教育信息化应用创新实验室为引领，探索区域教育数字化转型路径

重庆市南岸区教育委员会

重庆市南岸区作为教育信息化建设相对滞后的西部地区，一直探索科学建设和有效应用，以信息化应用为导向，推进教育数字化转型。自2020年成为教育部"基于教学改革、融合信息技术的新型教与学模式"实验区，承担教育部三期课改任务以来，南岸区牢牢把握"教育数字化"这个教育现代化的基本内涵与显著特征，坚持应用为王，聚焦信息技术与教育教学融合创新，以教育信息化应用创新实验室为引领，探索区域教育数字化转型模式。

## 一 教企合作，探索教育数字化创新之路

在数字经济迅猛发展的今天，平台赋能已成为数字社会发展的常态。为提升南岸区教育数字化管理能力，2019年7月，南岸区打造区域教育信息化平台基座，赋能数字化条件下的教育管理、线上办公、直播教学、家校联系等应用场景。全区94所学校全部接入，覆盖教师7392人、学生127800人、家长239700人。2020年1月起，南岸区开展线上教学、线上办公，保障了全区师生"停课不停学"，线上平台专属的安全性、应用接入的开放性、即时交流的便捷性，得到了有效印证。同年9月，南岸区教委签订合作框架协议，在南岸区构建全域覆盖的教育数字基座，为南岸教育探索局校管理、家校协同的教育数字化应用创新模式提供强有力的技术支撑。2022年7月，南岸区教委与相关企业合作共建了南岸教育信息化应用创新实验室，探索创新、实践、应用的教育信息化能力提升模式，以信息化应用创新驱动区域教育数字化转型，推进区域教育现代化发展。

## 二 聚焦实践，构建区域教育数字化转型模式

### （一）赛训结合，激发教师创新活力

在数字时代，具有高水平数据思维、数字技能、人机协作能力的复合型数字

人才是教育现代化建设的主力，是推动教育数字化发展的关键。南岸教育信息化应用创新实验室助力南岸区教育信息化发展，重操作、重实践、赛训结合、分层培养，构造数字化创新人才雁阵，助推南岸区国家级信息化教学实验区的教育数字化转型。

2021年9月，南岸区组织开展"智创杯"教育信息化应用创作赛训活动，全区120多所中小学幼儿园的近万名教师参加线上学习，从中选拔的961名教师通过线上线下学习，获得区教育技装中心、区教师进修学院以及合作公司的三方联合认证。在全面培养的基础上，组织开展教育信息化应用创作比赛，着力发掘培养数字化教师专业人才。教师们针对学校行政管理、教育教学、后勤管理、家校联系等痛点、堵点，运用信息技术手段，自主设计研发、提交并评选出数字化解决方案优秀作品56件，其中8名教师脱颖而出，获得"校园数字化创新专家"称号，2件作品参加全球教师教育设计大赛并获三等奖。南岸教育信息化应用创新实验室通过成员培训、定制服务、应用推广的举措，不断激发教师创新活力。

## （二）融合应用，推动学校数字化转型

赛训结合的低代码应用实践活动，激发了教师信息化创新的热情，各基层学校积极组建项目组，引导教师借助低代码应用技术，开发应用程序和系统，发现和解决学校教育教学和管理中的问题。目前，由学校教师团队开发的50多个应用程序已上线运行。

重庆市第十一中学校创作团队结合学校教学常规管理中的教师听课工作，研发了教师听评课管理系统（见图1）。教师在手机终端操作，后台自动汇总数据，极大地减轻了教师负担。珊瑚鲁能小学校作为一所体育特色学校，创作团队整合学校体育课、体育活动、肥胖儿童干预、视力健康等内容，研发了体质健康智慧管理系统，已形成学校健康管理大数据池。南坪实验融创小学校创作团队针对集团化学校校点分散，设施设备更新、维修、领用审批难的状况，研发了"融宜管"系统（见图2）。重庆市龙门浩职业中学校创作团队针对大型学校教师绩效考核点多、数据量大、程序复杂的特点，研发了教师绩效综合考核系统，实现考核过程的透明、公平、可操作性强。这些贴近学校管理的创新型数字化应用成果，小切口、泛应用，直击学校信息化痛点，得到了广泛的推广。

## （三）创新模式，探索"一校创新、多校应用"的成果转化机制

为进一步支撑区域教育的数字化转型，实验室专门聘请重庆大学信息化专家指导和培养南岸教师应用创新团队，分梯次遴选具有教育信息化应用创新能力的优秀教师加入实验室，形成南岸区教育数字化领军人才培养机制。实验室还积极

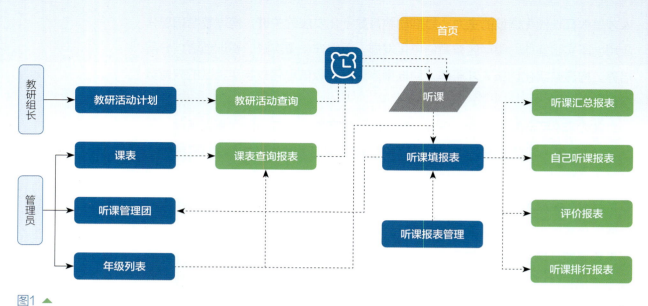

重庆市第十一中学校听评课管理系统设计流程

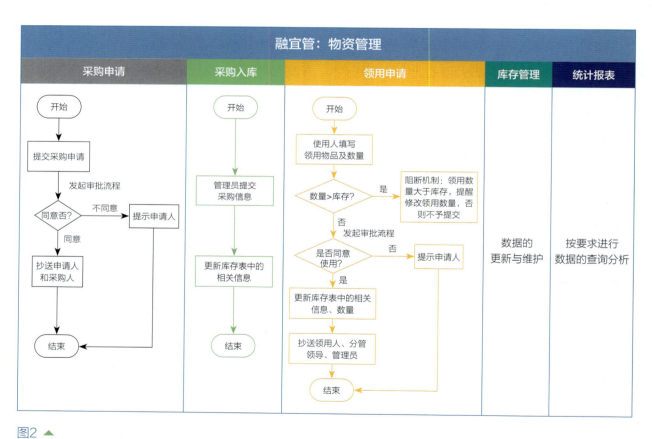

重庆市南坪实验融创小学校"融宜管"系统

探索"一校创新，多校应用"的信息化应用创新成果转化机制，形成学校定制、实验室研发、企业推广、多校应用的成果孵化模式，从应用覆盖入手，提升教师信息化素养，以信息化应用创新驱动学校数字化转型。

## 三 需求导向，形成区域教育数字化转型新样态

南岸区以低代码应用创新研发为抓手，推进教育教学和信息技术深度融合工作，在全区广大教师中形成了良好的推动效应。应用开发的过程引导教师们更加关注学校管理和教学中的技术支撑作用，在学习中应用，在应用中提升，对整体提升全区教师信息化素养、推动教育数字化转型，起到了良好作用。

### （一）直击痛点，研发小切口应用成果

首批实验室成员基于本校及地区实际，发现学校教育教学过程中的痛点、堵点，运用信息技术解决，契合问题导向、需求导向的教育信息化路径，已开发出珊瑚鲁能体质健康智慧管理系统、南坪实验融创小学校"融宜管"系统、龙门浩职业中学校教师绩效综合考核系统等优秀数字化应用成果。在实验室指导下，重庆市第三十八中学校在劳动教育的课程体系建设中，研发"三域三元劳动教育工作平台"，实现了劳动教育过程可视化、评价与结果管理数字化，创新了初中劳动教育管理模式。

### （二）转化包装，形成数字化应用辐射机制

实验室对成员优秀成果进行转化、包装、宣传，在南岸区、重庆市及全国范围推广，并在多个应用上进行推广。截至目前，实验室开发的教师绩效综合考核系统和体质健康智慧管理系统等优秀应用，已通过适应性转化，成为更多学校教师熟知的工具。江南小学还借鉴"珊瑚鲁能体质健康智慧管理系统"成果，结合学校特色，研发"跬步成长评价系统"，打破信息孤岛，对学生小学阶段的数据进行收集、整理、整合，绘制出学生数字画像，形成智能化的全样本、全过程、全景式的学生智慧评价模式。

### （三）定制开发，激发数字化创新活力

为激发教师信息化创新活力，南岸区探索学校需求、实验室定制、企业推广的运行机制，促进实验室研究成果的转化，最大限度地发挥信息化创新的带动作用。天台岗万国城小学为达成预习任务单发布、预习成效数字化的要求，实施学校智慧平台的二次开发，定制了"预习管理子系统"，解决长期萦绕教师的预习

资源不足、预习情况不明、预习效度不够、预习评价单一等难题。黄桷垭小学充分展示研学过程，定制了集研学资讯、研学课程、研学基地、研学评价、研学服务于一体的"研学过程智能管理平台"，探索研学旅行课程和管理体系的线上线下融合，打通学校、家庭、社会不同实践场景。

教育数字化转型是一项长期系统工程，南岸教育信息化应用创新实验室在推进区域教育数字化过程中迈出了可喜的一小步。在今后工作中，实验室还应持续研究、深化研究通过低代码应用创新赋能教育数字化转型，变革教育教学方式，重构教育生态，优化教育供给，以教育数字化推动区域教育高质量发展。

# 促进民族地区幼儿园发展的"观摩式"远程教育模式

## 四川省成都市金牛区机关第三幼儿园

## 一 项目背景

帮扶民族地区学前教育发展是重要的民生工程。四川省甘孜藏族自治州作为中国第二大藏区，学前教育资源匮乏、保教质量薄弱，与高质量发展要求还存在一定距离。面对民族地区学前教育提质增效的现实需求，我园作为四川省首批示范性幼儿园，长期践行着城市优质名园的教育帮扶使命。支教或跟岗等传统帮扶活动有着覆盖范围窄、持续周期短、运行成本高等问题，远程教育借助先进技术可破解传统帮扶的局限，但常规资源性网站质量参差不齐，系统性和交互性不足，难以支持教师的专业发展。

《四川省教育信息化十年发展行动计划（2011—2020年）》提出"推进优质教育资源共享"的目标任务。成都作为全国第一批教育信息化试点城市，以优质教育资源建设和师生信息技术能力提升为重点，建设智慧教育云平台，打造全免费数字学校，在破解区域、城乡和校际教育差距方面的行动卓有成效。近年来，成都市积极培育教育信息化发展的土壤，在教育数字化转型过程中涌现出直播式、录播式和植入式等从小学到高中的全日制远程教育模式，然而，中小学网校是让名师通过远程教育直接面向教育薄弱地区学生，而幼儿以获取直接经验为主要学习方式，不能作为网课授课对象。因此，幼儿园全日制远程教育的突破与创新势在必行。

2015年，成都市金牛区机关第三幼儿园因时应势，创建了全国第一所学前教育网校，努力攻克以教育信息化推动薄弱地区学前教育高质量发展的难题，构建了符合民族地区需求和幼儿园特性的"观摩式"远程教育模式，让优质幼儿教育从"千里之外"走到"一米之内"。

## 二 主要经验

### （一）"观摩式"远程教育的内涵、特征和原则

"观摩式"远程教育确立了"更加公平、更高质量"的教育价值追求，以公平和质量为基石，凸显教育均衡的底色和教育质量的底气。

"观摩式"远程教育将观察体验和互动实践有机结合，涵盖"观察学习、解读分析、实践体验、研讨反思"，以学习者选择观看前端教育资源为起点，以学习者与资源、同事、前端教师的反复研讨为动力，推动远端教师从模仿教学走向结合当地资源创造性开展实践（见图1）。

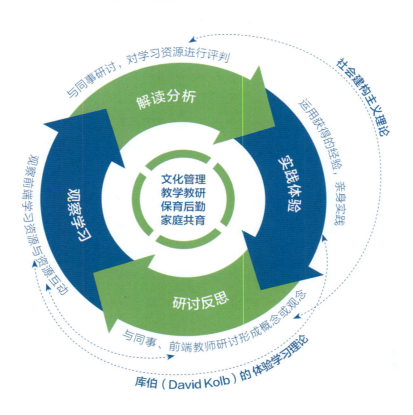

图1 ▶
"观摩式"远程教育的内涵

"观摩式"远程教育具有多元对象、全域资源和活动载体三个特征：着力改变远端幼儿教师以及与幼儿相关的重要他人，服务对象是远端幼儿园管理者、教师、保育后勤人员和家长四类群体，覆盖文化管理、教学教研、保育后勤、家园共育四个维度，充分满足远端园质量提升的需求，教育载体是幼儿园一日活动，远端园学习前端园教学、游戏、生活等活动以及环境创设等具体保教实践。

"观摩式"远程教育遵循共生、精准和交互三大原则。"共生"强调前、远端园各类人员依托资源研发与转化实现共同发展。"精准"强调依据远端园的发展需求和问题反馈不断调试远程教育的内容、流程和路径等。"交互"主张关照远

端学习者的学习体验和需求，强化远端教师与同事、前端教师之间进行多维度研讨。

## （二）设计四类观摩内容，学习资源全域覆盖

教育质量与后勤、管理、家园等息息相关，"观摩式"远程教育为远端园输送文化管理、教学教研、保育后勤和家园共育四类资源内容。文化管理是前端园文化建设与课程理念的全面呈现，教学教研是前端园日常教学活动和集体教研内容的呈现，保育后勤包含卫生保健、膳食管理、保育护理等工作的开展流程、操作规范等，家园共育是各类家园沟通、家长活动的呈现。四类内容是远端园对前端园教育活动进行模仿与创造的基础，以教学教研为核心，实现了幼儿园教育基本内容的全覆盖。

## （三）建构四位一体模式，规范资源研发传输

"观摩式"远程教育依托前端教师、把关教师、远端教师、技术教师"四方协同"的组织模式实现资源的研发、传输，使前、远端园形成教育教学实践共同体。由前端教师示范各类优质课堂、游戏活动，提供专题培训等；由技术教师借助专业设备到活动现场录制采集优质活动素材，剪辑成具有"活动+反思"的完整活动视频；由把关教师对各类活动的质量进行严格把关指导，直到资源质量符合标准；技术教师将资源上传到云平台后，远端教师通过云平台获取教育资源，进行学习转化（见图2）。

前端录制活动　编辑发布资源　远端观摩学习　远端同构课堂

▶图2
"观摩式"远程教育场景

## （四）搭建四级发展阶梯，提升资源转化实效

"观摩式"远程教育强化了远端教师在资源学习中与环境（媒体、人、资源）

的互动。资源转化以远端教师为中心，分为操作交互、信息交互和观念交互三阶历程。操作交互指远端教师与媒体界面的交互，信息交互包括远端教师与学习资源之间的交互、远端教师之间的交互、远端教师与前端教师之间的交互，观念交互指远端教师新旧观念之间的交互。高层次教学交互的发生以低层次教学交互为条件和基础。

为了提升远端教师观摩学习的有效性，远端园教师在交互过程中形成了专业发展的四级台阶（研读、同构、反思、迁移），实现了由随意实践到模仿实践再到创造性实践的递进。"研读"即对同步教学资源进行研究解读，理解前端园的活动设计与组织。"同构"即模仿前端园的教学设计和内容开展活动。"反思"即对同课异构活动进行总结，评价实践转化效果。"迁移"即吸收前端教育教学理念，结合本园实情进行因地制宜的转化（见图3）。

图3 ▶
"观摩式"远程教育的资源转化流程

## （五）构建二维互动路径，实现深入沟通指导

"观摩式"远程教育创新了"线上+线下"交织互补的混合式学习新样态。两条路径综合了线上研修灵活多样和线下研修直接感知的优势，有效增强了前端园与远端园的互动。

### • 线上互动路径：录播+直播+约播

录播、直播和约播开辟了新的互动视角，丰富了远程教育形态，共同构成了多层次的线上研培工作机制，实现了从静态资源"单向获取"向动态"多元互动"的阶梯递进（见表1）。

### • 线下互动路径：前端行+远端行

前端行是指远端教师通过跟岗学习亲身参与前端园课堂教学、课题教研、后勤管理等现场活动。远端行是指前端名优教师深入远端园开展支教活动，帮助远

| 路径 | 具体做法 | 突破点 | 三者关系 |
|---|---|---|---|
| 录播 | 借助信息技术在前端园采集丰富的优质活动资源，线上输送到远端园供其系统学习，遵循**"计划制订→活动采集→活动编辑→活动审核→活动发布"**的流程。 | 实现"移动学习"，弥补了传统研修时间短、成本高等不足。 | 阶梯递进 |
| 直播 | 采用线上**实时直播**的方式开展同步学习和集体互动，进行专题讲座、同步教研、同步会议、学术交流等。 | 实现"集体互动"，打破了前远端的互动壁垒。 | 交织互补 |
| 约播 | **依据远端教师的需求量身定制个性化服务**，对教师容易出现的实践困惑、难题或者思想误区，有针对性地设计教研内容。约定时间同时上线开展共研活动。 | 实现个性化互动，增强了前远端互动的针对性。 | |

端园更有效地开展远程观摩学习，提升远端教师的教学展示及资源应用能力。

▲ 表1
"观摩式"远程教育线上互动路径

## （六）明确资源反馈流程，增强远程教育针对性

为提升资源的针对性，"观摩式"远程教育通过实地考察、访谈、问卷等形式开展远端园调研，形成了"问题反馈、传达接收、分析改进"的资源反馈流程，即远端幼儿园根据学习情况，综合资源的问题、难度、适用程度、自身需求等形成反馈意见，以技术方为中介向前端园进行传达，前端园接收信息后根据远端园反馈的信息与真实需求，及时分析调整资源内容、改进活动设计，不断优化资源的研发供给。

## 三 主要成效

截至2023年8月，学前教育网校已向四川省甘孜藏族自治州等地区共32所远端园输送视频资源2560个，累计时长911小时40分21秒，覆盖288个班级、870位教师和14400名儿童及其家庭。低成本、可复制的"观摩式"远程教育模式产生了显著的改革效益。

### （一）园所管理提效

远端管理者管理观念与水平提升。97.3%的远端园管理模式更加优化，园本教研策略更加多样，教师研培更具针对性，新增省、市级示范园5所。前端园管理更加标准化、精细化、专业化。孵化7所分园，被评为教育部首批民族地区"智能教育试验校"。

### （二）教师发展提能

远端教师转变教育理念，理解幼儿园以游戏为主的理念；提升了专业技能，

掌握了新颖的教学方法；丰富了有关儿童发展、班级管理等的知识。同时，新增高级教师64名、名园长1名。远端保育后勤人员树立保教结合、儿童本位观念，从课程旁观者转变为课程创生者。前端教师快速成长，教师梯队形成周期缩短。前端园近70名保教人员承担远程示范教学，培养省、市级名园长、省优秀保育员、市优秀教育工作者、集团管理干部若干人。

### （三）课程建设提质

89.9%的远端园借鉴前端园的课程建构方式对园本课程进行重构和改革，开始转变"重教学、轻游戏"的观念，增加户外活动和游戏时间，缩短了集体教学活动时间，实现了课程的本土化和园本化创生。远端园课程实施实现了从"教师中心"到"儿童中心"的转变。92.6%的教师表示"幼儿的参与性更高，学起来更轻松，开阔了视野"，家长表示"娃娃爱洗手、爱干净了，会跟人打招呼了，更爱笑了"。

### （四）家园协作提优

前端园积极探寻新时代的家园协同育人模式，引领推动远端园打造家园协作"升级版"，使91.1%的远端园提升家园合作的专业性和丰富性，家园合作积极性明显增强，父母参与家园活动人数的比重由40%上升至68%。

# 教育数字化支撑大规模因材施教的区域实践

江苏省苏州工业园区教育学会

## 一　创新实践背景

围绕着学生的学习和成长，当下教学亟待解决以下三个具体问题。

**一是**　优质教学资源不均衡。无法实现资源按需选择、关联推送、充分共享。

**二是**　教学适切度不高。被动学习、陪同学习、低效学习现象普遍，个性化需求难以得到尊重和满足。

**三是**　评价标准单一。仍然存在重分数轻成长、重结果轻过程的顽瘴痼疾，根据分数给学生贴标签，导向不合理、方法不科学，个体成长的价值被矮化、被忽视。

要解决这些问题，就需要进行教育数字化转型，提供更优质、更丰富的教学资源，更适切、更创新的教学引导，更全面的评价和更有效的激励，努力让每个孩子都有人生出彩的机会，从而实现大规模因材施教的总体目标。

## 二　创新实践经验

我们着重从三个层面发力，积极探索以数字化撬动教育的整体变革。

### （一）数字化赋能教育供给侧变革，解决优质资源不均衡的问题

优质的数字教学资源具有体系化、结构化、层级化、易分享的特点，应具有鲜活、丰富、便捷、交互、智能匹配的特征，满足选择性需求，助力因材施教，促进教育公平。

建立结构化、系统化的数字学习资源支架。一是有图谱。以新课程方案、课程标准和学科教材为基础，构建知识图谱；同时，基于对课程标准和核心素养内涵的理解，建立各学科关键能力和核心素养图谱，为资源建设提供体系化支架。二是多维度。形态上，做到文本、图形图像、音频与视频全涉及；种类

上，做到课程资源、微云课资源、题库资源、仿真实验、学科工具等全包含，让学生可听、可看、可做、可玩、可思。三是全架构。有支撑课前、课中、课后的全学程课程包资源，有满足以项目化学习为特色的专题资源，还有面向教师专业研训和终身学习的资源，让资源布局更合理、呈现更科学。

明确数字资源标准与建设路径。一是研制建设标准。区域层面，制定微视频、微实验、精品课、教学工具的标准与要求，注重内容设计，体现学科特征，强调"音视同步"。二是明确建设路径。推进区校联动、自主研发的资源建设策略，即专家引领、把握方向，研训员梳理、建立架构体系，技术团队培训、提供技术指导，骨干教师带头、示范资源创建，学科教师参与、落地常态建设，形成共建共享样态。三是主动对接国家智慧教育公共服务平台，引进社会化优质资源，让资源鲜活可用。

健全审核评估与遴选共享机制。一是评估审核，确保资源质量。建立区校两级资源审核团队，从资源内容、格式以及标注等多方面进行严格把关，确保资源标准与质量。二是区校联动，推进共建共享。按照资源图谱分解任务，区域全体教师共同参与建设，形成区校两级共享资源库。三是优选推送，形成良好生态。基于人工智能技术自动开启资源遴选与淘汰机制，节省学习者甄别与选用资源的时间，实现可分析的"净化"资源体系，并持续为国家智慧教育公共服务平台供给优质资源。

实现基于平台的关联呈现与便捷应用。一是平台开发，积累数据。历经10年建设，苏州工业园区形成了区域教育数字化平台的"1115"架构（见图1），

**图1** ▼
区域教育数字化平台的"1115"架构

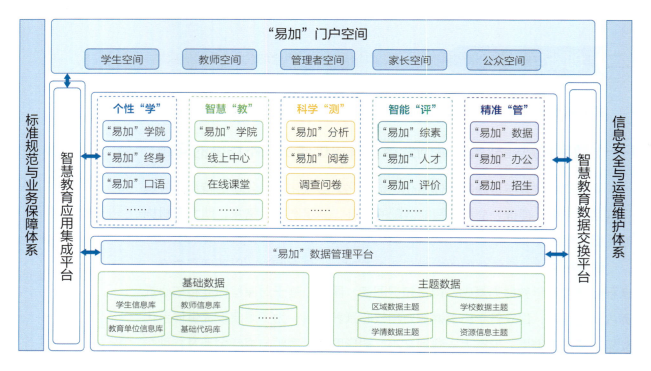

即集成1个空间入口、1套数据标准、1个数据中心，服务"学教测评管"5类应用的"易加"区域教育数字化平台，沉淀、积累各类应用数据。二是数据融通，关联推送。平台与国家、省、市智慧教育平台互联，通过融通的数据，分析了解学生、教师、学校的成长点和需求点，形成关联应用，推送优质资源，支撑学生自主学习，通过线上线下的融合，让每一名学生不仅能享用学校的优质资源，还能"走出校门"，充分共享全社会的优质资源。

区域教育数字化平台为学生自主学习、按需学习、差异化学习提供了有力支撑，并在与贵州、新疆的结对帮扶中被广泛应用，让大规模因材施教得以充分实现。

## （二）数字化赋能教与学变革，解决教学适切度不高的问题

### 第一，变革"学"的方式。

在区域教育数字化平台的支撑下，我们探索了全链式、项目式、主题式、混合式、自主式、协作式等学习路径，形成了融合创新、深度学习的学习模型。

• 全链式学习。基于数字化平台，设置前学、共学和延学三环节，以课堂为基点向两端延伸，课前自主学习、课中互动学、课后拓展学，关注学习的前后逻辑，遵循学习规律，促进深度学习。

• 项目式学习。围绕入项活动、自主探究、出项展示和评价修订四步骤，提供个性化学习方案。充分发挥导学库、资源库、成果库、学历库在项目化学习各环节中的支撑作用。

• 主题式学习。围绕主题发布、学习社群组织与实施、学习成果展示等环节，依托学习数据的收集、统计与分析功能，达成"大主题驱动学"。

• 混合式学习。依托数字化平台，实现场景混合、学科混合、方式混合、学段混合、现实和虚拟混合，提倡多种有效学习方式的协同实施。

• 自主式学习。基于平台的资源库、课程库、试题库，绑定知识点、能力点、素养点，为学生搭建适切的学习支架，共享海量学习资源。所有学习资源都能生成二维码，实现自主扫码、便捷查找、智能推送。

• 协作式学习。基于数字化平台远程互动功能，开展师生协作、生生协作，在参与形式上，既可以是一对一的协作，也可以是一对多、多对一、多对多的协作。

教育数字化赋能，以学为中心，不断丰富学习样态，实现线上线下深度融合、智能交互个性化学习，积极培育数字化背景下的自主学习者。

### 第二，变革"教"的方式。

立足数字化平台，探索"整体""融浸""激趣""精准""开放"的教学方式。

- 注重关联，整体地教。围绕大观念大主题，通过顶层设计、数字关联，利用数字图谱，使复杂、隐性的知识变得简约和清晰，促使学生自主建构知识结构体系。

- 增强现实，融浸地教。通过构建与真实性问题一体化的学习情境，增强学生体验，实现知识建构。

- 智慧导引，激趣地教。技术赋能，有效塑造与矫正教师行为，尽可能在最大限度上强化学生的合适行为，促进学习。

- 画像驱动，精准地教。通过采集学习过程中的伴随性数据，精准掌握学生的学习程度和个体差异，为每位学生设计出个性化学习方案，增强教学的适切性。

- 路径自选，开放地教。通过建设课程超市，让学生自主选择学习内容和学习路径，满足多样化个性成长需求。

教育数字化赋能，在教学内容、组织、手段、策略和流程等方面实现系统优化，达成数据驱动的智慧"教"。

## （三）数字化支撑教育治理变革，解决评价标准单一的问题

研制测评指标，构建诊断系统，探索改进路径，以教育数字化赋能教育治理与教育教学改革。

### 第一，形成了数字化支撑的教育测评体系。

经过多年努力，我区构建了基于数据采集、分析、应用三个阶段和学生发展、教师发展、学校发展三个维度的"三段三维式"评价模型。一是研制学生发展指标，制定学生综合素质"小五星"评价体系、学业质量监测方案、学业负担监测方案；二是研制教师发展指标，制定"教智融合 深度学习"课堂评价指标体系、考试命题和试卷评估指标体系、教师"教育人才指数"测评体系；三是编制学校综合性评价"大五星"指标体系。

### 第二，形成了以学为先的现代办学范式。

坚持以学定教、以测促学、以评优教，建立你学我教、监测跟进、数据决策、专家治理的新机制。研究"学"产生的数据，由此出发带动"教"，以数据说话、实证诊断，动态刻画学生学习、教师教学、学校与区域的管理等情况。制定现代办学治理的政策图谱，创新项目推进路径，遴选基地校实验校，统筹名师工作坊、学校发展共同体等，深入研究、同频共振，形成以学为先的现代办学范式。

### 第三，共筑"同心圆"教育治理新样态。

我区始终围绕学生的学习与成长，构建技术赋能的新型教学、科学测评、高效研训、数字治理的一体化区域教育数字化转型"同心圆"。

## 三 主要成效

多年来，通过打造教育数字化学习场景，构建新型数字化学习方式，依托教育大数据赋能，变革学校治理，变革课堂教学，变革教育评价，区域数字化应用实现了常态化，并且取得了较好的成效。

### （一）教育数字化支撑新型教与学，区域教育呈现高质量发展的新优势

我区学生思想品德、学业质量、艺体发展、实践能力、创新意识在国家、省市各项监测中名列前茅，学生学业质量优质均衡、高位发展。在市义务教育学业质量监测中，我区各学科均位列全市第一。越来越多的学生开启了个性化自适应学习，学习效率得到了极大提升。

### （二）教育数字化赋能高质量发展，构建区域优质教育发展新生态

我区先后研发了20多个智能支撑系统，并对接国家、省、市平台，实现纵向对接、横向联通、共建共享，融合应用广泛，构建区域优质教育发展新生态。"大数据支撑下'适合的教育'实践探索"荣获2021年江苏省基础教育类教学成果奖特等奖，"教育数字化支撑大规模因材施教的区域实践"荣获2022年基础教育国家级教学成果奖二等奖。

# 整区推进教育数字化转型的实践探索

## 上海市长宁区教育局

### 一 问题背景

长宁区作为上海市首个教育数字化转型实验区，面对建设教育强国战略要求，经过多年摸索，逐步形成了教育数字化转型整区推进的"长宁模式"。为了打破原来区域数字化建设以单个学校为主体的"散点式"建设方式，破除应用孤岛、系统孤岛和数据孤岛等现象，长宁区以区域教育为整体，一体化推进教育数字化，激发参与主体活力，实现区域数字技术推动教育从量变到质变的发展。

整区推进以区域教育质量整体提升为目标，力求达到数字校园建设全覆盖，从资源配置上避免校际"数字鸿沟"。区域牵头，学校参与，能够利用规模优势实现与企业合作的最优条件，在数字化开发和运维上实现"花小钱、办大事"；实现共创共享原则下的多方协同，促进多主体投入，激发教育活力，推动教育数字化转型的可持续发展，贯彻落实立德树人根本任务。

### 二 主要做法

#### （一）数字基座成为学校数字中枢，构筑优质均衡的数字环境

创新数字化建设模式。以"标准化+个性化"为基本原则整区推进教育数字化转型，建设教育数字基座（见图1）。"标准化"指"政府定标准、搭平台，企业做产品、保运维，学校买服务、建资源"的数字化建设运维方式，以及可循环、可生长、可持续的标准化数据。"个性化"指数字基座的校本特色与校本应用，为学校应用拓展留足空间，教师可以深度参与应用开发，用插件方式加入基座共享服务。全区106个教育单位全部开通校级数字基座，所有师生接入基座，拥有个人空间，实现了市区校一体化的数据联通、应用联结、人员联合、资源共享，打破了学区、学校、学段的壁垒，数字基座成为学校数字中枢，形成了人人参与、人人建设、人人享有的数字环境。

构建数字应用新生态。以需求为导向，构建教育与技术深度融合、相互成就

形成了"标准化+个性化"的整区推进数字化转型可行之路

**数字化建设运维**
政府定标准、搭平台
企业做产品、保运维
学校买服务、建资源

**标准化数据**
可循环
可生长
可持续

标准化　个性化

**学校**
校本特色的数字基座
为学校应用拓展留足
空间

**师生**
教师以深度参与开发
插件的方式共享服务

**最大限度发挥
教育多主体建设优势**
● 让学校回归服务使用者定位
● 减轻学校运维保障人力负担
● 最大范围内集聚教育智慧
● 应用开发更贴合教育发展
　需求
● 盘活教育应用生态圈

**解决** 资源分配不均、
重复建设严重的问题

**解决** 聚焦教学不足、
难以有效赋能的问题

**解决** 常态运维缺失、
无法支持可持续发展的问题

▲ 图1
教育数字化整区建设的"标准化+个性化"模式

的数字新生态。面对共性需求，区域集约开发应用，先试点，再推广，后覆盖；面对特别需求，引入第三方应用，通过标准化插件方式一周内接入基座，并在使用过程中根据教师的建议优化迭代；面对个性化需求，教师低成本、零门槛自主开发低代码应用。将成熟好用的应用广泛复制到薄弱校、空白校，促进数字生态的内生循环与迭代升级，降低数字化内容分享和应用覆盖的边际成本。目前，全区已开发、改善、共享应用668个，覆盖教、学、管、评、研各个方面，师生可按需选择基座提供的数字应用、优质资源、数据分析等多样化服务，校际差距在数字公平中得以缩小，促使整区的平均高质量走向每名学生的高质量。

## （二）资源贯通促进数字应用创新，抬高教育质量发展的底部

　　部-市-区-校教育资源四级贯通，优化资源服务供给模式。通过数字基座规范入口和数据标准化，构建国家智慧教育公共服务平台与市-区-校数字基座间四级贯通格局。长宁师生一次登录基座，可一站式获取教育部及市、区、校的资源，实现多级资源的便捷共享，让优质资源在师生使用过程中得以流动、迭代和优化发展。长宁教师充分利用国家智慧教育公共服务平台、上海"空中课堂"、区域"名师讲堂"等优质资源，不仅实现了助研、助教、助学，更快速提升了区域教育质量。

　　资源常态化应用融入教育实践，促进学校持续优化发展。资源供给与基座"微应用"相关联，资源空间和应用空间有机衔接，形成"资源联通＋特色场景"的常态化应用态势。一是灵活选择资源，促进教师专业发展。学校充分利用国家智慧教育公共服务平台、上海微校等，结合基座低代码工具搭建校本师资培训课

程库，利用基座教研平台开展教研、备课活动，提升教师专业能力。二是借助资源推送，助力学生自主学习。学校根据不同年级学生的认知特点和兴趣点，设计科普、艺术、运动等学习活动并推送学习资源，学生可通过国家智慧教育公共服务平台获取多元化资源、自主学习并利用家校平台分享交流，促进生生互学。三是充实课后服务，提升家校共育。对标国家智慧教育公共服务平台"课后服务"六大板块，开辟"课后科技馆""课后体育场""课后艺术宫"等六大学习空间，利用国家资源充实校本资源，从课后服务走向课后育人，并向家长推荐相关微课，提升家校协同育人效能。四是弥补资源缺失，打造特色课程。学校打造非遗文化特色课程，将国家智慧教育公共服务平台上的传统戏曲、农民画等中华优秀传统文化资源引入课堂，满足学校个性化课程建设需求，弥补本地化资源不足的缺失。

资源共建共享形成流通渠道，激发师生自主创新活力。建立了以共建带动共享的常态共享增值机制。一是组织骨干教师共同开发优质资源，通过基座实现全区共享，并面向全国输送优质资源。长宁区现已建设区域"名师讲堂"163期，向国家智慧教育公共服务平台输送100多节精品课，向上海"空中课堂"输送700多节精品课。二是校长与教师自发创建跨校线上研修工作室，分享资源、共建资源、交流研讨。资源的共建共享，促使资源使用者形成对教育更深刻的认识，在交流互通中形成学习共同体，更好支撑教育质量提升。

## （三）数据赋能教育教学提质，实现差异化的高位优质均衡

强化数据融通，突破教育治理难点。在以流程为核心的系统建设基础上，进行以数据为核心的系统体系建设，构筑教育数据共享与交换体系，实现教育数据的规范采集、分类存储、有序加工和有效关联。目前，基座已汇聚融通30余个业务系统、100多个部门库，治理1.12亿条数据和8.61TB非结构化数据，形成区校两级数据资产。创建长宁区义务教育优质均衡发展地图，实现学校之间的教育资源配置对比，促进办学条件精细化、管理科学化。创建教育单位电子地图，一图呈现学校校舍面积、教室数量、辅助用房和体育场所情况，有助于教育资源设点布局和统筹规划。建设区域课后服务数据看板，实现对全区课后服务的课程设置、服务时间、参与人数、出勤情况、教学评价等的精准监管，助力科学规划课程与空间安排，优化课程资源设置与服务供给。

释放数据价值，推进育人方式变革。挖掘数据价值，通过数据赋能推进育人方式变革，在精准供给中不断提升学生的获得感和幸福感。在小学试点数学学科知识图谱建设，探索基于知识图谱的智能题库建设、自适应学习辅助、个性化学习指导等。在初中全覆盖建设"数字作业"，借助长宁区传统分层作业优势，不

改变纸笔习惯，通过"智慧笔"采集作业的过程性和结果性数据，为教师的整体评价和教学诊断提供依据，同时也为区域整体的教师培训、作业设计与个性化推送、家校共育等提供数据支持（见图2）。在高中注重数字化测评应用，通过常态化在线测评，提供个性化学习手册和分学科年级、班级、个人学业质量评估报告，助力因材施教。建立数据贯通评价模型，学前阶段为家长提供包括膳食营养分析、晨午检观察等在内的幼儿健康报告，义务教育阶段汇聚不同系统、设备的体检体测与运动数据，为学生提供个性化运动建议，形成全区学生健康预警看板，跟踪学生肥胖率、近视率变化趋势，守护长宁学生健康成长。

◀ 图2
纸笔系统和个性化
学习手册已在长宁
实现常态化应用

## 三 实践成效

### （一）提升了师生的数字素养

2022年以来，长宁教师共研创668个低代码应用，成为智慧教育的设计者与实践者。数字赋能教育高质量发展的意识在区域内得到广泛认同，教师专业能力、数字素养得到大幅度提升，正在从"经验判断型"教师转为"数据分析型"教师。长宁教师通过数据读懂学生，了解学生的学习状态，洞察学生的认知特征，为学生提供适切的学习方案，用自己的智慧成果促成学生的智慧生成，同时对自身专业发展的情况进行识别与诊断，实现双向赋能。学生在数字化转型过程中表现出惊人的创造力。有学生在学校构架的"元宇宙实验室"里，自主创作了

《梦回大唐》的虚拟现实场景，让历史变得触手可及，让学习变得生动有趣。还有学生发明了基于语音识别的皮影表演装置，通过按键或者语音来操控皮影，使用多台设备控制不同的皮影完成了一场皮影戏。

## （二）促进了学生的全面、健康和个性化成长

数字赋能让学习成为更加美好的体验，学生得到更适切的个性发展、更全面健康的成长。长宁组织义务教育阶段骨干教师开发上万份优质作业，并通过数字化的方式实现全区共享。通过作业过程和结果数据的采集、分析，所有初中六七年级、部分八九年级实现精细到每名学生的数学等学科的学情分析，兼顾优质和公平。同时基于数据不断优化作业，2022年，从六七年级数学上册2458份作业中筛选出1575份优质和次优质作业，71份需修改作业，193份需替换作业。区域还汇集学生体检数据、校内体育课堂运动数据、校外居家自主锻炼运动数据，为每名学生定制个性化运动处方，并上传"随身办"方便家长查询，再通过家校共育，实现科学健身。

## （三）形成了价值共赋、充满活力的数字化生态

良好的生态是教育数字化转型持续发展的基础。长宁区用整区推进的方式更好地沟通教育内外，发挥学生、家长、教师、学校、教科研机构、政府、企业及社会公众等各类主体优势，形成了学段内及跨学段间学校的研究、交流、学习共同体，激发校长、教师改革创新与专业发展的活力，实现价值共创。区域教师自主开发的数百个数字应用中，已有27个优秀应用入驻区级低代码场景库，供全区学校自由选用、一键复用。如幼儿园玩具等物品的登记、整理、损耗、补买等流程极其烦琐，有教师便用低代码搭建的方式开发了物品管理应用，极大地提高了管理效率。这个应用受到区域幼儿园的欢迎，实现了多次复用。

## （四）形成了教育与社会生活互动发展的一致性力量

整区推进教育数字化转型促进了学校、家庭、社会的及时有效沟通和资源整合，激发了教育活力。暑假期间，区文明办、妇联等单位联合各学校、社会场馆，共同提供红色场馆寻访、艺术大家进社区、职业体验成长营等活动资源，经由数字平台陆续向家长推送，满足学生兴趣和个性化发展需求。同时，长宁区还将数字化赋能实现公平优质教育的理念，乃至以创新谋发展、用技术改善生活的进取观念，传递给家庭和社会，促进社会的发展，为学生提供积极向上的成长环境。

# "学·研·用"教科研模式引领区域教育数字化转型的十年实践

## 广东省广州市荔湾区教育发展研究院

### 一 背景

当前，教育数字化是我国开辟教育发展新赛道和塑造教育发展新优势的重要突破口。2022年12月，《广州市荔湾区数字政府改革建设"十四五"规划》提出，要推动"数字化+教育"深度融合，综合利用互联网、大数据、人工智能和虚拟现实技术探索未来教育新模式。经调研发现，当前区域教育数字化转型的教科研工作关键问题在于教科研与教学实践脱节，核心需求是形成教育数字化转型的有效策略。

为此，我们通过实践形成教育数字化转型"学·研·用"教科研模式，解决中小学教师信息技术应用能力提升中教科研与教学实践脱节的问题。当教师信息技术应用能力得到提高，但应用还不得法时，我们通过教育数字化转型提高了教师课堂教学效果，进一步完善和推广了"学·研·用"教科研模式，实现了学生信息素养和学业成绩的双提高。经过十年实践，这一方法得到了教育行政部门、学校师生以及家长的广泛认同，促进了区域教育数字化转型的常态化。

### 二 主要经验

在组织机制上，荔湾区教育发展研究院设立了教育技术中心，负责区域教育数字化转型的工作；在路径上，以问题为导向，关注不同阶段的关键问题，面向实践构建"学·研·用"教科研模式；在技术支持上，注重互联网平台等数字系统支持；在应用上，坚持不懈、久久为功，不断迭代提升应用效果。

#### （一）总体思路

如图1所示，"学"的阶段是在数字化技术支持下，通过网络培训课程、网络学习空间、微讲座和现场教科研、教师工作坊等多元教科研形式，教师开展以教育数字化转型为主题的学习，重塑教育观念和提升核心教育技术。"研"的阶

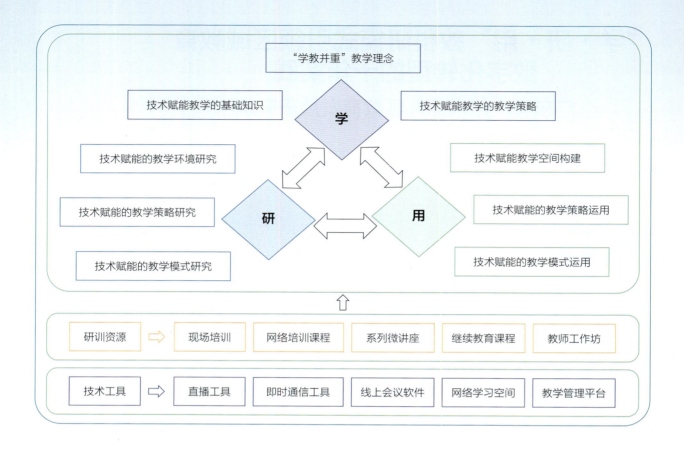

图1 ▲
教育数字化转型
"学·研·用"教
科研模式

段是以技术赋能的课堂教学实践为依托，以公开课教科研活动为形式，让教师在教研员的指导下，对技术赋能的新型教学环境、新的教与学理论和方法、新的教学模式进行研究，通过备课、上课、观课、议课，优化改进全流程，在深度研究中认识和体验教育数字化转型的形态与实践。"用"的阶段是教师与教研员通过深度互动和交流，共同建构教育数字化转型的知识，获得数字化转型的能力，从数字化转型的教学空间构建、教学策略运用、教学模式运用等方面，进行长期的教学实践。

## （二）实施路径

为有效实现教师教科研数字化，以及教师在学科教学方面的数字化转型，我们在数字化的平台层面形成了网络教学空间，在数字化的方法层面形成了实践方案成果。

**"学"的阶段。**在"学"前，教研员建立粤政易群等沟通平台，以促进即时沟通、实时反馈和长期交流。利用UMU、Moodle等互联网平台设置混合式教科研环境，提供网络培训课程、系列微讲座等资源供教师自学。在"学"中，教师携带初步的教学设计参加教科研，运用数字化转型的教学理念，重构新型教学环境，使用技术方法调整教学策略，并修改初步教学设计。在"学"后，教师进一步完善教学设计，如图2所示。通过与教研员教学实践密切联系的"学"活动，教师在真实的问题解决情境中深刻理解教育数字化转型的理论、方法和技术之间相互建构的动态关系，实现"学"为"研"用。

▼ 图2
数字化转型的混合式"学"阶段

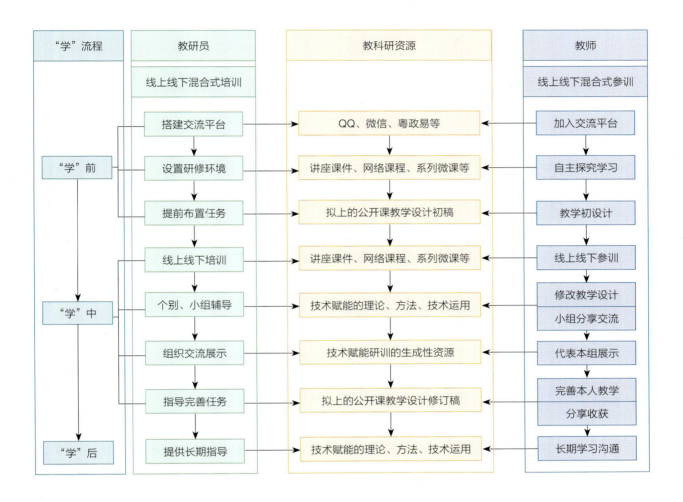

**"研"的阶段**。以公开课为教科研活动形式，让每位教师开设一节公开课供研讨，同时，每位教师积极参与其他学员的公开课教学设计和课例研讨。课前提供教学建议，如教学目标的设定、网络教学资源的开发、教育数字化转型活动的设计、教学过程的实施；课后进行课例点评，提供基于数字化的改进建议。如图3所示，教研员与教师之间形成"研""学"共同体，通过全过程深度参与，实现"边研边学"和"学""研"结合，促进信息技术与学科的深度融合，提升教科研效能。

具体做法有以下三方面。

**深思熟虑选取支撑多途径教科研活动的互联网平台**。以UMU、Moodle等网络平台为载体，整合课件、学案、微课等资源，提供调查问卷、互动评价、测验考试、作业提交评价、讨论区等功能，支持群组、学习小组，满足

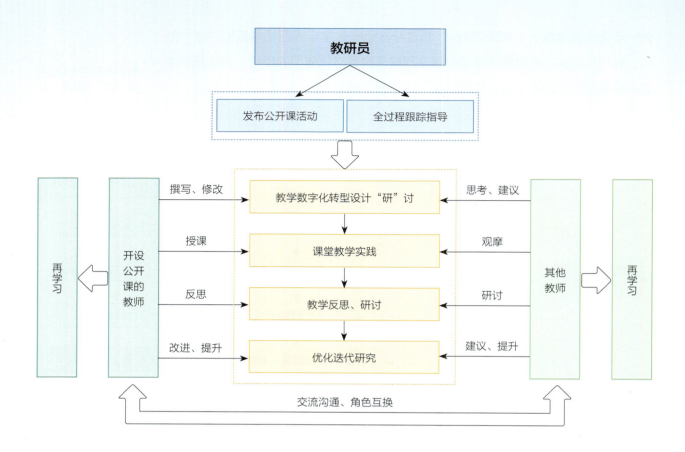

图3 ▲
数字化赋能教学的
"研"阶段

开放互动教科研的各种需要，构建开放互动的学习环境，进行各种教育教学活动，为"学""研"结合提供有力支持。

**开设教师继续教育课程。**不断完善教学方法及教学任务，总结出一套稳妥长效的教学方法：利用UMU平台，对教师进行协同教科研，教研员采用特定的教育数字化转型方法来培训教师，教师可以使用相应的教学方式来教授学生。

**建设以"微知识点"为主的系列微课。**提出微知识点设计的必要性原则、可行性原则和系统性原则，以及微知识点的"提取—筛选—导航"设计框架，以系列化和专题化的微课设计提高微课资源的可用性和教科研活动的实用性，也为教师们设计应用型微课提供了一套主题框架和操作流程。

**"用"的阶段。**为确保教师在教科研活动的"学""研"阶段后能够持续有效地实施教育数字化转型，教研员充分考虑数字化转型的教学形态和教师方便操作的需求，形成了多种教学模式供教师选择和使用。通过教师数字化转型应用实践共同体的运作，教研员及时指导和跟踪教师实施多种教学模式，以保证教科研活动的效果，实现教科研活动中"用"阶段的长效实施。

 成效

## （一）广泛辐射应用显成效

自2018年以来，荔湾区教育发展研究院在区内外各学校推广应用"学·研·用"教科研模式，累计开展讲座共计420场，听众62000余人次，其中省级以上讲座20场、市级讲座38场。模式推广辐射到贵州惠水、广东连州等地，这些地区培养教师120人，开设讲座13场，吸引听众近2000人次。在省、市级研训方面，荔湾区教育发展研究院先后为广西、重庆、广东等地的省、市、区教研员开展讲座12场，吸引听众2000余人次。

## （二）显著加强教师专业能力发展

教师调查结果显示，82.6%的教师非常满意教育数字化转型"学·研·用"教科研模式，68.3%的教师表示愿意在"学"或"研"阶段开展一个月内使用学习到的技术与教学策略。大多数接受跟踪研究的教师在"用"的阶段表示，教育数字化转型更有效地提高个人教学效率，让个人的教学行为与新课程理念更接近。多名教师在智慧教学方面的成功经验和特色做法在《中国教育报》上刊登，智慧教学常态应用得到教育部基教司领导的听课指导。在学科教学研究方面，荔湾区教师积极申报各级教学研究课题，主动开展教学研究，近三年立项信息化相关市级以上课题25项，发表论文130多篇，智慧教学课例获得市级以上奖项135项，逐步向研究型教师队伍迈进。

## （三）有效促进学生核心素养发展

跟踪对比教师参与"学·研·用"教科研模式前后的学生期中、期末考试成绩发现，学生的平均分、及格率、优秀率等指标均有显著提高，尤其是在数学、英语等学科上提升幅度更大。学生的创新思维、合作交流、自主学习、信息素养等能力也有明显提升，尤其是在解决问题、表达观点、利用资源、探究知识等方面，表现更加突出。

## （四）实现区域智慧教育整体推进

积极推进智慧教育示范区建设，创新教育智能化应用引领。近三年开设多期智慧教学教师继续教育班，培养教师306人次，课例研讨142场，区级智慧教学公开课252节。荔湾区在2023年广州市创建"智慧教育示范区"绩效考核中被评为优秀。

第二部分

数字资源建设

# 基于远程教学站的乡村振兴人才培训探索和实践

## 清华大学继续教育学院

### 一 背景

党的十九大做出实施乡村振兴战略的重大决策部署。党的二十大报告提出"全面推进乡村振兴",同时提出"推进教育数字化,建设全民终身学习的学习型社会、学习型大国"。脱贫攻坚、乡村振兴,关键在人。清华大学主动服务国家战略,积极投身脱贫攻坚和乡村振兴,发挥教育资源优势,2003年起坚持开展教育扶贫和乡村振兴人才培训工作,将其作为公益性教育服务列入学校事业发展规划(见图1)。

围绕乡村振兴目标和要求,针对乡村人才数量不足、质量不高、结构不优的问题,以"大规模、可持续、见实效、能推广"理念为指导,面向基层县区,特别是革命老区、少数民族和边疆地区建立乡村振兴远程教学站,运用"互联网+"等现代信息技术,构建基于远程教学站的"人人皆学、处处能学、时时可

图1 ▼
乡村振兴人才培训的发展历程

## 从教育扶贫到乡村振兴

启动清华大学现代
远程教育扶贫工作
**2003年**

参与清华大学定点帮扶
云南省大理州南涧彝族自治县
**2013年**

继续教育学院荣获
"全国脱贫攻坚组织创新奖"
**2018年**

继续教育学院获评
"全国脱贫攻坚先进集体"
**2021年**

**2011年**
在500多个国家级贫困县
建立远程教学站,
教育扶贫办公室获评
"全国扶贫开发先进集体"

**2016年**
"清华大学教育帮扶
南涧县典型项目"
入选教育部直属高校精准
脱贫十大典型项目

**2019年**
清华大学乡村振兴
远程教学站启动

**2023年**
荣获国家级教学
成果奖二等奖

学"的人才培训模式，面向基层治理、乡村教育和乡村产业等领域关键人才，大规模持续开展公益性人才培训，推动清华大学优质教育资源服务乡村人才队伍建设，探索数字教育实践创新。

## 二 创新举措和经验

### （一）高质量推进远程教学站建设，搭建大学服务乡村发展的数字化桥梁

基层县区优质教育资源普遍匮乏，社会经济发展人才支撑薄弱。通过面向承担干部、教师和专业技术人员培训工作的县委党校、县教师进修学校等人才培训机构设立远程教学站，推进高校与地方建立乡村人才培训长期合作关系和协同机制。依托数字化信息技术采用远程和面授等多种学习方式，为乡村各领域人才开展大规模培训，为乡村发展培养"带不走"的人才队伍，也为大学参与乡村振兴人才培养和提升社会服务能力探索了新模式。

### （二）推动互联网教育赋能远程教学站，拓展优质教育资源受益面

针对基层乡村地处偏远、相对分散、学习组织困难等现实问题，依托互联网教育技术，创新组织大规模开放在线课堂、专题课堂和线上线下融合课堂等多种教学方式，搭建集中和分布式课堂相结合的在线学习场景。打通教育服务基层"最后一公里"，拓展覆盖面、受益面。在各地远程教学站的协助和组织下，会议室、乡镇办公室、村（社区）党群服务中心、学校教室、农家庭院都成为乡村的"清华"课堂。

### （三）以课程研发为重点，持续创新乡村人才教学内容

研究国家乡村振兴战略，深入基层调研人才发展需求，依托专业院系开发富有清华特色的乡村人才学习项目。贯彻"五育并举"，携手清华大学美术学院、

体育部等院系研发乡村音乐、体育、美术等学科师资培训项目；组织清华教授面向乡村学校师生开设科普课程，普及科学知识；针对基层干部和产业人才需求，开发脱贫攻坚和乡村振兴等系列专题课程，满足不同领域人才的学习需求。

### （四）建立健全快速响应和有效运转的学习支持服务体系，提升教学质量和学习成效

远程教育普遍存在"教"与"学"信息不对称、交互协作不足、教学质量和学习效果有待提升等问题。围绕教学目标和学习任务，优化教学管理，规范服务标准，完善以需求调研、技术保障、学习推广、教学组织、互动反馈和教学评价等为主要举措的学习支持服务体系。通过开展答疑解惑、资源分享、方法指导等教学服务活动，做到即时反馈、高效互动、持续改善，为学员提供学习全过程服务，提升学习体验。鼓励和指导远程教学站开展需求调研，组织线下总结交流，建立反馈机制，满足学员个性化学习需求，提升教学效率和学习成效。

乡村振兴人才培训数字教育创新主要举措如图2所示。

图2 ▶
乡村振兴人才培训数字教育创新主要举措

## 三 主要成效

### （一）学习成效显现，远程教学站数和学习人数持续增长

2017年至今，清华大学已在27个省份的460多个基层县区无偿建立乡村振兴远程教学站，重点覆盖了革命老区、少数民族地区和边疆地区，累计培训超2700万人次。

坚持面向地方基层干部、乡村产业带头人、乡村教师和中小学生等举办各类学习项目，服务地方实施乡村振兴和高质量发展，得到地方党委政府的大力支持和干部群众的高度认可。

**27**个省份的**460**个基层县区
建立远程教学站

**2700万**人次
累计培训

## （二）示范效应凸显，乡村人才培训模式得到推广和支持

通过长期的教育帮扶，云南南涧有效更新了人才观念理念，提升了经济发展能力和社会治理能力，为乡村振兴和高质量发展积蓄了人才力量。

同时，相关成果也被推广到更大范围的定点帮扶工作中，帮扶更多县建立了乡村振兴远程教学站，常态化、可持续开展乡村人才培训。先后为全国人大机关、中央纪委国家监委、中宣部、教育部、国家发展改革委、工信部等40余个机关部委和央企的定点帮扶县区开展教育帮扶。

## （三）社会影响力显著，得到广泛宣传报道和推广

《人民日报》等多家媒体对清华大学教育扶贫和乡村人才培训给予专门报道。贵州遵义、西藏林芝、内蒙古克什克腾、福建浦城、广西贺州等地媒体也报道了清华大学乡村人才培训工作。

## （四）得到广泛认可，荣获多项荣誉

"基于远程教学站的乡村振兴人才培训探索和实践"荣获高等教育国家级教学成果奖二等奖、北京市教学成果奖一等奖。入选教育部全国教育扶贫典型案例。获"全国脱贫攻坚奖组织创新奖"。"清华大学教育帮扶南涧县典型项目"入选教育部直属高校精准扶贫精准脱贫十大典型项目。多次荣获全国高校现代远程教育协作组评选的继续教育优秀案例。

# "强基－融新－崇德"：智能科学实验室群赋能文科人才培养的数智化改革与实践

上海外国语大学

## 一　背景

随着数字经济的快速发展，智能技术正在不断重塑全球人才竞争与经济社会发展格局。国家统筹布局一批数字领域学科专业点，培养创新型、应用型、复合型人才。如何培养精通数智技术、能解决管理领域新问题的人才，是抓住新一轮科技革命和产业变革新趋势的重大议题。数字教育创新实践成为解决数字社会发展瓶颈的关键发力点。

传统文科高校通常缺乏理工学科，新建学科耗时久、见效慢。面对这种困境，首先，需要筹建数智改革新平台来推动数智化人才培养的启动和快速发展；其次，数智化技术更新换代快，要求课程内容与体系与时俱进，传统人才培养模式已经不能满足数字经济发展的新需求，需要构建一种新的人才培养模式；最后，为了不断提升数智化人才培养能力和成效，需要建立协同育人新机制，充分利用各方资源和优势，形成良性循环。

上海外国语大学围绕国家重大战略和经济社会发展需求，积极回应数智化文科人才需求，提前规划、综合改革，新建智能科学实验室群，以"强基－融新－崇德"为理念，升级培养模式、改革管理机制，夯实学生数智基础、融合创新能力，培养服务"数字中国"战略的具有家国情怀、科学精神的时代新人。

## 二　创新举措、典型经验

在数智化人才培养过程中，传统文科高校面临如何从慢到快布局数智改革新平台、如何以点带面构建人才培养新模式，以及如何由表及里创建协同育人新机制的难题。

面对数智化人才培养难题，学校提出文科高校"强基－融新－崇德"的数智化育人新理念。围绕该理念，强化顶层设计，开展成体系、多维度、大投入的综合改革，培养"专业基础硬、创新能力强、思想品德正"的数智化人才。以"强基−融新−崇德"数智化育人新理念为指导，开展五项关键举措。

## （一）数智赋能，构建智能科学实验室群

以国家重点实验室建设为标杆，学校投入上亿元，新建认知智能与机器智能两大类实验室，聘请智能科学领域院士等，采用开放模式统一协调运行。认知智能类实验室聚焦利用多种前沿脑科学技术，探索人类认知与智能的内在规律和神经机制，拥有磁共振成像仪等全球领先设备，为传统文科融合认知智能技术提供共享平台。机器智能类实验室聚焦仿真算法改进，实现自学习与自适应机器学习方法在各领域的应用，拥有服务器集群、机器人、智能仿真平台等，为传统文科融合机器智能技术提供开放计算平台。

## （二）强化基础，构建数智素养培育池

学校孵化智能科学课程群、建立响应式培育池，丰富数智类课程的供给。智能科学课程群包括基础和高阶两类课程群。基础课程群注重启发学生数智兴趣，包括数据科学导论、神经科学导论等。高阶课程群关注学生对数智知识的掌握，包括智能决策与建模仿真、人工智能与脑科学等。根据文科研究前沿与智能科学新发展趋势，通过专家筛选与学生选课两级进入退出机制，引入新主题、淘汰旧主题，推动课程群持续迭代优化。

## （三）融合创新，构建数智能力提升链

学校开设智能科学训练营，实施双主导项目制，贯通式推进"有指导学习"。面向全校师生开设智能科学训练营。以数据"获取—分析—应用"为逻辑，学生在训练营中学习计算机、神经科学等学科基础，体验经济管理等多领域场景，领悟数智知识与应用。结合文科研究前沿，开设新系列与新模块，淘汰旧系列与旧模块，推动训练营持续迭代优化。双主导项目制包括教师主导和学生主导两类项目。教师主导项目依托教师主持的各类纵向课题建立项目池，推动学生早进课题、早进团队、早进实验室，通过导师组指导、团队式学习，有效训练和提升学生的科研能力。学生主导项目鼓励学生自主申报科研实践项目、自主选题、自选导师；运用实验室智能设备与技术，提升学生运用新技术融合创新、自主发现、解决问题的能力，帮助学生开展独立探索。

## （四）崇立品德，构建数智思政星链网

学校以单个实验室为星、科研育人为链，布局思政育人星链网，实现全覆盖和全融入型课程思政。全覆盖型课程思政包括专业课课程思政和外语课课程思

政。设立专业课课程思政建设项目，引入数智社会思政新元素；设立课程思政课程链，贯穿四年专业学习，明确价值引领。将思政教育与外语课程融合，实现外语课程思政育人。全融入型课程思政则通过数智资源和技术赋能，构建师生互动平台、在线互助小组等，实现科研育人。

## （五）动态优化，构建双循环协同育人机制

围绕数智师资与科研组织开展综合改革，推动教师高水平"有组织科研"，保障学生高质量"有指导学习"。聚焦持续发展潜力，引进四类国家重要人才、教学团队；聘请院士等高层次专家；招聘世界一流大学智能科学交叉领域青年学者；建立制度激励教师持续提升，推动教师根据研究兴趣跨学院跨实验室流动，形成中青为主、专兼结合、内外流动的高水平师资队伍。改革校内科研组织，设立决策神经科学研究所等智能科学交叉领域研究所；采用首席科学家负责制，面向国家需求与学科前沿动态调整研究方向，依托双主导项目制吸收学生进入课题，新建商务分析与智能决策等新兴研究方向。

在数智化人才培养与改革实践中，学校通过智能科学实验室群赋能文科人才数智化培养，总结出三大典型经验。

**第一** 找准"**突破口**"，构建智能科学实验室群。学校投入上亿元，新建两大类实验室，聘请顶尖专家担任负责人，采用开放模式统一协调，聚势赋力文科高校数智化人才培养。

**第二** 种好"**试验田**"，开展"强基–融新–崇德"的数智化培养改革。构建数智素养培育池，强化基础；构建数智能力提升链，融合创新；构建数智思政星链网，崇立品德。

**第三** 抓住"**关键点**"，构建双循环协同育人机制。利用外循环机制，在师资队伍建设上"优结构、上水平、促流动"；通过内循环机制，实现"有组织科研"和"有指导学习"协同育人。

## 三 主要成效

上海外国语大学国际工商管理学院等开展数智化改革探索与实践，成效显著，具有示范引领作用。

### （一）培养质量显著提高

学生的活力与创新潜力被充分激发。学生成功获得国家级和省部级创新创业项目立项，获得挑战杯、全国大学生数学建模大赛等赛事奖项。学生的数智竞争力显著提升。进入中国数智化头部企业的毕业生数倍增长。毕业生进入美国宾夕法尼亚大学、英国牛津大学等世界一流大学计算机、商业分析等专业进一步深造。

### （二）教改成果显著增加

传统文科活力被激发。实验室群促进文科大学人才培养数智化改革，激发传统文科专业活力。新建一批新兴专业，一批传统专业获批国家级一流本科专业建设点，多门课程被评为国家级、省级一流重点课程，一系列数智新课上线中国大学MOOC。相关成果获批国家级和省部级教学成果奖，部分项目被评为教育部首批新文科研究与改革实践项目、教育部产学合作协同育人项目等。"信息管理与信息系统专业虚拟教研室"入选教育部首批虚拟教研室建设试点。

### （三）科研育人能力显著提升

教师科研影响大幅提升。实验室群形成"团队建设—合作研究—教学改革"内动力生长与良性循环机制，教师数智化教研能力提升。相关教师在学术期刊发表论文550余篇，优秀教师团队不断涌现，团队教师获国家和省部级人才荣誉30项，脑与认知科学应用重点实验室被评为"上海市工人先锋号"。

### （四）示范作用显著呈现

多家媒体广泛报道学校文科人才培养数智化改革。成果被广泛关注，近百所国内高校来访交流，吸引了多所国外高校交流合作。

# 数字人文实践中的"云上中文"平台构筑与应用

华中师范大学

## 一 实践背景

近二十年来，华中师范大学文学院在中文专业课程教学信息化方面进行了积极探索，先后建设并发布了"比较文学""文学批评"等十余门国家精品课程和一流线上课程等数字化资源，利用这些线上资源，实现了翻转课堂教学、师生在线互动，既明显提高了学院的人才培养质量，还积极为校外师生提供了线上教学服务。

随着新文科时代的到来，中文学科须培养出具有协作意识、批判性思维能力，能解决复杂问题的拔尖人才。作为教育部直属师范大学的中文学科，不能仍停留在数字课程建设阶段，应积极探索数字人文实践。经广泛调研及多轮论证，学院决定以构建专属的公益性数字化自主学习平台"云上中文"为突破口，提高师生数字技术与语言文学教育深度融合的素养，促进我国语文教育均衡发展，推动中华优秀传统文化的海外传播。

"云上中文"
平台

为了解决中文教育与数字技术深度融合的问题，需要从以下三个方面着手。第一，破解中文教育与数字技术"两张皮"的困境。既不能将数字技术仅仅作为手段或工具运用于中文教育，又不能使中文教育在数字化建设中失去其本色。第二，解决人才培养方案区分度不高、实践性案例偏少的问题。通过数字技术扩大中文教育空间，实现人才分类培养，提高学生实践能力。第三，增强基础学科服务国家战略的意识和能力。发挥数字技术的作用，打破围墙，服务中西部中文教育，促进国际中文教育的发展。

## 二 典型经验

第一，构筑"云上中文"平台。鉴于文学院教师最了解新文科背景下中文专业的教学、教育改革趋势与应用需求，根据"服务至上、应用为王、持续改进、安全运行"的原则，经充分论证，决定由文学院主导建设"云上中文"平台。另请学校人工智能教育学部、信息化办公室等单位参与，确保平台开发的技术先进性以及长期稳定运营。截至2023年底，"云上中文"平台共汇聚了130门中文课程的相关案例库资源，有90多名教师在平台发布课程空间（包含授课视频、课件、拓展资源和学生活动等）。为了促进教育公平发展，该平台自2019年起免费向社会开放。

**第二，实施分类培养以满足学生不同需求。**根据不同培养目标，平台设置了中文课程、语文教育、国际中文教育、教学研究四大板块。"中文课程"汇聚国家级精品课程、国家级精品资源共享课、教育部视频公开课和国家级一流课程等优质资源，这些课程既是校内混合课堂的基础，又方便了校外文学爱好者学习。"语文教育"是平台的重要板块，专门为师范生提供可资借鉴的语文教育资源。"国际中文教育"作为平台的特色板块，主要面向从事国际中文教学的海内外教师和汉语学习者。"教学研究"促进研究成果的推广与普及。

**第三，构建案例库以强化学生实践能力。**"云上中文"平台推出多批案例库及相关资源，"语文教育"板块涵盖"中小学语文教案库"等资源，提供了5000多个优质案例。"国际中文教育"板块中的案例采自世界各地，既有来自美国、加拿大、英国、法国、意大利等欧美国家的汉语课堂教学案例，又有来自日本、韩国、印度、泰国、巴基斯坦、尼日利亚等亚非国家的汉语教学资源。例如，"国外汉语课堂教学视频案例库"汇聚了来自15个国家的汉语课堂教学视频案例，"国别化中文教师跨文化交际案例库"提供了来自亚洲、欧洲、美洲、非洲、大洋洲的26个国家的中文教师跨文化交际案例。

**第四，与国外学者和机构合作开发数字资源。**平台响应国家"一带一路"倡议，积极与海外中文教学协会及高校合作，建设和发布国际中文教学资源。一方面，通过发布"汉字文化解密"等有特色的视频课程资源，向世界展示深厚的中华文化；另一方面，在"走出去"的同时也"请进来"，与美国、英国、新加坡等地的学者合作开发、共享数字资源。借助平台资源为海内外国际中文教师、汉语学习者提供了极大的自主学习便利。

**第五，平台安全稳定运行，内容持续丰富，软件不断升级。**华中师范大学文学院、国际文化交流学院的教师不断更新信息化教学理念，积极参与数字化资源建设。在平台设计之初，平台建设负责人就在《中国大学教学》等期刊上发表论文，从理论上为构建平台做前期准备。在建设过程中，有多位教师撰写论文总结探讨"云上中文"平台建设中的问题和经验。平台还拥有一支高水平专业运维团队，平台运营负责人坚持长期观察平台中的教学与学习行为并对相关数据进行定量分析，针对各门课程资源，提出优化建议，为中文在线教育发展的专业性与科学性奠定实证与数据基础。

本案例的主要创新如下。

**第一，构筑中文专属平台，推进数字化教育实践。** "云上中文"平台不仅为校内混合课堂提供了丰富的线上资源，而且赋予了学生选择和参与的机会。它是一个开放共享的服务平台，始终坚持校内优质资源向社会开放、与世界联通。"云上中文"还是一个具有生成性的教研平台，它立足一线教学教研实践，与学习者共同建设数字资源，在不断积累中向未来延展。所有平台注册用户都能就课程空间中的资源发表评论，本院学生的优秀作业、小组报告等，都有可能在线发布，供校外用户及低年级学生参考、借鉴。数万名注册用户都可以在平台上发布自己的学习体会，确保平台始终处于及时更新的发展状态。

**第二，实施分类培养和案例建设，拓展立德树人空间。** "云上中文"坚持立德树人的育人导向，将学生的全面发展和个性化学习相结合，在分类培养、提升学生实践能力等方面进行新的探索。平台注重强化学生的理想信念教育，如把优秀语文教师和班主任的讲座视频录制成"师说"系列语文教育技能培训案例库，供每届师范生观摩和学习，激发学生从教热情。实施分层案例指导，为未来从事不同职业的学生提供具有区分度的课程或案例库资源。如"语文教育"板块专门为师范生和初入职教师提供基础级日常教学案例，以区别于竞赛性质的教学范例。"国际中文教育"板块不仅对国际中文教育专业的中国学生和来华留学生课程进行了明确区分，还通过不同国家、各个学段的视频案例展示不同类型汉语课堂的特征，帮助学生更好地了解海外汉语教学实况，提高施教能力。

**第三，共享资源，服务社会和促进文化交流。** "云上中文"致力于通过中文教育助力乡村振兴，为新疆、宁夏、青海和湖北的乡村教师提供丰富的在线语文教案和教学视频，促进"高校–地方–中小学"协同发展。同时，"云上中文"亦致力于促进国际中文教育发展，向世界传播中华优秀传统文化。平台的在线国际中文教学课程已成为海外学生学习汉语和中华文化的重要参考资料。

## 三 主要成效

如今，"云上中文"不仅是华中师范大学人才培养的重要数字基础设施，还为我国中文教育数字化做了示范。新华网等媒体报道了本学科师生在2023年全国教育数字化现场推进会上利用"云上中文"平台中的数字资源开展自主学习的典型案例；"比较文学"等课程被"学习强国"采用；"中小学语文教案库"的访问量达数百万次。

**第二** "云上中文"服务乡村和边疆中文教育，积极推动各地语文教育均衡发展。与新疆生产建设兵团合作，以第三方应用的形式集成至兵团教育资源公共服务平台。与新疆、宁夏、青海等地的大中小学合作，推动平台在西北地区的应用。新疆农业大学中国语言文学与艺术学院利用平台中的资源，培养学生的语文教学技能，提高他们在南疆地区实习支教的水平。

**第三** "云上中文"已成为中外文化双向交流的纽带。平台发布了"汉字解密（外语版）"等针对海外汉语学习者的课程或案例库，为国际学生的汉语学习提供帮助，得到了美国、英国、泰国、越南等国的中文教师和学习者的肯定。

**第四** "云上中文"起到了孵化器的作用，在创新高校教研模式、培养高水平师资方面发挥了重要作用。"基于'云上中文'平台的中文专业课程在线教学模式研究"等7个项目先后获批为省部级教学研究项目。平台研发成员发表了一批有深度的论文，出版了专题性教研论文集。

# "沉浸式"全科军医实战化培训平台建设

## 陆军军医大学第一附属医院

 **背景**

习近平总书记指出，军队院校因打仗而生、为打仗而建，必须围绕实战搞教学、着眼打赢育人才。全科军医作为基层卫勤保障一线主体力量，承担着"平时保健康、战时保打赢"的重任，是部队战斗力的重要保证，基层军医的胜任力对卫勤保障质量有至关重要的影响。在新的历史时期，随着世界新军事变革的发展，我军基层卫勤保障能力建设面临着新的挑战和机遇，对军队卫勤保障工作的各个方面都提出了更高的要求。健康维护、疾病防治、心理服务、伴随保障、应急处置、远程医学知识等六大能力都被赋予了新的内容和更高要求，重大突发事件应急医学救援、实战化卫勤保障已成为全科军医应具备的基本岗位胜任能力。因为战争和灾害等场景的不可复制性，战时或灾害背景下的模拟培训与考核评估较为缺乏；而基层全科军医因接触的病源、病种单一，学习资源不足，缺乏从职业需求出发的培训手段。如何通过教育数字化转型发展，有效改进全科军医培训的实战性、综合性和时效性，成为亟须解决的重大现实问题。依托智能信息化技术，着眼未来承训能力，打破教与学的时空局限，通过运用现代医学模拟技术等教育手段，建设以胜任力培养为导向的信息化培训平台已成为未来发展趋势。

 **主要经验**

### （一）灾害救援虚拟仿真模拟训练平台

围绕"战斗力、对抗力、创造力"的核心理念，我院依托智能信息化技术，成功搭建了"以灾害/战争场景为中心"的实践训练平台，运用先进的可视化虚拟仿真现实技术，自主研发数字沙盘推演、灾害救援训练、灾害（战创伤）模拟医院等，将灾害伤情转变为直观的现场救治画面，从感官上解决模拟训练的"真实性"问题，实现不同灾害场景、不同救援角色下，大批量伤员检伤分类、现场救治的能力培训（见图1）。以真实的灾害救援流程链进行布局，实现"院前""救护车""院内"不同场景下、不同病情发展状况下的救援思维、能力训练。通过实战模拟演练完成"沉浸式"学习，最大限度调动学员的学习兴趣，达到提升实战化卫勤保障能力训练的目的。

**VR数字沙盘推演系统。**虚拟现实（virtual reality，VR）技术是一种计算机生成的三维虚拟环境，通过头戴式显示器和手持控制器等设备，实现用户与虚拟世界的身临其境般的互动，通过创造沉浸式的虚拟环境为用户带来逼真体验。VR沙盘推演系统通过引领学员进入模拟场景，实现兼具互动性和趣味性的体验式学习演练。灾害救援时，判断灾害性质对实施应急治疗至关重要，不同灾

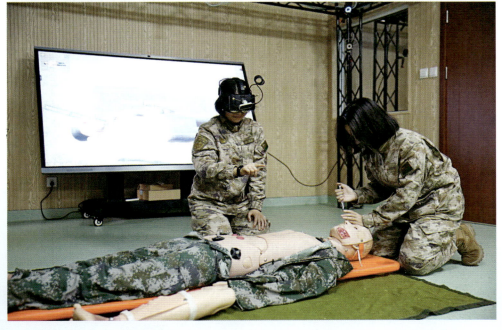

◀ 图1
灾害救援虚拟仿真
模拟训练平台

害所需的医学救援侧重点不同，数字沙盘的演练能够提高学员未来实施医学救援的效率，最大限度地减少灾害造成的人员伤亡和财产损失。数字沙盘推演系统由教员端导入案例，进入推演模式，教员监控推演过程，控制在救治过程中出现的各类事件，学员则通过系统预先设定好的不同灾害场景、不同救援角色，进行大批量伤员检伤分类、现场救治的能力培训。救援开始前，学员可通过情景简介熟悉推演案例的基本情况；救援过程中，学员对伤员进行检伤和处置，填写伤情卡和战士伤票，并根据伤员伤情选择合适的转运方式。最终，由系统从应急救援准备、检伤分类选择及检伤结果急救处置是否合理、转运方式是否正确、时间控制以及人员伤亡数量等多个方面进行量化评估，教员则对学员扮演的不同角色进行主观性评估。目前沙盘演练的案例包括：战伤救治、地震灾害、爆炸事件、公共场所大规模人员踩踏、大规模传染疫情发生、大规模食物中毒、重大交通事故等。推演场景为：灾害现场、帐篷医院及后方医院。学员操作流程包括：初始资源配置、检伤分类、急救处置、呼叫、转运后送、院内检查处置。

**AR灾害救援训练系统。** 增强现实（augmented reality，AR）技术通过将计算机生成的图像、文字或音频等元素融合到现实环境中，为用户提供增强的现实体验。AR通过摄像头捕捉现实世界的画面，然后利用计算机视觉算法识别场景中的物体和表面，实现虚拟信息的精确叠加。通过计算机生成的三维场景和交互式操作，对人的视觉、嗅觉、听觉、触觉等感官进行逼真模拟，使体验者进入一种虚拟现实的状态。AR灾害救援训练系统通过建立与实际训练场地相一致的AR虚拟场景，最大限度地还原急救现场的周围自然环境，将灾害伤情转变为直观的现场救治画面，通过动作定位系统获取操作者的位置及动作信息，用来记录和评估操作项目是否符合训练标准。学员需要根据现场灾害发生的性质、成因、环境等因素，在各类虚拟场景内执行现场救护技能操作。灾害救援训练系统共配置7个救援场景：战场、工厂、商场、地铁站、地铁车厢内、疫情医院、地震现场。评估内容包括：（1）病史采集、查体及其他辅助检查；（2）现场评估；（3）现场及转运途中急救技能；（4）院内救护处置及手术等相关技能。通过动作AR交互系统实现对参训学员操作标准性的客观化评估，依据标准操作流程并结合学员救治时效评分，做出相应评估报告；教员和学员均可访问服务器回看操作过程记录。

## （二）全科军医信息化综合培训平台

为实现全科军医各层次人才线上培训、一体化考核评估、基层帮扶等教学目的，我院于2010年创建了全国首个"全科医师（军医）远程继续教育培训平台"，已为全国数万名基层社区和基层部队全科医师提供了远程教育，并且配套开发了医学在线考试系统。随着信息化技术的发展，该培训平台现已升级为涵盖移动终端的全科军医综合培训信息平台，它包含临床数据库、能力培养、网络课程、诊疗训练、直播互动、远程诊疗、评估反馈等板块，是一个医学资源和应用管理深度融合的综合平台。

**多维度的专业医学数据库查询系统**。为使全科医师不受时间、场地、形式限制，更高效地利用碎片化时间学习，实时进行医学信息更新，全科军医综合培训信息平台提供常见疾病、药品大全、医学检查、诊疗指南、临床路径、操作规范、行业标准、中西医症状等多种路径的专业医学数据库查询。学员可对急需的信息资源进行实时针对性学习，也可根据学习计划有序进行知识补充及更新。多维度的数据库建设，方便学员随时学习、查缺补漏，稳步提升专业素养和岗位胜任力。

**案例驱动的标准化病人诊疗系统**。为强化训练学员的临床思维及处置能力，打造实战效果，全科军医信息化综合培训平台结合先进的信息化手段，建立了案例驱动标准化病人诊疗系统，利用人机对话打造"沉浸式"诊疗思维训练，对学员的临床思维进行培训。系统通过构建病人案例库，包括症状案例库、体格检查库、实验检查库、影像检查库、诊断库等数据库，完成模拟病人设置。学员首先根据病人主诉，选择"现病史、既往史、个人史、过敏史及家族史"进行问诊，根据问诊获得的病史资料选择核心的体格检查（不超过20项）和辅助检查项目（不超过18项），通过总结现病史、体格检查、辅助检查等病史特点，提出初步诊断及诊断依据，并选择相应的鉴别诊断，最终从护理、饮食、药物、手术及其他治疗五个方面给出治疗建议。系统根据学员问诊、查体、检验检查、诊断与鉴别诊断、处置五个方面分别进行评分，并最终给出正确答案及答案解析。模拟诊疗可使受训学员通过仿真的"沉浸式"培训，持续提升临床诊疗能力，弥补真实环境中病例缺乏造成的历练不足。

## 三 主要成效

### （一）优化教学资源，创新教学模式

通过各类智能化及新型的教学资源优化，提升教学设备的资源配置，提高教学效率，落实"为战而训"，兼顾灾害救援任务需求，建成具有军队特色的、集战创伤救治和实践演练于一体的培训体系；创新临床技能的教学方式，激发学员自主学习的欲望，提高学员的学习兴趣和参与度，充分发挥学员的主观能动性，

并有效利用碎片化时间，促使学员实现学习自由管理；同时，信息化教学平台的建设实现了我院集线上学习、远程诊疗、辅助诊疗、在线考核于一体的综合化、精细化、智能化管理，从而达到教学相长的目标。为推动临床实践教学模式改革、培养高素质医学人才做出重要贡献。

### （二）培养了一批高素质、专业化的全科医学人才

信息化教学平台的建设对提升岗位服务能力提供了重要的技术支撑，现已基本实现了院校教育、毕业后教育、继续教育三阶段的有机衔接，为最终达成系统化、规范化、实战化临床医学人才培养目标奠定了坚实的基础。目前已为基层部队培养了5500余名全科医学专业人才，对12000余名基层军医进行了战创伤救治等方面的专项培训，受到基层部队一致好评。受训学员先后获得全国大学生临床技能竞赛特等奖、全国全科专业住培技能竞赛一等奖、重庆市技能竞赛特等奖，1人获评"全国优秀全科医生"。

### （三）产生了良好军事效益和社会效益

依托全科医生远程继续教育网络平台产生的各类医学软件产品，如"疾病诊疗系统""在线考试系统"等已在国内175家军地基层医院安装使用。对100余个师、旅、团单位的基层军医进行了全科医学方面的远程职业教育培训，开发的特色网络课程服务于广大部队基层军医，培养的全科军医在卫国戍边、边境管控、疫情防控、抗震救灾等重大军事行动中发挥了重要保障作用。

# 面向实战装备的机电教学资源数字化建设

国防科技大学

## 一 背景

习近平总书记指出，军队院校教育要"面向战场、面向部队、面向未来"，"推动人才培养供给侧同未来战场需求侧精准对接"。依托国家和军队重点建设项目，学校着眼"面向装备、面向实战"的机电控制类专业课程建设，结合数字化教育技术以战领教、以教为战，有效推进机电控制类人才培养质量提升。学校着重解决如下问题。

### （一）课堂教学"面向装备"缺案例

传统控制、机械、仪器等通用专业如何适应新的高素质专业化新型军事人才培养需求，如何利用数字化技术将武器装备原理融入课程内容，成为亟待研究的课题。

### （二）实验教学"面向装备"缺资源

由于现役型号装备价格昂贵、维护保养成本高、具有较大安全风险等现实因素，课程教学面临着无实装、少实装的尴尬。建设虚拟仿真实验教学资源，对于解决实验教学内容和实装脱节的问题至关重要。

### （三）综合实践"面向实战"缺演练

"面向实战搞教学，着眼打赢育人才"对实践环节提出了更高要求。由于通用专业的综合实践和实战结合不紧密，利用虚实结合手段积极探索面向装备的实战对抗演练教学迫在眉睫。

### （四）毕业设计"面向实战"缺对抗

使院校教育毕业设计更加贴近实战，战技结合贴近任职岗位需求，是新时代军事院校面向未来培养人才的紧迫需求。

## 二 创新举措

### （一）深度融合通用专业课程与武器装备原理，主战装备案例与思政元素结合进课堂

以通用专业课程知识为主线，融合武器装备原理，开发无人机、主战坦克、直升机、火炮等主站装备案例库，制作260余幅涵盖我军主力枪械、榴弹炮、坦克炮、装甲车等装备的结构原理图，挖掘相应的思政元素，积极开展武器装备案例教学（见图1）。重塑"面向装备、面向实战"的课程教学内容。

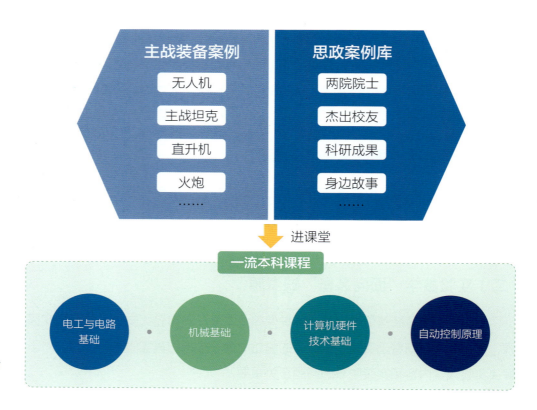

图1 ▶
主战装备案例结合
思政元素进课堂

### （二）深度融合实验教学与装备类科研成果，利用数字技术转化资源进实验

机械、控制、仪器等专业突出学科的知识交叉，建设反坦克装备、导弹、舰载机、近防炮、雷达、潜艇和水雷等16种半实物仿真系统和虚拟实验平台，开设26项虚拟仿真实验，建设国家级虚拟仿真实验教学中心。

• 以机电一体化为背景，开发反坦克装备半实物仿真系统、导引头机电控制半实物仿真系统、雷达随动控制模拟系统、轮式无人平台构型设计系统等实验平台，开设虚拟仿真实验8项。

- 以自动化为背景，开发近防炮调速与随动仿真系统、空地导弹虚拟实验系统、舰载机起飞装置磁悬浮控制系统和地面无人平台运动控制系统等实验平台，开设虚拟仿真实验8项。

- 以传感与测试为背景，开发潜艇探测虚拟仿真系统、水雷虚拟测试系统、战场环境监测虚拟系统和虚拟仪器创新系统等实验平台，开设虚拟仿真实验6项。

- 虚拟实验与工程训练相结合，建设装备数字化设计与3D打印、三坐标测量、特种加工仿真、数控加工仿真等训练平台，开设虚拟仿真实验4项。

## （三）深度融合虚拟仿真实验与装备技术，面向主战装备开展"察打一体"综合实践

线上进行原理实验，线下进行综合实验，依托反坦克装备半实物仿真系统，采用声、光、电、投影、网络等手段，模拟武器系统作战动态场景，构建典型传动装置、伺服元件、检测与控制等原理实验和作战模拟综合实验，开展目标搜索、跟踪、打击和评判一整套作战过程训练，打造国家级虚拟仿真实验"金课"（见图2）。

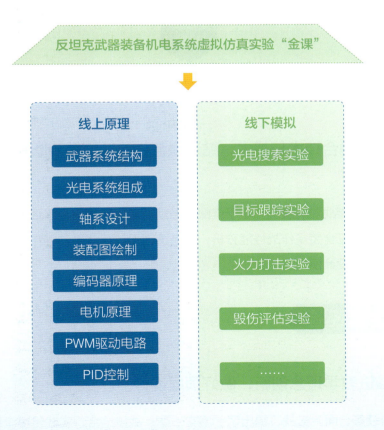

◀ 图2
反坦克武器装备机电系统虚拟仿真实验"金课"

### （四）深度融合综合实践与实战化训练，虚实结合直面无人作战，开展攻防对抗模拟演练

面向无人作战认知和实践，构建虚实结合的无人系统对抗环境、无人平台模型库、虚拟天候模型和攻防对抗效能评估系统，形成多人、多无人车、多无人机协同对抗模拟演练能力（见图3）。在模拟实战环境中检验学员无人作战装备操作运用的有效性，加深学员对无人作战系统涉及的关键技术的理解。

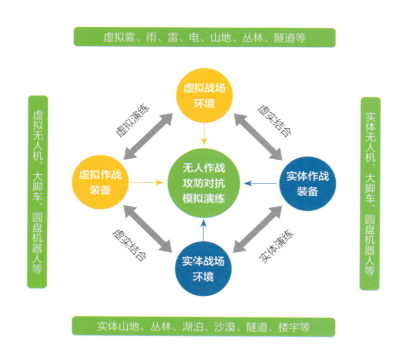

图3 ▶
无人作战攻防对抗
模拟演练

### （五）深度融合技术与战术，贴近联合作战，探索团队对抗式毕业设计

面向联合作战对抗演练，基于作战任务规划自研系统，构建武器对抗虚拟仿真平台，打造包含装备作战性能分析、任务流程设计、战法训练和效能评估的团队对抗式毕业设计模式。

## 三 主要经验

### （一）推进教学理念创新，做好顶层设计

面向装备、面向实战，提出了"虚实一体，战技结合，实践贯穿全程"的教学理念，系统设计资源建设、教学内容改革和实战化综合实践，创新实现了课堂

教学、实验教学、综合实践、综合演练和毕业设计等教学环节的"实战化"能力一体化培养。

### （二）推进资源建设数字化模式创新

提出了坚持铸魂为战、突出机电特色、聚焦装备原理的"五个深度融合"虚拟仿真资源建设模式，构建了"虚实结合、实体为主、以虚补实"的机电虚拟仿真资源体系，支持线上线下泛在实践训练。

### （三）推进实战化教学内容改革

创建了"面向实战装备，学科交叉融合，科研成果转化"的系列虚拟仿真实验，建成了国家级虚拟仿真实验教学中心，促进了学员对武器装备机电控制技术的理解，提升了学员的创新实践能力。

### （四）推进对抗式综合实践改革

打造了"贴近新型作战，技术战术融合，装备技术运用"的虚拟仿真实训环境和教学内容，有效支撑了学员开展反坦克作战综合实践、无人作战综合演练和团队对抗式毕业设计，建成了国家级一流本科课程，提高了学员战技结合的能力，为学员岗位任职打下基础。

## 四 主要成效

### （一）"实战化"教学比重增加

有力支撑建成了全军首个国家级虚拟仿真实验教学中心。建设16种半实物仿真系统和虚拟实验平台。面向装备、面向实战的教学内容比重增加55%，实验项目增加86项，建立起了强化技术对战术影响的实践训练样式，为面向新质新域力量的人才培养提供了有力支撑。

### （二）人才培养质量提升

有力增强了学员的岗位任职能力和创新实践能力。学员参与学科竞赛获国际级奖项20项、国家级奖项110项、省/军队级奖项165项。67%的学员进入陆军、海军、空军、火箭军等一线作战部队，其中21.6%的学员在空军察打一体无人机部队、陆军特种作战旅无人机侦察大队等新型作战力量岗位任职。

### （三）课程建设水平提升

支撑机电控制类专业"金课"群的形成。2016年建成国家级精品资源共享课程6门，2020年建成国家级虚拟仿真实验教学一流课程1门，2021年推荐国家级一流课程4门，2022年建成首批军队级精品课程4门，与11门省级一流课程构成了机电控制类专业"金课"群。

### （四）教师教学水平提升

支撑形成了一支以国家级教学名师、军队院校育才奖金奖获得者为代表的高水平教学团队。团队先后获军队级教学成果奖一等奖2项、国家级教学成果奖二等奖1项，编著出版教材7部，有在研省部级以上教育教学改革课题15项，发表教学论文47篇。

### （五）成果引领示范作用显著

中央电视台先后11次报道了学校在"创新为战，推进实践教学"改革和军事创新人才培养等方面的成效，在全军内外产生了重要影响。

# 孵化和打造"高精尖"水平"思政金课"
## 中国人民大学

## 一 开展数字教育创新实践的背景

思政课是落实立德树人根本任务的关键课程。我校力图通过数字教育创新，助力解决以下问题。

**一是思政课教学内容与时俱进的问题**。习近平总书记强调，要推动思政课改革创新，不断增强思政课的思想性、理论性、亲和力、针对性，运用现代信息技术等手段建设智慧课堂。这就需要弥合思政课深刻理论性与精准时效性在现实教学活动中存在的差距，及时将党和国家的最新方针政策融入思政课教学过程中。

**二是思政课教学过程深化学理的问题**。习近平总书记强调，思政课的本质是讲道理。思政课要以透彻的学理分析回应学生，以彻底的思想理论说服学生，用真理的强大力量引导学生。思政课教师需要结合马克思主义经典文献开展重大的理论和现实问题研究，解决好政治性和学理性相统一、价值性和知识性相统一的问题。

**三是思政课教学资源共建共享的问题**。习近平总书记指出，要为全国大中小学思政课教学提供更多"金课"。现实中由于地区、学校、学科、师资差异等原因，各校教学水平参差不齐。为了解决这一问题，需要发挥中国人民大学马克思主义理论研究和教学优势，聚合全国高校思政课教育教学力量，汇集顶尖理论成果，利用尖端网络技术，最大限度地推动全国思政课教师队伍凝聚共识、深化交流、优势互补。

## 二 实践创新举措与典型经验

我校围绕找准高点定位、推进精准发力、实现尖端突破，充分运用数字技术促进思政课教育教学改革创新，孵化和打造出"高精尖"水平的"思政金课"。

## （一）搭建平台、汇聚资源，提供能量枢纽

搭建"6+1"思政课课程资源平台，为思政课教师提供"专属超市"，教师可根据学生"口味"挑选"食材"、烹饪"大餐"（见图1）。建立及时全面的思政课资讯平台，发布思政课教育教学相关信息，已更新资讯1.3万余条，年访问量达500万人次，成为传播国内思政课教学资讯的主阵地。构建完整系统的马克思主义理论研究和文献支撑平台，为思政课教师提供权威、丰富的学术文献资源和定制化、个性化的文献服务，已上线期刊图书4万余册、在线电子书超万册、论文200多万篇。打造国内资源量最大、门类最丰富的思政课教学资源共建共享平台，已更新视频、教案、课件、题库等教学资源1.3万余条，建成涵盖本硕博全部思政课的教学数据库群。研发高效便捷的思政课数字化教学平台，成为高校思政课教、学、练、考以及综合应用的新媒体平台。搭建科学权威的思政课教育质量评估平台，已数次服务于全国性听课计划、调研督查工作、教材调查活动。推出智能领先的思政课实践育人平台，为高校实践育人工作增势赋能。打造服务全国的高校思政课教师网络集体备课平台，旨在从大平台里找突破、从大数据中找规律、从大展示中找质量、从大协作中找力量，被誉为航母级思政课发展平台。为满足思政课教师掌上服务需求，我校于2019年推出"学习思政课"应用程序，资讯、直播等均可在手机端实时观看，实现了海量思政课资源近在"掌"握的便捷体验。

图1 ▼
"6+1"思政课课程
资源平台

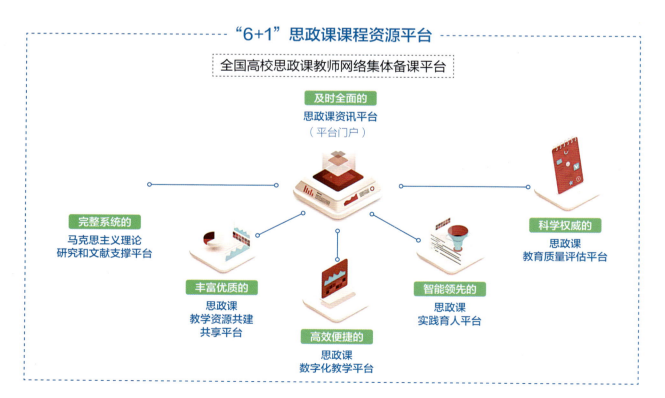

## （二）深耕内容、创新形式，推出系列金课

我校不断探索将思政课讲准、讲深、讲透、讲活的方式方法，打造"习近平新时代中国特色社会主义思想概论"课程一体化教学资源，包括课程精讲（14讲，每讲含90分钟教学视频）、教学案例库（12个，含教学手册、教学视频等）、系列知识点集萃（120个左右，每个10—15分钟），为北京乃至全国高校开设此课程发挥了支持保障和示范引领作用。推出庆祝中国共产党成立100周年系列专题活动，打造党史学习教育系列可视化教材，包括"名师大家讲党史"系列网络公开课17讲、"党史百年：人物·事件·文献"系列微视频111集、"跟着总书记学党史"系列微故事104个，生动阐释党的创新理论、讲解党史事件、再现党史故事，进而发展为教育部向全国高校推广使用的"中国共产党历史"专题课。制作上线"迎接七十年 诵读新思想"系列视频、"辉煌七十载，共筑中国梦"虚拟现实精品课件、党史百年沉浸式互动体验扩展现实项目。探索构建"大思政课"育人格局，疫情期间，设计线上疫情防控系列公开课；北京冬奥会期间，推出"冰雪思政课"；党的二十大召开之际，打造"喜迎二十大·看点面对面""学习二十大·重点大家谈"系列微课，适时、精准满足思政课教师在线备课、理论学习、教学解疑等需求。据不完全统计，推出的系列"金课"总浏览量已超5000万人次。

**"习近平新时代中国特色社会主义思想概论"课程一体化教学资源**

| **14**讲 | **12**个 | **120**个左右 |
|---|---|---|
| 课程精讲 | 教学案例库 | 系列知识点集萃 |

## （三）锻炼队伍、提升素养，凝聚最大合力

我校依托示范课程、师资培训等，切实为教育部社科司组织的全国高校思政课骨干教师研修、研修基地专题研修、教学展示观摩活动提供数字化技术支持，在线开展"习近平新时代中国特色社会主义思想"师资培训班、马克思主义学院教师理论能力提升班等培训活动，提升思政课教师教学科研能力。每周五的周末理论大讲堂已举办130余期，邀请名师大家讲授马恩经典著作和习近平总书记系列重要思想与重要论述，被全国思政课教师和马克思主义理论学科研究生视为经典必修课。每月的青椒论坛，邀请思政课青年特级教师、课程竞赛获奖者探讨教学理念、研讨教学技能、交流教学心得、解决教学难题，为青年思政课教师

搭建了交流、探讨、展示的平台，被誉为青年教师的"筑梦之巢"。品牌刊物《高校思想政治理论课教学研究》刊载高水平科研成果1000余篇，成为思政课教师交流经验的窗口。举办"金课开讲啦"高校思政课网络示范教学活动，进行示范教学，有效发挥思政课杰出教师的传帮带作用。上线教育部举办的全国高校思政课教学展示活动、"大学生讲思政课"活动获奖视频，供全国高校思政课教师参考使用。不定期举办大中小学思政课教师"同备一堂课"、百万师生"同上一堂课"网络示范教学、专家在线问诊活动等，凝聚起思政课教师的最大合力。

## 三 主要成效

近年来，在全面贯彻落实习近平总书记关于"思政课建设要向改革创新要活力"的重要指示精神下，在中国人民大学党委的指导和支持下，该系列成果在全国范围内得到推广和应用，产生了较好的示范引领效果。"6+1"思政课课程资源平台已为全国2800多所高校的14.1万余名思政课教师、近7万名马克思主义理论学科研究生，提供全方位、多层次、立体化服务，实现了思政课教学从技术运用向技术赋能的理念升级，思政课教师从"单兵作战"向"集团作战"的系统转变，思政课建设从"同向同行"到"共建共享"的深度融合。习近平总书记在学校思想政治理论课教师座谈会和考察调研中国人民大学时，曾先后两次对相关工作表示肯定。不仅如此，平台建设成果还获得了国家级、省部级多项荣誉；申报的"孵化和打造'高精尖'水平'思政金课'——思想政治理论课课程资源平台建设"荣获2022年高等教育（本科）国家级教学成果奖一等奖、北京市高等教育教学成果特等奖；打造的"习近平新时代中国特色社会主义思想概论课程精讲"，入选国家新闻出版署2021年度数字出版精品遴选推荐计划等，为孵化和打造"高精尖"水平的"思政金课"提供了有力支撑。

# 慕课西行，共享共赢：东西部高校课程共享联盟的探索与实践

华南理工大学

 **一　背景**

西部高等教育的发展事关我国高等教育强国梦的实现和中华民族伟大复兴的进程。受历史发展、自然环境、经济基础等因素影响，东西部高等教育发展不平衡。要发展信息网络技术，消除不同收入人群、不同地区的数字鸿沟，努力实现优质文化教育资源均等化。信息技术打破了时空、资源等的限制，有利于破解教育发展不平衡不充分的问题。

2012年以来，我国相继出台系列政策和指导性文件促进慕课建设与应用。2013年以来，教育部指导实施"慕课西部行计划"。急国家之所急，东西部高校课程共享联盟（以下简称联盟）立即响应号召。

联盟于2013年4月成立，以"促进教育公平、提高教育质量"为行动目标，聚焦西部高等教育振兴战略、高等教育高质量发展目标、一流本科教学质量目标、立德树人根本任务（"四个聚焦"），以信息技术为赋能手段，以"共享共建共管共赢"为根本遵循，在跨校跨区域教育信息化生态构建、优质在线资源开发、协同教学范式创新、教学质量提升、课程思政建设等方面矢志探索，致力于解决东西部高校优质教学资源发展不平衡不充分、教学改革与西部高校学情适切性不足、线上教学改革创新与规范管理步调不一、慕课建设与课程思政结合不紧等问题（见图1）。

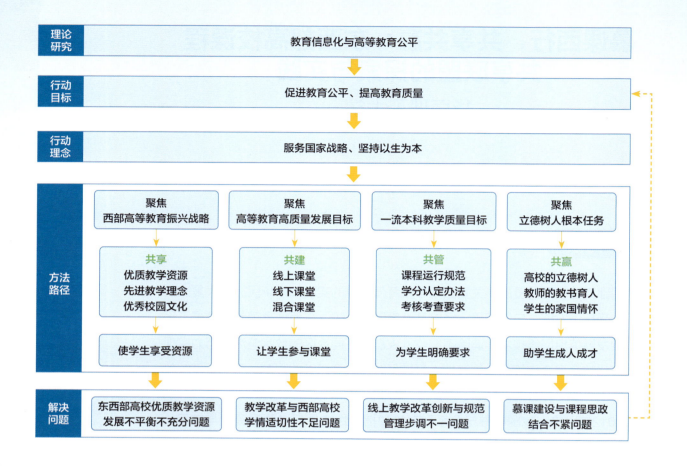

图1 ▲
联盟探索实践
路线

## （二）主要经验

### （一）坚持问题导向，分阶段推进，打造跨校跨区域教育信息化生态

联盟发展历经了两个阶段，即1.0阶段和2.0阶段。1.0阶段（2013—2015年）以搭平台、广铺开为基本导向，重点推进通识课程的西行，表现为"大规模、普遍性、解决救急"，有效缓解了西部高校人文、美育等领域"开课难、开好课难"的问题。2.0阶段（2015年至今）重点推进专业课程名师课堂的西行，表现为"精准合作、量身打造、小规模"。在各阶段，联盟推进教学资源、先进理念、优秀文化等要素的渗透交融，推动教学应用场景、教学方法、师资建设、教学管理制度等方面的互鉴与创新。

### （二）坚持内容为王，技术赋能教学，加快优质在线教学资源开发和共享

课程是人才培养的核心要素，课程内容决定着育人的方向和质量，技术让内

容生产更加丰富多元、更为高效。一方面，耦合西部高校的用课需求、学生学习的需求和建课高校的教学特长与优势资源，联盟积极组织各参与高校加大优质在线课程资源的开发力度，将优质课程资源持续不断地输送至西部高校。另一方面，帮助西部高校教师在有效利用优质慕课资源的同时，结合本校实际，对校内课程进行创新性改造，打造具有本校特色的一流本科课程，实现由"外部输血"到"自我造血"、由单向帮扶向双向共赢的转变。推动人工智能技术与教育教学深度融合，让技术更好地为教育教学服务，让教师更愿意改变，让学生更有获得感。

## （三）坚持以学生成长为中心，创新专业课程协同教育范式，推进课堂革命

联盟共建线上、线下或混合课堂，创设了四类协同教学新范式。一是专业课程同步课堂范式，如华东理工大学与喀什大学共建"无机化学"同步课堂；二是专业课程群同步课堂范式，如华南理工大学与喀什大学从共建"食品工厂设计"一门课的同步课堂扩大到共建一个专业课程群的同步课堂；三是专业课混合同步课堂范式，如华东师范大学与新疆师范大学开展"人文地理学"同步课堂试点；四是专业课订制式同步课堂范式，如华南理工大学与贵州民族大学的"化工原理"同步课堂等。通过上述教学协同新范式，联盟打造了一批优质慕课同步课堂，让课堂教学更加适合西部高校的校情学情，有效吸引教师积极充分参与课堂教学。截至2023年秋冬学期，228所学校开设了738门同步课堂。

## （四）坚持弘扬教育学术，打造网络教学发展共同体，构建高标准的教学质量提升体系

联盟加强统筹协调，形成了有组织、强支撑、重协同的管理模式。一是创新联盟运行管理机制。加强线上教学质量管理，通过召开理事长单位（扩大）会、工作推进会、研讨会等方式，强化教师、高校、技术平台等之间的合作，破解改革分散化、碎片化等问题，推动教学改革创新与规范管理同向、联盟集群效应和高校个性发展同行。具体做法包括：强化共享课程的整体设计，课程资源建设突出优势、差异化发展；加强教学管理规范和制度的衔接，优化课程运行规范管理、学分认定、考核考查要求等；坚持慕课研发场所、教师交流场所、师生互动场所"三位一体"建设理念，建设在校教育教学改革服务中心——"树下课栈"，提供教学研讨、在线课程设计拍摄制作等服务，并以分布在87座城市的200个"树下课栈"为节点，开展联合授课、教师互访、教学研讨、教学培训等共享合作。二是创新高校配套管理模式。推动建课校加大教师参与"慕课西部行计

划"的激励力度，完善经费支持、教学工作量认定、评优评奖等配套人事管理政策，联盟每年度对先进单位和个人进行表彰。三是创新基层教学组织建设。成立由国家级、省级教学名师等领衔的跨校跨区域教学大团队，通过同步课堂、毕业设计指导、小组互动讨论等途径，密切建课团队和选课团队的关系，增进其情感沟通与学术交流，为跨校跨区域高质量合作保驾护航。四是拓广度、延深度、提效能。以同步课堂为切入点，深度对接西部高校需求，通过建设虚拟教研室、开展"三同步"[同步课程（群）备课、同步上课、同步教研]、进行线上线下研讨等途径，由点及面，在人才培养方案和课程教学大纲修订、课程体系完善、学科方向设置、专业建设、师资培养等方面精准合作。

### （五）坚持知识传授与价值引领结合，创新跨校跨区域课程思政育人模式，形成课程思政"四重境界"

推进跨校跨区域课程思政建设、思政课慕课建设，促进优质思政教育资源的共享、共学、共教，实现高校的立德树人与教师的教书育人、学生的家国情怀相统一。第一，思政内容与专业内容相融合。联合名校名师重点开发一批课程，将习近平新时代中国特色社会主义思想、社会主义核心价值观、中华民族优秀传统文化等融入通识课、专业课，在思政课中融入科学家精神、中国科技发展史、胡杨精神等。第二，教师自身与课程相融合。教师要置身于课程建设中，以个人涵养潜移默化地影响学生，如工科教师要具备工匠精神，医学教师要弘扬伟大抗疫精神，并把这种精神融入教学，体现教师"言传"与"身教"的一致性。第三，师生相长与课程相融合。师生分享所思所悟，经过提炼将其吸收进课程思政资源库；当有新的学习者加入时，课程思政资源库就可发挥循环作用。第四，"慕课西部行计划"本身就是极佳的思政素材。该计划彰显了联盟促进教育公平的初心，其实践过程让所有参与的师生、社会各界都能感受到高校的社会责任感、教师的使命感，以及东西部学生互帮互助的情怀担当。

### 三 成效

### （一）受益学生越来越多

如图2、图3所示，联盟的在线课程建设总数、选课总人次呈逐年增长的态势，线上课程资源类型和内容不断丰富，深受广大学子喜爱。

用课学校的总数不断增加，目前全国受益学校有2300余所，覆盖大学生超过3000万人，超1.8亿人次通过联盟共享课程修读了1.6万余门课程并获得学

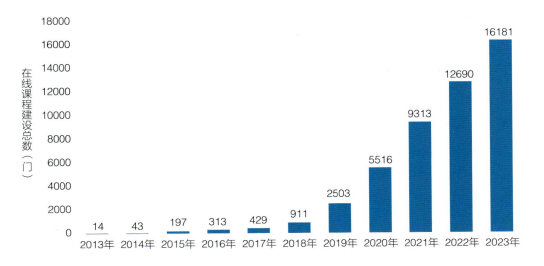

◀ 图2
联盟平台在线课程建设（2013—2023年）

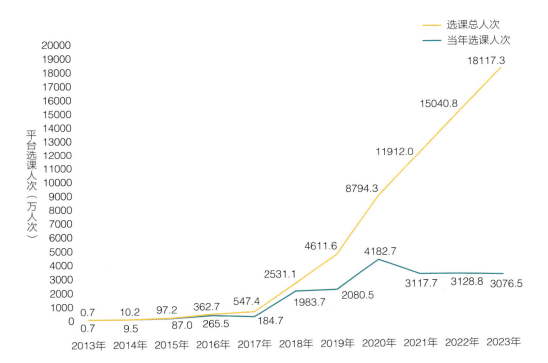

◀ 图3
联盟平台选课总人次（2013—2023年）

分，其中西部地区近700所高校的学习总人次约为3930万，学生总体满意度为95分，产生了突出的社会效益。

## （二）东西部高校教育教学质量得到共同提升

东部高校教师参与课程建设、教研教改的潜力得到激发，参与的积极性大幅提高，对西部高校的支持日益深入，实现由单向帮扶到双向共赢的转变。

一是打造了一批"金课"。截至2023年9月，联盟平台（智慧树网）上已有177门课程获评国家级线上一流本科课程，并有110门职业教育国家在线精品课程，其中西部高校的课程53门，涉及32所高校。联盟建设的课程被《中国教育报》等媒体誉为"中国式慕课"的典范。二是培育了一批教学能手。联盟依托"树下课栈"开展教师培训5万余场次，参与教师超25万人次，其中西部高校开展培训3000余场次，参与的西部高校教师超过3万人次。教师在"慕课西部行计划"过程中提升了信息化教学能力和水平，一批新的教学名师脱颖而出。三是产出了一系列研究成果。项目团队荣获10个国家级、省部级教学成果奖，在《中国高等教育》等期刊发表教研论文30余篇，承担"无机化学"等国家级、省级一流本科课程建设，形成了约40个在线教学优秀案例。广大教师，尤其是西部教师，可借助联盟共享的课程，开展教学模式改革，形成一批新的在线教学案例。

1 打造了一批"金课"　　2 培育了一批教学能手　　3 产出了一系列研究成果

## （三）获得社会各界的广泛认可和好评

成果主持人高松、林建华作为中国式慕课的推动者，在"慕课西行"推进会暨新疆一流本科课程建设研讨会（2021年4月）等会议上做报告。成果受到兄弟院校、同行的关注和支持，联盟成员单位的数量从成立之初的29个增加至2023年的275个，联盟规模效应显著。成果经《人民日报》、《光明日报》、《中国教育报》、中央电视台等主流媒体深入报道后，社会反响强烈。总结实施过程中积累的理论、经验、模式等形成的成果荣获2022年高等教育（本科）国家级教学成果奖一等奖。

# 数字化赋能"智课程、智课堂、智评价"课堂革命

湖南汽车工程职业学院

 **一 实施"三智"课堂革命的背景**

## （一）数字化是株洲教育转型的根本方向

株洲是一个具有数字化基因的城市，高度重视以数字技术赋能教育，以数字化教育助力数字经济与产业融合发展。在扎实落实湖南省教育数字化转型战略部署基础上，株洲市制定了教育数字化发展规划，支持全市各类学校全面推进数字化转型，探索以智能终端为载体的智慧课堂教学。早在2018年6月，株洲就启动了"互联网＋教育"智慧教育云平台建设，加快了教育数字化转型步伐。在职业教育层面，株洲也通过举办数字化教学能力培训与竞赛等方式，积极引导高职院校提升数字化教学能力，深化数字化应用探索。

## （二）学校高质量发展需要数字化全面赋能

学校课堂教学面临三个共性难题：一是学生个性需求匹配不佳，迫切要求将固化的、预设的、线性的课程变革为灵活的、颗粒的、自主的课程；二是学生主体作用发挥不足，迫切要求将封闭的、限时的、教为主的课堂变革为开放的、实时的、学为主的课堂；三是学生内生驱动激发不够，迫切要求将主观的、静态的、割裂的评价变革为过程的、增值的、综合的评价。全面解决上述三个难题，促进学校高质量发展，需要数字化全面赋能。为此，2012年以来，湖南汽车工程职业学院坚持以数字化引领教育现代化，建设"三可视一精准"（学生成长可视化、教师发展可视化、办学水平可视化、管理服务精准化）数字校园，系统推进新型校园环境、校级智慧平台、全域应用场景建设，同步推进教学流程重构、应用模式创新、评价方法改革，塑造数字化转型新生态。

## 二 10年"三智"课堂革命的主要经验

### （一）建设三类"智课程"，支持个性化泛在化学习

学校实施优质课程建设工程、教学资源库建设工程、"金课"建设计划，以信息技术升级传统课程，建设"模块化智课程""微认证智课程""创客智课程"三类课程，打造灵活、颗粒、自主"智课程"，支持个性化、泛在化学习，解决传统课程难以满足学生个性需求问题。

一是建设"模块化智课程"。按照可拆分、可重组、可调整原则，将课程内容细分为随机组合模块，建设"随拆随组""模块化智课程"684门，并开发配套活页式、工作手册式新型教材。例如，汽车智能技术专业群通过智能分析五类学习者需求，将所有专业课程整合成124个模块，重组为智能精准推送的模块化课程体系。

二是建设"微认证智课程"。以"小"知识、技能、才艺等为主题，校企共建360门"泛学泛认""微课程"，支持学生随时随地看视频、析案例、云训练等"微学习"，并按照认证要求提交设计方案、录像片段、互动视频、学习反思等材料。学生通过评审获得"微证书"，并能通过"微证书"及时分享、兑换学分，促进专业交流、成果迁移和行为改善。"微认证智课程"拉动了真实、海量的非正式学习（见图1）。

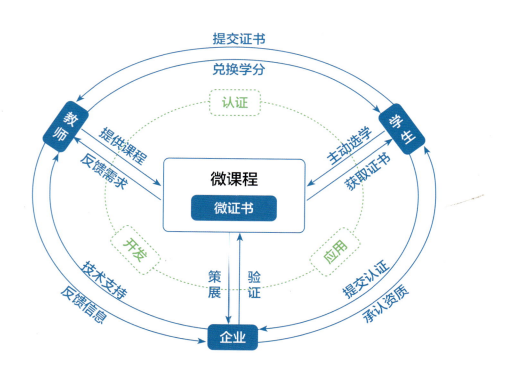

图1 ▶
"微认证智课程"
学习路径

三是建设"**创客智课程**"。与企业共建8个众创空间、17个工作室等创客平台，将基础专业知识训练、复杂技能训练、综合实战训练融为一体，建设"即创即练""创客智课程"43门，并配套开发创客读本。

## （二）创设三类"智课堂"，实现自主交互学习

学校整合行业企业资源，打造数字化学习环境，对传统课堂优化、拓展，创设场景式、社区式、预约式三类"智课堂"，打造开放的、实时的、学为主的课堂，支持师生个性化、智能化教与学，实现自主、交互学习，解决传统课堂学生主体作用难以发挥的问题。

一是创设"**场景式智课堂**"。与华为等知名企业深度合作，建设集教学、实训、互动等于一体的智慧教室、智慧车间等校内智慧教学场景172个，建设智造型、实景式、移动式校外实践场景73个，创设"智教+智学""场景式智课堂"，支持学生开展任务式学习。

二是创设"**社区式智课堂**"。建设集技术融合、智能服务和资源共享于一体的智慧图书馆、汽车文化馆、创业中心、智慧宿舍、智慧食堂，以及虚拟研创空间、5G创新工作室、智能体验社区等非正式学习空间69个，配备学习服务终端，创设"智乐+智创""社区式智课堂"，支持学生开展探究式学习。

三是创设"**预约式智课堂**"。开发预约管理系统，建立预约学习机制，设立在线预约中心，支持双向互选互动。组建由校内教授、企业专家构成的"坐堂"团队109个，学生在线预约获得教学服务，开展线上线下互动交流，校内外教师共商辅导答疑相关事宜，创设"智选+智送""预约式智课堂"，支持学生开展互动式学习。

## （三）实施三类"智评价"，激发学生内生学习成长动力

学校通过"三可视一精准"大数据分析平台，记录和分析学生学习和成长轨迹，智能化评价学生学习行为、学习成果、素养提升状况，实施过程性、增值性、综合性三类"智评价"，因势利导促进全体学生全面发展，解决传统评价难以激发学生内生学习动力的问题。

一是实施"**过程性智评价**"。通过学习平台采集学生浏览日志、师生互动交流数据和课堂学生学习姿态、面部表情等过程数据，将其导入"三可视一精准"大数据分析平台，形成学生过程性学习和非智力因素的可视化评价报告，教师为学生推送相应学习资源，提供增值教学服务，即评即改，引导、激励其向好、向优发展（见图2）。

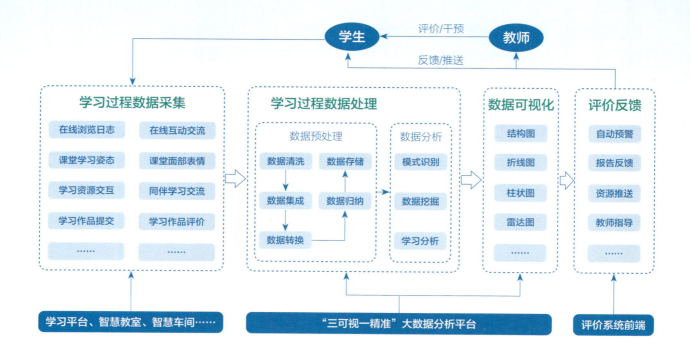

图2 ▲
过程性评价流程

二是实施"增值性智评价"。开发技能等级评价量表，确定学生智能评估值，建立学生个体阶段性技能水平参考系，将实际评估值与智能评估值进行对比，以"残差增量"评价学生专业技能提升幅度，得出学生技能水平正增值或负增值水平数据，通过即时反馈、纳入综合评价等方式，促进教与学效能提升。

三是实施"综合性智评价"。参照中国学生发展核心素养框架，构建学生"德智体美劳"综合评价指标体系，采集每个学生学习成长过程中自己、同伴、教师、企业专家等主观评价数据，以及学习平台的智能评价数据，为其"画像"，对其开展周期性"诊断"，促进其自我反思、自我提升。

## 三 10年"三智"课堂革命的主要成效

### （一）学校办学水平大幅提升

学校就相关经验做法在国家智慧教育公共服务平台启动仪式上做专题交流，并在世界数字教育大会上推介。在数字化赋能基础上，学校建成国家级专业教学资源库3个、国家示范专业点2个、国家级生产性实训基地/教师培训基地5个；获评省卓越高职院校；入围国家高职院校"双高计划"建设单位。

### （二）教师综合能力持续增强

学校累计开展教改项目266项，建设优质课程1484门，成立国家级职业院校教师教学创新团队2个，培育国家级教学名师1人、黄炎培职业教育奖获得者5人、全国高校黄大年式教师团队1个。

## （三）学生培养质量明显提高

学生学习主动性、积极性显著提升，参加全国职业院校技能大赛成绩稳居全国百强、湖南榜首，毕业生高品质就业率、自主创业率、三年职位晋升率逐年提升。学生家长、用人单位对学生满意度逐年提升。

## （四）辐射带动西部职业教育提质增效发展

学校积极响应教育部"慕课西部行计划"2.0号召，打造东西部高校教师智慧教育资源发展共同体。创新教研形态，共建共享优质课程，为破解西部高等教育优质教学资源短缺难题提供"湖汽方案"。

# 医科虚拟仿真教学资源共建共享新模式

## 河南省新乡医学院

 **一 背景**

中共中央、国务院、教育部发布多个文件，要求医工交叉，培养面向未来、高质量发展医学人才的旗帜，加快构建教育数字化资源。然而在当前国内高校的医学人才培养中，仍存在因时间、空间、教学资源等限制大量医学实验"做不了""做不好""做不上"的困扰和难题，已建成的虚拟仿真教学资源也普遍存在标准不统一、体系化不够、重复建设严重、共享不广泛等问题。新乡医学院是河南省唯——所独立建制的西医本科院校（五年制医学类招生数占全省50%以上），拥有百年办学历史，是国家卓越医生教育培养计划建设高校、国家首批临床教学培训示范中心。学校对标教育部文件要求，推动高等医学教育资源观、技术素养观和教育技术观的转变，加快推进"新医科"建设，促进医工交叉、信息技术与教育教学深度融合，率先在学校优势学科临床医学开展改革试点。课题组以此为契机，开展医科虚拟仿真教学资源共建共享模式创新与实践，搭建具有拓展性、兼容性、前瞻性的共享平台与资源，支撑高质量医学人才培养。

## 二 经验

针对医科虚拟仿真教学资源的五类问题（见图1），学院主要有以下创新举措。

**第一，**纲举目张，聚集共识，制定资源建设与共享统一标准，解决开发技术标准不规范、兼容性较差、质量参差不齐的问题。

• 加入教学联盟，制定开发规范。加入全国虚拟仿真实验教学创新联盟，以规范统一联盟单位共识。

• 设立学术团体、推广行业标准。组建中国医药教育协会智能医学专业委员会，制定团体标准，以标准提升资源建设与共享质量。

**第二，**医工交叉，深度融合，提升师生技术能力与素养，解决传统医学教育未能深度融合人工智能、虚拟现实（增强现实）、大数据等新一代信息技术的问题。

| 资源标准<br>不规范 | 融合<br>不深入 | 体系<br>不完善 | 机制<br>不健全 | 课程思政<br>难融合 |
|---|---|---|---|---|
| 解决了<br>开发技术标准不规范、兼容性较差、质量参差不齐的问题。 | 解决了<br>传统医学教育未能深度融合人工智能、虚拟现实（增强现实）、大数据等新一代信息技术的问题。 | 解决了<br>资源共建体系不完善、统筹规划不足、重复建设严重的问题。 | 解决了<br>资源共享机制不健全、开放程度不充分、兼容标准不统一、推广应用不广泛的问题。 | 解决了<br>课程思政难融合、思政元素难选择、融入学生内心难实现的问题。 |
| ① | ② | ③ | ④ | ⑤ |

▲ 图1
解决的虚拟仿真教学资源共建共享问题

- 发挥平台优势，助推医工交叉。牵头成立河南省临床医学虚拟仿真实验教学应用示范中心、河南省医学工程虚拟仿真实验教学中心、虚拟现实医学仿真院士工作站，组织医学院系与工科院系、一线教师与企业技术骨干协同研发，结合学生认知规律，从内容重构、脚本设计、资源制作上交叉合作，破除学科壁垒，构建基础医学、临床医学、护理学、医疗器械等教学仿真资源库。

- 倡导以生为本，提升师生能力。通过专项培训与竞赛，以赛促练、以练促学、赛练结合、师生结合，提高学生创新实践能力，先后举办全国人工智能、虚拟现实（增强现实）培训班与研讨工作坊16场，2019—2022年连续举办四届全国大学生智能技术应用大赛。

第三，交叉融通，和合共生，构建"五位一体"新模式（见图2），解决资源共建体系不完善、统筹规划不足、重复建设严重的问题。

- 交叉融通优势互补，推行五位一体模式。落实校内医工融通，加强院院合作，结合不同学校优势，共建校校资源。学校结合本校特色，企业发挥技术团队优势，政府制定管理办法，实施"师-生-校-企-政五位一体"资源共建。

- 倡导知行合一，师生共建资源。科学设计、合作研发心脏解剖与临床、无菌与感染控制、手术器械与微创手术仿真训练、局部麻醉毒性反应、膝关节解剖及手术等临床医学仿真资源。

第四，多元统筹，协调发展，建立六维度共享新机制，解决资源共享机制不健全、开放程度不充分、兼容标准不统一、推广应用不广泛的问题。

- 创新应用新技术，驱动多维云共享。融合运用5G、虚拟现实与云计算技术，制定共享技术标准和接口，实现手机端、电脑端、虚拟现实端多场景高效应用，开展线上、线下及混合式教学，驱动全省及国内虚拟仿真资源云共享，实现

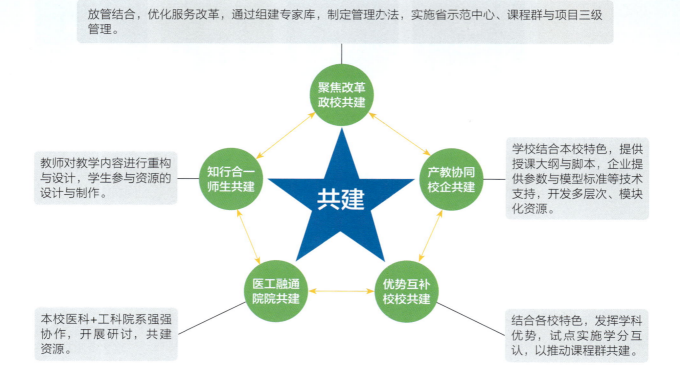

放管结合，优化服务改革，通过组建专家库，制定管理办法，实施省示范中心、课程群与项目三级管理。

聚焦改革
政校共建

产教协同
校企共建

学校结合本校特色，提供授课大纲与脚本，企业提供参数与模型标准等技术支持，开发多层次、模块化资源。

知行合一
师生共建

教师对教学内容进行重构与设计，学生参与资源的设计与制作。

共建

医工融通
院院共建

优势互补
校校共建

本校医科+工科院系强强协作，开展研讨，共建资源。

结合各校特色，发挥学科优势，试点实施学分互认，以推动课程群共建。

图2 ▲
医学虚拟仿真资源"五位一体"共建模式

资源共享与共建双循环。

• 成立教产新联盟，创建共享新机制。团队牵头成立高等学校智能医学教产学研联盟（国家级），组建河南省医学虚拟现实产业技术创新战略联盟，联合多家高校企业统一建设，实现"政-校-企"共管，打造师-生、校-校、校-企、企-企、校-政、政-企六维度共享共同体（见图3）。

**第五**，理念引领，案例强化，无缝融入九大思政元素，解决课程思政难融合、思政元素难选择、融入学生内心难实现的问题。

• 首创六大理念，挖掘九大要素。面向"健康中国2030"，率先提出以学生为中心、以思政为抓手、以应用为导向、以联合为要义、以开放为策略、以智能为驱动的"六个以"医学虚拟仿真教学资源建设新理念。挖掘出爱国教育、医德教育、医风教育、敬业教育、诚信教育、生命教育、伦理教育、辩证思维教育、创新教育"九大思政元素"，将其有机融入教学资源建设。

• 倡导专思融合，植入思政元素。聘请中科院院士、行业专家开展近百场思政案例培训与讲座，提升教师在医学虚拟仿真资源建设与教学中融入思政元素的能力。在主持国家虚拟仿真一流课程资源建设中，植入爱国、敬业和生命教育等思政元素，帮助医学生以成为卓越"医师"为目标、树立奉献精神。

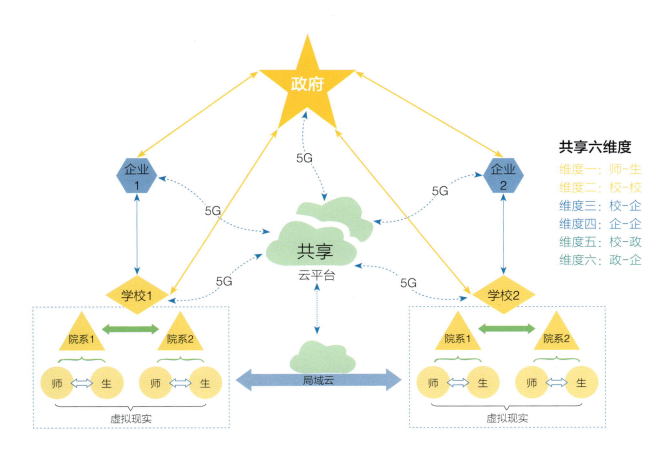

▲ 图3
医学仿真资源六维
度共享共同体

 **成效**

### （一）建设高水平虚拟仿真优质资源，教师能力素养明显提升

践行资源建设"六个以"新理念，共建高水平医学虚拟仿真资源416个，在中国医科大学等200多所学校应用，获批国家一流本科专业、国家一流本科课程、国家级临床医学研究中心等，课题成果被十余所高校采用。

### （二）医学人才培养成效显著

通过师生共建资源，提高了学生的实践操作能力。学生获虚拟现实国家级大学生创新项目，连续七年获得大学生临床技能大赛华中赛区一等奖，学生就业率与医师资格通过率均处于同类院校前列，并逐年提升。

### （三）可复制、极具推广价值的新标准、新技术、新模式引起强烈反响

课题组主持的项目入选国家卫生健康技术推广应用信息服务平台技术库并在全国推广应用，参与制定《虚拟现实产品视觉健康影响评价方法》国家团体标

准。团队开发的医学三维重建系统（实现3秒重建）被10家医疗教学单位推广。团队组织三场全国智能医学高峰论坛，并做多场报告，线上线下参会3600人次；承办虚拟现实与增强现实研讨会等全国性会议12次，参会2000余人。

## （四）成果示范作用引发社会广泛关注

中央电视台、《科技日报》、中国科技网、《人民日报》和"学习强国"等多家媒体广泛报道。2019年以来，多位专家和领导到我校调研虚拟仿真资源建设，对临床、护理等医科虚拟仿真资源给予高度肯定，认为本成果抓住了问题关键，破解了制约瓶颈，对全国医科高校具有积极的借鉴价值和引领示范作用。

# 会计学教学模式创新与教材体系改革：
# AI技术冲击、中国文化嵌入与伦理关注

厦门大学

## 一　开展数字教育创新实践的背景

党的十八大以来，习近平总书记多次对繁荣哲学社会科学做出专门指示。在哲学社会科学中，会计学（含审计学、财务管理）是目前我国高校在校学生最多的专业，占比超过10%。会计学教学改革不仅必要，而且决定着我国会计学人才培养的最终成效。

面对人工智能（Artificial Intelligence，AI）技术变革，会计学应迅速地做出"反应"，改革教学模式和更新教材体系。此外，在"以本为本"和"新文科"建设的背景下，会计学教学应在课堂教学和教材体系中嵌入中国文化元素，通过学科交叉融合"润物细无声"地完成思政教育，使思政教育进教材、进课堂、进头脑。为了回答"培养什么人、怎样培养人、为谁培养人"这一根本性问题，会计学教学中应关注和表达伦理问题，使毕业生成为国之栋梁、企业之才。但是目前会计学教学既未在技术层面上充分考虑AI技术的新挑战，也忽视了会计的"社会性"，相对滞后的教材体系和教学模式亦导致了教学内容与市场需求之间的矛盾。

## 二　实践创新举措、典型经验

### （一）实践过程

世纪之交，国际范围内一系列财务舞弊事件将会计职业推到了风口浪尖，伦理问题日益凸显。神经网络与深度学习在2006年的突破使AI技术出现里程碑式的进步。党的十八大以来，繁荣哲学社会科学和增强文化自信日益成为共识，造就了基于学科交叉融合的"新文科"建设。

本案例抽象出"AI技术变革""中国文化嵌入""伦理关注"三个重要维度，进行会计学教学模式创新与教材体系改革（见图1），并通过"厚基础"与"宽口径"确保教学改革。

图1 ▶
会计学教学模式创新与教材体系改革

第一，会计作为信息系统，从技术层面上必然会经受来自日新月异的AI技术的冲击。

第二，会计的"社会性"又使之无法脱离社会经济环境。会计信息系统的运行效率与正式制度如会计准则（制度）及其执行均密切相关。会计准则的执行效率则在很大程度上会受到会计人员的行为影响——其无时无刻不受到中国文化的影响。因此，将中国文化引入会计学教学就成为重要的教学任务，同时也可将思政元素有机融入课程和教学体系。

第三，为确保发挥会计信息影响社会资源配置效率的功能，会计学应重视和关注伦理问题，抑制财务舞弊。

第四，AI技术、中国文化与伦理关注三者也相互"作用"。AI技术给会计学教学带来了新的伦理困境，即应由AI自身还是其程序设计者承担财务舞弊的责任。AI技术使会计的"技术性"得以彰显的同时，中国文化因素将在多大程度上通过影响利益相关方的行为来影响会计信息功效的发挥，也是亟待探索的问题。

## （二）典型经验

为了贯彻教育部"以本为本、四个回归"精神和立德树人的要求，案例侧重于AI技术冲击、中国文化嵌入与伦理关注，着力解决关键教学问题。

第一，会计学教学模式创新。会计学既在"技术性"层面上受到AI技术变革的冲击，又在"社会性"层面上受到中国文化与伦理因素的影响。（1）创新教学模式，战略性地融合课堂讲授、实地调研、案例分析与讨论，基于需求导向全方位地了解公司如何应对AI技术变革，通过财务共享将会计人员从烦琐的记账工作中解放出来。（2）贯彻"新文科"理念，通过学科交叉与多元化课程设置，强化学生的人文素质；强调中国文化的重要性，实现思政教育进教材、进课堂、进头脑。（3）理论联系实践，产学研深度融合，邀请财务总监与审计合伙人进课堂，帮助学生熟悉伦理因素对会计审计行为的影响。（4）解决AI技术融入会计学后带来的伦理问题。

**第二，会计学教材体系改革。**强调学科交叉，通过会计学与工商管理、数学（统计学）、计算机学科的融合，进行AI技术变革下的会计教材体系改革：从原理上探讨AI技术对"凭证—账簿—报表"传统会计流程的再造，并基于事项会计重塑财务共享中心模式；注重正式制度、会计准则与中国文化共同影响会计决策；强调伦理因素对会计行为与审计独立性的影响；通过AI技术优化审计流程；弘扬中华优秀传统文化，通过会计理论等课程"润物细无声"地实现思政教育进课堂、进教材、进头脑；利用AI技术优化成本控制、预算制定与财务决策（9本教材有机嵌入+3本专门教材）。

**第三，通过厚基础与宽口径实现会计学教学模式创新与教材体系改革。**AI技术、中国文化与伦理三个关键点均与学科交叉，通过厚基础与宽口径实现学科交融，以国家自然科学/社会科学基金重大项目和省部级重大教改课题为依托、培养优秀师资团队和拔尖创新人才，为会计学教学模式创新与教材体系改革夯实基础。

## （三）主要创新点

第一，"新文科"背景下的学科交融（AI技术、中国文化与伦理）。贯彻"以本为本、课程育人"，积极响应教育部"新文科"的倡议，强调交叉融合，率先将AI技术、中国文化和伦理三个关键因素引入会计学教学，更新教学内容、创新教学模式与改革教材体系，培养学生跨学科学习、知识扩展和思维创新的能力。（1）关注AI技术对会计专业人才培养的挑战，倡导会计本科教育应主动适应新技术与新变革。（2）强调思政教育进课堂、进教材、进头脑，注重课堂、教学过程与教材编写中的中国文化嵌入与伦理关注，不断拓展教学内容。（3）充实会计实践基地，开展产学研深度合作，课堂与实践教学相结合。（4）关注AI技术给会计带来的伦理问题。

第二，总结和实践了"调研—理念—方案—任务—路径"（Investigation-Mindset-Scheme-Assignment-Route）的IMSAR框架、"双层四轮驱动"机制、"六位一体"和"六步闭环"的质量保障机制。

第三，总结、实践和推广了IMSAR框架，针对需求进行系统调查，通过重塑理念、拟订方案、明确和分解任务，最终落实到三大具体路径，确保教学模式创新与教材体系改革顺利执行。

第四，总结了"双层四轮驱动"机制（见图2），确保了教学成果的检验效果。"内四轮驱动"主要涉及IMSAR的理念与方案，"外四轮驱动"则涉及调研、任务与路径。"双层四轮驱动"覆盖教学模式创新与教材体系改革的全过程。"六位一体"质量评价体系与"六步闭环"目标达成度评价机制，确保了学校、企业和社会能对会计学教学模式创新与教材体系改革的效果进行科学评价，切实提高学生培养质量，不断动态修正，增强其应用推广性。

图2 ▼
"双层四轮驱动"
机制

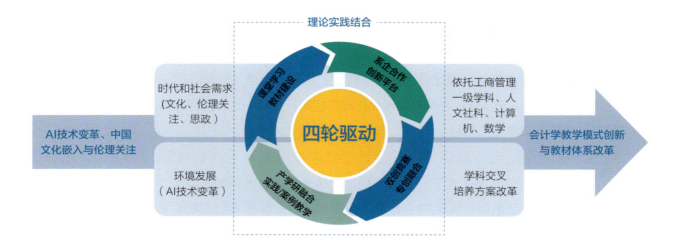

## 三 主要成效

### （一）国内高校与知名企业广泛采纳、借鉴与交流

本案例在国内知名高校与企业中推广应用，包括6所"双一流""985工程"大学、7所会计学"国家重点学科"与"211工程"高校、4所地方院校以及8家知名企业（含两家国际四大会计师事务所和两家世界五百强企业）。另有47家高校与企业曾来校进行学习与交流。教改成果被福建省教育厅作为典型案例加以推广。

### （二）师资团队卓越，学生培养质量显著提升

**第一，专业建设水平提升明显。**厦门大学会计学系有会计学和审计学两个教育部国家一流学科建设点，通过国际商学院协会（The Association to Advance Collegiate Schools of Business，AACSB）会计项目独立认证，在教育部高等学校工商管理类专业教学指导委员会会计学专业教学指导分委员会、国务院学位委员会学科评议组等组织中发挥着积极作用。

　　**第二，科教融合成果丰硕。** 以省部级本科重大教改项目与国家自然科学/社会科学基金重大项目为支撑，曾获3项福建省教学成果奖特等奖、教育部霍英东教育教学奖、国家级教学成果奖、7项福建省教学成果奖一等奖，并陆续出版一套12册的教材。

　　**第三，课程建设成效显著。** "财务会计理论专题""管理会计"等课程入选教育部国家一流本科课程，"会计学基础"等3门课程入选福建省本科一流课程。

　　**第四，学生培养质量得到认可。** 显著增加了学生应对AI技术的持续学习能力，强化了其对中国文化和伦理因素的关注，提高了学习积极性，本科生培养质量显著提升，境内外升学率高达73%，国家级和省部级竞赛获奖400余次。

　　**第五，育人团队建设成绩突出。** 教师团队中9人次入选中共中央组织部"哲学社会科学领军人才"和"国家百千万人才工程"等国家级高层次人才计划。

## （三）产学研合作成效突出

　　产学研协同成绩斐然，与80余家知名企业及事务所合作建立实习基地进行实践教学，共同开发课程，与知名机构联合发布《财务的自动化　智能化　数字化》研究报告。

# "我是接班人"网络大课堂

## 湖南省教育厅

 **一 案例背景**

2019年3月18日,习近平总书记主持召开学校思想政治理论课教师座谈会,指出思想政治理论课是落实立德树人根本任务的关键课程,办中国特色社会主义教育就是要理直气壮开好思政课。同年,中共中央、国务院印发了《新时代公民道德建设实施纲要》《新时代爱国主义教育实施纲要》。

上好思想政治理论课,亟须解决当前中小学思政教育课堂教学不鲜活、资源平台不贯通、协同育人不主动等痛点和难点问题。首先,思政教育局限于课程及教材,时代思政元素融入不足,吸引力不够,迫切需要加强"大思政课"资源供给,增强教学内容的时代性、针对性和有效性。其次,思政教育囿于教师课堂讲授,未充分借助资源平台传播优势,难以满足当代学生的学习需求,迫切需要贯通数字资源平台,为教师课堂赋能,为学生学习增效,实现资源的贯通性、共享性和广泛性。最后,思政教育未充分调动相关部门、社会和家庭积极性,迫切需要创新齐抓共管的协同推进机制,提升协同的主动性、联动性和融合性。

湖南省长期坚持将教育信息化摆在突出位置,持续推动教育信息化在基础条件、资源体系、师生素养、融合应用各方面不断向前发展,为开展数字教育奠定了坚实基础。将教育信息化经费列入财政预算,并要求各地各校每年安排教育信息化经费不低于公用经费支出的10%;整合完成各级各类教育资源公共服务平台和支持系统,确保优质数字教育资源服务满足信息化教学需求和个性化学习需求;实施教师信息技术应用能力提升工程,开展全员信息化应用能力培训;突出信息技术与教育教学、教育管理的融合,强化教育信息化对教学改革尤其是课程改革的服务与支撑等。

在此基础上,为推动贯彻落实习近平总书记重要讲话精神和《新时代公民道德建设实施纲要》《新时代爱国主义教育实施纲要》,湖南省教育厅整合优质资源,积极打造"我是接班人"网络大课堂,将其作为全面实施时代新人铸魂工程的重要组成部分,提高教师网络育人能力,推动思政工作传统优势同信息技术高度融合,努力办好思想政治理论课关键课程。

## 二 主要经验

通过实践探索，首创全国网络大课堂，精选重大热点时事作为主题，邀请院士专家和楷模榜样担任嘉宾，借助教育电视台进行新媒体数字化创作，每月推出一堂思政大课和一系列专题小课。发挥省级教育行政部门组织优势、集中力量办大事的制度优势，有目的、有计划、有组织地对中小学生进行理想信念、道德规范以及科学素养等全方位的教育引导，开辟网络育人新路径，使互联网的最大变量成为思想教育的最大增量。

### （一）重构内容体系，实现"小课本"到"大课程"转型升级

将思政课教学大纲作为"精选食盐"，围绕习近平总书记重要讲话精神，聚焦国家大事、找准时政热点、融入时代元素、挖掘思政元素，把最贴近学生的时、事、人、物作为"主题食材"，按照解构、搭配、重塑的"三步法"创新生成数字化"课程大餐"。运用现代数字技术和媒体技术，借鉴优秀影视作品、综艺节目，对课程进行媒体化、场景化、形象化创新，将其转化为可视、可感、可触、可互动的新资源，有效引导学生养成"追大课"习惯，不断树牢其做社会主义建设者和接班人的理想信念。以"我是接班人"为标志、网络大课堂为载体、时政重点和社会热点为主题，开创"全省一盘棋，共上一堂课"的网络"大思政课"模式，形成独具特色的"大思政课"品牌。不仅在全省范围内开课，而且推广至新疆、西藏、广西等地，实现全国开放共享。

| 以"我是接班人"为 **标志** | 以网络大课堂为 **载体** | 以时政重点和社会热点为 **主题** |
| --- | --- | --- |

### （二）整合社会力量，实现"小责任"到"大担当"协同推进

通过网络化支撑和数字化赋能，推进建立家校社协同育人新机制。省委书记、省长亲自到网络大课堂为全省学生讲课，省政府将"我是接班人"网络大课堂写入省"十四五"教育事业发展规划等政策文件。教育部门精心组织，整合宣传、文化、卫健、网信、环保等职能部门的"进校园"内容，跨学科打造主题化和影视化的教学。全省师生家长追课共学，《人民日报》、新华社、中央电视台等同步推广，形成学校、家庭、政府、社会协同育人的"大思政课"新局面。

### （三）发挥组织优势，实现"小老师"到"大师资"阵容增强

运用数字化和互联网新思维，汇聚最强师资，发挥名人名师引流作用，实现"思想红"与"流行红"相统一。省级教育行政部门主动担当，邀请袁隆平、钟南山、杨长风、杨孟飞、周建平等院士学者担任主讲嘉宾，汇聚传统课堂难以企及的最强师资。目前已有13位院士、56位专家、125位名师主讲，真正做到让信仰坚定、学识渊博、德才兼备、影响力大的名人名师来讲思政课，让学生零距离感受专家学者的风范与魅力。

### （四）贯通网络平台，实现"小讲台"到"大平台"全面覆盖

深刻认识数字中国建设战略的意义，研制国家教育信息化2.0湖南试点方案，率先提出"网络大课堂"概念和设想，并确立其引领教育数字化转型的重大理论价值。同时，明确网络大课堂的基本内涵、主要特征、实现形式，率先开创省级平台"跨台部署多端应用"运维模式，在国家智慧教育公共服务平台开设湖南频道，与"学习强国"、"央视频"、中国教育电视台等平台合作，建设泛在学习应用场景，全面实现以云端部署、网络贯通、多端应用为特征的"我是接班人"网络大课堂高并发访问服务，构建数字赋能现代教育活动的重要应用形态和"云网端"环境下大规模教育教学的重要实现路径。通过数字化打破时空界限、突破学校边界，构建线上线下融合、校内校外打通的大规模在线"大思政课"平台，建立青少年学生愿触及、爱停留的"大思政课"数字阵地。

### 三 主要成效

2019年以来，"我是接班人"网络大课堂按照应用为王、实效至上、平台支撑、开放共享的思路，以湖南"互联网+教育"大平台为课堂基座，以"学习强国"、"央视频"、人民日报视频客户端等为拓展平台，以学校、家庭、社会为应用场景，完善"云网端"服务架构，建立开放共享的生态合作机制，形成全媒全网传播矩阵，构建"人人皆学、处处能学、时时可学"的"大思政课"数字

化支撑体系，覆盖全省学生，推广至新疆、西藏、广西等地并辐射全国，先后推出60多堂大课、500余个小专题，创造平台单课预告阅读人次超过1400万、单课学习人次超过3000万、全网学习人次超17亿的纪录。

**育人成效显著**

从开播第一课"我和我的祖国"到"在战疫中成长"，从"长成参天大树"到建党100周年"强国有我"，再到纪念香港回归25周年"心连心　向未来"，网络大课堂从未缺席青少年成长的重要时刻。

立足湖南，辐射全国，影响广泛。中国载人航天工程办公室等单位以及中国网络诚信大会、岳麓峰会等致信感谢。"学习强国"开设专栏并每课直播，《人民日报》、新华社、中央电视台、《中国教育报》等全面推介，被写进新华社"习近平总书记关切事"。

**社会高度评价**

**政府认可采纳**

教育部考察后将"网络思政"写入国家"互联网+教育"和"教育新基建"相关文件，湖南省政府将网络大课堂写入"十四五"规划，宣传、广电等十余部门主动参与建设并给予经费支持。成果被宣传部和教育部多次推介，先后在全国教育信息化工作会议、全国教育工作会议上进行经验介绍，总班主任荣获"全国教书育人楷模"称号。

# 基于教育云平台的网络学习空间建设与应用

## 山东省日照市朝阳小学

### 一 背景

日照市朝阳小学的前身是一所位于城乡接合部的村级小学，教学质量差，生源流失严重，教学满意度常年处于城区学校末位。为解决进城务工人员随迁子女入学问题，2015年当地政府对学校进行扩建，将其升格为区直小学，新的领导班子上任，梳理出学校三大主要矛盾。

#### （一）传统教学观念顽固，核心素养难以落地

教师教学观念陈旧，仍大量采用"满堂灌""填鸭式"教学方式，难以实现学生的全面发展；学生课业负担居高不下，"双减"精神难以得到有效贯彻。

#### （二）新手教师无人引领，专业发展遭遇瓶颈

近几年学校新进50多名年轻教师，因缺乏骨干教师引领，他们的专业成长受到制约。

#### （三）家庭教育短板凸显，家校之间形同陌路

学生家长多为进城务工人员，普遍对学生教育重视不够，教育方法简单，很多家长甘做"甩手掌柜"，家校间难以形成教育合力。

为解决以上矛盾，迅速消弭与其他学校的办学差距，让教育公平的阳光普照到每一名进城务工人员随迁子女身上，学校充分发挥与日照教育云平台研发企业毗邻和教师队伍年轻化的优势，以日照教育云平台为依托，全面推进教育教学数字化转型。

## 二 举措与经验

### （一）实施四项建设

**支撑环境建设**。全面提升学校教育数字化支撑能力。升级改造校园网，升级教师个人终端，建成微课制作室、校园网络电视台、专用互动直播教室，所有教室装备普及型高清录播系统，数据与平台打通。

**四个空间建设**。依托"日照教育云"开通学校、班级、教师、学生四类空间，将录播系统与云平台打通，支持课堂实录、专递课堂、网络教研等，拓展网络学习空间的应用场景，采用类似于"农场+市场"的模式解决传统网络学习空间功能单一、资源匮乏、交互性差的问题。

**应用能力建设**。建立数字化应用能力项目清单，逐项培训，逐人达标考核。在学生中开展"数字小达人"争创活动，提升学生的数字素养。利用家访和家长会对家长进行云平台应用培训，指导家长科学管理孩子使用终端设备。

**保障机制建设**。设立首席信息官，建立领导小组、工作小组。出台相关制度规定，为网络学习空间的持续深度应用提供保障。

### （二）发起四大行动

**改变学生的学习方式**。实施三段十二步翻转课堂教学改革。将学生的学与教师的导分解成三个阶段十二个步骤（见图1）。学生先通过微课在家预习，然后通过班级群讨论交流，再通过个人空间提交电子作业；教师在平台批阅作业掌握学情后，有的放矢地制定教学策略。课堂上，教师先让学生展示自学成果，然后引导全体学生一起研讨交流，合作探究。提出"三教一不教"原则，即先学后教、以学定教、让学生教、学会不教，最终实现课前自主学、课中研讨学、课后拓展学，让以探究精神、自主发展、实践创新等维度为主的核心素养培养有效落地。

▼ 图1
三段十二步翻转课堂教学模式示意图

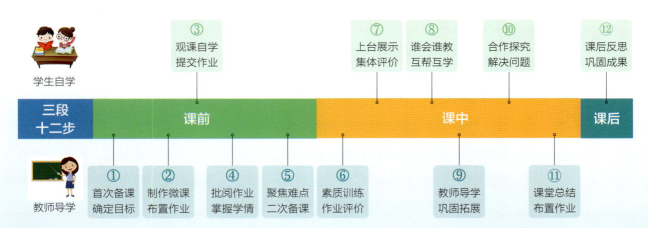

**实施作业电子化改革**。**丰富作业内容**。教师布置劳动、表演、游戏、阅读、体育锻炼等实践性作业，学生将作业以图片、音视频的形式上传到平台的个人空间，解决了以往类似作业无法通过书面形式呈现的问题，丰富作业内容，增强趣味性，提升学生的综合能力。**改变作业目的**。学生应用自助学习功能让作业目的由练习向诊断转变，使作业变"轻"、变"智慧"。学生在较短时间内完成在线答题后，平台自动批阅，为学生的知识掌握情况精准"画像"，然后根据漏洞自动推送相关题型，让学生强化练习，改变以往作业内容缺乏针对性、重复练习的弊端。同时，教师可以通过后台数据了解学生的薄弱知识点和存在学习困难的学生个体，有针对性地补教补学。**健全评价策略**。学生将作业以图片、音视频的形式上传至班级云空间、师生展评等栏目：由"交作业"变"晒作业"，为学生提供展示交流的舞台，提高学生认真完成作业的自觉性；作业由"平面"变"立体"，教师既能看到作业的最终结果，也能看到作业的完成过程，评价方式亦由教师的唯一评价变为师生家长的"大众点评"，作业评价由单一向多元、由重结果向重过程转变。

**改变教师的成长方式**。自我反思促成长。教师通过课堂实录"照镜"、通过个人空间"留印"、通过教学反思"想法"，在反思中加速成长。**他山之石助成长**。业务材料无纸化并上传个人空间，实现教学资源的共享，供教师相互借鉴。除了本校资源，教师亦可一键访问市区教育云浏览更多名校名师资源。**网络教研促成长**。利用课堂实录和在线直播实行网上听评课，解决教师没有时间听评课的问题；利用交流群和协作组实行网上教学研讨，使教研活动随时随地开展。在平台建立年级、学科、专题等多个教研协作组，改变了以往单纯以学科为主的教研组织模式，增强了教研活动的针对性和实效性。通过平台突破校际壁垒，向校外"借名师""借专家"，联系名校开展网络教研，邀请市区教研员线上指导，提升学校的教科研力量和水平。

**改变家长的教育方式**。**家校线上深度互联**。利用平台拆除学校"围墙"，建设"透明学校""透明班级"。引导家长关注学校、班级和师生空间，了解学校和班级动态。鼓励教师网上晒课，让家长了解教师授课水平和学生的课堂表现。设立课堂开放日，所有班级课堂采用直播方式向家长开放。运用学校空间和班级群即时发布信息，提升家校联系的宽度和频度。**开设空中家长学校**。以校园电视台直播的形式举行家长会和家长培训；通过微课向家长推送"智慧父母"课程，让家长在不影响正常工作的前提下学习家庭教育的科学方法，提升家长的教育能力。**实施线上家校共育**。利用学习空间交互性、开放性的特点，开展"晒晒我的房间""亲子共读""亲子运动会""亲子悄悄话邮箱"等多种形式的线上活动，使学校教育和家庭教育相互贯通，形成合力。

## （三）打造两个课堂

打造基于静态的"朝阳E课"与基于实时动态的"朝阳专递"课堂。

"朝阳E课"：包括微课与课堂实录两个大类，"E"不仅指线上课程，还力求凸显三大特点：一是"易懂"，教师讲解简明生动、深入浅出，让学生轻松愉悦地学习；二是"艺术"，兼顾教学艺术和制作艺术，让每一条资源都给学生以美的享受；三是"公益"，秉承"立足朝阳、惠泽远方"的理念，所有课程免费向全市小学生开放。

"朝阳专递"：基于云平台录播系统的直播与互动直播功能开设，可分为一对多直播授课和一对二交互式授课。"朝阳专递"有以下五种应用场景：

• **名师精品课**：让骨干教师采用直播方式为其他班级上优质课，既发挥了名师的引领作用，又让名师资源和优质课程惠及更多学生。

• **专业公共课**：针对某学科专业教师不足问题，由一名专业教师同时为多个班级上课，解决小学普遍存在的如艺术、心理健康等课程由非专业教师兼任的问题。既提高了课堂教学效果，又减轻了其他教师的工作负担。

• **同步互助课**：在出现教师临时性缺员时，由同学科平行班教师采用互动直播模式一对二授课，最大限度保证教学进度和教学效果。

• **家校共建课**：采用直播方式召开线上家长会、举行家庭教育讲座等，省却家长家校间的奔波，提高家校交流的频度。

• **远程帮扶课**：为边远薄弱学校实施远程送课，促进教育公平。

## 三 主要成效

### （一）学生学习方式得以转变，核心素养有效落地

通过实施"312"翻转课堂和作业电子化改革，培养了学生的探究精神、反思意识、信息意识、自我管理能力和创新能力，学生课业负担明显下降。在上级部门组织的指向小学生核心素养的综合素质评价中，本校成绩提升明显，对比本市2所优质学校，2018年基本持平，2020年全面反超。

## （二）教师整体业务能力显著提升

在每年度举行的教育教学信息化大赛中，本校先后有6名教师获国家级奖项，25名教师获省级奖项，65名教师获市级奖项，获奖率在同类学校中遥遥领先。

## （三）生成数量庞大的教学资源

截至2023年12月，有学校空间微课1.4万余节，课堂实录3400余节，其他资源4万多个，人均资源上传量和占有量均居全国前列。

| 1.4万余节 | 3400余节 | 4万多个 |
| :---: | :---: | :---: |
| 学校空间微课 | 课堂实录 | 其他资源 |

## （四）家校深度融合，满意度显著提升

在上级组织的面向学校家长的满意度调查中，学校总成绩从2015年的全市末尾跃至全区前列，2019—2022年连获各项全满分、全市第一的优异成绩。

## （五）获得重大表彰奖励

学校被表彰为教育部2018年度网络学习空间应用普及活动优秀学校、山东省教育信息化示范学校，6次被评为国家级、省级教育数字化应用典型，相关项目获2022年基础教育国家级教学成果奖二等奖。

## （六）成果得到复制和推广

学校多次受邀在全国重要会议做展示交流，承办市级以上专题会议26场，迎接省内外参观者10000余人次，成果在国家教育资源公共服务平台展示。全市中小学复制应用本成果模式。自2017年起，利用专递课堂为新疆麦盖提县鲁疆爱心小学远程送课300余节，为援疆工作做出了贡献。

# 依托国家中小学智慧教育平台以优质教育资源服务民族地区的实践探索

四川省成都市实验小学

2023年5月，习近平总书记在主持中共中央政治局第五次集体学习时强调，要进一步推进数字教育，为个性化学习、终身学习、扩大优质教育资源覆盖面和教育现代化提供有效支撑。作为成都市的优质学校，成都市实验小学（简称"实小"）在四川省委、省政府的统筹下建立了全日制小学网校，旨在通过数字化手段将实小教育思想、课堂教学、教研活动、学校管理等优质资源向民族地区学校整体输出，推进"民族教育精准扶智"，促进民族地区教育高质量发展。在优质教育资源远程输出的过程中，实小远程导播中心成为四川省智慧教育平台建设的重要主体，也成为国家中小学智慧教育平台建设的重要参与者。

 **一** **常态化运用资源：以国家中小学智慧教育平台资源充实对民族地区学校的输出**

国家中小学智慧教育平台的建设理念是"人人皆学、处处能学、时时可学"。该平台的建立为实小远程资源建设提供了丰富的学习和教学资源，同时还为师生提供了便捷的学习通道、互动渠道。为充分挖掘国家中小学智慧教育平台资源，实小形成了资源的常态化使用机制。

## （一）将平台作为重要的教育资源，抓取内容服务教研培

**一是服务课堂教学**。通过线上观摩平台资源、按需取用微课视频、灵活设计教学流程、多元参考作业布置、线下获取评价反馈，实小灵活运用国家中小学智慧教育平台在线资源开展常态化教学。**二是服务学生活动**。实小筛选国家智慧教育主题，参考流程设计，进行校本修订，并开展动态校本实施和具体成果评价，借鉴优秀学校的优秀案例，推动"五育"并举旗帜下的融合育人。**三是服务教师研培**。实小通过需求调研、主题参考、按需设计课程、动态实施反馈、多次行动改进，落实学生自主发展理念下的精准化靶向培养。

## （二）将平台作为课堂教学一端，多端链接提质远程教学

建立由国家中小学智慧教育平台、前端学校、实小远程导播中心、民族地区远端学校多方协同的运行机制，保障多端联动、协生共进、畅通无阻的远程教育，避免优质教学资源在传输中衰减（见图1）。

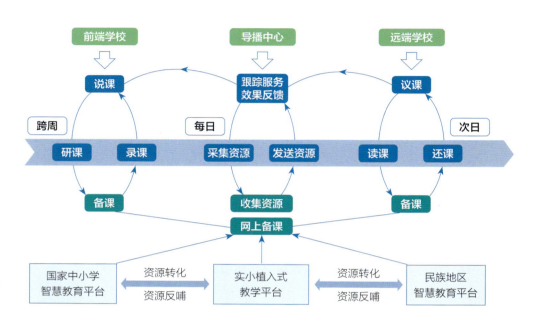

图1 ▶
全日制小学远程教育资源传播运行机制及流程

## （三）将平台作为智慧校园建设手段，合作运维加快数字化转型

政府、平台、企业、学校职责明确，分工合作。政府全力支持远程导播中心建设，提供政策支撑和政务流程化服务，保障国家教育数字化发展政策及资源落实到民族地区；国家中小学智慧教育平台通过企业导播中心与前端、远端学校无缝对接，合作保障维护日常运行；企业提供硬件支持、技术服务，牵线搭桥，规范管理，保障前端、远端学校信息沟通，收集整理各种成果，形成资源库，促进前端、远端学校线上线下的深度交流和发展；前端学校推动教育教学不断优化和创新，不仅具有示范作用，而且能促进自身可持续发展，进一步提高学校辅导地方的水平；远端民族地区学校将实小各项资源校本化处理，借助全日制远程教育提升学校治理水平，拓展发展平台，激发学校不断追求教育变革的热情，主动寻求突破。

通过这些常态化运用与落实，国家中小学智慧教育平台与实小远程导播中心提升了民族地区教育在学习、研究、教学、管理等方面的能力和水平。

## 迭代式贡献资源：参与国家中小学智慧教育平台建设

实小致力于整体设计、建造数字化学校教育的支持系统，积累了上万节优质课程，全面辐射四川省及省外多个民族地区。通过资源迭代，实小不断向国家中小学智慧教育平台提供创新输出，实现在使用平台资源的过程中，向平台贡献资源，与平台共建共享。

**输出优质教学内容**。截至2023年8月，实小远程导播中心共向甘孜藏族自治州、阿坝藏族羌族自治州、凉山彝族自治州、青海省、新疆维吾尔自治区、广西壮族自治区、西藏自治区等民族地区116所学校全面输出教育教学资源，包括约2.6万节课堂实录、2万个教案、2万份课件、1万份作业资料等。

**输出建设模式**。作为前端学校，实小探索出"并行输出，远程植入"的建设模式：并行输出"教学+教研"，远程植入前端课堂教学的"术与道"；并行输出"活动+环境"，远程植入前端师生活动的"形式与文化"；并行输出"流程+制度"，远程植入前端办学的"管理与机制"。

**输出管理体制**。实小每天输出无衰减课堂实录，四位一体，四课循环；每周无缝隙全面传输，共享全方位资源；每月一次直播备课，解决问题，承前启后；每期一次线下培训，现场互学，感受文化；每年一次线上评选，主题展评，点位突破，形成全天候立体多维的闭环管理体制。

## 圈层化传导资源：扩大国家中小学智慧教育平台在民族地区的运用

### （一）第一圈层传导：优质学校率先运用国家中小学智慧教育平台开展远程教育

实小远程导播中心的运行可被视为国家中小学智慧教育平台第一圈层的传导，这是优质学校对国家集成的优质教育资源的深化理解和迁移运用。

### （二）第二圈层传导：优质学校带动国家中小学智慧教育平台资源向民族地区覆盖

实小带动民族地区的116所学校全面挖掘应用国家中小学智慧教育平台资源，推动国家中小学智慧教育平台向更广泛的区域传播。

### （三）第三圈层传导：优质学校带动民族地区全面扩大资源覆盖面，实现国家中小学智慧教育平台与地方优质资源的融合传导

通过植入式的远程连接，实小的育人观、发展观、教学观、管理观等教育教学理念全面辐射民族地区，促进民族地区教师对前端学校的输出活动形成整体、生动、贯通的认识，使其将这些教育教学思想与行动的"远程灌输"转化为"自我演变"。95%的民族地区教师都能在实小"远程植入式教育"中提升教学技能，并产生寻求自我突破的动力。

实小带动了甘孜藏族自治州这样的民族地区成立自己的"康巴网校"，将优质资源层层分化与覆盖，推动民族地区逐步构建起可持续发展的造血系统。目前，康巴网校的民族自生资源也已在国家中小学智慧教育平台上线。

通过国家中小学智慧教育平台的圈层化传导，优质教育资源在民族地区得到了更大范围的理解与运用：一方面更大范围地实现了国家级优质教育资源汇聚的重大价值与意义；另一方面通过引导民族地区教育提质进位，丰富了教育帮扶体系及帮扶模式。民族地区教师到前端学校的伴随式跟岗、现场培训及赛课活动等，也进一步促进了实小教师与民族地区教师的深层交流、反馈共研。

## 四 成效斐然，未来可期

实小以前端67名教师的力量撬动了民族地区3539名教师的专业成长和58980名学生的全面发展，成为民族地区教师队伍建设及教学质量提升的重要实践引领基地。前端教师充分运用国家中小学智慧教育平台的可选择、可重构的课程资源，以推动教育转型的使命感，实现线上线下互助共长式教育帮扶，帮助民族地区教师对前端资源进行学习、消化、模仿、内化和创新。

实小远程教育探索成果"小学'远程植入式教学'引领教育精准扶智"获得2018年基础教育国家级教学成果奖二等奖。成果资源现已在国家中小学智慧教育平台和四川省中小学智慧教育平台全面共享。未来，实小将继续深化运用国家中小学智慧教育平台，不断丰富智慧教育学校课程，在全面应用数字化教育资源的基础上融合创新发展。

# 数字技术支持下统整项目课程体系建构新路径

南方科技大学教育集团（南山）第二实验学校

## 一　实践背景

当今社会，科技日新月异，对创新型、复合型人才的要求不断提高。知识本位的传统分科课程已难以培育出适应未来社会发展的新型人才，我国已发布一系列推进拔尖创新人才培养的教育政策。与此同时，技术对教育的持续影响也激发了教育理念、育人方式、治理体系的全面转型。

面对教育数字化转型所带来的挑战和机遇，南方科技大学教育集团（南山）第二实验学校（以下简称"南科大二实验"）自2014年以来，便聚焦学生核心素养，打造统整项目课程体系。我们以"统整"的方式把课程、师生、学习时空、学习技术等元素有效地统合起来，为学生构建一个开放的课程体系。同时，整校推进项目式学习，通过真实情境的创设、挑战性问题的驱动，培养学生实践创新能力。在课程学习过程中，我们坚持"人在前，技术在后"的理念，塑造技术与学习深度融合的学习生态，探索在数字技术支持下统整项目课程体系建构的新路径。

数字化转型背景下学校教育的整体变革：构建数字化教育生态　促进儿童全面发展

## 二　主要经验

南科大二实验从课程改革层面思考、探索和实践数字化转型背景下的教育创新。充分发挥技术的底层支撑作用，营造数字化环境下的教育生态，构建以跨学科教学、项目式学习为主要特征的统整项目课程体系（见图1）。

### （一）借助互联思维，聚焦现实世界，构建统整项目课程体系

**直面课程现状，打造统整项目课程的基本模式。** 现行国家课程以分科为主，容易让学科之间相互脱离，阻碍学生对世界的整体认知。统整项目课程的核心是打破学科内容间、学科间，以及学科教师间的边界壁垒，学生围绕复杂的、来自现实世界的学习主题，进行基于真实生活的跨学科学习。基于"技术＋

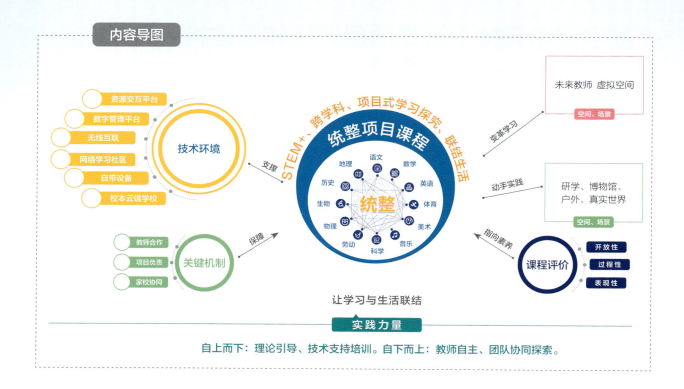

**图1** ▲
统整项目课程体系

"项目＋统整"的课程内涵，我们从学科和主题两个视角打造统整项目课程的基本模式，形成了学科内统整、跨学科教学、跨学科统整及超学科统整四种基本课程模式，各模式之间相互交叉融合。

**关切现实世界，设计统整项目课程的内容体系。**学生的学习应该与现实世界密切相连。因此，我们从课程标准出发，结合中华优秀传统文化，关联"联合国可持续发展目标"中的环保主题，同时借鉴国际文凭课程跨学科主题内容，从学科教材和现实世界中选择具有现实意义和研究价值的内容作为课程主题。如二年级"美丽中国"，让学生在探究中培育家国情怀；五年级"丝绸之路"，通过暑期研学旅行，让学生深刻理解"一带一路"倡议。

目前，南科大二实验已形成了中小学九年一贯的统整主题，每个学期、每个年级都开展一个主题课程（见图2），各年级课程主题之间彼此关联，螺旋式建构课程内容体系。如一年级"全球六大生态与世界文化探索"是后续绿色生态相关课程主题的铺垫，而后续绿色生态相关主题则是对它的不断深化。

**尊重认知规律，重构统整项目课程的学习流程。**统整项目课程已形成以项目式学习为主体的系统学习路径：第一阶段为前期铺垫，聚焦学生关于统整课程主题的学科素养提升与跨学科理解；第二阶段为项目式学习主体探究，以小组为单位开展探究学习；第三阶段为评价与实践反馈，旨在通过互动评价与课外实践，围绕评价反思，学会解决问题；第四阶段为拓展延伸，旨在引导学生"提出新问题"，带着问题走向未来（见图3）。

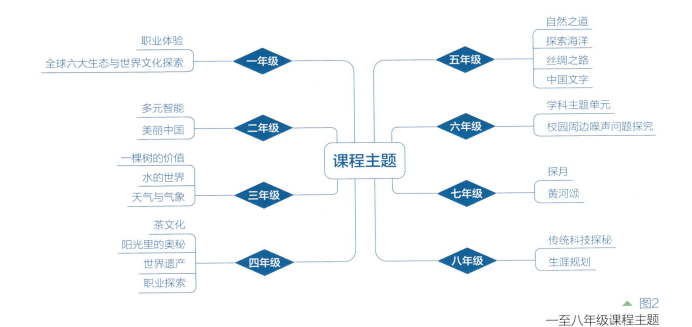

▲ 图2
一至八年级课程主题

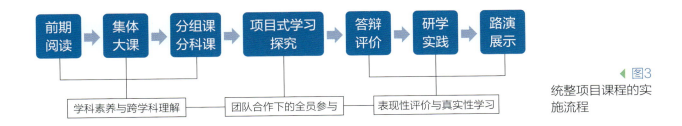

◄ 图3
统整项目课程的实施流程

## （二）运用数字技术，指向深度理解，开展统整项目课程学习

**借助技术工具，开展个性化探究。** 数字技术在统整项目课程学习过程中对学生的高质量学习起到了核心的支撑作用。学校通过自带设备模式，让学生借助移动学习终端开展探究学习。如四年级"逐日-探索阳光里的奥秘"课程中，利用增强现实技术理解太阳系，用思维导图探索太阳系等。

**运用网络社区，搭建统整项目课程的评价体系。** 统整项目课程可以在真实的表现性任务中培养学生的创造力，而传统的评价方式则难以对学生的学习过程进行评价。因此，我们结合统整项目课程特征与学科评价目标，运用网络学习社区，搭建课程评价体系（见图4）。采用语音、文字、视频等方式，以量规量表、学习日志、互动式APP等作为评价工具，通过实时和延时评价，对每名学生的学习过程进行分析和评估。网络社区的智能化语言分析和数据收集整理系统，对学习作品进行精准分析并及时反馈，让每名学生的成长都能被看见。

**利用社交网络，协同"家校社"，为学生深度探究提供支持。** 相比于传统的分科学习方式，项目式学习需要更长的时间周期和更丰富的学习场景，

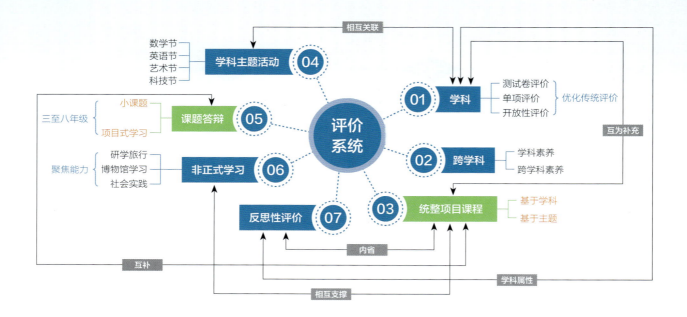

图4 ▲
课程评价体系

特别是在探究、答辩、假期研学以及路演等环节，都需要家长和社区的支持。因此，在项目式学习组织实施过程中，学校通过家校合作的"双导师制"（教师指导+家长支持）来推进探究，家长协助学生在校外、课外时间继续拓展和深化项目，教师采用线上+线下的方式持续跟进学生的研究进度。如八年级"黄河颂"课程，在学生开展水土流失与植被关系的探究时，由家长带着小组同学到植物研究所开展实地观察和实验。教师通过线上会议等社交工具跟进学生的研究进度，及时给予指导。

## （三）建设技术环境，营造数字生态，推动统整项目课程创新

**高标准建设数字化校园环境，助力学生开展移动学习、合作学习**。为顺应时代发展的现实需求，学校从环境设计、管理模式、资源链接、课程开发、教学变革、学习方式、评价体系等维度设计云端学校。校园网千兆带宽到桌面，实现有线和无线双网全覆盖，师生自带设备可以在学校的任何地方连接互联网，支持教师带领学生开展移动式网络化学习。学校所有空间均有数字系统，师生借助数字设备在学习空间中自由投影展示教学资源和学习成果。此外，学校建设多样化的数字化学习平台，支持师生在学习中分享资源、交流作品以及评价学习过程。

**结构化建设数字化课程资源库，助力学生开展跨学科、个性化学习**。学校顶层规划设计并推进数字化课程资源建设，主要包括数字博物馆、专题网站、视频网站的纪录片和主题电影、电子版图书、音频等，以及师生在实践中生成的学习资源。课程团队根据不同年级的课程主题和学习需求，将课程资源进行归类，建设成为以课程主题为统领的数字化课程资源模块，形成课程资源体

系，为学生持续学习提供帮助。课程团队根据不同年级、不同学科的需求建设技术工具库，包括思维支架、创新表达、学科学习、沟通交流等工具。同时与专业公司合作，为不同年级的学生终端安装相关的技术工具，支持学生开展个性化、创造性学习。

## 三 主要成效

在统整项目课程体系近十年的探索中，其创新的学习方式促进了师生的素养提升，提高了学校的办学水平，为中小学课程创新提供了可复制的实践样本，带动了区域教育数字化转型共同发展。

### （一）提升了数字时代师生素养

**学生成长** > 我校每名学生从一至八年级经历16个统整项目课程的系统性学习，技术支持下的创造性、探究性学习成为他们的学习常态，其创造力得到培养。仅2023年，学生参加教育部白名单科技比赛，荣获一等奖8项、二等奖6项、三等奖6项，累计获国家级科技创新奖项48人次。

近五年，学校教师参与国内高端学术论坛分享80余次，发表课程统整领域学术论文300多篇，其中核心期刊论文20多篇。学校85%的教师担任过统整项目课程负责人，50%的教师为来宾进行过课程分享。2部关于统整项目课程的理论图书即将出版。 < **教师发展**

### （二）形成了学校创新发展特色

南科大二实验的统整教学改革已成为学校教育教学新常态。学校2020年入选《中国教师报》"中国课改20年专题"10所样本学校，被评为互联网+跨学科改革样本。统整项目课程成果连续在第三次、第四次全国基础教育信息化应用现场会进行展示，入选教育部首批"全国基础教育信息化应用典型示范案例"和"广东省基础教育信息化应用典型示范案例"，荣获省级基础教育教学成果奖一等奖1次、二等奖2次。每年都有大量来自全国各地的教育同行参观学习，仅2023年就有50多批共2000多人到校学习，10多所学校驻校学习。

### （三）构建了数字化教育发展共同体

从2017年开始，学校教师参与"互+计划""乡村青年教师社会支持公益计划"等公益直播，惠及10万多名乡村教师。2017年3月6日，学校发起"统整项目课程全国教师培养计划"，通过云端学校共享统整项目课程讲座、课堂、解读近500节次，影响全国20多个省市150多所学校的师生。目前，深圳、成都、东莞、佛山、广州、青岛等地20余所学校已经实现统整项目课程落地实施，并在当地产生了积极影响。特别是广东南海区里水镇金溪小学，自2017年引入课程后，目前该校已成为区域品牌学校。同时，课程成果辐射到香港、澳门地区，并与冰岛的学校定期网络交流。

# 校本云端学校的体系化设计与实践

南方科技大学教育集团（南山）第二实验学校

## 一　实践背景

数字网络技术让知识学习实现了"任何人、任何时间、任何地点"的泛在学习，基于数字网络技术的学习已经成为数字时代学生的重要学习方式，传统形式的学校已不再是学生获取知识的唯一场所，学校育人理念和体系面临来自数字网络技术的巨大挑战。因此，如何在学校育人过程中充分发挥数字网络技术的作用，如何提升教师的数字素养和在线教学能力，都是学校在教育数字化转型过程中亟须深入探讨和积极实践的重要问题。

面对教育数字化转型的迫切需求和关键问题，南方科技大学教育集团（南山）第二实验学校（以下简称"南科大二实验"）坚持以"数字化、国际化、科技教育、课程改革"为特色品牌，对标国际，全力推进以数字技术为底层支撑，深度融合科技教育的课程改革创新。其中，校本云端学校的体系化设计与实践，成为学校塑造数字化教育生态、突破传统学校育人体系时空局限性的有效途径，有利于学校满足学生发展的内在需求，推动学校教育的整体性、系统化变革，实现学校教育数字化转型。

## 二　实践经验

2015年开始，基于数字时代学生的学习特征和学习需求，学校从环境设计、管理体系、资源链接、课程开发、学习方式、评价体系等维度着手，系统设计并建构了校本云端学校，塑造学校的在线教育生态（见图1）。经过八年多的探索，我们在校本云端学校的体系设计、空间建设、课程开发、在线教学、资源融合、学习评价、家校协同、管理模式等诸多方面取得系列成果。

### （一）指向构建学校育人新生态，打造包括"自主版"和"开放版"两种形态的校本云端学校体系

南科大二实验打造的校本云端学校是一所由互联网技术支撑架构起来的虚拟

**图1** ▲
校本云端学校的
主要内容

校园，具备真实学校的生态体系，包括课程体系、学习资源、教学系统、学习系统、评价系统及与"教室"所匹配的网络学习空间，与真实学校共同构成学校育人新生态。

校本云端学校包括"自主版"和"开放版"两种形态。在实践运用中，根据具体教育教学活动需求适当选择、自由切换。

自主版云端学校模拟学校真实场景，搭建教室、会议室、功能室等网络空间（见图2）。自主版云端学校仅为本校师生提供教学互动、课程资源和学习支持。

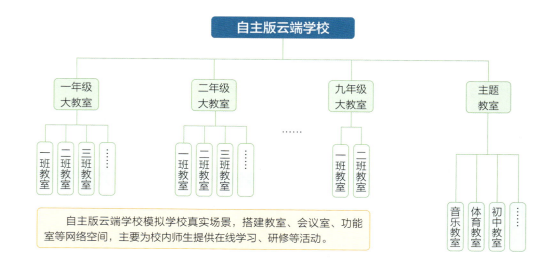

**图2** ▶
自主版云端学校
教学结构

开放版云端学校则对外开放，既能够链接外部优质资源，也能够将内部优质资源共享给非本校师生，构建数字学习共同体，满足更大范围教师的专业交流和学生的拓展性学习需求（见图3）。同时，还能够实现学校与家庭之间的在线互动，建构家校共同体，促进家校协同育人。

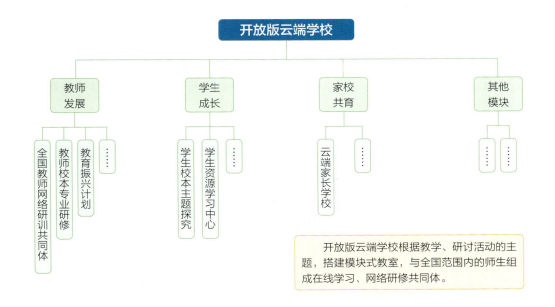

开放版云端学校根据教学、研讨活动的主题，搭建模块式教室，与全国范围内的师生组成在线学习、网络研修共同体。

图3
开放版云端学校教学结构

## （二）聚焦学生核心素养的培养，探索并形成云端学校在线课程和在线教学的设计路径与实施策略

在线课程、教学、学习和评价的设计是云端学校育人体系的核心要素。校本云端学校聚焦育人全过程，构建在线课程、在线教学、在线学习、在线评价的设计路径（见图4）和实施策略。

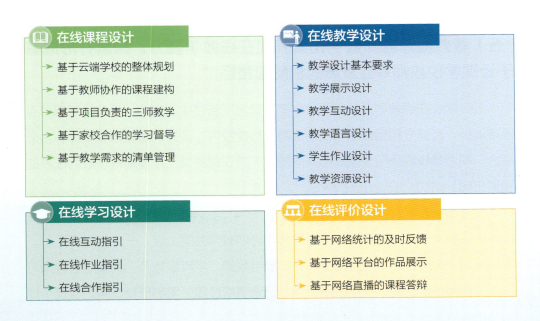

图4
在线课程、在线教学、在线学习、在线评价的设计路径

## （三）基于数字网络联结与共享的特征，探索并形成云端学校优质教育资源的"共创、共享、共生"机制

云端学校彰显了互联网的核心思想——联结与共享。无论是"自主版"还是"开放版"，无论是本校师生还是非本校师生，只要共同参与云端学校的某个学习活动，就都可以成为课程资源的创造者、分享者和链接者，在同一个网络空间开展主题分享，发布自己的学习链接、资源、作品、观点和建议等。

在这样的数字生态里，每一位学习者都会得到关注和尊重，每一位参与者都会成为学校的主人，全体师生共同成长、协同发展。

## （四）突出家庭教育的地位和效应，探索并形成基于云端学校"家校社"协同育人的有效机制和创新路径

校本云端学校的有效运作，一方面加强了家校合作，形成合力，共同促进学生健康成长；另一方面突破了家校合作的时间、空间、人数限制，有效提升了家校合作的范围和质量。

学校通过云端学校"学校大教室"召开全校家长培训会、家校联席会、家庭教育专题讲座等，为家长提供家庭教育专业支持，帮助家长更深入了解和理解家庭教育与学校教育。

教师利用云端学校"班级教室"组织班级学生开展在线活动，如云班会、阅读云分享、网络晚会等活动，吸引家长共同参与准备、讨论和表演，营造轻松愉快而有价值的家校合作氛围。更重要的是，教师可以开展多种形式的云端家访，包括一对一、一对多，让家校互动更便捷，让师生关系、家校关系更紧密、更融洽。

## （五）着力提升教师数字化素养和在线教学能力，探索并形成基于云端学校教师专业发展的机制和路径

云端学校在线教学对教师的数字素养提出了新要求。为此，学校除了提供专题培训外，还充分利用云端学校的优势，构建校内、校外两层教研共同体，内外结合，助力学校教师与全国教师共同发展，并在此基础上建设形成了较为成熟的辐射机制。

**基于教学实践，开展校内教师合作学习**。我们推行"三师"教学模式进行在线教学，即主持教师、主讲教师、协助教师共同上课，一人讲，两人听，课后教研。利用云端学校网络空间，年级组教师、学科组教师、阅读项目教师可以建立教师研修空间，链接研修资源、记录研修过程、累积研修成果，实现个体

与团队的共同研修，让研修成果突破时间局限，成为学校教师专业成长的支持性资源。

**基于课程创新，发起全国教师培养计划**。随着越来越多的学校对南科大二实验跨学科课程、项目式学习的关注，我们于2017年3月6日发起"统整项目课程全国教师培养计划"，通过开放版云端学校进行网络直播，共享统整项目课程的课程设计、课堂教学和专题讲座。教师在专业分享和互动交流中深入思考、持续改进，数字素养和教学能力得到提升。

## （六）科学推进学校创新发展，探索并形成基于校本云端学校体系的建设方案和运作机制

校本云端学校虽然是虚拟校园，但具有真实学校的教育功能，因而也必须具备真实学校所应有的管理架构。为了融合校本云端学校与真实学校的各自优势，协同促进学校的创新发展，需要在管理机制上创新。为此，学校在建设和实践过程中探索并总结出校本云端学校建设的系列经验，在制订"学校定位-环境搭建-协同（项目）管理-课程设计-教学设计-评价体系"的整体建设方案及规范化运作机制的基础上，进一步明确"系统设计-整体规划-分步实施-项目推进"的推进策略、"教学指南-技术指南-评价标准"的推进标准、"名师+任课教师"的双师模式。

## 三 实践成效

## （一）校本云端学校为师生成长搭建了新平台，形成混合式学习新常态

校本云端学校的体系化设计与实践，促进了教师的教学技能更新、教学水平提升，以及学生学习方式的转变，为学生终身学习和探索创新奠定基础。同时，在线教育引发了学校系统性变革。更重要的是，学生、教师、学校通过网络直播，与国内、国际更多的师生、学校联结起来，在知识共享中共同成长。

## （二）校本云端学校为扩大优质资源辐射提供了新途径

学校教师从2018年开始参与"兴成长计划""乡村青年教师社会支持公益计划"等公益直播，让10万多名乡村教师受益，特别是参与"互+计划"教育振兴公益培训，作为主要参与学校受到表彰。学校在线直播课程被深圳市教育局确定为"教育精准扶贫"项目，输送到广西百色对口扶贫地区。

### （三）云端学校的教学实践为学校开展在线教育提供了新范式

在线教学已经成为学校教育教学新常态。"空中课堂"成果被深圳市教育局作为典型案例推广。学校基于校本云端学校体系建设经验形成了一线学校开展在线教育实践的整体解决方案和运作机制。

经过多年探索，学校遵循"数字儿童"的学习需求，推动教育数字化转型，在国内率先从学校层面探索在线教育的系统化运作，构建了校本云端学校体系，实现了线上教学与线下教学相结合的混合式教学模式，引发学校系统性变革，促进了学生、教师和学校协同发展。

# 随身智囊：校园云端资源库的建设策略

## 浙江省宁波市北仑区小浃江小学

在宁波北仑区，小浃江小学以校园云端资源库推动教育创新，提升教育质量。该平台促进教育创新，支持个性化和互动学习，成为北仑区教育改革的典范。未来，随着人工智能技术的发展，云端资源库将更智能和个性化，前景令人期待。

## 一 开展数字教育创新实践的背景

随着宁波北仑区的快速发展，教育创新正成为推动教育发展的核心力量。在这一背景下，新建的小浃江小学肩负着推动区域教育现代化的重要使命。学校通过构建校园云端资源库，创造了一个为教师提供数字化资源的教学互动平台。

校园云端资源库不仅是数字化教学资料的集中存储点，更是促进教育创新和协作的关键平台。它覆盖了从课程内容到教学工具等广泛的资源，支持个性化学习和教师之间的互动。这个平台让教师无论何时何地都可以共享知识和教学经验，推动了他们在技术应用和教学方法上的专业成长。这种方式不仅提升了教学质量，也为学生创造了更加多元化和更强参与性的学习环境。

通过一系列创新举措，小浃江小学正在成为北仑区教育改革的新坐标。云端资源库项目为整个区域的教育现代化提供了一个切实可行的范例，将对整个区域的教育质量和学生成就产生深远影响。

## 二 实践创新举措、典型经验

### （一）云端资源库的策略性建设与维护

**系统架构的合理设计。**在小浃江小学的数字化转型过程中，关键步骤是建立一个直观且高效的云端资源库（见图1）。学校在设计这一系统时，特别注重用户界面的易用性，以确保教师能轻松地管理和利用教育资源。同时，系统架构的稳定性也是重点考虑的因素，这不仅有助于维持平台的可靠性，也保证了资

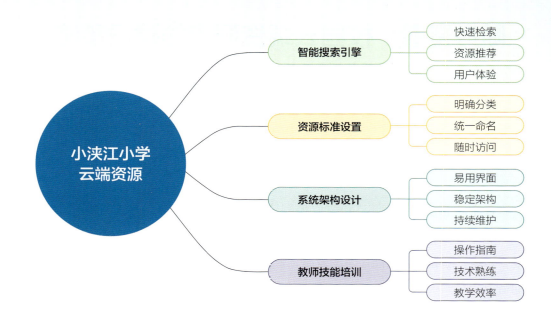

图1 ▶
小浹江小学云端
资源

源库可以灵活地应对未来的扩展需求。为了确保这一资源库性能的持续和功能的完善，学校制订了定期的系统维护和升级计划，这些维护和升级旨在整合新的技术进展，修复潜在的技术问题，并根据教师的反馈不断优化用户体验。

## （二）资源的有效分类与标准化

提升资源的可访问性和可用性。小浹江小学云端资源库通过简洁有效的分类体系和标准化命名规则，提升了资源的可访问性和使用效率。资源按照学科和年级进行分类，如"数学_五年级"或"语文_三年级"，教师可以快速找到所需资料，避免复杂的搜索过程。此外，资源库的随时随地访问属性，极大增强了教师备课和教学活动的灵活性，不仅优化了教学准备流程，也激励教师探索更多创新的教学方法。因此，小浹江小学的这一举措，在提升教育资源利用效率方面发挥了重要作用。

## （三）针对性的教师培训

增强教师对资源库的熟练度。小浹江小学为了让教师能够高效使用云端资源库，推出了一套简洁且易于接入的培训方案。这个方案主要通过简短的视频教程和清晰的操作指南来教授上传、下载和共享资源等关键功能，使教师能够轻松自学。为了进一步提升培训效率，学校还设立了在线问答论坛供教师交流和寻求帮助，并定期发送操作提示和更新功能，以确保教师能够及时了解云端资源库的最新进展。这种灵活和自主的学习模式极大地方便了教师在繁忙的教学工作中快速掌握和应用这一平台。

## （四）智能搜索功能的引入

**优化资源检索和使用体验**。小浃江小学的云端资源库中新加入的智能搜索引擎，旨在简化教师检索教学资源的过程。这一搜索引擎通过关键词匹配技术，使教师能够快速找到所需的教学材料。例如，当教师搜索特定的教学主题或关键概念时，系统会立即显示与之相关的资源，如教案、课件或学习活动等。此外，搜索结果页面还会显示最常被访问的资源，帮助教师了解同事们常用的教学材料。这种简单而有效的搜索机制不仅节省了教师在资源库中寻找材料的时间，也使他们能够更加高效地准备和实施教学计划。

## 三 主要成效

## （一）提升教育工作效率

**实现高效的教育管理**。在小浃江小学，云端资源库的应用极大提升了教学与管理效率，同时激发了课堂创新（见图2）。该平台使教师们能实时共享课件和教学策略，促进了经验的交流和方法的创新。特别是在师徒结对制度中，新老教师间的互动更加频繁，有助于经验的快速传承和新思路的产生。在集体备课方面，教研组成员利用云端平台高效交流，集思广益，共同打造出更优质的教学方案。此外，管理层通过平台实时监控教学进度和质量，确保教学活动的高效和标准化。资源库也支持年级组教师间的教案共享，使教学内容更加丰富、教学方法更加多元化。云端资源库不仅优化教学准备流程、增强师生协作，同时也提高了学校管理的透明度和效率，为小浃江小学的教育现代化注入了活力。

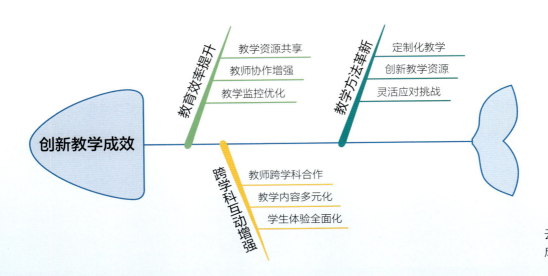

▲图2
云端资源创新教学
成效

## （二）灵活调整教学策略

促进教学方法的创新与多样化。在小浃江小学，云端资源库极大地促进了教学内容和方法的优化。这一平台提供了广泛的教学资源，如多媒体教材、互动练习、扩展阅读材料，以及重要的教研资料和专家讲座内容。这些资源不仅涵盖了文本、演示文稿、视频等多种形式，还包括学校的学科教研资料、针对学校现实发展问题的专家讲座资料等。这使教师能够根据学生的不同兴趣和学习水平调整教学内容，为他们提供个性化的学习体验。例如，科学教师可以利用实验演示视频和互动游戏让课堂更加生动，同时利用专家讲座资料解决教学中的具体问题。语文教师则可以根据资源库中的各类阅读材料，为不同阅读能力的学生设计差异化的教学任务，有效提升阅读教学的质量。这些丰富的资源不仅支持了教师在教学实践中解决现实问题，也促进了教学方法的创新和多样化。

## （三）丰富的跨学科资源共享

打破学科界限，促进知识的综合运用。在小浃江小学，云端资源库的引入不仅简化了教学资源的管理和获取，而且成为促进跨学科教学合作和教师认知变革的关键平台。例如，语文和美术教师在资源库中发现并利用了相互补充的材料，共同开发出融合诗歌和绘画的创新教学活动。科学教师也利用资源库中的体育与健康科学资料，为学生设计了结合科学探究与身体运动的课程。这种跨学科的资源共享和协作不仅丰富了教学内容，提升了学生的学习体验，也拓宽了教师的教学视野，鼓励他们在自己的专业领域内寻求更有效的教学方法。云端资源库因此成为连接不同学科知识的桥梁，促进了教师的专业发展和学生的全面学习，显著提升了小浃江小学的教育质量和创新水平。

小浃江小学站在积极探索教育创新的前沿，通过校园云端资源库项目积累了宝贵的现实经验。未来，随着人工智能技术的成熟与普及，我们有望看到更加智能化和个性化的教育生态的发展。云端资源库将更加智能，有望根据学生的学习需求和兴趣，提供更精准的教材和资源，以提高学习的效率和趣味性。教师将有更多机会专注于教学创新，而学生将在更丰富、更贴合个性的学习体验中受益。小浃江小学的实践经验将继续为未来的教育探索带来更多激动人心的可能性。

第三部分

课堂教学创新

# 基于虚拟仿真的线上线下混合式地学本科课程教学改革

北京大学

## 一 背景与指导思想

课程是高等教育的核心，课程质量是人才培养的关键，教学改革是提高课程质量的保障。在"双一流"建设中，北京大学地球与空间科学学院作为我国地球科学人才培养的重要基地，落实立德树人根本任务，紧密围绕"十四五"规划，将国家科技前沿"深空深地深海和极地探测"与"虚拟现实和增强现实"深度融合到地学本科教学中，通过建设课程新内容、探索教学新方法、转换师生新角色、开拓管理新思路、形成教学新模式，把教学改革成果落实到课程建设上。

本成果主要面向地学课程建设中"自然因素不可抗拒""宏观与微观难以体验""地质体时空不可及"的实际问题，探讨了"如何深度融合虚拟仿真技术与课程内容""如何常态化开展基于虚拟仿真的线上线下混合式教学""如何构建'培养引领未来的人'的地学本科教学新模式"三个教学改革问题，提出了课程内容、教学方法、管理思路、教学模式四个方面的理论创新，实现了研发课程新内容、探索教学新方法、转换师生新角色、开拓管理新思路、构建教学新模式五个实践创新。

## 二 主要经验

### （一）实现虚拟仿真与地学课程深度融合，优化课程内容，课程改革成效显著

本成果实现了虚拟仿真与地学本科课程的深度融合，提升了课程的高阶性、创新性、挑战性（见图1）。成果获得国内外50余项认定与奖励：国家级一流本科课程4门，国家虚拟仿真实验教学项目1项，国家精品在线开放课程1门，北京市教育教学成果奖一等奖1项、二等奖4项，中国大学出版社图书奖优秀学术著作奖1项，北京大学优秀教材奖1项，等等。

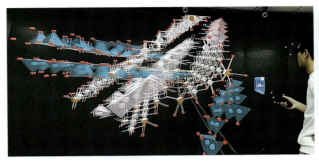
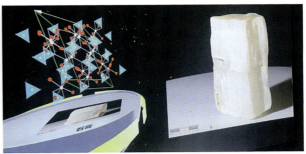

▲ 图1
利用沉浸式虚拟现实技术进行晶体结构的观察和拆分

## （二）课程全过程交互考核，教学质量显著提升，学生交叉创新能力和竞争力增强

本成果在课程设计、资源建设、研讨互动方面增强了课程的吸引力，以小组协作、研讨发言、野外实习等多形式组织教学（见图2）。学生积极参与、加大投入、自主研讨、探索创新，以适应课程内容挑战（见图3）。

学生参与发表有关论文27篇，积极参加全国各类比赛，获"李四光优秀学生奖"4次、日内瓦国际发明展银奖2项、"中国地球科学大数据挖掘与人工智能挑战赛"一等奖1项、全国"共享杯"大学生科技资源共享服务创新大赛三等奖2项等。

## （三）可复制、具有推广价值的地学本科课程教学改革经验

教学改革成果吸引了剑桥大学、南京大学、武汉大学等国内外50多所高校和科研院所来北大交流，科普活动接待2万余人。本团队出版教材4部，在全国性教学研讨会上应邀报告50余次；参与编写地质学类教学质量相关国家标准

▼ 图2
普通地质实习野外路线中观察点的标记与考核

奥陶系灰岩　　　石炭系粉砂岩、页岩　　　奥陶系灰岩

（a）沉浸式野外实习虚拟仿真教学　　　　（b）虚拟现实/增强现实/3D打印等多维交互

**图3** ▲
沉浸式三维立体交互虚拟仿真平台和教学实验室

（古生物学专业）；组织全国50多所高校撰写《虚拟仿真实验教学课程建设指南（2020年版）》地球科学部分，助力系统推进全国地学类高校在"十四五"期间的虚拟仿真课程建设，促进了高校地学本科课程改革。

### （四）具有示范引领作用，社会评价高，引发社会广泛关注

在2019年中国慕课大会上，本团队研发的项目被认为在高校教学改革中具有示范引领性。2018年，剑桥大学地球科学系主任来校访问交流，认为基于虚拟仿真的线上线下混合式常态化教学具有先进性。团队应邀在2020中国地质学会地质教育研究分会做报告。新华网等媒体多次报道项目相关进展和成果。

## 三　成效与创新

在14项国家级和省部级项目的支撑下，历经14年的探索与实践，北大地学本科课程改革取得了以下成效。

### （一）形成"四阶段-四能力-五转变"的理念和体系

通过改革，北大地学本科课程形成了"通识教育""认知学习""技能训练""本研训练"四阶段、"独立思考""自主学习""实际动手""自主创新"四能力、"课程内容""教学方法""师生角色""管理思路""教学模式"五转变的特色（见图4）。

### （二）有效解决了全链条课程改革问题

解决了高校课堂教学深层次改革中，如何进行教学内容、教学方法、师生角色、管理思路、教学模式等全链条课程改革的问题。

解决了高校课堂智能教育新形态中，如何依托"互联网+"教育，突破传统

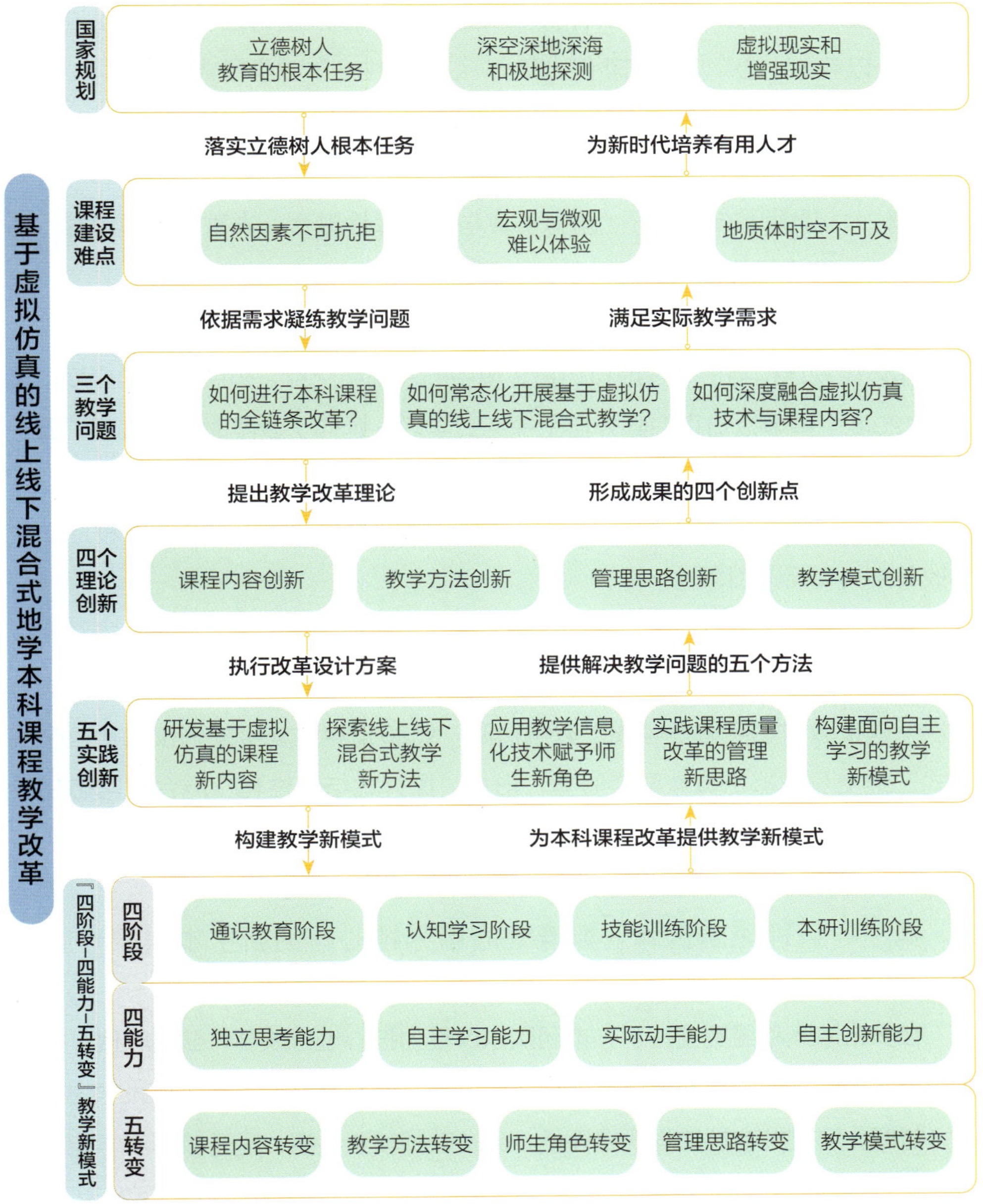
基于虚拟仿真的线上线下混合式地学本科课程教学改革
国家规划
立德树人教育的根本任务
深空深地深海和极地探测
虚拟现实和增强现实
落实立德树人根本任务
为新时代培养有用人才
课程建设难点
自然因素不可抗拒
宏观与微观难以体验
地质体时空不可及
依据需求凝练教学问题
满足实际教学需求
三个教学问题
如何进行本科课程的全链条改革?
如何常态化开展基于虚拟仿真的线上线下混合式教学?
如何深度融合虚拟仿真技术与课程内容?
提出教学改革理论
形成成果的四个创新点
四个理论创新
课程内容创新
教学方法创新
管理思路创新
教学模式创新
执行改革设计方案
提供解决教学问题的五个方法
五个实践创新
研发基于虚拟仿真的课程新内容
探索线上线下混合式教学新方法
应用教学信息化技术赋予师生新角色
实践课程质量改革的管理新思路
构建面向自主学习的教学新模式
构建教学新模式
为本科课程改革提供教学新模式
『四阶段-四能力-五转变』教学新模式
四阶段
通识教育阶段
认知学习阶段
技能训练阶段
本研训练阶段
四能力
独立思考能力
自主学习能力
实际动手能力
自主创新能力
五转变
课程内容转变
教学方法转变
师生角色转变
管理思路转变
教学模式转变

图4
基于虚拟仿真的线上线下混合式地学本科课程教学改革框架

教学组织形式和时空限制，实现基于虚拟仿真的线上线下混合式常态化教学的问题。

解决了高校地学课程内容建设中，如何基于虚拟仿真技术，突破“自然因素不可抗拒、宏观与微观难以体验、地质体时空不可及”等课程建设难点，实现虚拟仿真与课程内容深度融合的问题。

## （三）实现了五个方面的创新性转变

由“静态抽象信息”向“虚拟仿真+”课程内容转变；由“单向-灌输”向“双向-互动”教学方法转变；由“传授-接受”向“指导-合作”师生角色转变；由

"单一成绩-专家打分"向"即时评价-综合评估"教学质量管理思路转变；由"知识传授-以教为中心"向"创新能力培养-以学为中心"教学模式转变。

## （四）成果创新

**第一，课程内容创新。**虚拟仿真与课程深度融合，丰富了教学内容，拓展了学生主动学习的空间，提升了教学质量。

根据地学特点和课程内容，以"虚实结合、相互补充、能实不虚"为原则，实现晶体微观结构与形态在虚拟仿真环境中的展现和交互，拓展了教学广度；实现了720度全景虚拟仿真的野外自主探究式学习，延伸了教学时空；实现"云"上"数字孪生"踏勘和数字采集，填补了缺失的教学环节。

**第二，教学方法创新。**线上线下混合式常态化教学，在全国高校地学教学改革中具有示范引领性。

在学校长期大力支持下，本团队研发慕课、虚拟仿真等线上课程，如国家级线上一流课程"人工智能与信息社会"和"离散数学概论"，线上选课共21.9万人次；建设教材和实验室等线下教学资源，如2017年建成全国高校地学首个沉浸式三维交互虚拟仿真教学实验室；形成"探究式与个性化"混合式常态化教学方法，如国家级线上线下混合式一流课程"普通地质实习A"，线上累计实验3万小时，并结合线下野外实习，实现线上线下混合式教学。

**第三，管理思路创新。以课程质量为核心，创新了本科课程质量管理的新思路。**

在多方政策和经费支持下，本团队以课程为核心进行改革，鼓励教授、技术人员与本科生共同参与虚拟仿真课程建设，丰富课程全过程考核，加大学生学习投入时间，通过综合性课程质量评估，激发教师教学热情，提升教师教学能力。

**第四，教学模式创新。创新性提出"四阶段+四能力+五转变"的地学本科课程教学新模式。**

坚持立德树人根本任务，以"培养引领未来的人"为目标，将地学本科教学划分为"通识教育""认知学习""技能训练""本研训练"四个阶段，培养了学生"独立思考""自主学习""实际动手""自主创新"四种能力，通过"五个实践创新"实现了"课程内容""教学方法""师生角色""管理思路""教学模式"五个转变，探索出了一条地学本科课程教学改革的新路。

# 智能化时代能源与动力工程专业数字化教学改革与实践

天津大学

## 一 背景

在互联网+智能化时代，以新技术、新产业、新业态为特点的新经济蓬勃发展，知识更新与学科交叉进一步加快，原有的课程体系与教学模式滞后于能源动力系统智能化、高效化与清洁化趋势对人才培养的需要。在互联网时代，学生获取知识的方式发生了变化，必须根据学生的志趣调整教学方法，提高学生学习效率，全面落实以学生为中心的理念。天津大学能源与动力工程专业针对智能化时代对能源动力类创新人才培养的新需求，开展了数字化教学模式综合改革与实践，建设了"汽车发动机构造"在线开放课程，开发了"内燃动力装置燃烧与热力学循环虚拟仿真实验"等包含17个模块的虚拟仿真实验，构建了"数字化"教育的多元教学场景，重塑了智能化时代"教与学"的模式。构建多元教学方法融合的数字化教学模式与教学场景，拓展了教与学的时空范围，突破了原有教学组织模式制约学生主动获取知识的瓶颈。

## 二 数字化教学创新与经验

天津大学能源与动力工程专业针对21世纪学生学习习惯的改变，积极开展信息化、数字化教学方法的探索与实践，建立了有利于复合型、创新型人才培养的数字化教学模式，为学生自主学习、自主实验和创新活动等构建了多元教学场景。传统课程组织形式的转变，使课程教学方式更灵活，学生获取知识更便捷。

### （一）建设"汽车发动机构造"在线课程

"汽车发动机构造"是汽车工程与动力工程类专业必修的量大面广的专业基础课，该课程以中小型汽油机、柴油机为主要对象，主要讲述其结构和工作原理，并对某些新技术和新结构进行较全面介绍。通过这门课程的学习，学生可以熟悉发动机典型零部件的基本构造、掌握发动机及各个系统的基本构造和工作原

"汽车发动机构造"在线课程

理、了解当今汽车发动机发展趋势。该课程可以培养学生的逻辑思维、判断力和归纳能力。

"汽车发动机构造"教学团队经过精心策划与设计，建设了15个单元、49讲、94课时的"汽车发动机构造"在线课程（见图1），该课程2018年在中国大学MOOC平台开放运行，获批了国家级一流在线课程。

图1
"汽车发动机构造"
在线课程

该课程具有以下三点特色。

**第一，课程内容规范完整，兼具知识性与趣味性。**

课程从汽油机、柴油机的基本工作原理出发，引出发动机工作所需的各个系统，然后讲述各个系统的功用、组成及结构特点，既有基本结构与原理讲解，也有复杂结构分析。在课程的表现形式上，该课程采用动画、实物讲解及虚拟仿真实验相结合的形式，提高学生的感性认识与学习的趣味性。

**第二，课程内容具有前沿性与时代特征，注重学生逻辑思维和归纳能力培养。**

在教学内容设计上，紧密结合当前科技发展动态，将最新的发动机结构引进课程，如可变配气机构、汽油机缸内直喷系统、柴油机高压共轨系统、废气再循环等新技术新结构，使学生在掌握基本结构原理的同时，了解汽车发动机的最新科技发展动态。

在高温、高压环境下，内燃机缸内燃烧过程涉及复杂的物理与化学过程，难以通过传统的实验方法测定，因此学生很难对其有直观、生动、全面、深刻的认识。为了加深学生对发动机工作过程的理解和直观认识，在线课程与自主开发的"内燃动力装置燃烧与热力学循环虚拟仿真实验"平台连接，通过虚拟仿真实验，学生可以深入认识内燃机缸内气体流动以及燃油喷雾雾化与燃烧的全过程（见图2）。该课程拓展了汽车发动机构造课程教学的广度和深度，并使学生接触和了解了内燃机燃烧领域的前沿和热点问题，培养了学生的逻辑思维能力、分析解决问题能力和创新能力。

◀ 图2
"汽车发动机构造"
一流课程建设

**第三，突破传统教学模式，学生变被动接受为主动学习。**

该课程改变了传统的教师注入式教学模式，拓展了学生课程学习的时空范围，设置了答疑与讨论、师生互动、生生互动等教学环节，使理论学习与实践相结合，变学生被动接受为学生主动学习，更加注重对学生能力的培养。

## （二）构建多层次虚拟仿真实验，拓展教学实验深度与广度

天津大学先进内燃动力全国重点实验室在内燃机燃烧领域的研究具有鲜明特色。学校借助重点实验室的科研实力，组建富有工程经验的教授、研究员、讲师及工程师组成的教学团队，开展内燃机虚拟仿真实验的开发工作，自主开发了基于虚拟现实技术的发动机拆装（见图3）、内燃机整机噪声测量、内燃机动力装置燃烧与热力学循环（见图4）等17个模块的虚拟仿真实验，拓展了专业教学实验的时空范围及实验的深度与广度。强调以学生自主学习、自主实验为主，通过

内燃动力装置
燃烧与热力学
循环虚拟仿真
实验

图3 ▶
基于虚拟现实技术
的发动机拆装虚拟
仿真实验

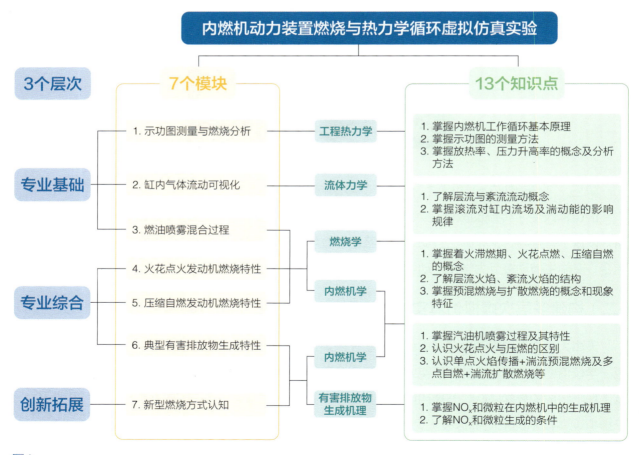

图4 ▲
内燃机动力装置燃烧与热力学循环虚拟仿真实验

虚实结合实现由浅入深递进式的综合实验，激发学生参与实验的兴趣，培养学生创新能力。改变传统的教师注入式教学方式，采用线上线下相结合的个性化、数字化教学新模式，实现了课堂教学、实践教学和虚拟仿真三方面的互相协同和促进。

### （三）建设实验室网站，提升实验教学管理质量

天津大学能源与动力工程国家级实验教学中心建设了自己的网站和公众号，为实验教学提供良好的平台。平台包括实验室资源条件、实验项目介绍、实验教学大纲、实验教学指导等。学生可在线上学习各项实验的原理和操作规程，了解实验室的资源配置、最新实验技术和新实验开设状况。网站建有完善的实验预约和登记系统，实现了实验室的开放式教学和管理。学生可根据自己的专业兴趣和时间选择不同的实验模块进入实验室进行实验。网站实现了与多个虚拟仿真实验平台的连接，用户可以轻松通过中心网站进入虚拟仿真平台进行实验。

## 三 数字化教学改革成效

### （一）突破传统教学模式，学生变被动接受为主动学习

"汽车发动机构造"在线课程的建设与运行，在教学方法上改变了传统的教师注入式教学模式，采用线上线下教学相结合的个性化、数字化教学新模式，并实现引导式、开放式和互动式的教学，强调以学生自主学习为主，大大激发了学生的学习兴趣，拓展了学生课程学习的时空范围。

在线课程设置了答疑与讨论、师生互动、生生互动等教学环节。师生通过彼此的交互，开展协同学习，最大限度发挥每名学生的优势，形成集体智慧。在网课上布置的作业和测试具有非常大的发散性。学习完网课后，学生带着问题返回课堂，学习目的更加明确，提高了学习效率。通过讨论和实践，学生进一步巩固和理解课程内容，并将网课所学理论在实践中进行应用，解决实际问题，变被动接受为主动学习。

### （二）学员评价高，影响广泛

"汽车发动机构造"在线课程在中国大学MOOC网上累计开课11期，选课人次累计超过4万，覆盖山东大学、吉林大学、大连理工大学等100余所高校，获批国家级线上一流课程。

### （三）多模块虚拟仿真实验增强了实验教学的体验感与沉浸感，激发了学生学习兴趣

利用内燃动力装置燃烧与热力学循环虚拟仿真实验平台和发动机虚拟拆装实验平台，线上模拟、线下实操的立体式实验教学模式得以实现。虚实结合的实验教学手段使学生深入认识了内燃机缸内气体流动、燃油喷雾雾化与燃烧的全过程，巩固并加深了学生燃烧学、工程热力学、流体力学及内燃机原理的基础理论知识学习，拓展了内燃机学与燃烧学实验教学的广度和深度，让学生接触和了解了内燃机燃烧领域的前沿和热点问题，培养了学生分析解决问题的能力、研究设计的能力和创新能力。

自主开发的"内燃动力装置燃烧与热力学循环虚拟仿真实验"获批国家级一流课程。课程上线以来，浏览量超过4万人次。学生在学习过程中表示，该虚拟仿真实验使用方便，具有很好的代入感，是一种很好的体验方式及了解内燃机测试技术前沿的机会，同时可以比较真实全面地了解实验的基本原理。

# "知识为经、能力为纬、价值为纲"
# 线上线下混合式教学模式探索与实践

山东大学

## 一 背景

近年来，我国实施教育数字化战略行动并取得显著成效，但数字化教育发展不平衡、数字化优势发挥不充分的问题依然存在。线上线下混合式教学被视为未来教育新常态，是数字化教育变革和创新的重要途径。

山东大学经过多年建设，构建数智化生态教学场，打造"互动互联互通、共建共享共进"混合式教学体系，完善"三加三提三融"混合式教学方法，提出"知识为经、能力为纬、价值为纲"教学目标模型，形成从课程到课程群、从单一学科到多学科参与、从山东大学示范到多校联动的教研共同体，推动了线上线下混合式教学的全面开展。

山东大学2013年启动慕课建设，次年将其纳入本科教学工程，2015年启动翻转课堂教学改革，是国内最早开展混合式教学的高校之一。学校开展"双一流"人才培养建设等教学改革项目，将示范课堂、新课程开发等作为重点，全面带动了文、理、工、医各个学科混合式教学的开展，实施了知识传授、能力提升、价值塑造一体推进的线上线下混合式教学改革，引领240余所高校开展混合式教学，其中包含中西部高校100余所。

## 二 经验

### （一）健全体系："三互"助学，"三共"助教

山东大学联合兄弟高校，以线上线下教学共同体为基础，多方聚力，共建共享，打造混合式教学体系，"三互"（互动、互联、互通）促进学生成长，"三共"（共建、共享、共进）赋能教师发展。多模态资源互通、多形式活动互动，多角色参与互联，实现教学的多线性、多样性、立体性，为学生赋能；开展虚拟教研室建设，通过多学科引领、多高校参与、多地区推广、多类型实施，构建共

建共享机制，实现教师共进。

## （二）落实内容："三加三提三融"实现数字化育人

混合式教学方法包含以下内容（见图1）。

第一，了解学生学情，融个性需求与人才培养于一体；利用线上教学可记录、可追溯的优势，形成学习数据、跟踪长期发展，融学生画像与动态成长于一体；面向国家需求，融个人发展与时代使命于一体，实现数字化育人。

第二，基于数字化资源内容丰富、形式多元的特点，教师可根据办学定位和学情分析整合慕课、案例、场景，实现知识"要点化+体系化"，促使教学具备"前沿性+时代性""专业性+交叉性"，重塑教学内容。

第三，应用数字化工具组织教学活动，使学生深度参与课堂，通过自主式、参与式、合作式学习，让课堂活起来、学生动起来，切实提升学生理解知识和学以致用的能力、发现问题与解决问题的能力、协同研究与合作发展的能力。

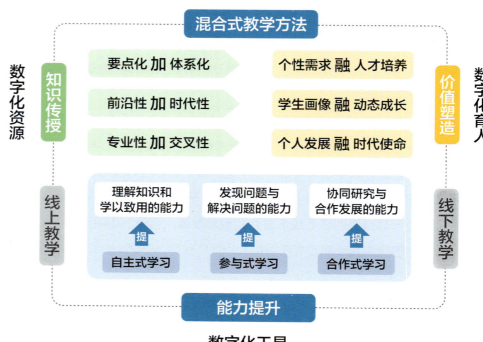

图1 ▶
基于数字化的混合式
教学方法

## （三）创新模式：知识为经、能力为纬、价值为纲

西方主流的教学目标模型无法适应我国国情和立德树人的根本任务，山东大学结合中国教育现代化的要求，确立了线上线下混合式教学中知识传授、能力培养、价值塑造三大教学目标的经、纬、纲关系，明确了线上、线下教学的分工，实现了二者的优势互补（见图2）。

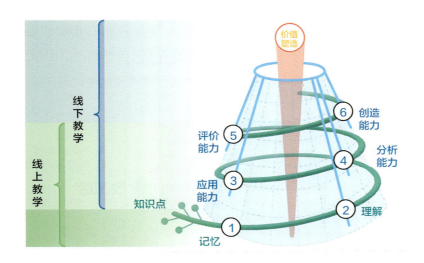

◀ 图2
"知识-能力-价值"
教学目标模型

以知识点为起点的螺旋曲线是主线（经线），线上教学提高学习效率，线下教学便于达成认识和理解目标。通过教学活动全面提升应用、分析、评价、创造等能力（纬线），加强线上线下的融合。发挥课堂（线下）教学主阵地作用，落实立德树人根本任务，将价值塑造作为教学活动总纲，实现价值引领。

## （四）加强治理：政策引方向，基层见行动

山东大学以混合式教学为教学改革的重点方向，制定政策文件，提出要创设基于现代网络及信息化技术的立体化教学环境，实现线上与线下教学相结合，鼓励教师开展混合式教学。

为推动教育数字化进程，山东大学将基层教学组织纳入"三阶段、三层次、全覆盖"教师教学能力提升体系，并修订了《山东大学基层教学组织建设管理办法》，推进教师教学发展共同体建设，构建更加完善高效的教学质量保障体制机制。

2022年，教育部公布了首批虚拟教研室建设试点名单，山东大学有6个虚拟教研室入选。学校大力支持立项建设的虚拟教研室高效开展工作，开拓教师教学发展的新途径，为一流本科课程建设奠定了坚实的基础，在教育数字化进程中发挥了示范作用。

 **三 成效**

## （一）助学有广度，学生普遍受益

山东大学高度重视教育信息化建设，已开设校内小规模限制性在线课程共计1203门，77%的教师使用智慧教学工具，覆盖教学班2506个。开设慕课共481门，全英文慕课22门，共开设2837个学期，学习人次达928万。

通过混合式教学改革，学生自主学习能力、学习效果和满意度得到明显提升。调查显示，83.78%的学生认为该模式有助于提升自学能力。山东大学临床医学专业实施混合式教学后，应届生临床医学执业医师资格考试通过率明显提高（见图3）。

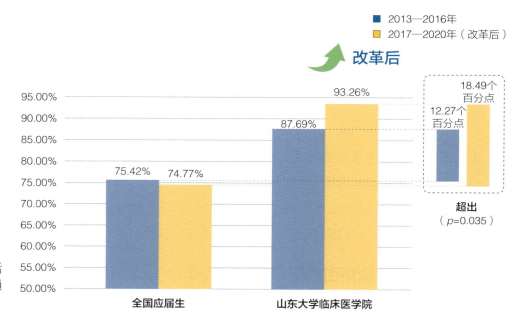

图3 ▶
混合式教学改革前后执业医师资格考试通过率对比

## （二）助教有深度，教师显著成长

实践带动了全国200多所高校开展教学改革，引领教育数字化深入开展。教师应用实践提出的混合式教学模式，在山东、浙江、河北获得省级高校教师教学创新大赛最高奖3项，全国高校混合式教学设计创新大赛一等奖2项。山东财经大学等高校教师应用混合式课程，取得了突出成绩（见表1）。

表1 ▶
部分高校应用情况

| 高校 | 推广情况 | 建设成效 |
| --- | --- | --- |
| 山东财经大学 | 自2018年起开展混合式课程改革 | 首批国家级一流课程12门，其中混合式课程5门；第二批国家级一流课程21门，其中混合式课程11门 |
| 湖南工业大学 | 2019年起全面开展一流课程建设，树立新理念，开展教师培训，提升教师教学能力 | 2020年5门课程入选国家级一流课程，其中混合式课程2门；已认定省级一流课程109门，其中混合式课程32门；立项建设校级一流课程近200门 |
| 青岛科技大学 | 引领一流课程建设，确立以学生为中心、以产出为导向、持续改进的原则，组织教师培训等活动，2000余人次参与 | 组织信息化教学比赛，率先启动跨学科、跨校、动态开放的虚拟教研室建设，走在全国高校前列 |
| 广西艺术学院 | 利用讲座、研讨、工作坊等形式进行混合式教学模式与方法改革，16个学院的200余名教师参与 | 2020年14门课程入选广西壮族自治区一流课程，7门课程参评国家一流课程 |

## （三）助管有高度，服务一流建设

山东大学构建了智慧教学管理与服务体系，整合了一校三地的高质量教学资源和教学环境；开展学校智能学习和评价体系建设，全方位多层次记录学生的成长轨迹，为学生提供可视化、个性化、科学性的成长服务；推进学校数据资源开放共享，加强数据赋能智慧育人。

学校积极响应国家号召，不断完善在线课程规范化管理。2022年，山东大学279门慕课作为首批精品课程入选国家智慧教育公共服务平台，课程数量位居全国第五。到2023年，山东大学获批国家级一流课程115门，其中线上线下混合式一流课程23门，并列全国第一。

## （四）助研有前瞻性，理论成果斐然

教育数字化为科研、教研提供了新的方向，课题组相关研究获批国家级项目4项、省部级课题15项，发表混合式教学相关论文30余篇。王震亚等人的《利用在线开放课程开展共享式教学初探》2018年发表于《中国大学教学》，提出共享式教学概念；孟延与刘传勇的《医学课程的混合式教学：挑战与机遇》2017年发表于《高校医学教学研究》，提出混合式教学是医学课程改革的方向。

## （五）助交流合作有持续性，教研蓬勃发展

本实践多次受邀在国际、国内教学会议上推广。王震亚在华东师范大学、西安交通大学、四川大学等高校进行混合式教学改革主旨报告100余场；刘传勇发起成立全国高等医学教育信息化论坛，已举办七届；张聪在温哥华、曼谷举办的国际会议上做宣讲，并在美国普渡大学介绍混合式教学经验，加强了国内外的交流。

虚拟教研室为教学合作交流提供了平台，如王震亚主持的"设计理论与整合创新课程"虚拟教研室已举办线上线下教研活动等200多场，300余所高校深度参与，共建共享教学资源600余份，参与教师18000余人次，形成了常态化、成长性的基层教研组织新形态。

# 混合式教学与课程思政的双向促进

清华大学

## 一　开展混合式教学与课程思政建设的背景

移动互联的时代背景对高校落实立德树人根本任务提出了新的挑战。高校在移动互联时代中落实立德树人根本任务面临一系列前所未有的新问题。

### （一）如何为学生提供优质数字化学习资源？

互联网的一大特点就是信息扁平化，各种资源层出不穷，美国高校已率先开设了优质慕课，吸引了数以万计的网络学习者。清华大学需要开发出反映自身学科和教学特色的优质慕课，促进教育公平，向世界传播中国声音。

### （二）如何利用慕课提升学习成效并满足多样化学习需求？

慕课资源解决了基础性知识传授的问题，而学生对课程的需求却越来越多元化，感觉课堂讲授"不解渴"，"想灵活学习"的学生越来越多。需要变革课程教学模式，提升课程质量，满足学生多样化的学习需求。

### （三）如何在核心课程中进行价值塑造和能力培养？

核心课程的特点是内容既多且深，以"电路原理"课程为例，其主要知识体系和内容来自西方，课程讲授方式偏推导，需要与混合式教学改革协同，在高质量传授知识的同时润物无声地实现价值塑造和能力培养。

本文以工科电类专业核心课"电路原理"为例，说明清华大学在这门课程中落实混合式教学与课程思政双向促进取得的经验和主要成效。

## 二　实现混合式教学与课程思政的双向促进

### （一）凸显三个优势，开设我国工科首门慕课

2013年10月，清华大学开设了我国工科首门慕课"电路原理"。该慕课凸显

了如下三个优势：

**一是** 均衡介绍电路在信号和能量两方面的应用，做到理论完整性和实践前沿性的统一，凸显内容优势。清华大学的学科布局和水平确保了我们在电路的能量处理和信号处理两个方面均有中国乃至世界最好的学科点及教师。因此，我们在制作"电路原理"慕课过程中，有意识、有能力平衡电路在信号处理和能量处理两个方面的应用。

**二是** 将课程内容进行合理拆分，绘制知识图谱，使学生既见树木又见森林，凸显结构优势。我们首先将课程的所有内容拆分，提炼为约100个知识点，然后梳理出其先修后修关系，并制作出知识图谱，以动画的形式放在慕课平台上。学生在学习某个知识点时，可以根据知识图谱给出的先修后修关系，快速定制自己的学习路径。

**三是** 融合板书和幻灯片的特长制作视频，设计视频、问题、仿真和实验相融合的慕课结构，增强课程黏性，凸显形式优势。提出了非常适合理工科专业课程的慕课视频呈现方式，即以大面积留白的PPT作为基础，以手写录屏作为主要讲授方式。实践表明，这种方式既充分利用了幻灯片信息量大的特点，又用手写录屏方式牢牢地抓住了学生的注意力。

慕课"电路原理"做到了案例恰当分布、内容合理拆分、授课形式和教学资源的融合，创造了优质慕课建设的"分合之道"，解决了为学生提供优质数字化资源的问题。

## （二）从三个环节发力，创立三种模式，形成"以学生为中心的教与学"理念

清华大学电路教学组重点从教学方法、教学内容、教学手段三个环节入手，以学生为中心开展教学。

**在教学方法上** 〉 采用混合式教学将线上学习和线下讲授结合在一起，既发挥教师引导、启发、调整教学过程的主导作用，又充分体现学生作为学习过程主体的主动性、积极性与创造性。

对课堂教学内容适当做"减法"，充分利用慕课开展课外学习，从而使教师有时间开展高效课堂互动，提升课堂教学效果。教学组为"电路原理"课程的混合式教学课外学习部分共制作课外推送课件29个，包括182页幻灯片、58个慕课视频（时长共6小时3分）、34道练习题。

**在教学内容上**

**在教学手段上**

充分利用"雨课堂"（一款清华大学参与开发的新型智慧教学工具）提升学生课堂参与度。以2018年春季学期的一个155人的"电路原理"课堂为例，在48学时的理论课教学中，教师共推送单选题和多选题139道，学生共发送1714条弹幕、477次投稿，课堂互动明显增加。学校在全国率先完整实现了课前线上教学内容和课堂线下教学内容的合理拆分，推出全国首套"雨课件"。

本着以学生为中心的教学理念，"电路原理"教学组打破行政班教学模式，设计实现了三种全新的混合式教学模式。A模式"加强版"适用于小容量班级，提升课程挑战度，满足部分想要接受更高挑战的同学的需求；B模式"交互版"适用于大容量班级，重点开展高质量师生、生生互动，显著提高学生的课堂参与度；C模式"简约版"无线下实体课堂，学生只需参加在线慕课学习和少量面对面讨论，为教和学提供了充分的灵活性。每年电气、自动化等专业的近500名学生完全根据自己的需求选择学习模式，但均需参加同卷流水阅卷的期中和期末考试。

教学内容、方法和手段的改进以学生学习成效提升为核心，三种模式的设立以学生学习需求为中心，由此提出并践行"以学生为中心的教与学"的理念，较好地解决了传统教学中学生学习需求多样化与教学模式单一化之间的矛盾，成就了课程质量和多样化学习需求之间的"共赢之道"，解决了利用慕课提升学习成效并满足多样化学习需求的问题。

## （三）采取三项措施，实现价值塑造、能力培养、知识传授"三位一体"的课程思政

**通过混合式教学与课程思政的相互促进实现课程育人**。课程思政的核心在于通过课程中的教与学活动实现全方位育人，"思政"的要义是"育人"。在混合式教学模式下，教师得以有效实现课程思政。反过来，高质量的课程思政

会提高学生的学习主动性，提升混合式教学的成效。

**在知识传授的过程中实现入脑入心的价值塑造。** 尽管由于历史原因，在电路基础理论大厦的构建过程中极少出现我国科学家的身影，但改革开放40多年来，我国电力行业取得了长足进步，涌现出众多"大国重器"，为应用这些理论改变世界、造福人类贡献了绝佳素材。教师结合具体教学内容，讲好中国故事以培养学生的爱国主义情怀，讲好榜样故事让学生体会该怎么做事，讲好反面故事让学生知道不能怎么做事，讲好人生故事让学生感悟如何做人。通过共同努力，教学组共梳理出与电路教学内容密切相关的思政素材33个，大大增强了课程的育人成效。

**将能力培养有机融入知识传授。** 对于很多重点和难点教学内容，采用混合式教学方法，将平铺直叙的教学方法转换为历史场景再现的启发式教学法，把学生带到特定的历史场景下，组织他们结合此前所学，自己（或与同伴一起）总结出相应的规律，以投票、发弹幕或投稿等方式，提出自己的观点，像前辈们那样实现学术突破最关键的"临门一脚"。这种同时进行能力培养和知识传授的教学方法无疑会极大地激发学生的探索和创新潜能。在"电路原理"课程中，教学组总共设计了38个让学生通过弹幕或投稿来进行学术突破的案例。

上述三个措施揭示了课程思政的"育人之道"，解决了如何在核心课程中进行价值塑造和能力培养的问题。三者之间的关系如图1所示。

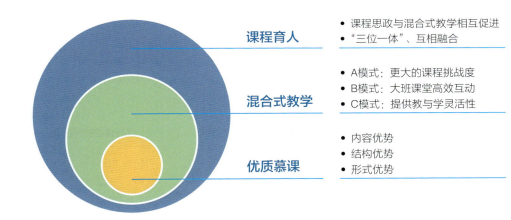

图1
慕课、混合式教学和课程思政之间的关系

## 三 主要成效

### （一）建设了优质慕课

"电路原理"慕课已有约30万名学生选修，学生分布在全球158个国家和地区，约90%学生的母语非汉语。该慕课获2023年"世界慕课与在线教育联盟奖"。

## （二）达成了混合式教改目标

**A模式** 学生的5项课程项目训练成果获批国家专利，212名学生获得了包括全国"挑战杯"特等奖在内的各类科创奖励近百项。

**B模式** 课堂交互的质量不断提升，平均每位学生每学时参与课堂交互6.6次，其中有效交互超过5次。

**C模式** 每学期选修C模式的学生保持在20人左右，说明学生有学习灵活性方面的需求。

## （三）实现了高质量课程思政

学生对以如盐在水的价值塑造和富有挑战性的能力培养为特色的"三位一体"课程思政育人理念高度认同，教学组教师的学生评教成绩位列全校前茅，学生反馈"这门课引入了大量工程思想和解决工程问题的方法，对之后的学习很有启发""在掌握专业知识的同时对科研产生了兴趣和探究欲望"。

学生对润物无声的价值塑造给予充分正面评价，如教师在讲授相量法这一电路基本分析方法时介绍中国电力事业发展，学生纷纷用弹幕发出感人的反馈。

学生参与课堂创新性互动的积极性显著提高。自2017年开展全方位课程思政建设以来，学生在每道创新性思考题上发出有效弹幕的平均数量从近20条显著上升为超过50条。

图2 ▼
混合式教学和课程思政相互促进的成果框架

上述经验和成效总结如图2所示，该课程成果"线上线下混合，多种模式并举，协同育人提质——电路原理课程的综合教改之路"荣获2022年国家级教学成果二等奖。

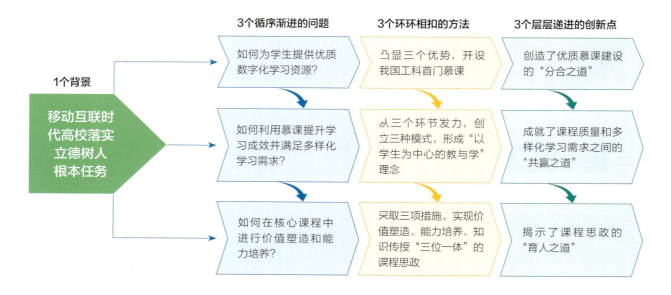

# 计算机新工科基础课程体系
# 与在线混合教学实践

北京理工大学

## 一 背景

加快数字中国建设、主动应对新一轮科技革命与产业变革，亟须在各专业培养大批具备高水平数字素养及计算应用能力的优秀人才，这种融合是大学计算机公共课及教师团队的时代使命与责任担当。

数字时代大学计算机公共基础课程教学发展有三个主要矛盾：信息技术快速融入与课程体系适应构建的矛盾、基础课规模化教学与学时师资因材施教的矛盾、先进计算教学支撑与普适教育技术发展的矛盾。教学问题聚焦以下三点：

- 新内容的教学融入亟待构建适应体系，课程更新"缓"。新一代计算技术的课程融入不及时、不充分，数字化、智能化新课程建设引领不足，课程体系亟待系统性发展。

- 公共课规模化教学亟待提升培养质量，教学模式"僵"。计算机类新课程开设所需学时不够、师资不足、培养方案难变，规模化教学因材施教困难，教学模式亟待全方位创新。

- 先进计算实践教学亟待发展教育技术，平台支撑"浅"。数据、智能等应用实践教学链条不全、效率不高、技术支撑有限，学生自主实践困难，教学平台亟待创新性建设。

北京理工大学依托计算机类新工科专业建设成果，带动面向"四新"人才培养的大学计算机公共基础课程改革，继承教育部高等学校计算机类专业教学指导委员会"宽专融"及"技术赋能"的教学改革共识，以"新工科+计算生态"为理念，提出并构建一套以Python语言为底座、面向"计算+、数据+、智能+、网络+、安全+"交叉融合的计算机公共基础课程体系及教学模式，简称"计算机新工科基础课程体系"，从课程体系、教学模式、支撑平台三方面整体推进大学生数字基础及先进计算应用能力培养的改革与发展。

计算机新工科基础课程体系与在线混合教学实践历时10年，建成8门慕课，获批国家级课程7门，培养校内学生1万余人、在线学习者约670万人，建成

"Python123"教学平台，提供程序评测5亿次，带动并支撑1100余所高校、3100余位教师开展课程建设，推动设立国家级考试新科目，让一批新课程扎根高校、高质量服务多学科数字化人才培养。

## 二 主要经验

### （一）创新提出"计算生态+新工科"教学理念

新工科发展亟须打通多专业认知平面，促进交叉融合。历经40余年开源软件的发展，逐渐形成了一批以开源共享为形态的开放资源，包括开源操作系统、数据库、软件工具及开源硬件，为计算机技术快速发展、各产业应用快速升级奠定了坚实基础。

本案例首次总结提炼"计算生态"概念，分析计算生态发展的教学意义，创新性提出"计算生态+新工科"教学理念，将行业应用模式与专业建设紧密结合，用计算生态促进计算机新工科教学发展，用新工科交叉融合拓展计算生态内涵。计算生态教学理念与课程建设方案在2015年写入教育部高等学校计算机类专业教学指导委员会"大学计算机基础课程教学基本要求"，全国计算机等级考试明确将"计算生态"列入考纲，《计算机教育》组织3期专栏推广计算生态教学理念，得到广泛关注和积极响应。

### （二）"三导向、三融入、三赋能"课程体系及模式建设

针对新计算时代人才培养在先进内容、学时师资、实践教学方面的突出问题，探索"三导向"建设课程体系、"三融入"构建教学模式、"三赋能"搭建支撑平台的创新实践，整体实施情况见图1。

一是在国内最先建设Python课程，建成全国最大、最有影响力的Python系列课程群，以大数据、人工智能等新工科专业发展推动计算机公共课程改革，明确"计算+、数据+、智能+、网络+、安全+"交叉融合教学目标；开展"三思"引领立德树人，讲透自主可控及"卡脖子"问题，引入产教融合行业案例，将国家重大科研任务融入教学，持续研发新内容引领学生"三思"——思考国家需求、思辨行业发展、思索时代创新，加强理想信念及课程思政教育；打造以Python编程生态为核心的"五目标三阶段"计算机公共基础课程体系。

二是依托在线课程及平台，在新课设立、高质教学、协同教研方面开展教学创新，形成"在线引领、时效为先、协同联动"在线混合教学新模式，破解规模化教学的质量难题。形成线上"教研示范、协同考试"与线下"师资培训、教研

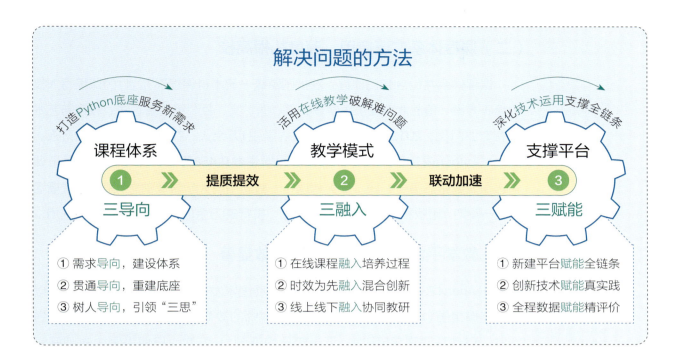

会议"一体联动的教研协同机制，建立全国教学研究组，持续带动千余位教师开展有组织的教学改革，解决师资不足及教研质量问题。

三是研发教学平台"Python123"，建设打通精准导学、混合教学、自主学习、自动测评、测验考试、即时实践等教学环节的全链条支撑平台，突破数据分析、人工智能等复杂程序自动评测关键技术，数字化赋能课程教学全过程。减少教师出题及评阅工作量，构建细粒度学习数据记录体系，打通教学全过程数据，提供精确到代码的学习效果反馈及过程评估，构建大数据评价模型，提升教学评价精准度。

▲ 图1
"三导向、三融入、三赋能"课程体系

##  成效

### （一）学生学习获得感强，创新热情高涨

在Python系列课程的慕课上线后，收到3万余人留言好评，包括"嵩天老师的课是性价比最高的课程"，"喜欢老师讲的课，让我这个医学生也能学会"。北京理工大学学生运用Python生态在全国"双创"竞赛中屡获佳绩，在"互联网+"大学生创业创新大赛中三年两夺总冠军，教师指导学生获"挑战杯"全国大学生课外学术科技作品竞赛特等奖以及中国大学生计算机博弈大赛金奖等全国奖项。

## （二）课程体系广泛应用，深度扎根高校

课程体系共包含18门课程，获批国家级一流本科课程7门，11门课程写入校内培养方案，覆盖北京理工大学理、工、医、文、哲、经、管、法、教育与艺术所有专业门类。2012年以来，培养校内学生1万余人、在线学习者约670万人，其中"Python语言程序设计"慕课选课学生数达458万人，在全国专业类慕课中选课人数排名第一，获"最美慕课——首届中国大学慕课精彩100评选展播活动"一等奖。出版新形态教材6本13版次，发行80万余册，被500余所高校选用。

## （三）教学平台服务全国，应用成效显著

"Python123"教学平台核心技术获5项国家发明专利授权。2016年上线以来，支撑全国1100余所高校、3100余位教师的教育教学工作，服务约113万名学生，自动评测程序5亿次，近半年日均评测116万次，已成为国内教师开设Python、数据分析、人工智能等系列课程的首选支撑平台。

## （四）教学成果全国推广，促进改革共识

提出并实践多个在线混合教学方法，课程教师获全国高校教师教学创新大赛一等奖、全国高校混合式教学设计创新大赛特等奖；2016年以来在全国教学相关会议报告48次，分会报告100余次，带动延安大学等西部高校开展教学改革，课程方案被千余所高校借鉴使用，在全国形成示范效应。

2016年成立中国高校计算机教育MOOC联盟全国Python教研工作组，2017年承办全国高等学校Python语言与计算生态教学研讨会，连续举办3届，参会教师600余位。2017年以来，在14个省份举办师资培训会16次，培训教师3000余人，2022年获批教育部虚拟教研室建设项目。

2018年教学方案被全国计算机等级考试采纳，参考制定考试大纲，教师受邀担任命题组组长，设立Python考试新科目，至今，该科目报考人数累计超过10万人。

**600**余位
举办研讨会
累计参会教师

**3000**余人
师资培训会
累计培训教师

**10万**余人
Python考试
报考人数

## （五）成果服务国家需求，社会认可度高

基于数字教育创新实践的开发经验及技术，团队受教育部高等教育司委托主持研制国家高等教育智慧教育平台，服务国家高等教育数字化战略行动。教师在联合国教科文组织世界慕课与在线教育大会上做主题报告，分享"计算机基础系列慕课建设"中国案例。

响应建设学习型社会号召，多次开展助学助教公益直播，教师获评北京市课程思政教学名师、北京市高等学校青年教学名师、首都市民"学习之星"等称号，相关工作和事迹被共青团中央、教育部等表彰，被新华网、中央电视台、中国教育电视台等多次报道。

计算机新工科基础课程体系与在线混合教学实践历经十年建设与实践，取得了10项主要教学成果与10项主要实践成效，在教育数字化时代，实践并走出了一条数字教育教学创新提升人才培养质量的"课程育人路"。

# 多维信息化教学资源协同，建设全方位育人的"无机化学与化学分析"课程

天津大学

 背景

"无机化学与化学分析"是化学类专业的公共基础课，每年分两学期开设。课程内容涉及化学反应基本原理、物质结构、元素及其化合物基础知识、化学分析滴定法等，目的是培养学生具有解决一般无机化学问题、自学无机化学的能力，为后续化学课程和专业课学习奠定坚实的基础。该课程是新工科人才培养的重要组成部分。

课程中的"反应基本原理"在中学化学中已有涉及，难度不大，但是来自全国各地的新生的化学基础差异明显；"物质结构"抽象难懂，但是有助于培养学生科学素养；"元素化学"内容庞杂、缺乏逻辑性但难度较低，易自学。详细内容见表1。

表1 ▼
学情和教学内容
特点引发的教学
痛点及解决方式

| | 课程内容 | 学情 | 内容特点 | 内容难度 | 教学问题 |
|---|---|---|---|---|---|
| 上学期 | 反应基本原理 26学时 | 有基础，差异明显 | 知识灵活 | 中 | 分级教学、参与度低 |
| | 物质结构 14学时 | 基础薄 | 抽象难懂 | 高 | 学习理解能力差异大 |
| 下学期 | 元素化学 28学时 | 无基础 | 内容庞杂、简单易懂 | 低 | 死记硬背、临时抱佛脚、兴趣低 |
| | 化学分析 12学时 | 无基础 | 涉及实验细节 | 中 | 理论课与实验对接不及时 |

主要需解决的教学问题包括：

第一，课程分级教学、过程学习和高阶性问题。学生选择性学习和翻转课堂等教学环节设计实现学生角色转变，解决分级教学和高阶性学习问题。利用平台监督、管理、考核和改进学生学习行为，促进过程学习。

第二，**理论教学与实验教学支撑融合不足的问题**。利用新形态教材和在线课程平台实现知识点与实验无缝对接，实现高阶性学习。

第三，**"最后一公里"，强化课程育人功能，全方位培养学生创新能力**。信息化资源与课程结合，注重能力培养和价值观引领，实现创新思维、课程思政和科学素养培养。

## 二 举措与经验

通过"传承-融合-创新"实现"繁化简、简入深"，用该教学理念指导教学育人实践。传承先前的宝贵教材资源和教学经验；将基础化学-新工科、科研-教学、课堂-实验、思政元素-课程育人融合，进行内容改革；利用信息化资源协同，实现混合式教学改革、多维度考核评价、新形态教材以及在线开放课程等关键要素创新，发挥育人功能。采用"复杂问题简单化、简单问题深入化"的设计思路，解决教学痛点，创新教学模式。

### （一）多维信息化教学资源构建

课程制作微课82个，涉及156个知识点，录制演示实验80余个。特色信息化资源包括学习笔记、主题讨论区、演示实验、思政案例、新形态教材、往届学生优秀报告等。

在线课程中的学习笔记指明重点、难点及知识点间的逻辑关系（知识图谱），方便学生深度自学。讨论区主要由教师提出问题，引导学生在学习过程中深入思考。

将课程内容和特点融入思政教育，构建八个课程思政案例，重视培养学生的创新思维、科学素养和家国情怀，实现课程与思政深度融合。

化学必须重视实验、实践环节。不断更新的实验视频和图片资源让学生在接触知识点时就对所学的化学反应有感性认识，结合理论学习对知识点进行全面理解。实现理论课与实验即时关联，提升学习效率。

出版新形态教材，教材增加"内容拓展"（知识点的发展史、相关科学家生平及贡献、归纳和演绎的科学方法、相关研究热点、最新前沿知识等）、"实际应用"（知识点在专业课程中的迁移、在化学化工生产中的应用、在日常生活中的体现等）、实验现象视频、物质结构动态图像和知识点讨论题等内容。可以通过手机扫码获取资源，丰富纸质教材的信息。

## （二）创新教学设计

利用信息化资源，采用线上线下混合式教学和多元化考核体系，实现复杂问题简单化、简单问题深入化，培养学生创新思维并提升高阶性。

探索出混合式教学模式（见图1），采用小班授课，线上50%学时、见面课50%学时等方式。

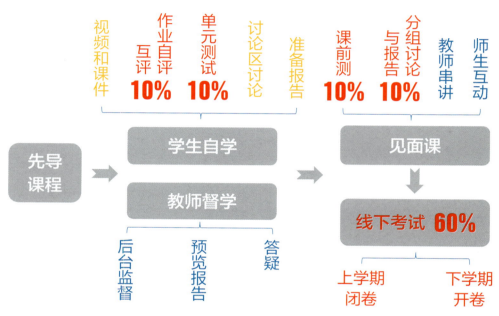

图1 ▶
混合式教学模式

注：红字为考核环节，黄字为参考环节，蓝字为教师活动。

先导课上，介绍教学目标、教学痛点、混合式教学优势，明确考核方式，说明各要素间的关联，使学生理解改革意义；分组，提出学习任务并安排进度，介绍平台和资源的使用方法。

线上学习环节50%学时，包括学生自学和教师督学。学生根据自己的基础和学习能力选择学习视频和课件等教学资源（学生"选餐"抹平基础差异，解决教学分级）；教师利用平台数据掌握学生学习进度和效果；在讨论区讨论问题。原理部分为小组报告，学生通过集体讨论形成报告，提前发给教师审阅。元素部分为个人报告，要求拓展资料与知识点结合，提前发给教师审阅（确保知识点完整性、审核思政素材）、修改（用★标记重点、启发性提问、引导归纳总结、补充拓展知识），形成见面课报告。课后完成线上单元测试和作业自评与互评。

线下见面课50%学时，由课前测试、学生报告、教师串讲和师生互动构成。用"慕课堂"小程序完成"课前测"；教师串讲碎片化知识之间的逻辑关系，引导学生对知识进行整体理解；中间穿插学生报告，形成师生互动。上学期学生以小组为单位进行报告或问题讨论，讲述角度多样，伴有个人见解，教师引导由浅入深。元素部分的个人报告会将知识点与生产生活相结合，增强学生知识运用的能力；教师有意识地将思政元素引入报告，实现科学素养、创新意识和家国情怀培养。

## （三）多样化考核形式

本课程探索出一套评价学生掌握知识程度和应用知识能力的多元考核办法，包括线上单元测试（10%）、课堂报告（10%）、"慕课堂"课前测（10%）、作业（10%）、期末考试（60%）。注重过程考核的形式多样化，使考核评价环节更具客观性、可靠性和全面性。

"元素化学"内容有两个特点：难度低、易理解，但是内容逻辑关系不明显，学生掌握不住重点。化学反应和化学现象繁多，枯燥乏味，学生课堂参与度低，考试前死记硬背。为了加强学生对知识点的深度理解，采用翻转课堂和开卷期末考试方式，两者相互呼应，解决教学痛点。从看课—见面课—课后全过程学习中，学生整理笔记，提炼重点，积累形成开卷考试资料；开卷考试弱化知识记忆，突出能力考核。

从"标准与非标准考核相结合""灵活与基础考核相结合""个人与团队考核相结合""过程与期末考核相结合""闭卷与开卷考试相结合"等多个维度实施课程考核评价，及时与教学目标、教学环节或实施方式改革互相促进、协调发展（见图2）。

▼ 图2
课程多维度考核评价

193

## （一）教学效果评价

混合式教学对学生的知识掌握具有促进作用，同时培养了学生的自主学习能力、语言表达能力、分析归纳能力和协同合作能力。在2017—2018学年的第一、第二学期中混合式教学的30个班与传统教学的11个班的期末考试成绩（卷面分）进行对比，结果见表2。

表2 ▼
混合式教学班与传统教学班期末考试卷面分对比

### 2017—2018学年第一学期期末试卷成绩对比

| 期末考试成绩分析 | 期末优秀率（≥90分） | 不及格率（<60分） | 平均成绩 |
|---|---|---|---|
| 传统教学班（**313**人） | 10.2%（32人） | 12.5%（39人） | 74.0分 |
| 混合式教学班（**713**人） | 18.6%（133人） | 3.4%（24人） | 79.9分 |
| **混合式教学班/传统教学班**效果对比 | 1.8 倍 ⬆ | 9.1个百分点 ⬇ | 5.9分 ⬆ |

### 2017—2018学年第二学期期末试卷成绩对比

| 期末考试成绩分析 | 期末优秀率（≥90分） | 不及格率（<60分） | 平均成绩 |
|---|---|---|---|
| 传统教学班 | 5.1% | 21.1% | 69.3分 |
| 混合式教学班 | 8.6% | 16.2% | 74.0分 |
| **混合式教学班/传统教学班**效果对比 | 1.7倍 ⬆ | 4.9个百分点 ⬇ | 4.7分 ⬆ |

学生认为："大家自主有选择性地线上学习，学习效率很高。见面课讨论题目，对知识点有更深的理解。""混合式教学提高了自学、分析归纳和总结的能力。""混合式教学考核多样、灵活、合理。""启发式教学贯穿教学始终，让我们专心听课，积极参与讨论。"

教学校长听课后评价："课程内容具有挑战度，充分调动学生听课积极性。教学方法和手段运用得当，关注学生学习状态，善于互动教学。"

## （二）辐射示范

我校在"中国大学MOOC"平台开设在线开放课，每年近四万名社会学员参与学习。在中国慕课等教学会议上，团队做专题报告30余场，推广混合式教学模式。

疫情期间，对校内在线课程全过程指导，保障"停课不停学"，《中国教育报》对此做了报道。根据知网数据，论文《疫情背景下"完全线上"远程混合式教学的实践与思考》被引用160余次，下载万余次。此外，还发表了关于翻转课堂、课程思政、信息化实验资源、在线期末考试、多维考核等教改论文10余篇。

## （三）教学荣誉

2023年，"多维信息化教学资源协同，建设全方位育人功能的基础化学系列课程"获国家级教学成果奖二等奖、天津市教学成果奖特等奖；2020年，"无机化学与化学分析"成为首批国家级线上线下混合式一流课程。2018年，"无机化学（上）"被评定为国家精品在线开放课程，2021年被认定为天津市高校课程思政示范课；2023年，"无机化学实验"被认定为国家级线上一流课程。

# 手持技术数字化实验在中小学化学实验教学中的实践应用

华南师范大学化学学院

**一　迎难而上：手持技术数字化实验能破解中小学化学实验教学的哪些难题？**

《教育部关于加强和改进中小学实验教学的意见》及初、高中化学新课程标准等都指出，要促进传统实验与现代新兴科技的深度融合，提高数字化实验、定量实验的质与量等。自2013年以来，数字化实验在全国中考化学试题中的占比呈总体上升趋势。伴随着化学学科深入微观世界、倡导定量与精细研究等发展特点，中小学化学实验与信息技术融合、步入实验数字化势在必行。

我校相关教师团队在传统玻璃仪器的基础上，结合数据采集器、传感器以及搭载配套数据分析软件的计算机等，发挥这些仪器定量化、便携化、直观化以及可视化的特点，形成智能实验信息技术系统，协助教师开展手持技术数字化实验。在25年的研究历程中，该团队迎难而上，针对性地破解了传统化学实验中存在的"一不三难"（见图1）：（1）"微观粒子不可视"，借助传感器，学生能够精准捕捉某种微粒的数量变化，数据采集器和配套软件能将数据以图像形式呈现，以提供其变化的趋势、幅度等信息，揭示微观粒子的动态；（2）"实验现象难辨别"，宏观层面的现象观察影响实验结果的准确判断，数据赋能的化学实验将肉眼难以辨别的现象以数值量化的形式呈现出来；（3）"反应过程难展示"，手持技术数字化实验中连续的数据信息绘制而成的曲线，能增强信息的时序性，使表征处于动态水平，促进学生将反应与符号联系起来，更有利于开展过

图1 ▶
手持技术数字化实验的特点及解决的中小学化学实验教学难题

程性分析；（4）"抽象概念难表征"，一些化学概念较为抽象，学生较难理解，手持技术的数据可以将抽象概念可视化、具象化，帮助学生理解抽象概念。

在手持技术数字化实验中的基础上，该团队从微观、介观、宏观三个层面，逐步推进中小学化学实验教学的数字化升级，最终形成了中小学手持技术数字化实验育人"335"体系。

## 二 多管齐下：手持技术数字化实验在中小学化学实验教学中推广的难题如何破解？

### （一）微观层面：解决"学什么""教什么""怎么教"3大问题

团队自主开发小初高全学段手持技术数字化实验案例，指导学生"学什么"。其中，"演示实验"改进课本必做实验，实现100个分子、原子或离子层面的微观粒子变化可视化，展示223个包含温度、湿度、含量等细微变化的实验现象；"学生实验"原创实验内容，为学生深度学习111个化学抽象概念提供数据证据；"设计实验"为课外拓展，包含31个能够追踪实验进程的真实情境实验。三类实验共同破解了中小学传统化学实验中的"一不三难"认知难题，激发了学生探究的兴趣。

将实验案例转化成全学段、全时空的教学案例，指导教师"教什么"。实验教学活动可依据"实验预测—数据采集—解释结果"的策略，以学生为主体，将教学活动分为预测曲线、采集数据、解析曲线三个环节。通过"基于问题解决的教学模式"，教师引导学生参与"在情境中提出问题、在活动中解决问题、在应用中评价问题"，促进小初高学生核心素养发展以及"教学评一体化"。

探索数字化实验教学论，指导教师"怎么教"。该团队的著作《手持技术数字化化学实验教学研究：理论构建与创新实践》收录了实验开发的"概念转化-量化感知-视觉感知-比较建构"的概念认知模型理论、实验实施过程中学生的问题解决心理机制理论、实验结果分析的"宏观-微观-符号-曲线"四重表征理论、实验支持下关联各个概念的概念结构理论、实验教学应用的"三环节论证"理论、教学案例生成的"3×N"问题解决教学设计范式、实验慕课应用的混合式教学理论、实验短期集中培训课程的一体化理论、实验案例开发的"七环节"策略。

指导学生
**"学什么"**

指导教师
**"教什么"**

指导教师
**"怎么教"**

## （二）介观层面：形成"课程"－"教材"－"实验室"3大资源体系

针对数字化实验教学指导课程缺乏的问题，开设国家级一流在线开放课程"化学教学论手持技术数字化实验"与中小学手持技术数字化实验校本课程。在线开放课程以视频形式为参学的师生介绍实验原理、演示实验操作、分析实验结果、凝练实验论文，实现看中学、读中学、做中学、论中学。校本课程则面向学校的实际需要，开展优质的学生手持技术实验探究活动，包含课内、校内的实验，以及课外的实验，培养学生的创新精神。

针对数字化实验缺乏学习材料的问题，团队集结手持技术数字化实验案例、实验教学案例、实验理论等，出版了含"十二五""十三五"国家规划教材在内的系列手持技术数字化实验教材，为教师提供实验操作指南；以课题参与和论文发表等模式，鼓励教师参与案例的开发与实践，成为学习材料的自主开发者。

针对数字化实验实施场所的问题，团队引进了数字化创新实验室：手持技术数字化实验室、远程化学实验室、虚拟实验室，面向中小学生、"国培计划"在职教师、职前师范生开放，以新的实验形态适应信息技术发展，在实验操作中提升核心素养、提高学习效益。

## （三）宏观层面："教科书"－"慕课"－"国培计划"－"四方联动"－"U-G-E-S"5个车轮助力推广

形成手持技术数字化实验育人"335"体系（见图2）。手持技术数字化实验案例入选科粤版初中教科书与义务教育课程标准解读书籍，从教科书层面助力中小学师生了解与应用手持技术；自主建设全国第一门手持技术数字化实验主题慕课，打通了全国教研部门、继续教育中心、名师工作室、师范院校、中小学的在线学习渠道，促进各地中小学教师数字化实验教学能力的形成和发展；承办教育部"国培计划"项目等，与学员所属学校合作，建立手持技术数字化实验协同发展基地，形成教师数字化实验培训和教学应用体系；组织华南、华北、华西（含民族自治区）、华东地区的同行共同参与"四方联动"，通过公益在线直播的方式介绍手持技术实践与成果凝练的方法；高校主导，教研部门与继续教育中心组织，提供数字化实验仪器、在线开放课程制作与运行服务的企业支持，中小学数字化实验实践基地参与，合作推动手持技术数字化实验在基础教育中持续发展，变革中小学化学实验教学改革。

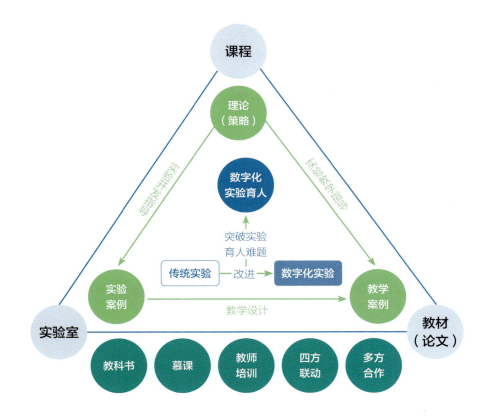

▶图2
手持技术数字化实验育人"335"体系

## ☰ 硕果累累：手持技术数字化实验在中小学化学实验教学中取得了哪些成果？

### （一）传统实验改造升级，连获多项教学大奖

迄今为止，团队已开发覆盖小初高全学段的三类465个创新"实验案例"，其中课外实验案例（基于真实社会情境）174个，课内案例291个，共涉及156个核心科学概念的学习。其中"焰色试验""钠与氧气的反应"等案例获多个奖项。

### （二）实验教学模式变革，全学段学生素养提升显著

团队自主开发的手持技术数字化实验案例转化成156个小初高全学段课内外、校内外全时空的实验教学案例，惠及33个省级行政区，在省级重点中小学、民族地区中小学等800余所学校应用，培育100余万名中小学生，帮助学生实现由"定性探究"到"定量探究—数据表征—数据推理—数据建模—概念理解—深度学习"的转变，培养了学生的数据素养、信息素养、定量科学思维等。团队教师指导国内中小学生获得926项各级数字化实验高水平奖项，学生数字化实验应用能力显著提升。其中，应用手持技术数字化实验案例的学生参加各

类科技比赛获得国家级奖项31项、省级奖项511项、市级奖项143项、区级奖项241项。

### （三）师资培训成效显著，连续13年引领教师成长

团队通过各项培训计划培训手持技术数字化实验教师，近2000名教师由此掌握了手持技术数字化实验操作，包括全国师范院校教师200余人，全国各省市一线教研员150余人，及全国1000余所中小学骨干教师1530余人。全国中小学教师在比赛中应用手持技术数字化实验进行教学、参加教研类比赛，获得国家级奖项44项，省级奖项64项，市级奖9项，区、县级奖89项，校级奖85项。团队在全国"南北西东"协同开展手持技术数字化实验讲座140场，四方联动成果展示及应用公益直播获得近3万人观看学习，特别是对西部地区、民族地区产生了广泛且深远的影响。

# 虚拟仿真技术助推高校思政课提质增效探索实践

西南财经大学

## 一 案例背景

党的十八大以来，西南财经大学党委铸牢"为党育人、为国育才"教育初心，全面推进新财经战略升级和财经科技创新。围绕立德树人关键课程的提质增效，学校遵循习近平总书记关于思政课建设的相关重要论述，立足时代背景，坚持守正创新，积极利用现代信息技术助推学校思政课高质量发展，有力破解制约高校思政课建设的堵点、难点，取得了显著成效。

**筑平台、优路径，建项目、构模式。** 学校依托2014年四川省"经管类跨专业综合虚拟仿真实验教学平台的构建与实践"项目，成立"西南财经大学思政课虚拟仿真体验教学中心"，校企合作搭建"思政虚拟仿真联合实验室"，利用虚拟仿真技术成功研发并推广应用"红军长征之四渡赤水虚拟仿真实验""红军长征之飞夺泸定桥虚拟仿真实验"等思想政治理论课系列项目，形成独具特色、优势显著的"三个代入"教学模式，为高校思政课提质增效做出了具有重大实践价值的教学创新。

**建中心、提质量，抓科研、助教学。** 2018年以来，学校获批教育部首批"全国高校思政课虚拟仿真体验教学中心""四川省思想政治理论课虚拟仿真实验教学中心"，获批教育部高校思想政治理论课教师研究专项重大课题攻关项目——"现代信息技术促进思政课教学质量提升研究"，课程资源入选"国家虚拟仿真实验教学课程共享平台""国家智慧教育公共服务平台"和四川省"一流课程""精品在线开放课程"，思政项目2023年11月入选国家文物局和教育部以革命文物为主题的"大思政课"优质课程资源项目。

## 二 案例经验

本案例以习近平新时代中国特色社会主义思想的世界观和方法论为指导，坚持系统观念，以"三个代入"教学模式为核心（见图1），以虚拟仿真为技术支

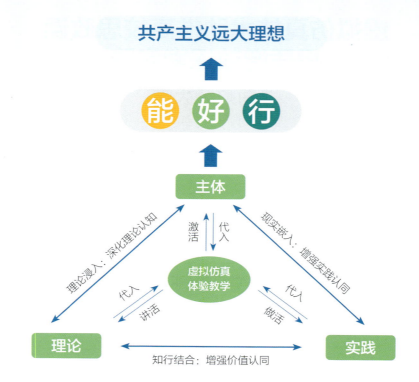

图1 ▶
虚拟仿真技术助推高校思政课提质增效"三个代入"教学模式

撑，以"红军长征在四川"和"新中国建设"等系列实验项目为内容载体，推动理论与实践互促、虚拟与现实互融、技术与价值互济、教师与学生互动。

## （一）贯彻理论代入：创设"历史-现实"场景设构法，讲活理论

遵循历史与现实相统一原则，将历史与现实的"事实"与"信息"进行编码、重构与再现。构建赤水激流、大渡天险、夹金雪山、两弹研发、震后救灾等数十个虚拟场景，重塑理论教学，还原事件、再现史实，还原人物、再现精神。坚持见人、见事、见真章，将原本艰深、枯燥的理论内容，在特定的"历史-现实"语境中生动呈现。坚持明事、明理、明思想，引导学生感悟马克思主义的精神伟力。

## （二）坚持实践代入：创设"人-机"实时互动法，做活实践

遵循实事求是原则，针对新生代学生认知特点，运用虚拟仿真技术搭建起学生与智能终端之间的情感桥梁，以"任务驱动"模式设置"浴血夺桥""阻击敌机""研发卫星""迫降营救"等近180项任务目标（见图2、图3），激发学生求知欲。学生分步开展任务冲关，调动理论知识探索问题解决，在针对性设计的教学环节和内容中往复互动。智能终端即时给予学生反馈评价，形成视觉上"看得见"、听觉上"受冲击"、触觉上"可感知"、行为上"可评价"的立体化思政智慧课堂。

◀ 图2
"红军长征之飞夺泸定桥"思政课虚拟仿真实验项目画面

◀ 图3
"红军长征之翻雪山过草地"思政课虚拟仿真实验项目画面

## （三）实现主体代入：创设"师-生"双向共进法，激活主体

遵循主体能动性原则，挖掘教师潜能、激发学生兴趣。基于"主体代入"，实现从单向灌输到双向对话。以理论教学为牵引，学生以"剧中人"身份"担负使命"，对任务目标、路径方法手段做出自主性决策选择，将所学知识与理论运用到虚拟的实践进程之中。以信息化技术运用能力提升为基础，教师以"引路人"身份主导教学设计，引导教学进程，组织教学评价，实现师生协同提升。

## （四）推进平台创建：创设教学成效精准评价法，完成反馈

遵循客观性原则，构建跟踪学生学、教师教、学校管的全过程虚拟仿真数字化管理平台，建立"三个统一"的教学成效评价体系：知识与价值相统一，基于知识学习、问题解答、任务达成度等实验数据，检验其知识掌握情况；客观与主观相统一，技术后台对实验实时数据给予客观评分，辅以教师对实验报告的主观

评价；过程与结果相统一，在"任务驱动"模式下给予分段评分，并结合实验报告评价共同决定实验学习总成绩。

### 三 案例成效

#### （一）教学实效性明显提升，有效增强学生社会责任感

系列教学资源全面运用于本校思政课教学，在实验室环境下使用资源的师生超过10万人次，到课率、抬头率、点头率特别是课堂活跃度显著提升（见图4），学生满意度连续三年（2020—2023年）达98%以上。2018年以来，教学案例在"中国近现代史纲要"等思政课中作为实践教学的有机环节实现了对本科生的全覆盖，对学生影响深远，越来越多毕业生在择业过程中主动申请下沉基层、投身西部、扎根边疆、投军报国。

**图4 ▶**
思政课虚拟仿真
实验教学现场

#### （二）集成教学资源，建成一批高水平教学平台和实验课程

2021年，学校先后获批"四川省思想政治理论课虚拟仿真实验教学中心"、教育部"全国高校思政课虚拟仿真体验教学中心"；"红军长征之四渡赤水虚拟仿真实验""红军长征之飞夺泸定桥虚拟仿真实验"项目入选"国家虚拟仿真实验教学课程共享平台"，"红军长征之四渡赤水虚拟仿真实验"项目入选"国家智慧教育公共服务平台"首批教学资源。"'飞夺泸定桥VR·思政课'虚拟仿真体验教学项目"2023年11月入选国家文物局和教育部以革命文物为主题的"大思政课"优质课程资源项目。

## （三）积极践行大中小学思政课一体化建设，受益师生超过350万人次

案例资源广泛应用于"成渝地区双城经济圈"教育文化建设，在中国人民解放军国防科技大学、北京青年政治学院、西南政法大学等百余所高校推广运用；通过开展"红课送老区"活动，重庆、云南、四川、贵州等地的老区和贫困地区数十所中小学受益；中南财经政法大学、西南医科大学、四川长征干部学院、四川两弹一星干部学院等均来校学习考察并借鉴；与"5·12"汶川特大地震纪念馆等机构建立实践教学基地，联合开展研发实践互动。

综上所述，本校始终坚持以习近平新时代中国特色社会主义思想为指导，坚持守正创新，秉持"内容为王、创新为要、技术助力"，做到"守正不僵化、创新不变味"；坚持系统观念，将教学目标的达成与手段方法各环节有机闭合，整体推进"三个代入"，做到"形式和内容有机统一"；坚持特色为先，以虚拟仿真等技术为支撑，重点挖掘具有四川特色的红色文化资源。

面向未来，西南财经大学将进一步紧跟教育发展趋势，牢固树立现代教学理念，因时代而进，应时代而行，积极探索思政课新的"打开方式"，推动思政课建设内涵式发展，使虚拟仿真实验教学项目建设、运用、推广同步进行，为努力打造全国一流的思政课虚拟仿真实验教学高地，助推高校思政课提质增效，做出新的更大贡献。

# 基于"共创-产出-乐业"导向的地理信息虚拟仿真平台研究和教学改革实践

河南省黄河水利职业技术学院

 **一　背景**

测绘地理信息产业是支撑自然资源管理和各行业需求、服务生态文明建设和经济社会发展的战略性新兴产业。大数据、虚拟现实、高分卫星、北斗导航、无人机等高新技术交织发展，为地理信息技术及其产业发展提供了强劲动力，其服务对象、技术手段、工作内容、成果形式和生产服务模式等方面的"新转变"对从业人员提出了"新要求"，亦对职业教育人才培养提出了"新标准"。

当前职业院校测绘地理信息类专业人才培养普遍存在特色不够鲜明、产教融合不足、实训模式单一、实训方式封闭等问题，同时受测绘地理信息工程建设时空跨度大、隐蔽性强、场景难再现等特点制约，要想真正实现教学与生产紧密对接仍存在危险操作难实施、试错成本难承担、设备昂贵难负担、技能训练不自主、生产体验不全面、岗位培训不系统等"想看看不到、看到看不全、想做做不了、做了做不全、做全做不精"的教学难题。

基于问题导向和目标导向，按照"一体化设计、结构化开发、分层次建设"的建设思路，校企共创"三验一创、六位一体"的测绘地理信息虚拟仿真平台，基于产出（成果）导向构建了测绘地理信息实践教学体系，基于需求导向和ARCS模型（注意、相关、自信和满意四个层次的教学设计模型）研发了虚拟仿真项目和资源，探索出了"学-练-测-评"虚拟仿真反刍式教学模式和评价模式，提升了学生的岗位技能、创新意识和创新能力，增强了教师的测绘职业文化教育和科普教育能力。

 **二　经验**

### （一）主要解决的教学问题

解决了传统教学抽象难懂、做不了、做不全、练不精、危险性高的教学难题，以及学生技能训练"不自由、不系统、不真实和不完整"的实践教学难题。

解决了优质教学资源匮乏、资源质量低且重复建设、资源分散不均、优质资源共享不足等难题。

解决了新技术更迭快、新设备投资大、成本高造成的教学内容滞后，教学无法满足技能拓展和个性化学习需要的问题，以及新技术、新方法和新应用成果反哺教学不及时、难实践的问题。

## （二）解决方案

坚持"虚实结合、相互补充、能实不虚"的工作思路，项目按照"共建、共创、共享、共赢"的建设原则，联合行业知名企业开展虚拟仿真平台建设研究和实践。

**第一，基于问题导向，校企共建"三验一创、六位一体"的测绘地理信息虚拟仿真平台，提升实践育人能力。**

运用虚拟现实、数字孪生、3D引擎等技术进行虚拟仿真重现，校企一体化共建了覆盖全面、类型丰富、层次递进、相互支撑的"三验一创、六位一体"测绘地理信息虚拟仿真平台，集"能学、辅教、培训、创新、比赛、科普"功能于一体；拓展了实训教学的深度和广度，使学生获得自主式、协作式、项目式、沉浸式的学习体验，破解了传统实践教学看不到、进不去、成本高、危险性大等难题，提升了实践育人能力。

**第二，基于目标导向，校企共创测绘地理信息实践教学体系，提升人才培养质量。**

服务产业转型升级需要，全面对接测绘地理信息职业岗位要求及相应的国家职业资格标准、行业标准、技术规范和规程，基于产出导向理念构建"分层培养、层层递进、虚实结合"的测绘地理信息实践教学体系，突破原有实践教学场地单一、设备局限、过程监控难等限制，实现实训教学全程可重复、可量化、可监控，提升了人才培养质量。

**第三，基于产出导向，校企融合ARCS理念共研虚拟仿真教学项目和资源，探索出集"学-练-测-评"于一体的虚拟仿真反刍式教学模式。**

基于产出导向，在职业教育专业课程开发中注重"共创"和"生长"，校企运用虚拟仿真技术创设具有职场体验感的教学场景，融合ARCS模型（见图1），共同研发了"设备虚拟化、场景定制化、流程可量化、考评可视化、学习预警化"的"单项-综合-创新-科普"虚拟仿真教学项目和资源，建设的沉浸式学习空间能够满足学生开展探究式学习和创新实验的需求，增强了学生的学习动力、学习信心和学习乐趣。

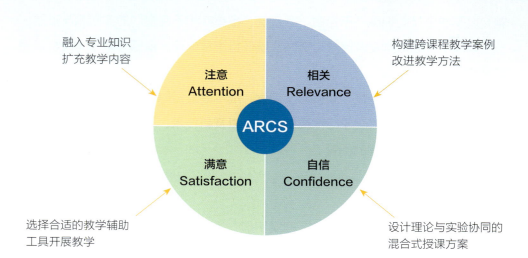

融入专业知识
扩充教学内容
构建跨课程教学案例
改进教学方法
注意
Attention
相关
Relevance
ARCS
满意
Satisfaction
自信
Confidence
选择合适的教学辅助
工具开展教学
设计理论与实验协同的
混合式授课方案

图1
基于ARCS模型的虚拟仿真项目开发

探索出集“学-练-测-评”于一体的虚拟仿真反刍式教学模式、实践应用和教学评价模式（见图2）。

教师基于虚拟化的作业场景、岗位技能、作业过程，发布虚拟实训任务，满足实训教学过程化监测需求，针对性解决学生的共性问题、重难点问题（见图3）。

学生参与教师发布的实训任务，系统自动监测、记录学生的在线实验操作过程，自动分析实践操作大数据，通过人评和机评相结合的方式，提高学生参与虚拟实验效果评价的准确性，提高对学生学习效果评价的精准性，提升学生的岗位适应能力。

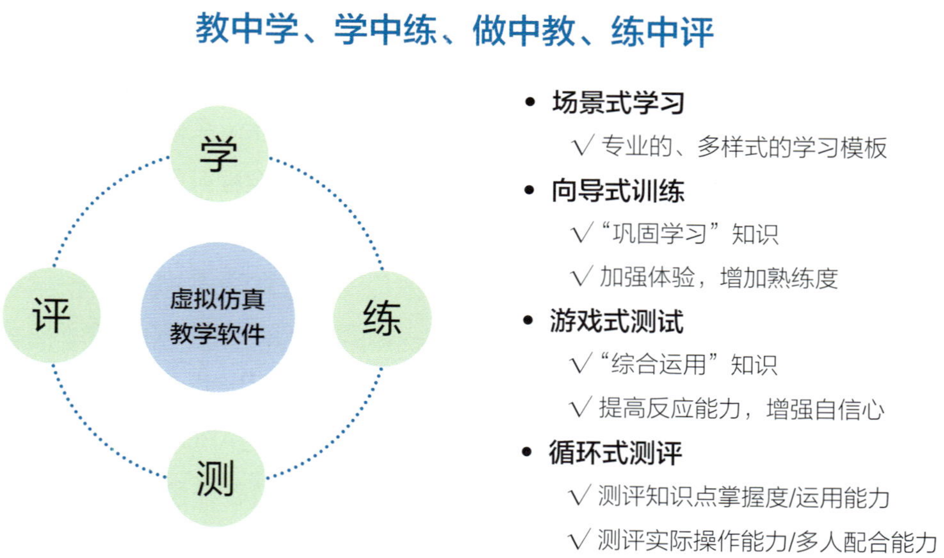

教中学、学中练、做中教、练中评
学
练
测
评
虚拟仿真
教学软件
• 场景式学习
√ 专业的、多样式的学习模板
• 向导式训练
√“巩固学习”知识
√ 加强体验，增加熟练度
• 游戏式测试
√“综合运用”知识
√ 提高反应能力，增强自信心
• 循环式测评
√ 测评知识点掌握度/运用能力
√ 测评实际操作能力/多人配合能力

图2
“学-练-测-评”一体的虚拟仿真反刍式教学模式

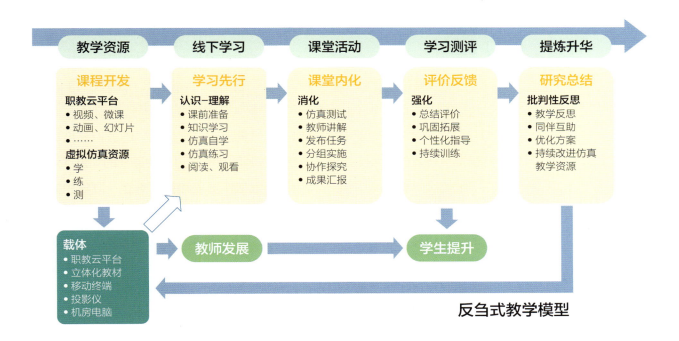

▲ 图3
虚拟仿真反刍式教学实践应用模式

第四，基于乐业导向，校企共建共享"123N"测绘地理信息科普平台，提升文化自信和德育能力。

开发了1幅地图、2张名片、3个主题日和N个专题的"123N"测绘地理信息科普教育平台（见图4），建设了"体验大国工程、感受大国科技、走近大国工匠"的专业群课程思政案例库，实现了专思结合、科教结合，传播测绘地理信息科普知识，弘扬测绘文化和测绘精神，提升了文化自信和德育成效。

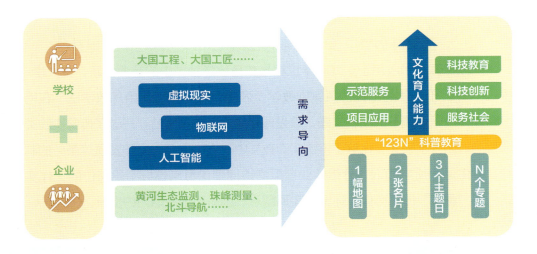

◄ 图4
"123N"测绘地理信息科普教育平台

## （三）创新点

**第一，凸显职业性，基于产出导向建设了"能学、辅教、培训、创新、比赛、科普"一体六位测绘地理信息虚拟仿真平台。**

通过对复杂地理空间环境的模拟，在"沉浸式、交互式"的虚拟三维场景中，构建高度仿真的交互实践场景，辅助教师解决教学过程中存在的"讲不清、下不去、看不到、难再现、成本高"等典型工作场景和教学难题，以学生为中心，开发了"能学辅教"的大坝施工测量、地下工程施工测量、无人船水下测量等岗位的虚拟仿真育训中心，校企合作线上线下、虚实结合协同育人，解决了传统教学的育训瓶颈。通过线上体验虚拟仿真育训中心，帮助学生快速提高岗位技能，全面提升岗位认知，激发树立创新意识。

**第二，凸显实践性，基于目标导向和需求导向融合ARCS模型开发了测绘地理信息虚拟仿真教学资源。**

遵循"以实带虚、以虚助实、虚实结合"的建设思路，以学习者为中心，构建"分层培养、层层递进、虚实结合、特色导向"的"四层次、一结合"的专业群能力培养与实践教学体系，基于学情分析，采取理实结合、虚拟仿真操作与实际作业场景相结合的设计方法，融合ARCS模型开发"项目化、模块化、可交互"的虚拟仿真项目和仿真资源，将虚拟仿真资源与传统的全媒体学习资源相结合，建立师生间、生生间的多向交互协作，利用"互联网+大数据"教育技术对关键教与学行为数据的采集和分析，对问题学生进行"精准定位"，确定学生难以理解的关键知识点，改进教学。

**第三，凸显开放性，实现教学方法改革和学生综合能力提升。**

虚拟仿真技术应用于实践教学过程是教育教学领域中的重要创新，集"学-练-测-评"于一体的虚拟仿真实训教学资源的设计，是"反刍式教学法"在网络新媒体技术环境下的创新实践。该设计利用虚拟仿真平台，打破了传统实践类课程的封闭教学模式，化解了传统实训教学中成本、安全、操作资质等条件的制约。学生运用所学知识，分组作业模拟测绘地理信息岗位群不同岗位的工作实践，在"真实"的生产作业环境中实现创意、创新和创业能力的提升。

## 三 成效

本案例已入选国家级职业教育示范性虚拟仿真实训基地培育项目、国家级教学资源库、国家级课程思政示范课等教学质量工程，2门课程被认定为省级在线开放课程。研究成果获国家级教学成果奖1项、省级教育教学成果奖5项、厅级优秀成果奖2项；获发明专利、实用新型及软件著作权12项；发表论文（论著）11篇（部），出版新形态教材4部。

教师运用虚拟仿真平台指导学生获全国测绘地理信息职业院校大学生虚拟仿真测图大赛特等奖4项；专业教师利用虚拟仿真平台资源参加全国、省级和行业的教师教学能力大赛获全国三等奖3项、行业特等奖2项；助力学生在全国、省级和行业的技能竞赛获奖8项。

项目研发的虚拟仿真教学平台面向全国师生开放，多渠道提供在线教学服务，为全国2000余个单位、8.7余万名师生提供在线教学服务，解决了实训教学难题。

项目研究成果在50多所院校推广应用，起到了辐射示范引领作用；相继通过公开课等多种形式广泛宣传，受教育部、新华网邀请在全国性会议上分享研究成果，示范辐射300多万人次，被人民网、新华网等多家媒体转载报道，起到标杆示范作用。

项目研究成果在我校测绘地理信息专业群实施效果显著，实践教学质量稳步提高，学生综合职业技能、专业胜任能力和创新创业能力显著增强，提升了人才培养质量。近三年学生就业率均超过97%，教学科研成果获得突破。

# "融合创新、数据赋能"
# 智慧教学模式的探索与实践

### 江苏省常州信息职业技术学院

## 一 开展数字教育创新实践的背景

2008年，学院将数字化校园作为国家示范性高等职业院校建设的重点项目之一，开始了信息化教学的有益尝试。2012年起，学院以重大项目建设和研究为依托，以智慧校园建设与应用为抓手，创新构建"融合创新、数据赋能"智慧教学模式，通过信息技术与教育教学深度融合提升人才培养质量。2015年，智慧校园信息化平台（一期）基本建成，国家级专业教学资源库、在线开放课程、新形态一体化教材、虚拟仿真实训资源等一批优质教学资源相继建成并投入使用，学院开展了教师信息化教学能力提升培训和学生信息化素养培训，出台了一系列信息化教学保障机制，全面开启了成果的实践检验工作。2019年，为深入落实《教育信息化2.0行动计划》，学院对智慧校园信息化平台（二期）进行了升级改造，并进一步将云计算、大数据、人工智能、智能感知、虚拟仿真、增强现实等信息技术融入教育教学，通过资源积淀、持续建设、逐步完善，升级了"融合创新、数据赋能"智慧教学模式（见图1），有效解决了职业教育教师精准施教落地难、学生泛在学习实施难、教学评价全面客观实现难等问题。

图1 ▼
"融合创新、数据赋能"智慧教学模式

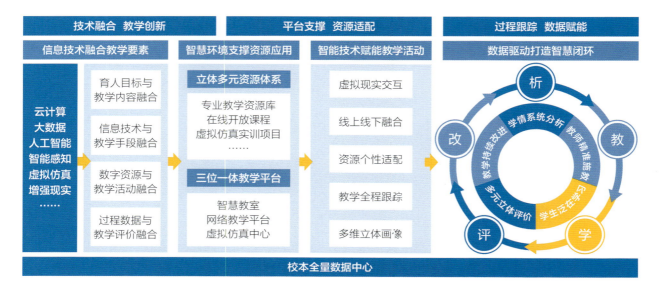

## 二 实践创新举措、典型经验

### （一）实践创新举措

**第一，技术融合、教学创新。** 学院围绕教、学、评三要素，借助云计算、大数据、人工智能、虚拟仿真等新一代信息技术，搭建智慧教学平台，集聚数字化教学资源，挖掘数据价值，赋能师生成长。通过重构"学情系统分析、教师精准施教、学生泛在学习、多元立体评价、教学持续改进"教学闭环系统，实现了育人目标与教学内容融合、信息技术与教学手段融合、数字资源与教学活动融合、过程数据与教学评价融合，提高了人才培养质量。

**第二，平台支撑、资源适配。** 学院创设智慧教室、网络教学平台、虚拟仿真中心三位一体智慧教学环境，实现"线上线下空间融合、虚拟现实智能交互"。依据专业特点和"五育并举"人才培养目标，整体架构数字化教学资源体系，开发专业资源库、在线课程、新形态教材、虚拟现实/增强现实实训项目等形式多样、内容丰富的教学资源。依托学情数据分析，设定学习目标、规划学习路径、智能推送资源、智能评价学业，实现以学习者为中心的精准施教、个性化泛在学习，推动"课堂革命"，提升了课堂教学效果。

**第三，数据赋能、过程跟踪。** 学院汇聚系统数据并无感采集师生行为数据，形成专业、课程、教师、学生的全方位实时画像。通过教学活动全过程数据分析，全面掌握学生知识习得、技能形成和素质养成等情况，系统了解教师教学目标达成、课堂交互、学生评价等教学实施情况，实时优化教学策略、智能干预教学行为、适配推送教学资源，实现精准施教、个性学习、过程跟踪、多维评价，促进了教师发展、学生成长。

### （二）解决的教学重点难点问题

**第一，技术融合、教学创新——解决教师精准施教落地难的问题。**

运用大数据、人工智能等信息技术，融合应用教学平台、资源、数据，精准设定教学目标，重构教学内容，创设教学活动，优化教学过程，改进教学评价，完善激励机制，实现教师精准施教（见图2）。

坚持立德树人、德技并修，基于岗位大数据分析确立教学目标，依据学情分析开展教学设计，实现育人目标与教学内容融合。运用云计算技术构建教学云平台，应用人工智能技术推送教学资源，依托数据挖掘技术优化教学设计，利用虚拟仿真等技术创设实践环境，实现信息技术与教学手段融合。针对课程特点整合教学资源，数据赋能教学活动，实施"线上线下空间融合、虚拟现实智能交互"

图2 ▶
教师精准施教

的教学，实现数字资源与教学活动融合。利用教学管理平台，构建教学结构－教学活动评价矩阵，通过数据采集、挖掘分析和可视化呈现，实现过程数据与教学评价融合。

第二，平台支撑、资源适配——解决学生泛在学习实施难的问题。

根据学校专业布局，整体架构数字化教学资源体系，开发包括资源库、课程、教材、虚拟现实/增强现实实训项目在内的多元化教学资源，健全资源建设及应用机制，创设自主学习平台，实现泛在学习环境下的个性化学习（见图3）。

针对专业特点，重组资源架构，构建分层分类学习资源体系。针对教学要求，开发虚拟仿真、增强现实等特色资源，破解机械制造类专业实训难题、信息技术类专业理论知识抽象难题等。针对岗位能力训练，整合企业资源，开发实践项目，打造特色资源。针对学生学习需求，规划个性化学习路径、智能推送学习

图3 ▶
泛在学习环境下的
学生个性化学习

方案和资源、实时跟踪学习过程、智能评价学习效果、及时预警学习状态，实现
学生泛在学习、个性成长。

**第三，数据赋能、过程跟踪——解决教学评价全面客观实现难的
问题。**

汇聚各平台和终端无感采集的多模态教学数据，构建追踪、诊断、反馈的智
慧评价体系，全方位打造即时反馈、适时优化的教学生态，数据驱动教学评价从
"经验"到"科学"（见图4）。

▼ 图4
教学评价全面客观

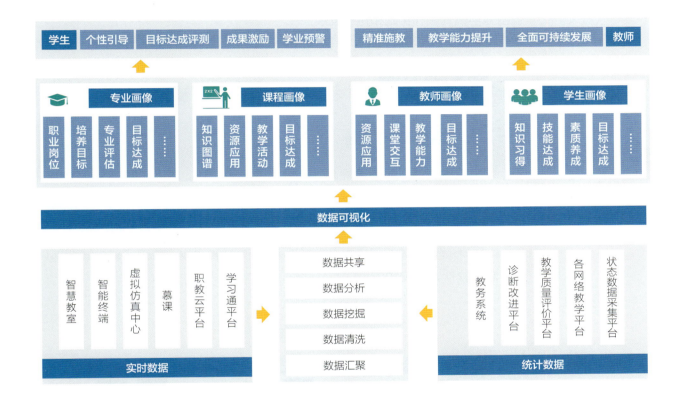

构建智慧评价体系，对教学过程、师生互动、学生学习等情况进行连续数据
采集，实施过程评价、增值评价。依据学生行为数据和发展数据，开展增量比较
分析，生成学生画像。依据教师资源应用、课堂交互等行为数据，基于评价体系
分析，生成教师画像。依托诊改平台，基于专业评估和目标达成等生成专业画
像。基于知识图谱、资源应用等生成课程画像。为学生学习提供个性引导、目标
达成评测、成果激励、学业预警等功能，为教师提升教学能力、实施精准施教提
供优化方案，促进师生全面可持续发展。

## （三）典型经验

智慧教学模式要落地实施，必须秉持"组织制度创新重于技术创新"理念，

通过顶层设计，建立相应运行机制。组织机制上，学院成立党委领导下的智慧教学建设领导小组，全校各部门在共同价值引领和统一系统架构下，协同推进教育教学改革和业务流程再造。服务机制上，坚持应用为王、服务至上，设立线上线下一站式服务中心，按需开发智慧教学业务模块，满足教师精准施教和职业发展需求、学生泛在学习和多元发展需求。管理机制上，统筹教学过程全要素，健全资源建设与应用标准、教师教学规范、学生评价标准等制度规范。激励机制上，建立学生线上自主学习成果与学分认定、评奖评优联动机制，设立"优质课堂""金讲台"等信息化教学改革奖励项目，开辟职称晋升破格通道等，保障该智慧教学模式顺利实施和持续发展。

 **三　主要成效**

### （一）人才培养成效显著

学生技术技能水平显著提高，综合素质全面提升。项目实践以来（2019—2021年），新生报到率达95.3%以上，年终就业率达98.1%以上，用人单位满意度达95.02%以上，毕业生满意度达96.03%以上，家长满意度达95.07%以上（见图5）。学生在各类比赛中获国家级奖项385项，获省级以上优秀毕业设计62项，获专利和软件著作权192项。

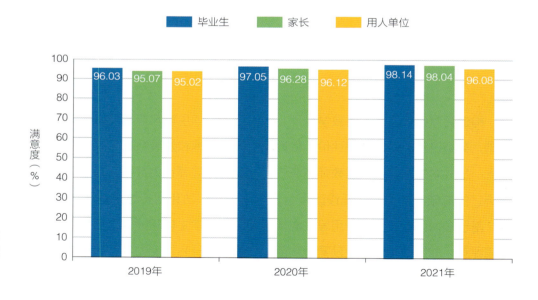

图5 ▶
2019—2021年第三方人才培养满意度调研

## （二）教学水平普遍提高

连续6年的教学满意度调查数据显示，95.1%以上的学生乐于接受新教学模式，92.3%以上的学生认为智慧教学模式手段多样、教学效果好，90.2%以上的学生认为学习体验良好，94.3%以上的学生认为能力素养评价客观、全面；95.3%以上的教师认为新教学模式有利于教学效果提升，线上课程开课率达100%，有效支撑疫情防控期间教学要求。项目实践以来，教师教学质量测评优良率平均达到94.2%，获教学能力比赛国家级奖项4项、省级奖项62项。

## （三）实践成果丰硕

历时10年，学院不断优化教学过程、迭代升级技术、完善运行机制，人才培养成效显著，教学满意度逐年提高。牵头建成国家级专业教学资源库、国家精品在线开放课程、省级各类精品课程，获评全国教材建设奖，学院教师团队入选全国高校黄大年式教师团队、国家级职业教育教师教学创新团队。学院还向全国720多所院校输出教学资源，成果被20多所院校引用。《光明日报》等20余家媒体对成果应用进行了广泛、深入的报道。

# "演唱+演讲+故事"——情境式网络化的思政课堂教学创新与实践

广东省东莞市商业学校、东莞市机电工程学校、东莞日报社

## 一 实践背景

在数字化时代，数字化教育已经成为一种重要的教育创新方式。为了让中职学校思政课教学更加科学、更接地气、更有成效，团队针对缺乏认同度、吸引力、实效性问题，提出了"演唱+演讲+故事"情境式网络化德育课堂教学理念。经过不断探索，形成了"演唱+演讲+故事"情境式网络化的思政课堂教学成果。

## 二 创新举措

### （一）提出情境式网络化的思政课堂教学理念

情境式教学提高教学的实效性，网络化教学推动课堂的课外延展性，连通思政课教学的"最后一公里"。一是思政课教学要"色香味"俱全。"色"是指授课理念有红色基因，有理论高度，有时代内涵；"香"是指授课形式符合学生的习惯和爱好，做到入眼（好看）、入耳（动听）、入心（感人）；"味"是指授课内容让学生能共鸣、易践行。二是思政课教学要"高挂、深入、浅出"。"高挂"是指政治站位要鲜明，教学内容要紧扣思政教育的基本要求；"深入"是指理论阐述要逻辑严密、内涵统一，易被学生理解和吸收；"浅出"是指知识讲授要通俗易懂，要具备互联网思维，让学生喜闻乐见，推动思政课教学落细、落实。三是要将"有意义"的思政课讲得"有意思"。要把思政课立德树人的意义讲得像"扣好人生第一粒扣子"一样有意思，把思政课培根铸魂的意义讲得像"禾谷类作物拔节孕穗"一样有意思，帮劝学生在人生关键的"窗口期"扣好"第一粒扣子"，在人生关键的"拔节孕穗期"播种"真善美的种子"。

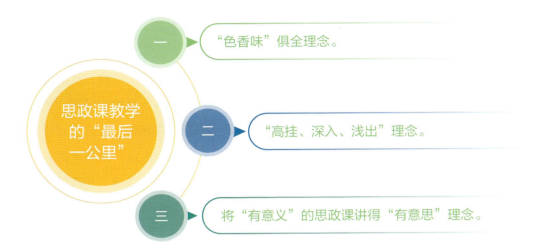

## （二）开发"互联网+"系列思政校本课程

强化"互联网+思政"思维，将数字技术和互联网等新兴技术融入思政教育，探索"微思政"模式，增强思政教育的时代感和吸引力。一是首创能与自媒体互动的系列手机阅读伴侣书。如《18岁前养成受用一生的好习惯》（社会主义核心价值观）、《浩歌中华》（社会主义核心价值观）、《浩歌亲恩》（好家风）、《追寻：乘着歌声的翅膀》（中国共产党党史）。学生只要用手机扫描书中的二维码，就可以阅读、评论、分享至朋友圈。二是推出与新时代同频共振的点击量超4500万的思政微课。2022年，开发"二十大精神唱讲课"（共10讲），以"小切口"讲好"大思政"，深入推进党的二十大精神进教材、进课堂、进头脑。2021年，开发"浩歌党课"（共11讲），以党史、新中国史、改革开放史、社会主义发展史为主线，对青少年进行走"新"走"心"的思政教育。2020年，开发"战'疫'思政500秒"系列课程（共8讲），用创新的课程形式、鲜活的课程素材、轻快的课程节奏，讲述中国人民在抗击新冠疫情过程中所涌现出来的可歌可泣的故事。

思政"云课堂"

## （三）形成"演唱+演讲+故事"思政课教学风格

"演唱+演讲+故事"的教学风格，使思政课的教学内容"上接天线，下接地气"，提高了课堂的吸引力和感染力（见图1）。一是用动听的歌声导入课堂教学，营造情感氛围。思政教学是一种情感活动，关注人的情感在其中的作用。本案例成果紧扣思政教育的情感性，将音乐导入教学，通过音乐构建起与学生情感交流的桥梁，激发学生学习兴趣，使学生能更好地接纳思政教学内容。如"追寻：乘着歌声的翅膀"借歌咏志，用十首经典歌曲串起党的百年辉煌历史，在提升教学的趣味性、知识性的同时"寓教于乐"，让学生乐于接受歌曲中所蕴含的思政教育。二是用激情的演讲演绎教学内容，带动情感共鸣。演讲是一种富含激情的教学语言，它能营造极具感染力的课堂氛围。在教学过程中，教师能通过充满激情的演讲去引导和激励学生，使学生在心灵上产生震撼、共鸣，从而做出正确的价值选择。如"战'疫'思政500秒"用有力的观点、真挚的情感、生动的语言，向学生传递了抗击疫情所体现出的制度优势和中国精神。三是用"小故事"渗透思政"大道理"，加强情感体验。故事是一种贴近生活、寓意丰富、浅显易懂的知识载体。我们通过绘声绘色的故事营造，还原历史情境，用现实去讲当时，引发学生的同理心，把抽象的理论学习转变为感性的情感体验。如"浩歌党课"序言"寻找最有力量的青春"通过讲述三个优秀共产党员的事迹，将"信仰"这一抽象概念转变成学生易于理解的青春力量。

图1 ▶
"演唱+演讲+故事"
思政课教学风格

**01** 用动听的歌声导入课堂教学，营造情感氛围

**02** 用激情的演讲演绎教学内容，带动情感共鸣

**03** 用"小故事"渗透思政"大道理"，加强情感体验

### 三　主要成效

实施以来，案例学校100%的学生接受了情境式网络化思政课堂教学，成果获评2022年职业教育国家级教学成果奖二等奖、2021年广东省教育教学成果奖特等奖、2021年广东省党史进校园系列活动典型案例，被《人民日报》等30多家主流媒体报道，获得各级领导、专家的充分肯定。

#### （一）创新课堂模式，让思政课堂"火"起来

将思政课内容与实训教学互相融合，并通过云课堂让学子共享名师思政金课，积极探索建立思政课共建共享新模式。以"浩歌党课"为例，该课程用"演唱+演讲+故事"的形式创新教育方式，用经典音乐营造情感氛围，用充满激情的演讲带动情感共鸣，用绘声绘色的故事将抽象的概念转化为易于理解和吸收的青春力量，从此，"好听、好看、好学"的情感型高效思政课堂模式建立起来。

## （二）媒体赋能教育，让教育成果"亮"起来

通过"互联网+"教学平台，将互联网思维引入思政教学环节，开设了"思政'云课堂'"等专栏。同时，综合运用短视频、音频、海报、直播等新媒体表现形式，校媒融合帮助思政课堂实现"1+1＞2"的传播效果。在新媒体的助力下，思政课的传播模式越来越新、传播范围越来越广、传播质量也越来越高。正如很多学生的评价："硬邦邦"的枯燥知识变得"色香味俱全"。

## （三）推广"东莞经验"，让精神文明"活"起来

校媒融合从与人们生活贴近的故事出发，通过线上线下的渠道进社区、进头脑，这使得思政教育不再只是讲台上的宣讲，而是将价值塑造、知识传授和能力培养融为一体，进而引起听众共情、引发学生共鸣。依托新媒体，以内容建设为根本，以先进技术为支撑，突破多个网络之间的彼此连接，运用触碰学生和群众思维活跃点的创新手段，推动思政教育产品适应移动传播规律，以不灌输、不空谈、更有亲和力、更有针对性的内容抓住眼球、成风化人。"演唱+演讲+故事"情境式网络化的思政课堂教学项目在国家级、省级平台进行过多次教学展示，应多个省市教育行政部门的邀请做思政教学经验介绍，逐渐成为东莞文明城市建设的亮丽"名片"。

# 先行示范区与试点县OMO英语智慧课堂的协同重构

广东省深圳市龙华区外国语学校教育集团

## 一 开展数字教育创新实践的背景

随着中国社会经济与"互联网+教育"的迅速发展，城乡基础教育均衡发展日益成为社会关注的热点，数字化时代也为传统课堂带来了冲击。构建利用信息化手段扩大优质教育资源覆盖面的有效机制，逐步缩小区域、城乡、校际差距，通过互联网进行跨区域协同教学，帮助教学点开齐开好国家规定课程，帮助所有学校提高教学质量，成为中国数字教育的迫切需求。因此，如何优化OMO（Online-Merge-Offline，线上线下融合）课程教学资源，转变传统学习方式，促进城乡教育协同发展，成为本项目要解决的主要问题。

作为教育部基础教育课程改革实验区与广东省基础教育课程改革先行示范区，深圳市龙华区启动新一轮基础教育课程改革，开展"跨域协同、智慧未来"数字教育新探索。作为新一轮基础教育课程改革中的优秀示范校，深圳市龙华区外国语学校教育集团以"5G+智能教育"示范校为基点，科学构建国际化、个性化、智能化的英语课程体系，让国家课程在校本化实施中生根，让课堂在个性化学习中绽放。

学校以特级教师为示范引领，进行"OMO英语智慧课堂的协同重构"跨区域数字化协同教学实践，大力推进"一校带多点、一校带多校"的教学和教研组织新模式，实现"输血+造血"的教育精准帮扶，为全国偏远地区的助学助教发挥积极的协同提升效应，也为全球教学数字化转型提供了典型样例。

## 二 实践创新举措与典型经验

本项目历时10年，以国家课程为载体，与课改同步，对接全国126个试点县，进行跨区域协同教学探索，构建了跨区域协同教学名师共同体，创新了全国先行示范区与试点县协同助学助教新模式，应用互联网创新技术优化OMO课程资源、变革传统教学方式，促进城乡教育均衡化发展教育新生态的重构。

## （一）创新助学助教新模式

**第一，协同重构了"名师引领+共创共生"的跨区域教学共同体。** 每周通过异步教研、同步教研、示范教学等形式，将先行示范区名师教研团队对接到试点县教研团队，县级教研共同体再以专递课堂形式覆盖本县师资缺乏的教学点和农村薄弱学校。通过联合开展"线上+线下""异步+同步"的协同教学研究与展示，上承课改目标理念，中至课堂教学实践，下接协同教学研究，均指向课程、教学、评价和教研等方面的体系构建，形成了城乡"名师引领+共创共生"跨区域教学共同体，极大增强了城乡教师的协同教学研究观，形成了协同育人效应（见图1）。

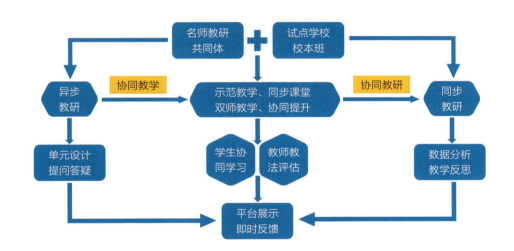

◀ 图1
先行示范区与试点县协同教学教研新模式

**第二，协同重构了"学段整体设计+大单元综合实施"的OMO智慧课程。** 以"名师引领+智慧共生"为目标，基于OMO教学方式，针对城乡教学资源不均衡及教材不全面的问题，分学段协同构建了"微课导学课程（导）+基础学习课程（学）+综合实践课程（做）"的OMO英语智慧课程（见图2）。

▼ 图2
OMO英语智慧课程实践框架

"导-学-做"OMO英语智慧课程实践框架

第三，协同重构了"三位一体+循环迭代"的OMO英语智慧课堂范式。开展OMO英语智慧课堂范式的协同探究，总结出"智能辅助""协同体验""合作学习""少教多学"等多种高效学习方式。同时，基于教与学的有机互动和多元评价，协同重构"教-学-评"三位一体、循环迭代的OMO英语智慧课堂范式，实现课程共创与智慧共生（见图3）。

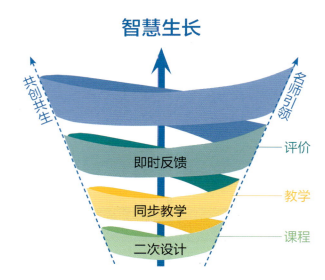

图3 ▶
OMO英语智慧课堂
协同实施框架

"三位一体、循环迭代"式智慧课堂协同实施框架

## （二）重构城乡教育新生态

第一，形成城乡协同教研新路径。在网络教学平台技术支持下，全国先行示范区名师教研团队每周直接连线全国27个省（自治区、直辖市）的126个试点县教研团队，协助资源短缺地区基层学校解决现实工作中的重难点。特别是在疫情防控时期，集团每周为全国试点县85万师生带来全国名师直播同步课堂与优质教学资源，为"停课不停学"发挥了强大的支援力量，收到各试点县发来的感谢信，得到了相关部门的充分肯定，受到了社会的高度赞誉。

第二，形成教学质量提升新路径。本成果通过网络环境下跨区域教育资源的共享，将优质资源引入资源短缺地区学校课堂，让优质教学资源在"网络校校通"基础上促进"优质资源班班通"和"网络学习空间人人通"，特别对薄弱农村学校实行跨区域助学助教，加强协同提升教学质量的研究。重庆市丰都县是对接的试点县，从2019年起开展OMO英语智慧课堂协同教学，全县英语教学成绩明显提升。

第三，形成过程协同管理新方法。在OMO英语智慧课堂协同教学的实践过程中，基于矢量技术全景学习平台，城乡教师对教学过程大数据的分析与管理能力得到了提升，"基于经验的讲授教学"转向"基于数据的精准学习"，教师可以利用大数据、人工智能、学习分析等新技术，准确了解学生的学习状态，评估学生的认知特征和优势潜能，为他们提供个性化的精准学习方案，推送适配的学习资源，提供精准的学习支持，从而开展积极主动的个性化教学，实现精准管理。

**第四，形成课程协同重构新路径。**本成果探索了"人人参与+共享共建"的课程资源协同建设新路径。基于OMO英语智慧课堂学习全过程大数据，即时分析师生的教与学行为，带动了共享共建课程的主动性和积极性，让更多师生及家长成为课程资源的原创者。

**第五，形成课堂协同教学新路径。**本成果积极探索智慧课堂的协同建设与共享，进一步优化OMO英语智慧课堂教学模式。整合教育部的全景学习平台及学校的"协同学习体验仓""智能批改作业系统""AI智能笔"等智慧教学项目，推进智慧课堂的实施。从教师讲授灌输回归学生全程参与，从知识本位回归素养本位，学生的英语学习从线下走向线上、从课堂走入社区、从课本走进生活，真正实现智慧学堂的减负增效。

**第六，形成课堂协同评价新方法。**OMO英语智慧课堂测评不仅发生在教室，还扩展到社会、家庭，开辟出"生生互评"空间、"师生互评"空间与"家校互评"空间，精准关注小学生综合语言运用能力的发展过程以及学习的效果，既关注结果，又关注过程，使对学习过程和学习结果的评价达到和谐统一。

**第七，形成核心素养培养新路径。**本成果基于"导–学–做"学习全过程，在同步教学课堂中开展跨区域合作学习，为学生成长提供更精彩的舞台。例如，配音协同制作、戏剧协同表演、模拟联合国辩论等英语综合实践课程，大大促进了城乡学生英语学习方式的混合与协同，提升了城乡学生的英语学习力与学科核心素养。

**第八，形成国际文化学习新路径。**本成果除了在国内实践，还通过网络与巴布亚新几内亚、巴基斯坦、美国等国家师生开展国际协同交流，并研发了国际文化学习微课程。

### 三 主要成效

本成果立足先行示范区，辐射全国、走向世界，为向全国偏远地区的助学助教提供了样本，也为全球教学数字化转型提供了典型样例。

OMO英语智慧课堂坚持文化育人与智慧发展，培育具有"家国情怀、国际视野、人文底蕴、创新精神"的社会主义接班人；同时，还指导学生通过网络进行国际学习交流，增强学生对中华传统文化的了解与热爱，形成民族自信与文化自信，引导学生在探究全球问题的过程中，增强国际素养。

在OMO英语智慧课堂的实践与研究过程中，深圳市龙华区外国语学校教育集团取得了累累硕果，教学成果分别荣获广东省教育教学成果二等奖、2022年基础教育国家级教学成果奖二等奖，被《人民日报》等媒体采访报道。团队成员在省级以上杂志共发表研究论文30余篇，出版相关研究专著4部。

目前，本项目已覆盖全国27个省份的126个县区，服务各县一线教师约15万人，惠及69.9万学生，有效促进了先行示范区与试点县英语教育质量的均衡发展，形成协同育人效应，真正实现了课程共创与智慧共生。

# 智慧新空间 探究育新人
## ——探究式学习20年实践探索

中南大学第二附属小学

##  研究背景

自2001年以来，中南大学第二附属小学立足新一轮教育教学改革背景，着力解决课程育人功能发挥不全面、学生创新能力培育不充分、全学科育人配套评价措施不到位的问题，提出了"建立智慧新空间，打造全学科育人新样态"改革主张。该主张以探究式学习撬动课改向纵深发展，以智慧课程、课堂、评价推进育人方式变革，落实"六年服务一生"的办学宗旨，为培养时代创新型人才提供了可借鉴案例。

## 二 主要经验

学校以智慧校园建设为基石，建立了"智慧新空间"立体育人模型（见图1），即以人的全面发展为核心，课程建设、教学实施、评价体系为三翼，发挥学生主体探究作用，实现他们在知识融合、能力转化、实践提升、创新发展四阶循环中的自主成长，提升其核心素养。整体设计突出智慧空间与全面育人的内在联系，使之成为教育变革的逻辑主线和核心机制，以构建面向未来的智慧教育生态，解锁了新时代创新型人才培养密码。

▼ 图1
"智慧新空间"
立体育人模型

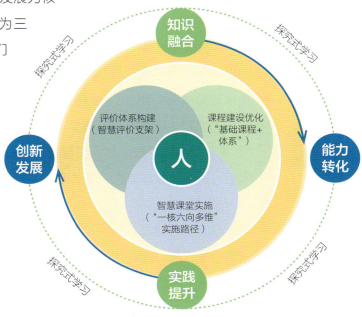

## （一）打破学科壁垒，创建"基础课程+"体系

学校探索国家课程校本化实施，尊重学生选课意愿，整合了学校教育、家庭教育、社会教育资源，构建了"基础课程+"体系，建立了基础课程、爱乐课程与场域课程三类课程，着力发展学生公民与道德、语言与人文、科学与技术、心理与体验、审美与表现、劳动与实践六大核心素养。

基础课程以智慧视域下的探究式教学为重点开展。教学中，立足课堂主阵地，在学科能力标准的基础上细化课堂教学目标，以问题为切入点，引导学生进行实践探索，更好落实国家课程计划和学科课程标准。

爱乐课程培养爱探究、乐思考、有智慧的孩子，立足于儿童生活经验，课程以探究式学习、生活、亲身经历、智慧教育四个关键词定义。

场域课程是打开资源通道开发的各种基于资源和技术的灵活、有个性的课程。场域课程让学生置身于实践、真实场景，线上、线下学习结合，引导学生发现真实问题，探究全学科融通，促进认知投入和情感投入。

三类课程打破了校内外的资源壁垒，学校的教室、中南大学的高速列车研究中心、企业里的工程机械环幕影城，皆是知识传播地，多元素结合，融通了智慧环境；老师、家长、场馆负责人皆是知识传播者，多角色一体，拓宽了学习空间。该课程体系在实施的过程中充分满足学生多样化学习需求，拓宽了学生的兴趣爱好，使学生获得各自适合的成长，让教育回归本原。

## （二）打通课堂空间，推动智慧课堂变革

学校将探究式学习融入智慧教育，变革教师育人方式，创新教学模式，形成了"一核六向多维"的实施路径，推动智慧课堂的实践。

第一，"一核六向多维"路径。"一核六向多维"中的"一核"是以探究式学习为核心，"六向"是在智能技术支持下的基于核心素养发展的深度学习、混合式学习、智能学习、跨学科学习、单元整体学习、项目学习等探究式课型；"多维"是指信息技术与人工智能技术支持下的教学管理、学习交流、学习成果展示、资源获取与筛选、活动设计、自主学习等探究式教学的具体技术手段。

第二，"六向"路径引领探究式课型建设。"六向"探究式课型为教师提供不同学习模式，为学习者提供个性化的学习方案，发展了学生自主创新能力及创造性思维。探究式课型丰富了教师对学生的认识，同时也促使学生得到全方面发展。

第三，"四环三步课堂教学"智慧模式。课堂是课程实施的关键环节和育人主阵地。"四环三步课堂教学"智慧模式通过创设情境、探究学习、展示

点评、诊断总结四环推动，学生运用平台按需学习、相互合作、共享资源（三步结合），达到自己探究的目标，实现个性化成长。各学科课堂在此基础上各有创新。

学生基于问题开展探究，在观察中发现、思辨、体会、总结，形成认识、观点或结论，用思维导图、小方案、小调查报告、小作品等方式进行智慧探究成果表达。他们在思维碰撞中获取灵感，形成良性竞争，建立优质成长空间，培养创新意识，提高探究能力。

### （三）打开评价通道，搭建智慧评价体系

学校坚持"五育"并举，改变单一的考试评价方式，转向网络学习评价、鼓励性评价、过程性评价等多维度、多领域评价，注重学生的全面发展，搭建适应学生探究能力的智慧评价支架。把探究式学习过程纳入评价，研制"学科探究式学习能力表现""红领巾争章"等评价工具驱动改革。运用智慧校园综合素质评价、人人通等应用平台，家长、学生、教师全程参与。

第一，制定两工具。一是制定"学科探究式学习能力表现"，指向学业评价。该工具以探究式学习为基础，确定探究主题，分解思维品质，聚焦学习态度、方法、成效等智慧能力，为精准评价提供科学依据。二是研制"红领巾争章细则"，指向综合评价。综合素质评价与学生成长结合，聚焦道德发展、身心健康、社会实践、审美情趣等维度，让学生评价有章可循。

第二，运用两平台。建设校园综合素质评价平台和人人通服务平台，形成协同评价空间。学生评价从隐性走向显性，数据测评为学生综合素质的养成和发展提供清晰的个人画像。智慧评价站在每个学生生命个体的立场，科学设计成长策略、规划，让学生在学习实践过程中进行自我发现，激发、唤醒自我潜能，不断发现、完善自己，并最终具备未来胜任力。

### 三　主要成效

全校以"六年服务一生"的理念培养人才，总结了"智慧新空间"实践探索的成功经验，形成了学校全面育人的新常态。

### （一）学生智慧成长

学生善于探究、勇于创新。一是学习主动性增强，在市区学业发展质量监测综合评价中，各项指标远超区域同类学校。二是综合素质全面发展。学生积极参加各类竞赛，获重要奖励14065次，每年获奖700多人次。

## （二）教师主动发展

教师钻研探索，关注育人，实现可持续发展。一是开发数字课程资源。开发"汉字甲篆""机器人入门课程"等56项课程资源包。二是主动创新智慧课堂。教师数字化意识提升，智慧课堂创新课例多次获奖。三是教师主动引领。教师公开发表文章上百篇，出版专著3本，参加省级以上教学竞赛并有42人次获奖。

## （三）学校高质量发展

近年来，学校生动富有活力，呈现发展的新生态。智慧教育研究成果获湖南省第五届基础教育教学成果奖一等奖，基础教育国家级教学成果奖二等奖。在中国教育学会学术年会上交流经验，得到诸多专家的肯定。教育改革成果被新华网、《中国教育报》等媒体多次报道。

学校对口扶贫江华等地十余年，带动农村学校发展。近年学校先后召开5次国内学术交流会，承办名师课堂26次，接待国内外来校参观交流团队67批次29002人，覆盖福建、新疆等13个省级行政区、26所基地校。

"绵绵用力，久久为功"。学校在20余年的探索下，课程、课堂、评价相互交织融合，打造智慧新空间，形成了学生、教师、学校三方良性互动生长，学生具备未来胜任力，教师实现教研转型，学校达成高质量发展。

# 区域教学大数据平台建设及其教学运用

天津市第十九中学

 **一 背景**

　　随着信息技术不断深入基础教育，校际、区际教育信息化发展的不均衡引发的教育发展不均衡问题日益显露。信息化教学在基础教育实际场景中的落地效果仍不够理想。这其中既有应用软件推广使用难的问题，也有教师理念滞后、对技术缺乏认同的问题。因此，如何使信息化教学发挥最大效益是我们必须面对的一个新的重要课题。

　　随着实践研究的深入，信息技术与教学深度融合，逐步聚焦教学数据。但目前教学大数据的理念和实践体系化不足。主要的问题有：大数据对技术和环境的要求是明确的，但区域缺乏完整的整体推进解决方案；数据标准不统一，数据孤岛现象突出；学校在集中管理数据资源、利用数据分析提升教学质量方面还有短板；专业人才不足，多方合作机制尚未完全建立。

　　因此，我们致力于通过数据挖掘和学习分析技术，对学习行为和学习过程进行量化、分析和建模，以达到帮助教师有效改进教学、为学习者提供个性化学习支持的目的。

**二 经验**

　　我们通过文献系统梳理了教学大数据研究现状与问题，通过问卷法和访谈法对全区中小学教育信息化进展情况进行调研。依据研究结果确定了构建教学大数据解决方案的主要框架。我们从整体解决方案搭建、教与学方式变革、大数据分析与利用、师生信息素养提升四个方面开展实践。

　　我们搭建了教学大数据实践研究所需的技术环境。从2017年起，先后推进"和平智慧校园""和平智联校园"两大工程，在全区范围内建设和完善了推进教学大数据所需的软硬件基础。按照"一套数据、一套标准"的建设模式构建了以开放、融合、服务为主要特征的"和平教育云数据中心"，完成了教学大数据支撑平台的建设。采用"整校推进"的方式进行"教师数据素养提升课程系列"

落地培训。

基于以上实践，我们总结出如下主要经验。

### （一）构建了信息技术与教学深度融合的理念体系

我们认为，信息技术与教学融合一般需经历四个阶段——起步、应用、整合、创新。每个阶段的具体工作目标、任务实现路径都是不同的。我们明确了区域整体推进信息化与教学融合的目标与具体任务，以及区域整体推进信息化与教学融合的四大策略——使用者中心策略，区域整体设计策略，开放兼容可扩展策略，政用产学研五方联合策略。

通过研发教学大数据平台，我们了解了数据平台的整体架构应该以支撑平台层、应用服务层、基础设施层为主要组成部分，主要任务是实现数据孤岛打通、数据采集清洗、数据交换共享等功能，这是教学大数据支持教学的前提和基础。

### （二）探索了基于教学大数据的教与学方式变革的实践路径

我们在新型教学模式构建、课堂生态变革、教学数据分析等方面进一步进行了深入探索。

形成了基于教学大数据的新型教学模式。线上线下混合型教学模式的基本构成如下。

**课前阶段主要在线上完成。** 教师在平台发布微课程资源和学习任务指导，学生借助平台学习微课程、完成预习任务、提交任务成果。微课程可以在本区内部、本校内部、本校帮扶地区学校范围内共享。学生通过平台学习微课程的过程行为被记录，教师和学生可获得统计数据报告。教师通过平台向不同的学习团队发布不同的学习任务，可针对每个学习任务开设主题交流区域。优秀的学生作业可以在主题交流区域进行分享交流。教师可以对学生学习成果进行评价。师生均可获得学生学习任务成果提交数据分析报告和教师批阅情况报告。

**课堂阶段在线下完成。** 教师基于学生的知识点掌握情况，分层次有针对性地设计课后作业，通过平台，定点发布给相应的学生群体或个体。学生完成作业的数据将被记录，师生均可获得作业数据所体现出来的知识点掌握情况报告。

混合式教学改变了传统课堂教学中师生的角色定位，为学生创造出更多的同伴互助和与教师进行深度沟通的机会，更符合学生的认知规律，有助于实现因材施教。

我们还探索了如何基于教学大数据实现课堂生态变革。我们充分利用教学大数据技术，优化课堂生态要素关系，重组课堂教学结构，营造出基于数据的课堂教学生态。一是教师基于课前阶段学生完成预习任务的数据，预设并确定重难点，突破交互任务。二是课堂教学中，教师将预设好的交互任务发布给学生，学生使用智能校园卡进行回答。实时统计分析和呈现答题数据。上课过程中，学生如果对当前授课内容存有疑问、认为重要或感兴趣，可随时用智能校园卡进行标注。当"疑问"数据达到教师预设的阈值时，移动端会自动弹窗提示教师实时调整授课进程。

## 课堂生态变革

教师基于课前阶段学生完成预习任务的数据，预设并确定重难点，突破交互任务。

1 2

课堂教学中，教师将预设好的交互任务发布给学生，学生使用智能校园卡进行回答。

与传统课堂教学相比，使用技术工具变革传统课堂生态，不仅极大提升了教与学的效率，而且不再局限于教师提前预设的静态步骤，可以不断进行学习流程的调整，实现了优质课堂教学生态的调控、优化、建构。

我们研究了如何运用信息技术开展学生书写数据分析。我们对基于点阵技术的课堂教学数据进行采集与分析。在不改变学生使用传统纸笔的书写习惯的前提下，将课堂笔记、课上检测、课后作业等书写过程数字化，并对学习过程数据进行实时统计分析。

我们探索了借助学业数据分析提升教学质量的方法。通过教学大数据收集、分析和预测系统来帮助教师针对性地安排教学进度和内容，根据学生知识掌握程度和综合素质发展情况开展个性化教与学。在不改变学生纸笔答题习惯的前提下，通过图像识别技术，实现学生日常作业、阶段性检测、区域联考等过程性与结果性数据的采集，形成教学大数据集。

我们实现了教师信息素养提升计划的整体推进。我们研制"教师数据素养提升课程系列"，采用整校推进的方式进行落地培训。目前，教师数据素养提升培训工作已经常态化。

## 三　成效

### （一）贡献了具有可复制性的教学大数据平台研发实例

要实现通过大数据技术有效提升教学质量，前提是打通数据孤岛，这是公认的难关，国内绝大多数地区止步于这个难关。我们设计和研发的教学大数据整体架构，从底层实现了数据的高效便捷采集与利用，为教育大数据应用于教学、实现数据共享、驱动教育变革提供了宝贵的实践推进案例，形成教育大数据的"和平经验"。

### （二）贡献了通过教学大数据变革课堂教学生态的实践路径

教学大数据在实践中通过改变传统课堂面貌来推动教学变革，我们从教学模式、数据利用、学业评价等不同方面探索了教学大数据变革教学的实践路径并积累了大量宝贵案例。

### （三）贡献了教育信息化助力区域教育优质均衡发展的典型经验

我们通过整体推进教学大数据项目，实现了共享优质课程资源、共同推进教学大数据工作、共同提升教师信息素养，并为教育薄弱学校提供了校长和教师的教育信息化应用培训及经验分享，助力实现教育优质均衡发展。

### （四）数字化校园建设成效显著

建成数字化校园，实现"一张网、一个平台、一套数据"。我校荣获"教育部网络学习空间应用普及活动优秀学校"，入选"国家级信息化教学实验区"实验学校，入选"人工智能试点学校"。"区域教学大数据平台建设及其教学运用"获基础教育国家级教学成果奖二等奖。相关研究受到主流媒体高度关注。

# 普通高中生物学知识图谱驱动的学科教学智能化改造

上海市吴淞中学

 背景

## （一）教师精准备课缺乏"常态"的数据支持

传统班级授课制背景下，教师多是按照班级的平均水平进行授课，教学未实现个性化和差异化，薄弱的学生"跟不上"，优秀的学生"吃不饱"，这导致教师课堂教学中操练低效，学生学习积极性不高。

## （二）学生面临"信息过载"和"信息迷航"问题

在学科学习中，学生遇到不懂的学习内容多是求助于教师和同学，相应的帮助缺乏即时性或有效性。线上的学习资源虽然很多，但面对海量的在线学习资源，学生往往面临"信息过载"和"信息迷航"等问题，在学习过程中需要花费大量的时间去寻找资源。对学生进行个性化的推送，实现"资源找人"已成为当前研究的重要方向。

## （三）大规模的因材施教难以落实于实际教学

"有教无类""因材施教"是中国教育的千年古训。不同的学生在性格、喜好、兴趣和行为习惯上都存在较大差异，通过因材施教可以满足不同学生的个性化发展的需求。在教育智能化改造的大背景下，人工智能赋能教育为促进因材施教提供了全新的思考方式和解决路径。

## （四）静态的知识体系难以被机器识别和处理

为了便于教学，现有的教材分章节按照知识逻辑和学科逻辑建构一个完整的学习体系，但是这种知识的编排方式是静态的、固定的，计算机很难进行识别和处理。人工智能时代，计算机架构具有立体性、动态性、多维性等特点，需要重构新的知识系统和学习体系。而重构这些体系的底层逻辑就是知识图谱，通过知

识图谱将知识变成动态的、多维的、计算机能够识别的语言，有助于实现线上教学的智能评判、智能推送。

## 二 经验

项目组以高中生物学为例，开发指向素养提升的智适应学习系统，并将智适应学习系统应用到传统课堂教学中，探索智适应学习系统的人机协同教学新模式，提升学生的核心素养。2014年至今，该系统先后经过了3个重要版本的迭代（见表1）。项目组还研究构建了基于知识图谱的个性化学习模型（见图1）。

| | 系统1.0 | 系统2.0 | 系统3.0 |
|---|---|---|---|
| 时间 | 2014—2015年 | 2016年 | 2017年至今 |
| 方式 | 网页版 | 电脑软件 | 学生端手机软件、电脑软件 |
| 导向 | 落实知识 | 落实知识和能力 | 培养学生核心素养 |
| 图谱建设方式 | 专家标注知识树结构 | 专家标注和关联 | 专家标注和关联、机器学习数据修正关联值 |
| 图谱内容 | 知识点 | 知识点、能力点 | 知识点、核心素养点 |
| 资源类型 | 文本、图片、试题 | 文本、图片、演示文稿、动画、试题 | 微课、素养测评试题、文本、图片、演示文稿、动画等 |
| 系统推送逻辑 | 专家设计 | 专家设计 | 知识路径矩阵（Knowledge Path Matrix，KPM）算法 |
| 系统教学模式 | 未进行 | 单一 | 多元 |
| 主要价值 | ①开始知识树结构建设，形成知识图谱雏形<br>②开展测评试题的开发技术研究<br>③基于学生学习情况，提出教学策略模型，形成学习者画像的雏形 | ①对知识进行了专家角度的关联，开始知识图谱的研究<br>②测评试题除了关注知识，还开始关注学生的能力评价<br>③学习资源多样化 | ①注重学生核心素养，将16个生物学核心素养要求纳入知识图谱<br>②在专家标注和关联中，增加了机器学习数据修正关联值的图谱建设方式<br>③在系统推送逻辑中，开发了KPM算法与平台<br>④开发了生物学核心素养进阶测评技术，进行测评试题建设<br>⑤在实践中开发了更多的教学模式 |

表1 ▶
基于知识图谱的智适应学习系统的3个迭代版本

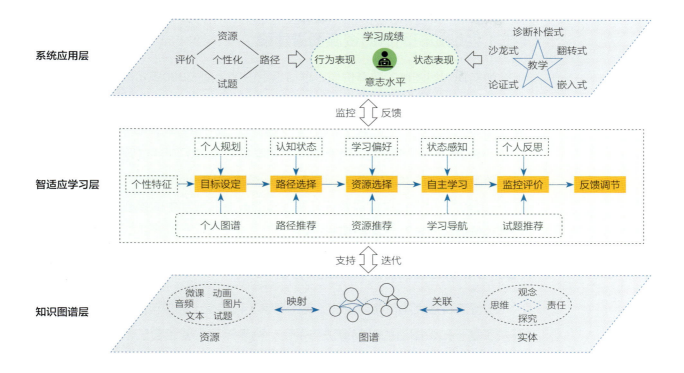

系统应用层

智适应学习层

知识图谱层

▲ 图1
个性化学习模型的
技术框架

## （一）高中生物学知识图谱建设

通过专家模型和学生测试的大数据建立了可视化的高中生物学知识图谱（见图2），根据知识图谱开发了智适应学习系统。学生通过基于知识图谱的智适应学习系统学习产生的大数据可以修正知识图谱中知识与知识之间的关系数值，而这个关系数值是智适应学习系统智能推送的重要依据。由此，知识图谱和智适应学习系统在大数据驱动下处于动态的"协同进化"状态。

▼ 图2
可视化的高中生物
学知识图谱

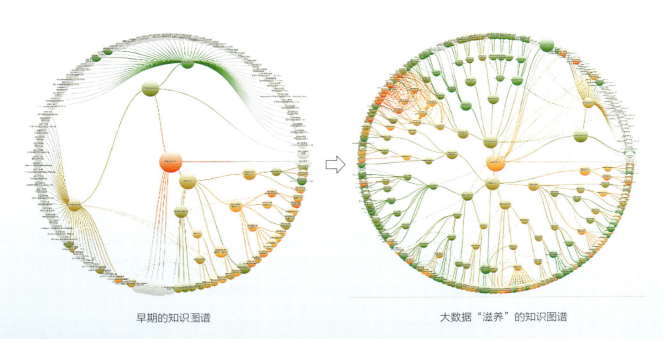

早期的知识图谱　　　　　　　　　大数据"滋养"的知识图谱

## （二）匹配知识图谱的资源图谱建设

为实现知识图谱的教育价值，项目组组织了上海市300多名教育名师，建设了与知识图谱相匹配的资源图谱，为知识图谱中的"实体"匹配了15305个微课、动画、文本和测评试题等资源，深入研究了指向核心素养的命题技术，开发了核心素养进阶测评模型，以及指向生物学核心素养的测评试题开发路径和技术。资源图谱中的微课建设以"情境问题—概念建构—问题解决"为逻辑，时间在2—3分钟，试图通过微课系统开发理念的改变发展学生的核心素养，确保核心素养价值导向融入资源图谱建设中。

## （三）KPM资源推荐算法的研究

在香港科技大学首席副校长、英国皇家工程院院士郭毅可的指导下，项目组开发了基于知识图谱的KPM算法与平台。构建流程主要包含三个部分：一是使用专家经验初始化矩阵；二是利用标签化题库提升矩阵的度量精度；三是通过不断累积的学习样本数据持续进化更新矩阵中的度量值。KPM核心数据结构（见图3）为智适应学习系统建设提供了算法和平台框架。

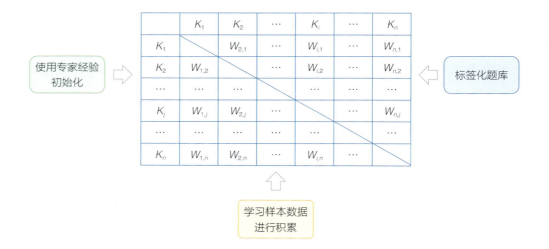

图3 ▶
KPM核心数据结构

## （四）基于知识图谱的智适应学习系统建设

以知识图谱为基础，以资源图谱为支撑，以学习者画像为起点，以教学策略模型为核心，以KPM为推荐算法，以学习数据为反馈，以提升学生生物学核心素养为根本导向，项目组与技术公司合作，开发了指向素养提升的智适应学习系统，可以实现自主学习、同步巩固、精准复习等多种学习方式。

### （五）探索人机协同的智适应学习系统教学模式

智适应学习系统如何融入传统课堂中呢？我们倡议计算机处理简单的个性化问题，教师则在课堂上引导学生合作解决真实情境中的问题、建构复杂的核心概念、提升生物学核心素养，从而建立课前、课中、课后及超越课堂的智能教与个性学模型，建立嵌入式、论证式、沙龙式、翻转式、诊断补偿式课堂形态流程，为学科教学与学生素养发展提供新的模式。实践中实现了三个突破，一是实现了学习路径的可视化，为精准教学提供依据；二是实现了学生诊断精准化，提高了课堂教学效率；三是智适应地推荐个性化作业，减负增效。

## 三　成效

### （一）构建了基于知识图谱的智适应学习系统，以及人机协同的教学模式

高中生物智适应学习系统基于知识图谱，指向学生核心素养提升，作为新形态智慧型教学资源，支持学生个性化学习和教师多样化的教学样态。基于该系统，项目组探索了人机协同教学模式，推动了教学流程再造，形成了以学定教、先学后教、少教多学、个性发展的高效课堂模式。在智适应学习系统构建中，项目组创新了科学教育领域的知识图谱建设技术、个性化精准推送算法、指向素养提升的智适应学习系统开发技术等，让合适的资源或任务在合适的时间通过合适的方式推送给合适的学习者。该技术和人机协同教学模式为2021年国家教育数字化战略行动枢纽工程之"知识图谱的新型教材建设"提供了先行实践，也为其他学科知识图谱和智适应学习系统的研究提供了重要参考。

### （二）显著提升学生的生物学核心素养和学业成绩

为了研究智适应学习系统对学生学习的有效性，项目组在上海市实验性示范高中、区实验性示范高中、区普通高中共6所中学进行实验研究，参与班级12个，共计学生492名。选择相同的学生群体，分为实验班和对照班，结果表明，所有学校实验班学生的成绩均高于对照班，且有显著性差异。项目组对594名学生、56名教师和258名家长进行问卷调查，多数学生、教师和家长支持适当利用智适应学习系统赋能课堂教学。82.15%的教师认为智适应学习系统可以减轻教学负担；94.64%的教师认为智适应学习系统产生的数据可以促进精准备课；82.15%的学生认为系统能判断自己的薄弱点，并推送相关的学习资料，系统中的课程资源利于自主学习；97.73%的家长支持适当利用智适应学习系统布置生物课作业。

## （三）为全国教育数字化转型提供可推广的实践案例

智适应学习系统升级为上海市教育数字化转型"三个助手"深化应用项目，实践学校扩增到各类型学校200多所，服务6万余名学生，江苏、安徽、湖南、新疆、黑龙江等地十多所高中积极引进实践。该项目为全国教育数字化转型提供了实践案例，研究成果获得2022年基础教育国家级教学成果奖二等奖。此外，该项目还构建了新型智能系统开发与实践的校本研修模式（见图4），广泛用于其他学科智能系统的开发中。

图4 ▼
新型智能系统开发与实践的校本研修模式

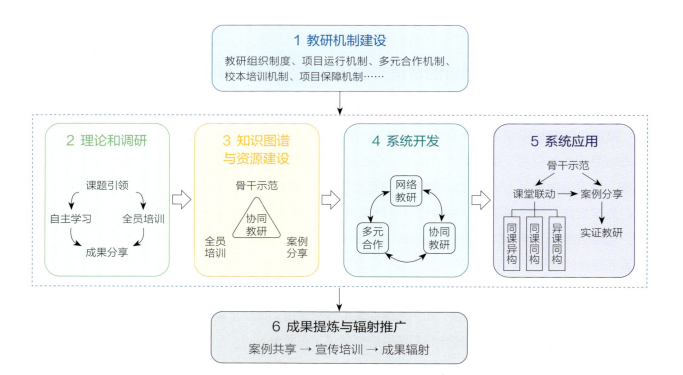

# 尾矿坝选址三维虚拟仿真实验

南京大学

## 一　背景

生态文明建设关系人民福祉，关乎民族未来。尾矿坝是为堆贮各种矿石尾料的场库所建的大坝，是预防高势能人造泥石流等重大危险源的关键。伊犁河是我国西北地区流量最大的国际河流，流域内高强度的矿山开采过程产生了大量尾矿。尾矿如果溢出就会威胁下游生态环境，甚至引发严重外交事件。尾矿坝科学选址，将有利于提升矿山设施建设和潜在地质灾害预防的能力，也将为生态文明建设、国土安全决策提供科学支持。

尾矿坝通常位于地形复杂、高危或极端环境地区，存在实地选址难度大且成本高、定址后不可逆操作等问题，难以开展实地实验。随着信息技术的发展，虚拟仿真实验成为现代实验教学的重要手段，为不可见、高风险、不可达、难以想象的实验教学带来了新的机遇。因此，建设尾矿坝选址三维虚拟仿真实验十分必要。

本实验依托国家重点研发计划项目"国土资源与生态环境安全监测系统集成技术及应急响应示范"（2017YFB0504200），以尾矿坝选址为案例、实地观测数据为基础，还原西部边境复杂地形地区金矿尾矿坝选址的真实场景，融合最新科研成果、国土空间安全和生态文明理念，设计尾矿坝选址三维虚拟仿真实验，培养学生科学思维，增强学生创新运用知识的能力。

## 二　经验

本实验以科学问题为导引、应用需求为驱动、重大科研项目为支撑，研发了尾矿坝选址三维虚拟仿真实验软件，包括空间数据采集、三维场景构建、地理环境分析、选址方案形成全过程，彰显了虚拟仿真的优势，训练了学生的科学探究思维，拓展了实验内容的深度、广度和强度。

## （一）实践教学方法

本实验以尾矿坝三维选址为例，设计了以学生为中心的任务驱动和自由探究实验，引导学生循序渐进开展三维选址的学习认知、探索研究和综合研判等实验内容。坚持以学生为中心，采用情境体验式、任务驱动式、自由探究式等实验教学方法，引导学生全面掌握选址分析的相关知识，高质量完成实验任务，达到实验教学目标。

**情境体验式教学** 〉 本实验以动态渲染和三维可视化的方式，依托真实观测数据，构建三维虚拟仿真的尾矿坝选址实验场景。实验过程严格按照尾矿坝实际选址要求，使学生在虚拟条件下感受尾矿库区的地理环境和实验交互操作。

根据实验原理和实验背景，本实验共设置四个环节，对应四个循序渐进的任务（空间数据采集—三维场景构建—地理环境分析—选址方案形成），引导学生逐步完成尾矿坝选址。 〈 **任务驱动式教学**

**自由探究式教学** 〉 实验系统既包含固定的实验步骤，又嵌入容错机制，对学生的错误操作进行提示，实验效果体现在实验结果中，引导学生自行纠错，加深对相关知识的理解，促进学生从被动接受知识向主动学习转变。

## （二）实验教学特色

设计了野外实践、地理信息、虚拟现实相结合的实验。以野外实践为基础、科学问题为导引、应用需求为驱动，融合虚拟现实、动态渲染与可视化、三维地理空间分析等先进信息技术，设计和研发尾矿坝选址三维虚拟仿真实验，使学生身临其境地体验选址分析和数据处理的全过程，促进抽象理论与具体实践的结合。通过野外实践获取了实验区大量实地观测与真实性检验数据，为尾矿坝选址虚拟仿真提供了坚实的数据基础。基于专业知识和地学分析模型，建立虚拟仿真实验，为真实选址案例提供了可重复的验证手段（见图1）。

提出了任务驱动式和自由探究式融合的情境教学方法。基于尾矿坝选址的

任务要求和实施过程，设计实验环节和操作步骤，以任务驱动自主学习。实验环节中嵌入综合设计和探索研究的内容，激发学生自由探索的学习兴趣（见图2）。

实验系统既包含固定实验步骤，又嵌入容错机制，当学生错误操作时会有提示，引导学生自行纠错，加深对相关知识的理解，促进学生从被动接受知识向主

▲ 图1
地理环境调查界面

▼ 图2
尾矿坝选址评估界面

动学习转变。此外，实验系统提供了大量拓展资料，鼓励学生自主探究，拓展了学生的知识面。实验系统设有自由讨论区，采用线上线下结合的互动方式，学生在实验过程中可以与教师和同学交流、研讨、共享资源，既提高了学生的沟通能力和协作能力，也促进了其思辨能力和创造力的培养。

构建了能力导向的虚拟仿真实验动态评价体系。本实验注重对学生实验技能和创新能力的考核。基于成果导向教育的教学理念，以学生能力培养为导向强化过程考核，从实验态度、实验操作、实验数据和实验报告等角度，动态客观地考查学生是否熟练掌握实验、达到实验目的和要求。实验系统将记录学生操作步骤、完成每个步骤的时间和实验过程数据，并生成最终实验报告，据此进行过程评分。另外，系统提供习题库和考试系统，并根据学生答题情况自动评分，帮助学生检验学习成效。

## （三）典型经验

以实际需求为驱动，夯实学生空间分析技能。面向选址问题的复杂性和选址技术应用的实际需求，以尾矿库坝体选址真实案例为驱动，依托真实观测数据，全要素、全视角地展示选址过程，支撑学生深入学习地学知识。实现地理过程重要知识点和原理的可视化，有效提高学生全面感知和分析空间环境的能力，促进学生多学科、多专业知识掌握和技能训练的同时，有效解决了实体实验操作复杂、高消耗、不可逆等问题。

借助地理虚拟仿真技术，培养学生综合创新能力。尾矿坝选址作为典型的空间选址问题，需要统筹考量生态环境安全、资源利用安全等多方面因素。一般而言，其选址要提升尾矿坝的库容，延长其服务年限，以保护生态、环境与生产安全为重，满足生态文明建设及可持续发展的要求，这对实验教学提出了更高要求。基于此，本实验借助虚拟仿真技术，一方面，让学生掌握尾矿坝选址的主要内容、过程和数据处理方法，培养学生综合运用地理信息科学及相关学科知识的能力；另一方面，拓展学生的知识领域，激发学生思考，调动学生独立开展相关工作的兴趣和动力，增强学生综合运用知识的能力和创新能力。

面向国家需求开展教研，培育学生服务社会的意识。本实验面向生态文明建设、"一带一路"倡议等国家重大需求，以西部边境复杂地形地区为实验区，通过充分还原采矿区场景，循序渐进地引导学生认识该区域自然环境特征、科学确定尾矿坝位置，培养学生的资源和环境保护意识，进一步宣传国土安全和生态文明建设思想。

## 三 成效

教研相长，学生双创能力显著提升。按照科教融合、教研相长的教学理念，学生通过体验虚拟仿真实验、参与虚拟仿真实验研发，深入理解各类地理现象，激发学生系统思维、创新思维、数字思维，培养了一批基础知识扎实、创新能力强、综合素质高的地理科学拔尖创新人才。

教学资源广泛共享，有力支撑了地理科学及相关专业的实验教学。尾矿坝选址三维虚拟仿真实验已在国家虚拟仿真实验教学课程共享平台——实验空间、江苏省高等学校虚拟仿真实验教学共享平台开放运行，服务于50余所高校的实验教学，访问量达2万余人次，近6000人次完成实验，有力支撑了地理、测绘、遥感等专业的课程教学。2021年尾矿坝选址三维虚拟仿真实验入选虚拟仿真实验教学江苏省首批一流本科课程，2023年入选虚拟仿真实验教学国家级一流课程。

| **50余所** | **2万余人次** | **近6000人次** |
| :---: | :---: | :---: |
| 服务高校实验教学 | 访问量 | 完成实验 |

虚实结合开展实验教学，发挥辐射示范作用。教学团队注重虚拟仿真实验与野外实验结合，研究并实践了"知识研习—线上修习—实践认知—融会贯通"的实验教学过程。团队成员在新时代高校地球科学教学改革与创新研讨会上，从不同视角、阶段报告了教改成果。相关教改成果在*Journal of Geography in Higher Education*、*British Journal of Educational Technology*、《中国大学教学》、《实验技术与管理》等刊物上发表，发挥了辐射示范作用。

# 基于精准英语数字教学创新的实践与探究

## 浙江省宁波市北仑区新碶中学

### 一 研究背景及意义

改革开放以来，浙江省宁波市北仑区一直阔步前行，大力推进"数字北仑"建设。目前，"数字北仑"建设再推"重磅礼包"，聚焦生活和教育多个领域，总资金投入达亿元，全力打造让百姓看得见、摸得着的"数字北仑"。

在此背景下，北仑区新碶中学开展"以人为本"的个性化数字创新教育模式（见图1），利用"数字作业管理系统"提高教育质量与管理水平，促进精准教学和学生个性化学习，以期达到"提质增效"的效果。新碶中学"数字作业管理系统"以教学环节中的作业为出发点，采用电子化无纸系统的教学手段，教师、学生人手一台终端平板，学生端采用黑白墨水屏手写技术，重点关注平时作业板块的效率提升、质量改善、负担减控和智慧指导的问题。

图1 ▼
新碶中学数字创新教育模式

## 提升日常教学成效的核心问题与需求

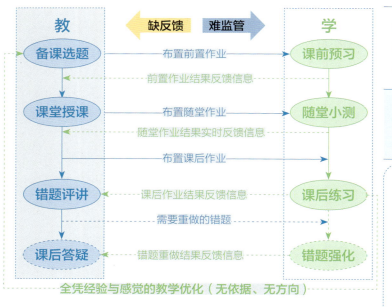

## 二  主要经验

我校英语组教师依托数字智慧校园的教学环境，结合英语教育的自身特点，深入开展英语数字精准化教学研究。本校英语组提炼出了智慧校园环境下的精准英语数字教学模式（见图2），以提升课前、课中和课后的教学精准度。

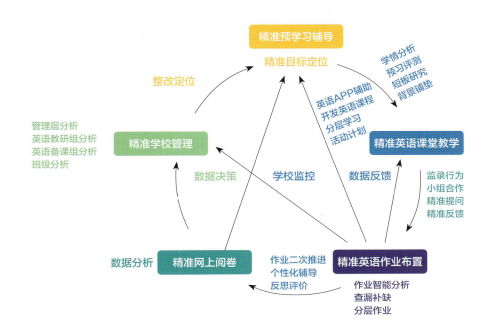

图2
智慧校园环境下的精准英语数字教学模式

## （一）依托数字课堂教学模式，提升英语课堂教学精准度

### 第一，提升英语预学习的精准度。

预学习是英语教学的一个重要环节，英语教师通过"数字作业管理系统"，对数据进行精准挖掘与决策，制订相应的学习目标，直接在系统内布置相关的预习作业，发布相关的学习材料和学习视频，辅助学生进行预学习。教师在课前通过教师端下发导学单，及时回收，在上课前便可发现班级的整体问题，然后有重点地进行教学落实。教师还可以在课前通过平板电脑作业系统发布英语朗读预习作业和英语配音作业，同时，利用已建成的云微课平台，选用自己录制的或者名师骨干的英语微课以及多版英语电子教材，录入数字作业，支持学生的精准预学习。

### 第二，提升英语课堂教学的精准度。

教师们均能熟练运用师生人手一台的平板电脑以及教学助手软件、互动课堂软件、手机里的教学APP，进行课堂学习成果的即时呈现，并在家校平台对学生个体和小组进行实时评价及共享小组合作资源，在互动课堂和平板电脑上生成课堂表现的相关数据，比如学生在课堂上回答问题的次数、准确率等，推送给学生本人和家长参考。

### 第三，提升英语作业布置的精准度。

基于"数字作业管理系统"，教师在数字系统内灵活选择不同类型的练习题，建设智能题库并管理选题，通过对现有系统中的题目资源进行信息化处理，完成对题目知识点的精准评价，分析并整理出每一题对应的知识点、可延伸和强相关的知识节点以及对应的难度等级，从而实现清晰、完善、互联的"题目–知识点"映射体系。同时，教师依托系统对每次被选中发布给学生的作业和练习题目，进行针对性的精准行为指标记录（见图3）。

图3 ▼
作业统计

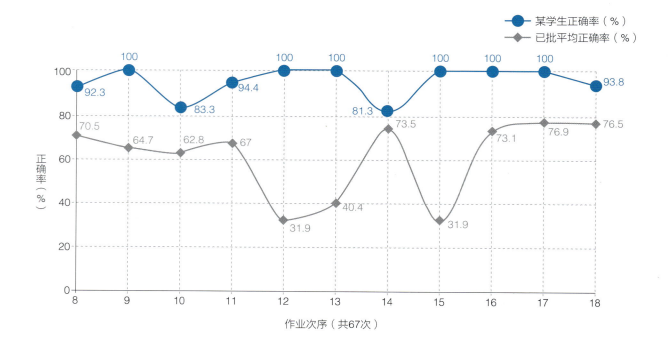

（二）依托数字课堂教学模式，追求英语教学管理和决策的精准化和及时化

学校管理者需要精准分析每个班级、每位教师、每门学科的对比数据，全面监控学校的教学现状，也需要管理作业量，关注教师的作业批改以及作业订正后的二次批改情况，适时调整学校的教学管理。

校长室、教务处利用精准教学系统对英语教师进行教学管理，督促英语教师抓好学生作业的订正率，实现对学生作业负担精准的掌握和调控。通过系统，管理者可以看到英语教师发布的作业题量和作业质量，进行即时有效的教学管理。

学校英语大型考试一律采取网上阅卷方式，同时也鼓励每位教师在单元测试中使用网上阅卷，提高阅卷效率，同时生成考试数据，让教师对学生的知识点掌据情况有更全面深入的了解。英语考试选择题占比很高，选择题由网上阅卷系统自动批改，此举大大提高了英语教师的阅卷速度。

## （三）依托数字课堂教学模式，提升对学生英语学习的分层精准度

我校借助数字校园环境的大数据分析，始终朝着精准分层教学的方向努力。英语教师借助"数字作业管理系统"，对每次英语作业正确率、作业平均耗时等指标进行观察。

- 通过研究"数字作业管理系统"积累的学生作业大数据，分析和考查学生英语作业正确率、作业平均耗时等指标情况，建立合理的"学力"定义和分层分级标准规范，并布置不同的练习。

- 提升数字精准分层教学能力，即从传统方式下的教学习惯转向满足数字精准学力分层教学的要求，进行相应的作业布置、批改和讲解。

## （四）依托数字课堂教学模式，解决学校、教师、学生、家长之间的信息不对称问题

学校通过系统可以随时了解各个教学班级、各个实施学科的过程数据和以班级为单位的宏观学情统计数据，可实现全年级教学情况的横向对比。此数字系统帮助学校管理层掌握基层教学水平实况，为提升教学质量提供分析、决策依据。通过对各班正确率的横向比较，学校可以更为精准地分析各学科、各教师的教学效果。

有了"数字作业管理系统"的大数据，任课教师对学生的日常学习过程一目了然。

- 作业正确率查看功能：教师以此精准确定作业讲解的重难点。

- 分组功能：教师通过对每位学生每次作业的数据进行采集与分析，分组布置不同难度、不同量的作业和练习，以此推进精准化教学和个性化学习。

- 语音实时讲解功能：对于错误率高的题目，教师可全程跟随，通过语音讲解和图片上传进行实时答疑。

- 错题一键布置功能："数字作业管理系统"对每个班级每门学科的错题进行归集，方便教师每周或每月对学生一键布置错题，每位学生收到的是自己之前做错过的题目。这一功能有效帮助学生提升了自己的学习水平。

## 三 主要成效与成果

### （一）英语教学实现了"4A"的数字教学形态和模式

初中英语学习从某种角度上来说是一种碎片化的学习，大量的教学实践表明数字教学可以为学生提供"4A"（Anyone, Anytime, Anywhere, Anydevice）学习，提高学习的灵活度，这样的学习方式具有针对性较强、互动性较强、空间地点局限性小、便于随时交流、方便储存与携带等优点。最重要的一个优点就是碎片化学习：学习的场所不局限于教室，可以延展到任何地点；学生们能在空闲零碎的时间中熟悉单词、语法等。这种碎片化的英语学习模式，在无形中扩大了学习的场所，让学生在等车、排队时都可以学习。

### （二）英语教学实现了实时感知和自适应融入的形态和模式

第一，英语教师通过实时、全面记录每位学生的每次作业、每道题目、每个步骤、每道笔迹，实现实时反馈、实时批改、实时讲解。第二，学生的作业效果、教师的批改与讲解效果实时呈现给家长，帮助家长全面、有重点、有效地掌握学生的学习状态与质量。第三，英语教师的作业管理情况可以实时反馈给学校管理层，有助于学校管理层掌握英语教学水平实况，为提升英语教学质量提供分析、决策依据。

### （三）英语教学实现了对选题的智能化管理和对学生错题的智能化分析

**基于"数字作业管理系统"**

教师可直接在系统内灵活选用不同类型的练习题。通过这种选题方式，教师可以从不同的教辅资料中优选符合自身教学进度、教学要求和教学目标的题目，形成独立完整的作业任务，克服以往单一教辅质量不高的缺陷。

每位学生做的每道题均被记录在系统内，形成各不相同的学生错题本。同时，一个班级所有学生的错题被汇总到班级（教师）错题本中。每道错题均有对应的统计数据，帮助教师快速掌握每一次教学的效果，并依托系统为学生发布适应其学习情况的错题练习，从而提升学生的学习效果。

**基于"数字作业管理系统"**

### （四）英语教学实现了对学生学力的精准化分层

借助"数字作业管理系统"，教师对每次英语作业正确率、作业平均耗时等指标进行观察，从而探索进行分层分组，即对正确率较高、作业平均耗时较短的学生，发布较难、强度较高的训练作业，培养该类学生应对挑战的能力；而对正确率一般或较低、作业平均耗时较长的学生发布相对简单和常规的练习，培养该类学生的习惯和信心。

### （五）英语教学实现了英语学习效能的数字化评价

传统教学模式下，英语学习效能的概念不够清晰，实践存在不足，甚至会出现以成绩倒逼学生大量接受辅导和进行练习的情况。本校重视学生学习数据的观察和分析，不断探索学习效能的内涵和外延，并设立课题研究影响学习效能的各种因素，进而研究提升学生学习效能的途径和手段。

### （六）扩大了英语数字精准化教学的社会影响力

学校自启用"数字作业管理系统"以来，教学成绩斐然。我校英语教研团队积极撰写数字精准化教育教学的相关案例及论文，参加省市区各类评比并获奖，关于英语数字精准化教学的论文在北仑区级以上获奖篇数达到50余篇；英语教师开设精准化教学公开课30余节；一线英语教研团队教科研氛围浓厚，多个数字精准化教学的相关课题立项成功。在每学年的区期末统考和中考中，新碶中学使用"数字作业管理系统"的年级的英语平均分和优秀率均取得全区公立学校第一名的优异成绩，明显领先于同类学校。

# 数智技术赋能学校多学科课堂教学品质提升实践

## 广东省广州市中国教育科学研究院荔湾实验学校

 **开展数字教育创新实践的背景**

在2023年的智慧中国年会上，年会组委会发布了《数据要素生态指数报告（2023年）》，广州在参与评估取样的典型城市中排名第一。作为国内信息技术应用普及最广、信息化成效最显著的超大城市之一，广州正不断深化智慧城市建设。深化数智技术在教育领域的应用，全面推进教育数字化转型、智能化升级，是此项工作的重要内容。习近平总书记在主持中共中央政治局第五次集体学习时指出，教育数字化是我国开辟教育发展新赛道和塑造教育发展新优势的重要突破口。《广州市教育信息化"十四五"规划》提出了"到2025年，建成全国'智慧教育示范区'"的目标要求，坚持以应用为主线，深入推进数字技术与教育教学的深度融合，构建深度课堂，推动"互联网+"教育变革。

我校坐落在广州市荔湾区，自2018年9月首次开学以来，即按照"科以善学、善教，创以求真、求新"的理念，深入实践以培养创新人才为目标的"科·创"课堂，以数字化转型助推学校高质量发展。

我校首先以数字化校园为建设目标，系统规划和构建了学校数字化环境基座，并因地制宜打造了AI创客空间、智慧农业空间等特色教学场景；其次，创新课程体系，重构智慧教学新生态——建立"一核五向多维"的智慧课堂基本框架，开发人工智能课程、劳动与科技创客等特色课程；再次，积极赋能课堂变革，打造数字化高品质课堂，推进数字技术与全学科教学深度融合，构筑助力学生适宜性发展的教学生态；最后，建设数字化研训平台，构建基于大数据的教育质量监测评估体系，提供助力教师数字化转型的强力支撑，拓宽教师研训方式。

## 二 实践创新举措、典型经验

### （一）布局谋篇，系统规划数字化实施方案

在中国教育科学研究院专家团队的指导下，我校建立了适应数字化转型的组织架构。以校长室为核心，下设课程与教学中心、科研与教师发展中心、科学与创新中心等职能部门，共同制订数字化实施方案，探索数字化时代促进学校内涵式发展的现实路径。

同时，利用国家中小学智慧教育平台、广州共享课堂、UMU互动学习平台等，全面营造线上线下融合的数字化课堂育人环境，为教师的教学过程提供灵活、泛在的数字基座。

我校积极推进数字化场景落地，以真实场景催生真实课堂，促进学生学习力的发展。校园科创中心配有人工智能开源硬件等国内领先设备，是集人工智能教学、科技活动、科学普及、探究比赛为一体的学习场所。多模态的智慧农业融合学习空间为学生提供了集种植劳动、教育教学和实验探究于一体的科学实践场所。

### （二）完善"科·创"课程体系，提升育人品质

"科以善学、善教，创以求真、求新"是我校课程建设的整体理念。为探索构建以培养创新人才为目标的创新课堂，我校建立并不断完善"一核五向多维"的智慧课堂基本框架："一核"是指以"科·创"理念为核心，"五向"是指深度学习、探究式学习、跨学科学习、项目式学习、单元整体学习等"科·创"学习方向，"多维"是指基于数字技术的课程管理、学情分析、学法指导、资源选取、数据统计、教学测评、作业批阅等"科·创"学习过程。

我校积极研发数字化校本课程体系。在全市范围内，最早把人工智能课程排入常规课表，面向义务教育阶段的三至八年级学生开设人工智能课程，并于2023年秋季学期将人工智能教育扩大到一、二年级。我校遵循广州市教育研究院的指导，参与编写了地方教材《人工智能》，依托"广州中小学人工智能教学平台"形成以教授人工智能通识为主线，以体验、实验和应用三个层次展开的人工智能课程体系，并通过项目式学习的方法，重新构建课程体系，使学生能够运用人工智能技术解决生活中的简单问题。

## （三）赋能教学，切实提升学科教学品质

数字技术与教学深度融合的价值导向与核心目标是促进课堂教学育人质量的提升。我校开展数字化高品质课堂实践，深化"科·创"课堂教学探索，将数字技术融入学科教学中，整合教学资源，丰富教学内容，以跨学科融合教学、深度教学、项目式学习、小组合作学习等模式开展教学实践研究，由此生成了一批典型数字化教学课例。

小学数学课"掷一掷"，从掷骰子的直观操作导入，通过实践操作，引导学生有效猜疑，利用exe数学实验程序，模拟投掷结果并生成大数据，疏通学生的思考难点。

初中生物课"人的性别遗传"，通过模拟实验、数据运算与资料分析，解释生男生女机会均等的原因，发展实践探究能力，形成尊重生命、科学看待生男生女问题的情感态度，增强学生的社会责任感。

初中地理、美术融合学科课程"创作'最美味'老西关吃货地图"，借助百度地图，生成手绘地图，培养学生地理读图能力，在手绘地图的过程中激发学生创新精神、提升学生审美能力。

信息技术学科组设计的"人工智能——未来智慧图书馆"项目，利用"讯飞星火大模型""虚拟天气主播"等数字化技术，启发学生探讨人工智能的应用、跨领域人工智能的发展，实践人与人工智能相互协作，带领学生更深刻地理解人与技术的关系、人与人工智能的未来。

## （四）赋能精准教研，不断提升教师数字素养

我校重视校本研修，以专家讲座、小组研修、个别指导等不同形式，开展多元化培训，如设计并开展"基于智能研修系统的学科智能教研路径的实践"等专项培训，邀请华南师范大学教育人工智能研究院的名师授课，切实提升教师的专业素养及数字化技术水平。

我校引入教育云平台系统，将课堂分析法和人工智能技术相结合，实现对课堂教学全过程和课堂环境的智能评估。教育云平台系统能对课堂物理环境进行全方位测评，多维度、智能化识别师生在课堂教学中的个体特征，通过可视化数据、个性化诊断，提升课堂教学评估的科学性和可信度。教师能根据课堂观察分析报告改进课堂、修改课例、打造精品课，实现以数字技术促进教师专业发展。

依托教育云平台，我校打破时空限制，构建了"以网络研修活动为载体、线上线下相结合"的课例研修新模式。通过打磨课例和记录、收集、分析听评课教

研数据，设计并改良优秀的课例，形成我校数字化高品质课例库。教育云平台还能实现学科与学科之间的教研资源分享，开展线上专题讲座、课例研讨、读书分享、优课评比等教研活动，提升学科组教研水平，实现精准教研、高效教研。

## 三 主要成效

数智技术使我校多学科课堂教学品质得到有效提升，现从学生、教师、教研活动和学校发展四方面进行成效分析。

### （一）科学育人，有效培养学生核心素养

在推行数智技术、打造高品质课堂的过程中，我校以数字化智能评价为学生成长"画像"，为个性化教育教学任务设计提供支撑，实现了智能教育技术与"五育"的深度融合，培养学生的创新能力，促进数字素养等核心素养的发展。建校五年多来，学生们在省市区级各类比赛中脱颖而出，仅科技方面的奖项就高达86项。

### （二）数智赋能教学，教师专业发展成效显著

我校利用人工智能助推教师专业发展，成立研培一体的教学团队，进行数字化高品质课堂的研讨。通过集体备课、智慧教研、设计优化，录制了多节"省优"基础教育精品课。学校的青年教师迅速成长，1名小学数学教师、1名初中化学教师获得第三届广州市中小学青年教师教学能力大赛二等奖；初中数学课程"基于UMU平台的混合式教学模式的应用——以'不等式与不等式组'单元复习课为例"成为教育部"2023年度智慧教育优秀案例"。

### （三）数智赋能教研，"科·创"课程体系日趋完善

学校各学科组利用教育云平台进行示范课、精品课的研讨和展示。仅2023年利用学校教育云平台进行录课及课堂数据分析的课例就有109节。学科组的教研模式实现了线上线下相结合，教学研讨从"经验判断"走向"数据驱动"，教研效率及质量大大提升。学校"科·创"课程体系在教科研的高质量发展中得到进一步论证、实践和完善。

### （四）数智赋能教育，学校"科·创"品牌特色凸显

我校致力于打造数字化高品质课堂，成为国家、省、市、区各级各类实验项目的试点校，形成了智慧教育的学校品牌。我校是教育部"教师智能教育素养研

究"虚拟教研室项目成员、广东省重点领域研发计划项目"5G+智慧教育"第三场景"5G+教育质量监测"成果应用推广试点校、广州市人工智能课程改革实验校、广州市人工智能助推教师队伍建设试点校等。这些实验校项目进一步推动了学校的发展，加速助力形成了数字化高品质的学校特色教育品牌。

此外，我校积极以自身优势带动区域人工智能教育发展，先后承办了四届"科校杯"荔湾区青少年科技模型教育竞赛、2022年广州市全面普及中小学人工智能教育课展示活动和2023年第21届广东省少年儿童发明奖优秀作品展等。"科学·创新"已成为我校"五育融合"拖动教育高质量发展的特色路径。

# 数字环绕、人在中央，AI赋能智慧体育

## 四川省成都市龙江路小学武侯新城分校

## 一 案例背景

四川省成都市武侯区于2019年入选教育部首批"智慧教育示范区"创建区域，提出了"为学生发展提供适应的教育"的核心理念，确立了构建"智慧教学新生态、教育服务新样态、智能治理新形态"建设任务。成都市龙江路小学武侯新城分校作为中国教育科学研究院武侯实验区试点校，提出并践行"数字环绕、人在中央"的智慧教育主张，将教学新生态作为数字化转型的重要战略方向。

智慧体育是学校教学新生态的重要组成部分。学校致力于通过技术赋能来破解传统体育教学存在的"三难"困境：一是数据采集难，学生校内外的运动数据难以被精准记录；二是因材施教难，学生的个性化运动问题难以被精准指导；三是增值评价难，对学生的过程性评价难以有效实现。

人工智能（Artificial Intelligence，AI）进入学校体育领域，为有效提升学生体质、破解"三难"困境提供了新的解决思路。学校通过AI赋能构建智慧体育新生态，推动体育课堂流程再造，实现"差异化教、个性化学、科学化评"，推动"学、练、赛"一体化，融通学校、家庭、社会三个体育锻炼场域，让学生"身上有劲、头上有汗、脸上有笑"，为其健康人生奠基。

## 二 主要经验

### （一）应用为王，建设"一核三维"智慧体育新底座

政、企、校三方合作，开展智慧体育场景的软硬件建设，建设"一核三维"智慧体育新底座。"一核三维"是指围绕"科学提升学生体质"这一内核打造"混合式锻炼平台""交互式运动场景""智能化运动分析"三维，贯通线上与线下、校内与校外、日常与寒暑假，实现时间与空间的泛在化（见图1）。学校在此基础上构建"三全"（全人、全域、全过程）智慧体育生态，指向常态应用。

图1 ▶
"一核三维"智慧
体育平台

"混合式锻炼平台"满足学生个人及群体广泛的锻炼需求；"交互式运动场景"借助AI视觉识别技术，可进行人机交互并自动上传运动数据；"智能化运动分析"支持运动过程回放与数据模型分析评价，并供给学习资源。

学生只要通过平台进行运动，就会被采集所有的锻炼数据，这突破了非体育课数据采集难的困境。学生的运动时长、运动内容、运动姿势、运动效果全流程可视，这些数据为学校体育管理、教师体育教学、家长在家引导、学生自主锻炼提供了依据。

## （二）数据为舵，推动"差异化教、个性化学、科学化评"课堂流程再造

通过AI视觉识别技术采集并分析学生运动数据，为每一位学生生成实时运动数据和技术报告，助力体育课堂教学实现精准诊断、精准辅导、精准练习和精准评价。

学校开展的"乐体课堂"倡导探索"三段式"教学流程，课前采集并分析学生运动数据、课中以学定教精准教学、课后动态分析数据追踪，生成学生个性化运动数据，突破因材施教难困境，从而推动体育课的数字化转型（见图2）。

**一是精准识别，实现差异化教**。教师通过搭载智能交互式程序的终端，伴随式采集学生运动数据，数据覆盖运动姿势、运动效果等。教师通过可对标的模型（关注标准）、可回放的视频（关注学生个体）、可视化的数据（关注学生整体）以学定教。如教师在教学"仰卧起坐"一课时，AI分析学生未达标原因为

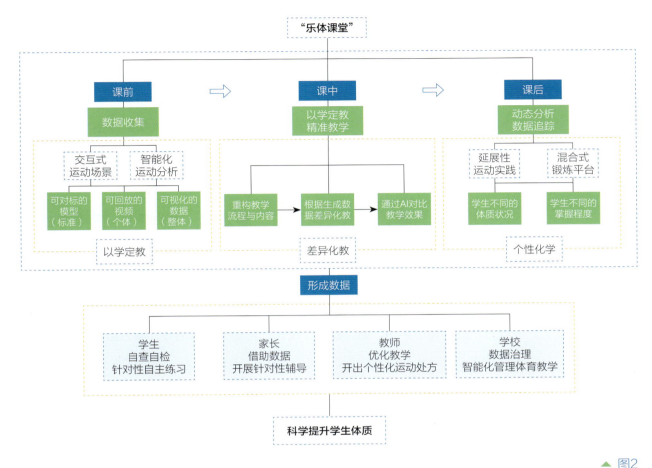

"屈膝角度""躯干姿势""抱头姿势""臀部位置"四项需改进，教师基于实时数据调整教学重点，将全班讲授的项目聚焦在学生未达标原因排名第一的动作上，再根据未达标原因将学生精准分组开展针对性练习，最后通过AI采集练后数据，初步实现差异化教（见图3）。

**二是个别推送，实现个性化学。**

智慧体育软硬件环境为支持学生个性化学习提供了保障，无感化运动识别根据学生个性化运动数据对其运动水平进行摸底前测，AI自动对运动过程进行切片分析，准确进行错误的个性化归因。根据不同的错误原因，平台及时推送不同的微课给学生，教师布置个性化课后体育作业练习。最后，通过后测检验学习成效。这就形成了"前测—归因—学习—练习—后测"的完整学习闭环，尊重学生个体差异，促进学生个性化成长。

▲ 图3
移动式AI终端自动采集分析学生运动数据

**三是增值分析，实现科学化评。**学校管理者与体育教师根据综合管理平台的数据画像，精准科学分析任意一个学生、任意一个班级、任意一个年级、任意一项体育运动的数据状况，建立统一评价标准，呈现体现增值变化的学生健康档案，解决了传统体育教学评价标准不一、评价数据单一、评价过程定量难的问题，破解了增值评价难的困局。同时，为体育学科带来教研方式的数据化转型，用数据导航聚焦课堂显性问题，用数据检验教学效果，精准评价课堂教学。

## （三）资源为基，促进"自适应、游戏化、跨学科"三种方式的学习

**一是以平台资源促进学生自适应学习。**学生可根据自身运动能力和运动兴趣，结合平台提供的运动项目开展"自我诊断—自由选择—自主练习—自省改进"的自适应学习，通过获取个性化的运动与健康指导，成为自己健康的第一责任人。

**二是以平台资源促进学生游戏化学习。**从学生身心发展特点出发，学校智慧体育场景采取AI识别、智能闯关、声效激励、积分上榜等游戏形式，以交互式、体验式、伴随式教学激发学生运动兴趣，为学生终身运动习惯的养成奠基。

**三是以平台资源促进学生跨学科学习。**适时将语文学科的诗词成语、英语学科的场景对话、数学学科的思维锻炼等融入"混合式锻炼平台"中，寓教于乐，让学生在跨学科学习中学知识、练身体、长本领。

## （四）场景为要，融通家校社三个体育锻炼场域

三端融合（屏幕端、手机端、云端），数据汇总，融通家校社三个体育锻炼场域，突破传统的以学校体育课为主阵地的锻炼模式，让每天"校内锻炼一小时，校外锻炼一小时"的目标切实落地。学校在以下三方面实现了时空延展。

**一是学会。**学生通过平台搭载的数字化资源，时时可学、处处可学。

**二是勤练。**学生针对自己运动技能的强项或薄弱项进行分类练习，在AI动作矫正的支持下练对方法、练出成效。

**三是常赛。**教师组织的体育赛事从课堂延伸到课后、从线下延伸到线上、从校内延伸到校外、从单项赛事延伸到多元赛事，一键完成，提升了效率。

## 三 取得成效

无感化运动识别、智能化运动检测、科学化数据指导、常态化场景应用的智慧体育新样态，为学生开出个性化运动处方、为教师创造差异化教学条件、为学校带来数字化转型。

### （一）科学有效提升了学生的体质水平

学校从2023年2月至12月通过平台布置线上体育家庭作业累计22次，学生全员参与校内外体育锻炼，参与率达100%，人均运动时长为115.6小时，累计参与运动项目24项（AI跳绳、趣味运动"飞机大战"等），学生参与锻炼的积极性大大提高。学生参加国家体质健康测试的优良率比前一年提升了13.7个百分点。

### （二）科学高效提升了教师的专业能力

体育教师围绕"一核三维"智慧体育平台，聚焦五大内容"基本运动技能""体能""健康教育""专项运动技能""跨学科主题学习"，落实智慧"乐体课堂"流程，在教学研中提升专业能力。

以能力为重，提升业务能力。教师基于数据开展课堂教学问题诊断，将课堂教学、课外和校外体育活动整合起来，提升了教师设计、组织、实施、系统整合的能力。

以生为本，提升评价能力。教师借助线上线下锻炼平台，实施技术赋能的多元内容评价和多样方法评价，多一把评价的尺子，就多一个成功的学生。一年来，教师在技能大赛、专业论文评比等赛事中获奖43人次。

### （三）促进了学校体育教学的数字化转型

体育教学管理智能化、教学过程可视化和教学数据精准化逐步实现，数据驱动的智慧体育课堂教学模式成型。近一年来，学校接待观摩考察12次，吸引了中国网、今日头条等媒体宣传报道学校智慧体育样态，发挥了辐射引领作用。

# 聚焦新课标，以数字技术赋能课堂教与学模式变革

四川省成都市棕北中学

## 一　实施背景

2019年，成都市武侯区入选教育部首批"智慧教育示范区"创建区域。成都市棕北中学作为全区"龙头"学校，牢牢抓住这一有利时机，积极探索和实践数字技术在教育革新中的广泛应用。学校围绕"新课程标准"和"教师的数字化能力提升"展开工作，以数据为驱动力，全方位深化数字赋能，针对环境建设、资源整合、课堂创新、教学方法、评价体系和个性化学习等领域进行系统性改革。这一系列举措旨在切实解决学校在数字化教育创新中遇到的关键问题。

### （一）破解数字技术与教学融合形式化的问题

传统教育观念与现代技术环境之间的断层，造成教学环境建设与实际应用不匹配。数字技术与教育规律和学生发展不能有机结合，无法真正实现因材施教，学校往往只是将数字技术堆砌于旧有教学模式之中。

### （二）班级大规模教学与学生个性化需求难以平衡兼顾

在教师缺乏对学情的精准掌握和有效教学策略的双重困境下，教学活动常常变成教师"一言堂""满堂灌"的单向灌输，无法满足学生个性化学习的需求。

### （三）教与学评价方式过于单一且时效滞后

评价主要依赖传统考试和教师主观经验判断。评价主体单一、内容片面、方式刻板、反馈滞后。教师无法实时、动态地跟踪评估教学过程和学生学习情况。

## 二　创新策略与典型经验

学校在新课标理念的指导下，把教育数字化转型作为教学改革的目标任务，其中最重要的落实点在于课堂。

学校推出了一系列创新策略，把课堂分为课前准备、课中教学和课后评价三个阶段。依托数字课堂系统，以数据为纽带，数字化技术赋能课堂覆盖课前、课中和课后，解决了数字化教育创新中的关键问题，在数字化教育的浪潮中探索出了一条新的变革之路。

## （一）促教育教学环境迭代升级

学校根据武侯区"智慧大脑"数据标准，推进"棕北云"和课堂数字化建设。以数据驱动推进"教、学、测、研、评、管"和研究、服务、资源、实践活动等智慧教育场景流程再造，打造适合校情的个性化支持和适应性服务教育教学环境，促进数据驱动的教育创新实践软硬件环境不断迭代升级。

## （二）强教学助推教师队伍建设

学校聚焦新课标和教师数字素养，坚持"培用一体，学用结合"的原则，鼓励并指导教师开展"数据驱动，精准教学"的创新实践，并运用课堂实时教与学过程性数据和生成性资源开展研修活动。在"培、教、研"一体化过程中，通过教学行为、课堂检测、合作学习等数据反馈，帮助教师更深入地了解所观察到现象背后隐含的问题，推动教师加强基于数据的教学实践，实现基于数据的精准教研。这一方法有效解决了数字技术与教学融合应用形式化的问题，助推教师由"经验型"向"数据型""研究型""创新型"转变。

## （三）创数字技术赋能课堂"教与学"新模式

学校从传统的数字技术赋能课堂模式中脱颖而出，成功实现了"教、学、评"三者的有机统一。

### 第一，课前以"数"定教。

在课前准备阶段，依托数字课堂系统，学校快速、高效收集学生课前自主学习的真实情况。同时，平台实时分析处理的数据结果，以可视化形式及时反馈给教师。这样，教师能够精准有效了解学情，明确教学目标和重难点。在此基础上，教师灵活运用国家智慧教育公共服务平台以及校本、师本资源，根据不同学生的层次需求快速备课，分层精准备课。

### 第二，课中以"数"促学。

在课中教学阶段，数据赋能的学习是学校教改创新的核心。数字课堂系统全方位记录师生教与学的各种行为。通过动态、实时数据搜集以及同步可视化的多维度数据分析，教师能够快速掌握每个教学环节的成效和学生的真实学习状态，从而及时调整教学策略，提高课中的质量和效率。

学生使用非屏幕式电子纸笔系统进行书写，系统通过实时书写笔迹的上传和显示，记录学生的思维过程（见图1）；数字课堂系统实时完成教学内容检测，自动统计正误、答题时长、修改次数等；师生还可以运用触发指令反馈课中各环节掌握情况。

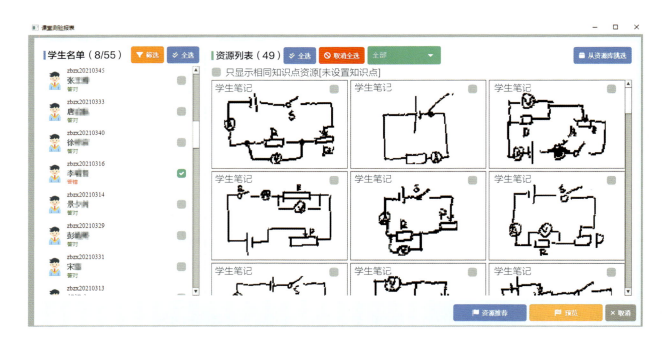

图1 ▲
纸笔互动结果呈现

教师与学生之间、学生与学生之间基于数据的高效互动，确保每个学生都真实参与学习。所有数据都被保存下来，以引导学生进行个性化自主学习，帮助学生优化学习路径和方法，实现教学从同质化到差异化的转变。

### 第三，课后以"数"评价。

学校从评价的主体、内容、方式、标准和结果这五个维度出发，构建了动态且全面的基于数据的评价体系。其特点是结合了具体、多元、精准和有针对性的量化分析与质性评价，使得对课堂教与学的评价更加全面和深入——既全面评价学生的学习过程和结果（见图2），也关联性评价教师的教学过程和结果。教师的教与学生的学都能够数字化、可视化、实时化和动态化。

教师能够精准了解学生的学习效果，快速转换各级资源，以纸质、二维码、电子文件等形式帮助学生进行后续学习。学生利用数字终端，及时了解课前、课中和课后错题，并生成个性化错题集，再结合系统推送的微课与变式练习（见图3），准确地填补知识漏洞，使个性化的精准辅导成为可能。评价由基于经验的模糊评估，转变为基于实证的精确诊断。教与学数据的有效应用，解决了教与学评价方式单一和时效滞后的问题。

▲ 图2
题组全面统计分析

## 2023-10-254 的推荐学习

◀ 图3
基于课堂错题的微课推送和变式练习

## 三 以数字技术赋能课堂，促进教育质量全面提升

新的数字技术让传统滞后、静态、阶段性的教学管理转变为利用数字化手段采集、分析师生各种教与学行为的数据式管理。在"双减"背景下，棕北中学通过数字技术赋能课堂，实现学校教育质量的全面提升。

## （一）以数据驱动学生核心素养提升，促进学生走向全面发展

以学生为中心，借助数据的力量，帮助教师更深入地理解和尊重学生的个体差异；引导学生在自主、合作和探究学习中学习方法、获得知识、解决问题，促使他们乐于学习、善于学习。数字课堂系统通过数据赋能，提升学生的自主学习能力、协作沟通能力、批判性思维能力、问题发现能力和问题解决能力等核心素养，促进学生全面发展。

## （二）以数字赋能教师专业成长，促进教师数字化应用能力全面提升

学校基于课堂实践，充分利用数字技术和数字资源支持教学活动的组织与管理，优化教学流程，开展个别化指导、教学反思和研修活动，培养学生的抽象思维、类比思维、分析能力、比较能力和质疑能力等核心学习能力，同时也促进教师的专业成长，使教师的数字化应用能力全面提升。

## （三）以数字赋能课堂教学模式变革，推动学校实现教育的高质量发展

学校以数字技术赋能教与学模式变革为基础，借助数字化技术的应用，促进了教育教学的转型升级，推动了学校教育的高质量发展。学校先后获得"全国管理创新品牌学校""全国科研兴教先进单位""中国教育科学研究院校长跟岗基地示范学校"等几十项荣誉称号。

未来的教学改革之路还很长，数字赋能课堂的研究还需要不断深入和拓展。学校还将继续利用数字化工具和平台，在应用智慧教育场景助学助教等方面走出具有棕北特色的创新之路。

# 数字化赋能"合作-生成-探究"型教学变革

## 四川省成都市武侯实验中学

成都市武侯实验中学致力于"信息技术与课堂教学的深度融合研究",是教育部2020年度网络学习空间应用普及活动优秀学校、成都市数字校园试点学校、武侯区智慧教育项目试点校,是武侯区"推进城乡教育一体化""城乡教育高位均衡化"窗口学校。

 **数字化赋能"合作-生成-探究"型教学变革的背景**

### (一)区域发展的现实需要

2019年,成都市武侯区入选教育部首批"智慧教育示范区"创建区域,肩负起了先行先试、探索智慧教育实施经验的使命。为实现建设目标,根据《武侯区关于推进智慧教育发展的实施意见》和《成都市武侯区智慧教育建设五年规划(2019—2023)》文件精神,武侯区着力构建智慧教学新生态,在教学变革方面,积极探索以学生为中心的教与学的模式创新,构建全向交互新模式。

### (二)学校发展的内在要求

2019年以来,学校作为成都市"基于教学改革、融合信息技术的新型教与学模式"实验区市级示范校,承担了省、市、区级智慧教育、信息化应用的推进与实践工作。学校以智慧教育种子教师培育和学生核心素养培养为抓手,探索教师"差异化教"和学生"个性化学",优化课堂结构、重组课堂流程、丰富教与学行为,在实践中打造教师学习共同体和学生发展共同体,稳步推进教与学方式的创新变革实践。

### (三)拟破解的固有难题

大规模因材施教是学校教学变革的目标追求。当前教学中,教师了解学情的手段和样本单一,提供给学生的学习资源数量偏少且针对性较弱,学生学习过程被统一规划，学生选择性不足；课堂中合作学习的开展存在时间和空间的局限，合作形式单一，参与范围较小，提供给教师及时监控和及时辅导的支持不足；教学中教师对学生学习基础的掌握不全面且不精准，很难照顾不同层次学生的学习需求，常常出现优等生"吃不饱"、后进生"跟不上"等情况。以上问题是课堂教学改革突破的难点，融合数字技术开展"个性化学习、合作化学习、差异化教学、精准化教学"是改革实践的重点，最终要让学生"学会学习、学会反思"，提升学生的问题解决能力、批判和创新能力。

## 二 数字化赋能"合作−生成−探究"型教学变革的典型经验

基于区域和学校实际，着力破解固有难题。学校坚持核心素养导向，挖掘数字化技术在助教、助学方面的价值，探索出了"合作−生成−探究"型课堂教学模式，形成了较为典型的经验。

### （一）提出"合作−生成−探究"型教学模式的基本主张

"合作−生成−探究"型教学模式的基本主张（见图1）以培养学生核心素养为目标，坚持"以学习者为中心"，秉持融合和高效的理念，着力培养学生的合作、审辩和创新能力。学校依托混合式学习理论指导课堂互动、沟通与协作，运用多元智能理论指导个性化和差异化教学，借助最近发展区理论的支架式教学来设计教学活动，充分利用数字化技术在教学内容、教学方法、教学资源、教学情境和教学评价等方面的价值和功能，发挥其信息交互的便利性、资源供给的丰富性、评价实施的过程性和反馈的及时性，设计课前与课后、线上与线下融合的学

图1 ▶
"合作−生成−探究"
型教学模式的基本
主张

习活动，通过技术赋能、流程再造，探索将"差异化教""精准化教"与"个性化学""合作化学"相结合，激发学生学习的"主动性、参与性、选择性、生成性"，初步形成了"合作-生成-探究"型课堂"四化四性"基本主张。

## （二）创建"合作-生成-探究"型教学模式的基本结构

学校秉持"办适合每个孩子的教育"的办学理念，将"适合教育、多元成才"作为"合作-生成-探究"型教学模式变革的目标，融合"智能批阅、数据分析、实时交互、微课回放、分层推送"等线上技术与"合作学习、讲授探究、自主学习"等线下教学技术，为学生构建"学习情境、学习交互、自主学习、自我反思、自评互评、资源选择"等多样化学习机会，逐步形成了以课前自主学、课中精准学、课后拓展学为特征的教学基本结构（见图2）。

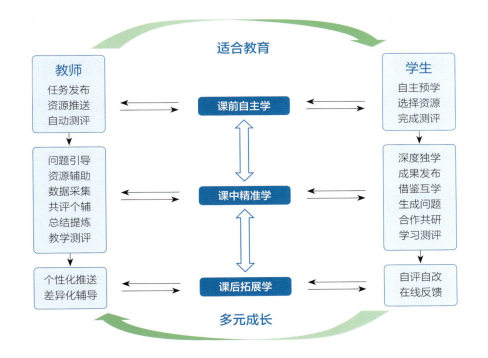

图2
"合作-生成-探究"型教学模式的基本结构

第一，课前自主学。在预习量总体把控范围内，教师根据实践性、体验性原则发布学习任务、推送学习资源，学生根据自身学习情况通过听、说、读、写、做、演、讲等多种测评方式完成自主学习并上传平台，平台自动批阅、自动反馈，为课中精准的学习和教学做准备。

第二，课中精准学。课中"以问题为主线"，通过学生的深度独学、成果发布、借鉴互学、生成问题、合作共研、学习测评，以及教师的问题引导、资源辅助、数据采集、共评个辅、总结提炼、教学测评的有机结合，实现精准教学，并为课后的个性化帮扶提供数据支撑。

269

第三，课后拓展学。在总体把控课后作业量的前提下，教师通过平台及时给学生推送作业，并采用个别辅导和及时推送疑难问题解答微视频（自制微课）的方式，帮助学生自评自改，引导学生自主学习和拓展学习，以实现习惯培养、知识和技能巩固、思想方法完善和教学改进。

## （三）形成"三段八环式"课堂教学基本流程

"三段八环式"课堂教学以问题为主线，强调"个性化学"与"合作学习"相结合（见图3）。平台为学生提供"可选择的学习资源"，学生独立完成学习任务并发布学习结果，平台对学习结果进行"适时在线交互"，构建生生互学互鉴的机会。教师引导学生用评价的眼光、反思的眼光审视自己和他人的学习成果，最终生成新的学习结果和学习问题。在学生独学和线上互学过程中，教师适时开展"共评个辅"，及时发现"生成性问题"并引导学生深度思考，开展线上和线下的"合作共研"，最终完成学习任务。

## （四）探索出"合作-生成-探究"型教学模式的教学支架群

在构建"合作-生成-探究"型教学模式基本结构和课堂教学基本流程的基础上，学校鼓励教师根据学科、目标、任务、场景等的不同，开展"教学变式"研究。如语言类学科（英语和语文等）课前引导学生进行智能化朗读练习。各个

图3 ▼
"三段八环式"课堂教学基本流程

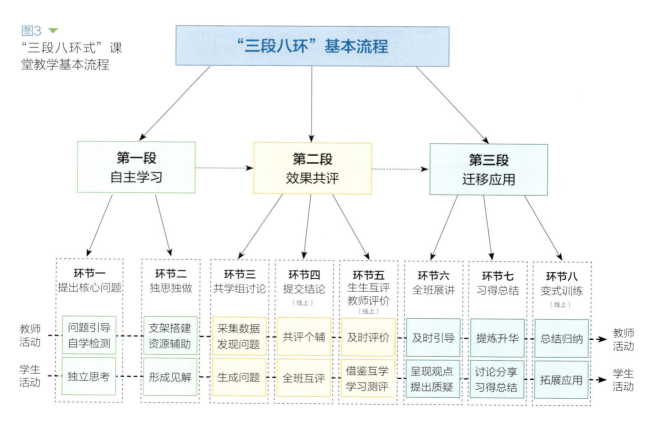

学科教师课前可以布置学习任务，收集学习数据，依据数据分析学情，知晓本班教学重点难点。课中，教师可以针对不同学情自选学习资源，开展线上线下结合的小组协作，利用平板电脑快捷收集学生们的观点，发现新观点、找到全班共性或生成性问题，进行差异化教。此外，对于物理等实践性较强的学科，教师还可以进行实验直播，让学生更好地观察实验的细节。课后，除了常规巩固型作业，教师还可进行线上答疑，逐渐培养学生提出问题的能力。围绕课前自主学、课中精准学、课后拓展学，丰富的"教学变式"在校内大量生成，逐步形成了任务型支架、情境型支架、协作型支架、资源型支架和评价型支架共五类支架群（见图4）。

　　这些支架群，充分发挥了信息技术学习过程全覆盖、学习数据分析迅速、诊断反馈及时等优点，实现了"教、学、评"的统一，为提升学习效果、提高学习能力提供了支撑，激发了学生的学习动机和兴趣，促进了学生的深度学习和高效学习。

▼ 图4
"合作−生成−探究"型教学支架群

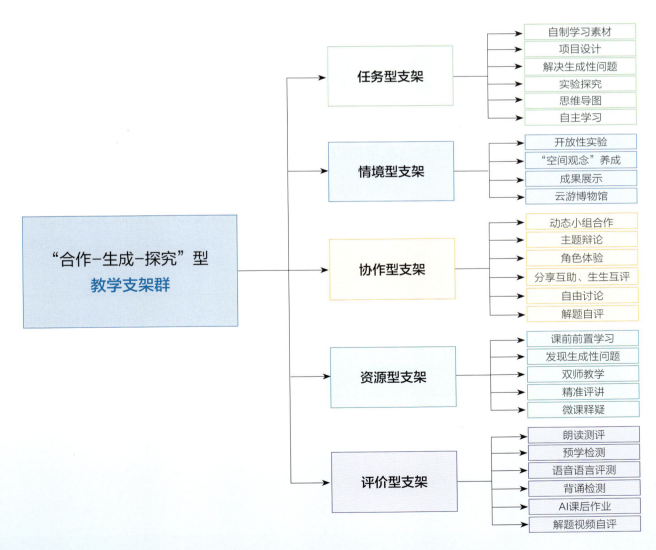

# 三 数字化赋能"合作–生成–探究"型教学变革的主要成效

## （一）学生综合素质得以提升

**第一** 学生学习兴趣和能力逐步增强。学生自主学习的积极性更强了，变得好问，由被动听讲变为主动思考、主动学习。近三年，学生积极参与项目式学习课程、劳动教育课程、科技教育课程等选修课程，并在国家、省、市、区级比赛中获奖达1000多人次，项目化学习成果"融合地域文化，打造身边地铁站"在成都市第四届中小学综合实践活动成果评比中荣获一等奖。

**第二** 学生综合能力不断提升。武侯区教育质量监测中心分析报告和学校智慧评价系统学生学习效能绿色评价分析报告显示，学生在责任心、自我控制力、好奇心、创造力、自信活力、人际表达、人际协调、合作能力、批判性思维等诸多维度的得分相比之前都有不同程度（20%左右）的提升。

## （二）教师专业水平得以发展

**第一** 教师的专业结构不断完善。教师的教学观念发生明显转变，其信息化应用水平、教学能力得到大幅度提升；教师充分发挥自身的横向领导能力，与同伴交流合作，逐步形成学习共同体，实现教师共同发展，收获专业认同感。

**第二** 教师的专业能力得到较大提升。2023年，有100多名教师的研究成果在国家、省、市、区级获奖或发表，有20多名教师在省内外做专题讲座。

## （三）学校影响力与日俱增

学校成果得到肯定。"'双线融合'教学促进课堂教学变革"在2022年成都市"基于教学改革、融合信息技术的新型教与学模式"实验区优质案例征集活动中荣获一等奖，案例"'双线融合'教学模式助推学生自主学习能力提升"成功入选教育部2022年度智慧教育优秀案例（学校实践类）。

学校口碑得以形成。先后有40多所省内外学校的教师到校学习、交流数字化赋能"合作−生成−探究"型教学变革的经验。学校改革实践活动被中国网、四川教育报道网、四川观察等媒体报道或转载70余次。

# 性别平等视域下"人的性别遗传"教学

广东省广州市中国教育科学研究院荔湾实验学校

"人的性别遗传"这节课是知识点"遗传信息控制生物性状，并由亲代传递给子代"的拓展和应用。在课堂教学中，教师要引导学生在观察和比较分析中了解人的性别决定，在实验探究中进行推理分析，认识控制性别的染色体在亲子代间的传递规律。最后，学生要在认识性别遗传的科学规律的基础上，科学看待性别的问题，形成尊重生命的情感态度。本案例在教学中应用广州中小学人工智能教学平台和编程社团学生自己编写的小程序，激发学生的探究热情，帮助学生科学分析性别遗传规律、正确认识性别平等。

## 一 教学内容分析

性别的遗传有一定的规律。"人的性别遗传"运用遗传信息的传递规律解释生命延续发展中的性别遗传问题，其本质是"控制性别的染色体在亲子代间的传递规律"。在本节课中，学生需要学习并掌握男女染色体的差别，认识性染色体在生殖中的传递规律，通过模拟实验认识"生男生女机会均等"这一性别遗传规律。

在传统的教学中，教师通常使用图片、视频和围棋模拟实验来达成教学目标，破除重男轻女的封建思想，融入立德树人理念。这样的教学往往存在以下问题。

遗传的相关概念比较抽象，普通的视频和图片难以真正激发学生的学习兴趣，导致学生在这节课的学习中处于被动灌输状态，课堂教学质量和效率低下。

课堂时间限制了实验探究次数，简单的数据分析对生男生女机会均等的解释度不高，导致学生在学习过程中对概念的理解不够透彻，对探究的思考不够深入，对社会现象的剖析不够到位。

## 二 数智技术赋能生物课堂创新

以育人为导向开展数智技术与课堂教学深度融合，充分发挥数智技术的育人功能，提升课堂教学的育人质量，是新时代深化课堂教学改革的重要主题。本案例的教学通过整合广州中小学人工智能教学平台中的部分功能、编程社团学生设计的小程序、数据分析工具和思维工具等，提升学生兴趣，赋能教师的教，助力学生对抽象概念的理解和对实践探究的深入分析，使其了解性别的遗传规律，促进其性别平等意识的形成。

### （一）人工智能体验，激发求知欲

人的性别是一种特殊的性状，从性状出发引申到对基因的探索是学生了解性别遗传规律的重要途径。在传统的教学中，教师多以直接讲授的形式告诉学生性别是性状，学生没有感性认识，探索的热情不高。广州中小学人工智能教学平台是学生在人工智能课上经常使用的平台，其中的"AI体验馆"板块有一个"AI识人"功能，可以识别人的性别。在教学过程中，学生发现在运用这个功能现场识别婴儿的性别和班上同学的性别时，其只能准确识别同学的性别。这与AI的识人原理有关——后台会综合分析大数据，记录男女的面部特征算法，对人的面部特征进行辨认。婴儿之所以不能被正确识别，是因为其面部特征还没有表现出明显的性别分化；而青春期的孩子因为性激素的影响，表现出了相对明显的面部特征差异。学生在活跃的游戏体验中，认识到性别是一种性状，进而深入基因层面的探究。

### （二）问题引导，推理探究

用图像展示SRY基因资料：1990年，科学家发现了基因SRY，如果该基因突变，男性会表现出女性的性征，如果将SRY基因转入雌性老鼠，该老鼠将逆转为雄性。学生对这个能够逆转性别的基因产生了浓厚兴趣，并自然地过渡到对男、女染色体图的观察上，学生依据教师提出的问题链，有的放矢地进行观察，发现第23对染色体的不同。教师再进一步给出性染色体以及性别决定基因的相关研究资料，引导学生进行提取信息、分析和归纳的理性思维训练，认识到性别是由性染色体决定的。

### （三）巧用编程，深度实践

在认识到性染色体决定性别后，学生绘制生殖过程中的遗传图解，得出生男生女的理论概率为1∶1。教师展示全年级学生男女性别比例，引发认知冲突：为什么现实中生男生女的概率与理论值不符呢？学生自然而然想到用实验的方法来验证，以小组为单位进行精子与卵细胞结合的围棋模拟实验。教师在教学平台上用Excel表格记录每个小组的实验结果，应用函数直接生成全班实验的平均值。所有小组完成实验后，教师引导学生讨论每个小组的实验结果和全班实验结果的平均值数据。学生经过讨论得出猜想：样本数量越大，实验结果就越接近于1∶1。显然，此时学生的探究还不够深入，对生男生女概率问题的了解还不够透彻。

在班级正式开始课堂教学活动之前，生物教师与学校编程社团合作，引导学生以小组合作的形式研发小程序，多次运行此模拟实验。在程序研发的过程中，编程社团的同学参与热情高涨，每个小组都能按照要求研发出产品，最后生物教师和社团社长一起评价和改进产品，选出最优的程序在生物课堂上进行模拟实验（见图1）。通过模拟更多次数的实验，学生可以发现，实验次数越多，实验结果越接近1∶1，学生的猜想得到验证，对于生男生女机会均等的科学原理理解得更加深入。

图1 ▼
学校编程社团中学生设计的模拟实验小程序

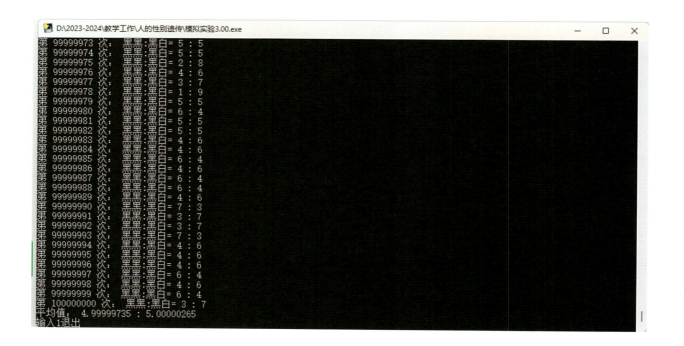

## （四）数据分析，责任担当

下一步，教师展示电脑承载负荷内最大限度运行次数的实验结果，发现实验结果虽然非常接近1∶1，却与实际值有差异，由此引出现实情况下，正常出生人口性别比应该在100∶102至100∶107之间。理论与现实情况的差异形成学生学习过程中的强烈认知冲突，学生在学习中认识到要基于证据和逻辑进行演绎分析，进行独立思考和判断，对生男生女概率的认识由浅入深。接着，教师展示中国历年人口普查出生性别比趋势图，引发小组讨论：出生人口性别比变化的原因是什么？如果出生性别比长期偏离正常值会导致什么后果？关于生男生女的问题你是怎样看待的？学生在讨论中，阐述生男生女概率相同的科学原理，形成尊重生命、性别平等的生命观念。

### （五）案例分析，健康成长

性别刻板印象限制了个体的多样性发展、不同性别的机会和能力等，从而影响青少年学生的健康成长。《中华人民共和国未成年人保护法》（2020年修订）规定，学校、幼儿园应当对未成年人开展适合其年龄的性教育。消除性别刻板印象，也是全面性教育中的重要内容。在教学的最后环节，教师用同龄学生性别方面的成长烦恼和不同性别的职场就业为案例，引发学生对性别刻板印象的讨论，辅以视频展示性别反差较大的职场人物案例，帮助学生消除性别刻板印象，促进青少年健康成长。

## 三 案例成效

### （一）学生兴趣明显提升

在男女染色体差异的教学中，教师引入学生经常使用的广州中小学人工智能教学平台，引导学生用其中的"AI识人"功能识别自己和同学的性别，激发学生的学习兴趣。学生在活跃的课堂气氛中，从感性认识性状到理性分析性染色体决定性别，在问题的引导下由表及里地认识性别决定的原理。

### （二）学生的科学思维得到完善

学生通过遗传图解，认识性别的遗传规律。在模拟实验中，教师用编程社团编写的小程序增加实验次数，让学生通过观察实验数据理性分析生男生女的概率问题。教师还通过中国历年人口普查得出的出生人口性别比例和案例分析，引发学生对性别平等问题进行讨论、思考。学生在认知冲突中对问题进行多角度、辩证的分析，发展了自己的理性思维和批判质疑、勇于探究的科学精神。

在这节课的学习中，学生带着好奇心进入课堂，在问题引导中深入学习，在数字技术的辅助下，对问题的本质有了理性的思考和认识，从科学的角度看待性别平等这一社会议题。数智技术在本案例中赋能了教师的教，学生的主体能动性被更大限度激活，课堂育人更有质量。

# "四位一体"阅读新模式，助力学生阅读力提升

福建省厦门实验中学

厦门作为福建基础教育的高地，在理念更新、课程改革、技术运用等方面居领先地位。厦门实验中学高度重视教育改革与创新，一直走在教育实验前沿。推行数字教学，是厦门实验中学鲜明的办学特色之一。2014年办学之初，学校就打造数字教室，开设数字化班，学生和任课教师人手一台平板电脑，引进互联网技术，致力于培养学生的创新精神和创造能力。

当前，全国上下大力推进全民阅读，提升全民阅读力，但从一线教学反馈的情况看，阅读教学正面临很大的阻力。其中原因很多，有学生自身的原因，有书籍难度的原因，也有教师、学校引导不足的原因。尽管阅读教学道阻且长，但无论从个体终身发展的需要看，还是从社会进步、国家富强的要求看，培养学生良好的阅读习惯、强化学生阅读技巧的运用、提升学生的阅读能力都是非常必要的。

厦门实验中学秉承"实验"探索精神，应时代之需，以实验助力拔尖人才培养。学校以数字化和"双减""新课改""拔尖创新人才培养"的交汇作为当前阅读教学的突破口，运用数字科技赋能阅读教、学、评，探索出一条既顺应时代发展，又更好地扩展语文阅读教学空间，实现教学评一致性的有效落地，契合课改要求的育人捷径。

学校合作研发了数字阅读APP"一起悦读"、"古诗文阅读"微信公众号等数字平台，汇集阅读书籍、阅读打卡、阅读闯关等相关阅读活动。通过数字资源平台对学生阅读喜好、阅读质量、阅读能力进行大数据分析，精心设计学生的阅读书目和形式，探索学生阅读过程、路径、时空、评价"四位一体"立体阅读教学模式，提升学生阅读力，培养学生在不同情境下迁移应用的能力，使学生在完成挑战性任务的过程中体验成功、提升学科素养、发展高阶思维。

## 一 主要经验

语文教师充分利用本校12年一贯制办学优势，以数字技术应用为创新点，深耕阅读教学领域，取得以下主要经验。

## （一）创新提出"四位一体"立体阅读教学模式

"四位一体"立体阅读教学模式（见图1），将阅读过程、阅读路径、阅读时空、阅读评价立体化，旨在通过强化学生阅读的趣味度、体验感、丰富性和科学性，提升学生的阅读理解能力、交流沟通能力、社会实践能力和创新创造能力。

◀图1
"四位一体"立体
阅读教学模式

阅读过程立体，指依托VR技术、数字读物等媒介，打破学生传统上依赖纸质文本的局限，强调阅读的情境性、生动性和互动性，引导学生阅读素养实现"从书本到生活，再由生活到书本"的立体循环上升。

阅读路径立体，指创设各种条件，让学生通过眼睛、耳朵、嘴巴、手脚等多种感官，训练听、说、读、写、思，以知识的内化促进能力和素养的提升。

阅读时空立体，指将学生阅读的时空从学校延展至家庭、社会，方式由线上拓展为线上、线下并行，积极打造一个相互关联、随时实现交流的新阅读场所。

阅读评价立体，指在数字技术的加持下，通过线上、线下多元互动交流，AI监测技术、APP阅读平台等，对学生阅读素养进行实时、全面的监测和评价，以便于教师更好地开展阅读教学，学生更清晰地了解自己的阅读水平。

## （二）依托数字阅读APP，辅助学生阅读素养分层评价

依托"一起悦读"数字阅读APP，学生选择适合自己的学习目标，通过完成答题游戏，确定是否圆满完成阅读任务，并第一时间获得对自己阅读质量的科学评估。学生通过持续阅读练习提升阅读能力后，可自行或在教师的建议下进行层

级调整。阅读素养分层评价，充分彰显了评价的适切性和发展性，克服了传统阅读评价单一化和同质化的弊端，以承认不同个体阅读能力存在差异的事实为前提，通过对不同层次学生整本书阅读质量的分层评价，对每个认真阅读的学生给予应有的尊重和肯定。

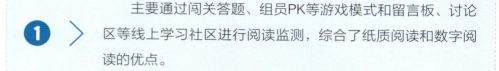

**1** 主要通过闯关答题、组员PK等游戏模式和留言板、讨论区等线上学习社区进行阅读监测，综合了纸质阅读和数字阅读的优点。

尊重学生个体差异，使学生的阅读目标更接地气，也更加人性化。 **2**

**3** 帮助学生完成整本书阅读，了解其阅读能力所处的阶段和层次，以及下一阶段阅读能力发展的方向与目标。

及时对学生阅读给予肯定与反馈，激发学生成就感，为学生的持续阅读提供动力。  **4**

**5** 分层评价使学生隐性阅读质量和阅读能力可视化，有助于处于同一层次或不同层次的学生之间形成良性竞争学习氛围。

为中小学语文阅读教学提供可复制、可借鉴的模式和经验，产生区域辐射效应。  **6**

## （三）以"四位一体"立体阅读教学模式衔接小初高阅读教学

"四位一体"立体阅读教学模式依托数字阅读APP，以阅读过程立体、阅读路径立体、阅读时空立体、阅读评价立体贯穿小初高阅读教学，有助于实现知识能力的序列化、阅读教学设计的层级化。

学校小学部、初中部和高中部教师以"四位一体"立体阅读教学模式为抓手，开设了生动好玩、丰富多样的阅读活动，如组织演讲、辩论、读书分享、课本剧表演、话剧表演、社会实践、主题研学游学、微课题研究等，促进学生阅读力提升，高阶思维培养出实效。如，全校共读《数学简史》，小学部阅读《儿童版数学简史》，通过数学游戏、闯关游园培养学生的阅读兴趣，开阔了学生的视野，发展了学生的创新性思维；中学部通过数学知识调查实践、观看数学家纪录片、线上互动答疑、大学主题研学活动、话剧表演、社区读书分享会等立体阅读方式，有效地推动了《数学简史》整本书阅读的落地，通过立体阅读让学生了解了科学家的思维方式，体验了科研的真实过程，培养了学生的科学家精神。

## 二 突出成效

"四位一体"立体阅读教学模式形成的课程资源、实践系列成果，实现了优质课程资源共享，产生了良好的社会效益和社会影响。

### （一）数字资源赋能阅读教学

学校开发微课辅助教学，构建完整的古诗文微课体系；建立"古诗文阅读"微信公众号，不断建设本校特色的初高中古诗文学习资源平台，为"学"与"教"提供素材；采用智能数字化平台推广全校经典文化阅读活动；以数字资源辅助教学，以跨媒介阅读的形式实现对阅读文本的深层次消化与理解，引进人工智能评价，创新学生阅读评价方式。

### （二）"四位一体"立体阅读，创新阅读力和高阶思维的培养

学校借助12年一贯制办学优势，探索"四位一体"立体阅读教学模式，打破学段、学科壁垒，采用"线下阅读，线上闯关"模式，通过闯关答题、组员打擂等项目式学习，为学生自主学习、主动探索、互动交流提供广阔的天地，学生阅读力得到质的飞跃，高级思维能力得到培养。数百名学生参加全国作文大赛，获国家级、省级、市级奖项，200多名学生在学科竞赛中获得省级、市级一等奖。教师近三年撰写并发表200多篇相关论文。

### （三）数字教学成果丰硕，发挥引领辐射作用

"四位一体"立体阅读教学模式经过不断丰富和改进，成果发挥辐射带动作用。四年来，80余位福建省名校长考察研究"四位一体"立体阅读教学模式；来自美国、新加坡、英国等地的校长代表团参观考察，对"四位一体"立体阅读教学模式赞不绝口。学校也因此被授予"福建省义务教育教改基地校""全国中小学中华优秀文化艺术传承学校"等荣誉称号。

# 数字手段助力道德与法治"网上交友新时空"课堂

### 四川省成都市第十二中学初中部

## 一 数字教育理念,"区-校-课"一脉相承

成都市第十二中学坐落于四川省成都市武侯区,该区为全国智慧教育示范区。成都市第十二中学初中部作为成都市数字校园建设应用试点优秀单位、成都市科技活动基点学校、成都市未来学校,致力于通过数字资源建设及常态化和特色化开发应用,实现基于技术赋能的智慧教育课堂教学、课程开发、综合实践、学业评价、学校管理。

道德与法治是一门极具时代性的课程,注重体现马克思主义中国化的最新成果,反映经济社会发展新变化、科学技术进步新成果。中学道德与法治课程必须紧跟时代步伐,与时俱进,借助信息技术的优势,打造富有时代气息的智慧课堂。因此,新时代的思政教师必须利用数字技术,为学生设计个性化、系统化的学习方案。

在对部编版七年级上册第二单元第五课的第二框体"网上交友新时空"做教学设计时,教师重点考虑了学生的现实背景。随着互联网的发展与普及,网上交友已经成为中学生生活的常态。有些学生沉迷于网络,往往是因为在现实中缺少关爱,缺少朋友,生活对他们而言是失意或失败的,于是他们到网络上寻找寄托和慰藉。针对这一现象,教师计划让学生通过网络活动来正确认识网络交友,把重点放在课堂的前置作业上。全体学生分学习小组,针对"中学生网上交友现状"开展问卷调查活动。首先,使用在线调查工具的AI智能查找功能,收集相关问题并生成问卷内容。其次,通过派发答题卡、填涂答题卡完成数据收集工作。最后,学生利用"智学网"APP扫描答案,得到分析报告,由此生成展示课讨论的核心资料。

## 二 数字教育手段,贯穿教学流程

成都市第十二中学初中部着眼于信息技术手段与课堂、资源和教学内容的融

合，将智慧教育的核心与落脚点聚焦于课堂，借助"极课大数据"、交互式智慧黑板、错题个性化推送系统，实现师生交流互动立体化、评价反馈即时化、资源推送智能化、个性学习精准化。教师能够精准掌握学情及个体差异，达成"核心问题教学"与"智慧课堂"的有机结合，学生自主高效学习、教师高效教学的教与学新样态逐渐呈现。

本节展示课做到了充分借助数字手段，始终以学生的问卷调查活动为线索，突破教育重难点，有针对性地发现问题并解决问题，努力在真实的社会情境中，实现教学内容生活化、教学途径活动化、学科知识结构化。

## （一）数据支撑解决教学重难点问题

**第一，** **课前问卷调查活动。**

准备阶段，学生利用在线调查工具的AI功能查找"中学生网上交友现状"样卷，从中挑选出符合小组调查目的的题目，由此生成了一份由"你有没有过网上交友的经历？"等10个问题组成的调查问卷。调查开展阶段，利用班会课和放假时间，邀请七年级同学以读取二维码、填涂机读卡等多种方式参与，共回收600余份问卷。报告形成阶段，利用"智学网"读取数据信息，并对所有题目进行统计分析。

**第二，** **课中研讨问卷结果。**

课堂进行过程中，学生代表介绍本次问卷调查开展情况，用电子白板展示活动开展过程以及得到的问卷调查结论：七年级绝大多数学生都有使用网络的经历，一部分学生有利用网络交友的经历；全年级学生交友的渠道比较多，网络交友渠道主要为网络游戏和社交软件；一部分学生的网络交友存在安全隐患，需要提高警惕。在整体感知及明确课堂任务后，教师引导学生围绕本节课程的主题展开了激烈讨论。每个学习小组派代表利用电子白板做幻灯片展示，依次对本小组的讨论成果进行分享。学生熟练地使用多媒体教学设备，并通过APP完成的调查结果统计分析，落实了对知识点的自主研讨，让课堂研究真正落地。

**第三，** **分析新闻学以致用。**

本节课从导入的"AI换脸"情景剧引发大家的思考，到通过多媒体播放"AI换脸有风险"新闻，戏剧变为现实，让学生真实感受网络的影响，学习规避网络交友的风险，达到学以致用的教学目的。

**第四，** **公益广告情感升华。**

课堂最后，教师播放公益广告，广告片讲述了一位老人看见儿女们回家团聚后，满脸笑容，但儿女们沉浸在各类数码产品中，最后孙女的一句"我们说说话吧！"打破了家中所有"低头族"沉迷于电子产品的寂静氛围。在这时，课堂情惑烘托到了高潮，教师呼吁学生慎重对待虚拟世界中的交友，不沉迷于虚拟世界，学会在现实世界中与亲人、同伴交往。

## （二）数字理念落实教学行动

**第一，重视技术应用。**

教育技术的广泛应用，不仅创新了教育方式和手段，还提供了丰富的教育资源和学习方式。道德与法治教师在备课过程中积极利用"学习强国"平台和各大主流媒体APP，采取下载、录屏等多种方式，使课堂的材料翔实而有时效性。

**第二，创新教育内容。**

数字时代的教育内容主要围绕素养导向、能力为重等目标，以培养学生的高阶思维能力、综合创新能力和终身学习能力为指向，把数字素养与技能培养摆在突出位置。因此，在"网上交友新时空"课堂中，学生通过课前的问卷调查活动，深刻感受数字化时代的便利，利用小程序、APP完成问卷的制作，利用"智学网"分析问卷数据结果，洞悉身边的同龄人在网络交友中存在的安全隐患，通过自主探究来揭示自己原本难以触及的事物本质，让学习成为更加美好的体验。

**第三，发挥技术优势。**

在数字技术帮助下，我们能够在教育实践中构建立体化融合环境。数字技术具有易于创设情境、交流协作的优势，依托"问卷调查"这一项目式学习活动，学生置身于真实的学习情境中。问卷是学生制作的，调查是学生开展的，受访对象是身边的同学，学生在活动开展过程中，实际体验比阅读课本的文字更丰富，学习积极性被充分调动起来。

## 三 数字教育成果，学习主体受益终身

### （一）转变育人观念

实际生活问题与学科知识的联系是学生自己在课堂中讨论发现的，由于经验背景的差异，学生对问题的理解各异，在学生共同体之中，这些差异本身便构成了一种宝贵的资源。通过数字教育手段增进学生之间的合作，能够使他们看到那

些与自己不同的观点，促进学习的过程。学生在活动中把最初始的简单理解转变为深刻的体验，真正地实现了以"教"为中心向以"学"为中心的转变。

## （二）落实核心素养

学生在探讨网上交友现状的过程中，会提醒部分存在安全隐患的同学，明白网络不是法外之地，网上同样需要遵守法律法规；学生还呼吁在现实中与同伴交往，与同学建立良好的关系，培育健全人格，关心他人、关心社会和国家，增强责任意识，提高道德修养。

## （三）课堂成效对比

以传统教育模式展开的"网上交友新时空"教学，大多基于学生自己的上网经历，并在分享交流中总结得出本节课的知识点内容。经验分享容易引起学生的共鸣，但是观点容易一边倒，这种方式不利于学生客观、理性、全面地分析问题。

本节课的教学设计聚焦"友谊"，充分运用数字化手段，支持学生归纳网上交友的特点，辩证认识网络交友的影响，并能够用慎重的态度对待虚拟世界的交友，体验自己与他人、与社会的关联，思考良好交友能力与中学生发展的关联。

教学设计中，注重案例教学，通过社会调查的方式分析同龄人存在的问题，增强了课堂的科学性；密切联系学生生活实际，用富有时代气息的数字化信息，采取角色扮演、合作讨论等活动方式，增强课堂的情境性；在教学过程中，既注重本节课学科知识的学习，又注重培养学生正确的交友观，增强了课堂的关联性；落实学生全面发展，引导学生学会研究，增强了课堂的研究性。在这样的教育新场景中，学生能够自觉树立正确的友谊观，弘扬社会主义核心价值观。

教育数字化是我国开辟教育发展新赛道和塑造教育发展新优势的重要突破口。教育数字化能够更好地提高教育资源的利用效率，真正实现教育观念从以"教"为中心向以"学"为中心的转变，强化学生的主体地位，满足学生多元化、个性化的学习需求。

# 数字生态系统赋能幼儿科学探究活动
## 广东省深圳市南山区机关幼儿园

### 一　背景

深圳定位科技创新之城，南山定位科技创新之区。对标"教育强国、科技强国、人才强国"战略，南山区积极探索基础教育与科技的融合，创新人才培养模式，以数字驱动教育高质量发展，打造基础教育先锋城区。

南山区机关幼儿园地处南山腹地，深受时代发展和地域特点的影响，自2001年开始走科技教育的探索之路，22年来深耕科教环境支持下的幼儿探究性学习研究，课程"点亮好奇心：幼儿园探究性活动课程体系的建构与实践"荣获2022年基础教育国家级教学成果奖二等奖。园内已建成700多平方米的公共创享空间，覆盖木工工坊、缝纫编织、植物染坊、物理编程、三维立体打印技术（简称3D打印）、激光切割等，且有丰富的科技领域家长资源，如科学家家长导师资源等。

面对数字化进程的影响，我们思考：（1）如何不断优化科教环境，更好地以数字赋能探究性活动课程的开展，以数字技术支持幼儿的科学启蒙，提升师幼数字素养，为国家培养未来的数字公民？（2）如何更好地以数字化手段实现教育资源的开放共享？我园是南山区机关幼教集团的核心园，承担着辐射示范引领以及推动区域学前教育优质均衡发展的重任。面对这样的挑战，如何保质保量实现资源共享、携手共进，构建适合未来发展的数字生态系统，这是我们在高质量办园的同时，迫切关注的问题。

### 二　典型经验

我园秉持"联结为先、内容为本、合作为要"的理念以及"应用为王、服务至上"的原则，引入"工具+教育""平台+教育""信道+教育"的模式，构建时间与空间交织、动态建构、可持续发展的一体化数字生态系统（见图1）。在"教学用、生活用、普遍用"的基础上，实现提质增效、开放共享，形成"互享互通，人-人共用，班-园共用，家-园共用，园-园共用"的局面。

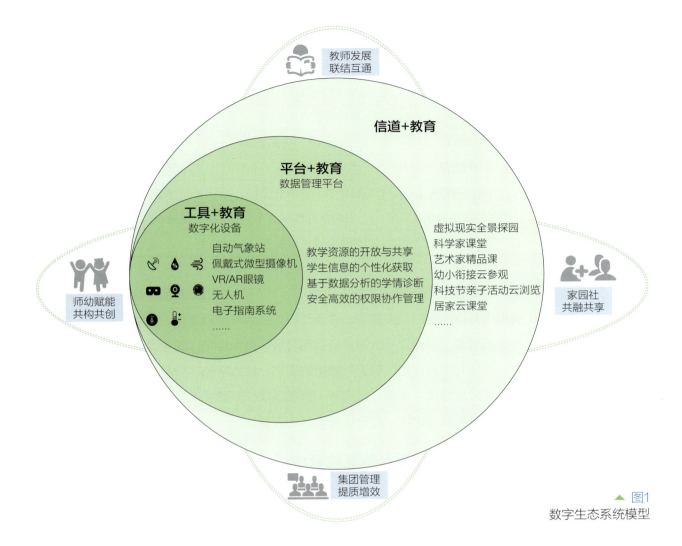

教师发展
联结互通

信道+教育

平台+教育
数据管理平台

工具+教育
数字化设备

自动气象站
佩戴式微型摄像机
VR/AR眼镜
无人机
电子指南系统
……

教学资源的开放与共享
学生信息的个性化获取
基于数据分析的学情诊断
安全高效的权限协作管理

虚拟现实全景探园
科学家课堂
艺术家精品课
幼小衔接云参观
科技节亲子活动云浏览
居家云课堂
……

师幼赋能
共构共创

家园社
共融共享

集团管理
提质增效

▲ 图1
数字生态系统模型

## （一）数字工具支持幼儿发展，实现科学启蒙

数字化不仅改变了世界经济和大众生活，同时也加速了教育的深刻变革。在幼儿园教育领域，数字化所带来的改变，以及世界对未来公民数字素养的要求，都促使我们不断探索与行动。我园根据园本探究性活动课程特色，以及我们所重视的对幼儿探究兴趣和探究能力的培养，将数字技术引入幼儿教育（重点是项目探究和园所节庆活动——科技节）（见表1），通过"工具+教育"的模式，将自动气象站、电子指南系统、无人机、点读笔、录音笔、增强现实眼镜（AR眼镜）、虚拟现实眼镜（VR眼镜）、佩戴式微型摄像机、脑科学仪器等引入幼儿日常的游戏、学习和生活，为幼儿的科学探究提供丰富的物质基础。幼儿既可以探究这些数字工具，也可以使用这些数字工具辅助完成他们的探究活动。通过"工具+教育"的模式，实现我们的目标：让数字工具成为师幼教与学的底层支撑，贯穿学习的整个过程，凸显人的发展，使数字技术成为帮助教师和幼儿解决学习问题的支架。

表1 ▶
数字工具及使用介绍（部分）

| 数字工具名称 | 使用场景 | 使用方式 |
|---|---|---|
| 自动气象站 | 庭院显示屏、班级显示屏 | 观测 |
| 电子指南系统 | 园外电子互动显示屏 | 师幼围绕地图学习 |
| 无人机 | 多角度全方位拍摄 | 师幼研究地图、地理位置 |
| 点读笔 | 班级活动区、主题墙 | 播放学习过程记录 |
| 录音笔 | 班级活动区 | 记录幼儿、家长语音 |
| AR/VR眼镜 | 科技节、创享空间 | 佩戴、直观感受 |
| 佩戴式微型摄像机 | 日常探究性活动 | 佩戴录制一手视频资料 |
| 脑科学仪器 | 创享空间、科技节 | 感知专注力 |

以我园自动气象站为例（见图2）。该气象站可以实现温度、湿度、紫外线强度等数据的实时动态监测，并通过户外显示屏加以呈现。以幼儿的符号表征，方便其观察；并通过平台同步链接到班级，班级也可以同步显示自动气象站的信息，让幼儿更直观地比较天气数据的变化。让数字技术与科学课程学习（研究温度、紫外线强度、湿度、风向等）直接连接，以数字工具为学习认知工具来促进教师的教和幼儿的学，提升课程学习的质量。

## （二）数字管理平台赋能教师成长，实现专业发展

图2 ▼
自动气象站显示屏

本着"应用为王、服务至上"的原则，我园积极推进数字化管理平台的建设

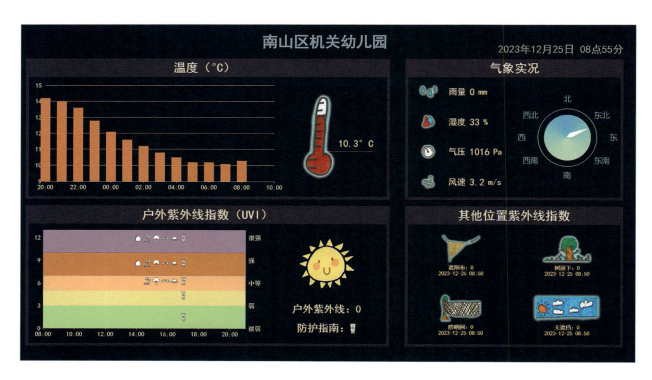

和使用，该平台的功能包括：教学资源的开放与共享、学生信息的个性化获取、基于数据分析的学情诊断、安全高效的权限协作管理等，实现了差异化、灵活性地教，个性化地学，科学化地评，精准化地管，赋能教师的专业发展。

我园拥有30多年的建园历史，教案、教学素材、教学视频等文件、图片资料体量庞大，数字管理平台助力我园建立可检索、可记录、可评价的数字化资源支持系统，支持教育教学工作。教师在日常教学中能够依托平台，推送班级课程信息资源，熟练使用"教学助手"软件进行备课，并合理使用"移动讲台"等软件进行多媒体教学，从而提升教学效率。与此同时，教师使用平台将幼儿日常的学习数据记录、汇集成大数据进行存储。基于平台所记录的数据，提供可视化的评价信息服务，以清晰、直观的图表形式显示统计结果，并对数据进行解读，实现教师教情、幼儿学情的及时精准反馈。教师可以对幼儿学情进行全面客观的诊断分析，以支持个体差异化学习。

秉持"联结为先"的理念，我园的数字化管理平台已与南山区教育局局域网联通，所有分园均已连入该数字化管理平台，每个园所都可以通过使用该平台，建设园本特色数字教育资源库。同时，区域内部网络的联通，可以更好地整合各园的优质资源，实现优质资源平台、管理平台的互通、衔接与开放，建成机关幼教集团数字教育资源公共服务平台，成为南山区第一个实现城域网全覆盖的幼教集团。核心管理团队拥有独立的平台账户，针对角色设置不同权限，各管理人员可以对其负责部门的数字化资源进行管理。该平台的建设和使用使得我集团实现智慧办公，提升教师数字素养，使之具备良好的数字化思维，应用数字技术解决教学、学习、生活中问题的能力。

## （三）数字信道拓宽学习空间，家园社携手共进

我园所构建的数字生态系统模型的最外层，是数字化信道的建设和使用。在这一层，我们主要想通过数字信道的使用，拓宽家庭、幼儿园、社会多元主体之间的信息交流、相互学习和互动。家园社协同育人强调多元主体互联互通、优质教育资源共建共享。我园致力于通过数字信道，将优质资源分享给更多的人群，实现"人人皆学、时时可学、处处能学"的无边界学习和交流。

我园通过公众号平台分享"科学家课堂"和"艺术家精品课"，上线了"幼小衔接云参观"和"科技节亲子作品云浏览""居家云课堂"等在线资源，通过数字信道连通时空。透过一块块屏幕，幼儿、家长、社会其他群体足不出户就能浏览和学习幼儿园的优质教育资源。面对小班新生的入园焦虑，公众号平台上线虚拟现实全景探园功能，让幼儿在入园前熟悉、了解、喜爱幼儿园，化解幼儿入园前的陌生感、恐惧感，同时也增进家长对园所的了解，实现家园社协同育人。

"双塔带桥"安装及玩法探究

除此之外，幼儿在园学习活动的作品，我们都会上传到云平台生成二维码，在保存资料的同时，让家长可以随时随地扫码观看，教师也可以通过观察学习、分析讨论、反思改进等方法，多途径赋能幼儿学习。

我们对数字信道的使用，不仅能够扩宽家园社沟通渠道，也能够打破地域限制、推动实现优质教育资源的共享，彰显教育的公共性和公益性，推动教育公平和质量的提升。

## 三 成效

### （一）赋能幼儿探究品质发展

园所培养近万名幼儿，不乏优秀科研人才。针对幼儿的调研数据表明，幼儿在探究活动中所获得分均具有显著优势。探究活动前的计划意识、策略意识，活动中的时间控制、调控意识、策略调整、错误修订能力，活动后的灵活表达、表征、归因和元认知都明显高于平均值。

### （二）助力教师数字素养提升

数字化平台的赋能，使教师数字素养、专业能力显著提升。我园目前已建成一支具备数字化意识、掌握数字化技能、具有数字化教学能力及管理能力的高水平信息化教学应用师资队伍。教师教学活动"从幼儿园到小学的地图"获广东省融合创新应用教学案例（基础教育）二等奖。量化研究表明，我园教师在引导幼儿探究、设计探究活动、激发幼儿表征、灵活调整教学策略等方面均高出同片区幼儿教师。

### （三）构建持续发展的数字生态

作为南山区第一个实现城域网全覆盖的幼教集团，我们的数字化管理平台共接入14所幼儿园近500名教师，初步实现了智慧园所的建设。集团结合数字化教育工作的开展，研发"信息化行动手册"，让集团园所的教师"有章可循"，直入信息化发展的核心，逐步建成区域内教育数字化培训基地，助力南山教育数字化转型。

# 基于数字化证据链的循证教学实践

## 广东省深圳市南山区珠光小学

### 一　创新实践背景

珠光小学始创于1936年，1536名在校学生中58%以上非本地户籍，大多来自周围城中村，家庭教育资源相对薄弱，学生个体基础差异相对较大。传统的集中式、同步式的课堂教学中，教师难以顾及学生的个别差异。如何解决有效教与学的困境，是学校亟须研究与探索的主题。

对此，学校把握新时代"发展公平而有质量的教育"的新要求，在2013年创建智慧校园的基础上，思考如何将新工具、新技术应用于教学的要素、环节、流程、活动、资源等，全方位赋能教与学，促进学习方式、学习组织的深刻变革，赋能个性化学习、精准化教学，通过对教学改革进行转型升级，真正落实兼顾公平与质量的教育。

### 二　实践创新举措与典型经验

学校基于科研引领、系统布局、多元协同、开放联动的指导思想，以"HUI"教育为理念引领，以教育大数据为支撑，促进学习者、学习数据以及虚实场景之间的融合贯通，致力于实现以学校教育数字化转型建设全面优化教学组织效率、教师教学策略、学生学习能力、资源投放精度与个体学习效能，促进教育流程再造，提供数字化赋能教育应用场景的新方案。

#### （一）理念引领："HUI"教育促进学与教方式变革

学校"HUI"教育理念——"会"（学会学习）、"慧"（数字赋能）、"汇"（协同共生）、"惠"（均衡高效），将数字化、智能化作为教育整体变革的内生变量，促进教学方式创新、管理流程再造，形成富有选择、更有个性、更加精准的教育教学体系，帮助每一位学习者成为自我学习网络的连接者、学习内容的创造者、学习体系的建构者，学会学习、学会合作、学会生存，全面发展和成长。

基于"HUI"教育理念，学校以学习者为中心，引进数字化学习资源、研发智慧学习工具、构建数字化学习生态、实践数字化学习过程，致力于促进学习者学习数据的真实生成、采集，为基于证据实施教学提供支撑，通过个性化教学和差异化教学促进学生的个性化发展。

## （二）数据地图：全链条数据采集与共享生成教学大数据

视频1：
学生数据地图

学校以应用为主导、以数据为驱动，坚持一体化和场景化建设模式，自主设计和创新一批围绕学习者的工具，经过近9年深耕，已形成80多项轻量化智慧工具，利用软硬件与场景的一体化联动，全方位、全过程地记录教与学的行为，建立"数据地图"（见视频1），促进信息的同步、共享、流转、统计，为数据向证据的转化提供了技术基数。

## （三）循证实践：基于证据链的循证教育教学模式

在全链条数据采集基础之上，基于循证思想，进一步对相关数据进行赋值、标签化加工并整理、分析，促进动态"数据链"转化为"证据链"，开展基于证据链的教与学、精准资源供给、综合评价等。

视频2：
基于证据链的
循证教育教学
模式

### ● 基于证据链的循证教学

从学情收集和分析、依据学情教学设计、课堂教学（活动、练习）、课后练习等维度，形成类别化的教学设计、差异化的教学方式、针对性的课后任务，构建基于证据链的循证教育教学模式，全力推进学生差异化、个性化学习（见视频2）。

基于证据链的教学设计（见图1）：教师备课时从导学系统数据、调研系统数据、课后拓展系统数据等学情数据中寻找证据，实现对学情的精准把握，并依据学情分层，将证据运用于教学设计，从学生不同的准备水平、兴趣和风格出发研究设定类别化教学目标与差异化教学任务，使教学活动的准备更具针对性、更加个性化，促进学生在原有水平上得到应有的发展。

基于证据链的课堂教学（见图2）：依据教学设计进行差异化小组合作，并基于课堂交互系统、练习反馈系统、即时评价系统获取每一名学生的学习全过程信息，形成参与数据、效率数据、专注数据等。教师实时评价证据的有效性，判断学生的反应，依据教学实际调整教学方案，如根据测评反馈结果对知识难点进行精讲、对薄弱环节做补充讲解等，通过多样化的互动交流解决学生在新任务中遇到的问题。

### ● 基于证据链的作业设计（课后）

教师从教学评价数据、课堂练习数据等中寻找相关证据，发现高发问题、优

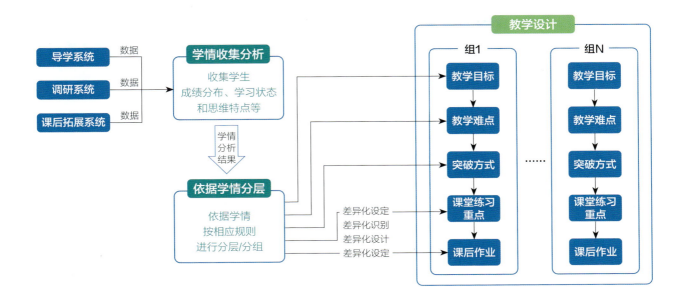

▲ 图1
基于证据链的教学设计

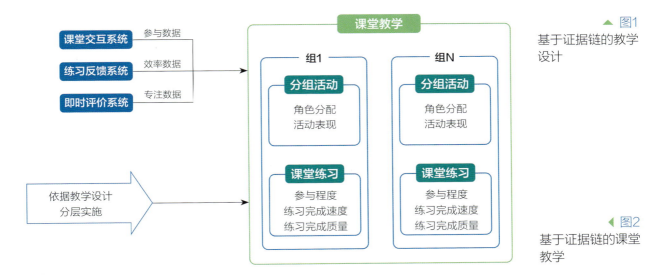

◀ 图2
基于证据链的课堂教学

势/弱势领域等，并进行差异化的作业设计，针对不同类型学生设计出具有针对性的作业，满足其学习需求。

学生完成作业后，教师对照评价标准，联系学情、学习目标与学习内容进行综合评价。评价充分考虑学生在作业完成过程中的认知变化，并将评价数据信息记录和汇总到学生档案系统中，为后续教学设计提供有价值的输入。

### • 基于证据链的自适应课程（在线）

教师通过观测评测数据、练习数据，结合学生核心素养设计开发的自适应学习课程，作用于学科前置学习、知识回顾、学情分析以及跨学科融合。自2016年1月系统正式上线以来，参与学习52355人次、完成任务47198人次，学生参与度达90.3%。

| **52355**人次 | **47198**人次 | **90.3%** |
|:---:|:---:|:---:|
| 参与学习 | 完成任务 | 学生参与度 |

视频3:
大数据成长
报告

**• 基于证据链的综合评价**

学校深入参与工具设计，实现自动化切换、自动登录等智能服务，支撑教师低成本地使用工具，并针对不同学科、不同学段进行联动组合，形成数据探针进行数据收集和分析，所产生的学生学习行为数据、评价数据、活动数据等在整个教学场景中流转，并基于目标与场景，转化形成学生生活能力证据、学科特长证据、学习水平证据等，生成大数据成长报告（见视频3），开展基于证据链的综合评价。

## 三 成效

### （一）学校办学水平显著提升

学校被遴选为教育部教育信息化"双区"（全国信息化教学试验区、全国智慧教育示范区）深圳智慧教育示范校，获评全国智慧校园建设典范学校，被评为广东省信息技术中心示范学校、广东省教育创新十大优秀案例、深圳市教育创新最具变革力学校、深圳市中小学"智慧校园"示范学校、深圳市教育改革榜样学校、南山区数字化教育综合评价改革行动教育综合评价试点校、南山区技术赋能学生特质画像行动试点校等。

学校积极参加各种分享交流活动，近5年组织参加200次省、市校际交流研讨活动，被各大媒体争相报道，广受好评，并成为广东省2022年教育信息化教学应用创新实践共同体项目牵头单位。

### （二）教师专业能力明显提高

学校全员参与、全学科推进，累计取得30项软件著作权；近3年发表学术论文72篇，开展课题研究27项（其中省级课题12项）、人工智能类获奖或评优6项（其中国家级1项、省级1项、市级1项）等；在2021年度深圳市课堂教学行为数据采集与应用评比活动中取得全市唯一一等奖。

教师基于证据链开展教学设计、课堂教学、作业设计，并熟练应用工具生成并采集新数据。2013年以来，各级各类教学竞赛获奖教师高达1200余人次；先后涌现出广东省骨干校长1名、南山区领航校长1名、学科技术导师3名、广东省智慧校园标准制定专家组成员1名（小学唯一成员）、深圳市教育信息化领军人才1名、深圳市教师教育信息化应用能力提升工程2.0专家1名。

## （三）学生综合素质全面增强

近5年，学生在国内、国际各类比赛获奖达5000人次，区域竞争力得到提升，先后培养出了中国少年科学院小院士、广东省优秀少先队员、南粤优秀少年、全国舞蹈大赛冠军等，连续3年获深圳市健康技能竞赛冠军，获区首届劳动教育成果展特等奖等，学生整体素质全面增强。

# 数字技术背景下的习作教学实践

## 江苏省淮安市淮阴师范学院第二附属小学

　　小学语文教学中，习作一直是重点和难点。将数字技术与习作课程研究结合起来，整合网络资源，利用网络技术手段，开展小学习作教学实践研究，可以实现小学习作教学的难点突破。

### 一　数字技术背景下习作教学实践的内涵

　　数字技术背景下的习作教学实践从学生生活立场出发。以互联网工具与技术为依托，整合学生的生活，丰富他们学习体验的全过程。合理利用网络资源，以学生生活为构建基础，以学生真实的情感体验为习作基调，调动和丰富他们的语言积累，帮助他们实现表达的需要。

　　数字技术背景下的习作教学实践，突破了通常意义上的习作教学。习作课的时间和空间不再限定在习作课堂上，而是与当代小学生生活环境相融，丰富了学生习作的方式和习作成果类型，使学生习作与时俱进，与时代密切融合。

　　数字技术背景下的习作教学实践，依托网络资源，借助网络信息，发掘习作新资源，激发学生习作兴趣。站在学生的视角，引入数字技术，以满足学生的实际需要为宗旨，以真实情感体验为目的，探索习作课的言语表达新形式。数字技术背景下的习作教学实践还创新了习作评价方式。充分利用互联网工具和技术，与习作教学相融合，突破了传统单一的文字评价方式，开创点赞、送花等更生动、富有时代气息的评价方式。

## 二 数字技术背景下的习作教学实践

数字技术、网络资源赋予习作教学新的活力。正确、合理地利用数字技术、网络资源，可以使习作教学事半功倍。

### （一）创建数字技术背景下"循环一体"的习作教学新模式

通过反复实践与优化，创建"体验—概括—实践—评价—再实践"五大环节循环一体的习作教学新模式。开发基于习作学习的"品悟文本—习得写法—创设情境—反思表达—反馈评价"阅读教学模式等一系列教学范式。

### （二）探索数字技术工具在习作教学中的有效应用

**利用平台资源，实现自主学习**。利用国家智慧教育公共服务平台等平台的优质微课资源，为学生提供学习素材。课堂中，运用智能白板的投屏功能，实时分享有代表性的习作，既可以在第一时间发现优秀高质量的作品，又可以通过及时的点评反馈，让学生获得最快的指导。

**借助软件功能，实现展评多元**。借助相关软件的"家校本"功能，以语音、图片、视频等形式展示学生习作，促进学生表达的多元化。借助"希沃师生互动课堂"，学生自主评价同学的习作，获得评价与被评价的独特体验。

**依托教育平台，积累身边范文**。网络名师工作室是一个集教学、交流、展示于一体的在线教育平台。依托网络名师工作室平台，设立"学生作品"专栏，让更多学生有展示、交流的机会，也为教师的习作教学提供更真实的身边的习作范例。

### （三）探究数字技术、资源与习作教学的有效融合

**利用网络信息资源，丰富素材的维度**。不同的学生，由于年龄、家庭、生活条件等背景差异，习作素材的积累量有很大的差距。互联网上有海量的信息资源，只要输入关键词，就可以实现资源的获取，可以很好地弥补环境背景的差异。

**恰当使用微课，让习作课堂更高效**。国家智慧教育公共服务平台有许多优质微课，在习作教学中截取需要的部分穿插使用，既可以为学生提供实用的案例，又可以为教师指导习作提供优质的示范。

**借助网络技术，跨区域时空共享**。城市的孩子，可能不知道花生是长在地里的；乡村的孩子，难以想象"灯光璀璨"的意境。借助网络技术，城乡同步课堂，实现跨区域的时空共享，为习作表达提供更广阔的学习环境。

借助智能技术，创设多维立体的习作情境。传统的情境创设，一般借助图片、音乐等单一的媒体。现在，增强现实技术、全息互动投影，使虚拟与现实深度融合。借用这些技术创设立体的习作情境，可以让学生拥有更深刻、更丰富的体验，为表达积累更多一手经验。

### （四）构建依托数字技术的多元评价体系

创建评价新时空。传统习作评价，一般是教师在学生的习作本上书写评语。现在有许多新型的媒体传播方式，可以利用短视频新媒体展示学生的习作，让师生之间、生生之间随时随地开展习作交流与评价。

引进评价新主体。传统的习作评价，一般是教师单方面的点评。有了互联网，借助社交软件和智能办公软件等，可以让除教师外的家长、同伴、朋友等更多主体参与评价，更大地激发学生习作的积极性。

提出评价新视角。以生为主，以培养能力、激励成长、促其发展为出发点，给予学生更多自我展现、自我表达的机会。习作评价从"目标设定""教学设计""选材立意""批改形式""习作评语""能力发展"等方面提出新视角。

## 三　数字技术背景下习作教学实践的价值

数字技术背景下的习作教学，融合了先进的信息技术，拥有更广阔的创新空间。

### （一）突破学习时空，课堂更开放

传统的习作教学，往往是在专门的"习作课"教学时间内开展，囿于课堂，囿于习作课时，局限性较大。利用互联网技术，学生可以便捷获取生活中一些无法亲身体验的习作资源，也可以获取大量的同类型资源，从而实现丰富的素材积累。学习空间得到延展，学习时间更加灵活，课堂更加开放。

### （二）突破教材束缚，实现"学习自由"

数字技术时代，网络上多样的学习平台提供了大量与课本同步的学习资源。这些资源既可以为教师的教提供范例，也可以为学生提前自主学提供途径，突破教材本身的范畴，实现了师生的"学习自由"。

### （三）突破学科界限，实现跨学科育人

习作内容涉及生活的方方面面，具有丰富性、多样性。数字技术支持下，音

乐、美术作品欣赏，科学实验过程的动态展示，在习作课堂不再是难事，而是轻而易举的事。各个学科的体验都能成为习作的素材，学生在课堂上想象和回忆的触发点会更丰富多样，让跨学科学习成为习作的助力。

## （四）突破评价传统，增强学生习作自信

数字技术赋能，同一篇习作，可以在线邀请同伴、家长、教师一起评价，不同的评价主体，关注的评价点也会不同，而点赞、送花等丰富多样的评价形式，也会提升学生习作的自信心。

备注：此文为全国教育信息技术研究课题"'互联网+'背景下小学全习作课程的实践研究"成果。

# 运用平板电脑AAC介入方案提升孤独症儿童沟通实效

福建省石狮市仁爱学校

## 一 为解沟通之急，开数字教育创新实践之路

沟通是人类传递信息、表达情感的重要方式，有效的沟通能够满足个人生活需求和维系情感等。然而，多数孤独症儿童几乎丧失语言表达能力，甚至无法借助其他表达方式进行沟通。因长期无法表达心中所想而衍生出的许多问题，让孤独症儿童及其家长倍感困扰。孤独症儿童的教育难度大是特殊教育学校管理中的一大难题。同时，特殊教育教师已有的专业知识技能无法完全满足孤独症儿童越来越复杂多元的沟通需求的问题日渐突出。传统技能培养、行为塑造的方法周期长、见效慢是特殊教育教师职业生涯的痛点。孤独症儿童、特殊教育学校、特殊教育教师都迫切需要一个能支持孤独症儿童学习、沟通、表现积极行为的有效系统。

"互联网+特殊教育"是特殊教育时代发展的重大课题，随着现代科技的发展，我国特殊教育正朝着信息化、智能化和个性化方向发展。信息科学辅助技术在沟通障碍儿童中的应用，为孤独症儿童沟通技能的改善和潜能的开发，以及更好地适应社会生活提供了有力的专业技术支持。

辅助沟通系统（Augmentative Alternative Communication，AAC）可以暂时或永久地帮助有沟通障碍的个体，提高其沟通效率并使其积极融入沟通环境。它包含用以优化沟通方式、增加口语或书面语的方法、设备、辅助工具、技术、符号和策略等要素，可以以任何形式组合。基于平板电脑的AAC携带方便，能满足孤独症儿童随时随地的学习需求；丰富的多媒体表现形式和较强的交互性，能够适配孤独症儿童的视觉优势，同时对其存在较强的吸引力和激励效果；支持素材、颜色、形状等的个性化设计，能更好地满足不同孤独症儿童的沟通需求。

石狮市仁爱学校顺应社会发展和实际之需，创新运用技术赋能教育，推动学校数字化转型，优化康复方式、创新康复模式，深度运用高科技辅助工具，在数字化转型的道路上且行且思，走出了一条相对便捷的沟通康复之路。

## （二）以课题研究为抓手，助推关键问题解决

多年来，学校坚持问题导向，选准研究课题，借力借脑，组织力量深入开展课题研究，提出有针对性的对策建议。2021年7月，学校申报泉州市级课题"辅助沟通系统在沟通障碍儿童训练中的应用研究"并获得立项，经过两年的研究，于2023年8月结题。

### （一）"请进来，沉下去"，赋能数字教育转型研究教师"活"起来

对于大部分教师来说，AAC是一个陌生的专业领域，实践探索起来难度大、困难多。为此，学校邀请了此领域的专家到校开展培训，对AAC理论进行梳理，对软件操作进行详细指导，同时，以课题研究为契机，形成"学习共同体"，通过各方渠道取得学习资源鼓励教师进行深入学习，边学边实践，做到沉浸式学习、沉浸式研究。

### （二）硬件、软件齐上阵，助力数字教育转型研究"动"起来

硬件设备和软件应用在课题研究中扮演着至关重要的角色，研究通常使用带有TD Snap Lite软件的平板电脑作为沟通辅助工具。这是一款专业的AAC辅助沟通软件，可以实现符号、图片及文字沟通，帮助用户"说话"，让日常沟通更加便捷。软件有强大的词汇系统，包含可直接使用的4000条日常用语和30个沟通主题，同时支持针对不同用户的需求进行个性化设计。近两年，政府、社会协同发力，陆续为学校添置13台平板电脑并购买软件会员，为课题研究提供有力支持。

### （三）科学设计，促进数字教育转型研究成效"实"起来

以我校开展的某课题研究为例，实验选取13名孤独症儿童作为被试，采用跨被试多探测实验设计。

为确保研究的科学开展，在干预之前，采用"强化物调查表"测试被试所需的强化物，同时通过教师和家长访谈全面了解被试的情况，确认被试在沟通上的核心障碍和起始能力，以便于设计平板电脑AAC介入方案。研究使用平板电脑AAC介入方案进行教学，即指导孤独症儿童通过点击平板电脑中TD Snap Lite软件里的图标表达需求。当被试熟练使用平板电脑AAC后，实验者退出干预。最后，在维持期借助"沟通品质检核表""平板电脑AAC介入方案访谈大纲"分析被试35分钟内的问题行为发生频率及正确表达需求频率，以此来判定平板电脑AAC的介入对于孤独症儿童的沟通实效，并形成一套干预方法和流程（见图1）。

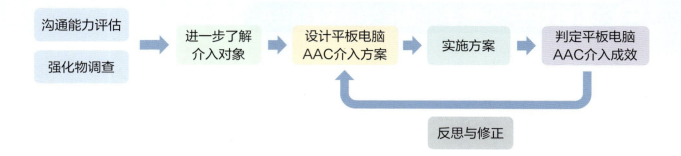

图1 ▲
平板电脑AAC介
入方法和流程

### （四）边研究边推广，让数字教育转型研究"走"出来

为深入推进研究有效开展，学校成立科研团队，共有14名教师加入，以点带面，联动推进。学校持续深入推动平板电脑AAC介入方案实践，创新实践场景，加强对本校教师、学生、家长对硬件和软件的使用指导，促进信息技术与康复训练的深度融合，同时，将研究理念、成果推介给省内多所特殊教育学校，深入挖掘平板电脑AAC介入方案对于特殊儿童的实际效用。

## 三 共享数字教育转型"硕果"

两年多来，学校坚持康复教育转型，用数字技术赋能沟通康复训练，不仅学生受益，而且打造了一支具备数字素养的专业教师队伍，学校教育教学管理难题也得到缓解。

### （一）学生受益

学校2021年开启平板电脑辅助康复训练混合模式，不同沟通能力的孤独症儿童在平板电脑的支持下都能顺利"说"出需求，师生矛盾减少，课堂有效性明显提高。在课题研究中，根据每个被试介入前和介入后的"沟通品质检核表"统计图及各个阶段的数据统计图，对被试问题行为及正确表达需求频率进行统计分析，发现被试介入后的沟通品质明显高于介入前，正确表达需求的次数明显增加。在维持期，被试偶有问题行为发生，正确表达需求次数相比介入期有所下降但趋于稳定。同时，针对其余12名被试的研究结果分析发现，平板电脑AAC介入对被试大多有积极效果：沟通意愿明显增加，沟通频率变高，词汇量有较大提高，主动口语表达次数增多，减少了因不妥当肢体动作表达导致他人误解的情况，行为问题发生频率降低，社会生活参与度提升，能更好地融入生活，等等。

## （二）教师受益

通过两年多的学习、实践、探究，教师意识到面对不断变化的学情，自身要始终保持学习的姿态，更新康复知识，只有这样才能更好地服务学生。课题研究也激发了教师学习教育理论和开展教学研究的积极性，形成了有效互动的教科研团队，促进了教师理论知识和专业水平的提高。教师通过专家引领和自主探索的形式多方面学习AAC辅助工具的理论知识和操作技巧。通过两年多的努力，教师已能熟练操作AAC辅助工具并将其运用到日常康复训练中，涌现出一批优秀教科研人才。

## （三）学校受益

数字教育转型对学校的影响是深远的、广泛的。几年来，因为一个个学生行为的改变，学校的教育教学质量随之得到提升，管理难度也相应改善。学校结合信息化资源和硬件设备，挖掘教师潜力，鼓励教师实践探索TD Snap Lite软件的沟通版面设计，课题组成员通过自主学习、探索应用，设计了《TD Snap沟通版面设计指导手册》。该手册免去了烦琐的文字和软件基础参数，分成软件简要介绍、版面基础功能介绍、版面设计、功能分类四个板块精炼介绍。使用者只要跟随四个板块加以学习和练习，就能系统了解TD Snap Lite的理论基础和操作技巧，很快就能得心应手。此举是一个创新，能让后续的实践者少走弯路，顺利掌握AAC介入方案程序。同时，课题组成员归纳整理了《AAC介入教学设计集》，梳理了评估、词汇、句子、主题四大板块的教学设计，供后续研究人员参考，提高了工作效率。

办好人民满意的特殊教育，让每一个特殊儿童都有出彩的机会，核心就是"以人为本"，关键在于"适性教育"。如今，数字教育驱动适性教育成为一种新的特殊教育范式，让为每一个有特殊沟通需要的儿童提供适切辅助成为可能。未来学校将秉持"应用至上"的理念，继续深度应用技术，促进新兴技术与特殊教育康复深度融合，努力实现科技助学的新样态。

# 基于听障生的"三段两场景"智慧生态课堂教学研究与实践

安徽省合肥特殊教育中心

## 一　开展数字教育创新实践的背景

### （一）实施背景

党的十八大以来，党和国家出台多项举措，要求特殊教育学校根据学生特点和需求，遵循特殊教育规律，以适宜融合为目标，推进信息技术应用，提升育人成效。合肥市政府在此基础上强调，特殊教育学校要改革教学方法，重视和加强学生品格教育及能力培养，注重学生潜能开发。

合肥特殊教育中心是安徽省办学规模最大、历史最悠久的特殊教育学校，是安徽省教育学会特殊教育专业委员会秘书处、合肥市特殊教育指导中心和合肥特殊教育教师培训基地所在地，承担着引领全市乃至全省特殊教育进一步高质量发展的重任。2015年，学校针对听障生认知、沟通、思维等特殊需求及聋校课堂教学存在的问题，提出"多元融合，技术赋能，人人发展"改革理念，以信息技术助推学校教育教学改革。项目组积极跟进，坚持问题导向，依托所承担的国家级、省级信息技术课题，立足课堂、大胆尝试，坚持不懈开展教育教学研究与实践，创建了"三段两场景"智慧生态课堂教学模式，破解了聋校教学改革痛点，为听障生提供了适宜的教育。

### （二）解决的主要问题

**第一**　传统聋校课堂教学模式程式化、固定化，教学过程以教师讲授为主，教学场景以课上为主，忽视了学生的主体地位。

**第二**　传统聋校课堂教学手段单一，信息技术使用方式单调，未能充分利用技术赋能。

传统聋校课堂没有真正关注学生的个体差异，没有有效开展个别化教学，没有实现多元评价，没有关注到每位特殊学生的发展。

## 二 实践创新举措、典型经验

### （一）主要内容

提出"创融共生"特殊教育理念。创建"无障碍"教学环境，将信息技术与教育教学、家庭教育与学校教育、课堂育人与活动育人多元融合，突破信息传递障碍，增强听障教学有效性。

创新"技术赋能、过程优化"课堂教学策略。将信息化教学服务平台、调频助听、语音转写、同步摄放等新技术集成到聋校课堂，搭建个性助学"智慧生态课堂"，实现人人皆可成才、人人尽展其才。

构建"三段两场景"进阶式听障生课堂教学模式。实现"课前体验感知—课中探究深化—课后应用拓展"三段有效衔接，线上导学资源创设"虚拟"场景，智慧课堂等新技术创设"真实"场景，两场景创融共生（见图1）。

本成果创新了特殊教育理念，创建了特殊教育现代化教学模式，构建了特殊教育现代化教学体系，形成了特殊教育智慧生态课堂环境。课堂教学从以教师为主体向以学生为主体转变，充分发挥学生的学习自主性与能动性，使学生真正成为学习的主人；从封闭单一的教学场景向更加丰富立体的场景转变，增强学生体验，弥补学生因听力障碍造成的沟通缺陷，形成无障碍沟通渠道；从传统单一教学手段向现代化多元教学手段转变，利用无障碍资源，借助智慧课堂、同步摄放、语音转写等现代化教学设备，丰富听障生感知体验，为他们提供更为多元、开放、有温度的学习方式与学习环境，为他们的可持续发展提供更为"适宜的教育"，推动教育公平。

### （二）解决问题的过程与方法

2015—2018年，项目组依托省级和国家级课题，进行问卷调查、分析研讨、方案制定、实践提炼，构建了"三段两场景"智慧生态课堂教学模式，在本区域应用并完善，2019年至今在省内外推广应用。

**第一，构建框架，形成"三段两场景"教学模式。**

课前，教师依据课程标准，结合听障生学习特点，定制个性化无障碍学习资源，借助教学平台发布，引导学生线上预习，感知学习内容；课中，师生利用智

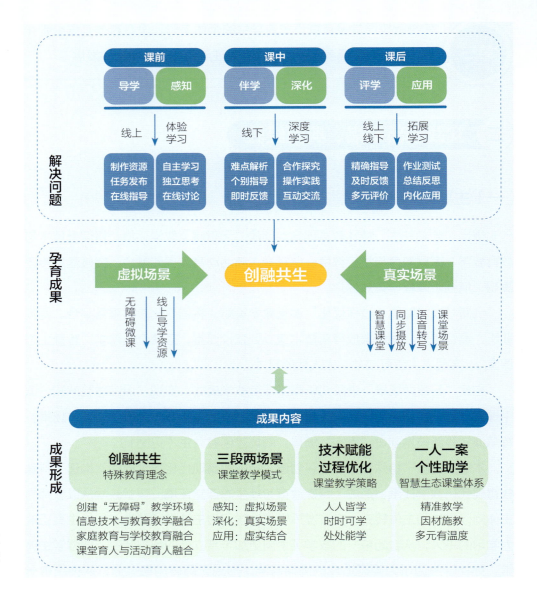

图1 ▶
基于听障生的"三段两场景"智慧生态课堂

慧生态课堂等智能终端，突破教与学障碍，师生互融、合作探究、即时反馈，助力学生深度学习；课后，学生线上线下拓展练习，教师多元评价、个别化指导。

**第二，创新手段，形成"技术赋能、过程优化"教学策略。**

项目组将信息技术手段融入教学，通过实验研究，创新聋校课堂教学策略，实现听障生人人皆学、时时可学、处处能学。

运用语音转写、同步摄放等，发挥视觉优势，实现信息无障碍传递，让听障生"听见声音"；探究"手语+字幕"无障碍教学资源制作模式，研制近千例资源，让抽象概念直观化，助力听障生'看见思维'；以智慧生态课堂等设备，创设网络化、数据化、交互化、智能化学习环境，实现线上线下、课内课外、虚拟真实一体化。

**第三，搭建体系，形成"一生一案、个性助学"智慧生态课堂。**

运用智慧生态课堂教学平台，将家庭育人、活动育人融入教育教学，家校共育，记录教与学全过程，进行数据分析，做到一生一案，增强聋校教学针对性。

课前，精准推送个性化资源，助力学生在家长帮助下完成体验学习；课中，畅通知识双向传播渠道，增强学生活动体验；课后，基于课堂数据，生成针对每位学生的特制作业，助力教师实施个别化辅导，线上线下双线融合，形成有温度的聋校智慧生态课堂。

## （三）成果的创新点

**第一，理念创新：提出"创融共生"特殊教育理念。**

提出了"听见声音+看见思维"资源开发策略，创建了"手语+字幕+虚拟仿真"制作路径，创设了"无障碍"教学环境；将信息技术与教育教学融合，发掘听障生视觉潜能，突破学习障碍；将家庭教育与学校教育融合，即时反馈学情，深化家校协同育人功能；将课堂育人与活动育人融合，打破时空界限，探究智慧环境下个性育人新形式，丰富了特殊教育理论，具有很强的创新性和可推广性（见图2）。

◀ 图2
"创融共生"特殊
教育理念

**第二，模式创新：构建"感知—内化—应用"三段两场景课堂教学模式。**

在"真实"与"虚拟"两场景的融合交互中，听障生实现"微课等自学感知—合作探究内化—拓展思考应用"智学，教师实现"个别化导学—分层化伴学—多元化评学"慧教，充分整合微课、互联网、智慧课堂、语音同频等设备，有效实现师生互动、即时评价、实时反馈、资源共享等，体现"三全育人"理念，创新特殊教育学校教学模式。

**第三，形式创新：提炼"一体两翼三破解"无障碍学习资源开发模型。**

形成以核心素养教学目标为"一体"，以"手语+字幕"为"两翼"，以破解"看不懂、不理解、学不会"为"三破解"的新型无障碍学习资源开发模型，发掘听障生视觉优势，发挥手语、字幕的传媒作用，满足听障生多元化学习需求（见图3）。

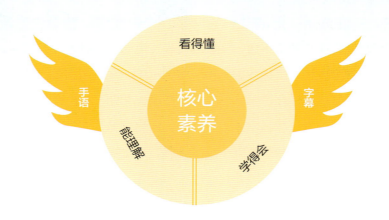

图3 ▶
"一 体 两 翼 三 破 解"无障碍学习资源开发模型

## 三 主要成效

### （一）推进改革，提升听障人才培养质量

项目实施促进了教育教学改革，促成学校制定、完善育人改革方案10余项，提升了育人质量。2018年以来，学校共有422名听障生考取高等院校，本科升学率位列全省第一；10多名学生荣获宋庆龄奖学金等，20多名学生荣获省、市"三好学生"；30余名学生在省级以上学科竞赛中获奖，其中国家级奖项3项。

### （二）项目赋能，促进特殊教育教师专业化成长

引领教师更新育人理念、创新教学手段、深耕聋校课堂。八年来，学校承担市级以上课题28项；教师发表省级教科研论文百余篇，获得市级以上教科研奖382项，涌现一大批教学能手，5人荣获基础教育国家级教学成果奖二等奖，27人获市级以上教研新星、学科带头人、骨干教师等称号。

### （三）助推建设，推进特殊教育学校现代化进程

项目实施为学校现代化建设提供了数据参考，学校依托特殊教育提升计划，投资约4500万元采购信息化设备，建成智慧教室81个、评测等功能教室75个；开发第二课堂30余个，建成无障碍微课资源近千例，拓展了优质资源覆盖面。

### （四）示范引领，推动特殊教育高质量发展

项目组30余次受邀在全省、全国开展讲座；向全国展播数百例优质课资源，浏览量累计超200万次；接待省内外兄弟学校到校观摩学习2000多人次。项目组活动和业绩在《人民日报》等媒体宣传，很好地发挥了引领示范作用，推动了特殊教育高质量发展。

第四部分

育人模式探索

# 知行合E　厚育良师

北京师范大学教育学部

## 一　案例背景

当前高质量教师教育构建存在四大难点问题。首先，培养目标重知轻行，"四有"好老师要求落地不足。教师中长期培养存在以知识为导向来构建目标，未能落实"四有"好老师的时代要求，中小学一线用人需求得不到回应，新技术环境对教师提出的新诉求难以满足。其次，培养过程理论与实践脱节，教书与育人亟待整合。培养过程不同环节各自为政，理论课程与实习实践联结不足，多方培养空间和资源整合不足，养成教育未能整合到知识、技能培养之中，导致学生知行难合一，全专业属性培育不均衡。再次，培养方法重教轻学，教法创新与自主学习缺支持。课堂教学未能有效利用慕课、翻转课堂、虚拟现实、增强现实等现代信息技术，资源、工具、服务、共同体等环境建设滞后，难以激发教师的教学创造性和学生的学习自主性，教与学都缺乏选择性、灵活性和多样性。最后，培养评价的功能和方式单一，过程监测与改进机制待健全。课程教学以终结性评价为主，诊断性与发展性功能欠缺，难以对学生学习形成过程性监测，评价数据支持教与学持续改进的机制缺位。

因此，北京师范大学基于高层次教师教育的内在规律，经历20多年探索和实践，形成了北京师范大学"互联网+循证"研究生层次教师培养的理论与实践模式，旨在解决高层次教师培养目标、过程、方法与评价所面临的四大核心问题，通过整合"互联网+"环境与循证理念，以教师培养研究所提供的证据为基础构建起面向未来教师素养目标体系，整合循证课程与教学实施、循证实践与主题活动、循证评价与改进，并在证据为基、实践探索、数据监测、证据迭代的互动中创生出理论实践贯通、线上线下融合的培养模式，有力保障了新时代"四有"好老师培养实效。

## 二　主要经验

### （一）开创"互联网+循证"研究生层次教师培养的理论与实践模式

通过线下课程与在线慕课整合形成的混合型教师教育课程学习系统，适应学生前置课程学习、基础课程学习和泛在学习需要；通过循证实践逻辑串联主题活动和渐进式见习、影子学习、实习、研习，系统培育学生的未来素养、教育情怀、本土关怀意识和实践创新能力；通过建立"学习—实践—反思—研究—转化"的学习机制，实现理论与实践的统一。

### （二）构建支持科学制定目标的多元参与体制和循证机制

基于"四有"好老师的总体要求，采取多元参与共同制定培养目标的方法，立足教师全专业属性来保障培养目标的实践需求导向和全面性；依托教师培养和"互联网+教育"的研究证据与实证调研数据，确保面向未来教师素养目标体系的先进性和创新性。

### （三）构建三维双环螺旋式教师培养过程机制

基于循证教育实践逻辑，以七项专业能力模块学习为内环，以养成教育主题活动与循证实践学习活动交互为外环，完成学生课程学习、内化反思、实践体验的整合；整合师德养成、思政教育和素质培育，重视学科德育能力和主题教育能力培养，将"扎根中国大地办教育"精神渗透到课程之中，激发学生使命感；创新性地采用具身学习、口述史研究、在线技能大赛等方式，树立学生教育理想，助其养成思政意识、师德观念和综合素质。

探索基于互联网平台的思政-师德-素养浸润式循证养成教育机制。基于研究证据将养成教育设计融入教师培养的全过程中，实现了生活化、活动式、情境性的学习过程设计，避免了说教式思政教育、灌输式师德教育和机械式技能训练，让学生在自主选择和反身思考中构建教书、育人与研究相结合的全人教育理念和素养。

### （四）构建基于互联网的汇聚-创新-个性-协同式教与学体系

以互联网环境中的资源、工具、服务、共同体为依托，促进教与学方法的改革创新，构筑学生学习精准支持系统（见图1）。

• **汇聚型教与学资源**：建设循证教师教育慕课群和虚拟仿真教育教学资源，形成线上线下、境内外、高校中小学幼儿园多位一体协同育人资源库。

• **创新型教与学工具**：依托"师范生学习实验室""技能实训平台""未来教师虚拟仿真设计能力培养实验教学项目"等平台，利用慕课、翻转课堂、虚拟现实、增强现实等教与学技术工具，实现学生智能化学习的突破。

• **个性化教与学服务**：个性化定制以学生体验和需求为中心的学习环境、学习内容、学习方式，借助成长学习档案袋平台搭建泛在化自我导向学习的支持系统。

图1 ▼
三维双环螺旋式教师培养过程机制和汇聚–创新–个性–协同式教与学体系

• **协同型教与学社区**：建设多主体数字化互动交流平台，建立师师–生生–师生教与学共同体，打造循证文化，引领教师教育者基于证据创新教学方法，并通过自我研究实现证据迭代和分享。

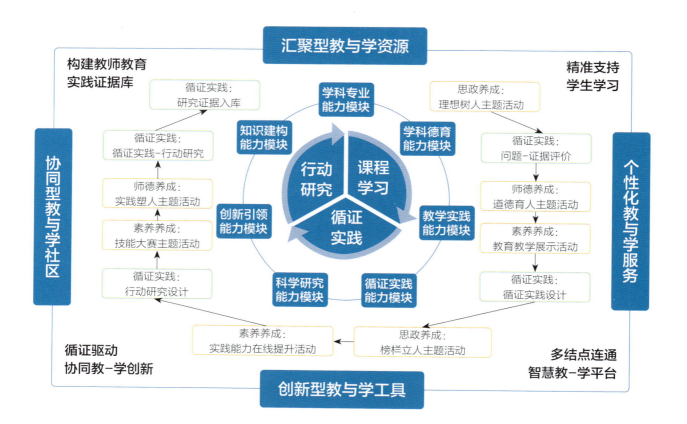

## （五）构建"互联网+循证"教师培养多维度、多环节、多模态评价系统

针对培养全过程，实施基于互联网的智能监测和追踪评价，采用多种研究方法，收集行为、心理、生理、神经等多模态数据进行分析，反馈并改进教师教育者的教学实践，并在浸润式循证教学培养过程中提升学生循证能力和素养。利用

互联网平台的技术优势，从循证实践出发构建教师教育中的关键指标体系，基于指标体系采用多种实证研究方法，收集多模态数据，对教师教育过程进行全面跟踪，并通过分析和反馈改进教师教育者教学实践，实现"互联网+循证"教师教育模式的自我修订与优化迭代（见图2）。

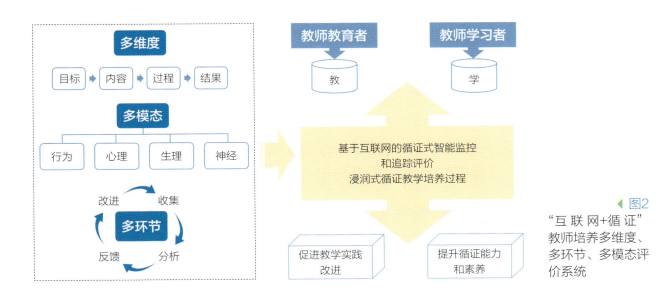

◀ 图2
"互 联 网+循 证"
教师培养多维度、
多环节、多模态评
价系统

## 三 案例成效

### （一）开创了"互联网+循证"研究生层次教师培养的理论与实践模式

本案例所构建的"互联网+循证"实践和理论模式，为贯彻落实新时代"四有"好老师培养目标提供了具化路径。基于教师素养的创新性自我发展目标，突破以知识为导向的培养理念，在互联网环境下，调整制定全新的教育专业硕士与专业博士培养方案。

### （二）提升了生源质量，基础教育从教率大幅提高，毕业生从教意愿日益浓厚

三维双环螺旋式培养机制实施以后，教育专业硕士、专业博士吸引力不断加强，生源质量稳步提升。其中全日制教育专业硕士从教率逐年提高，特别是到一线中小学从教的占比从2015年的不到30%，提升到2022年的超过76%，毕业生从教意愿日益浓厚，专业认同感显著提升（见图3）。

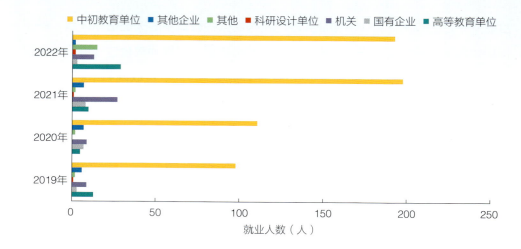

图3 ▶
2019—2022年全日制教育专业硕士就业单位分布

## （三）建成了汇聚–创新–个性–协同式教与学体系，提升了教师教育者与学习者的循证意识与循证能力

基于互联网资源、工具、服务与共同体的特征，学部形成了汇聚型教与学资源、创新型教与学工具、个性化教与学服务、协同型教与学社区。

**创新课程结构模式，开发了以项目式学习为主线的统整课程。** 学部推进理论知识教学与实践教学的相互统整，开发专题式内容与模块化教学，提升教师教育者的循证素养；通过混合学习、小组讨论、工作坊等形式，汇聚教育资源，帮助学生树立基于研究证据开展教学的研究型教学思维，提升其循证教学意识与能力。

**突破传统课程教学的组织方式，着力开展了循证课例研究与师范生实践课程。** 依托课例研究设计合作、探究的学习环境，推进教师教育课程融合与教学创新；运用微格教学技术与训练，在设计–实践–反思的循环中，提升学生的实践探究能力和数据意识。

**开发了多元学习方法。** 利用具身模拟的心理发生机制开展具身学习活动，基于真实案例进行具身展演、理论诠释、案例重构等；基于教育学、脑科学研究证据，设计共情–体验–沟通主题学习，建立教与学共同体，促进学生认知–情感–行为的有益发展。

## （四）构建了"互联网+循证"教师培养评价系统，改进了培养实践，促进了学生循证素养的提升

搭建"互联网+循证"教师培养多维度、多环节、多模态评价系统。利用互联网技术和智能监测追踪技术，监测教与学的全过程，依靠资源库建设系统、教师备课系统、自主学习系统采集行为、心理、生理、神经等多模态数据，借此实现线上与线下的教学与学习、评价与管理的结合，在交互性多环节浸润式评价系统中，推动培养实践的改进以及学生循证素养的提升。

# 基于互联网的教育公共服务模式创新

北京师范大学

## 一　背景

《中国教育现代化2035》强调规模化教育与个性化培养的有机结合，以满足社会对高质量教育公共服务的需求。随着"互联网+教育"的优势日益凸显，基于"互联网+教育"打造新的教育公共服务供给模式，成为政府决策层与一线教育工作者共同关注的改革方向。

北京的教育普及率、师资队伍质量水平等教育发展主要指标均处于全国领先地位，但在高水平教育现代化进程中仍面临诸多问题，如城乡和学校间教育质量差异较大、优质教师资源配置不均、公共教育个性化服务供给不足、"双减"后人民群众的合理辅导需求未充分满足等。

针对上述问题，北京师范大学在充分探索个性化教育公共模式特征和基于互联网的供给侧改革理论的基础上，提出了一种线上线下混合、具有公平普惠性的教育公共服务创新模式，构建了"理念+技术+机制"个性化教育公共服务整体解决方案。此外，在北京市教委的支持下，北京师范大学实施了"北京市中学教师开放型在线辅导计划"（简称"开放辅导"），使北京市16个区的初中阶段学生持续受益，提升了教育服务供给能力，促进了区域校内校外、课内课外、线上线下融合的教育生态的发展，通过这样一种兼顾公平和质量的教育举措，提高了学生和家长的教育获得感。

北京市中学教师开放型在线辅导计划

## 二　主要经验

### （一）提出了基于互联网的教育公共服务模式创新的新理念

在互联网大数据支持下，北京师范大学构建了具有个性化、社会化和虚实融合三大特征的教育公共服务新模式，并从供给内容、供给方式、供给形态、供给结构、供给决策、供给监管等六个方面提出了基于互联网的教育供给侧改革的方向。

| 供给内容 | 供给方式 | 供给形态 |
|---|---|---|
| "开放辅导"通过教师"走网"，整合全市乃至全社会的优秀师资，提供多形态的在线服务。每名学生既可获得线下面对面的课堂集体供给，又可获得基于个性化需求的线上供给。 | "开放辅导"借助大数据和人工智能技术精准分析学习数据和学习需求，实现精准匹配和推荐，解决学生的个性化问题并满足其扬长的学习需求。 | "开放辅导"由政府和各级教育行政主管人员统筹，促使来自学校、教研机构的教育实践者，高校的相关学科、技术和数据专家，以及相关技术服务机构的研发人员等共同推进服务落地。 |

| 供给结构 | 供给决策 | 供给监管 |
|---|---|---|
| 在"开放辅导"中，跟不上学习进度的学生可以寻求在线教师的帮助，解决学科个性化问题，"吃不饱"的学生则可以进一步发展特长，体现了教育供给结构的全纳和兼容。 | "开放辅导"在政府主导下，由教育管理者、教师、学生、家长共同参与和推进，从供给什么就消费什么转型为双向互动治理。 | "开放辅导"基于多维度对教师的服务资质进行认定，结合师生辅导行为、反馈等数据进行实时监管，保障在线辅导质量。 |

## （二）研发支撑个性化教育公共服务的"开放型在线辅导"系统

学校基于市场调研和用户需要研发了个性化在线辅导系统，该系统基于学习知识图谱和学习意图理解技术，结合教师服务属性和教学特长以及学生学习需求，智能调度和推荐多种服务形态，为学生提供答疑和个性化辅导，从而打破传统教育供给和教师配备、时空的限制，实现教师智力的跨区域共享，满足学生个性化学习需求。

"开放辅导"支持的主要服务形态内容如下。

• "一对一"实时辅导：学生对系统推荐的教师或自主选择的教师主动发起"一对一"辅导请求，辅导过程中系统支持师生开展语音、图片的实时交流，辅导结束后师生双方互评。

• 实时互动课堂：教师通过提前设定在线辅导专题、设置开课时间，面向多名学生开展实时在线教学和辅导。借助互动白板的互动涂鸦、实时同步、文档共享、录制回放等功能，师生在线互动和交流的需求得到满足。

- **在线微课：** 教师将教学知识点凝聚成微课，并依据学科能力指标体系进行详细标记，实现基于学生学情的精准匹配和推荐。

- **非实时问答中心：** 学生将问题以文字、图片等形式上传到云平台，由系统通过图片识别、意图识别、语义识别等技术推荐优质解答或优质微课，或由教师、学伴提供解答。

- **AI智能学：** 系统基于学生与系统的智能对话，对学生进行学情诊断，并追踪辅导行为，有针对性地为学生推荐微课资源或精品互动课程等。

## （三）制定有效促进教师智力资源通过互联网流转并可持续发展的政策体系

学校基于互联网情境下教育公共服务的实践逻辑构建一系列保障机制，制定了《北京市中学教师开放型在线辅导计划（试行）》，实现人岗不动、服务迁移、身份流转、服务与经验共享，将智力资源的服务迁移作为政府进行教师资源配置的新模式。

**第一，组织推进机制。** 设置垂直管理系统与扁平管理系统相结合的组织体系，形成了市区校三级协调小组（见图1）。市级协调小组负责宏观决策与整体规划，市级协调小组办公室负责标准规范制定、辅导监管、平台运营等支持性服务，并与区级协调小组和校级协调小组横向联动。

**第二，师资动员和准入机制。** 面向全市公立中学在职教师开展动员，在自主申报的基础上，结合校区市三级审核机制组建师资队伍，最大限度地保证在线师资服务质量（见图2）。

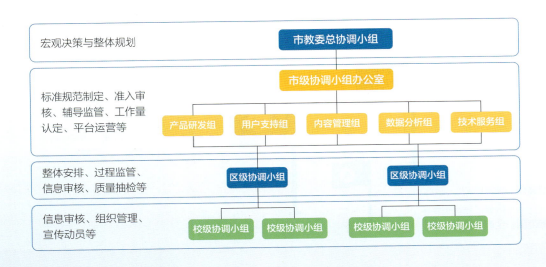

◀ 图1
"开放辅导"的市区校三级协调小组

**图2 ▶**
"开放辅导"的校区市三级审核机制

**第三，绩效评价及服务购买机制。**结合教师的辅导时长、辅导质量和贡献等设计教师在线服务的绩效评估机制，探索通过财政购买教师法定工作以外的服务的机制，保障服务可持续。

**第四，在线辅导质量监管机制。**在采取网络智能核查的基础上，市级、区级与校级的监督小组定期复核，并基于核查结果进行干预和引导，保证在线辅导质量。

**图3 ▼**
北京市"开放辅导"实践推广进程

**第五，采取先试点再推广的实践推进方式。**遵循实践验证、持续优化的原则，采用先在部分区域和学校进行试点，再逐步大规模推广的方式，保证在线辅导质量，稳步推进项目落地（见图3）。

## 三 主要成效

### （一）解决了学生个性化学习问题，满足了学生个性化发展需求

解决了学生的学习困难点、思维障碍点等个性化问题，学生的学科能力、数字化学习能力和学习兴趣等均得到了提升。通过数据追踪发现，持续参与辅导对学生的学业水平产生了积极影响。

### （二）促进了教师资源配置的均衡化，扩大了优质师资的辐射范围

"开放辅导"探索出了一种基于互联网的师资均衡配置方案。通过"教师走网"，推动了更多优质教师资源以线上流转的方式助力教育薄弱地区学生的学习，扩大了优质教师资源的影响范围，促进了教育供给均衡。截至2023年12月，北京市"开放辅导"召集了近1.5万名优秀教师，为约34万名初中学生累计解决约450万个问题。平台汇聚的优秀课程资源浏览量近千万次，学生对辅导反馈平均评分超过9分（满分10分）。

### （三）为教育和经济弱势家庭的学生提供了平等接触优秀教学资源的机会

"开放辅导"为教育和经济弱势的家庭提供了免费兜底的辅导选择，让每名有需求的学生都能平等获得跟随全市优秀教师在线学习的机会，促进了教育公平。同时，有质量保障的辅导能够让学生学得更好，也让家长更加放心。数据表明，相比区直学校，更为偏远学校学生参与"开放辅导"的人数更多，其中基础较弱的学生会更多选择"开放辅导"解决自己的个性化问题。

### （四）支持教师开展精准教学和教研，帮助教师实现专业发展

"开放辅导"通过"线上数据反哺线下教研"机制，让教师了解其他学生遇到的学习疑难点，推动教师开展精准教学和教研，为教师发展在线教学能力提供了实践机会，推动其有意识地针对知识讲解、师生交流等方面进行尝试，提升了其专业发展水平。当前平台已沉淀教师3万余节微课和6万余节互动课等智力资源供学生学习。问卷调查显示，近90%的教师认为参加"开放辅导"能提高其数字化教学能力，促进其对教学的反思，从而帮助其不断改进线下教学实践活动。

## （五）通过信息和数据的动态交换与整合，推动形成虚实融合的区域整体教育新生态

"开放辅导"借助线上辅导和线下课堂信息的数据衔接与贯通，推进了虚实融合的区域整体教育新生态的构建。北京市石景山、大兴、房山等区的学校根据自身特点打造形成了基于"开放辅导"的翻转课堂教学和精准教学教研等创新模式，形成了具有区域特色的"开放辅导"推进方案，促进了学生学习目标的更高效达成。

# 中小学"人工智能+教学诊断"深度融合的高质量教学体系探索与千校推广

华中师范大学

## 一　项目实施的背景

"中小学'人工智能+教学诊断'深度融合的高质量教学体系的探索与千校推广"项目由华中师范大学王后雄教授领衔，吸纳华中师范大学化学学院、人工智能教育学部的专业教师和企业技术人员，深入贯彻习近平总书记积极推动人工智能和教育深度融合的指示，直面基础教育学校教书育人的重大问题，将"人工智能+教学诊断"深度融合作为建设高质量教学体系的有力抓手，打造集成攻关应用大平台，对于推进基础教育优质均衡发展、提升教师能力素养、创新教学模式和方式、提高育人质量和水平具有重要作用。

## 二　项目实施的经验

在近三十年的探索过程中，项目组紧盯国家基础教育改革方针政策，扎根基础教育办学一线实际，在以下方面取得了经验。

### （一）以"人工智能+教学诊断"的理论主张统领项目实施

项目组以化学学科为出发点，提出目标控制教学法，明确目标控制教学法应具备的目标确立、教学控制、达标检测三要素，并将其用于《重难点手册》的编写和其他学科的教学过程中。历经十年探索与实践，项目组进一步构建了"教学诊断学"，明确教学诊断学的研究范畴、核心概念、关键主张、理论体系，厘清教学诊断与教学测量、教学评价、教学改进的关系，形成与教学诊察、教学干预、教学补救有关的学术观点和教学应用策略。围绕"人工智能+教育"新业态，充分论证人工智能提升教学诊断效能等核心观点，利用人工智能构建教学诊断新体系、新模式、新平台、新资源，进一步明确人工智能在教学诊断点、线、面、体等方面的优势。

### （二）构建"人工智能+教学诊断"深度融合的高质量教学模式

项目组开发了基于人工智能的"两链一键"双螺旋教学诊断模型（见图1）和"一核两翼三维四步五推"高质量教学体系（见图2）并加以应用。"两链一键"双螺旋教学诊断模型类似于生物工程领域的DNA双螺旋结构。教学诊断方式由"两链一键"构成，一条是教师教学诊断链，另一条是学生学习诊断链，两条链既可以各自发挥作用，又动态交互、相互交织、协同耦合。教学诊断手段像双螺旋结构中的"氢键"，它的作用在于推动"两链"更好地发挥作用，最终实现提高诊断有效性和提升教学质量的目的。同时，理论创新、机制保障和技术支持构成双螺旋教学诊断模型运行的支撑条件，与内部各要素相结合，并融入教学诊断的各个环节，从而实现"诊断—反馈—改进—再诊断"的良性循环。

通过"一核两翼三维四步五推"高质量教学体系的构建，平台运用"人工智能+教学诊断"深度融合的模式，在精准诊断学情的基础上实现精准教学并精准推送学习资源。教师可以基于平台对学生开展精准的个性化教育，通过教学诊断改进教学方式，从而全面提高教学质量。同时，项目组还运用创新智能研训模式，促进教师的专业发展。

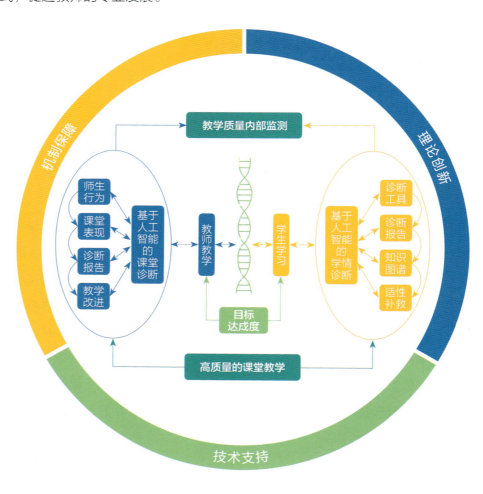

**图1** ▶
基于人工智能的
"两链一键"双螺
旋教学诊断模型

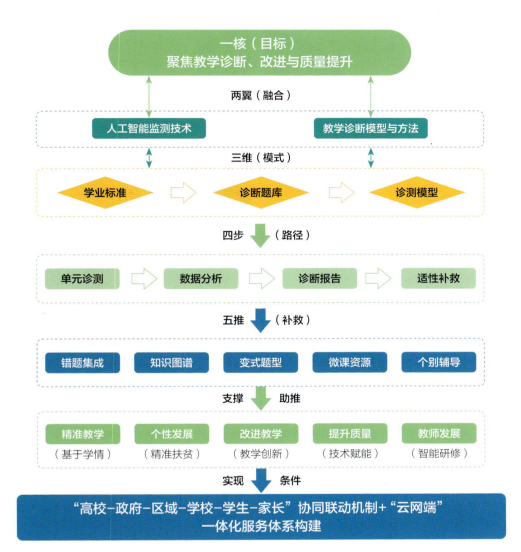

◀ 图2
"一核两翼三维四
步五推"高质量教
学体系

## （三）研发可大规模推广的智能诊断"三三云学堂"大平台

项目组建设了基于诊断的教学评一体化的人工智能平台"三三云学堂"（见图3、图4）。该平台通过绘制学科知识图谱、外显可观察的"知识-能力-素养"学业表现体系，构建在线诊断系统和微课资源，并将其应用于学生各学科全学习过程数据的采集、分析、反馈、补救。"三三云学堂"不仅能够生成学生个体的学业发展跟踪诊断反馈报告，同时会生成面向学生、家长、教师、学校管理者、区域教育管理部门等不同群体的分级分类的学业发展跟踪诊断反馈报告，发挥教学诊断结果应用的协同联动作用，提升教学改进的科学化水平。"三三云学堂"在全国1018所中小学融合应用于区域和学校教学实践，在精准教学、个性化教学方面发挥了智能平台"智"的诊断优势。

323

图3 ▶
"三三云学堂"整体架构

图4 ▼
基于"三三云学堂"的学业发展跟踪诊断反馈报告的设计思路

## （四）实施基于经验学习圈的教师育人素养智能研训新行动

项目组开发了促进教师诊断能力提高的研训方案和基于人工智能的教师研训模式的流程（见图5），在教师职前和职后开展一体化研训，全面提升了教师的育人素养。项目组借助人工智能开展教师研训，进行伴随式数据采集与过程性评价，服务教师信息化教学诊断能力的提升和教学路径的探索改进，加强诊断结果与教学质量因素的关联分析，找准提升教学质量的着力点。在经验学习圈理论的视角下，项目组以"具体数据获取—诊断分析—及时反馈—积极实践"为基本研

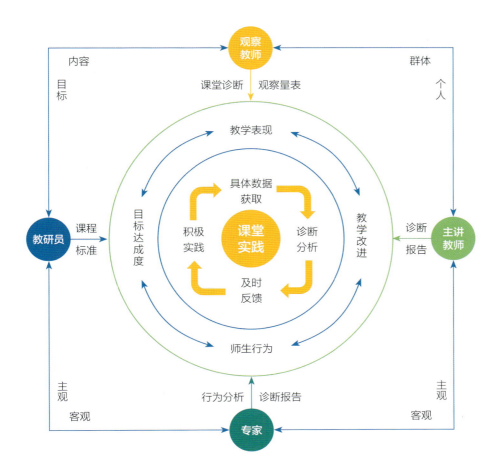

▲图5
指向智能诊断的教师研训流程

训环节，借助教研员点评目标达成度、观察教师评价教学表现、专家点评师生行为、主讲教师自评教学改进等多维诊断方法开展研训活动。

## 三 项目实施的成效

项目组承担国家级、省部级课题31项，出版教研著作29部，发表教研论文近300篇，获得15项软件著作权。项目组研发的智能诊断平台集成各类优质教学资源达344.5万个，成果惠及我国25个省级行政区、82个地市、1018所学校。近年来，项目组成员荣获国家级、省部级等奖项46项，中央电视台等30多家媒体对成果进行了全面深入报道。2022年，相关成果荣获基础教育国家级教学成果奖二等奖。

广东省东莞市松山湖实验中学于2015年开始以"教学诊断学"作为办学理论引领学校发展，引入"三三云学堂"大平台并开展教学智能诊断，覆盖全校48个班级。依托"三三云学堂"大平台的优势，学校以学困生个性化学情诊断为抓手采集学生学业质量水平的关键数据，分析学生学科核心素养表现，精准推送学科知识图谱及微课资源，实现了对学生的个性化指导和精准教学。学校荣获国家教育信息化产业技术创新实验学校等荣誉。

浙江省温州市黄龙第一小学于2019年引进"三三云学堂"大平台并实现全面应用，建设了以校本资源为核心，兼具线上诊断、数据分析及适性辅导功能的智能化学习空间。教师利用人工智能"两链一键"双螺旋教学诊断模型实施智慧化教学，利用大数据对学生学习进行精准诊断。教师依据学生学习过程形成班级和学生个人学情分析报告，在智能诊断的基础上为学生推送相应微课和学习资源，帮助学生精准提升学习表现。在人工智能技术的支持下，学校实现了对学生德智体美劳方面发展水平的全维监测和诊断，形成了多元化评价与过程性评价相结合的教学诊断新样态，学生核心素养得到全面发展，学校"五育并举"的办学理念得以落实。

# 数字时代数据新闻人才培养模式创新
复旦大学

## 一 背景

数字时代互联网、大数据、人工智能等新技术的迅猛发展，给新闻传播业带来翻天覆地的变化，也给传统新闻传播教育模式带来巨大挑战。复旦大学新闻学院教学团队以"数据分析与信息可视化"新文科特色示范课程的实践为突破口，探索数字时代新闻人才培养模式。本案例以培养具有家国情怀、懂得互联网传播规律、业务能力过硬的新时代媒体人为目标，打破传统新闻教育"纯文科"的单一培养模式，通过数字技术的融合应用，着力培养学生"文理融合"的数据思维和数据新闻实战能力，构建出"四个一"（开设全国新闻院系第一门"数据分析与信息可视化"本科必修课程，围绕课程创建全国第一个产学结合的"数据分析与信息可视化"教学团队，创建"复数实验室"这一特色教学实践平台，创建辐射全国的"数据新闻工作坊"），形成了"文理交叉+道术融合+知行合一+产学协同"四维融合的特色教学与人才培养模式。

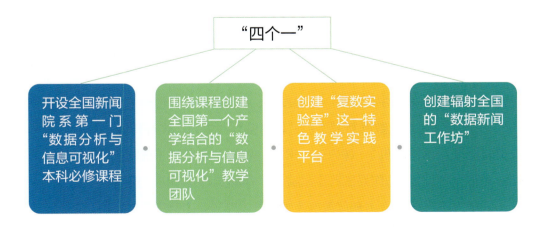

本案例致力于解决数字时代新闻传播教育面临的文理学科壁垒大、思想专业隔阂深、理论实践脱节、校园社会断裂等问题，有效探索出数字时代新闻人才培养模式的创新路径，赢得社会赞誉，发挥示范效应。

## 二 实践创新举措、典型经验

### （一）以"交叉融合"为特色构建知识和能力体系

本案例致力于培养具有跨学科思维能力、能够应用数据分析和可视化技术进行新闻报道以及传播实践的复合型人才。率先从底层设计上实现文理融合，构建起包括新闻传播学、计算机科学、数据科学以及视觉设计等多学科交叉融合的知识体系；重点培养和融汇学生的四种能力——新闻叙事能力、编程能力、统计分析能力以及可视化能力；将知识和能力体系的整体设计落实为四大模块内容——数据基础与研究设计、数据采集与处理、数据统计分析以及信息可视化，并通过数据新闻作品的产品化考核得以融汇，充分体现出"新文科"特色。

### （二）以"用数据实践新闻理想"为理念构建育人模式

本案例秉持人文价值与技术创新相融合的观念，提出"用数据实践新闻理想"的核心理念。构建以数据思维和分析能力为基础支撑，以家国情怀、人文关怀为价值旨归的"双层模型"，并通过选题策划、案例剖析、实战训练三大机制引领贯穿。引导学生关注国家发展和社会进步（如改革开放40周年、中华人民共和国成立70周年）、中华传统文化传承（如中华"老字号"）等，用数据讲好国家发展的故事；关注社会公平正义，关怀老人、儿童等弱势群体（如"宝贝回家""一医千儿"等），及时响应突发公共事件，用数据坚守社会责任，赢得了社会的广泛赞誉。

### （三）以"复数实验室"为核心构建特色数字化实践教学模式

本案例率先探索高校文科本科课程教学的实验室模式，创建"复数实验室"特色实践平台，发挥生产实训、作品发布、创新实验"三位一体"的实践教学功能。生产实训是指以数据新闻作品"项目制"为中心，展开特色"2+1"（每周2课时授课+1课时上机）、课内外（常态+突发）、全链条（选题+采集+处理+分析+表达）、团队化的作品生产实战实训。作品发布是指以"复数实验室"为统一品牌在解放日报、澎湃新闻等多家媒体开设账号，由师生集体运营，对外发布优秀课程作品，迄今已经发表学生作品70多篇，阅读量超过5000万人次，成为教学改革创新的突出亮点。创新实验是指积极探索数据分析与信息可视化的前沿实验，展开知识创造活动，涉及算法新闻、智能可视化、沉浸式体验等。

## （四）以团队+工作坊"双轮驱动"构建校园-社会协同育人机制

构建产学深度融合的开放式教学团队。本案例由国家哲学社会科学领军人才周葆华教授领衔，多位青年骨干教师参与，解放日报数据新闻总监、澎湃新闻数据新闻主编等业界领军人物深度参与联合培养。他们每学期和任课教师一起参与课堂教学、课后指导、作业点评、作品修改与发布等教学全过程，显著提升了学生对业界前沿的理解和对接新闻一线的实战能力，使大部分学生作品都达到了在专业媒体发表的水准。

本案例还创建了数据新闻工作坊，其特色是产学结合、进阶训练、国际视野，引入业界、社会、国际教学资源，为学生提供进阶实训，提升学生对接一线、社会和国际的能力。工作坊同时面向全国业界、学界和社会开放，为全国新闻媒体、兄弟院校和社会组织培训了多名数据新闻人才，成为全国数据新闻领域具有较大影响的品牌，赢得了广泛赞誉。

### 三 主要成效

本案例聚焦、务实，已经成为全国新闻传播专业"新文科"特色课程建设与人才培养模式创新的代表性案例，获国家级教学成果奖等多个奖项。

### （一）课程学生作品的阅读量和影响力

课程累计发表70多篇学生作品，总阅读量超过5000万人次，其中20多篇学生作品的阅读量超过10万人次，产生巨大的社会影响。

**70多篇** 累计发表学生作品　　**5000万人次** 阅读量超过　　超**10万人次** 20多篇学生作品的阅读量

### （二）课程建设、教学平台与团队获奖情况

"数据分析与信息可视化"课程建设获得高度肯定，先后获评国家级一流本科课程、上海市一流课程、上海市重点课程、上海市课程思政领航课程、复旦大学重点课程、复旦大学课程思政标杆课程等，教学成果荣获高等教育（本科）国家级教学成果奖、上海市优秀教学成果奖。

教学团队获得中国数据新闻大赛优秀组织奖、中国数据内容大赛最佳组织奖等。任课教师获得优秀指导教师奖，团队获评复旦大学"钟扬式"好团队荣誉。

## （三）辐射影响

### ● 实践作品面向社会公共传播，产生广泛影响

作品通过"复数实验室"等数字化平台面向社会进行公共传播，产生广泛影响。其中，《宝贝回家：7万条数据解读儿童拐卖与遗弃》《原生家庭之殇：从5243条数据看家庭语言暴力》等多篇作品引发社会高度关注。《八万条数据解析上海全民健身》通过数据分析解读上海市健康场所增加与市民满意度下降之间的"悖论"，作为内参报送上海市委市政府。《数读上海居委会：疫情下城市的"末梢"治理难在哪》获上海电视台邀请，专门制作专题电视节目。《看了946条辟谣信息，我们提炼出一些信息辨别方法》被中央网信办主编的《网络传播》杂志刊载（刊载题为《大数据解析疫情谣言的传播特点》）。

### ● 案例总结研究成果丰硕

团队教学研究案例丰硕。主要作品包括《数据新闻与信息可视化》《记者素养的"新瓶旧酒"与"新瓶新酒"》《从新媒体专硕探索看新媒体传播教育》等，对教学案例起到了很好的总结推广作用。

### ● 实践教学模式引领示范全国

本案例创建了影响较大的数据新闻工作坊，为全国新闻媒体和兄弟院校公益培养数据新闻人才和师资力量，成为国内数据新闻领域具有影响力和引领力的品牌。工作坊引领全国数据分析与信息可视化的教学创新、人才培养和行业发展，将本案例教学模式推广到全国；同时辐射业界，催生了西部地区数据新闻团队（四川日报数据团队），成为行业"火种"。

本案例还先后组织多期"数据新闻与数据新媒体"学术沙龙，策划组织首届全球青年信息可视化高峰论坛，联合主办数据新闻的未来与数据新闻教育研讨会，有力推动了国内该领域学术和行业共同体的建立与发展，充分显示了案例的引领示范效应。

# 数字时代计算机拔尖人才培养的"一体两翼双引擎"模式

同济大学

## 一 案例背景

随着数字技术不断渗透，从互联网的崛起到移动互联网的广泛应用，再到人工智能的初见端倪，计算机技术给各行各业都带来了巨大冲击，已经成为时代的"运筹者"。然而，我国信息产业核心技术在源头上受制于人的现象依然严重，信息产业从硬件到软件、从软件到智能全生命周期的自主研发、全程可控问题亟待解决。同时，以互联网为基础设施和实现途径的经济发展新形态呼之欲出，计算机技术与传统产业有机融合的新业态成为新的产业增长点。为主动应对以人工智能为引领的新一轮科技革命和产业革命的潮流，我国适时提出了"基础学科拔尖学生培养试验计划"，释放了我国基础学科人才自主培养的信号。与数理化相比，计算机属于年轻的基础学科，加之该领域发展迅猛，因此，针对新时代计算机拔尖人才自主培养模式的探索是近年来国内研究型大学共同面临的课题。

同济大学、上海交通大学、复旦大学计算机学科依托上海这一科技前沿阵地，"坚持面向世界科技前沿、面向国家重大需求，深入实施新时代人才强国战略"，发挥高水平研究型大学人才培养的优势，从占领基础理论创新高地，到攻关"卡脖子"技术，培养了一批具有国际一流水平的计算机基础学科拔尖人才，并为其他学科的发展提供了源泉和动力。本成果旨在解决计算机学科拔尖人才培养的三个核心问题："知识""能力""环境"。

**1 知识**　如何建立适应数字时代的计算机拔尖人才培养知识体系？

**2 能力**　如何打造以科研能力培养为目标的能力培养体系？

**3 环境**　如何营造适应计算机拔尖人才自主培养的新生态？

## 二 典型经验

围绕上述问题，团队探索出一条适应数字时代计算机拔尖人才培养的"一体两翼双引擎"模式（见图1）。

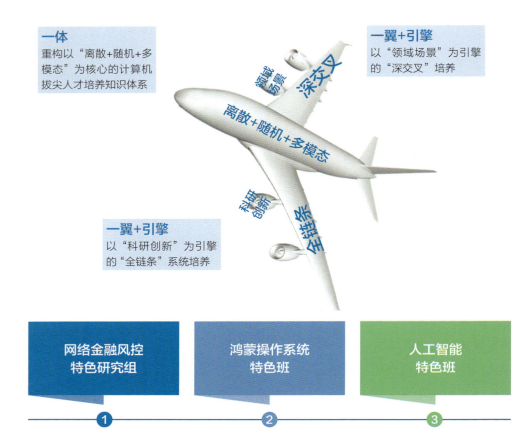

**一体**
重构以"离散+随机+多模态"为核心的计算机拔尖人才培养知识体系

**一翼+引擎**
以"领域场景"为引擎的"深交叉"培养

**一翼+引擎**
以"科研创新"为引擎的"全链条"系统培养

| 网络金融风控特色研究组 ① | 鸿蒙操作系统特色班 ② | 人工智能特色班 ③ |

图1 ▶
"一体两翼双引擎"计算机拔尖人才培养模式

"**一体**"：构建了以"离散+随机+多模态"为核心的计算机拔尖人才培养课程体系。

"**一翼+引擎**"：创建了以"科研创新"为驱动的计算机拔尖人才"全链条"培养体系。

"**一翼+引擎**"：建设了以"领域场景"为驱动的计算机学科"深交叉"融合育人生态。

"**特色班组**"：建立了"需求牵引、精准培养"的特色班组培养路径。

## （一）以"离散+随机+多模态"为核心的计算机拔尖人才培养课程体系

传统以面向离散数据处理为核心的计算机专业课程体系已经不能满足数字时代下新技术发展对计算机拔尖人才培养的需求。为此，2010年以来，通过对培养方案进行4次大修，学校增设近20门反映时代需求的新课，同时，将经典的计算机算法和系统课程内容升级，重构了以"离散+随机+多模态"为核心的计算机拔尖人才课程体系。该体系以"厚数理基础、深计算思维、强系统能力、专前沿交叉"为导向，建构"数理基础""算法理论""计算机系统""计算机应用"四大课程群（见图2）。

▼ 图2
以"离散+随机+多模态"为核心的计算机拔尖人才培养课程体系

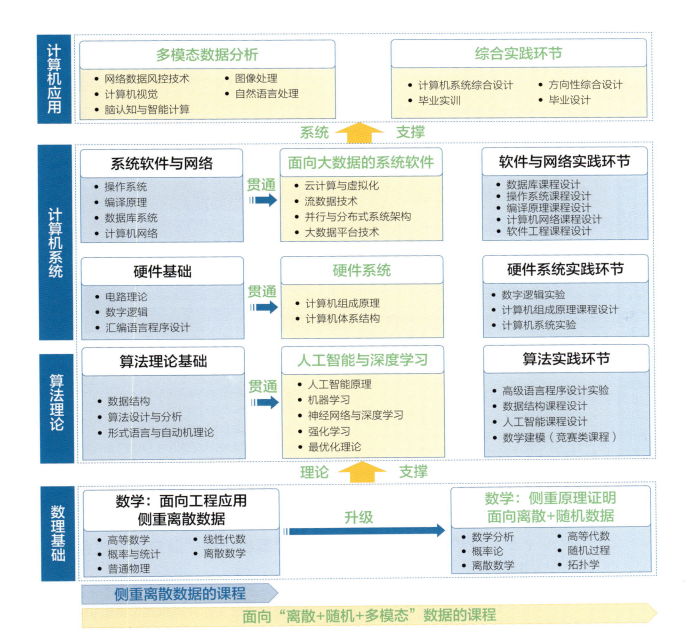

## （二）以"科研创新"为引擎的计算机拔尖人才"全链条"培养体系

在重构课程体系，做好理论教学的第一课堂基础上，学校以科研创新为驱动，开放学科平台基地，开设"计算机专业研修"荣誉课程，完善以学科学术带头人为中心的教学和课程团队机制，实行导师制个性化培养，形成培养拔尖学生科研创新能力的第二课堂及载体；同时，与国际著名研究团队建立联合实验室，请国际学术大师作为学生的联合导师，贯通国际交流途径，建立拔尖人才的"全链条"培养体系（见图3）。

图3 ▼
"全链条"和"深交叉"的人才培养路径

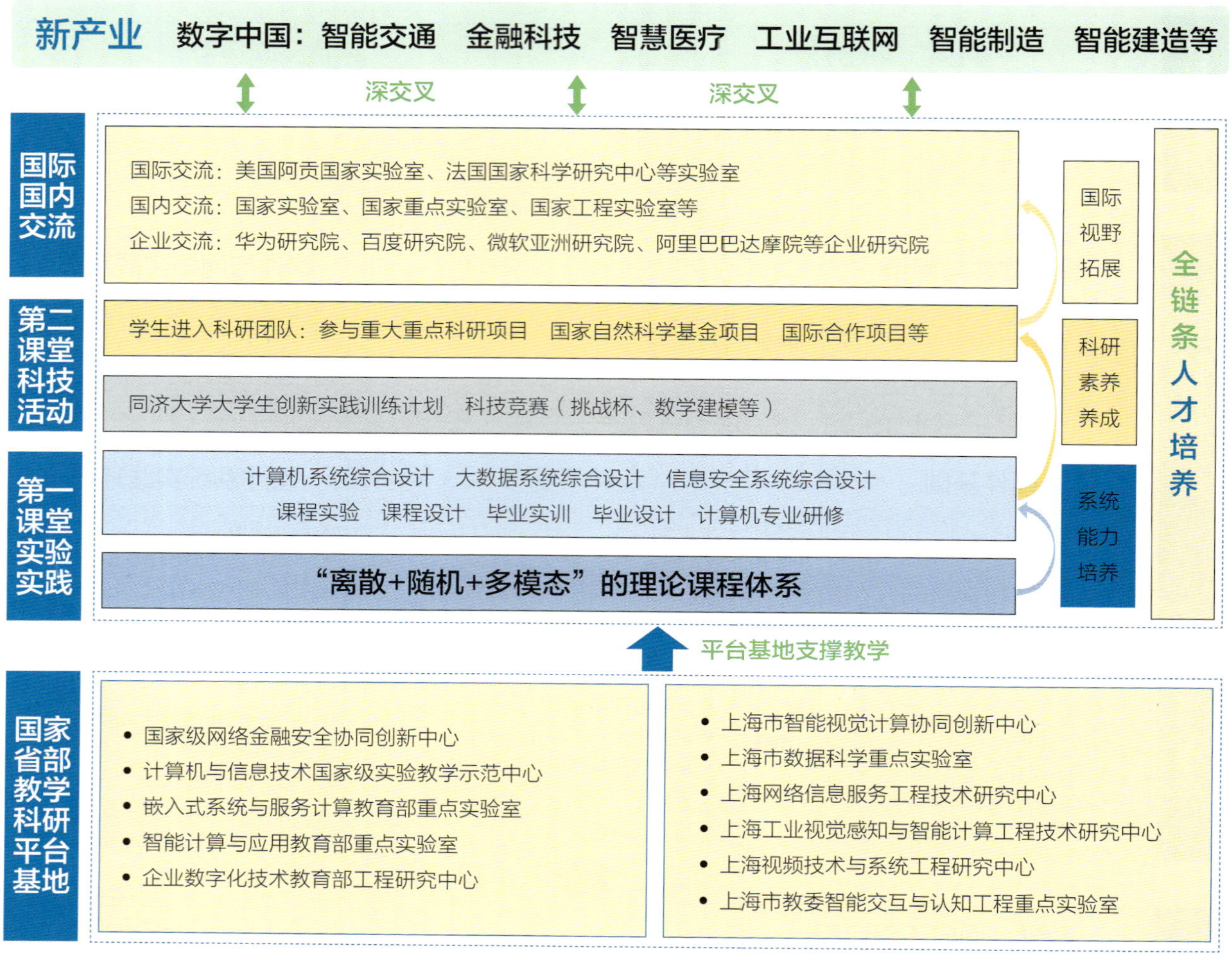

（三）以"领域场景"为引擎的计算机学科"深交叉"融合育人生态

数字时代的计算机拔尖人才不仅需要具备坚实的计算机理论基础和系统能力，而且要具备赋能行业领域的学科交叉能力。为此，本成果从"基础学科+"的理念出发，按照学科优势及与产学研生态圈呼应的客观需求，构建了覆盖本硕博的计算机学科交叉育人平台，包括面向网络金融场景的网络金融安全协同创新中心、面向智慧交通场景的同济途灵无人车队、面向脑认知场景的磁共振智能分析平台等，建成了覆盖金融、交通、医疗等领域场景的产学研合作生态圈。

### （四）"需求牵引、精准培养"的特色班组培养路径

建立兼具学科优势和行业特色的班组培养模式，引导学生树立家国情怀和远大理想。其中，针对我国在网络金融安全领域的重大需求，同济大学依托网络金融安全协同创新中心及其导师团队，建设了金融风控本硕博贯通特色班组，指导学生参与国家重大研究计划，在解决交易欺诈、系统性风险等领域重大前沿难题中锤炼学生的学术创新能力，培养出一批金融风控高端人才。循此模式，上海交通大学和复旦大学根据自身学科优势，设立了人工智能特色班等特色班组，实现拔尖人才分类精准培养。

## 三　主要成效

### （一）特色与创新

计算机拔尖人才"一体两翼双引擎"培养模式是面向数字时代产业变革给出的教育应答，是计算机教育"小逻辑"服从基础学科拔尖人才自主培养"大逻辑"的主动应答。本项目以"一体两翼双引擎"为核心，学校计算机类专业建设取得了飞速的进步，人才培养成效显著，该育人模式也吸引了多个兄弟院校前来交流学习，辐射作用明显（总体思路、实施路径与应用成果见图4）。

● "新"：重构了以"离散+随机+多模态"为核心的新知识体系，构筑计算机拔尖人才坚实的理论知识和系统能力的基座，赋予计算机拔尖人才培养新的内涵，使之适应我国基础学科拔尖人才自主培养的迫切需求。相关成果获得全国优秀教材奖，"人工智能原理"等4门课程获批国家级一流课程，20余门课程获批省部级一流课程，教学成果获得上海市教学成果奖特等奖等。

● "跨"：构建了"深交叉"和"全链条"计算机拔尖人才培养生态，通过"领域场景"实现学科交叉的"化学反应"，通过"创新创业"实现全链条系统性人才培养，形成计算机拔尖人才培养新的外延。学生获包括"挑战杯"特等奖在内的国家级和省部级科创竞赛奖800余项、数学建模奖千余项、国际会议最佳论文奖57项。

● "精"：构建了"需求牵引，精准培养"的计算机本研贯通培养途径。依托学科顶尖导师团队和优质科研资源，针对国家重大需求，以最高标准，打造最精英的拔尖学生班组。所培养的毕业生中，涌现出多位计算机基础理论领域的杰出代表。

图4 ▲
总体思路、实施
路径与应用成果

## （二）人才培养成效

近5年，320余人进入全球大学排名前50的高校深造，学生发表核心期刊/会议论文500余篇，在国际和国家级学科竞赛中获奖300多人次。

学科培养出一大批计算机学术领军人才：自主培养的毕业生在全球计算机基础理论界声名鹊起，毕业生因攻克国家重大需求所需的核心技术成为年轻的国家科技进步奖获得者。他们已经或正逐步成长为引领国家和社会可持续发展的专业精英与社会栋梁。

## （三）经验推广

基于"一体两翼双引擎"特色人才培养模式，学科、专业建设成果丰硕，在教育部第四轮学科评估中，上海交通大学、同济大学计算机学科均位列A类学科，成果单位均入选国家计算机科学拔尖学生培养计划基地。

成果育人模式受到同行的认可，东南大学、西北工业大学、南京大学、中国科技大学、中南大学、大连理工大学、华东师范大学、华南理工大学等30多所高校学习借鉴了项目成果。

团队建设了4门国家级一流课程和20余门上海市一流课程，开展包括翻转课堂在内的教学实践，5年来惠及15000多名本科生，辐射作用显著。出版《网络交易风险控制理论》《网络计算》等10余部专著及教材。其中，《大学计算机基础》获评全国优秀教材奖，该教材在国内被广泛使用，累计发行近千万册；《云计算原理与实践》销量达4万余册，已被122所高校用于教学。

团队在国内计算机领域有影响力的会议上进行大会报告百余次，成果被多家主流媒体报道。

# 推进数字化转型 重塑职业院校教育生态

天津电子信息职业技术学院

## 一 实施背景

党的十八大以来，党中央高度重视发展数字经济，将其上升为国家战略。数字经济的快速发展，催生了新职业、新岗位，职业院校亟须以数字技术赋能转型升级，重塑教育生态，培养与之相适的数字化复合型技术技能人才。那么，职业院校在人才培养过程中，如何立足人才需求变化，使专业课程体系适应数字经济和数字技术的快速发展？如何改变传统基层教学组织形态，提升培养数字化复合型技术技能人才的胜任力？如何重塑育人环境，有力支撑个性化学习和素养提升？系统性推进数字化转型，重塑教育生态，增强职业教育适应性，已成为职业院校亟须完成的改革任务。

天津电子信息职业技术学院（简称"津电"）是天津市唯一一所以服务电子信息产业为主要办学特色的高职院校，是国家级示范校、国家级优质校、国家"双高计划"首批建设单位。面对数字经济快速迭代给职业教育带来的挑战，学校聚焦"数字中国"战略，深入推进数字化转型，重塑职业院校教育生态，服务数字经济发展，探索出以"数字赋能、快速迭代、跨界融合、自立自强"为主要特征的高质量发展之路，形成了可复制、可推广的职业教育"津电模式"。

图1
"一核三环"职业院校教育新生态模型

## 二 主要经验

### （一）主要做法

学校以教育数智化和治理现代化的融合发展为驱动力，推进职业教育数字化转型，重塑职业院校教育生态。与国内领军企业全方位合作，锚定"数字化复合型技术技能人才培养"这一核心目标，围绕"课程、组织、环境"三大教育生态关键要素进行数字化重塑，打造出"一核三环"职业院校教育新生态（见图1），为职业院校数字化转型提供了方法体系及行动指南。

**第一，创设通用"3C课程体系框架图谱"，重塑专业课程体系。**

按照"产业链-技术链-课程链"对应逻辑，跨专业（群）对全校信息类专业及非信息类专业的课程体系进行一体化统筹设计，创设了多专业通用的"3C课程体系框架图谱"（见图2），定义了"跨专业项目实践课程群""专业核心课程群""数字技术通识课程群"，确定了下设模块化课程组和相关课程的设置标准、规范与模板。全校26个专业参照框架图谱及相关标准重塑课程体系，新设86个模块化课程组，新增调整300余门课程，实现对数字经济和数字技术发展变化的同步响应。

▼ 图2
专业通用"3C课程体系框架图谱"

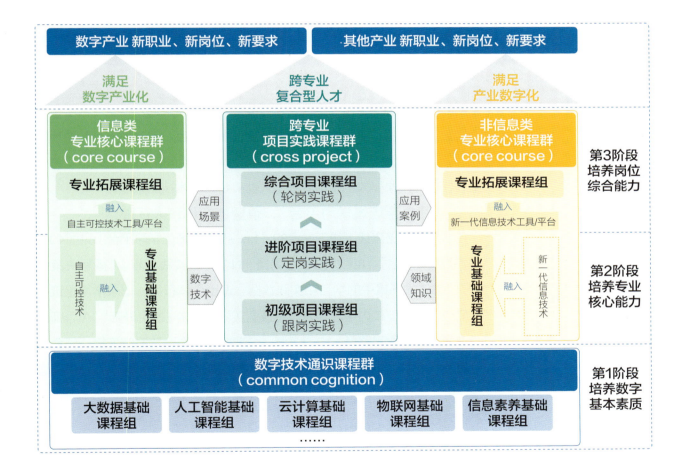

**第二，打造"数字工匠工坊"，重塑基层教学组织形态。**

打破组织藩篱，组建新型实践教学组织"数字工匠工坊"（见图3），施行"团队、管理、项目"的数字化改造。团队跨界：从知名企业引进12位技能大师和30余名工程师，与100余名跨专业教师、60余名辅导员混编入驻工坊，依据"数字技能导师""企业实践导师""专业技能导师""生涯规划导师"角色分工协作，实现团队成员的多维跨界。数字管理：应用数字化手段促进资源共享、强化质量

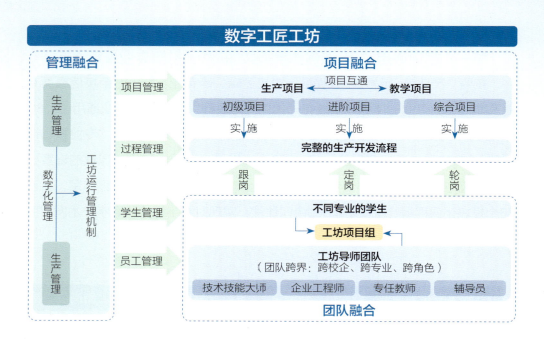

图3 ▶
数字工匠工坊

控制、支持多维跨界协同工作，实现管理效能提升。项目互通：将企业数字化项目转化为实践教学案例，实践教学成果孵化企业生产项目，实现生产与教学项目相互转化。通过重塑教学组织形态，打造了53个数字工匠工坊，支撑了"跨专业项目实践课程群"课程教学，培养出了大批复合型技术技能人才。

### 第三，搭建"全场景学习平台"，重塑数字化育人环境。

数字技术赋能，搭建线上线下融合的"1+8+N"全场景学习平台（见图4），即1个"智慧决策大脑"、8类校内学习场景、N个企业实践场景。"智慧决策大脑"：全方位采集各场景中的学习和实践数据，识别个体行为，记录学习足迹，构建多维度数字画像。校内学习场景：突破虚实界限，由"校企导师""AI导师"人机协同指导，推荐学习路径、学习资源。企业实践场景：跨时空连接，整合企业人力、岗位、项目等资源，应用数字技术实现实践教学中的一课双师、岗位适配、过程评价。通过数字化重塑全场景育人环境，有效支撑学生个性化学习，提升数字素养与技能。

## （二）典型经验

### 第一，理论创新，打造"一核三环"职业院校教育新生态。

锚定"数字化复合型技术技能人才培养"核心目标，围绕"课程、组织、环境"三大教育生态关键要素进行数字化重塑。通过创设通用的"3C课程体系框架图谱"，重塑专业课程体系；通过打造"数字工匠工坊"，重塑基层教学组织形态；通过搭建"全场景学习平台"，重塑数字化育人环境。为职业院校重塑教育生态、实现数字化转型提供了方法体系及行动指南。

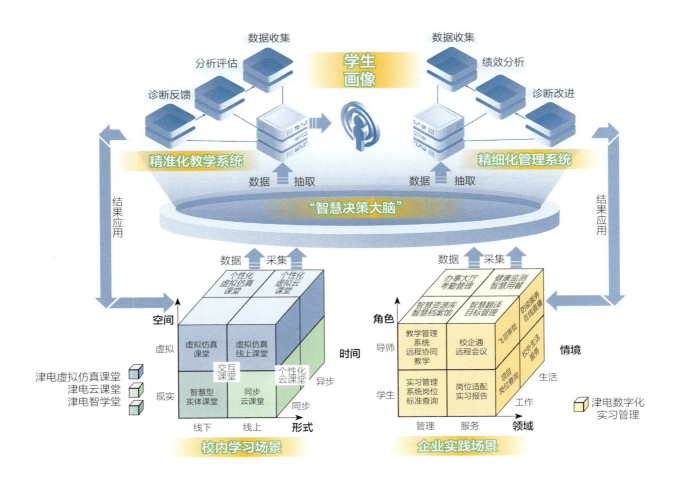

▲ 图4
"1+8+N"全场景学习平台架构

### 第二，标准创新，创设专业课程体系重构标准新范本。

首创专业通用的"3C课程体系框架图谱"，作为课程设置标准的范本，为专业课程体系的重构提供了"设计图"和"施工图"。图谱体现"课程群—课程组—课程"层次体系架构，定义了三类课程群、课程组和相关课程的设置标准、规范与模板。重点打造横向连通信息类和非信息类专业、纵向贯通人才培养全过程的跨专业项目实践课程，使之成为不同专业知识技能的交叉点、不同职业岗位的汇集点、不同领域职业能力的融合点。

### 第三，组织创新，跨界融合重塑基层教学组织新形态。

打破传统专业教研室的组织壁垒，组建新型实践教学组织"数字工匠工坊"，凸显了"团队融合、管理融合、项目融合"的形态特征。"数字工匠工坊"以跨校企、跨专业、跨角色的多维跨界形式实现团队融合；引入企业数字化管理模式、工作流程和组织文化，构建工坊管理机制，实现管理融合；通过企业生产项目和教学项目的相互转化、成果共享实现项目融合。"数字工匠工坊"为培养跨专业复合型人才和技术应用创新提供了一种新型的组织形态。

### 第四，评价创新，绘制多维画像构建智慧评价新方式。

依托数字化育人环境，采集学生学习和实践数据，建立了长周期、多维度数字画像。应用画像对课程学习和企业实践效果进行过程性和结果性评价，对数字素养和专业能力进行增值性评价，多角度测评学生的认知结构、能力倾向和个性特征。智慧评价有效支撑了分类分层培养，提升了差异化教学成效，在复合型人才培养、技能竞赛、创新创业、技术服务等多个领域，培养出了世赛金牌选手、创业明星、全国技术能手等一大批优秀人才。

## 三　主要成效

### （一）人才培养广受认可，国际国内屡获大奖

数字教育创新实践成果惠及2万余名学生，京津冀地区就业占比超70%，培养了"全国技术能手"等一批能工巧匠。指导选手获世界职业院校技能大赛金牌，在世界技能大赛中夺得3金2银。累计获得全国职业院校技能大赛等标志性竞赛奖项34项，省部级及以上竞赛奖项269项。

### （二）转型助力双高建设，办学能级显著提升

数字化转型助力高质量发展，2019年学校入选"双高计划"建设单位。2023年入选首批"国家级职业教育教师教学创新团队"。世界技能大赛国家集训基地等8个"国字号"项目落户学校。由世界技能组织授权成立全球首家国际培训中心信息网络布线分中心，对赞比亚等20余个国家开展培训。

### （三）产教融合协同创新，标准输出国际引领

以"数字工匠工坊"为载体，与国内领军企业合作，牵头成立天津职业教育信创产教联盟等4个区域行业联盟组织。

参与制定世界技能职业标准（World Skills Occupational Standards, WSOS）、国际化专业教学标准等12项，成为日本、德国等20余个国家借鉴的"金标准"。建成"俄罗斯鲁班工坊"，开展5G培训，助力中国标准、装备"走出去"。

# 以数字化重塑职业教育
# "精准教、个性学"新生态

河南职业技术学院

## 一　背景

### （一）背景介绍

　　高职院校生源日趋多元，学生个性化需求日益增多，产业转型升级加速，职业岗位能力需求多变。为对学生进行个性化分类培养，践行"人职匹配、因材施教"育人理念，推进教育信息化改革、因材施教和产教迭代演进，2015年学校依托教育教学质量提升工程、学生人文素养培育工程、创新创业教育引领工程，利用大数据绘就人才培养路线图，分类精准育人，实施"需求导向、专业引领、分类分阶、精准施教"的"专业+X"人才培养模式（见图1）。经过多年的改革与探索，在一定程度上实现了差异化的教、个性化的学、科学化的评，营造出

▼ 图1
基于大数据的高职学生分类培养创新实践方案

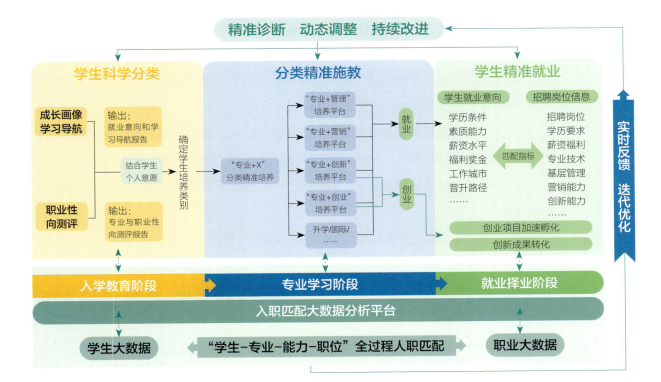

"人人皆可成才、人人尽展其才"的育人环境，以数字化重塑了职业教育教学新生态。

## （二）主要解决的问题

解决人职不匹配，人才培养缺乏科学分类的难题；解决人才培养职业适应性不强，难以因材精准施教的问题；解决分类培养跟踪反馈不及时，缺乏动态诊断改进的问题。

## 二 经验

### （一）分类导学："一平台、三系统"画像分类

**第一，以大数据为支撑，研发"人职匹配大数据分析平台"。**

动态抓取学校智慧校园平台学生学习成绩、操行表现等数据累计800余万条，建成"全过程、全方位、全覆盖"学生成长大数据仓库；挖掘50余万家企业招聘数据，1000余万条就业大数据，形成专业群对接区域产业发展的"行业-专业-职位-技能"职业技能字典，促进校企需求信息对接，建成职业岗位大数据仓库，架起"人-职"两仓库桥梁；开发"职业性向测评""成长画像学习导航""智慧化精准就业"三大子系统，形成支撑人才培养全过程的人职匹配大数据分析平台。

**第二，以数字化为手段，开展全过程职业指导。**

实施"一生一规划"，学校职业生涯规划与就业指导中心每年组织7000余名新生通过"职业性向测评"进行职业匹配分析，为学生出具"专业与职业性向测评报告"，指导学生制定职业生涯规划。

通过"成长画像学习导航"，定期进行拟就业能力测评，为学生出具"就业意向和学习导航报告"，指导学生对标意向职业岗位能力要求，开展精准化学习。

通过"智慧化精准就业"系统进行一生多企双向精准推送，指导学生高质量就业。

**第三，以大数据报告为依据，实施"专业+X"分类导航。**

对接职业岗位和学生需求大数据，创设专业+管理/营销/创新/创业等分类培养方向。依据大数据分析平台输出的两份报告和分析画像，使每位学生都能找准适合的"专业+X"分类发展方向，指导学生个性化学习和高质量就业。

## （二）分阶助学："四类五阶""专业+X"人才分类培养

聚焦职业岗位需求，根据学生个性特点和职业发展潜能，实施专业+管理/营销/创新/创业的"专业+X""四类五阶"精准培养。

### 第一，打造"四类五阶"育人体系。

投入5亿余元，建成6大集团（联盟）、38个技术研发机构、14个大师工坊等，"校政企行研"协同打造专业+管理/营销/创新/创业分类培养场景，创设"普育—培育—选育—精育—长育"五阶育人平台。

### 第二，创新"专业+X"进阶课程体系。

建设1650门次"专业+X"进阶课程，完善学分转换机制。"专业+X"课程可置换相同学分的拓展课程。

### 第三，组建校企"双师+"师资队伍。

建立校企"双师+"500人教师库，表彰突出贡献者108人，发放奖励2000余万元。

### 第四，实施"闯关激励式"评价。

基于成果进行考核评价，发放"创业明星"等专项奖学金累计800余万元，增发"专业+X"证书。

### 第五，开展"专业+X"个性化分类培养。

实施"一专业五方案"个性化培养，即一个专业除专业人才培养方案外，配套专业+管理/营销/创新/创业四个人才培养方案。

与多家名企合作实施各类计划，开展个性化分类培养。

## （三）分层诊学："一轮两翼"人才培养质量诊改

依托学校人职匹配大数据分析平台、专业管理系统、云课堂和专业课程诊改等信息化平台，将人才培养的过程与结果互联互通，形成以"人职匹配"为驱动轮，科学分类和精准施教两个诊改循环为两翼的"一轮两翼"人才培养质量诊改机制，为全过程、全方位提升人才培养质量提供诊改依据（见图2）。从学校、专业、课程、教师、学生、企业六个层面进行诊断评价，实施"六层联动"动态诊改。

## （四）数智增效，重塑职业教育新生态

重构智慧化教学空间，打造国家级虚拟仿真实训基地、智慧教室等，实现多场景联动、沉浸式教学，重塑课堂体验。激活数字化教学资源，建成国家级精品在线开放课程、专业教学资源库等数字资源，满足学生多层次、个性化学习需

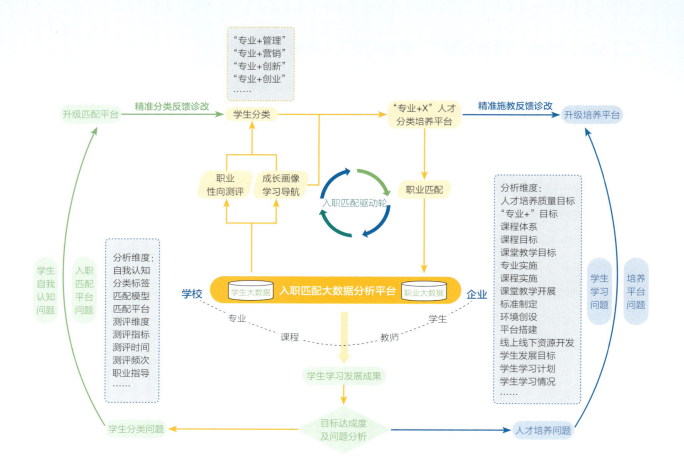

基于大数据的"一轮两翼"人才培养质量诊改

求。打造一体化服务管理平台，构建全面协同、高效运行的"一网通办"信息服务平台，实现信息互联互通和数据可视化管理，不断提升教学管理与决策评价的科学性、智慧性，提升现代化办学水平。

## 三 成效

### （一）助力学生人生出彩、人尽其才

成果实施以来，本校4万余名学生受益，学生就业竞争力增强。学生获省级以上奖项72项、"互联网+"领域大学生创新创业大赛奖项176项；学生创业项目累计9000余项，产值近2.5亿元，毕业生张同学在校孵化项目累计营业额超过1.5亿元，带动8个创业团队返乡创业、4000余人就业。

### （二）促进学校培树品牌，成果丰硕

依托改革，教师发表论文近300篇，纵向科研项目立项200余项，50余人被评为国家"万人计划"教学名师、中原名师等。教师获全国高校黄大年式教师团

队、国家级职业教育教师教学创新团队等称号，学校入选国家级创新创业教育实践基地建设单位、全国创新创业典型经验高校、教育部首批职业院校数字校园建设试点学校等。

## （三）助推区域创新攻关，质效双升

与知名企业合作，开展技术服务400余项，形成省级以上规划教材30余种、精品在线开放课30门、专利250余项，为企业创造经济效益近2亿元。建成中国·中原大学生创业孵化园、全国高校毕业生就业能力培训基地等平台，开展创新创业培训2万余人次、职业技能等级培训12.6万余人次。

## （四）赢得社会关注报道，认可赞誉

《光明日报》《中国教育报》等媒体报道改革经验200余次；省内外职教专家高度认可；成果被央视新闻专题播出，被"学习强国"等媒体转发宣传。

# 工商管理类专业实践能力培养模式研究

安徽大学

## 一 开展数字教育创新实践的背景

### （一）案例背景

随着数字经济的发展，产业部门对工商管理类专业人才的数字素养和数字技能提出了更高要求，这就需要重视数字化背景下学生实践能力的培养。然而长期以来，对于如何运用数字技术手段培养工商管理类专业学生的实践能力，还缺少系统设计和有效手段。鉴于此，安徽大学、安徽工业大学、安徽工程大学、宿州学院四校利用国家级经济管理实验教学示范中心、教育部工商管理专业虚拟教研室等平台，以"数智赋能、虚拟仿真"为手段，共同探索数字化背景下培养学生实践能力的新模式，取得了良好效果〔见图1〕。

### （二）案例要解决的主要问题

解决数字化背景下学生数字素养不够、知识结构和能力结构难以满足用人单位需求的问题，解决长期以来实践教学手段落后、不成体系的问题，解决学生运用大数据创新性发现和解决实际问题能力不足的问题。

图1 ▼
数字化背景下工商管理类专业学生实践能力培养模式

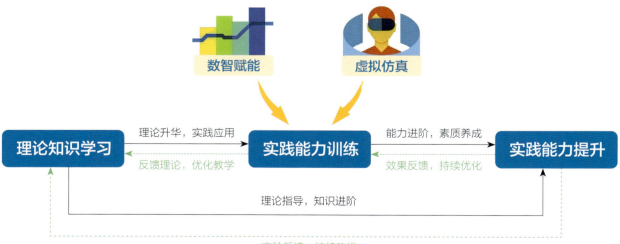

## 二 实践创新举措及典型经验

### （一）实践能力培养体系的构建

基于"知行合一、理实并进"的教育理念，以"知识转化为能力"为导向，以"实践能力提升"为目标，利用国家级经济管理实验教学示范中心、教育部工商管理专业虚拟教研室等平台，构建起以"理实交融、内容重构"的知识体系为起点，以"数智赋能、虚拟仿真"为手段，以"学科交叉、赛创共融"的创新创业、学科竞赛和科研训练等为保障的实践能力培养新生态（见图2）。

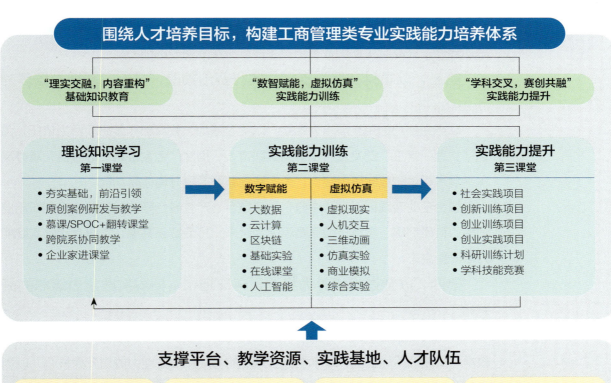

围绕人才培养目标，构建工商管理类专业实践能力培养体系

| "理实交融，内容重构"基础知识教育 | "数智赋能，虚拟仿真"实践能力训练 | "学科交叉，赛创共融"实践能力提升 |

**理论知识学习** 第一课堂
- 夯实基础，前沿引领
- 原创案例研发与教学
- 慕课/SPOC+翻转课堂
- 跨院系协同教学
- 企业家进课堂

**实践能力训练** 第二课堂
数字赋能
- 大数据
- 云计算
- 区块链
- 基础实验
- 在线课堂
- 人工智能

虚拟仿真
- 虚拟现实
- 人机交互
- 三维动画
- 仿真实验
- 商业模拟
- 综合实验

**实践能力提升** 第三课堂
- 社会实践项目
- 创新训练项目
- 创业训练项目
- 创业实践项目
- 科研训练计划
- 学科技能竞赛

**支撑平台、教学资源、实践基地、人才队伍**

- 国家级经济管理实验教学示范中心
- 国家级虚拟教研室
- 国家一流专业建设点
- 国家级智慧教育平台
- 国家级创新创业学院

- 国家级一流本科课程
- 省级一流本科课程
- 省级精品课程
- 国家级获奖案例
- 其他教学资源

- 实习基地
- 科教基地
- 产教基地
- 科研平台
- 产学研合作基地
- 案例教学与研究中心

- 专业教师
- 外聘教师
- 企业导师
- 青年教师挂职锻炼

▲ 图2
数字化背景下工商管理类专业学生实践能力培养体系的构建

### （二）解决问题的主要做法

**第一，以理实交融为导向，实现内容重构，构建数字素养和数字技能培养的课程新体系。**

新增"大数据分析与商务智能""云计算与区块链""数据管理""网络经济

学""数据挖掘实战与案例分析""数字创新管理"等课程，将"数字化转型""管理案例研究""创新创业训练和学科技能竞赛"等纳入培养方案。

增加"运筹学""统计学""财务管理"等多门基础课程的数字化教学内容和学时，将慕课、线上协同教学等引入课堂教学，推进课堂革命。

**第二，以数智赋能为引领，推进虚拟仿真技术的训练与应用，创新实践能力训练手段。**

加强新一代信息技术在实践教学中的普及应用，在"人力资源管理""物流学"等课程的基础实验、专业理论实验、专业综合实验部分开展线上线下混合教学，提高学生运用数字技术手段分析解决实际问题的能力。

依托国家级经济管理实验教学示范中心、教育部工商管理专业虚拟教研室等平台，打造"物流系统建模与仿真"等实验课程群，推进知识学习向实验实训的融通转化，提高学生运用数字仿真手段解决实际问题的能力。

**第三，以学科交叉为支撑，实行赛创共融，打造实践能力培养的新生态。**

以产业部门的真实需求为牵引，以实习基地、教育部产学研项目为依托，强化"文理、管工"交叉及产学协同实践育人。搭建"名家讲坛"等平台，承办高水平学术研讨和教学研讨会议，为实践创新能力提升增添新动能。

融合企业实践创新活动中心，科教融合、产教融合等实践基地，将创新创业训练、科研训练、学科技能竞赛等结合起来，打造赛创共融、学研互动的实践能力培养新生态。

**第四，以全过程培养为机制，环环相扣，拓展实践能力培养的新路径。**

强化价值塑造引领，以跨学科理实交融的实践课程体系重构为起点，以实验教学和实践训练为基础，以学生数字素养的养成和实践能力的提升为核心，以创新创业、学科技能竞赛和科研训练为拓展，构建实践能力培养的新路径，全过程提升学生实践能力。

**第五，多元协同聚合力，强化使命担当，完善实践能力培养的新机制。**

多方协作，联合共建实践教学实验室，搭建合作交流平台，鼓励学生参与企业项目研究，服务产业发展需求，强化使命担当意识。

开设徽商专题等实践类课程，研发本土企业实践案例，在企业开设移动课堂，邀请新徽商企业家、知名校友进校园进课堂，培育学生创业报国的家国情怀。

解决问题的方案如图3所示。

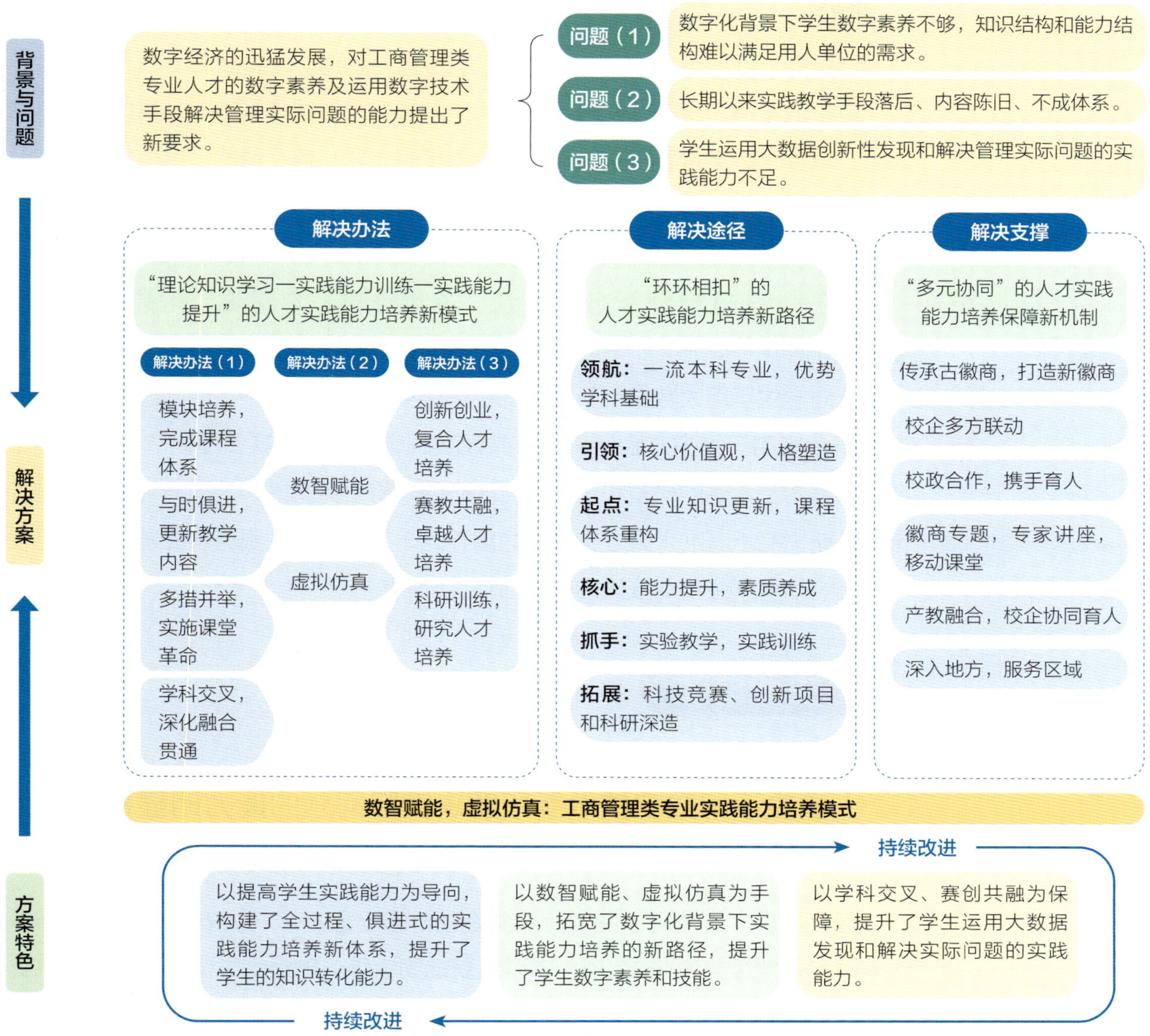

**背景与问题**

数字经济的迅猛发展，对工商管理类专业人才的数字素养及运用数字技术手段解决管理实际问题的能力提出了新要求。

问题（1）数字化背景下学生数字素养不够，知识结构和能力结构难以满足用人单位的需求。

问题（2）长期以来实践教学手段落后、内容陈旧、不成体系。

问题（3）学生运用大数据创新性发现和解决管理实际问题的实践能力不足。

**解决方案**

**解决办法**

"理论知识学习—实践能力训练—实践能力提升"的人才实践能力培养新模式

解决办法（1）
- 模块培养，完成课程体系
- 与时俱进，更新教学内容
- 多措并举，实施课堂革命
- 学科交叉，深化融合贯通

解决办法（2）
- 数智赋能
- 虚拟仿真

解决办法（3）
- 创新创业，复合人才培养
- 赛教共融，卓越人才培养
- 科研训练，研究人才培养

**解决途径**

"环环相扣"的人才实践能力培养新路径

**领航：** 一流本科专业，优势学科基础

**引领：** 核心价值观，人格塑造

**起点：** 专业知识更新，课程体系重构

**核心：** 能力提升，素质养成

**抓手：** 实验教学，实践训练

**拓展：** 科技竞赛、创新项目和科研深造

**解决支撑**

"多元协同"的人才实践能力培养保障新机制

传承古徽商，打造新徽商

校企多方联动

校政合作，携手育人

徽商专题，专家讲座，移动课堂

产教融合，校企协同育人

深入地方，服务区域

**数智赋能，虚拟仿真：工商管理类专业实践能力培养模式**

**方案特色**

持续改进

以提高学生实践能力为导向，构建了全过程、俱进式的实践能力培养新体系，提升了学生的知识转化能力。

以数智赋能、虚拟仿真为手段，拓宽了数字化背景下实践能力培养的新路径，提升了学生数字素养和技能。

以学科交叉、赛创共融为保障，提升了学生运用大数据发现和解决实际问题的实践能力。

持续改进

## （三）案例经验总结

▲ 图3
解决问题的方案

**第一，在模式创新方面：以"实践能力提升"为目标，创建了"理论知识学习—实践能力训练—实践能力提升"实践能力培养的新模式。**

针对数字化时代对工商管理类学生知识结构和能力结构提出的新要求，基于"知行合一、理实并进"的教育理念，通过"理实交融、内容重构"的理论知识学习、"数字赋能、虚拟仿真"的实践能力训练、"学科交叉、赛创共融"的实践能力提升，提高学生综合素质，解决了数字化背景下工商管理类专业学生数字素养不够、知识结构和能力素质难以满足用人单位需求的问题，解决了长期以来实践教学手段落后、不成体系的问题，解决了学生运用大数据创新性发现和解决实际问题能力不足的问题。

**第二，在路径创新方面：以"知识转化为能力"为导向，构筑了"环环相扣"的全过程实践能力培养的新路径。**

以价值塑造为引领，以跨学科理实交融的实践课程体系重构及其内容更新为起点，以学生数字素养和实践能力提升为核心，以"数字赋能、虚拟仿真"以及实验教学训练为手段，以创新创业、科技文化竞赛和科研探索为拓展，构建起"环环相扣"的全过程实践能力培养新路径，全面提升学生的实践创新能力。

**第三，在机制创新方面：以"多元协同"为保障，构建了"政产学研金服用"多方协作培养实践能力的新机制。**

针对学生运用大数据创新性发现和解决实际问题能力不足的问题，构建"政产学研金服用"的多方合作机制，共建实践教学和实习实践基地，搭建合作平台，加强本土案例的研发和企业项目的研究，将为党育人、为国育才及徽商精神传承、新徽商培养纳入人才实践能力培养范畴，强化学生服务产业发展需求的使命担当，培育学生创业报国的家国情怀。

## 三 主要成效

### （一）学生运用数字技术手段解决实际问题的能力明显提升，用人单位满意度高

近五年来，安徽大学商学院学生在国际与全国各级各类赛事中，先后斩获国家级和省部级奖项400余项；本科生获批国家级、省级大学生创新创业训练计划项目292项。对相关专业毕业生11个方面指标的跟踪调查发现，用人单位满意度均超过4.7分（满分5分），其中实践培养目标与行业需求匹配度方面的满意度最高。

### （二）深化了专业内涵建设，实践教学成果屡获佳绩

安徽大学商学院的工商管理、物流管理等7个专业，全部获批国家级一流本科专业建设点；有6个专业在中国大学专业排名中被评为A类，位居全国专业排名前10%；"统计学""管理沟通""物流系统工程"课程先后获批国家级一流本科课程。2018—2023年安徽大学商学院有9个实践教学案例被评为全国百篇优秀管理案例，居高校前列；相关教学成果先后获得首届全国高校教师教学创新大赛三等奖、首届安徽省高校教师教学创新大赛一等奖、全国高校混合式教学设计创新大赛二等奖等。

### （三）与多所高校相关专业分享案例经验，发挥了示范作用

安徽大学商学院实践教学成果在中国物流学会年会等会议上得到重点推介。安徽大学商学院作为牵头单位，与中国科学技术大学、南京大学、合肥工业大学等7所高校联合，成功申报教育部工商管理专业虚拟教研室，并借助该平台交流分享实践教学成果。

### （四）成功举办教育部虚拟教研室建设研讨会，推动工商管理类专业教育数字化转型发展

2023年7月10—11日，教育部工商管理专业虚拟教研室建设暨工商管理一流专业一流课程建设研讨会在安徽大学成功召开，来自全国各地38所高校和相关单位的130多位专家学者、工商管理专业（系）负责人、工商管理类专业主要课程教学团队负责人和教师代表参加线下会议，进行工商管理类专业数字化教育转型发展经验交流和分享，产生了广泛的社会影响。

# 数智驱动的以学生成长为中心的全链路一体化教学支撑体系构建与实践

## 浙江大学

### 一 案例背景

　　浙江大学地处全国数字化综合改革先锋省浙江，学校围绕建设国际化教学课程体系，开展在线协作和学习环境应用探索，批量打造优质荣誉课程，并入选第一轮国家级精品视频公开课。学校充分利用信息化手段和资源，探索慕课、翻转课堂、虚拟实验等新型教学模式，优化信息化教学环境，营造以学生为中心的开放式、个性化学习氛围。学校启动"网上浙大"信息化建设重点项目，聚焦学生成长过程，全力打造跨学科知识体系"知识图谱"、数智教学平台"学在浙大"、云服务课程平台"智云课堂"，以及弹性混合的智慧教育空间"智慧教室"，以期融通招生、教务、教室、教研、就业等环节，形成一体化的创新教学支撑体系，支撑学校教育数字化转型，赋能以学生成长为中心的教学高质量发展。

### 二 主要经验

#### （一）数智思维引领，系统建构高效韧性技术体系

　　**构筑数智教学框架模型**。运用数智化技术、思维、认知，创新构建以知识图谱（knowledge graph）为核心，贯通智慧教室（smart classroom）、数智平台（learning platform）、云服务（cloud service）的K-CPS技术框架模型（见图1）。构建知识图谱系统，依托课程大纲、视频流和幻灯片流自动生成知识图谱2000余万条，智能分析学习数据，个性关联教学资源；建设智慧教室800余间，覆盖各校区所有公共教室，支撑讲授、研讨、实验等多类教学实践；建设"学在浙大""智云课堂"，承载在线课程5万余门次，整合招生、教务、教学、教室、教研、思政、就业等资源，实现业务一体化，日均直录播课程1200余学时，支撑海量教学资源无障碍共享。

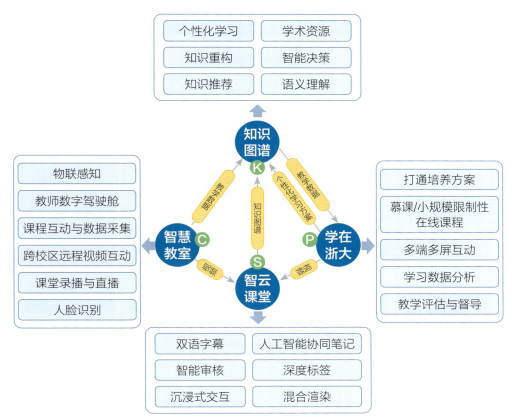

个性化学习　学术资源
知识重构　智能决策
知识推荐　语义理解

物联感知
教师数字驾驶舱
课程互动与数据采集
跨校区远程视频互动
课堂录播与直播
人脸识别

知识图谱 K

智慧教室 C

学在浙大 P

智云课堂 S

打通培养方案
慕课/小规模限制性在线课程
多端多屏互动
学习数据分析
教学评估与督导

双语字幕　人工智能协同笔记
智能审核　深度标签
沉浸式交互　混合渲染

◀ 图1
数智驱动的K-CPS
技术框架模型

**研建高速韧性数字新基建**。研发建设弹性可扩展、百万级并发、亿级在线的众筹式"浙大混合云";建设泛在高速教学专网、部署4万余个无线接入点,实现校园无线网络全覆盖,提供高速韧性网络环境,实现教学资源全球快速分发;建设精准网络防御系统、安全态势感知平台,提供精准智能安全防御;建设"浙大钉"移动端,提高师生教学、办事效率,形成结构优化、集约高效、安全可靠的全链路教学新型基础设施体系。

## （二）创新教学模式，推动以学生成长为中心全过程融合育人

**重塑教学模式形成全过程融合育人**。遵循学生成长规律,把数智化、一体化贯穿从入学到就业的学生成长全过程(见图2)。智能技术支撑10万余名学生入学以及开展全员思政教育,实现入学高效智办;支撑第一课堂线上线下混合教学、第二课堂虚拟现实和增强现实实验教学、第三课堂大规模同屏跨域教学以及第四课堂元宇宙教学,实现了多模态融合教学模式创新,开展"学在浙大"、"学在浙江"、全球暑期学校等校内、省内、国内及国际的融合教学模式创新实践,实现教学无边界触达;支撑在线考试、答辩6万余场次,数智赋能云就业,共享岗位23万余个,实现毕业就业顺畅衔接。

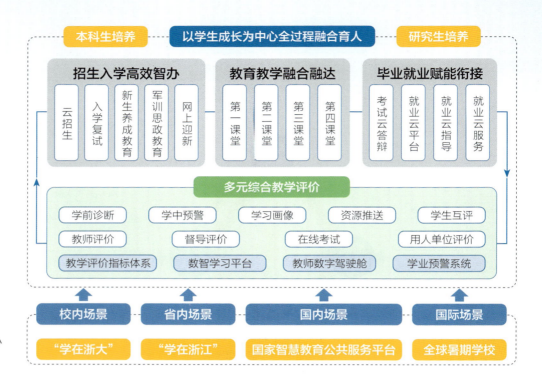

图2 ▶
以学生成长为中心
全过程融合育人

**数智驱动形成多元综合评价**。构建数智驱动的教学评价指标体系与模型，以全过程、多模态教学数据为核心，基于数智学习平台、教师数字驾驶舱以及学业预警系统，开展学前诊断、学中预警、学习分析等数据驱动的多元评价活动，容纳学生互评、集成在线考试、关联教师和督导评价，形成多元综合评价，促进学生个性化学习、教师因材施教、学校全面优化专业培养方案。

### （三）众筹群智共建，形成可持续的教学生态融合创新圈

**构建高效协同教学组织保障体系**。打造"制度、荣誉、服务、技术、交流"五维一体的教学保障体系，制定教学管理制度，推动在线教学规范化；颁布教学奖励荣誉办法，设立教学职称系列、卓越教学岗、永平奖教金等，激发教师教学热情；组织教师培训80余场，在线答疑100余万次，实现在线建课、生成钉群、培训师生100%覆盖；线上线下开展研讨和报告320余场次，保障了一体化融合教学有效推进（见图3）。

**构建分层多维网状的创新生态**。联合校内外高水平教学研究机构、业界顶级信息化企业、兄弟院校等，整合各方优质资源，构建数据创新技术、智慧教育技术、智能媒体处理技术等十余个实验室，构建分层、多维、网状的"政产学研用"融合创新生态圈，为教育教学数字化全场景破题，推动教学支撑体系持续迭代优化。

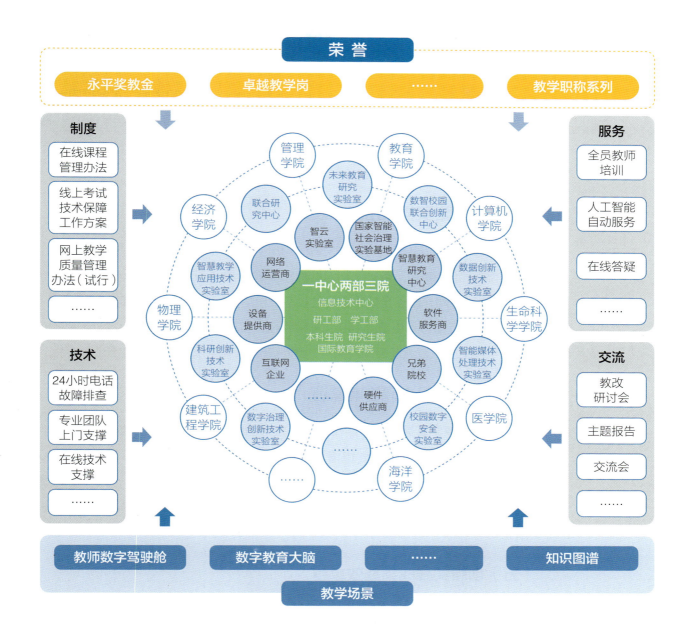

▲ 图3
高效协同教学组织
保障体系

## 三 案例成效

### （一）学生综合学习素养和就业竞争力显著增强

2022年，该教学支撑体系在线活跃学生7万余名，日均访问量22万余次，产生课程互动33万余次，27.8万人次观看课堂录播，数字化学习已成常态；抽检1740门课程并进行同期比较，60%的课程学生平均成绩提高，66%的课程学生通过率显著提高，63%的课程学生优秀率明显提升；通过数智云就业等平台为毕业生共享岗位23万余个，推动赴国家科研院所就业人数同比增长77.24%，重点单位就业人数同比增长76.71%，显著增强了学生的综合学习素养和就业竞争力。

## （二）教师教学水平显著提升

在该教学支撑体系下，学校组织开展教师研讨培训400余场，建设校内一流慕课1000余门、国家精品公开课240余门。调研显示，教师使用"学在浙大""智云课堂"等平台上课普及率达100%。经过多样化创新教学实践，教师信息素养和教学技能显著提升。

## （三）资源汇聚与应用国际领先

2022年，该教学支撑体系的资源总访问量超2.5亿次，承载课程5万余门次；产生智能热词145余万条，识别幻灯片2250余万页，识别语音78万小时；建设智慧教室800余间，覆盖全校所有公共教室，日均直播课程1200余学时，支持直播/研讨100余万场；师生覆盖149个国家地区，实现资源无边界共享；与全球院校同类平台相比，资源汇聚与应用互动均处于国际领先水平。

## （四）教研成果丰硕影响深远

依托该教学支撑体系，学校及相关教师团队制定相关国家标准3项、获教学荣誉15项、出版专著15本、申请专利2项，承担各级课题40余项，发表论文100余篇，主办"智云学堂""典学论坛"等130余场次，覆盖1000余万人。在高级别会议上做主题报告180余场，大大提升了创新教学应用经验与模式的社会影响力。

## （五）创新实践成果成效卓越

创新实践的经验与模式由教育部推荐申报联合国教科文组织"哈马德国王奖"，获批工信部"5G+智慧教育"应用试点，教育部简报进行专题介绍，入选浙江省数字化改革成果，作为试点接入国家智慧教育公共服务平台。

## （六）社会效应引领示范推广

本案例被《人民日报》《光明日报》等主流媒体报道50余次；教育部在2021世界慕课与在线教育大会上向全球推介本案例成果；全国160余所院校前来观摩学习，并推广到30余所高校成功应用，经验模式从省内走向全国，乃至全球。

# "共享工厂"：高职智能制造类专业产教融合数字化育人平台的创新实践

江苏省常州机电职业技术学院

## 一 "共享工厂"产教融合数字化育人平台的建设背景

在办学实践中，传统高职制造类专业教学资源整体性不够，"生产型"和"研发型"资源配置不足、分布离散；教育教学针对性不强，教学内容与新技术新标准融合不够，教学实施与企业生产结合不紧密；育人平台开放性不足，校企权益契约不对等、跨界治理不协调、供需信息不对称、合作培养机制不通畅。这些普遍存在的难点堵点问题，制约了人才培养结构优化与质量提升，降低了职业教育的适应性。

"共享工厂"产教融合数字化育人平台既是建设理论的凝练，也是实体关系的表征。该平台在组织形态上，拓展了产教融合集成化实践平台的物理空间和实体形态；在组织运行上，深化了"学"与"产""研"之间的三螺旋互动；在组织发展上，释放了校企复合型技术技能人才培养互惠共生的动力，生成了产教融合育人的新形态。"共享工厂"的核心要素是"工厂组织、集成运行、共生发展"，是由学校、企业和科研院所等多方共建的1+N产教融合数字化集成育人平台，实体架构包括1个"人工智能与先进制造工业中心"和N家智能制造企业、科研院所（见图1）。"共享工厂"针对数字化育人平台的建设需求、高职制造类专业人才培养目标与规格，融入企业"共享制造"建设理念和互联网"共享模式"，开展智能制造装备、资源、技术、人才等共享定制服务，实现了产业链全覆盖、技术链全辐射，创新了产教融合数字化育人平台建设模式。

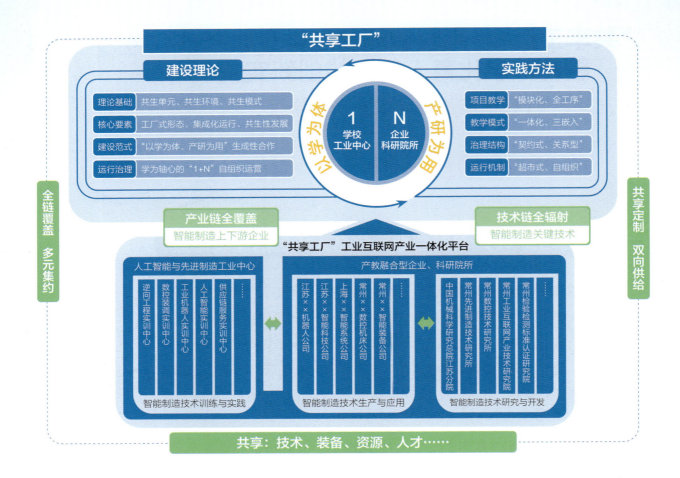

图1 ▲
"共享工厂"产教
融合数字化育人
平台架构

## 二 "共享工厂"产教融合数字化育人平台的建设经验

### （一）融通共享制造建设理念，创建"共享工厂"产教融合数字化育人平台

**全链覆盖，多元集约**。针对智能制造产业链长、技术域宽这一特点，校内以"人工智能与先进制造工业中心"为核心，校外链接机器人公司、机械总院江苏分院等N家典型智能制造类企业和科研院所，校企所共建共享24个技术中心，合作培育省级以上产教融合型企业15家，形成了智能制造领域集设计、生产、检测等环节为一身的优质实践教学资源。

**共享定制，双向供给**。依托"共享工厂"工业互联网产业一体化平台，通过线下线上相结合、校内校外相支撑，"共享工厂"产教融合数字化育人平台实现了供需双向实时精准交互和个性定制服务。装备上云——链接区域企业装备2.2万余套，实现了装备资源、工业数据的共用共享；技术孵化——校企合作开发技术项目和技术标准，形成技术项目池，实现了技术资源的双向定制与自主供给；双岗互聘——引进校外350余名产业教授、技能大师、行业工匠，形成产业人才库，通过双岗互聘、企业实践，实现校企人才资源共享和混编团队；订单培养——依据行业企业对人才的需求，开展现代学徒制定制培养，形成产业人才需求库，实现人才供需的动态匹配。

## （二）推进"学产研"一体化教学，形成共享工厂"三合一、全过程"人才培养模式

**真实情境，组合有序**。基于岗位职业能力的解构，学院统筹生产要素和教学要素，开展"模块化、全工序"浸润式项目教学，开发了以"生产性"为典型特征的625个模块化项目，实施了覆盖智能制造从设计、生产到集成运维的全工序实训，同时有机融入了技能大赛和双创项目，推动了体现产业发展实际的新技术、新工艺、新规范、新标准进课程、进教材和进课堂，拓展了产教融合协同育人新路径，实现了实践教学体系开放与创新、多元与综合（见图2）。

**育训结合，德技并修**。"共享工厂"突出"设施、平台、应用"的服务功能，融入真实企业生产和技术开发的工作环境，形成了"学习课堂+生产实训车

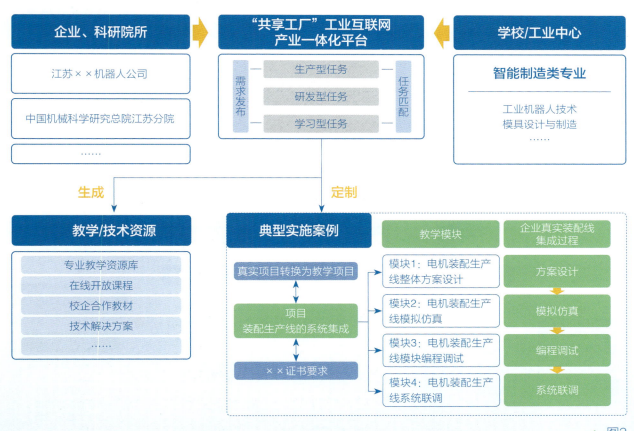

▲ 图2
"生产性"教学项目开发与实施

间+技术实验室+大师工作室"一体化学习空间（见图3）；搭建以数据管理、智能优化为典型特征的智慧学习数字化云平台，构筑校企深度合作的"全景化"实地实操环境，将生产任务嵌入学习任务、企业车间嵌入实体课堂、生产实践嵌入教学活动，以产促学、以研带学，形成了"立德与强技目标合一、学生与员工身份合一、学习与劳动项目合一，思政教育贯穿人才培养全过程"人才培养模式。

## （三）健全"契约式、关系型"治理结构，构建"共享工厂"超市式、自组织运行机制

**权益约定，内外耦合**。通过"共享工厂"建设，生成"任务嵌入、能力互补、共生共长"的校企合作新关系；推行"权益约定、自主运营"跨界治理，生成合作培养新制度。以校企共同利益与价值共识为基点，建立共享工厂章程，明确"1+N"契约式合作各方的权、责、利，形成"共享工厂"理事会管理的组织架构和治理模式。建立技术库、项目库、人才库等，实时发布技术项目和教学资源供需信息，双向匹配、智力共享、定制服务，形成校企双向、内外循环的数字化"技术超市"交互机制。围绕校企各方需求，将"任务包"融入教育教学，生成服务学校人才培养的新资源；通过数字化"技术超市"交互转化，生成服务企业转型升级的新技术。

**自主运营，绩效激励**。制定《基于产教融合的共享工厂运营与服务规范》团体标准，依托工业互联网产业一体化平台，对合作各方进行投入成本核算和运行收益核算，建立"共享工厂"运行绩效评价体系和自主治理机制，实现了"多

图3 ▼
"学产研"一体化
学习空间

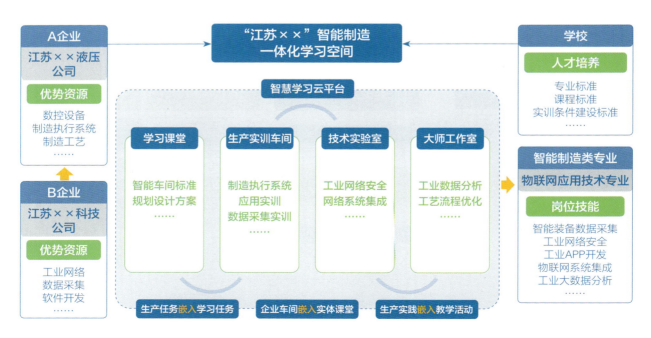

元育人、自组织网络、学产研协同"的有序高效运行。"共享工厂"以生成性思维开展实体架构建设和实践教学运行，运用生成性资源和技术，通过数字化技术推送个性化学习内容，校企协同开展教学性、生产性、研发性实践活动，构建"集成协同、跨界治理、任务嵌入、交互转化"的校企合作培养机制（见图4），推动了专业与产业联动发展、同频共振，提升了学生的职业能力、教师的专业能力和企业的自生能力，在微观层面实现了产教融合办学的创新。

##  三 "共享工厂"产教融合数字化育人平台的实践成效

### （一）人才培养——深化了智能制造类专业人才培养模式改革

经过4年多的深化实践，"共享工厂"产教融合数字化育人平台在学院14个专业全面推开，直接受益学生近3000人。平台每年提供智能制造类专业生产性实训岗位1800余个、接纳顶岗实习（含订单培养）学生700余名，合作孵化了双创项目650余项。近年来，学生获专利387项、全国职业院校技能大赛奖多项。第三方评价显示，学院智能制造类专业学生就业率连续保持98%以上，就业质量指数位于全省"双高计划"高职院校前列，每届毕业生薪酬收入均高于全省"双高计划"高职院校平均水平。涌现出"中国大学生自强之星"、"创响江苏"十

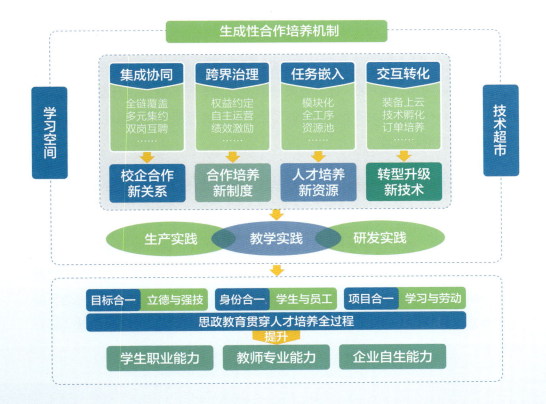

图4
"共享工厂"生成性合作培养机制

大标兵、省大学生职业规划大赛总冠军等先进典型，入选全国毕业生就业典型经验高校（50强）。

## （二）资源集聚——催生了一批高水平产教融合基地和创新团队

培育了亿元产值国家高新技术企业5家、省级以上产教融合型企业15家、国家级专精特新"小巨人"企业2家，共建企业国家级设计中心2个。

**5家**
亿元产值国家高新技术企业

**15家**
省级以上产教融合型企业

**2家**
国家级专精特新"小巨人"企业

## （三）专业建设——提升了智能制造类专业内涵建设水平

牵头制定并发布了《基于产教融合的共享工厂运营与服务规范》团体标准、工业机器人专业标准等12项标准，合作开发了智能制造类教学模块625个、教材180余部；建成全国装备制造类示范专业点2个、工业机器人技术等国家专业教学资源库3个、省高水平专业群2个；学校获全国机械行业服务先进制造高水平骨干职业院校荣誉称号。

## （四）科研服务——带动了区域智能制造技术创新与产业发展

近五年学院完成地方产业发展战略研究53项、行业共性技术研究337项，申获专利2200余项，转移转化技术成果1200余项，获科研与社会服务到账经费3.1亿元，获省政府科技奖8项；建成省高技能人才培养示范基地，开展企业培训8万余人次；合作开发了134个师资培训项目，建成优秀师资培训基地，为全国职业院校培训师资4200余人。

## （五）示范辐射——提供了可借鉴、可复制的产教融合平台建设经验

"共享工厂"建设经验在境内外会议上被推广35次，被广西工业职业技术学院等32所院校借鉴应用，受到国家机械工业教育发展中心高度评价；与印度尼西亚SMK（青年学院）共建培训中心，服务智能制造企业"走出去"，向海外输出"共享工厂"育人模式；《中国教育报》等媒体对"共享工厂"经验做法做专题报道。

# "数智赋能、双元育人"：财会金融专业群数字化升级

## 安徽财贸职业学院

 **开展数字教育创新实践的背景**

党的十八大以来，我国深入实施数字经济发展战略，数字经济成为我国经济发展中创新最活跃、增长速度最快、影响最广泛的领域。随着RPA（机器人流程自动化）、财务云、移动支付、电子发票等新技术普及，新业态和新岗位不断出现。数字经济背景下，财会金融专业群面临数字化教学资源不足、教师数据素养能力不够、虚拟仿真实训场景不真的紧迫问题，财会金融类专业群迫切需要数字化改造。

基于安徽省商科高职院校与企业合作教育联盟成立的契机，作为联盟主要成员单位的安徽财贸职业学院、安徽商贸职业技术学院和安徽国际商务职业学院达成校际深度战略合作意向。三校与众多企业建立多层次、多方位、多领域的合作，紧密结合财会金融行业数据驱动、人机协同、跨界融合、共创分享的智能形态，经历4年改革探索和有效实践，围绕校企双元育人模式，深入专业内涵建设，对财会金融专业群进行数字化升级改造。

 **实践创新举措、典型经验**

### （一）成果

依托2014年安徽省地方技能型高水平大学重点建设专业和教育部《高等职业教育创新发展行动计划（2015—2018年）》骨干专业两个项目，校企联合设计，2018年6月形成财会金融专业群数字化升级建设方案，确定"三融合、六对接、五递进"跨校联动的财会金融专业群数字化升级改造模式，即"365"模式（见图1）。三融合是指建立混合所有制的产业学院，实现组织与制度层面的融合；共建云会计共享实践训练平台，实现岗位与技术层面的融合；构建对接职业资格的教师工作站，实现项目与任务层面的融合。六对接是指产业链与专业

图1 ▲
"365" 模式

群、技术链与课程体系、业务链与实践教学体系、专家链与双师队伍、岗位链与就业体系、管控链与质量保证体系对接。五递进指按照项目模块、实训平台、学徒工场、生产实践中心、社会服务中心的顺序深入推进，形成财会金融专业群"五递进"教学资源开发模式。

## （二）主要解决的教学问题及典型做法

### 第一，新业态背景下教学资源缺乏。

财会金融行业对具有大数据应用能力的财经人才的需求量越来越大。随着RPA、财务云、移动支付、电子发票等新技术普及，新业态和新岗位的教学资源匮乏，现有教学内容老化。

典型做法：一是按照五递进的思路，先后与财会金融行业中的产业数据化领军企业成立产业学院，联合开发业财税一体化等教学资源，推动智能财税1+X平台的合作开发。二是通过课程资源平台的搭建，有效提升教学质效。按照教学设计场景化、人性化，教学内容真实化，学习参与竞技化、游戏化、趣味化，教学过程智能化，人工智能技术应用、教学成果可视化，教学评价多维化等进行教学资源设计。

### 第二，升级背景下教师创新能力不足。

随着大数据和区块链等技术对传统会计和金融行业影响的加大，职业院校对教师数据素养与能力的要求也越来越高。但是，部分财会金融教师数据处理与分析能力弱，难以满足职业院校对大数据时代"技能型"人才培养的师资要求。

典型做法：共建10个覆盖重点专业（群）的示范性教师企业实践流动站。每年选派20名以上的专任教师到实践流动站工作，使教师数据应用处理能力得到提升。帮助教师了解最新前沿技术，增强教师教学科研能力和解决信息化时代下问题的专业技术能力；采用校企双元育人创新实践，帮助教师创新教学思维，将课程改革、素质教育和信息技术融合，以适应时代发展，提高财会金融大数据应用与处理技能。

### 第三，实习实训教学环境缺乏真实场景。

财会金融类专业具有较强的技术性，且学生数量多，由于实训岗位特点，组织学生开展真实工作岗位实训困难，基于财会金融大数据业务的实训资源匮乏。

典型做法：为了建立基于岗位流程的真实实训场景，按照学徒制教学模式要求，适应财会专业群建设，与财会金融行业在数字化应用方面领先的企业共同开发了云会计工厂共享实践平台（见图2），构建基于现代学徒制的数字化实训教学场景，由校内教师和企业导师共同进行企业教学资源开发，将企业真实业务数据脱敏处理后上传云端，学生利用智能识别、数据提取、自动记账等技术完成企业业务服务和学生实训工作。

▼ 图2
云会计工厂共享实践平台

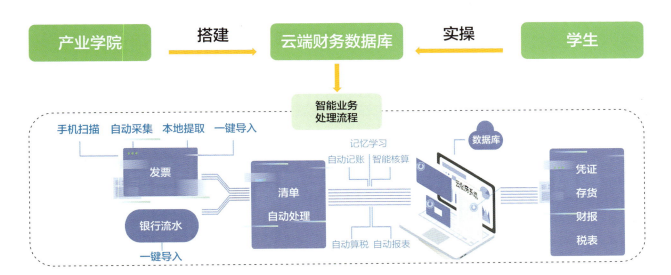

### （三）教学成果的创新点

#### 第一，基于校企合作、工学结合，构建本土化双元制专业建设模式。

企业和职业学校是"双元制"职业教育的两个基本场所，财会金融行业难以批量接纳学生实习工作是"双元制"在财会金融类专业实践的主要障碍。本项目在德国"双元制"人才培养模式的基础上，进行了本土化的改革和创新，探索了职业教育类型下的财会金融专业群的职业工作和职业教育构成要素，以及跨界校企合作、工学结合的育人方式，形成成熟的理论见解，在专业群教学改革实践中取得突破，发表多篇论文。

**第二，基于校际联动、跨校组群，创新开放型混合式教学组织架构。**

在现有的高校管理组织架构中，学分互认难以实现，成为限制慕课、在线同步学习等混合式教育教学开展的枷锁。本成果中，安徽三所财经类职业院校打破校际区域界线，规避单独松散耦合与紧密耦合组织结构存在的缺点，充分考虑各利益相关方的主要关切点，以混合所有制产业学院为载体，构建混合式教育教学组织架构，共同研制财会金融类专业群人才培养方案，共享数字化教学资源，互认课程学分，跨校开展教研活动，"线上自主探究＋线下协作研讨"有效融合，形成联动机制（见图3）。

图3 ▶
跨校组群联动机制

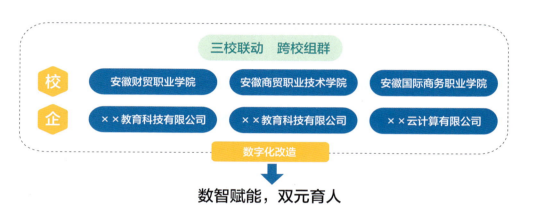

**第三，基于资源重组、精准施教，实现高效率个性化数字在线学习。**

通过开发、升级传统的财会金融教学资源，形成颗粒化、分层次的财会金融数字化资源，以支持资源动态重组和个性化的课程内容表达。灵活搭配不同学校、不同专业的课程模块，满足个性化学习和精准施教需求。变革数字化资源的组织与呈现方式，利用人工智能技术从财会金融人才培养方案、课程大纲等文件中自动抽取知识点以及知识点之间的关系，构建课程知识图谱，进行无边界的数字化资源组织，以图谱为核心，多样化地呈现数字化资源，彻底解决了线上资源查找低效和资源呈现形式单一的问题。根据图谱和学生画像定制个性化学习方案、推荐学习伙伴，实现规模化个性化学习。

## 三 主要成效

### （一）学生综合能力提升

经历四年改革探索和实践，学生在全国各类大赛、1+X认证考试、就业质量和创业水平等方面的表现显著提升，特别是在智能财税、会计技能、银行业务综合技能等技能大赛中近五年连续获得多项奖励，在国家级、省级大学生创新创业大赛中表现出色；近五年学生高质量就业率95.7%，获得用人单位、校企合作单位一致好评。2020年，在全国首批1+X智能财税职业技能等级认证考试中，学生总体表现在全国632所试点学校中排名第一，通过率高达87.7%，远高于全国通过率57.38%。

## （二）教学资源使用面广

教学改革成果中的教学平台在全国推广应用，校企共同开发的教学资源丰富，受益面广泛。开发了包括智能财税实训平台、智能农村三资管理社会服务软件平台以及集企业业务数据获取和智能化处理于一体的财税一体化综合实训平台，目前该平台在全国387所中高职院校推广应用。校企共同开发了27门省级大规模在线开放课程，共建共享2个教学资源库，利用云技术实施"云会计"工场共享实践平台教学，联合开展学徒培养。教学资源在全国37所高职院校、18所市级开放大学推广使用，累计学习学生达100多万人次。

## （三）创新模式引领，国内示范

该专业群建设模式对德国"双元制"进行了本土化改革和创新，突破了财会金融企业难以批量接纳学生实习的障碍。甘肃、广西等7个省份的几十所院校来我校交流，该模式在37所高职兄弟院校应用，起到一定的示范和引领作用。

# 数字技术赋能智能建造专业群转型升级的探索与实践

北京工业职业技术学院

## 一 实践创新背景

为优化提升首都核心功能，北京"四个中心"城市战略定位要求传统的城市建设产业向绿色化、信息化、智慧化转型升级。"互联网+"地理信息系统（Geographic Information System，GS）、建筑信息模型（Building Information Modeling，BIM）、无人机、绿色建筑等数字技术亟须融入城市建设，需集成BIM、云计算、大数据、物联网、区块链新技术，形成智慧建设产业体系，走内涵集约式高质量发展新路。

在服务北京城市智慧建设、推进产业升级和改造方面，高职院校仍存在以下突出问题。一是不灵敏：建筑类专业对北京城市智慧建设数字化进程反应迟钝。北京城市智慧建设产业国际化人才匮乏、行业数字化人才稀缺、企业技术技能人才能力欠缺。二是不深入：产教融合多是短期行为且流于形式。校企价值取向不同、合作模式落后，导致企业参与度不高、校企合作范围不广、合作不紧密。三是不丰富：社会服务层次低、范围窄、类型单一。社会服务主要集中在培训层面，无法跟上市场技术需求变化的脚步，服务范围有限。

为解决上述问题，我校精准对接城市智慧建设产业链人才需求，创新专业群人才培养模式，深入推进产教融合，形成紧密的校企命运共同体。经过11年探索与实践，以数字技术为驱动，完成了智能建造专业群的转型升级，成为全国职业院校专业群建设的标杆，成果推广惠及国内外150余所院校及行业企业。

## 二 实践创新经验

### （一）跨领域组建首个智能建造专业群，实现专业对接产业

**第一，组建智能建造专业群，对接城市智慧建设产业链。**

跨领域组建了包含建筑工程技术、工程造价、工程测量和无人机应用技术四

个专业的智能建造专业群，服务城市建设产业链中的不同产业或环节，适应产业发展和首都城市建设对复合型人才的需求。成立专业群建设指导委员会与产业协会，建立保障机制，动态更新专业群方向，构建专业群动态调整流程和框架，优化专业布局，提升专业群与产业的契合度。

**第二，"双主体、三协同、四融合"，创新人才培养模式。**

基于智能建造产业学院群，学校和企业共建"双主体"人才培养运行机制。以数字技术为切入点，打破专业界限，优化专业能力结构，提高专业素养，通过"专业协同、评价协同、工学协同"，实现"知识技能融合、角色身份融合、校企师资融合、素养创新融合"，构建"双主体、三协同、四融合"人才培养模式（见图1）。

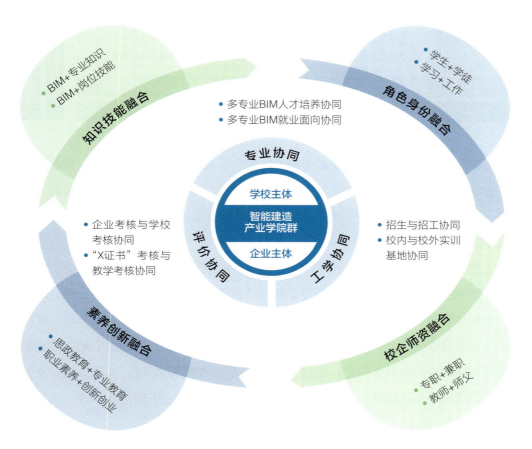

◀ 图1
"双主体、三协同、四融合"人才培养模式

**第三，"一平台、双融合、多通道"，重构智能贯通课程体系。**

直面数字技术变革及产业转型升级，以培养复合型国际化高素质技术技能人才为目标，构建"一平台、双融合、多通道"专业群课程体系（见图2）。

**第四，软硬技能互促，建立"软技能、硬技能、高技术"实践能力训练体系。**

携手行业龙头企业，建设"软技能、硬技能、高技术"实践能力训练体系。

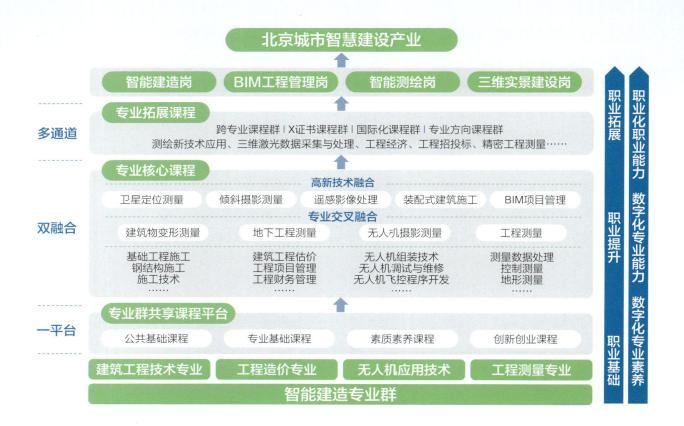

图2
"一平台、双融合、多通道"专业群课程体系

推进职业基本素养工程，以素养养成为主线，系统化涵养软技能。建设智能建造产业学院群，通过专业能力实践和专业综合应用能力实践，培养学生硬技能。成立"双创中心"，开展高技术应用岗位训练，以专业综合应用能力实践为抓手提升学生高技术应用能力。

**第五，全方位对接，保障专业群可持续发展。**

创建全方位对接机制，保障专业群随产业动态调整，保持专业先进性。成立专业群建设指导委员会，建立专业群动态调整流程和框架，优化专业布局。成立校企协同合作委员会，制定校企合作相关制度，建立校企合作长效机制。成立与国际对接的协同发展委员会，制定"一带一路"人才培训标准。北京工业职业技术学院通过一系列措施，构建了教学质量诊断体系、第三方评价体系等。

## （二）跨行业率先成立智能建造产业学院群，实现产教融合运行模式转型升级

**第一，与龙头企业成立工程师学院，逐步形成智能建造产业学院群。**

2013—2015年，学校与行业龙头企业合作，先后成立4个工程师学院，逐步形成服务北京城市智慧建设的智能建造产业学院群。

**第二，组建智能建造综合实训基地建设联盟。**

以学校为主体，联合智能建造产业学院群及北京城市建设与管理职教集团企

业单位，组建智能建造综合实训基地建设联盟，其组织结构如图3所示。成立联合管理理事会，组建基地建设指导委员会，下设学生中心、教学中心、技能中心和双创中心；聘请职教集团行业专家组成第三方评价委员会，负责工程师学院人才培养效果考评工作。

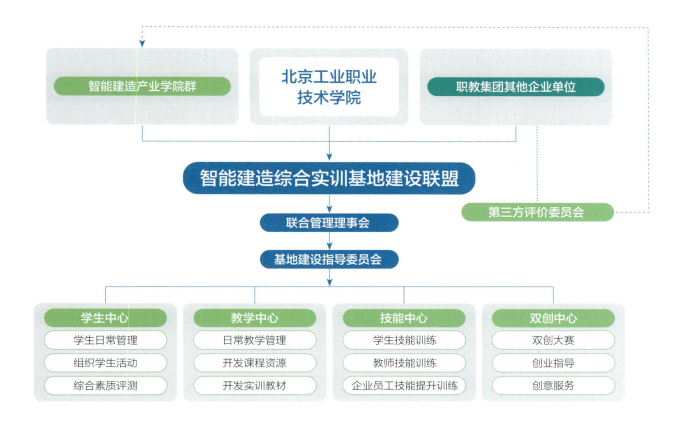

第三，实施"五共三享"融合模式，建成首个智能建造综合实训基地。

明确校企双方责任和权利，以双向服务输出为目标，创新实施了"共同投入、共同建设、共同使用、共同管理、共同育人""人才共享、基地共享、效益共享"的"五共三享"融合模式。从2015年开始，依托产业学院群的技术优势，双方持续投入2000万元（企业投入1000万元），建成以BIM、裸眼3D、无人机、大数据、物联网、AI、机器人、GIS等数字技术为核心的国际一流、国内首创的裸眼3D智能建造综合实训基地。

第四，师资培训基地加载助力，打造数字化多元融合育训平台。

智能建造综合实训基地结合我校建筑类国培师资培训基地和北京市"双师"培训基地，打造成数字化多元融合育训平台（见图4）。该平台为相关企业员工开展数字化新技能提升培训；承接企业BIM、数据采集等生产性任务；多对象、多技术、多手段、多方参与，实现产教融合转型升级。

▲ 图3
智能建造综合实训基地建设联盟组织结构

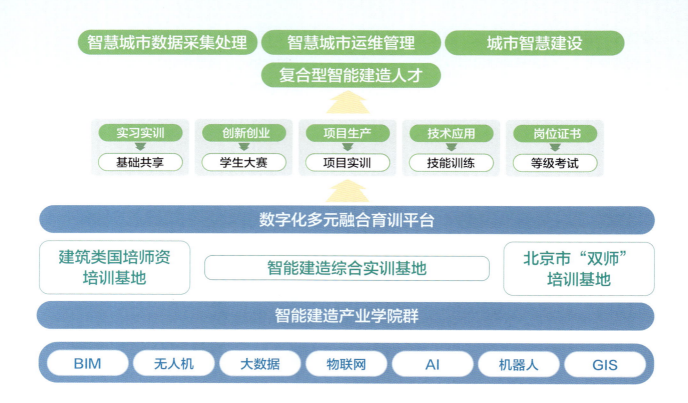

图4 ▲
数字化多元融合
育训平台建设

校企合作开发"互联网+"教学资源，实现优质资源共享。2011年产业学院群牵头建设了全国高职测绘类专业第一个国家级教学资源库；2021年成功申报了国家级职业教育示范性虚拟仿真实训基地。

## （三）跨技术搭建一流智能建造协同创新平台，实现社会服务品质转型升级

中国职业技术教育学会全国首家BIM技术研究院落户我校，我校以BIM技术研究院为核心，结合2个国家级基地和城市空间信息工程北京市重点实验室，组建智能建造协同创新平台，形成教学、培训、应用、研究、创新五维度服务体系（见图5），打造城市智慧建设产业创新研发新高地，实现"社会服务转型升级"。

图5 ▶
"五维度"社会
服务体系

## 三 主要成效

### （一）人才培养成效显著

毕业生双证书获得率100%，就业率99%，企业满意度超96%。应届毕业生起薪及创业人数高出同类院校20%。学生在国家级职业院校技能大赛获奖25项，其中一等奖12项，在同类专业中位居全国第一。

### （二）师资水平国内顶尖

教师在国家级教师教学能力大赛中获奖13项，其中一等奖10项，在同类院校中位居全国第一；承担国家自然科学基金项目、北京市重大课题，获省部级科技进步奖7项。

### （三）数字资源多方共享

建设国家级专业教学资源库、国家级精品资源共享课程，入选首批教育部课程思政示范课，海量资源惠及239家职业院校及企事业单位。

### （四）专业群引领同类院校

获批北京市教育信息化融合应用示范基地，接待国外友人到访27次，183所本科院校、719所中高职院校、120余家企业前来参观学习，给予高度认可。

### （五）形成京津冀高职院校社会服务样板

承担首都新机场航站楼大跨度梁模架变形监测项目，成果获北京市科学技术进步奖二等奖。承接雄安䲢岗水厂三维建模、冬奥会延庆赛区生态恢复监测等多个区域重大项目。成功申请我国首个APEC职业教育项目。

# "标准引领、平台支撑、资源共享"的高职电力专业建设范式创新与实践

重庆电力高等专科学校

## 一 背景：绿色低碳转型背景下的电力类职业院校

深化现代高职教育教学改革、提高人才培养质量是高职教育的必由之路。在以智能电网为基础、以特高压电网为关键、以清洁能源为根本的新一轮能源革命背景下，电力类职业院校"深化产教融合、产学研结合、校企合作"是落实国家政策、紧跟行业发展的必然趋势。

全国各高职院校在"产教融合、校企合作"上做了大量有益的尝试和改革，取得了一定的成效，但也有以下不足。

| 专业教学标准缺失，人才培养与产业需求匹配度低 | 校企之间沟通不畅，产教多元主体关系松散 | 校企之间缺乏互利共赢机制，校企资源难以有效融合 |

我校紧跟职业教育发展步伐，先后完成了优质高等职业院校等建设项目。在各类项目建设过程中，我校不断推进校企合作，首创"标准引领、平台支撑、资源共享"电力专业建设范式（见图1），推动电力技术类专业发展与电力行业共生共长。

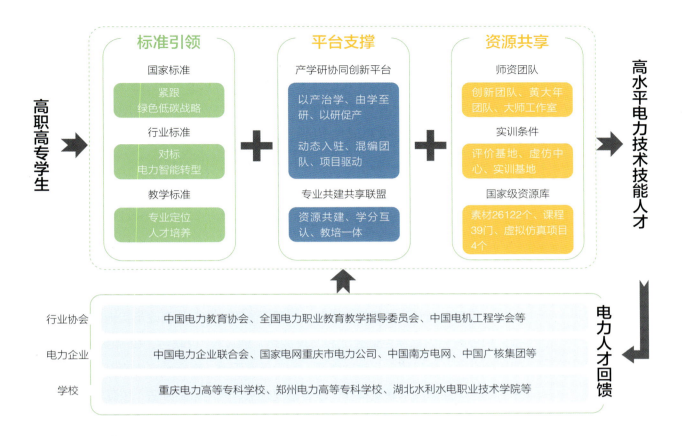

▲ 图1

## 二 经验："标准引领、平台支撑、资源共享"的电力专业建设范式

"标准引领、平台支撑、资源共享"电力专业建设范式

### （一）标准引领

解决的问题及思路：针对人才培养与产业需求匹配度低的问题，借力行业协会，通过联合制定国家标准、行业标准、专业标准，促进产教供需双向对接。

**第一，统一专业标准。**依托中国电力企业联合会，联合院校，充分调研，兼顾校企地域差异，牵头编写了教育部第一批颁布的发电厂及电力系统等专业国家教学标准、专业简介、专业类实训条件建设标准、教师企业实践标准等。标准覆盖高职本科、高职专科和中职三个层次，解决了专业教学中无国家标准可循的问题，明确了专业建设的方向，并通过国家级资源库向同类专业宣贯推广。

**第二，编制行业标准。**围绕能源电力行业发展新趋势，参与编制行业标准，同时发布于电力行业人才发展服务平台和国家级资源库，以行业标准引领电力职业教育发展。

## （二）平台支撑

解决的问题及思路：针对产教多元主体松散的问题，通过搭建产学研一体化协同创新平台，组建电力专业共建共享联盟，理顺校企协同发展机制，以"平台+联盟"的形式提升校企多元主体契合度。

**第一，搭建平台。**基于国家骨干高等职业院校及省级资源库建设成效，搭建"以产治学、由学至研、以研促产"的产学研一体化协同创新平台。平台从电力科研及转化、培训及服务入手，建立企业进出平台的动态管理机制，按项目或课程组建校企混编团队，以项目成果进行人员绩效和学生成绩评定，师资双向融通，互促互评，把握企业内校友这一纽带，加深校企联系。

**第二，组建联盟。**联合23所高职院校、48家企业、3个行业协会及2个出版社，组建电力专业共建共享联盟。联盟以《国家职业教育改革实施方案》为指引，积极响应国家绿色低碳能源发展战略，通过校－校联合、校－企联合共同创新特色资源，建设数字化教学资源。为确保高质量、高标准完成建设任务，联盟先后制定了共建共享联盟章程、建设管理办法、应用激励办法、校际学分互认办法、定期沟通协调制度、共商共建共管实施承诺书、资源建设标准等多个制度；通过线上线下召开工作启动会、工作协调会、项目培训会、项目建设推进会、中期检查会、年会，定期发布报告，通报建设进度及资金使用情况，以常态化管理机制促进资源建设。

## （三）资源共享

解决的问题及思路：针对校企资源难于有效融合、专业优势资源共享不充分的问题，通过校企共建共享教育资源，主持及参与国家级专业教学资源库建设，实现优质专业资源共建共享，助推电力职业教育高质量发展。

**第一，资源双向融通。**校企合力研发真型可控智能变电站模型，将其转换为智能变电站运行培训中心，建设特种作业（电工）培训与鉴定中心、高电压试验监测中心、电力行业配电自动化运维人员评价基地等教培一体的工程实践基地。校企合作培育优质毕业生，提升学校美誉度及竞争力，进一步吸引企业合作，实施校企双教学管理、双考核评价，共同培养人才，共同促进就业，充分发挥校企双方的优势资源，双向赋能绿色低碳电力发展。

**第二，数字资源共建共享。**校企双方对接电力行业职业标准、技术标准，贯彻国家专业教学标准，共同制定并实施适应"互联网＋职业教育"发展需求的专业人才培养方案，优化专业课程体系，按照"一体化设计、结构化课程、颗粒化资源"的建构逻辑，建成由专业园地子库、学习资源子库、职业需求子

发电厂及电力
系统专业教学
资源库

库、特色资源子库和一个交互式学习平台共同组成的"4+1"结构的具有鲜明职教特色的发电厂及电力系统专业资源库，如图2所示。

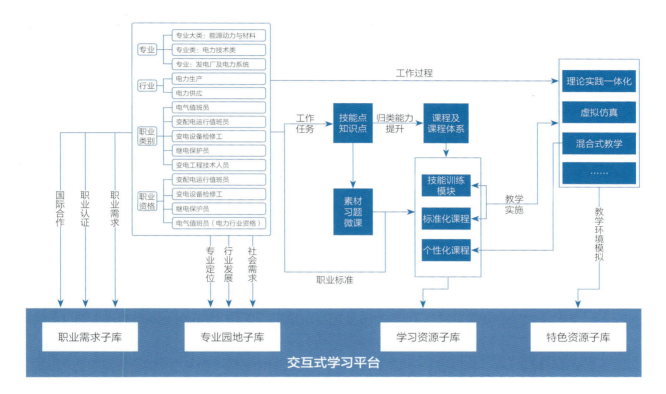

基于发电厂及电力系统专业资源库的课程体系以电力职业技术技能培养为核心，由专业基础课程、专业核心课程和专业拓展课程三大课程集群组成。学校建成新能源发电技术、垃圾焚烧发电技术、智能电网基础等一大批适应国家能源转型升级、电力低碳清洁发展需求的专业课程；为突破电力生产不可进入的安全瓶颈，开发虚实结合的职场环境，建成"发电厂职场体验"等网络虚拟实验室。校企共同开发了输配电线路培训、变电运行三维仿真培训等服务电力行业的职业培训课程，以及垃圾焚烧发电运行与维护等面向电力行业的职业技能等级证书认证课程，为电力行业提供了优质的教育服务平台，提升了职业院校在校企合作中对企业的吸引力和影响力，并推广了节能环保理念、普及了安全用电知识，为构建绿色低碳、安全可靠的和谐社会贡献了力量。

同时，将思想政治教育贯穿人才培养全过程，培育和践行社会主义核心价值观，各门课程结合专业知识点挖掘思政元素，开发了大量体现绿色环保、安全意识、工匠精神的优秀思政教学素材，推动了思政教育与技术技能培养的有机统一。

### 三　成效：厚德、强技、乐业，电力点亮人生

#### （一）学生素质提升，企业认可度高

我校累计培养电力技术类学生2万余名，占学校学生总数的39%。近60%的毕业生进入国有大中型企业工作，30%以上的毕业生进入国家电网等世界500强企业工作。

三全育人，五育并举。我校近100名毕业生服务于第三代核电技术领域的福清核电"华龙一号"，其中多名毕业生任该站高级操作员。62%的毕业生服务于西部电力。

#### （二）师资能力提升，专业改革成果丰硕

我校以电力专业牵头组群成功入围国家"双高计划"高职院校B类专业群建设。团队5名教师获全国注册电气工程师证书，双师率达90%；获省部级教学成果奖6项、科技奖5项；主编10本职业教育国家规划教材，数量居同类院校首位；主持省部级重大教研项目9项。

#### （三）行业运用广泛，助力西南电力智能转型

学校通过"平台+联盟"的形式，建成智能变电站运维培训中心，助力多项电力智能转型项目。获发明专利344项、实用新型专利1104项，近10年对外服务金额4640.28万元，承接工程设计合同总额11104.45万元。

| **344**项 | **1104**项 | **4640.28万**元 | **11104.45万**元 |
|:---:|:---:|:---:|:---:|
| 发明专利 | 实用新型专利 | 近10年对外服务金额 | 承接工程设计合同总额 |

#### （四）社会美誉增长，树立电力专业长效发展标杆

学校以本成果作为专业建设典型案例，代表高职院校在中国高等学校电力系统及其自动化专业学术年会上分享，并在电力行业人才发展服务平台向全社会推广。郑州电力高等专科学校等20余所院校到校考察交流，新华网等媒体报道我校电力专业建设成果20余次。

# 数字化转型背景下高职家具专业人才培养顺德模式的创新与实践

广东省顺德职业技术学院

## 一 背景

随着数字化和信息化时代的到来，家具产业的数字化转型势在必行，特别是拥有"中国家具制造重镇"等国家级产业名片的制造业重镇顺德，更是面临产业数字化转型的巨大压力。传统家具产业在向智能制造、个性化定制和全屋整装方向转型升级的过程中，对从业人员的能力要求发生了重要变化，急需具有家具数字化设计与制造能力以及信息技术能力的高端人才。这类人才的稀缺正成为阻碍传统家具行业数字化转型升级的瓶颈。作为家具产业技术技能人才培养重地的传统高职家具专业，在人才培养定位、教学内容和教学形式上已无法满足产业发展所需高端人才的培养需求。如何培养满足家具产业数字化转型升级所需的新型高端技术技能人才，已成为高职家具专业面临的迫切问题。

针对上述问题，顺德职业技术学院自2009年开始，依托国家骨干高职院校重点建设专业和国家级教学团队等项目，联合广东省装饰行业协会等单位，瞄准传统家具产业数字化转型升级痛点，持续开展了专业建设、标准研制、平台建设、教师团队、教研教改、课程建设等一批国家级和省部级项目，赢得了业内的广泛认可，形成了以"数字赋能、标准引领、产科教融通"为主要特征的高职家具专业人才培养"顺德模式"，培养了一批具备"数字设计+智能制造"复合能力、满足产业数字化转型需求的高端技术技能人才，并在国内部分高职院校进行了推广、示范和应用，取得了良好的社会效应。

## 二 经验

### （一）确立了家具专业"设计+智造"复合高端人才培养目标

顺德职业技术学院依托粤港澳大湾区强大的家具产业链，联合中国家具协会等行业组织，整合行业头部企业资源，通过多次大规模实践调研和企业走访活动，结合各业界专家意见，明晰了家具产业数字化转型升级的主要方向，即智能制造、个性化定制和全屋整装。同时在总结历次专业建设和教学改革项目的基础上，将推动传统专业数字化升级改造与服务传统产业数字化转型升级相结合，对接家具产业数字化、智能化发展新趋势，在国内首次提出了以"数字设计+智能制造"为主要特征的高职家具专业数字化人才培养理念，并重新厘定了高职家具专业的人才培养目标：培养具有数字化素养和数字化技能，具备"数字设计+智能制造"能力的家具高端人才（见图1）。

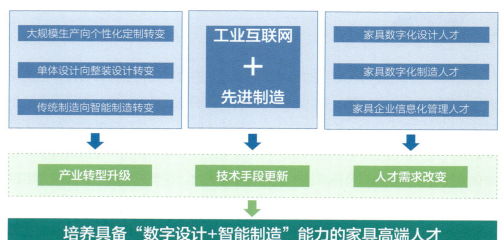

图1 ▶
家具专业人才培养
目标路径

## （二）建构了以数字化设计与制造能力为核心的课程体系

依据新厘定的人才培养目标，学校一是深度梳理和分析了数字化转型背景下高职家具专业毕业生对口工作岗位的典型工作任务和职业能力要求，牵头制定了2项满足产业数字化转型升级需求的家具国家专业教学标准；二是以专业教学标准为引领，建构了以信息化能力为基础，数字化设计与制造能力为核心，整装方案实现能力为拓展的家具专业课程体系（见图2）；三是校企深度融合，将新技术、新工艺、新材料、新规范等融入课程体系，建成了包含2万余条数字化教学资源的家具专业国家教学资源库，校企共建了"板式家具数字化制造技术""实木家具数字化制造技术""定制家具设计技术"等20门包含数字化设计与制造内容的专业核心课程，共同开发了23种新形态教材，满足了具备"数字设计+智能制造"复合能力的家具高端技术技能人才的培养需求。

## （三）实施了"产、教、研、学、做"一体化项目化教学改革

顺德职业技术学院家具专业全面推行"产、教、研、学、做"一体化项目教学改革，一是建成百余个校内外实训基地，与中央美术学院等共建学生工作

| 拓展 | 整装方案实现能力 |
|---|---|
| | 支撑课程：室内设计+装配式内装设计技术 |

**数字化设计与制造能力**

| 核心 | 设计表达能力<br>支撑课程：设计基础、工程美学、设计表达、现代设计史 | 实木数字化设计与制造技术<br>支撑课程：系列家具设计（实木）、实木家具数字化制造技术、木工数控编程与操作 |
|---|---|---|
| | 二维制图能力<br>支撑课程：现代工程制图、家具结构设计 | 板式数字化设计与制造技术<br>支撑课程：系列家具设计（实木）、板式家具数字化制造技术、定制家具设计技术 |
| | 三维建模能力<br>支撑课程：三维造型设计 | |
| | 工艺基础能力<br>支撑课程：家具制造技能训练、家具机械、涂装技术、家具材料的选择与应用 | 软体家具制造技术<br>支撑课程：软体家具生产工艺 |

| 基础 | 信息技术能力 |
|---|---|
| | 支撑课程：家具标准及其应用、精益生产管理、工业工程管理、工业互联网技术概论 |

▲ 图2
家具专业课程体系

坊，创设了"教师工作室、学生工作坊、实训车间"三位一体的教学场，打破了项目化教学的瓶颈；二是校企共研了22项国家/行业标准、共同开展了173项设计研发项目等，将行业企业新技术、新工艺、新材料、新规范等同步转化为项目教学资源；三是全面推行"四个一"课程教学模式改革，即"一课程、一企业、一项目、一展览"，将课程与企业无缝对接，通过"课中赛"形式引入百余项企业真实的产品设计项目，把企业真实项目设计融入专业课程体系，构建项目化、模块化的教学内容，将课程教学质量评价由传统的以知识性评价为主改为以设计作品评价为主，创建了家具专业一体化项目教学模式。

## （四）形成了高职家具专业"五有"教学生态链

构建了"国家、省、校"三级，"专业教学标准、职业技能标准、顶岗实习标准、课程标准"四维度的标准体系，有效规范了人才培养全过程；创建了5个省级技术创新平台，依托平台打造了由"教学名师+企业名家+行业能手"组成的高水平教师创新团队，开展技术研发和设计项目服务；校企共建家具数字化设计与制造实训基地，共同开发数字化课程和资源；以科研反哺教学，开展产教研一体化的项目教学改革，将企业需求及真实项目融入教学体系中，提升学生的数字设计能力和智能制造能力；创建"五位一体"毕业设计模式，将"毕业答辩、毕业展览、人才招聘会、成果转换、创新创业"有机融合，形成了"专业有标

图3 ▼
家具专业"五有"
教学生态链

准、教学有资源、课程有依托、项目有载体、成果转化有渠道"的高职家具专业"五有"教学生态链（见图3），实现了专业数字化升级改造与产业数字化转型升级同频共振。

団队支撑

教学名师+企业名家+技术能手 组成教学创新团队

分工合作　　　　协同育人

**创新服务平台**

国家级创新设计技能大师工作室
企业创新中心
毕业设计展

**成果转化有渠道**

**竞赛引入与联合工作坊建设**

联合课程工作坊6个
校企联合开展设计竞赛10多个

产科教　深度融合

**教学实践基地**

1批校企实践基地
3个省级实践基地

**专业有标准**

**真实项目资源建设**

横纵向项目173项
总到账1990万元

校行企　共创共建

**产学研平台**

家具数字化协同创新中心等
省级研究平台5个

**课程有依托**

**标准建设、教材建设**

制定国家标准5项、行业标准17项
牵头制定国家专业教学标准2项、
顶岗实习标准1项

**国家级教学资源平台**

教育部职业教育家具设计与制造
专业教学资源库

**教学有资源**

**数字化精品资源课程建设**

慕课/精品课/视频课/课程应用程序

平台支撑

**教学生态链**

资源支撑

## 三　成效

### （一）创新了高职家具专业"数字设计+智能制造"数字化人才培养"顺德模式"

学院的家具专业精准把握家具产业数字化发展脉搏，在国内首次提出了以"数字设计+智能制造"为主要特征的高职家具专业数字化人才培养理念，组建了国家"双高计划"高水平专业群，打破设计与制造的界限，加强了学生数字设计能力和智能制造能力的培养，并率先构建了"专业群-平台-团队-项目-资源-课程"的家具专业数字化升级新路径。

## （二）培养了一大批满足家具产业转型升级所需的高端数字化人才

培养了2500余名家具数字化人才，大部分毕业生已成为行业精英、企业骨干，在上市公司核心岗位就业的毕业生超200名，部分毕业生已成长为上市公司中层管理人员，涌现了众多创业成功的毕业生代表，为家具产业转型升级做出了贡献；所培养的学生共获得国内外设计大赛奖励800多项，其中国际设计大赛、全国职业院校技能大赛获奖10项，毕业生获得国际顶级设计奖23项，在全国高职院校中处于领先地位。

## （三）带动和引领了全国家具及相关专业的教学改革和数字化升级

率先形成了家具专业"数字化"人才培养课程体系，建成国家级专业教学资源库，累计建成49门数字化课程，资源总数2万余个，总注册用户数2万余人，资源总点击数1500余万次，辐射了全国一半以上的高职家具类专业以及部分本科、中职院校家具专业。家具数字化人才培养"顺德模式"受到了各级领导的高度评价和国内同行的高度认可，国内外各院校与团体来校交流学习1000余次，辐射20余所全国同类院校，带动和引领着全国同类专业实现数字化人才培养升级。

# 高职院校财经商贸类专业数字化改造路径的探索与实践

四川财经职业学院

 **一　开展数字教育创新实践的背景**

当前，全球产业数字化、数字产业化、数字化治理、数据资产化不断加速，数字技术推动世界发生深度变革。中国在从互联网大国转向数字经济强国的过程中，面临着通过弥合公民数字能力的鸿沟，最大限度释放数字红利的挑战。

数字经济背景下，财经商贸领域数字人才缺口大。培养"数字+专业"复合型高素质技术技能人才是必然趋势。面对"新经济、新业态、新技术、新职业"对人才培养的新需求，全方位推进专业升级和数字化改造，提升师生的竞争力和软实力，以支撑国家和区域数字经济战略，成为财经商贸类高职院校的重要使命。

财经商贸类专业在数字化改造过程中，普遍存在人才需求侧和教育供给侧不匹配的现象，主要表现在以下几个方面。

| 数字化能力培养课程体系不完善，导致课程体系与数字化能力培养目标适切度不高 | 数字化能力培养目标不清晰，培养的人才对月人单位数字化转型需求满足度不高 | 教师数字化教学和科研能力及教学资源支撑不足，导致数字化能力培养目标达成度不高 |
| --- | --- | --- |

## 二 典型经验与创新特点

### （一）经验成果

学校的探索与实践经历了三个阶段：一是理论奠基、先行先试；二是全面推进、产研协同；三是深入推广、优化迭代。形成了三个方面的经验成果。

1 理论奠基、先行先试　　2 全面推进、产研协同　　3 深入推广、优化迭代

#### • 协同产教研，确立"初、中、高"阶学生数字能力培养目标

发挥企业、行业的资源优势，依托科研平台和横向课题，产教研协同，识别财经商贸类岗位群四大数字化工作场景。

分析数字化工作场景对应的"通用-岗位-创新"数字化能力，确定三项初阶培养目标、四项中阶培养目标、五项高阶培养目标（见图1）。

▼ 图1
财经商贸类专业数字化能力提升模型

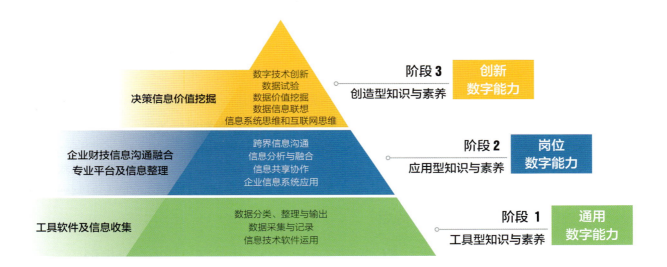

#### • 结合岗课赛证，构建"四位一体"数字化能力培养课程体系

将财经商贸领域数字化工作场景能力要求、数字化"1+X"证书标准、技能竞赛规程融入课程，构建"四位一体"学生数字化能力培养课程体系（见图2）：数字技术公共课程，奠定学生最基础数字技术应用能力；专业群数字化共享基础课程，培养学生初阶数字化能力；专业数字化核心课程，强化学生中阶数字化能力；专业群数字化互选拓展课程，锻炼学生高阶数字化能力。

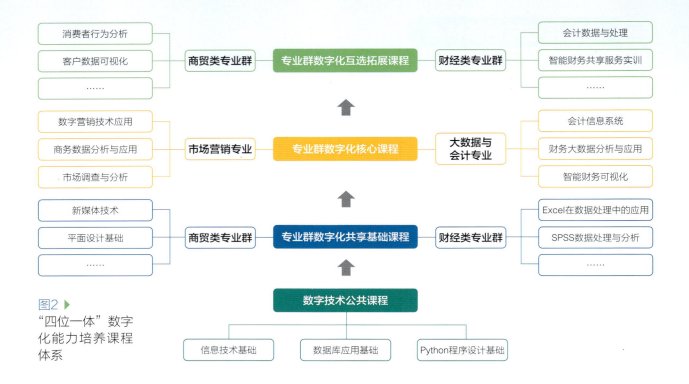

图2 ▶
"四位一体"数字化能力培养课程体系

## • 加强教师数字能力提升，建设数字化教学资源升级教学条件

培养具有数字化教学和科研能力的师资队伍：将学生数字化能力模型用于师资队伍培养，实施"教职工数字化能力提升计划"；引进数据科学领域高层次人才，打造"专业+数智技"融合创新团队，解决企业数字化转型中的痛点与难点。建设数字化在线教学资源：以企业真实案例、项目为基础，校企共同开发全新数字类课程，对传统课程实施数字化改造，融入新业务、新流程、新技术内容。打造数字化实训和教学平台：自主建设数智新商科学习工场等智慧化实训中心，校企共建浪潮财经大数据分析、机器人流程自动化等教学平台，对实践教学体系进行数字化改造。

## （二）创新与特点

### • 创制能力本位的财经商贸专业学生数字化能力提升模型

挖掘企业在数字经济背景下，以数字为逻辑起点的财经商贸类专业四大工作场景特征。结合产业升级要素、企业转型元素、工作场景需求因素，高度抽象出工作场景对适应新需求的"通用-岗位-创新"数字化能力要求，创制"初阶—中阶—高阶"财经商贸专业学生数字化能力提升模型，并以该模型为桥梁明确学生数字化能力培养目标，突破了将企业数字化转型的外部要求内化为教学目标的高职院校财经商贸类专业数字化改造瓶颈。

### · 创建"全面覆盖、针对性强、实效性高"的数字化课程体系

面向全校学生开设数字技术公共课程，面向全体教师员工开展基础数据知识、智能技术基础应用培训，实现了师生员工数字化基础能力培养全覆盖。

根据专业群面向数字化的不同场景，为学生分别开设数字类的专业群共享基础课程、专业核心课程、专业群互选拓展课程，为教师开设专项数字化能力提升课程，学生和教师数字化能力培养针对性强、实效性高，明晰了财经商贸类专业学生和教师数字化能力培养课程体系构建方法，并贡献出系统性解决方案。

### · 创设可复制、可推广的财经商贸类专业数字化改造有效路径

创设产教研密切协同探究、以企业实战项目为抓手的数字化工作场景识别机制，厘清了专业数字化改造的逻辑起点。

遵循能力本位的教育规律和原则，形成了"场景识别—能力进阶—培养目标—课程体系—资源保障"的财经商贸类专业数字化改造有效路径（见图3），为其他中高职院校财经商贸类专业实施数字化改造提供了示范和借鉴。

▼ 图3
财经商贸类专业数字化改造路径

## 三 主要成效

### （一）应用成效

#### · 培养质量显著提升

成果应用覆盖全校20个专业，72%的学生获取了包括信息技术在内的能力证书；学生获得省级以上创新创业技能大赛奖项20项，其中国家级一等奖6个；

获得省级以上融入新技术的财经商贸领域技能大赛奖项141项，其中国家级一等奖37个。

### • 用人单位满意度高

输送13万余名高质量毕业生，就业的专业对口率达到80%，用人单位满意度100%，续聘意愿高达100%。

### • 教师数字能力增强

建成"财经大数据分析与应用"等数字类和数字化改造类在线开放课程37门，累计选课超11万人次；与大学共建"专业+数智技"融合创新师资团队37个。

## （二）推广价值

### • 服务区域行业发展

承担市厅级及以上科研项目19项，获发明专利3项，社会服务收入1600余万元，教师发表论文115篇，出版专著3部、教材18部；建设国家会计学院成都基地等4个国家级实训基地，以及1个省级数字新商科虚拟仿真实训基地；建设校企协同创新平台10个、财务数据分析平台等教学资源平台12个。政校合作开发支持产业发展的财政资金大数据智能辅助决策管理系统，形成相关标准供行业使用。

### • 彰显数字财经特色

校企合作催生成果并助推其实践应用，同时吸引十多家企业将成果应用于产品研制，吸纳具有数字化教学和科研能力的师生参与项目开发；近90所中高职财经类院校或专业按照我院专业数字化改造方案，结合自身实际，实施财经商贸数字化人才培养，提高了学生的就业率和就业质量。

## （三）社会评价

**示范效应显著**

《中国职业技术教育》等核心期刊宣传成果4次，向上千所高职院校介绍专业数字化改革思路和做法。作为典型案例，在世界职业教育产教融合博览会上向全世界职业教育界推介。各级领导对学校专业数字化改造工作予以充分肯定。

近年来，学校专业数字化改造成果被业界关注，团队参与财经类新专业目录下4个专业"专业简介"的研制工作及"专业教学标准建设工作"，参与新专业目录下财务会计类实训教学标准制定。学校被评为数字化会计教育标杆校，团队成员担任数字化会计教育认定项目专家。学校参与国家智慧教育平台试点工作，并被教育部确定为信息化支撑职业院校校企合作专业共建项目首批共同体成员。

**行业广泛认可**

# 数字化重塑教学新生态，推动全球水利共发展

河南省黄河水利职业技术学院

## 一　背景

紧跟"互联网+""智能+"时代发展，从"信息化"走向"智能化""数字化"，黄河水利职业技术学院水利工程学院久久为功，进行数字教育探索与实践。

黄河水利职业技术学院2003年以立项国家级精品课程建设为起点，以助教为主进行在线课程资源建设，解决教学资源不足问题；2012年以开发国家精品资源共享课为抓手，以助教辅学、优质资源共享为目的，解决优质资源不足、不能共享问题；2016年以制作省级精品在线开放课程为转折，开始数据驱动的教与学变革，进行MOOC（大规模在线开放课程）+传统课堂混合式教学探索，解决建而不用、学而无趣问题；2018年以开发国家精品在线开放课程为契机，进行MOOC+SPOC（小规模限制性在线课程）+传统课堂混合式教学，进入人工智能与教育的融合阶段，解决精准施教问题；2021年以国家课程思政示范课为引领，落实立德树人根本任务，解决"育人育才两张皮"问题；2022年，以国家职业教育智慧教育平台为牵引，立足国内，面向世界，打破教育时空壁垒，构建人类命运共同体，推动数字化教育强国建设，服务全球。

## 二　经验

针对数字化教育发展不同阶段存在的问题，以建设共享优质资源、提升教书育人效力、提高教育质量、推动人类共同发展为理念，以国家智慧教育公共服务平台、数字化校园及智能化SPOC平台为技术支持体系，以建设共享多元教育优质资源为载体，黄河水利职业技术学院探索深度有效融合的混合式教学范式及精准多元个性化评价，基于学校制定的系列数字教育治理政策，深化教育教学数字化转型和数字教育发展教学创新实践（见图1）。

图1 ▼
数字教育创新实践
总体设计

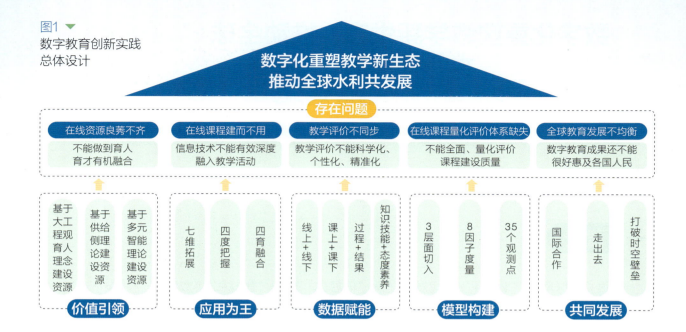

（一）价值引领共建共享多元优质资源，助力各类学员有效学习

基于"大工程观"育人理念建设资源。根据水利类课程特点，在线课程重育人、强实践，以典型水利工程案例为载体，在知识技能传授中融入大国工匠精神、家国情怀及思政元素，提升教师、学生职业自豪感，激发学生学习内动力。

基于供给侧理论建设资源。以学习者为中心，基于企业需求、教学目标及方法，灵活选取知识技能点，制作外有"颜值"、内有"才华、品质"、师生互动的学习资源，保证内容的科学性、有效性、趣味性、适切性、美观性，使学生愿意学、能学会、有提升。

基于多元智能理论建设资源。为满足1+X证书、技能大赛及个性化需求，考虑水利类课程难度，设模块、分层次、阶梯式设计在线课程资源，开发各类学生潜能。

集"颜值、才华、品质"于一体建设的优质在线资源，能满足多类生源需求及不同类课程的特点，实现育人育才相结合。

（二）应用为王创新混合式教学新理念，形成智慧课堂教学范式

依托MOOC和SPOC平台，以学习者为中心，从线上线下的教学方法、师生互动的教学活动、思政融入的教学内容、多元综合的评价方式、多样优质的学习素材、优化组合的学习平台、师生共演的课堂角色等"七维"拓展混合式教学，推动数字技术与课堂教学深度融合；针对学情、教学内容，通过课前精心设计、课堂灵活调整、课后问卷反思三阶段的实践创新与完善，对"课下、课上混合

度""线上、线下混合度""课堂教学组织设计合理度""课堂教学内容选取度"等"四度"进行合理把握，确保智慧在线学习与课堂教学有效融合，促使学生乐学、学会、学好。以典型工程案例为载体，把思政教育、专业教育、劳动教育、创新教育"四育"有机融合到教学全过程，实现德技并修育匠才。

"七维拓展、四度把握、四育融合"的混合式教学新理念，为在线课程和传统课堂有效互融提供了混合式教学范式（见图2），开发了学生潜能，提高了教与学的效果。

## （三）数据赋能构建学生多维数字画像，实现精准施教全面评价

借助MOOC和SPOC平台，实现教学数据的实时采集、存储和分析，学生学习过程被量化为数据画像，教师可分析每位学生的活动参与度、任务完成率及测试合格率等指标，推送个性化学习路径和资源，开展针对性指导和帮助，分析学习行为数据中潜在的规律，发现问题及时纠偏提醒，有了进步及时肯定鼓励，形成教与学的正向反馈，实现对学生的增值评价。

## （四）构建模型开展在线课程量化评价，建用评管相得益彰

通过课程统计分析、问卷调查及多年在线课程教学实践，构建"3835"在线课程质量评价模型（见图3）。以课程建设、课程应用及平台管理3个层面为切入点，提炼影响在线课程质量的8个因子，设置35个观测点，构建量化的在线课

▼ 图2
"七维拓展、四度把握、四育融合"的教学新理念

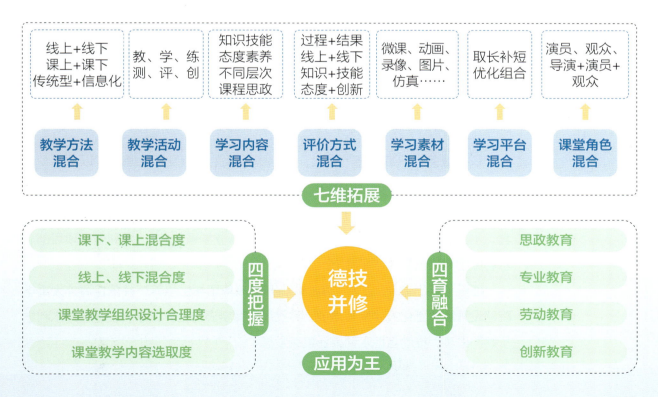

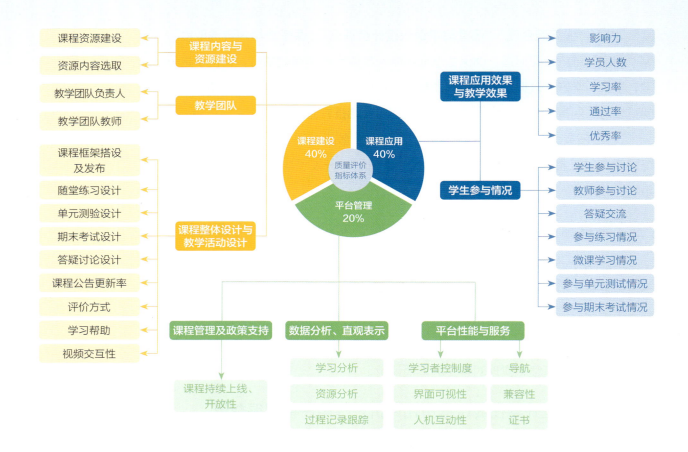

图3 ▲
"3835"在线课程
质量评价模型

程质量保证评价体系，并对448门课程进行质量评价分析，结果可信可靠。评价体系推动了以评促建、以评促用、以评促管，相辅相成、优化提升，构筑教学新生态。

创建"3835"在线课程质量评价体系，强化过程评价，量化设计指标，改变了以前重建设、轻应用的现象，解决了在线课程质量评价难量化、不全面的难题。

## （五）共同发展建设数字化国际资源包，促进全球水利发展繁荣

积极服务"一带一路"倡议，根据国外学生特点及行业需求，以数字、绿色、开放、包容为理念，以结构合理、科学规范、实用有趣为特点，产教融合，开发教学资源。适应水利技术迭代升级，资源库中建有虚拟现实体验资源20套，水工建筑物虚拟仿真30种，智慧水利仿真教学系统1套，水利虚拟项目部、水利数字博物馆及博学平台3个。

通过"走出去+引进来"等形式，开展来华留学生培养，并依托海外大禹学院建设开展本土化人才培养培训，将优质教育资源与世界共享，促进全球水利学子共同进步，推动当地水利事业繁荣发展。

 成效

## （一）学生课堂活跃度和参与度显著提升，综合能力增强

数字教育实践以来，课堂"活"起来了，形成了乐学、学会、善讲、乐答的智慧课堂，促进了不同层次学生释放潜能、主动学习及全面发展，学生整体及格率由2016年的79.1%提高到96.9%；学生综合能力提升，获省级以上技能大赛个人赛奖174项，获省级以上创新创业类奖28项，参加创新大赛学生由原来不足30人增加到2023年的260余人。

**96.9%**
学生整体及格率

**174项**
获省级以上技能大赛
个人赛奖

**28项**
获省级以上
创新创业类奖

**260余人**
参加创新大赛学生

## （二）教师数字素养全面提高，教研改革创新实践成绩斐然

优质资源建设及混合式教学范式实践，提升了教师的教书育人效力，教师备课及作业批改效率提高50%。数字化创新实践提升了教师数字化学习与创新能力，教师教研改革创新实践成绩显著，近年来申报省级信息化优秀成果奖获奖率由以前的60%提高到90%，数字教育教学论文、教改项目每年增长率超过10%。数字化创新教学助推我校教师获得全国教学能力大赛奖26项，10门课程入选2022年职业教育国家在线精品课，数量位居全国第二。

## （三）数字教学成果推广价值高，辐射国内，引领示范

2017年以来，黄河水利职业技术学院数字化教育成效引起了省内外高校的关注，在省内外数字化建设培训会上分享推广成果52次，带动617所学校进行数字化建设及混合式教学实践。课程资源在"学习强国"、国家智慧教育公共服务平台等渠道推广，被40多所学校应用，累计受益学员超过56万人。

## （四）优质资源推进技能人才培养，为中外青年提供成才机会

优质在线资源打破了水利教育的时空壁垒，向世界各地传播着中国先进的水利技术和优秀文化，实现了"人人皆可成才、人人尽展其才"职业学习目标。自2019年以来，依托水利工程数字化资源，学校培养的具备国际视野、国际化能力的水利类技术技能人才逐年增长，目前已累计达1800余人，每年培养的毕业生8%走出国门，进入国际工程项目。教学资源已在赞比亚、南非、老挝、埃塞俄比亚等多国推广使用，惠及外籍人员2000余人。

# 匠心铸魂·数智赋能·四维融通：基于智慧生态圈的大关贸育人模式创新与实践

浙江经济职业技术学院

## 一 开展数字教育创新实践的背景

随着国家"一带一路"建设的实施以及大数据等新技术的发展应用，"互联网+外贸+通关物流"行业转型发展迅速，关务与外贸（关贸）服务企业迈进数字经济智慧生态竞争时代。在以数字化、智慧化为特征的跨境供应链产业新形态背景下，服务专业要解决人才复合型能力合而不强、人才培养施而不力、"岗课赛证"融而不通、团队模块化教学协而不畅等痛点问题。

浙江经济职业技术学院关贸服务专业对标产业新赛道、瞄准建设人才培养新高地的战略目标，面向关贸服务产业岗位群，以国家"双高计划"物流管理专业群中的关贸服务专业建设作为创新实践载体，以社会主义核心价值观为主线，以劳动精神、工匠精神、劳模精神为重点，推动思政课程与课程思政同向发力，发挥协同育人功能，实现匠心铸魂。聚焦关贸服务国家职业标准、世界技能大赛标准和国家专业教学标准，迭代数字化、智慧化职业场景，培养跨境供应链管理、数字化商务智能技术两种能力，笃行德技并修，实施数智赋能，以岗定课、以课育人、以赛导课、以证验课，推进"岗课赛证"四维融通，输出人才培养模式、课程体系、创新团队、服务平台和国际品牌，培养专能精、通能强、素质高的复合型技术技能人才，形成可借鉴复制的基于智慧生态圈的大关贸育人模式，实现关贸服务专业与跨境供应链产业生态共荣双赢、协同共生的发展。

## 二 实践创新举措、典型经验

本成果深入贯彻党的教育方针，落实立德树人根本任务，强调德技并修、校企共育、技岗对接、素能并重，推进匠心育人、实践育人、竞技育人、协同育人，实现教育链、人才链与产业链、创新链有机衔接。其具体路径如图1所示。

图1
大关贸育人模式
创新

## （一）聚焦关贸服务产业，解决人才复合型能力合而不强问题

一是面向关贸服务产业供应链生态和数字化升级对具备跨境供应链管理能力、信息技术能力复合型人才的需求，聚焦人才培养能力结构对接产业形态变化，以立德树人为本，把跨境供应链管理、数字化商务智能技术两种能力耦合培养的理念贯穿培养全过程。二是创新提出复合型人才培养目标定位，培养具有供应链思维、德技并修、知行合一的"专能精、通能强、素质高"的关贸服务产业复合型技术技能人才。

## （二）契合产业复合型人才需求，解决人才培养施而不力问题

一是实施基础技术技能培养阶段"数智赋能教室，固本强基夯基础"、核心及拓展技术能力培养阶段"产教融合基地，理实一体强技能"、综合岗位技术技能培养阶段"顶岗工位岗位，职场实践提能力"三段学程，学生在校企学习时间比例分别为8∶2、4∶6、2∶8。二是遵循人才能力发展规律，强化三全育人、匠心铸魂，实施以学习效果为导向的过程性、结果性和增值性多元评价，创新实践"1+1.5+0.5"三阶能力递进的人才培养模式。

## （三）强化岗位能力，解决"岗课赛证"融而不通问题

一是分析关贸服务岗位能力，设置素质基础课程平台（1），把思政工作贯穿教育教学全过程，开设专业基础能力、专业核心能力、专业拓展能力、综合实践能力课程（4），融合国家职业标准、国家专业教学标准、世界/国家技能大赛标准、行业岗位标准、X证书要求（5），构建"145"模块化课程体系（见图2），挖掘培养目标、知识传授、项目任务3条思政线，推进课程思政育人。

二是课程内容融入数智化职业场景，以关务云、智慧通关服务等平台为依托，以移动互联网为载体，以人工智能与大数据技术为支撑，建立全链路数智化大通关综合实训系统，探索信息化教学多平台协同新模式及大关贸产教融合新路

注：**是国家级课程，*是省级课程。

图2 ▲
关贸服务专业
"145"模块化
课程体系

径，增设跨境供应链管理、大数据分析与应用、Python程序设计等数智赋能课程，解决数智赋能不深，培养数智技能。

三是在国家标准引领下，专业课程以世界技能大赛"货运代理"赛项、全国职业技能大赛"关务技能"赛项、供应链管理师竞赛等高水平赛事为标杆，以关务技能水平证书、国际货运代理证书、供应链数据分析技能证书为检验，以岗定课、以课育人、以赛导课、以证验课，推进"岗课赛证"四维融通，建立普惠式竞技育人机制，健全"岗位精准对接、课程系统整合、标准深度融合、课证有效转化"多维融通，优化"岗课赛证"融通的生态系统，促进关贸服务专业人才培养质量全面提升（见图3）。

## （四）锤炼教学团队，解决模块化教学协而不畅问题

一是重组专兼融合、跨界协同的模块化教师教学创新团队，打造高水平师资培养平台，构建校企"双职双岗"动态循环教师能力提升机制，促进师资团队向"教师、技师、培训师、咨询师"四师转型。二是结合学情特点，把控教学难度、教学策略、教学实效，进行教学改革，实施"引任务、思问题、破难点、训能力、评成效、拓任务"六大环节模块化教学设计，突出以学生为中心。三是融入思政元素教学，构建整体设计、动态迭代的模块化课程教学资源集群。四是打造教改新路径，开展通关外贸单证处理与复核、进出口商品归类、关务操作、国际货运代理操作等模块化线上线下混合式教学，提升模块间教师的协作教学和竞赛指导能力。

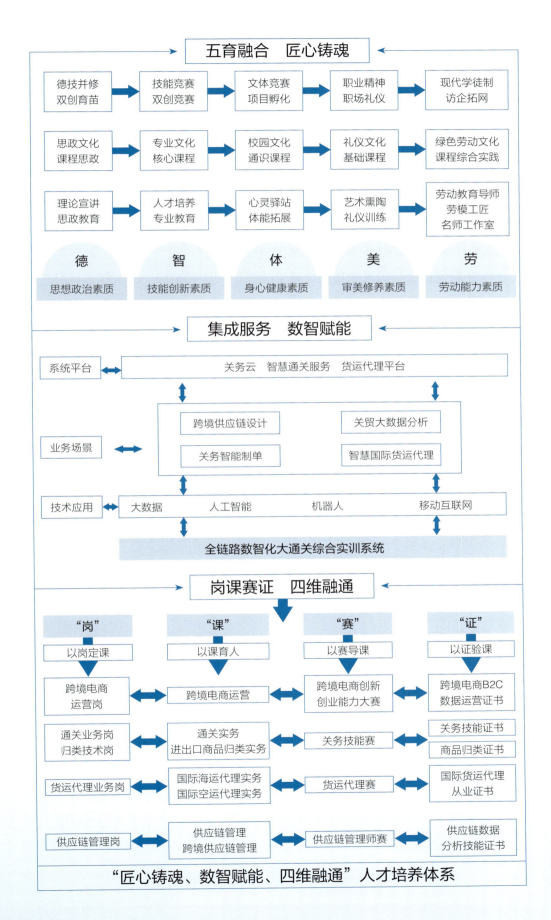

▶ 图3
"匠心铸魂、数智赋能、四维融通"人才培养体系

## 三 主要成效

经过多年的教学实践，浙江经济职业技术学院关贸服务专业"匠心铸魂·数智赋能·四维融通"创新育人模式，取得了显著的教学效果。

### （一）教学相长，受益面广

就业质量显著提升。连续几年，浙江经济职业技术学院关贸服务专业毕业生与同级院校相比平均起薪超出12%，就业率超出3.8%，工作与专业相关度超出5%。2021年，关贸专业竞争力位列全国职业院校第一。

学生获得省级和国家级技能大赛奖60余项，其中2019—2022年连续4年在全国职业院校技能大赛中获一等奖；教师获得国家级教学成果一等奖、二等奖各1项，省级教学成果二等奖1项、国家级教学能力竞赛一等奖1项。

学校建设国家级专业教学资源库课程平台1个，国家级课程思政教学研究项目1项，国家级精品课程5门，规划教材4部。

### （二）辐射面大，示范引领

专业建设水平国内领先，关贸服务专业是国家级骨干专业。多所省内外工商院校来校交流复合型人才培养经验。专业育人模式被金华职业技术学院等30多所院校机构使用。在线精品课"大数据分析与应用"在阿克苏职业技术学院、青海高等职业技术学院、西藏职业技术学院等82所西部地区院校和清华大学、浙江大学、复旦大学等118所普通高校推广。

### （三）关注度高，影响广泛

成果受到政府部门及社会的高度认可和普遍关注，被主流媒体报道16次，专业竞争力在第三方平台排名全国第一。

此外，与大型企业建立合作平台1个，组织学生1035人次参与外部企业员工培训。

### （四）一带一路，职教输出

通过举办论坛、国际交流、中外合作办学等，建设国际化课程标准1套，国际化双语课程3门，具有国际元素的系列微课多个，向20多个国家输出本成果。

# 适应产业"智改数转"的高职机电类专业数字化升级改造探索与实践

北京工业职业技术学院

## 一 背景

　　北京市坚持发展高精尖产业，大力推进企业"智改数转"，实施智能化改造、数字化转型升级，同时以数字赋能城市，大面积推进智能设备改造，提升城市基础设施建设水平，这迫切需要机电类专业提供强有力的人才支撑。但受校企合作不深入，教学内容跟不上智能化、数字化技术迭代，师资力量和教学条件无法支撑人才培养等因素影响，专业人才培养质量无法满足智能设备全产业链人才需求。我校机电类专业从2011年起，依托国家优质校、"双高计划"等建设项目，基于自组织协同论，构建"人才培养模式升级、课程体系升级、师资队伍升级、实践基地升级"体系，系统探索了"需求驱动，四路并进"专业优化升级路径，全面提升了人才的数字化素养和复合型技术、融合性技能培养水平（见图1）。

▼ 图1
机电类专业"四路并进、产教闭环驱动"智能化、数字化转型升级路径

打造专业群升级路径

素质结构　能力结构　技能结构

服务城市运行保障行业需求
- 智能技术快速发展
- 智能设备应用日益广泛
- 新职业、新岗位人才需求变化

模式升级
校企合作产教融合模式

课程体系升级
智能贯通结构化课程体系

实施条件升级
虚实结合实训基地
结构化教学团队

教学模式升级
模块化教学模式

服务城市运行保障行业需求
- 数字化创新人才需求
- 企业人力资源结构改善
- 提供智能技术保障
- 先进智能化设备需求
- 传统设备智能化改造升级

理论研究支撑，标准制定引领

### 二 实践创新举措、典型经验

#### （一）创新"双元育人、五面融通、分类培养、专创结合"人才培养模式

汇聚机械协会、智能设备头部企业、水电气暖等城市运行保障企业以及研究所等，行企校研共建"北京城市建设与管理职教集团"，建立"特高"工程师学院，搭建产学研用协同平台，构建"多方并举资源拓展"等产教科融合机制、"社会服务收益反哺"等平台运行机制，实现标准共定、人才共育、技术共研、服务共拓，共同推动专业和产业双升级，形成"四轮双推动"产教融合模式，创新"双元育人、五面融通、分类培养、专创结合"人才培养模式（见图2）。

图2 ▼
"双元育人、五面融通、分类培养、专创结合"人才培养模式

#### （二）新技术赋能、"四维度"优化，提升专业课程数字化水平

纳入智能感知、智能制造、智慧维修等新技术，岗课赛证融通，构建"平台共享、方向分立、互选拓展、智能贯通"的课程体系，实现教学内容智能化。利用虚拟现实开发仿真资源和教材，建设"智能机器人组装与调试"等20门线上线下混合式课程，实现教学资源数字化。针对数字化技术的高度复合性，教师分工协作教学，将岗位工作过程转化为项目实施过程，实现教学组织模块化。利用人工智能、大数据等技术，采用四阶段迭代法，实施"过程性+终结性+增值性"综合评价，实现教学过程个性化。

## （三）实施"二五四"模式，打造国家级职业教育教学创新团队

构建"二五四"教师培育模式，依托"二线并进"（党政齐抓，师德与业务并进），实施"五大提升"（教学能力、专业建设能力、数字资源开发应用能力、科研与技术服务能力、国际化人才培养能力五种能力的提升），实现"四类培育"（建立分层次、分类别的"阶梯递进"教师协同发展机制，确定"一人一案"定制化培养方案和教师成长激励制度，逐层递进打造行业专家、教学名师、技术大师、技能名匠）（见图3）。

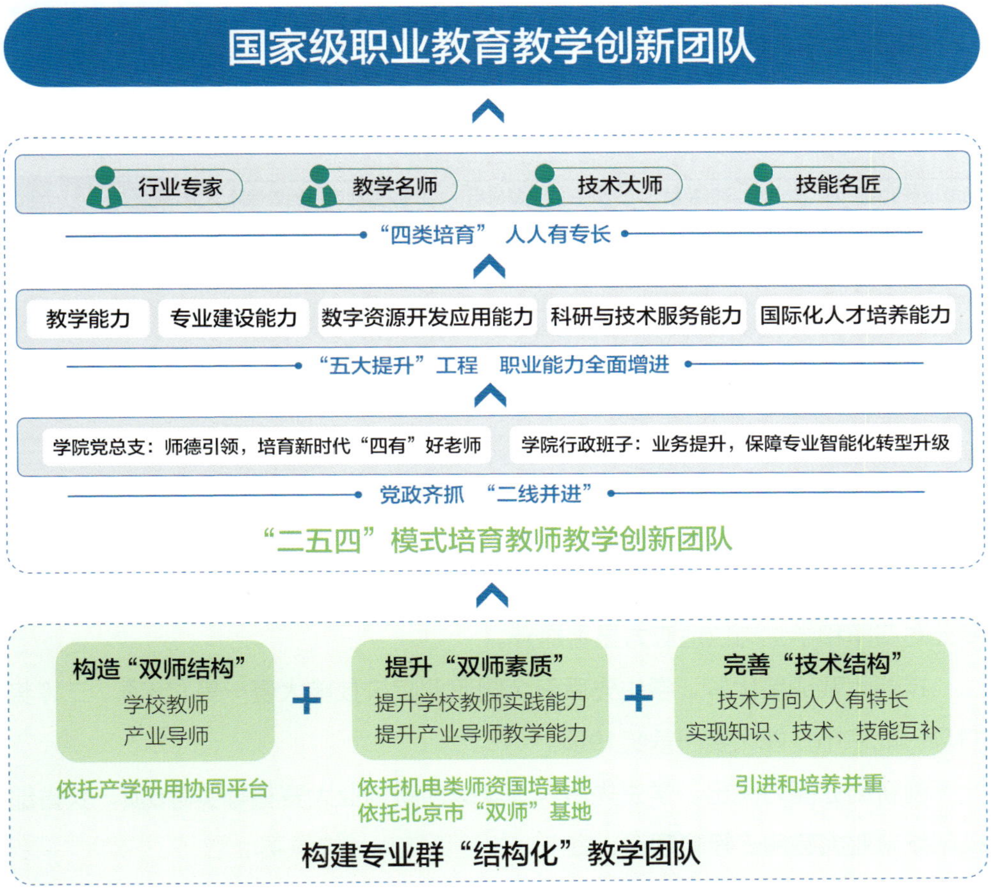

国家级职业教育教学创新团队

| 行业专家 | 教学名师 | 技术大师 | 技能名匠 |

"四类培育" 人人有专长

| 教学能力 | 专业建设能力 | 数字资源开发应用能力 | 科研与技术服务能力 | 国际化人才培养能力 |

"五大提升"工程 职业能力全面增进

学院党总支：师德引领，培育新时代"四有"好老师    学院行政班子：业务提升，保障专业智能化转型升级

党政齐抓 "二线并进"

"二五四"模式培育教师教学创新团队

构造"双师结构"
学校教师
产业导师

提升"双师素质"
提升学校教师实践能力
提升产业导师教学能力

完善"技术结构"
技术方向人人有特长
实现知识、技术、技能互补

依托产学研用协同平台

依托机电类师资国培基地
依托北京市"双师"基地

引进和培养并重

构建专业群"结构化"教学团队

▶ 图3
"二五四"模式培育一流"结构化"教学团队

## （四）虚实结合，建设国家示范性虚拟仿真实训基地

构建校企资源共享、协作共赢、统一规划、深度融合的基地运行机制，建设智能机器人、数字设计中心等实训基地。融合设计虚拟和真实实训，建设包括智能设备虚拟仿真设计、制造、装调、应用、能效管理等实训室的国家示范性虚拟仿真实训基地，建成集"教学测评管研赛训"于一体的实训教学管理平台（见图4）。

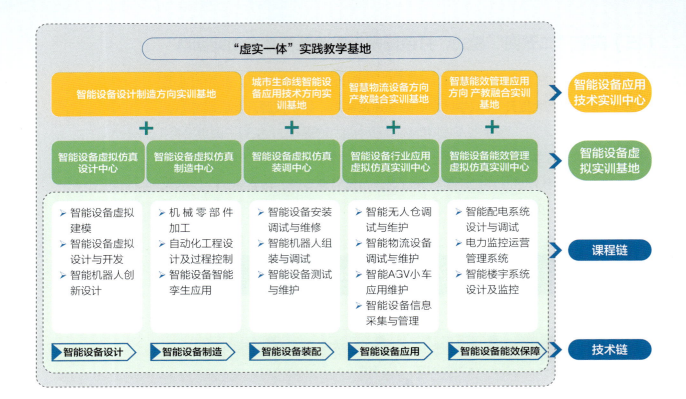

图4 ▲
机电类专业"虚实一体"实践教学基地

## 三 主要成效

### （一）协同育人成效凸显

就业质量显著提升。多家行业龙头企业开展订单式培养，学生就业率100%，专业对口率和学生岗位适应力显著提升。

技能大赛成绩优异。学生先后获全国职业院校技能大赛一等奖8项、二等奖11项，北京市技能大赛一等奖19项。

创新创业能力突出。学生先后获国家级创新创业大赛特等奖等5项，获省部级创新创业大赛金奖等11项。

### （二）师资力量显著提升

教师入选国家级职业教育教师教学创新团队，案例入选教育部国家级职教创新团队建设典型案例，多名教师获教学名师奖、教学能力大赛奖。

### （三）专业建设成果丰硕

标准引领。学院牵头国家职业教育自动化类专业目录修订、智能制造类多个专业教学标准制定、自动化类实训教学条件建设标准研制，相关教师作为教育部核心专家参与国家专业标准审核。开发"一带一路"电工职业技能标准，研制能效管理应用工程师国际通用职业资格证书。

## （四）支撑力贡献力增加

服务国家重大战略。服务"一带一路"倡议，承担教育部职业教育"走出去"试点项目。服务"乡村振兴"战略，主持国家大赛，牵头制定首届乡村振兴技能大赛规程和评分体系，助力乡村振兴人才培养。

## （五）引领全国职教改革

推广应用改革经验。在全国职业教育大会等会议上分享经验，对口支援多所职业院校，承接数百所院校考察交流，开展师资培训30多期，多所院校借鉴学习应用建设成果。

媒体广泛宣传报道。多家媒体对成果进行了广泛宣传，认为其对于推动职业教育高质量发展具有积极的借鉴意义。

# 基于数字工场的"政校行企"多元协同数字化人才培养模式的创新与实践

辽宁省大连东软信息学院

## 一 背景

随着大数据时代的到来，数字经济转型升级对劳动者数字化职业技能素养提出了更高的要求。职业教育是以就业为导向的教育，重在对接岗位，必须紧跟科技进步和产业进步的步伐，服务现代产业体系建设。不断推进产教融合、校企合作创新发展，积极打造校企合作命运共同体，才能有效提升职业院校办学质量和适应力。

在数字化人才培养方面，目前还普遍存在以下问题：毕业生的知识、能力、素质不能完全满足用人单位需求，过渡期过长；实践教学项目与实际工作场景差异较大，学生所学非所用；传统教学手段不完全适应数字化时代职业教育教学需求，人才培养质量难以定量评价；等等。

## 二 基于数字工场开展多元主体协同育人的经验

针对以上职业教育学校计算机相关专业人才培养中普遍存在的问题，大连东软信息学院与企业合作，创造性地提出了基于数字工场的"政校行企"多元协同数字化人才培养模式。

### （一）构建数字工场

所谓数字工场，即一个高水平数字化人才培养与创新服务平台，该平台创新了"政校行企"各方合作机制，在数字经济高度发展的中心城市（如苏州、天津、成都、南京、大连等）落地实施，具有能力导向、多元协同、智慧赋能的特点。

### （二）多元协同育人

数字工场发挥"政校行企"多元协同力量，充分调动政府、学校、行业协会和企业的优质资源，形成"政校行企"多元协同数字化人才培养模式（见图1），

基于数字工场的"政校行企"多元协同数字化人才培养模式

协同的四方作为不同的主体，发挥不同作用。

政府是数字工场的协调主体，提供数字产业和人才政策的支持与服务，结合区域数字产业行业资源与需求，搭建校企合作、产教融合交流合作服务平台，推动地方产业和学校的交流合作，推动产业需求与学校育人的标准和需求对接，推动产业升级与科学研究的对接，推动产业发展与人才供给的对接。

院校是数字工场的责任主体，提供数字相关专业的人才培养方案和培养体系，优化和整合企业与行业师资队伍：在素质类课程中嵌入企业文化、职业素养等；在技术类课程嵌入项目关键开发技术；在项目类课程嵌入企业真实项目，遵照开发规范和流程实施；等等。将新理论、新技术、新产品、新工具、新应用融入课程体系与实践体系并不断迭代更新。

行业协会是数字工场的指导主体，指导制定数字化相关专业的建设标准、数字化人才核心素养标准以及数字化技术岗位标准等。

企业是数字工场的协作主体，为数字化人才的培养提供来自产业一线的企业讲师、丰富的真实工程场景和真实行业案例，协助学校建立从定制培养、集中训练、顶岗实习到人才输出的完整人才生态链，打造高水平数字化技术技能人才培养与创新服务平台。

政校行企四方以数字工场为依托，各自发挥资源优势，使学习者能在优势聚集资源的支撑下，用更短的时间、更低的成本，获得更大的成长和收获，实现数字化人才的校企接续培养。

▼ 图1
基于数字工场的"政校行企"多元协同数字化人才培养模式

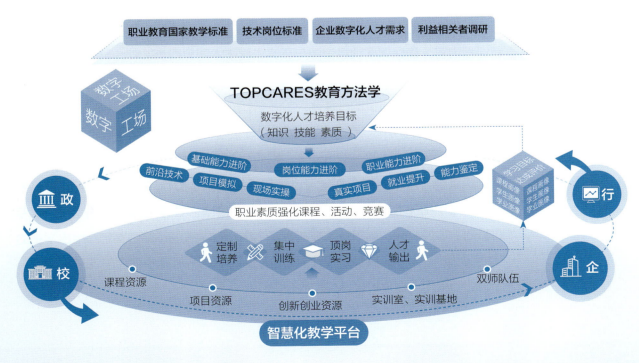

## （三）新模式为计算机类人才培养提供的新思路

### • 如何解决数字化素养与企业岗位的匹配问题

在数字化素养与企业岗位的匹配方面，首先，充分开展利益相关者调研，明确人才培养岗位技能需求，并将其倒推到人才培养方案中，将数字化人才培养标准依据能力指标分解到课程、项目、素质教育活动等人才培养全过程，实现专业人才培养与岗位技能需求的精准对接。其次，在数字工场中，由院校教师和东软企业工程师组建课程团队，将科研、教学、实验、毕业设计指导等融通设计，联合开发校企"双元"教材、精品在线开放课程和项目实训案例库等教学资源，打造从大学生定制培养、集中实训到人才输出的数字化人才培养生态链。再次，在软件、通信等行业协会指导下，结合"互联网+""挑战杯"等知名竞赛的导向，将各种高水平竞赛的指导融入教学中，提升学生的信息技术应用能力，主动适应就业市场的数字化人才新需求。最后，在集中实训与毕业设计等环节，融入工作场景、职业素质强化课程及活动，将家国情怀、工匠精神、职业素养、信息化素养等内化为学生的能力和品格。

### • 如何解决实践项目与实际工作场景差异大的问题

对于实践项目与实际工作场景差异大的问题，首先对接企业，分析实际工作的环境、岗位、流程、标准，选取真实的、规模合适的、业务流程相对简单清晰的工程项目，结合专业特点及培养目标，依据教学规范和数字化人才培养规律进行教学化改造，构建强调产业化、工程化、前沿化、教学化的项目资源以及强调生产性、现场性、先进性、标准性的实践环境。其次，打造专业化、实践化、创新化、融合化的双师型师资队伍，对接行业、企业主流技术和前沿技术，持续更新课程内容，确保课程项目资源与真实工程技术同源同步。

### • 如何解决人才培养质量一体化评价的问题

对于人才培养质量的一体化评价，学校开发了多种平台和系统。智慧教学平台（见图2）集教学标准、资源、实施、评价于一体，全面支撑线上线下混合式的课程教学、实践教学、综合训练、素质活动等核心教育环节。其中，综合性成绩管理系统，对学生形成性学习过程和终结性教学目标的达成进行多元量化考核，用数字化技术精准度量每名学生的学习效果。学生学习效果评估系统，从专业基础、项目经验、高级技术技能等多个维度对学生进行综合鉴定，给出学生的"数字画像"，为学生提供过程性能力达成评价，为教师提供学生学习效果评价，为企业考察用人提供可视化岗位胜任力评价。

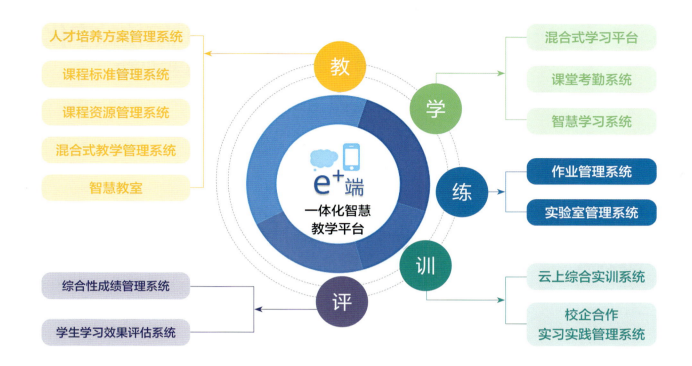

▲ 图2
一体化智慧教学平台框架

 **主要成效**

## （一）数字化人才培养数量和质量明显提升

通过基于数字工场的"政校行企"多元协同数字化人才培养模式的实施，学校的人才培养数量和质量明显提升。目前，学校在全国布局了13个数字工场，年均开展超1万人次的线下培训、20万人次的线上培训，7000余名学生开展了顶岗实习，相关企业为5000余名学生提供了就业，近三年对口就业率达95%。

## （二）专业建设成果和教学成果丰硕

基于数字工场的"政校行企"多元协同数字化人才培养模式的相关理论和方法被主流媒体多次报道。

通过该人才培养模式，大连东软信息学院在专业建设和教学改革方面取得了丰硕的成果：近年来获批省级以上教改项目95项；获批辽宁省高等学校数字校园试点建设项目试点单位；获批省级以上职业教育产业学院、工程实践教育中心、校企联合培养基地等实践基地项目15个，其中国家级工程实践教育中心1个；获批省级以上职业教育与数字化升级改造等示范专业10项；获批国家级职业教育教学团队1个、省级职业教育教学团队2个，发展职业教学名师3名、专业带头人3人、骨干教师3人；累计获得国家级教学成果奖3项，省级教学成果奖20项。

# 简工作、易学习、准管理：高职院校数字化转型引领教学变革和管理创新

## 安徽工商职业学院

简工作、易学习、准管理：高职院校数字化转型引领教学变革和管理创新

2013年以来，安徽工商职业学院针对学校教师运用数字技术构建教学模式能力不强，学生利用网络化、智能化的学习环境不足，学校数字化精准管理服务不够等问题，开展了4年的探索和研究，于2017年7月实施了生态型智慧校园建设方案，提出了"简工作、易学习、准管理"的高职教育数字创新理念。经过5年的实践检验，成效显著，引领了教学变革和管理创新，实现了差异化的教、个性化的学、精准化的管，重构了学校教育教学生态。

## 一 主要经验和创新举措

### （一）构建了"极简"工作模式，数字教学不断深入

学校通过制定《安徽工商职业学院信息化教学改革实施方案》《安徽工商职业学院信息化建设实施方案》等制度，建立信息化教学改革激励机制，搭建"数智工商"一体化教学、管理与服务平台，利用平台连接教育端和产业端，实现教师与企业互动零距离，第一时间更新教学内容；搭建"学校、专业、课程、教师"空间，推动教学管理服务全程网上受理、网上办理和网上反馈，建设数字教学资源，创新教学方法；构建全过程评价体系，多维度记录学生学习行为，及时生成评价结果，评价过程更容易，为教师"备、授、批、辅、练、测"六个环节提供极简工作模式支撑，助力差异化的教。

### （二）搭建了"极易"学习空间，学习条件不断改善

围绕专业数字化升级，修订专业人才培养方案，坚持"一体化设计、结构化课程、颗粒化资源"，打造"目标-资源-环境-评价"四位一体的学习空间，搭建了"极易"学习空间，改善学生网络化、智能化的学习条件，形成了"云资源+智能技术+虚拟现实"的教学新模式（见图1）。开展一体化教学管理平台、专业教学资源库、精品在线开放课程等的建设，充分利用国家职业教育专业教学资源库、215门自建的品牌在线课程、486门引进的校外优质线上课程和2784门校

◀ 图1
四位一体的"极易"学习空间

内线上课程，将国家级、省级、校级教学资源融入学生学习空间，开展智慧教室、校园无线网、私有云平台、示范性虚拟仿真实训基地等建设，改善学生数字化学习环境。促进学习方式多元化，实现了"人人皆学、处处能学、时时可学"的网络化、数字化的应用场景和智能学伴，服务个性化的学。

## （三）建立了"精准"管理机制，治理能力不断增强

制定安徽工商职业学院数据标准，优化再造管理流程，通过管理制度化、制度表单化、表单流程化、流程数字化等一系列举措，打通29个部门33个业务系统的数据孤岛，搭建大数据平台，形成了"数据采集—挖掘分析—服务决策—诊断改进"四步一环的精准管理机制（见图2）。运用大数据平台的数据挖掘功能，

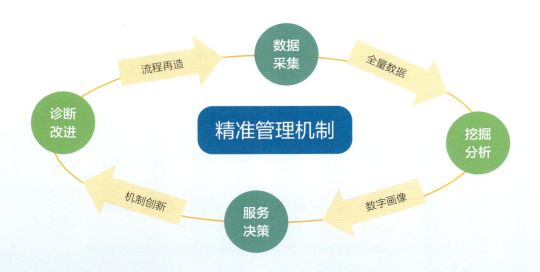

◀ 图2
"四步一环"精准管理机制

对教学、科研、课程、实训、资助等数据进行价值开发，面向特征群体进行分类决策。结合大数据进行学生画像，精准了解学生的学习倾向、兴趣爱好、行为模式等，因材施教，精准服务，实现精准化的管。

## （四）成果创新点

### 第一，理论创新。

本成果基于数字创新理论内涵和外延，提出了"简工作、易学习、准管理"的高职教育数字创新理论。从教师教学、学生学习和学校管理三个视角，总结出以"数据采集—挖掘分析—服务决策—诊断改进"四步一环的精准管理机制为目标，以极简工作模式为抓手，以"目标-资源-环境-评价"四位一体的极易学习空间为载体的高职院校数字创新管理理念框架，坚持整体互联、协同发展和生态平衡，把数字化转型从流程级、网络级湜升到生态级发展阶段，摒弃技术论，回归教育改革的本质，聚焦泛在学习新常态，走向数字管理新生态，提升人才培养质量、管理效率和治理能力。

### 第二，模式创新。

学校创新了极简工作模式，以标准为基、以规划为梁，构建了"十个一"生态型数智校园（见图3），实现从管理师生向服务师生的转变；通过学校、专业、课程、教师、学生空间建设，实现从课堂学习向泛在学习的转变；通过数据整合，引入人工智能数据引擎，建设大数据决策驾驶舱，实现从模糊评价向精准评价的转变。

### 第三，管理创新。

学校建设了校园大数据管理平台（见图4），进行全场景、全流程、全生命周期的数字化管理改造。创新了"四步一环"管理机制，实时采集全量数据，自

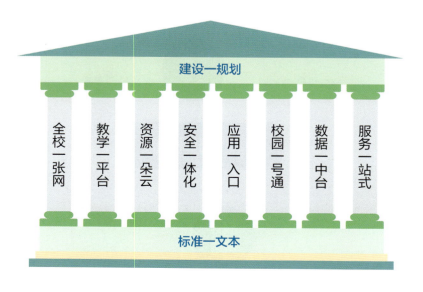

图3 ▶
生态型数智校园
"十个一"

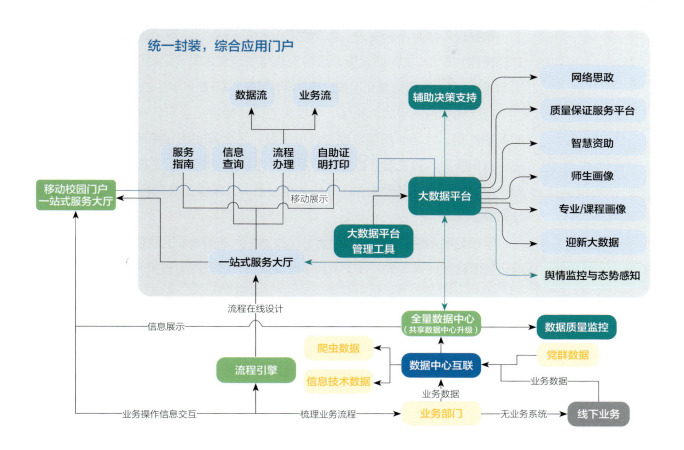

▲ 图4
大数据管理平台
架构

动进行挖掘分析，自动形成决策建议，持续进行诊断改进。创新了数字管理制度体系，制定了结构化、半结构化、非结构化的数据规范，建立了29个部门的工作标准，细化了362个考核观测点，并开展常态化诊断，针对诊断结果，及时改进，螺旋提升。

## 二 主要成效

### （一）数字化转型助力人才培养，成效显著

人才培养质量显著提高。学生在全国职业院校技能大赛中获奖数位居全国第五，安徽第一；毕业生就业去向落实率保持在98%以上，高于全国平均水平。

教师教学能力明显增强。教师在省级以上教学能力大赛中获一等奖19项，二等奖19项，三等奖20项。自建215门品牌在线课程，引进486门校外优质线上课程，建成了集教育教学、实验实训、虚拟仿真等功能于一体的全场景化的网络学习空间。四年来，平台上教师发布活动11.4万个，学生参加活动709万人次，学生参与课堂活动24万人次，学生完成作业3万人次，完成考试2.6万人次，学生发起讨论和回复讨论4万个。

专业建设水平不断提升。数字化改造16个专业，建设了省级以上精品在线开放课程175门，主持建设国家级专业教学资源库2项，国家级示范性虚拟仿真实训基地1项，运用信息化手段，连续5年服务1.9万多名学生的实习管理工作。

数字化学习环境大为拓展。学校大力拓展数字化学习环境，承接研发了安徽高职扩招人才培养质量监测与评价平台，为全省89所兄弟院校29.8万名学生提供监测服务；自主设计扩招教学平台，为1.1万余名扩招生提供了在线学习服务，为1169名扩招教师提供了在线教学服务，共承载了2555门课程和4703个教学班级。

学校数字化评价工作成效显著。诊改案例入选国家职业院校教学工作诊断与改进制度建设优秀案例，在安徽省诊改复核中，显效数全省第一。

## （二）数字化转型经验可复制、可推广，引起强烈反响

"简工作、易学习、准管理"数字化转型建设成效显著，被63所院校借鉴，向全国输出了安徽工商职业学院数字化转型经验。学校2016年被评为全国职业院校数字校园建设实验校，2020年被评为全国职业院校数字校园建设样板校。教师在核心期刊发表有关论文58篇，学校案例被中国教育电视台、安徽教育网等中央和地方媒体宣传报道。

# 乡情固德　数智赋能
## ——数字新农商培养体系构建与实施

黑龙江农业经济职业学院

## 一　数字新农商培养体系构建与实施的背景

乡村振兴，人才是关键。农业农村现代化关键在科技、在人才。大量涉农新产业、新业态、新技术、新职业层出不穷，农业农村生产智能化、经营网络化、管理数字化发展对"爱'三农'、乐奉献、擅经营、懂管理、精分析"的数字新农商需求迫切，亟须培育大量具有较高数智化经营管理能力的农业经理人、数字化管理师、互联网营销师、供应链管理师等高素质数字新农商。同时，在农职专业人才培养过程中，存在人才培养路径不清、学农务农兴趣不高、人才育训资源不足、助农兴农能力不强等诸多问题，因此，农职专业亟待数智化转型升级，农业农村经营管理人才培养体系提质增效势在必行。

## 二　数字新农商培养体系构建与实施的举措及典型经验

### （一）数字新农商培养体系构建与实施的举措

**第一，研制标准，确定培养定位。**

面向全国组建研制团队、开展调研论证，形成调研报告，主持研制了中职家庭农场生产经营等新版专业标准；确立了"聚焦新需求-立足新产业-服务新业态-对接新职业-融入新技术"的人才培养定位和"立德树人、对接产业、多元协同、标准引领、产教融合、技术支撑、能力强化、持续改进"的人才培养思路，提出了"十链衔接"数字新农商培养体系构建逻辑与路径（见图1），成为农职专业提质升级的基础规范；主导研制了北大荒集团的农业经济组织经营管理"1+X"职业技能等级标准，成为新型农业经营主体数智化升级的重要指引。

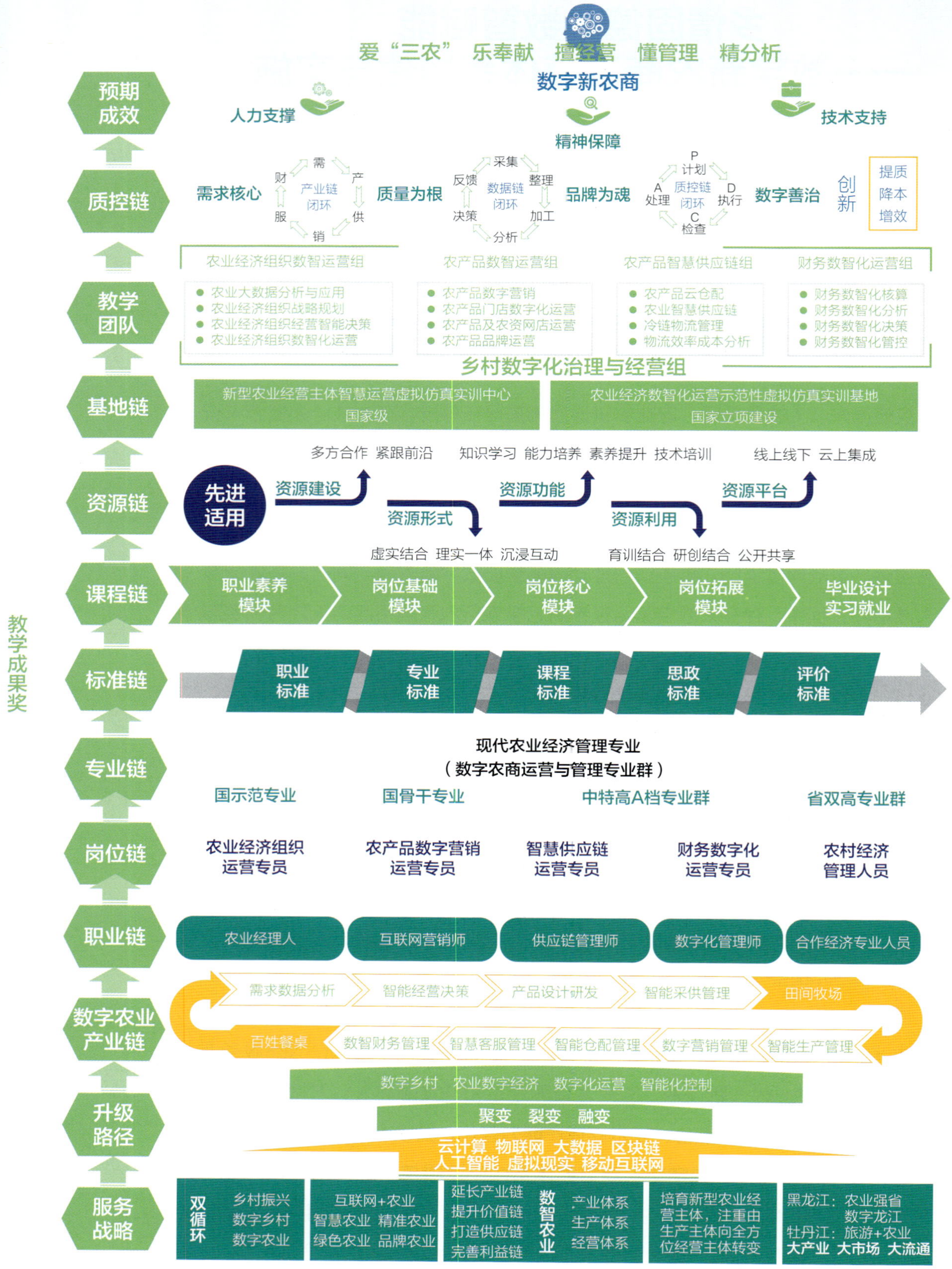

爱"三农" 乐奉献 擅经营 懂管理 精分析

**数字新农商**

人力支撑　　精神保障　　技术支持

**预期成效**

**质控链**

需求核心　质量为根　品牌为魂　数字善治　创新

需　产业链闭环　产
财　　　　　　　供
服　　　　　　　销

采集　数据链闭环　整理
反馈　　　　　　加工
决策　　　　　　分析

P 计划
A 处理　质控链闭环　D 执行
C 检查

提质降本增效

农业经济组织数智运营组　农产品数智运营组　农产品智慧供应链组　财务数智化运营组

**教学团队**

- 农业大数据分析与应用
- 农业经济组织战略规划
- 农业经济组织经营智能决策
- 农业经济组织数智化运营

- 农产品数字营销
- 农产品门店数字化运营
- 农产品及农资网店运营
- 农产品品牌运营

- 农产品云仓配
- 农业智慧供应链
- 冷链物流管理
- 物流效率成本分析

- 财务数智化核算
- 财务数智化分析
- 财务数智化决策
- 财务数智化管控

乡村数字化治理与经营组

**基地链**

新型农业经营主体智慧运营虚拟仿真实训中心
国家级

农业经济数智化运营示范性虚拟仿真实训基地
国家立项建设

多方合作 紧跟前沿　知识学习 能力培养 素养提升 技术培训　线上线下 云上集成

**资源链**

**先进适用**

资源建设　资源功能　资源平台

资源形式　资源利用

虚实结合 理实一体 沉浸互动　育训结合 研创结合 公开共享

**课程链**

职业素养模块　岗位基础模块　岗位核心模块　岗位拓展模块　毕业设计实习就业

**标准链**

职业标准　专业标准　课程标准　思政标准　评价标准

现代农业经济管理专业
（数字农商运营与管理专业群）

**专业链**

国示范专业　国骨干专业　中特高A档专业群　省双高专业群

**岗位链**

农业经济组织运营专员　农产品数字营销运营专员　智慧供应链运营专员　财务数字化运营专员　农村经济管理人员

**职业链**

农业经理人　互联网营销师　供应链管理师　数字化管理师　合作经济专业人员

**数字农业产业链**

需求数据分析　智能经营决策　产品设计研发　智能采供管理　田间牧场

百姓餐桌　数智财务管理　智慧客服管理　智能仓配管理　数字营销管理　智能生产管理

数字乡村　农业数字经济　数字化运营　智能化控制

聚变 裂变 融变

云计算 物联网 大数据 区块链
人工智能 虚拟现实 移动互联网

**服务战略**

双循环：乡村振兴 数字乡村 数字农业

互联网+农业 智慧农业 精准农业 绿色农业 品牌农业

延长产业链 提升价值链 打造供应链 完善利益链

数智农业：产业体系 生产体系 经营体系

培育新型农业经营主体，注重由生产主体向全方位经营主体转变

黑龙江：农业强省 数字龙江
牡丹江：旅游+农业
大产业 大市场 大流通

教学成果奖

图1 ▲
"十链衔接"数字新农商培养体系构建逻辑与路径

### 第二，打造平台，完善办学质控机制。

打造"集团+研究院+联盟+产业学院"的数字新农商专业群办学共同体。依托学院牵头的产学研党建联盟、黑龙江省现代农业职业教育集团、乡村振兴发展研究院与农民合作社联盟，先后联合数智化运营技术领域的知名企业、实习就业单位、区域内涉农经济组织成立了经济贸易办学联盟，建立了3个产业学院，打造了专业群办学共同体，分工协作定方向、定标准、定方案、管落实、抓质量，形成了产教融合、协同育人、共建共享的协同发展机制。

构建"五维融合·三环联动"数字新农商培养质量生成与控制机制（见图2）。聚焦现代农业全产业链关键环节经营管理业务处理、数智化运营技术应用能力培养，不断优化培养目标、规格、路径、方法、模式与质量之间的逻辑支撑关系，构建并实施基于过程评价、结果评价的教学质量评价模式、"一体两级双循环"教学质量管控体系，实现专业、课程、资源、基地、团队五维融合、同向同行，持续提升人才培养质量。

▼ 图2
"五维融合·三环联动"数字新农商培养质量生成与控制机制

### 第三，党建引领，形成特色培养模式。

乡情固德，形成"五位一体"农职思政育人体系。以习近平新时代中国特色社会主义思想为引领，深入挖掘"三农"元素，深化思政改革，教书育人、管理育人、服务育人、环境育人、文化育人并重，学思践悟，厚植爱农情怀，构建"爱农情怀养成冰山模型"（见图3），获批国家级思政示范课程2门、省级思政示范课程4门。

对接岗位，构建课证融合"55253"课程体系（见图4）。对接5大核心岗位、"1+X"职业标准，重构层级递进、模块化课程体系，涵盖职业素养5个育人模块、经济分析与农商认知2个基础模块、农业经济组织经营管理5个核心模块与5个实践模块、农业新业态运营3个拓展模块，依据业务流程设计课程模块化教学内容。

图3 ▶
爱农情怀养成冰山模型

图4 ▼
现代农业经济管理专业"55253"课程体系

项目支撑，构建学商相融人才培养模式。校企协同、五段培养、层级递进、渐进提升。融入区域内农业农村真实项目、经营业务、经营管理难题，汇聚合作企业的经营项目，促进项目库进课堂、入基地，利用农经专业资源库数字化平台和校内外实训基地，虚实结合、线上线下结合、校内校外结合，开展教学式运营与运营式教学，工学结合、学商相融、服创一体，扎实培养学生的数字化经营管理能力和素养。

### 第四，共建共享，建成国家数字化教学资源。

校企共建的现代农业经济管理专业国家教学资源库通过教育部验收，并入选国家职业教育智慧教育平台；获批国家级课程10门、省级课程14门，建立库-库联盟、校际共享、学分互认，形成了多方共建共用共享机制。

### 第五，校企合作，建强教学创新团队。

与知名企业合作，实施数智提升计划，强化师德师风建设，开展校企互兼互聘、结对互学、行企实践、境内外培训、项目历练、激励调动、绩效考核，建成了高水平、结构化的"四有四能"数字新农商教学创新团队，并获现代农业经济管理专业国家级职业教育教师教学创新团队立项。

### 第六，数智赋能，建优虚仿实训基地。

建成新型农业经营主体智慧运营国家级虚拟仿真实训中心，获农业经济数智化运营国家级职业教育示范性虚拟仿真实训基地立项（见图5）。与知名企业合

▼ 图5
农业经济数智化运营虚拟仿真实训基地架构与业务框架

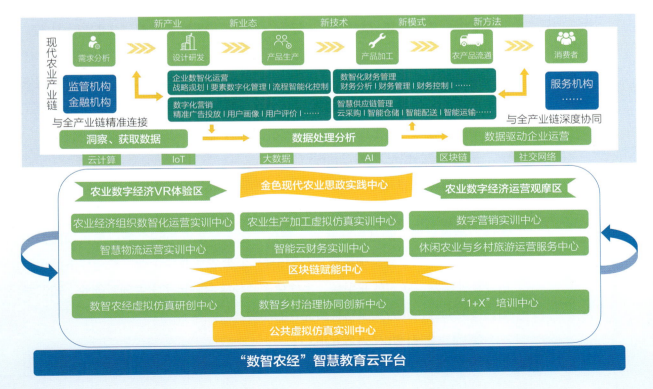

作，配置数智化软硬件设备设施，构建覆盖现代农业全产业链的核心运营业务场景与实训项目体系，实现"产教学训研服创一体"，满足了人才育训与社会服务需要。

## （二）典型经验

### 第一，明确人才的培养路径。

强化教学研究，夯实基础明路径。从校企合作机制、人才培养模式、师资队伍建设、课程改革等方面开展专项研究，形成破解专业改革发展重大问题的系统化课题群，主持省级教研课题13项、国家级课题1项，为专业高质量发展提供了理论与实践支撑。

加盟协作平台，集智聚力把方向。利用全国乡村振兴产教融合联盟等平台智库优势，加强沟通与交流，多元协同把准专业办学方向，提升专业办学水平与人才培养质量。

创新办学体制，职责明确保落实。多方合作，开创"职教集团集智聚力、研究院引领方向、办学联盟统筹落实、产业学院具体执行"的办学模式，创新数智农商、智慧物流、跨境数字贸易等产业学院运行机制，多元协同定标准、管落实、抓质量，有效保证了人才培养体系的先进性、科学性与实效性。

### 第二，培养学农务农的兴趣。

学思践悟铸魂，厚植情怀助"三农"。把"大国'三农'"情怀培养贯穿全学程，将耕读教育、劳动教育元素融入各育人环节。构建课程思政育人体系，通过国家"三农"战略规划展望、"三农"政策环境激励，提高学生的乡土认知，激发学生学农兴趣；构建包含课程实习、实习实训、创新创业在内的实践教学思政体系，通过产业前景吸引、涉农名企名品示范、高端运营技术应用，坚定强农兴农的信心；构建第二课堂思政教育体系，加强学生社会实践、志愿服务等工作，通过走进农村、亲近农民、乡土文化感召，滋养学生的爱农助农情怀。

### 第三，丰富人才的育训资源。

广搭资源平台，训创同步出实效。建成国家教学资源库，开设国家级与省级课程、15门创新创业课程、20门农民培训课程、29门企业培训课程；建设国家虚拟仿真基地，购置与开发30余套数字化运营系统与59个虚拟仿真项目；主编"十四五"职业教育国家规划教材5部；汇聚农业龙头企业、农业经济组织，搭建校外实践、实习就业平台。多样化资源与平台满足了学生创新创业、知识学习、技能训练、业务实操与素质提升的需要。

### 第四，提升助农兴农的能力。

产教研服融合，汇聚合力促发展。创新基于国家级农业经济数智化运营实训基地共建共享的服务牵动模式，整合区域内农业农村真实项目、经营业务、经营管理的难题，搭建项目库基地，校企师生合作开展业务攻关、技术培训、管理咨询、代理经营，与企业合作开发填补国内空白的农民合作社经营管理系统，提升了师生服务"三农"能力，助推了区域内新型农业经营主体经营升级、管理创新。

## 三　主要成效

### （一）专业综合实力不断提升

现代农业经济管理专业获评国家级示范、骨干等专业称号，学院获得国家级资源库、国家级虚拟仿真基地、国家级创新团队相关荣誉；教师获各类奖励51项，全国农职名师与省级名师各1人、全国职教行指委委员1人。

### （二）人才培养质量稳步提升

学生综合素质显著提升，近4年"1+X"获证率100%、平均就业率98.8%、留省率82.1%，获"互联网+"等大赛奖项合计30项；留省返乡就业创业成为首选，留在家乡，成为带领乡亲致富的"永久牌"人才，有毕业生被共青团中央评为"全国农村青年致富带头人"。2018年以来，学院率先探索农民学历教育，与牡丹江市、甘南县等地的组织部门校地共建，招收种养大户、合作社带头人、村干部等，定制课程体系，创新培养方式，培养了乡村实用落地人才3288人，助力黑龙江省甘南等五县获批国家乡村振兴示范县。

### （三）助力区域乡村振兴成效显著

开展"百村千社万户"公益助农行动，助力牡丹江市农村人均收入连续20年领跑全省；师生为宁安市等地的农民、合作社、家庭农场开展新媒体营销等服务500余次、指导开设农产品网店20余个；推广9个数字化农民培训包、20门农民培训课，线上线下培训农民2万余人次。

# 数字教育赋能教与学，人才培养提升质与量

重庆城市管理职业学院

 **面对基层治理挑战，更新社会工作人才培养理念**

基层强则国家强，基层安则天下安，抓好基层治理现代化这项基础性工作，需要提高基层治理的社会化、法治化、智能化、专业化水平，因此，必须构建"互联网+社会治理"的现代治理模式，精准培养智慧化基层治理人才。

高职院校社会工作专业人才培养存在与政府、行业和企业现实需求脱节的困境：人才培养规格与行业需求脱节、数字化课程资源与教学活动脱节、专业服务平台与育人实践脱节。

以互联网为代表的数智技术发展，引领社会工作教育变革新方向，创造了社会工作专业发展新空间，拓展了社会工作基层服务新领域。因此，顺应新文科、新技术、新业态发展趋势转变职业教育理念，创立"标准引领、数字赋能、智慧提升"的社会工作人才培养理念，建立人才培养的标准规格，搭建数字化教育平台，增强职业教育适应性，既是为基层治理体系和治理能力现代化贡献智慧和力量的需要，也是开拓新时代中国职业教育的守正创新之路。

 **紧盯数字教育发展，赋能专业转型升级**

## （一）建设数字课程，实现资源共享

2011年，学校探索社会工作专业人才培养改革，开展以流媒体技术为基础的教学信息化应用，形成"顶层设计、数字嵌入"育人理念与实施方案。一是根据社会工作行业信息化的基本要求重构专业建设层级，开发适合未来技术技能人才成长要求的社会工作一体化信息资源平台，增强社会工作专业人才的复合性。二是在专业建设的外延上，坚持职业教育专业建设的开放性、服务性，营造开放共享的开源性文化，使信息化资源流动与共享成为常态，让更多同类专业能够实现跨区域、跨教育类型、跨院校互动，扩充专业数字化发展范畴，提高资源共享能力。

## （二）实施数据驱动，助推专业变革

一是会同政府、行业、企业成立社会工作专业人才培养协作会，共同开发社会工作专业教学标准、课程标准、实训条件建设标准和顶岗实习标准，通过一体化设计与实施，以专业教学标准为统领，强化课程教学、实训实践、顶岗实习等主要环节中专业知识、专业能力、综合素质的有效衔接，促进理论教学、实践教学、顶岗实习实施过程的计划、组织、监控、评价的有效衔接，实现人才培养目标、课程教学目标、学生发展目标的有效衔接，形成"四位一体"标准链。

二是对接行业岗位技术技能要求，融合移动互联网、大数据、虚拟仿真等新技术，共建社会工作实践教学产教融合基地，打造融效果、情景和过程为一体的全新的实践教学环境。以转变实践教学理念为核心，基于社会工作实践教学从知识本位到能力本位再到发展本位的转变，以培养"德技双修"人才为目标，专业教师顺应新文科、新技术、新业态发展趋势，转变教学理念。以改革教材结构为关键，依托教学智慧化应用系统、模块化教学资源和融合性评估体系改革教材结构，通过情境导向、任务驱动重构教学内容，开发社会工作活页式教材。以创新教学方法为重点，通过教师顶岗实践和信息化素养培训，充分发挥信息技术的交互性特征，将专业技能与新技术相结合，改变教师的教和学生的学，使专业化教学实践变成自主性、研究性、合作式、交互性的教学。

## （三）创建融合模式，实现引领跃升

一是融合"3D交互+虚拟仿真+全息互动"技术，打造"理（理论教学）、虚（虚拟仿真体验）、实（真实场域实践）"结合的智慧协同平台。平台克服"智慧化的协同性不够，服务平台功能与育人脱节"的痛点，根据实际教学需要，仿真智慧化服务流程，虚拟展现真实服务场景。学生真切体验各种角色，训练技能方法。平台即时采集过程数据，支撑质量评定和科学研究，实现"育训研服"有机结合。开发基于新技术的智慧化育人服务系统，整合"理、虚、实"数字化资源，实现资源融合、人机交互、数据分析和多元评估等功能，服务学生技能提升和创新创业，促进教学改革、科学研究和教学质量评定，为实现精准培养高适应性人才提供大数据支撑。

二是按照"理实一体、虚实结合"原则，从"理、虚、实"三个维度，开发专业课程数字化资源。运用数字化课程资源，创新课程教学改革，促进理论教学、虚拟仿真体验和真实场域实践有机结合，增强专业课程资源的系统性。联合企业开发课程教案、课件、微视频、动画、音频等数字化理论课程资源12568个，社区矫正等虚拟仿真资源12个，社会工作服务项目评估等数字化实践课程资源43个，促进课程资源内容与教学活动有机衔接，提高学生的数字化应用能力和职业岗位适应性。

**（四）重塑治理架构，健全专业生态**

一是牵头成立重庆市公共管理与服务类职业教育行业指导委员会，联合发起成立中国社会工作实验教学委员会，建立联席会议制度，政府发挥政策制定者、资源链接者作用，行业发挥标准制定者、市场需求预测者作用，企业发挥岗位用工受益者、人才质量评价者作用，学校发挥人才培养执行者、社会服务供给者作用，共同构建政行企校"四方联动"的高适应性育人机制。制定《产教融合管理办法》《数字化资源管理办法》，校企"双元"开发活页式教材和数字化课程资源，实现课程目标与岗位能力的对接。制定《育训研服智慧化协同管理办法》等系列制度，将教学设计对接服务过程，促进智慧服务资源的优化配置与高效落地。

二是联合上下游企业打造全国智慧社会工作行业产教融合共同体，建立产教融合创新委员会，成立大师科研工作室，将上游企业、高校以及下游单位的优秀人力资源整合起来，发挥企业自主创新优势、高校人才培养优势、用人单位市场优势，开展合作育人、实习实训、科学研究和社会服务，提高专业服务平台的智慧化水平以及协同性，提升学生对职场氛围的全面感知和智慧化服务素养，增强学生对工作环境的适应性。

### 三 实践探索成效显著，培养质量不断提升

**（一）实现教学数字化转型，助推职业教育高质量发展**

教师数字化应用水平显著提升，获全国职业院校技能大赛教学能力比赛一等奖等奖项4项，获评国家级职业教育教师教学创新团队、省部级哲学社会科学创新团队。数字化育人经验于2015年起在本校25个专业和重庆市及其他11个省市的23所本专科、中职院校相关专业推广，受益学生11.3万人。本校相关专业

学生获全国"互联网+"创新创业大赛金奖等奖项56项。学生就业率、对口就业率、用人单位满意度逐年增长。

## （二）拓展资源辐射面，支持构建全民学习型社会

出版民政部专业服务指南9部，供全国3.2万名社工学习。主编教材13部，供48所学校使用。11门国家级或省部级数字化课程资源向473家学校和社会组织推广，11.8万余人注册学习。"战疫力量"课程获评重庆市首批课程思政示范课程，逾100所高校的2万余名学生在线学习。依托国家社会工作专业人才培训基地，聚焦精准扶贫、乡村振兴，服务5.1万人日，为61家政府部门、企事业单位完成技术服务75项。

## （三）提升数字化治理能力，助力职业教育强国建设

牵头成立全国智慧社会工作产教融合共同体，"打造社会治理TPRI智慧融合中心 增强师生数字素养和服务技能"入选中国高等教育学会"校企合作，双百计划"典型案例，引领全国社会工作专业数字化人才培养，推动同类院校对标开展数字化育人转型升级，提高社会工作智慧化人才供给。

## （四）扩大标准输出范围，增强标准方案的国际影响

开发社会工作相关专业教学标准，开发20份课程标准、11本双语活页式专业教材，被"一带一路"国家院校和企业交流协会采用。

# 贯通产业链　融通岗赛证——智能化赋能装配式建筑人才培养创新实践

重庆建筑工程职业学院

## 一　开展数字教育创新实践的背景

**行业数字化。**信息化、工业化、智能化已经成为建筑业转型升级的核心引擎，驱动着建筑行业的变革与创新发展，随之而来的是建筑行业产业链的整合，建筑行业的生产方式从过去的碎片化、粗放式、劳动密集型向集成化、精细化、技术密集型转变。在建筑行业数字化变革的背景下，以装配式建筑为代表的建筑产业现代化引领着建筑行业数字化、智能化发展。

**教育数字化。**党的二十大报告指出，"推进教育数字化，建设全民终身学习的学习型社会、学习型大国"。在数字教育时代，要集聚优质学习资源，搭建学习平台，利用信息技术，实现"人人皆学、处处能学、时时可学"。

行业和教育的数字化必然催生人才培养的创新。在教学空间、教学内容、教学过程、教学评价等方面实现数字化转型，是提高教育质量的关键。

当前，装配式建筑人才供给侧与需求侧不平衡，尤其人才供给的数字化水平不能满足需求。落实到具体人才培养中，问题在于：课程体系未紧贴装配式建筑全产业链岗位发展，教学内容滞后于职业岗位能力要求；实践环境与信息技术融合度低，受训者难以掌握关键技术技能；教师的信息技术能力滞后于产业发展。

## 二　实践创新举措、典型经验

### （一）主要做法

#### 第一，融通岗赛证，构建模块化课程体系。

对接装配式建筑全产业链，进行从业人员归类，梳理细分职业能力，校企共研装配式建筑职业技能谱系图。

在基本能力、专项技能、核心能力和综合能力模块分别搭建以识图与深化

贯通产业链 融通岗赛证——智能化赋能装配式建筑人才培养创新实践

设计、构件生产、施工和建筑信息模型应用为核心的课程群；将课程内容与9大岗位、"BIM技术"等融合渗透，分模块培养学生综合素养。

### 第二，融合育训研，建设智能+实训基地。

建设覆盖装配式建筑全产业链的实训场所，包括一站式体验区、深化设计实训室、生产操作平台、虚拟仿真实训室、关键技术实训区、运维实训室、装配式工法楼。

搭建智慧教学平台。开发包含教学资源云、智能考勤、教学资源共享平台、在线考试、课堂质量监测、自主学习及考评等6个系统的智慧教学平台，用人工智能、虚拟现实等技术手段开展实践教学，实现"智能+教学做"。

搭建智能管理平台。运用物联网、大数据等技术，将教学设施设备与楼宇接入云平台，建立实践教学管理、建筑信息模型综合管理、数据采集分析、移动智能中控、智能中央控制等5个系统，实施教学过程及楼宇的数字化、智能化管控，实现"智能+管理"。

装配式"智能+教学做管"实训基地建设架构如图1所示。

▼ 图1
装配式"智能+教学做管"实训基地

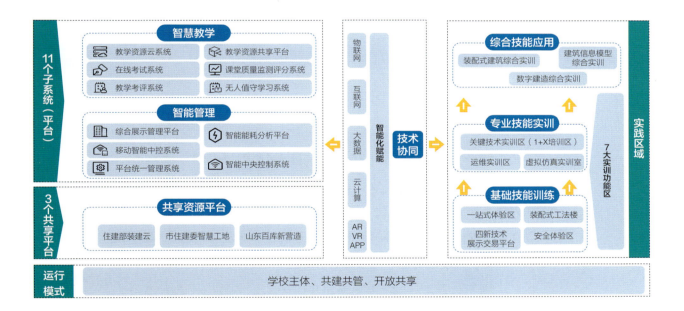

### 第三，"三双多能"，打造结构化教学创新团队。

由学校教师和企业专家能手组建专业建设双带头人、课程建设双骨干和创新创业大赛双导师的教学团队。专业建设双带头人负责团队建设、确定岗位核心能力、确定人才培养方案、建设校内外实训基地等；课程建设双骨干开展模块化课程设计、编写教材、开发教学资源、实施理实一体教学、开展教法改革等；创新创业大赛双导师开展专创融合的创新创业教育和技能大赛指导、开发典型教学案例。依托科研平台深研前沿技术，以研促教，实现科研反哺教学；实施青苗、毓

图2 ▼
"三双多能"结构化教学创新团队

秀、双师、名师等培养工程，提升教师数字技术的迁移、整合、评价、协作等综合能力。"三双多能"结构化教学创新团队的打造如图2所示。

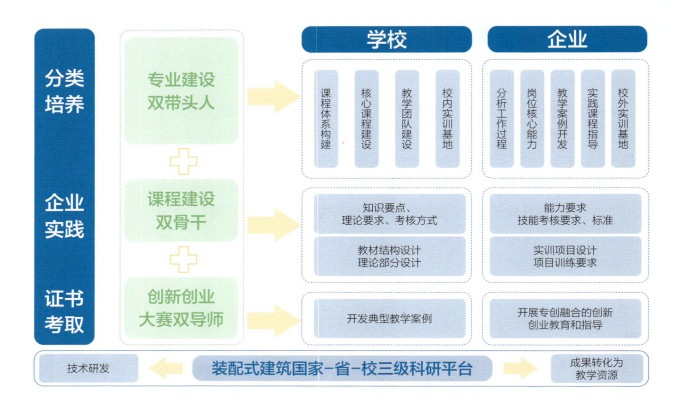

## （二）经验成果

### 第一，形成了贯通产业链的职业技能"439"谱系图。

围绕装配式建筑的设计、生产、施工和运维4个环节，瞄准管理人员、技术人员、产业工人3类人员，针对装配式建筑深化设计员、构件制作工、施工员、建筑信息模型技术员等9种岗位，梳理53个典型工作任务、149个技能点、179个知识点，开发配套的职业技能等级标准和培训包。

### 第二，形成了融通岗赛证的"443"模块化课程体系。

建构了基本、专项、核心、综合4大能力模块，重构了设计、生产、施工、综合运用4大课程群，形成了关键能力与专业素养、课程标准与职业技能标准、教学内容与岗位技能3方面融合的装配式建筑课程体系。编写系列教材36本，开发系统化、颗粒化教学资源13011条，将12门核心课程全部建成网络课程，形成了资源库，满足了线上线下混合式教学和自主学习的需求。

### 第三，形成了智能化赋能的实践教学整体解决方案。

校企共研《装配式建筑实训基地建设标准》，通过教学资源共建共享联盟认证，形成可复制推广的实践教学整体解决方案。学校已建成全产业链实训基地；

实训场所设备生产化、场景真实化、实训职业化，实训内容与课程相适应、与岗赛证相融合；以"智能+"为特色创建智慧教学和智能管理平台，形成了以"智能+"为特色的"教学做管"实践教学体系，助力教师多维发展，帮助学生转变学习方式，重构学习路径，实现课堂革命校本落地。

## （三）创新点

### 第一，创新实践教学体系——"智能+教学做管"。

搭建虚拟仿真教学环境，利用移动互联应用技术精准推送学习信息，平台实时记录学习过程并进行学情分析及职业能力精准画像。开展数字设计、生产模拟、实操、数据分析、建筑信息模型运维管理，实现"智能+教学做管"。

### 第二，创新教学资源开发路径——建研技赛"四转化"。

学校被评为重庆市示范工程的建筑产业现代化实训基地，创新性地将建设过程数字化。将"装配式住宅建设关键技术集成与示范"等20余个项目转化为教学资源400余条。将行业龙头企业的"模块化集成组合建筑"等新技术、新工艺、新材料、新设备转化为教学资源500余条。将竞赛能力、素养要求和竞赛过程等融入课程体系，转化为教学资源600余条。

## 三　主要成效

### （一）人才培养质量显著提升

近7年，本专业培养了3000余名尚德尚能、善建善成的装配式建筑人才，毕业生在头部企业就业率从2016届的18.1%上升到2023届的57.8%，对口就业率从75.4%上升到91.2%，用人单位满意度超96%，用人单位评价学生专业素质高、动手能力强、岗位适应快。招生方面，2016年学校按省控线录取学生，2023年学校录取分数线超出省控线179分，报到率提升11%。

学生获全国职业院校技能大赛"装配式建筑智能建造"竞赛等国家级、省部级技能大赛奖216项，获"互联网+"大学生创新创业等大赛奖138项；教师指导学生孵化2家企业，年产值达2600万元。

### （二）专业建设成效显著

建筑工程技术专业迈入全国同类高校先进行列，建成装配式建筑教育部协同创新中心、国家级职业教育教师教学创新团队，入选国家"5G＋智慧教育"应用试点，装配式建筑人才培养改革获国家级教学成果奖。

牵头编制国家职业标准5部、教学标准14部，获教学成果等奖44项。

## （三）支撑行业高质量发展

建成全国装配式建筑产业信息服务平台、建筑产业现代化实训基地。承办大型会议19次、省级技能大赛15次、"建筑信息模型+装配式建筑"等培训330场次，社会培训36万人日，所培养人才的规格和质量贴近产业需求。为行业主管部门提供政策咨询、技术服务和改革建议30余项。承担科研项目87项，获权专利90项，编制行业标准27部，为建筑行业转型升级、高质量发展提供了强有力的人才保障和技术支撑。

# 实施数字化教学改革，培养高速铁路智慧运营人才的创新与实践

陕西省西安铁路职业技术学院

##  一 开展数字教育创新实践的背景

21世纪以来，随着云计算、大数据、人工智能等数字化信息技术在高铁建造、装备、运营等多个领域的广泛应用。中国国家铁路集团有限公司在《新时代交通强国铁路先行规划纲要》中提出，到2035年，智能高铁率先建成，宣告中国高铁朝着数字化、智能化、智慧化的发展方向前进。

基于数字化产业升级，高铁运营行业逐步形成以"列车自动控制"为核心技术、以"智慧车站"为发展代表的高铁智慧运营体系，对高铁运营人才提出了适应数字化技术发展、掌握智慧化运营手段的新要求。

针对高铁运营类专业传统人才培养难以适应数字化转型升级的问题，2009年依托省级教学改革项目"西安地区职业教育集团发展策略研究"，形成行校企协同教学改革基本思路，其间以"高等职业教育创新发展行动计划""示范性高等职业院校建设计划项目""高职院校巡视诊断""高职院校诊改"等4个国家级、省级建设项目，以及"高职教育实践教学基地新型教学模式的研究——基于轨道交通类高职院校校内实训基地的研究""基于创新创业能力培养的铁道交通运营管理专业实践教学体系的研究与实践"等4个省级高等教育教学改革重点项目为基础，对接高铁智慧运营人才需求，与中国铁路西安局集团有限公司开展深度合作，借助"教育信息化试点优秀单位""职业教育专业教学资源库""职业教育示范性虚拟仿真实训基地"等国家级项目，在"教师、教材、教法"方面实施数字化教学改革，2015年形成方案并在高铁运营类10个专业的人才培养中全面实践。

## 二 实践典型经验、创新举措

### （一）实践典型经验

#### 第一，制订"以德为本、数智引领、四能并重"的培养方案。

行校企联合制订培养方案，以立德树人为根本，坚持五育并举，强化高铁精神，以数字化升级、智慧化改造引领教学改革，着力培养具备"数字运营管理、远程分析处置、智能客服应对、数字转型创新"四项核心职业能力的高铁智慧运营人才（见图1）。牵头或参与开发了18项国家专业教学标准、专业建设指导标准、职业技能标准，优秀毕业生获"全国青年岗位能手"等国家级荣誉63项。

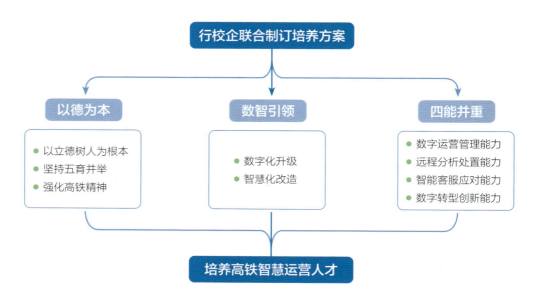

图1 ▶
制订"以德为本、数智引领、四能并重"的培养方案

#### 第二，夯实以"三大行动"推动的数字化专业教学改革路径。

以"专业融合化、课程信息化、课堂智慧化"为目标，实施"专业赋能、三课e改、互联网＋课堂"三大行动，形成专业内涵跨界融合、课程内容交叉嵌入、理实一体虚拟混合的数字化教学改革路径，推动教法改革（见图2）。各专业80%以上的课程完成数字化改造，全部课程融入思政元素，开发音频和视频56576个、动画7480个、虚拟仿真教学资源2734个，核心职业能力培养完全实施线上线下混合式教学。

#### 第三，形成行校企"三联结"协同性的数字化教学改革机制。

依托国家级示范性职业教育集团，从"学校联结行业、学院联结企业、教师联结大师"三个层面，建立专业调整、教学建设、数能提升机制，推动教师团队建设，保障数字化教学改革高效运转（见图3）。立项国家级教师实践流动站、

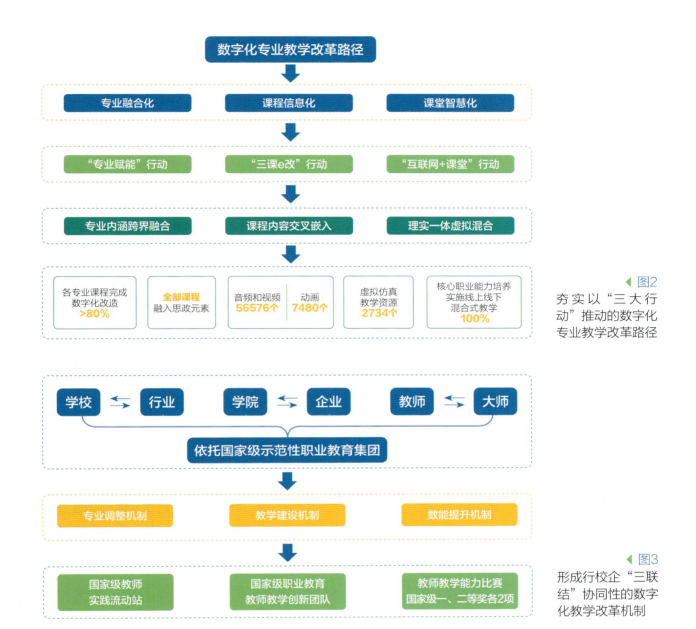

图2
夯实以"三大行动"推动的数字化专业教学改革路径

图3
形成行校企"三联结"协同性的数字化教学改革机制

职业教育教师教学创新团队，获教学能力比赛国家级一、二等奖各2项。

**第四，打造"智慧融合、虚实相长"的数字化人才培养平台。**

打造以"省级智慧校园示范校""超融合虚拟化系统"为基础，虚拟资源与实体资源建设相互促进的人才培养平台。获评"教育部第一批职业院校信息化试点单位"，新建智慧教室256间。获批国家级职业教育专业教学资源铁道交通运营管理建设资源库。获"全国教材建设奖"二等奖、省级优秀教材奖共6项，获批"十三五"职业教育国家规划教材4本。学院于2018年获评省内唯一毕业生就业质量"A+"高职院校，是2022年文理类投档分数线均超过本科线的全国5所高职院校之一。

## （二）实践创新举措

### 第一，制订基于"四项核心能力"的国家专业建设新标准。

基于高铁智慧运营"数字运营管理、远程分析处置、智能客服应对、数字转型创新"四项核心职业能力，制订一系列国家专业建设新标准，指导全国相关高职院校开展高铁智慧运营人才培养。其中，牵头或参与制订的铁道交通运营管理、铁道供电技术等10个专业教学标准，已成为教育部正式发布的高铁运营类专业教学标准；牵头或参与制订的铁道机车、铁道车辆等7个专业建设指导标准，获中国国家铁路集团有限公司认定，指导全国同类专业开展建设；作为第二起草单位参与制订的《国家轨道列车司机（电力机车司机）国家职业技能标准》，由中国国家铁路集团有限公司审定、人力资源和社会保障部批准实施。

### 第二，创立基于"三课e改"的专业课程开发实施新方法。

优化专业基础课程领域，促进课程结构数字化，开通"高速铁路概论""信息技术"等线上课程，开展高铁运营类专业VR研学，培养智慧高铁认知，实现专业基础课程育人向"职业入门、专业认知"转变；更新专业核心课程领域，植入智慧高铁课程内容，增设"机车应急处置与智慧驾驶""智能高铁调度指挥"等专业课程，借助国家级专业教学资源库，实现专业核心课程育人向"能力提升、专业进阶"转变；强化专业拓展课程领域，增加课程活动交互性，针对"5G移动通信技术及应用""工业机器人技术"等融合课程，依托国家级虚拟仿真实训基地模拟现场作业流程，打通教学远程，对接工作过程的易堵点，实现专业拓展课程育人向"技能巩固、专业融通"转变。

### 第三，构建基于行校企"三联结"的专业人才培养新机制。

结合高铁行业"集团（行业）→站段（企业）→大师"的管理层级特点，搭建"学校联结行业、学院联结企业、教师联结大师"的教学改革协同链，逐层厘清合作内容，进一步明确协同合作的权责划分；对接专业布局、教学内容、教学团队三个数字化教学改革锚点，设计适应行业数字化升级的专业调整机制、适应企业智慧化岗位需求的教学建设机制、适应校企人员综合能力发展的数能提升机制，进一步丰富协同合作的数字化内涵；聚焦利益驱动，从高铁智慧运营人才稳定供应、运营人员培训成本降低、运营人员智慧高铁数字化能力提高等方面解决行业企业的痛点，进一步完善协同合作的利益保障。形成权责明晰、环环相扣、互促互利的行校企专业人才培养新机制，推动数字化教学改革高质量开展。

## 三 主要成效

### （一）校内应用

**人才培养质量显著提升** ＞ 7年来，高铁运营类专业学生参加技能大赛获国家级奖项105项、省级奖项441项，年均获奖数量由成果应用前的30项增至76项。

7年来，高铁运营类专业毕业生就业率达97%以上，其中90%以上就业于国有轨道交通企业。2015年以来，高铁运营类专业毕业生获"全国青年岗位能手""火车头奖章""全路技术能手"等国家级荣誉63项；获"陕西省技术能手""三秦工匠"等省级荣誉82项。 ＜ **就业质量稳步提高**

**专业实力持续增强** ＞ 获批全国交通运输类示范专业点2个、国家级骨干专业3个、"1+X"证书制度试点33个、省级高水平专业群3个、省级一流建设及培育专业8个。6个省级专业综合改革项目以优秀等次结项，14名高铁运营类专业教师获评省级及行业教学名师。

### （二）校外应用

湖南铁道职业技术学院、武汉铁路职业技术学院、陕西工业职业技术学院等多所省内外高职院校来校交流，借鉴应用本成果，取得了国家级职业教育专业教学资源库、国家级虚拟仿真实训基地、在线开放课、新型教材等一系列数字化教学改革成果。国内30余所院校、40余家企业使用我校主持或参建的6个国家级职业教育专业教学资源库，累计注册用户近60万人次。与中国铁路西安局集团有限公司联合开发的19个铁路工种理论培训标准及培训课程被17所铁路院校采用，承办省教育厅等主办的轨道交通类学生技能大赛10次。虚拟仿真实训资源被中国铁路西安局集团有限公司广泛运用，为其下属各站段的1.7万余人开展职工技能鉴定。

## （三）国内外交流

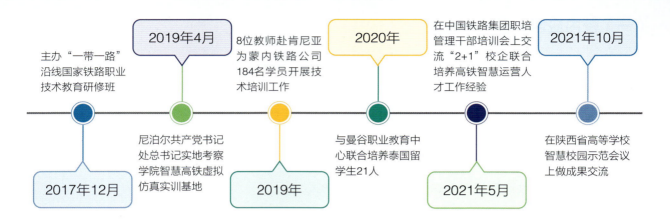

主办"一带一路"沿线国家铁路职业技术教育研修班

2019年4月

8位教师赴肯尼亚为蒙内铁路公司184名学员开展技术培训工作

2020年

在中国铁路集团职培管理干部培训会上交流"2+1"校企联合培养高铁智慧运营人才工作经验

2021年10月

2017年12月

尼泊尔共产党书记处总书记实地考察学院智慧高铁虚拟仿真实训基地

2019年

与曼谷职业教育中心联合培养泰国留学生21人

2021年5月

在陕西省高等学校智慧校园示范会议上做成果交流

## （四）社会评价

　　《中国教育报》、中国教育电视台、《陕西日报》等均对本案例做了专题报道。新华社、人民网、"学习强国"等多家媒体报道学校行企校协同开展数字化教学改革、培养优秀高铁智慧运营人才的情况。

# 全球视野、标准融合、平台支撑：
# 大健康护理专业人才培养模式的创新实践

## 江苏省南京卫生高等职业技术学校

## 一 实践背景

"健康中国"战略旨在全面提高全民健康水平，要求护理工作从以病人为中心转向以健康为中心，覆盖生命全周期，贯通健康全过程。培养大健康护理人才成为时代之需。2010年学校以省卫生厅"五年制高职护理专业模块化课程改革"课题成果为基础，针对护理多元岗位需求失配、学生综合实践能力欠缺、学生个性化发展不足等问题，启动人才培养模式探索。其间，响应世界卫生组织全球护理战略，学校与英国伦敦国王学院签订协议，与该校弗洛伦斯·南丁格尔护理助产及临终关怀学院共研标准，共建南京南丁格尔护理学院，培养大健康护理人才。2015年确定培养方案，经多年实践，形成"全球视野、标准融合、平台支撑"大健康护理专业人才培养模式。

## 二 实践举措

目前，以病人为中心的传统护理理念滞后，难以适应大健康护理的多元需求；高水平全岗位实践平台缺乏，难以培养学生的综合实践能力；课程资源匮乏、教学形式固化，难以满足学生个性化发展的需求。针对这些问题，我们确定如下解决方案。

### （一）把握趋势，建立大健康护理培养目标

以"全球视野、多元发展、服务人民"为理念，确立"全岗位、可持续、为人民"大健康护理教育培养目标。站在全球视野高度，培养国际护士核心能力；瞄准多元发展，提高学生全人群、全过程、全周期的多元岗位胜任力，培养其终身学习能力；贯穿"仁爱"思政主线，厚植仁爱为民人文情怀、涵养救死扶伤职业精神。

## （二）五方协同，共建全岗位综合实践平台

政行医校院共建全岗位综合实践平台——南京南丁格尔护理学院，融合虚拟场景与真实场所、仿真模型与模拟病人、教学项目与真实案例、线上平台与线下资源，形成医院、社区、家庭、养老机构全岗位实践情境。五方通过联席会、董事会、项目办、项目组协同管理，开展国际交流、课程开发、人才培养、技能大赛、教师与护士培训、教育研究，支撑大健康护理的理念落地和教育行动。

## （三）标准融合，构建大健康护理课程体系

按全过程全周期护理要求，构建"预防、治疗、康养一体化"大健康护理课程体系。贯穿思政主线，设置社会人文、专业平台、学岗贯通、能力拓展四大模块。社会人文、专业平台为必修，注重人文素养和职业基础。学岗贯通为限选，有预防、治疗和康养三组并列课程群，均有儿童、成人、老年三个方向，帮助学生确立职业方向。能力拓展为任选，关注个性特长。融合岗位要求、中英教育标准，学校开发了12门融合课程，形成了13门专科发展课程、7门双语课程，建设了系列课程资源。

## （四）个性选择，重建面向人人的教学形式

以学分制为基础、走班制为途径，重建"医校共育、多向选择"教学组织形式。医院、伦敦国王学院与学校，三方导师共同研究学情，依据学生学习基础、学习特征、职业倾向、兴趣爱好等方面，指导学生选择儿童、成人、老年等职业路径，确定个人发展目标和方向。在学岗贯通模块中，指导学生选择相应课程组，形成个性化课表。

## （五）精准培训，建设全球视野的师资团队

医教协同开展教师培训和护士继续教育。学校与伦敦国王学院、省护理学会、医院合作研制专业管理、课程资源、临床发展和双语教学等四类课程，打造了一支管理、语言、课程、临床等方面具有全球视野的师资团队。106位英方专家、318名行业和教育专家开设"培训者培训""跟岗实践"工作坊，为教师和护士卓越发展提供平台。

创新之处在于以下三个方面。第一，提出了"全球视野、多元发展、服务人民"的大健康护理人才培养理念。学校秉持全过程全周期服务人民健康的情怀，关注学生未来职业综合实践能力的培养，大胆破除传统护理教育"以病人为中心"的桎梏，实施"以健康为中心"的变革。对标国际护士核心能力，贯穿"仁

爱"思政主线，将护理服务的内涵外延和人民群众的多元健康需求对接，将护理教育内容从疾病临床治疗向慢病管理、康复护理、长期照护、安宁疗护等领域拓展，将就业方向从医院向社区、养老机构和其他公共卫生场域延伸，着力培养学生仁爱为民的人文情怀、救死扶伤的职业精神，使其具有全球视野、持续发展的多元岗位胜任力。学校依据健康中国建设要求，响应护理全球化战略，全面推进大健康护理的教育实践，提升学生全岗位综合实践能力，涵养学生的人文素质，发展学生的个性特长，促进学生的多元发展。

第二，建构了"预防、治疗、康养一体化"的大健康护理课程体系。学校以课程体系建设为突破口，摒弃围绕医院基础护理工作内容设置课程的传统模式，以健康全过程和生命全周期的护理服务需求为基点，构建"预防、治疗、康养一体化"课程体系，遵循学生身心认知发展和大健康护理人才成长规律，设置社会人文、专业平台必修模块，奠定学生的知识、能力和素养基础，帮助其胜任日常基础护理工作。学岗贯通限选模块中，学校按照健康过程设置预防、治疗和康养三组课程群，均有儿童、成人、老年方向，提升学生面向全人群的专科岗位工作能力，帮助其胜任专科护理工作。开设能力拓展任选模块，为学生持续发展奠基。对接岗位、融合标准、更新教学内容，四大类课程模块构成了"多路径选择、多节点链接"的特色体系，为学生国内国外高水平就业夯实了基础。

第三，搭建了"五方协同、双线合作"的综合实践平台运行机制。学校以政行医校院共建南京南丁格尔护理学院为推手，建立联席会、董事会、项目办、项目组协同管理的工作机制。通过国内国外合作，建设全球化护理人才培养基地、国际护理教育研究中心、在职护士继续教育研究中心，实现了产学研训赛平台的中外融通；建立精准培训模式，实现了学校和行业师资团队的医教融通。通过校行合作，学生的就业场景从医院向社区、家庭、养老机构等场所延伸，学校为此打造了融学习空间、工作场域、虚拟场景、智慧管理为一体的全岗位综合实践平台，为学生适应多元护理岗位需求提供了更有效的学习场景。该运行机制超越了传统医教合作的单线发力模式，通过中外融通、医教融通和平台共建，实现了中外、校行的双线合作，形成大健康护理教育的理念共识和行动合力。

## 三 主要成效

### （一）人才培养质量突出

成果直接惠及学生5000余人，学生护士职业资格证书获取率达99%以上、医护英语水平考试二级通过率达95%以上、对口就业率达98%以上，用人单位满

**99%** 以上
护士职业资格
证书获取率

**95%** 以上
医护英语水平
考试二级通过率

**98%** 以上
对口就业率

**97%** 以上
用人单位满意度

意度达97%以上。学生获护理技能大赛全国一等奖11项、省一等奖37项，1人被评为省技术能手，42人就读伦敦国王学院。

## （二）办学实力持续提升

自2015年以来，学校成为全国教育系统先进集体、国家职业教育改革发展示范学校、省现代化示范性职业学校、省高水平示范实训基地。

## （三）教师专业发展强劲

教师参加国家、省市教学能力比赛获奖58项。学校拥有省市名师工作室15个，与新疆院校组队获全国教学能力比赛二等奖。自2015年以来，48名教师赴英培训，3名教师攻读伦敦国王学院博士学位。

## （四）政府行业高度认同

南京南丁格尔护理学院位于南京江北新区核心区域，市政府专项拨款建设，为新区国际健康城提供人才支持。学校与省护理学会共建江苏省在职护士培训研究中心，近5年为全省650名专科护士提供循证护理等13门课程培训。

## （五）抗疫服务贡献突出

2020年，106位毕业生赴武汉抗疫，600多名在校师生参加全市采样和扫码志愿服务；2021年，学校作为市集中隔离点，承担全部医疗、感控、消杀和后勤保障工作，无一例感染，获"全市抗击新冠疫情先进单位"荣誉称号。杰出校友获红十字国际委员会第48届南丁格尔奖。

## （六）示范引领作用显著

学校承办6届全国护理技能大赛，承办省临床专科护士客观结构化考核。学校为省内外院校专业建设、国际化课程建设、双语教学提供学习范例。2015年以来，91所省内外学校来校学习。教师赴新疆、青海等地支教，通过建立名师工作室进行现场指导。《人民日报》《中国教育报》等媒体进行50多次报道。

# 基于数据支持的职业学校
# 智慧数控实训工坊的建设与应用

## 江苏省无锡机电高等职业技术学校

### 一 建设背景

近年来，无锡以教育数字化推动教育现代化，取得了较好成效。无锡机电高等职业技术学校是无锡市教育局直属国家级重点职业学校、国家改革发展示范学校、江苏省职业学校智慧校园。学校高度重视数字教育发展，紧扣产教融合主线，锚定智能制造，积极探索职业学校数字技术与教育教学的融合创新。

为贯彻落实国家信息化和工业化深度融合战略，呼应江苏制造业转型升级对数控高技能人才的迫切需要，促进传统数控实训"学"与"教"的深度变革，整体提升江苏中等职业学校数控专业人才培养质量，学校以牵头研发"数控技术应用专业技能实训平台"项目为起点，历经"标准研制、平台开发、资源建设"，建成智慧数控实训工坊，解决中职学校传统数控实训教学人才培养质量不均衡问题，促进了"虚实结合、数据支持、精准教学"的课堂变革，推进了虚拟工厂等网络学习空间的建设和普遍应用，实现了信息化赋能高素质技术技能人才的培养。

智慧数控实训工坊主要解决职业学校在传统数控实训教学过程中存在的以下问题。

一是设备品种型号多，各地各校教学标准不统一，难以统一评测教学质量。

二是学生实践能力存在差异，无法科学分层，难以进行个性化精准教学。

三是实践教学环节多，教学现场复杂，育训评价不科学，难以开展实时有效的过程性评价。

四是实训耗材消耗多，设备种类多，难以精细化管理。

## 二　建设经验

### （一）开发省域职业学校数控类专业技能教学标准

以标准引领教学，促进区域教学质量均衡发展。受江苏省教育科学研究院委托，学校开发了江苏省职业学校数控类专业技能教学标准。基于标准，校企合作开发了半实物仿真的数控综合仿真实训平台（见图1），规范了基于过程的数控实训课程综合教学管理，解决了实训课程设备昂贵、工位不足、培训成本高的问题，减少了校企设备差异大、校际设备差异大和教学质量统一监测难等问题，为全省开展技能考试提供了保障。

图1 ▶
数控综合仿真实训平台

以监管为保证，促进教学诊断与改进。坚持建用结合，牵头建设省、市、校三级学业水平考试和训练平台，统一考试标准，实现在线自动评分考核，促进教学诊断与改进，助推"教诊改"闭环管理。平台包含理论与实操考试，支持全省综合虚拟实训水平考试管理，并配套建设题库，具有自动评分功能，能够有效解决实训课程评价方式单一、考核过程烦琐、不利于集中统一考核等问题。

### （二）构建大数据支持的精准实训教学体系

数据支持，实现精准教学。工坊融网络监控、数据采集、数据挖掘为一体，有机链接技术链、产业链、教育链与人才链，能够智能检测、实时捕捉机床功率、主轴转速等参数变化，形成学生实习评估报告及教学质量评估报告，并根据学生不同学习进度和能力推送相应的学习资源和任务，实现精准教学、因材施教。工坊通过大数据分析，可以按照不同班级、课题、学生进行对比及对标分析，并将分析结果图形化呈现，实现基于大数据的可视化分析。

智慧助学，开发个人学习空间。工坊融合教学实体空间与虚拟空间，追踪学生学习轨迹，剖析学生认知结构与技能水平，创设个性化、沉浸式的学习环境，促进乐学慧学。工坊依据职业学校各年级学生认知规律构建学习空间层次，能够为学生定制个性化学习方案与指导。个人学习空间还赋予学生自主管理权限，学生可以通过工坊创建持久、迭代的学习记录，获得真实生动的学习体验。

### （三）建设智慧环境下教学资源和实训全过程评价

建设智慧教学环境支持下的系列课程资源。工坊强化校企合作，开发融合数控前沿技术、工程案例、竞赛成果的系统性课程资源，并将其提炼融入教学平台，构建可识别追踪、易智能推送的课程资源。一是开发"互联网+数控"教材。研发"互联网+数控"经典教学案例300多个，出版教材6本。二是建成在线共享型的数字化资源和精品课程网站。工坊针对智能制造相关新兴岗位，建设在线共享型数字化资源和教学云平台，建成"机床数控技术""数控铣削技术训练"等省市级精品课程6门。

**300多个** 经典教学案例　　**6本** 教材　　**6门** 省市级精品课程

建立大数据支持的三段递进全过程评价。初学阶段，通过工坊学习平台的使用对学生实训的规范性和工艺设计的合理性做出评价。实操阶段，通过分析工坊收集的学生操作和机床运行数据，对学生实训操作步骤的规范性和准确性进行全程性评价。评价阶段，通过智能测量模块将工件测量数据传入平台系统，通过师生数据对比、生生数据对比，实现对学生高精度、数字化的多元综合评价，并为教师分层教学提供精准参考。

### （四）创新智慧化的工坊实训管理模式

智慧化设备管理提升工坊管理效能。利用数据库技术、无线网络技术、物联网技术构建以计算机网络监控系统为核心、信息化和大数据应用为特点的智慧数控实训工坊。

**数据化综合业务管理** > 统计分析日常实训教学数据，判断不同班级、不同时段、不同师生教和学的质量，为提升学校教学质量提供数据依据。

在工坊建设过程中开发基于智能装备集成的电子看板平台，系统自主判断设备运行情况，学生可以通过电子呼叫进行实时求助，教师通过电子看板平台和智能移动终端了解设备和学生需求。 < **可视化教学现场管理**

**混合式实训教学管理** > 工坊基于数据挖掘优化综合管理效能，实现车间管理的预判与实时监控，分析预测刀具寿命等问题，并综合预判工坊设备运行的健康情况，实现设备的智慧化、泛在化管理。

智慧化育训管理提高实训教学效果。基于数据分析，提供虚拟机床和真实机床相结合的混合式、个性化定制实训。打破以班级为建制的传统实训模式，在保证正常教学所需的设备及时间外，将空闲设备权限分配给更多学生，提供临时退出保存功能方便学生开展碎片化实训。工坊利用数字化技术构建真实工作环境，创设应人而育、应才而训的机制，形成人人智学、时时可学、处处能学的环境，丰富学习样态，提高教学效果。

## 三 建设成效

### （一）人才培养质量提升

经历5届数控技能学业水平考试检验，切实提高了教学质量。根据江苏试点学校教学数据分析，100%学生认为虚实结合的教学降低了实训压力和畏惧心理，课堂满意度由74%提高到95%，数控实训操作工位数由实施前5人/工位提高到1人/工位，教学目标达成率从70%增长至90%。学校数控类专业学生职业技能等级认证合格率达99%，就业率保持在98%以上，高质量就业岗位比例为79%，用人单位普遍反映学生动手能力强、适应企业需求，社会满意度达91%以上。

近5年，培养了大批高精尖数控技能人才，共5人入选世界技能大赛国家集训队，学生多次获全国职业院校技能大赛数控类项目奖项。

## （二）专业建设品质发展

学校被认定为省加工制造类技能竞赛点、国赛集训基地、省职业学校现代化实训基地、世界技能大赛中国集训基地、省示范性虚拟仿真实训基地。数控技术专业获评全国职业院校装备制造类示范专业。

## （三）师资培育成效明显

学校依托工坊，培养全国教学名师1人，全国职业院校技能大赛优秀指导教师17人，省级教学名师3人；建设国家级教学创新团队培育对象1个，省技能大师工作室1个，省职业教育名师工作室2个。

教学团队牵头修订制定国家级标准2份，省中等职业学校机械专业类课程指导方案、数控专业人才培养方案、技能教学标准等8份省级标准。牵头组织省职业学校数控类专业学业水平技能考试，协助开展全省专项培训12场，培训实训教师、考评员2000余人。

## （四）社会影响不断扩大

学校联合企业成立凤凰高端制造联盟，开展系列教学改革。先后有全国50余个职业院校代表团到校参观，举行省级以上教研活动12次，承担全国、全省职业院校师资培训52批，助推职业教育均衡发展与质量提升。

成果应用于江苏，辐射全国，有力促进了机械行业的教产互动与融合发展，为整体推进我国中等职业学校数控专业人才培养质量做出重要贡献。

# 以"信息化、智能化"引领专业群建设
# 服务数字福建战略的改革与实践

福建省福州职业技术学院

 **开展数字教育创新实践的背景**

## （一）背景

2016年，《福建省"十三五"数字福建专项规划》发布，要求"把进一步加快数字福建建设作为推进经济社会发展的基础性先导性工程，把信息化驱动现代化贯穿'十三五'经济社会全过程"。数字福建战略对福建区域传统产业数字化转型升级提出了新的要求，通过深化数字技术在生产、运营、管理和营销等诸多环节的应用，实现企业以及产业层面的数字化、网络化、智能化发展，不断释放数字技术对经济发展的放大、叠加、倍增作用。

## （二）解决的主要问题

福建"产业数字化"的大变革催生了对"传统技术+数字技术"的复合型技术技能人才的大量需求。如何围绕数字福建产业群布局调整学校专业群布局，如何升级改造传统专业群以适应"数字+"复合型技术技能人才的需求，成为福建地方高职院校亟待解决的重大问题。在服务数字福建战略的背景下，本案例旨在解决以下三个问题：

- 学校专业群布局与"产业数字化"人才需求对接不紧密；
- 传统专业群在数字化转型升级过程中缺乏课程、平台支撑；
- "产业数字化"人才培养过程中政校企协同度不够，保障机制有待完善。

**二 实践创新举措与典型经验**

## （一）主要做法

为解决数字福建战略背景下福建高职院校专业群布局与"产业数字化"人才

需求对接不紧密、传统专业群转型升级缺乏课程平台支撑、数字化人才培养过程中政校企协同度不足及保障机制有待完善等问题，本案例依托"福建省示范性现代职业院校"建设工程项目，形成了专业群建设服务数字福建战略的方案——《福州职业技术学院关于专业群信息化、智能化建设的实施意见》。方案对标数字福建产业布局，将产业集群理论应用于职业教育领域，提出了学校专业群改革主动对接"产业数字化"的"双化引领·四链融合·三方协同"模式（见图1）。

▲ 图1
"双化引领·四链融合·三方协同"模式

**第一，"双化引领"。**以信息化、智能化为引领，将产业集群理论应用于职业教育领域，对标数字福建产业布局，重构并形成以软件技术专业群为核心，机电技术、交通技术、文化创意等六大专业群联动发展的"一核心六联动"专业群战略布局，七大专业群同频共振，发挥聚集效应，共同服务数字福建岗位人才需求。

**第二，"四链融合"。**开发模块化"数字+"课程资源池，赋能传统专业课程数字化升级改造；建设跨专业群共享的"两中心一基地"平台（全国虚拟现实与可视化应用技术协同创新中心、福建省人工智能应用技术协同创新中心、福建省互联网应用产教融合公共实训基地），有效支撑专业数字化升级；组建"专任教师+企业工程师+优秀学生"的结构化技术服务团队，服务中小微企业实现产业数字化转型，形成产业群链、专业群链、数字课程链、复合人才链"四链融合"的职教新态势。

**第三，"三方协同"。**创新"政校企三方协同"的专业群数字化升级保障机制，成立政校企合作办学理事会，激发企业参与职业教育活力，吸引知名企业入驻，形成多元办学格局，开拓出政校企协同建设"数字+"专业、开发"数字+"课程、培养"数字+"人才、支撑"数字+"产业的新局面。

## （二）典型经验

**第一，以信息化、智能化引领，优化专业群战略布局，服务福建"产业数字化"发展。**

对标数字福建产业布局新模式（以新一代信息技术产业为基础，汽车、物流、高端装备制造等传统产业全面"数字化"转型升级），成果借鉴产业集群理论，通过顶层设计，以信息化、智能化为引领，遵循"契合产业设专业、产教融合建专业、凝练特色强专业"的办学思路，构建以软件技术专业群为核心，交通技术、现代商贸、机电技术等六大专业群联动发展的专业群战略布局。

通过"一核心六联动"优化升级，学校专业群布局与福建省产业对接，并围绕福建"产业数字化"发展主轴，打破传统二级学院"利益链条"，在学校层面建立专业群间课程资源共享、师资队伍共享、实训场所（见图2）共享的"三共享"机制，促进产业群链与专业群链的有效衔接，共同服务数字福建岗位人才需求。

图2 ▶
面向全校开放的共享型大数据实训室

**第二，开发模块化"数字+"课程资源池，赋能传统专业群，打造智慧型复合专业。**

一是将新一代信息技术知识和技能融入传统计算机基础课程，创新信息技术公共基础课；二是传统专业课程主动吸收以信息化、智能化为内涵的新标准、新技术、新方法，升级为"数字+"课程（见图3）；三是开发人工智能、大数据专业拓展课程资源包，开拓学生第二技能，培养互联网新思维；四是组建数字技术专业教学团队为各传统专业数字化升级提供线下教学服务及技术支撑，基于模块

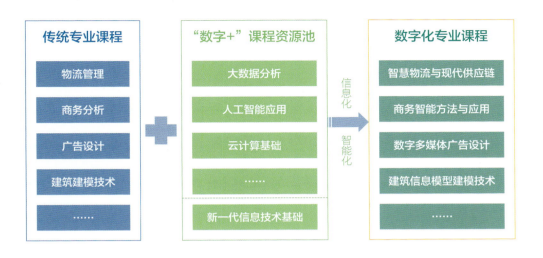

◀图3
传统专业课程"数字+"升级改造过程

化"数字+"课程资源池开展"一课双师"课堂教学改革，双元共育学生认知能力、合作能力、创新能力、职业能力和信息能力，进一步融通课程链与人才链。

**第三，建设共享型"两中心一基地"平台，支撑专业群数字化转型。**

建设共享型科研和实践平台（全国虚拟现实与可视化应用技术协同创新中心、福建省人工智能应用技术协同创新中心、福建省互联网应用产教融合公共实训基地）。一方面，对接数字福建技术发展趋势，以技术技能积累为纽带，组建"专任教师+企业工程师+优秀学生"的数字化技术服务团队，开展智慧交通、大数据物流等横向课题，服务企业特别是中小微企业，解决"产业数字化"转型过程中遇到的技术改进和产品升级问题，促进人才链支撑产业链。另一方面，推进人工智能教育与福建经济发展深度融合，跨专业群共享实训基地，进一步发挥信息化、智能化的双化引领作用，提供"人工智能+"专业技能实践实训环境，保障传统专业数字化转型升级。

**第四，依托政校企合作办学理事会，创新保障机制，推动数字经济领域的产教深度融合。**

通过创新"政策保障""共建共享""互兼互聘""过程共管""结果共评"等机制，成立由福州市市长担任理事长、分管副市长担任执行理事长、学校书记和校长担任副理事长、29个政府相关部门及54家行业龙头企业参与的政校企合作办学理事会（见图4），通过政校企三方联动，充分激发产教融合、校企合作新活力。

同时，基于政校企三方协同平台，吸引全球知名IT企业入驻，形成"政府主导、学校主体、企业融入"的多元办学格局，共同培养数字福建急需的复合型数字人才。

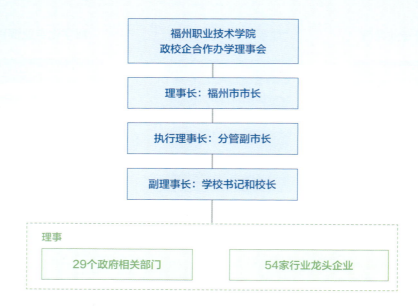

图4 ▶
政校企合作办学
理事会架构

## 三　主要成效

### （一）人才培养质量显著提高

　　方案实施以来，通过动态调整专业结构，以数字化引领专业群升级转型，实现专业调整与产业发展同频共振，与福建主导产业匹配度达97.7%，毕业生就业对口率为87.83%，初次就业率达99%以上，用人单位满意率达98%以上。培养了大量具有极强应用能力的高素质数字化人才，学生获国际职业技能大赛奖项1项、国家级职业技能大赛奖项50项、省赛奖项280项；国际"互联网+"大学生创新创业大赛铜奖1项，省赛3金11银26铜；2019年获"全国三维数字化创新设计大赛"一等奖。

### （二）服务社会能力显著提升

　　在成果孵化的过程中，完成"产业数字化"相关各级科研项目363项，"为社区送科技"服务30项，技术培训36项，专利转化10项。在多元办学的格局下，3年内为福建"产业数字化"培训8000名大数据分析师、工程师，与知名企业深度合作，累计为74456人次提供各类社会培训服务，达在校生数的6.8倍，为区域经济发展提供了有力支撑。

### （三）示范推广价值显著增强

　　学校坚持以"信息化、智能化"引领改革，获评"教育部第一批职业院校信息化试点单位"、"互联网+中国制造2025"产教融合促进计划建设院校，"混合云特色实践"荣获"第四届中国优秀云计算开源案例"二等奖。学校四年接待了近百所兄弟院校256人次来访调研、20多批次企业社会团体参观访问。牵头20余家企业成立新一代信息技术职教集团，牵头30余家单位组建福建省文旅创意职业教育产教联盟，"信息化、智能化"引领专业群改革的办学成果在福州职业院校联盟各院校推广。与周宁县职业中等专业学校、宁夏财经职业技术学院、通渭县职业中等专业学校等在专业数字化转型方面开展帮扶。"数字+"课程标准和"产业数字化"人才培养经验传播到马来西亚、印度尼西亚和泰国等12个国家，树立了国际品牌。

## （四）社会影响日益凸显

福建省委政策研究室在《政研专报》上发表的《走校企合作、产教融合的特色之路——福州职业技术学院办学的经验做法及启示》中对我校专业群数字化改革给予高度评价。校领导多次参加第三届海峡两岸现代职业教育年会、云栖大会、CNKI全国高职院校长高峰论坛等会议，应邀对"产业数字化"转型人才培养经验进行专题介绍，获得了与会专家学者的高度肯定。

# "数智理工赋能、产教研创贯通"助推数字时代智慧会计人才培养变革性实践

东南大学

## 一 案例背景

当前我国各级各类教育正经历着数字化引发的深刻变革，数字教育成为不二的战略选择，也是教育强国的新突破口与战略高地。作为创新思想的发源地、创新人才的培养地、创新技术的孵化地，高校更是至关重要。东南大学（以下简称东大）在数字化浪潮中超前识变、科学应变、主动求变，在"十四五"期间提出了"数智东南"战略愿景，以深入分析数字时代人才培养过程中存在的问题为基，重塑了东大人才培养目标，按照"厚基础、宽口径、重交叉、强数字、能创新"的思路，全面修订各类人才培养体系，全方位开展人才培养模式改革。其中，东大教育数字化转型先锋——东大智慧会计专业教研室系统重构的"数智赋能、理工添翼、交叉融合"智慧会计创新人才培养体系尤为突出。该体系针对传统会计专业人才培养普遍存在的学生能力在跨界、融合、创新方面不够突出，知识结构在铸魂育德、数智嵌合、综合交叉方面不够鲜明，培养模式在研教融合、产教联合、媒教耦合方面不够紧密等问题，通过深入探索和实践上述问题的解决之道，为高校会计专业数字化育人转型之路提供借鉴，为解答"如何转型"这一核心问题提供东大解答。

## 二 主要经验

### （一）重筑数字育人基石——由单一会计知识到"思政引领、会计守正、数智赋能、理工添翼、经管交叉"复合课程知识体系

课程是人才培养的核心要素，课程知识内容的质量直接决定着人才培养的质量。东大智慧会计专业教研室依据数字经济时代需要，对现有会计课程体系及其知识内容进行结构性调整、重组和更新。从培养"传统算账会计"转向培养"具有数智素养、懂建构智能系统、融合业财管理智慧、支持战略决策与价值管理的

智慧会计"。按照"数字技术嵌入、理工知识引入、交叉融合深入"原则，在"数智赋能"方面，率先将大数据、人工智能等数智技术纳入会计教育。同时，学校借助东大计算机、软件学院一流师资为会计专业开设程序设计及算法语言、计算机综合课程设计、数据库原理等基础课程，联合数智学科师资开设商务智能与数据挖掘、会计数字化解决方案等应用类课程，教授数智知识。学校还借助数智类校友企业让学生参与解决会计数字化实际问题，聘请数智服务商的高管与技术总监担任校外兼职教师，与校内教师协同培养学生的数智素养和能力。在"理工添翼"方面，一方面，在课程体系中，增添工科基础知识和行业背景知识。另一方面，借力东大强大工科师资为会计学生的理工基础与行业背景知识学习添翼助力。以外，借助强大的工科校友企业与校外导师以及重大工程的财会实务，锻炼和培养会计专业学生的行业素养和解决行业会计问题的能力。在"交叉融合"方面，一方面，在原有公共课基础上加强工商管理大类课程与会计决策支持知识的交叉，建构与数字知识、工科知识的融合。另一方面，推动经管学科师资与会计学科师资协同授课。再一方面，企业高管、财务专家与校内会计学科师资协同培育学生解决战略化会计实践的能力和综合创新能力。

## （二）聚焦数字育人驱动——借助数字研学平台，打造"研学联通、知行贯通"的数字化育人模式

在数字时代，传统会计育人模式因研教融合、产教联合不够紧密，遭遇严峻挑战。需要积极发展虚实融合的数字化教与学，探索智能化的教学新形态，致力于让学生学得更好，实现学生自主学习能力、研创能力、实践与开发能力、业财融合能力的全面提升。

一方面，东大智慧会计专业教研室打破时空限制，重组师资，通过与政企共建的国家级虚拟教研室——"东大-浪潮智慧财务与会计教研室"达成了校内优势工科与数智跨界师资融合，校外智能专家、工程师链接耦合，校内外创新资源协同，实现了会计专业知识传授与科学研究的跨界、交叉与融合。

另一方面，东大以国家虚拟仿真教学平台为依托，通过智慧会计教室和线上学习空间等虚拟环境的搭建，运用三维建模、人机交互、传感器、超级计算、虚拟现实、增强现实等技术手段，采用教产练赛融合的情景代入式实践培育范式，开展多元师资教学方法变革性实践。教学由"填鸭式教学"到"内驱力激发"，变"传统灌输传授"为"教学研创融合的研究型教学模式"，推动学生自主走向知识获取、整合与创新的前台。实现从"程序性会计实习"到"研学联通、知行贯通"智慧会计实践培育方式的变革。

上述智能数字化研学平台打破了传统课堂局限，使学习可以延伸到课外，使

教师成为学生学习的同伴，让学生遇到困难时能及时有效获得帮助。搭建在教师间、教师与学生间交互交流的智能数字化研学平台，促进了学生的创新型学习。

### （三）打造数字育人环境——基于产教研创立体融通的智慧会计数字育人联盟、研学资源库，建构浸润式数字育人环境

东大智慧会计专业教研室按照"校内外联通、产学研创融合"的策略，以智能数字化教学平台为中介，建立产教研创立体融通的智慧会计数字育人联盟、研学资源库，构造立体融通的浸润式数字育人环境。

建设产教研创立体融通的智慧会计数字育人联盟是创新型会计人才培养与造就的重要支撑。针对会计教学共建数字平台注重外在形式而忽略内涵协同的现状，东大智慧会计专业教研室以智能数字化教学平台和国家级虚拟教研室为支撑，连接江苏省高校哲社重点研究基地、中国智库索引认证创新研究中心和6个交叉研学共同体，连接数字经济和管理教育昆山实践基地69个、中西部大学169所。通过云端一体化平台建设，贯穿育人全程的创新、合作、融通的数字化教育联盟得以实现。

建设标准化、规范化、内容丰富的研学资源库，是开展数字化育人的前提条件，也是运行智能数字化研学平台的有效保障。根据东大优势，建设以财务会计理论等国家级一流课程为主体的课程资源库，建立包含课程资源库、案例库、制度准则库等的研学资源库。研学资源库与产教研创立体融通的智慧会计数字育人联盟借助智能数字化教学平台，建构贯通育人全程的一体化、浸润式育人环境。

## 三　案例成效

### （一）学生数字素质高——用人单位满意度显著提升

智慧会计毕业生受到相关岗位欢迎。据校就业办分析，与变革前相比，变革后会计毕业生在海内外知名大学的升学率分别从20.8%与8.1%上升到29.1%与11.2%，被用人单位称赞"具有良好数智素养、技术素养、战略素养，运用数智技术解决问题表现突出，具有判别技术影响的能力"。优秀在校生比例大幅提高。近5年，学生获省三好学生、省优秀干部、省优秀毕业生等称号26人次，获国家级"挑战杯"金奖3项、"互联网＋"大学生创新创业大赛金奖7项、"创青春"中国青年创新创业大赛金奖15项等。

**26**人次
省三好学生、省优秀干部、省优秀毕业生称号

**3**项
国家级"挑战杯"金奖

**7**项
"互联网+"大学生创新创业大赛金奖

**15**项
"创青春"中国青年创新创业大赛金奖

## （二）教师数字素养强——教改科研、教材与课程建设成效显著

数字育人的变革性实践，促成国家一流专业建设点、省重点专业和品牌专业、国家级虚拟教研室、省级研究基地、厅企业工作站等的获批。教改团队25人次获得宝钢优秀教师奖、省五一劳动奖章等荣誉称号，29人次成为部委、地方政企咨询专家等。同时，东大在国家级教改项目和科研项目中取得50多项成果，产出60多部专著，获得19个省部级优秀成果奖，催生出20多篇高水平教改论文、3门国家级一流课程、4门国家级精品资源课、6本国家级规划教材和省重点教材。

## （三）团队数字经验足——转型成果示范辐射影响广、应用多

兄弟院校对东大智慧会计专业数字化教改成果高度认可，认为东大智慧会计人才培养改革与实践是适应数字技术对会计深刻影响的成功案例，对会计专业教学改革具有推广和借鉴价值。

教改团队成员多次受邀参加国内外大型学术会议、教育教学论坛，分享教学与科研成果。学校先后接待多所著名高校前来考察交流，产生了广泛的示范辐射效应。

# 产业变革牵引下船舶制造类专业数字化创新与实践

## 江西省九江职业技术学院

 **案例背景**

海洋强国，造船先行。党的十八大以来，伴随"两化融合"发展战略深入实施，我国船舶工业研发、设计、制造、服务和管理数字化水平全面提升，加快迈向数字化造船新阶段。

因船而生、伴船而兴。九江职业技术学院自1960年创办以来，始终坚持"植根船舶、服务船舶"的办学定位，围绕船舶建造以及船用机械、仪器仪表等配套设备制造岗位，培养了数十万名船用高技能人才。

新时期，为紧跟船舶工业数字化发展变革战略步伐，学校亟须解决船舶制造类专业教学内容更新与数字化造船技术发展不同步、教学资源场域与数字化造船工作实际不匹配、专业育人功能与数字化社会发展需求不适应三个突出问题。为此，学校2012年开始按照行业规划大力推进数字化、网络化和智能化技术在船舶以及配套设备设计制造过程中的应用的要求，以《国家中长期教育改革和发展规划纲要（2010—2020年）》中"充分利用优质资源和先进技术，创新运行机制和管理模式，整合现有资源，构建先进、高效、实用的数字化教育基础设施"为指引，组建船舶制造类专业群，确立并践行"产业变革牵引，数字技术驱动"专业发展理念，推动专业实现"三个创新发展"（见图1）。

 **典型经验**

### （一）创新运行管理机制，实现教学内容更新与数字化造船技术发展"同步"

构建"互联网+治理型"机制。开展订单班、现代学徒制人才培养，打造特色职教集团、产业学院，实现校企"双主体"专业共建、资源共享；聘请行业企业领军人才、"全国技术能手"等杰出校友担任专业发展顾问委员会委员、

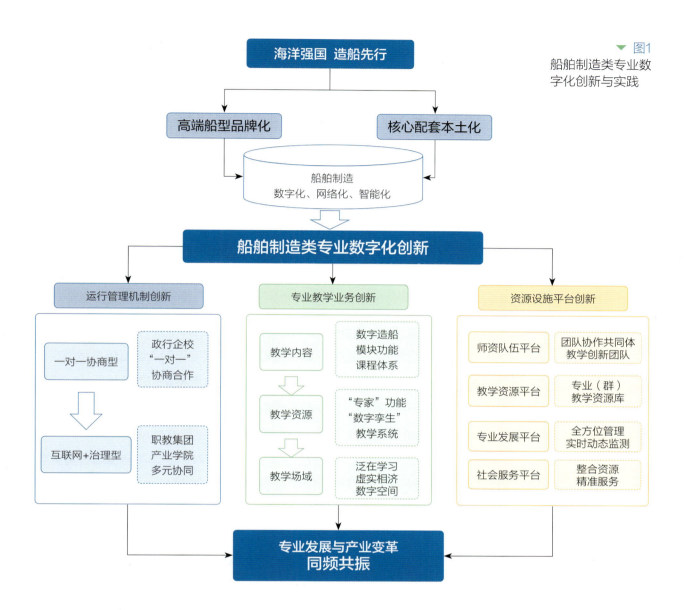

教学指导委员会委员；构建"互联网+治理型"政行企校协同共建机制，驱动专业数字化创新，为全息追踪产业数字化发展创造有利条件。

**打造船舶及配套数字化制造专业群。**根据数字化造船"船、机、电、检"复合生产模式转型要求，将专业核心定位升级为培养"立志兴船报国，德智体美劳全面发展，掌握数字制造技术的高素质复合型技术技能人才"，将船舶工程技术、船舶动力工程技术2个船舶行业核心专业和电气自动化、数控技术、机械产品检测检验技术3个装备制造骨干专业组群建设，推动群内专业横向复合与纵向升级。

**重构"德技并修"模块化课程体系。**面向数字化造船工作要求，重构模块化课程体系，新增"船体智能加工与装配""智能机舱运维""工业产品三维数字化智能检测""数字化造船管理"等10余门核心课程；建成名船、名舰、名企、名匠、名校资源库，培育"旗舰先锋""蓝海行动"特色思政品牌，打造船舶文化科教基地，培养学生"忠诚、卓越、创新、奉献"的军工品质。

### （二）创新专业教学业务，实现教学资源场域与数字化造船工作实境"孪生"

**建设优质数字课程资源。**紧跟数字造船新知识、新技术、新标准、新规范步伐，主持和参与建设国家级"工业产品质量检测技术""船舶工程技术"专业教学资源库，建成包括"船体识图与制图""船舶焊接"等3门国家级精品资源共享课在内的28门在线开放课程，建成包括全国优秀教材（职业教育与继续教育类）一等奖成果《机械制图与CAD》、国家规划教材《船舶焊接》等在内的36本融媒体教材。

**打造示范性虚拟仿真实训基地。**针对船体装配、船舶下水等专业实践教学学生难以"身临其境"的难题，建设船舶及配套数字化制造虚拟仿真示范实训基地，根据数字化造船设计、制造、装调、检验等全流程岗位群工作要求，构建实景化实践教学场地和情境，开发船舶虚拟装配、智能焊接仿真平台、智能机舱模拟等数字化造船全流程实训项目120余项，形成数字教学场域（见图2）。

**建设高水平教师团队。**建设"船舶及配套数字化制造"全国高校黄大年式教师团队，打造"船舶工程技术""数字化设计与制造技术""电气自动化技术"等国家级、省级教师教学创新团队，运用智慧教室、智慧教学平台、网络学

图2 ▶
船舶焊接虚拟仿真
实践教学

习空间实施"全面感知、师生互动、智能预测"的虚实结合教学，采集多场景、全流程的教学数据动态，为实时分析、及时整改提供依据，确保教学高效和质量提升。

## （三）创新专业服务平台，实现专业服务功能"适应"数字化社会发展需求

**建立专业数字化发展平台。** 按照"平台通、数据汇、资源全、决策智"原则，集成校企合作、教师团队、学生发展、社会服务等多维度动态数据，建成专业群大数据决策平台，为专业群建设与发展提供决策依据，实现教学管理精准化、决策科学化、服务便捷化。

**构建专业信息化服务平台。** 以"互联网+"思维集中打造信息化区域服务平台，实现区域产业、院校、科研院所等的信息公开与资源共享。

**拓展社会服务项目。** 建立专业教学资源库、终身学习平台等数字化教育与培训平台，共享学校优质教学资源，依托内河船员培训基地、师资培训基地、全国总工会职工数控加工技能培训基地等"虚实结合"培训基地，创新内河船员培训、长江退捕渔民转产就业培训等一大批新的育人项目，拓展人才培养的时空边界，实现"育训并重"。

 **三 主要成果**

### （一）带动专业办学水平持续提升

专业数字化创新发展以来，累计培养船舶人才1万余人，其中1500余名毕业生获得"全国技术能手""中船重工首席技能专家"等荣誉称号，600余人服务航空母舰等国之重器制造关键岗位。学生连续十年参加全国海洋航行器设计与制作大赛，获特等奖6项、一等奖和二等奖19项，居高职院校之首，获其他国际国内职业技能大赛一等奖11项。学生、家长、行业企业满意度均超过96%。有效带动了学校十大专业群创新发展。

### （二）推动区域社会发展贡献突出

新建成3个教育部认定的协同创新中心、3个省级认定的技能大师工作室、1个省级新型研发机构以及一批市级技术技能服务平台。近3年，开展技术服务与成果转化累计到款1700余万元，创造经济效益超过1.2亿元，区域合作企业满意度达到98.5%。累计开展内河船员培训153期，培训9.09万人；围绕长江"十

年禁渔"党中央重大决策，为退捕渔民开设船舶驾驶、电工、焊工、旅游管理等培训26期，共计培训3460人，95%的学员在内河航运、乡村旅游等行业重新就业与创业。

### （三）引领职业教育改革创新实践

成功打造了全国高校黄大年式教师团队、国家级专业教学资源库、全国优秀教材（职业教育与继续教育类）、虚拟仿真示范实训基地等一批重大标志性成果，在2021世界人工智能大会、全国职业教育示范性虚拟仿真实训基地建设工作推进会等会议上进行专题经验介绍50余场次，国家教育行政学院2批次高校领导干部进修班学员到校学习交流，省内外60多所高职院校来校学习，引领船舶和装备制造类专业创新发展。

"产业变革牵引下船舶制造类专业数字化创新探索与实践"项目获得2022年职业教育国家级教学成果奖二等奖。案例相关内容被中央电视台、《工人日报》、《中国教育报》、《江西日报》等媒体累计报道110余次，多个成果案例入选教育部、中国青年网优秀案例。

# 远程协同，双师育人

## 四川省成都市第七中学

### 一 背景介绍

我国西部，随着地貌的逐次抬高，经济与教育的发展逐次落后，教师分不进、留不住，信息闭塞。特别是四川省，既有人口稠密的成都平原，也有地广人稀的高原山地，是一个文化多样、民族多样的人口大省，区域教育差距大，是我国基础教育不均衡的典型缩影。

2000年，为贯彻党中央、国务院西部大开发相关文件要求，四川省委、省政府启动四川省民族地区教育发展十年行动计划，着力依托现代远程教育扩大优质教育资源覆盖面，实施教育精准扶贫，推动省内民族地区、革命老区教育跨越式发展。

2002年，成都市第七中学（以下简称成都七中）联手科技公司，经四川省教育厅批准成立网校，同年9月以全日制远程直播教学方式，将成都七中高考学科课堂教学输送到省内边远地区、民族地区的高中学校。自此，成都七中逐步克服了帮扶薄弱高中教师专业能力和学生素质提升缺乏高效方法的困难，建立健全了促进薄弱高中优质均衡发展的机制，以更具针对性、时效性、系统性和持续性的方式对薄弱高中进行帮扶，开始了长达21年的"远程协同、双师育人"现代远程教学，促进普通高中优质教育均衡的创新与实践。

### 二 主要经验

#### （一）创建"四个同时、四位一体、四种交互、四维协同"的全日制远程直播教学新形态

全日制远程直播教学不是简单地对外共享优质教育资源，更需要考虑教学的各个环节，促进多方协同与共建共享，以保证教育教学的有效性和长效性。成都七中全日制远程直播教学通过"四个同时"（同时备课、同时授课、同时作业、同时检测）将名校、薄弱学校每天置于同一个实时的教学教研场域中；通过"四

位一体"（把关教师、授课教师、远端教师、技术教师）让身处不同位置的老师为了同一堂课、朝向同样的教学目的，分工协作，共构教学；通过名校、薄弱学校师生在课堂中的"四种交互"（实时交互、虚拟交互、转移交互、替代交互），让两边的课堂都具温度与生气；通过"四为协同"（学情衔接、课前预习、课中协同、课后管理）结合本校学情开展异地辅导，让优质资源真正被薄弱学校校本化应用。

**"四个同时"** 创设了前端远端师生"同在"的教学场域。高中三年薄弱学校与成都七中同作息、同课表、同教材、同教辅、同课堂内容、同作业、同试卷、同分析、同教研开展教学活动。

**"四位一体"** 建立了"分工协作"的机制，让成都七中与薄弱学校处于"同做"的教学场域中。"四位一体"将成都七中与薄弱学校聚合成一个教学团队，每个角色既承担独立的职责，又彼此支撑、相互监测。成都七中作为教学设计者、讲授者、引领者，要心怀远端；薄弱学校是因材施教的主体，要承担本地教育教学工作的组织，还是成都七中的教学监测点。

**"四种交互"** 增强了这个教学场域的一体感，增强了薄弱学校与成都七中的同学关系，是课堂呈现温度与生气的重要手段。"四种交互"有效、有序的发生消减了物理空间相异带来的教与学的割裂，让成都七中授课教师的课堂教学指令、课堂设问在薄弱学校课堂中及时有效地得到执行与响应，避免薄弱学校学生"看电视、看表演"。

**"四为协同"** 要求薄弱学校教师通过课前、课中、课后不断地研究成都七中的教学、研究本地学情，将教学工作的重心调整到学生学习动力激发、学习活动组织、学习过程指导、学习关键点拨、学习疑难辅导、学习水平诊断、学习结果评价、学习优化促进等方面，以此保证直播教学在远端学校的常态有效应用。

## （二）创新"全日制协同教学，浸泡式同堂跟岗"教师成长新方法

成都七中全日制远程直播教学实现了优质教育资源的无损放大，让数万名薄弱学校教师与成都七中实时全日制"异地同堂"上课，长期浸泡式"跟岗研修"，双方形成了长期稳定的新型师徒关系，打破了优秀教师智慧在城乡、区域、校际分布不均的状态，促进了薄弱学校教师大面积快速成长。

## （三）建立"政府主导、学校主体、企业服务"的现代远程教育促进普通高中优质均衡发展的运行新机制

除了全日制远程直播教学新形态的创新，要使优质教育资源能真正辐射到远端薄弱学校，还需要强有力的运行机制的支持。政府作为教育的主导者、名校作为知识教育与品德教育的实施者，在新形态的探索中起着决定性的作用，而企业作为新形态规律的探索者，其研究和服务质量决定了新的教育形态的落地和持续改进，三者必须密切合作。

## 三 主要成效

## （一）创新了一种教育形态

全日制远程直播教学全程、全面地提供了包含教研、备课、教学、评测、考试的完整的、精细到每个课时的配套服务，构建了利用信息技术建立起的发展共同体，是师生共育的新形态。在这样的新形态下，远端教师在协同共构中跟岗研修，学习专业和教学技能、领会职业精神和规范；远端学校学生沉浸在名校课堂，不仅加大了知识内化、思辨的强度，更是在全日制的"同学"环境下，提升了意志品质以及认识人生的高度。

▼ 图1
远端"留学生"参加成都七中学生节、模块课

## （二）提升了一域办学质量

截至目前，九省三区一市330所学校近10万名学生每天与成都七中实时"异地同堂"上课，近万名教师每天与成都七中全日制地开展"远程协同、双师育人"（见图1）。

自2005年首届接受全日制远程直播教学的学生毕业至今，已有281名教育薄弱地区的学生走入清华大学、北京大学。甘孜州、阿坝州、凉山州三州

少数民族远端学校全日制远程直播教学班均有学生被清华大学、北京大学录取。

## （三）优化了一方教育生态

全日制远程直播教学无损地扩展了优秀教师辐射范围，部分打破了城乡教育资源配置不均衡的状态，优化了区域教育质量的平台，提振了老百姓和政府的办学信心。在全日制远程直播教学优质学校的带领下，合作区域出现了广泛的学校之间的教学质量竞争，提振了县级教育的信心，也大大促进了广西部分地区教师群体职业精神的提升和学校管理以及办学理念的更新，提升了区域教育品质。成都七中以名校现代文化为引领，通过立志成才讲座、"留学七中"活动、学科及文化活动等一系列文化育人活动，开展师生共育，让名校与民族地区、革命老区学校血脉相连，声气相通。

## （四）提供了一项中国方案

全日制远程直播教学为教育供给均衡、教育形态创新、新数字鸿沟缩短提供了可贵的经验，对四川省民族地区的教育发展、对国家"三州三区"和革命老区的教育质量提升提供了方案，受到了国家及省领导的肯定，以及许多社会知名人士和知名教育专家的高度赞扬。"远程协同，双师育人——现代远程教育促进普通高中优质均衡发展的创新与实践"荣获2022年基础教育国家级教学成果奖一等奖。

# 基于"人工智能+学习空间"的
# 育人方式变革及实践

## 广东省广州市越秀区东风东路小学

### 一 实践背景

　　新时代已然到来，数字技术的新发展为创新教育教学环境和培养创新人才带来新契机和新挑战。需要应对外部挑战——单一学习时空难以实现学生全面且个性化的发展；解决发展受限——传统课程教学与数字理念下学生核心素养发展路径不相适应；创新改革驱动——顺应从"知识本位"向"育人本位"评价方式转变的教育变革。由此可见，深入探究人工智能教育与学科融合的内在机制，构建人工智能教育与学科教学融合育人新方式具有重要意义。

　　作为教育部首批教育信息化试点单位，东风东路小学坚持践行"世界眼光，中国情怀"育人观，从"数字育人"理念出发，以数字化转型推进"五育"并举为目标，以学习空间迭代搭建为基础，以课堂教学过程数字化为关键，以数字技术赋能教育评价为抓手，以"人工智能+"与育人方式深度融合为路径，经过24年探索，逐渐形成"空间-课程-评价"一体化的育人新方式。

▼ 图1
"空间-课程-评价"一体化的育人新方式

### 二 典型经验

　　人工智能+学习空间不是物理环境、硬件设施的更新迭代，而是人工智能与育人方式的深度融合，其核心是促进"人的发展"。学校把"人"置于技术之上，以提升学生核心素养为核心。课程承载核心素养培养的具体内容，课堂是具体实践空间，落实核心素养提升的整体解决方案，要把评价贯穿目标、课程、空间各要素之中，形成"空间-课程-评价"一体化的育人新方式（见图1）。

以育人为本，东风东路小学通过理论创新、数字化探索、实践检验与推广等方式解决问题，主要经历以下三个阶段。

探索阶段：确定方向，变革网络环境下的教学方式（1998—2009年）。提升阶段：搭建学习空间，创新网络环境下的育人方式（2010—2017年）。深化阶段：教学资源、过程数字化与育人本位评价创新（2018年至今）。

## （一）学习空间变革：实现个性化具身学习

利用人工智能进行学习空间建设是新时代学校发展的必然选择。基于"大空间""大课堂""大教学"思路，学校提出了"人工智能+学习空间"的三维重构路径。

**第一，虚实结合：从物理到虚拟的优化融合。** 用技术延展学习时空，将校园打造成泛在学习空间。目前，已搭建"一人一空间"和以国家课程为基础的学习资源"智库"，包含近10000个平台资源、500个网络课件的开放式资源，为学生开展智慧化学习提供智能化配给，满足学生个性化学习需求。同时，推动教师在教学方式上进行流程再造，探索个性多元的教学模式，实现课堂新变革。

**第二，推近及远：从学校向社会的拓展延伸。** 以数字化、个性化、智能化技术重构的校园空间走向社会大课堂，以"创新实验室-校园-家庭-社会"形成学习者与社会对话交往的场域。学校与广州少年儿童图书馆合作建立了智能"共享"图书馆，通过面部识别和语音识别，实现校馆通借通用；同时，智能"共享"图书馆还能记录学生的阅读轨迹，智能推送阅读书单，有效延展学生阅读深度和广度。学校还与院士工作室、实验室、博物馆、企业共建资源；联合广东省多所高校开设少年科学营，帮助孩子们从书本学习走向体验式学习。

**第三，由知导行：从认知到情意行的螺旋式发展。** 人工智能大数据时代，海量信息与文化交融给学习者带来信息迷失和价值观冲击的挑战，因此，学校利用"智慧教育云平台"对学生进行持续的数据跟踪、评价和反馈，将其行为习惯与情意形态可视化，实现内隐认知空间与外显行为空间的优化融合，促进学生个体精神世界在知情意行上不断内化、螺旋式上升发展。

## （二）课程教学变革：实现深度学习智慧化范式

落实立德树人根本任务须以课程的形式确保目标的达成。学校打破大部分学校采用的国家、地方、校本三级课程纵向分类的实施方式，构建以"全学段、多学科、全要素"为特征的三维课程体系（见表1），并基于国家课程研发了学科思维、跨学科研学、社会实践等课程及资源。学校利用数字技术，打破学科界限和空间壁垒，在课程开设、资源供给、活动开展、结果展示和评价交流等方面实现教学过程数字化，形成深度学习智慧化范式。

| 课程类别 | 课程设置 | 适用学生 | 学习时间 | 学习空间 | 评价方式 | 学习素材 |
|---|---|---|---|---|---|---|
| 基于问题解决的**学科课程** | 语文学科 | 全体学生 | 法定教学周 | 智慧教室 | 知识技能测评 表现性评价 伴随式评价 | 国家教材 智慧教育 云平台 |
| | 数学学科 | | | | | |
| | 英语学科 | | | | | |
| | 其他学科 | | | | | |
| | 体艺课程超市 | 高年段学生 | | | | |
| 基于跨学科融合的**研学课程** | 自然科学 | 全体学生 | 综合实践课 社团活动 | 校园泛在 学习空间 | 表现性评价 作品评价 伴随式评价 | 国家教材 研学手册 |
| | 人文社科 | | | | | |
| | 创意艺术 | | | | | |
| | 生命成长 | | | | | |
| 基于社会现象的**实践课程** | 少先队活动 | 全体学生 | 少先队活动课 春、秋游 寒、暑假期 | 学校 家庭 社会 | 表现性评价 作品评价 伴随式评价 | 生活现象 热点话题 |
| | 家长进课堂 | | | | | |
| | 社会实践课 | | | | | |

▲ 表1
以"全学段、多学科、全要素"为特征的三维课程体系

### 第一，基于问题解决的学科课程。

在个性化具身学习空间中，学校通过"筛选信息—理解分析—形成方案—概括表达"的路径生成思维型学科课程。语文、数学、英语、科学、信息技术等学科以问题解决为导向，借助数字技术，利用智慧学习平台记录学生个体学习轨迹，以提升学生的思维能力为核心，构建具有学科特点的学习模式，实现以促进学生认知能力、创新能力、高阶思维能力等关键能力发展为特征的深度学习，形成了融合现代信息技术的9大思维型学科课程。基于"双减"要求，构建与信息技术深度融合的"双增"课堂——增加学生自主学习的参与度，增加学生高阶思维的训练度，实现人工智能赋能课程。

### 第二，基于跨学科融合的研学课程。

从儿童感兴趣的生活现象或问题出发，打破学科边界，以"我与他人·社会·自然·未来"为主题，以价值体认、问题解决和创意物化等为学习形式，学生利用一个教学周时间集中进行线上线下相融合的研究性学习（见表2）。

| 年级 | 研究主题 | 目标指向 |
|---|---|---|
| 一 | 可爱的我 | 我与集体 |
| 二 | 垃圾变形记 | 我与环境 |
| 三 | 妙手丹心中医药 | 我与文化 |
| 四 | 坐上地铁去"旅行" | 我与社会 |
| 五 | 奇妙的建筑 | 我与未来 |
| 六 | 神秘的星空"北斗" | 我与科技 |

◀ 表2
一至六年级跨学科研学主题

教师团队自主研发《研学课堂教师工作手册》《研学课堂学生学习手册》等。学生以小组为单位进行自主、合作、探究性研学活动。以学习单为支架，扫二维码随需调取自主学习的相关资源，利用智慧平台的"少年秀""在线作业""小先生讲堂"交流研学成果，从小培养探究精神和创新能力。

抗击疫情期间，学校开启"童心抗疫"和"漫游课本王国"共两周的研学课程，实施"线上导学—自主探究—互动研讨"的研学模式，利用技术搭建促进学习与交互体验的学习场景，学生自组"云学习小组"，教师作为参与者、协同者给予指导，将身处不同地域的人、事、物联系在一起，进行跨时空的学习和交流。

### 第三，基于社会现象的实践课程。

整合学校、家庭和社会资源，构建政治认同、家国情怀、文化自信和个人品格四类实践课程。

通过少先队活动、家长进课堂活动、假期社会实践活动，以"请进来"和"走出去"的方式，将学生的学习空间从学校延伸至家庭、社会，提升学生的综合素质，培养学生的社会责任感。开设的"诚信进课堂""职业进课堂""健康进课堂""法制进课堂"等八大主题300门课程，让各行各业的社会专业人士或家长弥补了学校教育资源的不足，让小学校担当起大教育。学校连续15年寒、暑假不布置学科作业，结合社会时事背景，让孩子们带着实践项目走向社区与大自然，走向世界。

## （三）评价方式变革：实现"知识本位"到"育人本位"的转变

学校以"德育+"伴随式评价为基础，研发学生全面发展的评价指标体系与工具，促使教育场景、教育要素、教育评价数字化，实施基于数据伴随式收集、信息自动化分析的育人本位的学生评价，形成学生成长数字画像，以数字赋能学生全面而有个性的成长。

### 第一，构建学生全面发展的评价指标体系。

以马克思关于人的全面发展理论为指导，面向儿童生活的五个领域（我和国家、社会、学校、家庭、自己），构建"爱国、诚信、勤奋、尊重、自信、创新"评价指标体系。该指标体系可以从多个维度细化具象可行的评价描述（见图2）。学校、班级、学生、家长等多元评价主体激励和引导学生达成自我成长，形成育人新生态。

◀ 图2
学生全面发展评价
指标体系

### 第二，搭建智慧教育云平台。

智慧教育云平台通过"勋章评价""少年秀""班级风采"等板块，对学生进行过程性数据跟踪与评价。教师用手机或平板电脑通过"刷脸"或扫描学生佩戴的校徽，即时对学生进行评价并及时反馈给家长。在技术支撑下，学生的行为习惯与情意形态得以可视化，平台可形成学生个人成长画像。

"育人本位"评价突破了评价的甄别、选拔功能的局限，形成"分析—决策—实施—再分析"动态评价过程，为学生全面发展提供合适、精准、便捷、个性化的发展指导，强化了学生的自我控制与调节能力，帮助学生实现从他律走向自律的成长。

## （三） 主要成效

本成果辐射国内外近1000所学校，60余万学生获益。学生获"全国新时代好少年"等6700多项奖励、3项专利，老师获全国五一劳动奖章、全国优秀教育工作者、特级教师荣誉称号等。学校接待30个省份及14个国家的考察团队来访，被《人民日报》、新华社多次报道。

# 因材施教：基于大数据的高中差异化教学体系建构与实践

山东省潍坊新纪元学校

## 一　背景

人的智能是多元的，社会的需要也是多元的，仅凭考试成绩来决定学生的选择和预测学生的未来，是不科学的也是不公平的，教育需要因材施教。潍坊新纪元学校根据孔子因材施教的思想和加德纳的多元智能理论，提出了"尊重差异、提供选择、开发潜能、多元发展"的差异化教育理念，相信"只有差异，没有差生"，相信"每个学生都能成为最好的自己"，长期以来，一直致力于"差异化教学"的探索与实践。

传统经验驱动的教学决策在差异化教学的实施过程中显得有些力不从心，教师的个体经验在一定程度上存在主观性、碎片化、模糊性等不足，这导致教师很难对教学过程中的细微差异做出精准的判断，从而降低了差异化教学的效果。

随着信息技术的发展，智慧终端在教学中得到推广应用，潍坊新纪元学校将大数据分析技术逐渐融入课堂教学，用精准的科学化数据弥补经验判断的短板，有效克服经验判断的不足，在个体经验基础上发挥数据的作用，使大数据导向的差异化教学更加精准、更加高效。

## 二　主要经验

经过20余年的持续实践，学校探索出了差异化教学途径，最终形成了由六大工具、六类数据、四条途径、两个类别、三大保障构成的基于大数据的高中差异化教学体系（见图1）。

### （一）由六大工具产生精准的六类数据

学业水平检测系统对学生每次的学业水平检测进行多维度的数据分析。

多元智能测验量表旨在了解学生在日常生活中对多元活动的兴趣、参与热情以及潜在的能力。

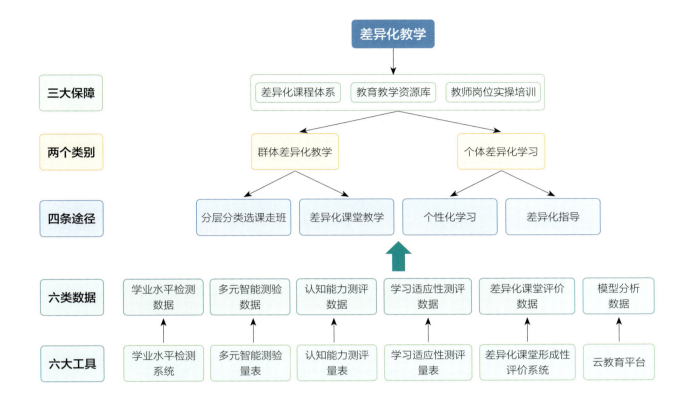

▲ 图1
基于大数据的高中
差异化教学体系

认知能力测评量表为开展心理测量与咨询活动、对学生进行发展性评价、对学生进行筛选和诊断提供依据。

学习适应性测评量表有效便捷地对学生的学习方法、学习习惯、学习态度、学习环境和身心适应五个方面进行测评。

差异化课堂形成性评价系统是我校基于智慧教学终端而设计的一套教学软件。根据课堂教学目标评价模型（见图2），教师将学习目标分为记忆、理解、运用、分析、评价、创新六个层级，为每个学习目标设定"优秀""良好""改进"三个评价量规。学生可根据学习评价量规，对本节课的学习目标达成情况进行自主评价，评价数据可实时提交到教师端。目前，该系统的数据有四类，分别是课堂学习目标自我评价数据、课堂学习目标自我评价班级过程性数据、课堂学习目标自我评价个体数据、课堂分层作业选项统计数据。四类数据应用于四个场景，分别是课前学情诊断、课中学习目标评价、课后差异化指导、学习持续性评价。

云教育平台是学校自主研发的平台，多维度学生测评与教学诊断工具在应用过程中产生的测试数据会汇总到云教育平台进行建模分析，诊断出的结果和形成的结论会被应用到相应的教学活动中，为教师差异化教学和学生个性化学习提供数据支撑。

能构建知识结构图
○ 优秀 ○ 良好 ○ 改进

能评述自己观点和他人观点及表现
○ 优秀 ○ 良好 ○ 改进

能利用所学知识剖析较复杂问题
○ 优秀 ○ 良好 ○ 改进

事实性知识　程序性知识
概念性知识　元认知知识

素养价值目标

合作探究
深度学习
高阶思维

知识能力目标

会计算功、功率　　　　　　○ 优秀　○ 良好　○ 改进
能应用动能定理求解问题　　○ 优秀　○ 良好　○ 改进
会用机械能守恒定律解题　　○ 优秀　○ 良好　○ 改进

低阶思维
浅层学习
自主探究

事实性知识　程序性知识
概念性知识　元认知知识

能理解功、功率、动能、重力势能的概念　　　　　○ 优秀　○ 良好　○ 改进
能理解动能定理、机械能守恒定律的内涵　　　　　○ 优秀　○ 良好　○ 改进
大观念：功不是能量，是能量转换的量度　　　　　○ 优秀　○ 良好　○ 改进

能记住动能定理的内容及表达式　　　　　　　○ 优秀　○ 良好　○ 改进
能记住功、功率、动能、重力势能的定义式　　○ 优秀　○ 良好　○ 改进
能记住机械能守恒定律的内容及表达式　　　　○ 优秀　○ 良好　○ 改进

图2 ▲
课堂教学目标评价
模型（示例）

## （二）由六类数据确定四条实施途径与两类教学模式

基于大数据的分层分类选课走班。依据学业水平检测数据、多元智能测验数据、认知能力测评数据、学习适应性测评数据，参考学生的兴趣爱好、性格特征、职业倾向、家庭社会资源，对课程进行分层分类。学校开设了专门的生涯规划课程，外聘生涯规划专家负责授课，并利用多个社会实践单位让学生拥有切身的职业体验，为选课走班提供依据。

基于实时反馈数据的差异化课堂教学。经过分层分类选课后，知识基础、认知能力、学术志趣等比较相近的学生组成学习共同体，这些学生在同一个场域（走读班）开展学习活动，在学习结束后回到各自的行政班。

基于大数据的个性化学习。学校成立个性化学习专门机构——道尔顿精英教育中心和创新教育中心。该机构基于学校积累的学生的历年学习数据，为学生推荐、提供个性化的学习资源，包括个性化学习空间、个性化课程资源、先进的信息化学习工具等。这种自主、个性的学习方式让每位学生都可以用适合自己的方式获得学习进步。

在个性化学习的过程中，学生的各类学习数据都可以通过数据分析系统汇总到云教育平台，这些累积的过程性数据描绘了学生的成长轨迹，并可以进一步生成学生学习过程的数据画像。在数据分析的基础上，教师可以利用智慧终端，对需要指导的学生适时进行答疑解惑，推送个性化的课程资源。

基于大数据的差异化指导。为满足某些超常学生的个性化学习需求，学校对这部分学生采用差异化指导培养模式。通过数据"选苗"，学校的特级教师、正高级教师以及高校的专家教授组成的指导团队，为这些学生提供差异化、个性化的指导。

### （三）通过三大保障为基于大数据的差异化教学保驾护航

**第一，线上线下相融合的差异化课程体系**。依据六类诊断数据构建出基于学生个性化需求的差异化课程体系，涵盖了品格与社会、语言与文化、科技与思维、运动与健康、艺术与审美、潜能与生涯六大领域，分为国家课程、地方课程、校本课程三个层级，包括必修和选修两种类型。

根据学校课程资源和学生实际，开设"综合成长课程""多元发展课程""精英培养课程"三大类课程。

综合成长课程包括学科衔接课程、学法指导课程、潜能开发课程、心灵滋养课程、励志教育课程、生涯规划课程，由班主任、任课教师、心理教师组织实施。

多元发展课程包括升学导向更明确的专业课程和兴趣类、探究类、实践类、体验类课程。前者由学校专业教师及合作机构专业教师根据学科方向进行科学规划、专业教学；后者由学校统筹，年级、班级教师创造性施行，丰富学生生活，提高学生素养。

精英培养课程由学科奥赛课程、白名单竞赛课程、少年班课程三类组成，由年级组织教师开展。

**第二，教育教学资源库**。为适应新课程背景下对线上线下融合式教学的需求，学校在原有线下差异化课程体系的基础上，开发出了线上差异化课程体系（资源库）。该资源库按照学科教学分为五大模块——学科总体设计、教材章节、高考复习、特色拓展、学习参考，数据大小总量高达18.3TB。该资源库能同时满足线上线下相融合的教学需求与学生的个性化学习需求。

**第三，教师岗位实操培训**。从校长、教务主任对课程的领导和管理，到教研组长、备课组长对课程的解读与实施，每一个岗位都形成了系统化、结构化、数字化的实操流程，各个岗位的教师按照实操流程实施标准化的操作，为教师的专业发展提供了切实可行的资源，为差异化教学实施提供了强有力的师资保障。

## 三　主要成效

### （一）促进学生个性化发展，学生整体学业质量逐年提升

学校地处远离市区的盐碱滩上，缺少区位优势，生源质量参差不齐，但通过

持续的差异化教学探索，学生实现了低进高出，学业水平稳居同类学校前茅，社会声誉日益提升。

及时的反馈和可视化的数据对比，能够持续激发学生的学习动机，促进其自我调节能力的提升。自2016年至今，学校有2600多人次获得国际、国家、省等各级各类奖项，其中，奥林匹克竞赛获奖45人次，各级各类科技创新大赛获奖384人次，获得发明专利共计128项。学校还涌现了大批个性化成长成才的学生。

### （二）促进教师多元发展，教师数字化教学素养水平不断提高

通过系统的培训和指导，教师能灵活运用信息技术来优化教学过程和评价方式。通过系统的反馈数据，可以看出教师的教学效率和教学质量都有显著提高，教师的教学信心和外界对其的教学满意度也有显著提高。

### （三）促进管理效能提升和家校共育，优化教学生态

通过系统的数据分析和报告功能，学校管理者可以及时、精准地了解每个班级、每名教师、每名学生的情况，并根据数据进行合理调整和指导。家长可以随时查看学生在校学习的情况，及时与教师沟通，家校共育得以有效开展。学校形成了高质量的教学生态系统，为教学高质量发展搭建了快车道。

### （四）促进学校特色发展，学校社会影响力不断增强

从2016年起，学校相继举办多次差异化教学论坛，参加论坛和现场学习的教师达5000余人次，中央电视台等多家国家级媒体对学校的差异化育人模式进行过专题报道，成果经验被推广至全国各地，覆盖200多所学校。"因材施教：基于大数据的高中差异化教学体系建构与实践"获得2022年基础教育国家级教学成果奖二等奖。学校以"信息技术赋能差异化教学评价改革研究"为主题获评潍坊市教育评价改革实验基地。"打开'教学黑箱'：基于大数据的课堂教学评价系统构建与应用研究"被推荐为山东省基础教育教学改革项目。

# 基于教育信息化的高中英语"三个课堂"的构建与实施

陕西省西安中学

## 一　背景

2012年，教育部颁布《教育信息化十年发展规划（2011—2020年）》。为适应教育信息化发展需要，陕西省西安中学长期探索建构"智慧系"教学场域和数字化平台，并积极将数字化布局、数字化技术与数字化教学相结合，实现了优化课堂、提升教学、驱动教研、联动多元教育资源的良好效果。

陕西省西安中学英语学科组积极开展英语教学与信息技术相融合的课堂实践，形成融合信息技术重构教学环境的第一课堂、开发数字课程创新教学方法的第二课堂、构建进阶培训提升专业能力的教师研修课堂（即第三课堂）。"三个课堂"是教育信息化对教学环境、内容、方法的系统性重塑，是坚持"以学生发展为中心"的有效实践，是教育教学质量的有力保障。

学校英语学科组构建析、设、研、用、评一体化的模型，将信息技术全方位融入课程教学，形成西北地区建设较早、省内外共享的高中英语微课系列课程，建设微课资源库，入库精品微课百余节，建设国家级精品课十余节，教师完成多项省级以上相关课题，充分发挥了百年名校示范引领作用。

学校英语学科组借助"三个课堂"体系的构建与实施拓展日常教学时空，构建双线联通、课内外一体、虚实结合的泛在化智慧教学新环境，打造"三位一体"信息化英语教育教学资源体系（见图1），实现线上共享、线下交流、教学研多赢，让成果惠及万千师生。

基于教育信息化的高中英语"三个课堂"的构建与实施

▼ 图1
"三位一体"信息化英语教育教学资源体系

## 二 主要经验

基于教育信息化的英语"三个课堂"体系提出"教学互动、教研互联、资源互通、协同互助"教育理念，创建英语泛在学习环境，提升师生信息素养，体现英语学科核心素养，落实立德树人根本任务，提升学科育人价值。

### （一）融合信息技术重构教学环境的第一课堂

建设完善软硬件，打造智慧教学环境。建设97间智慧课堂云教室、4间多功能云教室，设立平板电脑"智慧班"，搭建"智学网""智慧校园"等平台，围绕资源的采集、分析、应用、共享，以微课资源库建设为特色，建设英语资源数字化平台（见图2），积累3400余份学科资源，含"一师一优课"等课例百余件，微课51节，1795份教学设计、反思集、课件、音视频、试卷等。

图2 ▶
英语资源数字化平台

开发应用微型课，革新英语教学形态。以学生核心素养发展为导向，应用析、设、研、用、评一体化的模型，打造系列化、专题式、结构化的精品微课百余节，国家级精品课十余节。

信息技术全覆盖，变革教学评方式。信息技术常态化应用于线上线下、课内课外、课前课中课后等各个环节，多元评价贯穿始终，实现测评数据化、纠错智能化、反馈即时化、学习个性化，变革英语教学评方式。

### （二）开发数字课程创新教学方法的第二课堂

打造双线混融智慧课堂新样态。利用智学网等线上教学工具开展双线混融教学，有效提升教育教学质量。43位英语教师直播英语常态课超过4000节，人均近百节，线上听课学生累计超18万人次。

开启双线英语校本课程新形态。搭建丰富的英语校本选修课程体系，利用翻转课堂、项目化学习等方式开设模拟联合国课程、浸入式原版书阅读坊等7门课程，学生通过线上选课、网络课堂、在线检测高效完成学习。2018年起，英语选修课学员在各级各类比赛中获得奖项。

## （三）构建进阶培训提升专业能力的教师研修课堂

系统提升教师信息素养。利用问卷、访谈等方式了解教师发展需求，基于整合技术知识、教学知识和内容知识的框架（见图3），开展教师培训20余场、个性化实操指导30余次，多校联动开展主题教研活动。以省部级课题研究为引领，完成"电子词典与中学教育教学整合研究""微课在高中英语课堂教学中的应用研究"等课题研究。

构建信息化教研共同体，共建共享网络平台，举办跨校联动教研活动。两省三地五校开展线上专题教研十余场，发布评课交流信息百余条，线下教研往返里程累计两千千米。资源共建共享，推动教育公平。

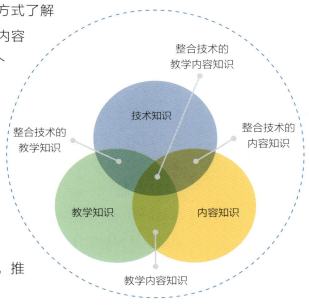

▲ 图3
英语学科知识与信息技术融合创新的框架

## （一）打造信息化教育教学资源立体体系，发挥"排头兵"作用

2017年起，西安中学英语学科组在智慧校园、陕西省扶智平台等云平台共享英语资源3395余份，提供可复看网课4000余节，包括获奖精品英语微课51节，开设英语线上选修课7门，访问量达数万人次。信息化英语教育教学资源"智库"建设推动了陕西教育信息化的发展。

## （二）反哺教育教学实践与教研探索，发挥"人才泵"作用

随着信息化资源库的建设与完善，基于英语学科的信息化探究，西安中学英语教师以研促教、以赛促教，通过对信息化教育教学资源的深入钻研与充分利用，在全国及省市区各级各类比赛中斩获佳绩，相关课程获评"一师一优课"部级优课、省级优课，团队教师获"陕西省教育信息化应用名师"等称号。在课题教研方面，团队完成"十二五"规划省级课题"电子词典与中学教育教学整合研究""十三五"规划陕西省基础教育创新型资源建设课题"微课在高中

英语课堂教学中的应用研究"，陕西省基础教育网络扶智应用专项课题"探究基于扶智平台名师工作室教研应用模型建构"，等等。

## （三）辐射教研生态网络资源与经验，发挥"资源库"作用

借助省扶智平台、省市区域教研活动、教育联合体办学模式，西安中学与两所帮扶校、三所教育联合体托管校、多所名校和成员校建立英语"课例共评、试卷共研、资源共享"的教研共同体，实现"24-0-100"（24小时、0距离、100%覆盖）信息对接、教研联动、资源共享，扩大成果辐射范围，促进教育均衡发展。

成果资源通过教育联合体、陕西省扶智平台及市区级区域教研等渠道进一步推广应用，发挥了优质教育资源共享使用效益，促进了教育公平和均衡发展。近3年，学校及学科组受邀在省、市、区各级各类会议中多次介绍推广英语学科组"三个课堂"的经验与成果；为西藏拉萨阿里地区高级中学、陕西省子洲中学等学校提供大量优质英语教育教学资源与信息化教学经验；建立实践基地，获得受助地区教育局领导与学校师生高度评价，当地师生、家长满意度高。

教育信息化背景下，混合式教学将传统教育教学实践与现代信息技术深度融合，以"体验"为依归、以"数据"为基础、以"智能"为目标，是教与学变革必须遵循的途径。这种教学能让学生更清楚地了解自己，使其学习更加主动、更有针对性，事半功倍，也能让教师更精准地掌握学情、实施教学，从而提升教学效率和效果。6年来，西安中学英语学科组致力于用信息化为高中英语教育教学赋能，构建了指向教学评的基于英语学科与信息技术融合创新的"三个课堂"体系，取得了显著的成果。

# 推进数字化转型赋能"幼有善育"的探索实践

## 上海市黄浦区学前儿童发展监测中心

 **一** **数字化转型赋能"幼有善育"的背景**

作为国际化、现代化的大都市，上海提出"创建面向未来的智慧城市"战略，努力建设教育信息化高地，助推教育现代化发展。"先一步、高一层"是上海推进学前教育事业发展的长期战略，市政府高度重视上海学前教育稳定、健康、可持续发展，将其纳入教育信息化建设体系，明确了学前教育信息化推进思路，以此作为学前教育改革突破口。在政府的主导下，上海学前教育信息化呈现出"搭机制—强基建—建资源—培师资—促应用—推融合—塑生态"的发展趋势，强调"公平、普惠""以幼儿发展为本""支持循证改进的保教质量提升""助力创设家园共育的和谐生态"等价值导向。

发展趋势

面向上海市0—6岁婴幼儿家庭开展科学育儿指导是上海市政府"幼有善育"民心工程的重要内容之一，对家庭科学育儿精准指导的探索与实践也持续了十几年。近几年来，针对育儿指导精准性不够、影响面窄等亟须破解的难题，以信息化赋能科学育儿指导成为突破痛点、难点问题的重要举措，也成为上海学前教育信息化推进的一个重要任务。2015年，为了让更多家庭享受个性化指导服务，上海开始探索"互联网+科学育儿指导"，并逐步拓展信息技术在幼儿园的应用场景。2021年，上海启动数字化转型，聚焦包括"保教管"等各方面的六大场景，探索数字化转型赋能"幼有善育"。

## 二 实践创新举措、典型经验

数字化转型赋能"幼有善育"是一个渐进式的发展过程，主要经历了基础应用、融合应用、创新智慧应用和数字化转型四个发展阶段，在机制、基建、内涵、队伍建设等方面不断迭代升级。

### （一）基础应用阶段："一部一网一平台"开端建设，实现从无到有的跨越

为发挥信息技术优势，建设教育信息化平台，1998年，上海成立全国首个政府部门建设的学前教育信息部。1999年，上海开通"上海学前教育网"。作为上海教育系统"一网五环"的重要站点之一，该网站向机构、家庭、社会传递国内外学前教育的最新理念和信息，成为全市共享的学前教育信息资源中心，也成为反映和宣传上海学前教育改革与发展的重要窗口。2004年，上海创建"园园通"管理平台，面向全市托幼机构提供服务。平台贯通市、区、园三个层面，以最小的成本和投入，最大限度地利用已有资源，实现信息和应用的共享与集中管理，不仅为全面构建"没有围墙的幼儿园"提供了技术保障，也为上海学前教育信息化发展打下了坚实的应用基础和广大的用户基础。与此同时，上海组建市级信息管理员队伍，通过培训、研究、比赛等多种手段，提升队伍信息化应用能力，为上海储备了大量具有信息化素养的师资。"一部一网一平台"是上海学前教育信息化的开端，助力上海学前教育信息化实现了从无到有的跨越。

### （二）融合应用阶段：一通化三通，实现市级平台建设向信息化推进机制建设的迭代

为有效解决区域间发展不均衡、管理机制不长效、技术应用不常态等问题，上海以"课程通、管理通、家园通"建设为抓手，推进"互联网+学前教育"，促进互联网与学前教育深度融合，创新学前教育发展生态。

"课程通"集聚全市"二期课改"优质教学实践经验，为一线教师提供优质、丰富的课程资源，创设网络教研和备课空间，推动技术在教育教学中的应用，支持不同发展水平的教师在不同层面创新应用。

"管理通"覆盖园所核心管理需求，伴随教师和机构的日常业务开展，各种管理数据自然产生。这为幼儿园保教质量监测提供了依据，也为后续普及普惠督导、"家门口的好幼儿园"建设等工作奠定了基础。

"家园通"以移动互动平台的形式，为全市园所提供家园交流、幼儿成长档案建设等家园共育服务，探索"互联网+"科学育儿精准指导模式，创新服务资

源供给，支持个性化育儿需要。例如，推出"育儿周周看"彩信服务，面向适龄婴幼儿家庭，根据婴幼儿周龄计算，每周为家长推送一条育儿彩信；上线"专家问答系统"，整合上海优质的教育、医疗资源，以满足或普遍或个性化的家庭育儿指导需求。以上海学前教育网与科学育儿指导官方网站和平台为主要载体，多媒体共同发力，大规模推送科学育儿指导的服务信息。

"一网三通"应用集群的建立，有效提升了上海学前教育信息化应用能级，构建起了上海学前教育信息化应用服务体系，助推上海学前教育从传统走向智变。

## （三）创新智慧应用阶段：智慧幼儿园建设，实现从普适配置向智慧园所的迭代升级

为更好推进园所信息化建设和应用，以技术赋能保教工作，上海尝试创建智慧学前教育样态，实施面向未来的幼儿园建设新探索。一是编制《上海市幼儿园信息化建设与应用指南（试行）》，提出了上海市幼儿园信息化建设与应用的基本要求和发展方向。二是启动数字化创新实验园建设项目，探索信息化环境下的个性化学习支持策略以及新技术支持下的数据采集与分析。三是构建基于"园园通"的幼儿园保教质量监测系统，采集课程实施、儿童早期发展、家长调查等数据，联合各领域专家挖掘分析幼儿一日活动数据，常态化进行园所质量监测，建设"家门口的好幼儿园"。这些探索不仅让教师更能读懂孩子，也让园所更加关注家庭和社会的需要，不断提升保教质量。脱胎于"育儿周周看"彩信的"育之有道"手机软件也正式上线，通过更为快捷、时效性更强的手机端，为全市家庭带去公益免费、专业科学、应需精准的育儿指导。同时，它还在不断提升服务能级，实现提供精准贴合孕期及婴幼儿年龄、符合用户行为和偏好的应用服务，让家长能即时、方便地获取满足个性化需要的指导服务，在提升家庭科学育儿质量等方面发挥重要作用。

通过智慧园所建设，上海实现了从普适配置向智慧园所的迭代升级，强化了园所信息化基础建设和应用，提高了园所的管理效能和保教质量，这也成为驱动学前教育数字化转型的强劲动力。

## （四）数字化转型阶段：实现从引入技术融合业务向根据场景重新定义业务的迭代升级

数字化转型赋能"幼有善育"是上海教育数字化转型的重要一环。《上海市学前教育与托育服务发展"十四五"规划》提出要推进学前教育保教质量管理"园园通"场景建设，在典型示范性场景上形成突破，驱动教育数字化转型发展。上

海从老百姓最关注的学前教育优质资源均衡、入托难、在园安全健康、科学育儿等事项着手，聚焦学前教育在管理服务、保育教育、家园社区等领域的实际需求，以上海市学前教育"园园通"信息平台为基础，建设"幼儿入园招生全程网办""幼儿来离园智能管理""幼儿健康常态监测""幼儿在园户外活动监测""科学育儿指导精准服务""托育服务动态监测"六大典型场景，推动制度、技术、数据赋能学前教育发展。

如，"幼儿在园户外活动监测"场景与"科学育儿指导精准服务"场景结合运作。运用智能穿戴设备及其监测分析系统，采集分析天气、幼儿户外活动/运动时长及其心率、步数等数据，观察幼儿每天在园2小时户外活动时间达成情况及1小时运动的有效性，精准优化户外活动和运动课程，让孩子的户外活动时间更有保障、户外运动更科学。幼儿来离园、晨检、体检与各类活动中的健康指标及发展情况，能在家园协同开展儿童近视预防、营养改进、体质增强及心理健康维护等方面发挥重要作用，也有助于实现差异化指导、促进幼儿个性化发展，让精准指导在更大范围内落地实施。

## （三）主要成效

经过20多年的迭代和发展，上海学前教育信息化初步实现了从教育专用资源向大资源的开发、应用和服务转变，从提升信息技术应用能力向提升从业人员数字化素养转变，从学前教育信息化融合应用向创新发展转变，从传统教育向为党育人、为国育才的智慧教育转变。

## （一）上海学前教育信息化发展基础不断跃升，正迈入变革阶段

推进学前教育信息化是促进上海学前教育高质量发展的需要。20多年来，学前教育信息化一直发挥着上海学前教育发展的助推器的作用，逐步拓展形成"一网一平台，三通多应用"的学前教育信息化整体格局，逐步构建幼儿园智慧教育环境，在全国率先出台幼儿园信息化建设与应用指南，在学前教育领域率先启动数字化转型，推进学前教育与托育服务事业从"幼有所育"向"幼有善育"提升。截至目前，我们实现了从引入技术融合业务向根据场景重新定义业务的迭代升级。这对落实学前儿童善育民心工程、赋能学前教育高质量发展都有重要意义。

## （二）数字化转型赋能学前教育发展成效不断显现，场景应用逐渐常态化

上海坚持政府主导，注重体制机制建设，坚持"幼儿发展优先"理念，重视教师信息素养的提升以及信息技术在育人模式变革方面的实践，努力通过数字化提升政府决策、园所管理、保教服务的质量和效能。一是数据驱动，实现从教育管理到教育治理的转变。如幼儿入园招生实现全程网办，不仅为家长提供了便捷，也为政府科学决策提供了支持。二是监测预警，实现从经验保教到科学保教的转变。如通过数据的智能采集与科学分析，让保教工作的开展更有实证支持，帮助园所更加精准高效地开展保教工作以及家庭共育工作，实现差异化指导及幼儿个性化发展。三是汇聚资源，实现从信息封闭到精准推送的转变。如汇集各类托育服务资源信息，支持家长随时查找托育服务场所，等等。上海通过创新发展，不断推动家庭科学育儿指导走向数智化时代，目前已累计服务百万婴幼儿家庭。线上线下相结合、教养医相结合的科学育儿指导服务精准广泛推送至幼儿家庭，有效地满足了家庭科学育儿的服务需求，影响面广。

# 数智技术与情感教育双驱动的
# 小学育人模式实践探索
## 上海市黄浦区卢湾一中心小学

## 一 开展数字教育创新实践的背景

在国家实施教育数字化战略的背景下，多数学校都开启了教育数字化转型的进程。然而在这一进程中，部分学校存在"只见技术不见人"的问题，重技术、轻育人，重设备、轻应用，重建设、轻效果。教师全员常态化运用数字技术开展教育教学的素养、能力和主动性不足，导致数字技术在实践应用层面面临学科"各自为政"、评价仍囿于"唯分数论"等难题，以教育数字化推动"五育"融合、知行合一的机制尚未真正形成。

为适应数字化时代的发展需求，上海市黄浦区卢湾一中心小学于2010年起，开启了以教育数字化转型驱动小学育人模式变革的创新实践。在校本传统"情感教育"的基础上，以情感教育为魂，以大数据和人工智能技术为驱动，将数智技术广泛应用于教育教学碎片化场景，通过实践总结和研究，搭建育人新模式雏形。2018年初，学校成为上海市首个信息化标杆培育校，全面启动数智技术与情感教育双驱动的"育人全过程融合、教学全流程优化、评价全要素诊断、教师全方位发展"的育人新模式实践探索。

## 二 实践创新举措与典型经验

### （一）运用数字技术解决的重难点问题

学校尝试通过数字技术的研发与应用，破解学科"各自为政"和学生"五育"脱节、知行脱节等制约立德树人根本任务落实的一系列问题；改变评价"唯分数论"的顽瘴痼疾，充分发挥评价的诊断功能；提升教师全员常态化运用数字技术开展教育教学的素养和能力；构建数字技术推动"五育"融合、知行合一的机制，深入推进各项教育综合改革。

## （二）数智技术与情感教育双驱动的学校教育主张

育人为本是学校教育信息化发展的标杆，情感教育是学校育人模式之关键。学校准确把握学校育人方向，以引导学生主动"扣好人生第一粒扣子"为目标，激发学生对自我、自然、社会、国家的情感，以积极的情感促进学生潜能志趣发展、理想信念形成，实现学生情感能力和认知能力的同步成长。

数智技术赋能，情感教育掌舵。数智技术与情感教育双驱动，是育人本质和科学规律的结合，能够准确了解学生的身心发展情况、发现能力短长、贯通教育环节、促进"五育"融合、推进评价诊断，真正激发学生、激活教师，推动小学立德树人目标落地。

## （三）数智技术与情感教育双驱动的小学育人模式及其治理

**第一，"全过程、全流程、全要素人技结合"的育人模式。**

推动育人模式变革，需要"人技结合"创新机制、构建模式、系统推进。小学育人模式变革是个系统工程，需要以新基建、新基座为基础支撑，导向牵引、突破场景、融合应用、走向流程、构建生态。

全过程、全流程、全要素"人技结合"的育人模式，融合数据智能与教师智慧，人技结合优势互补，"术""道"相融勠力共育，着力推动"知识灌输"向"素养培育"、"以教为主"向"以学为主"、学科"分列"向学科"综合"转变，助力"育人全过程融合、教学全流程优化、评价全要素诊断、教师全方位发展"小学育人新模式的构建形成。

**第二，"数据采集—分析—干预—评价反馈"的治理机制。**

数智技术与情感教育双驱动的小学育人模式，主要采用"数据采集—分析—干预—评价反馈"的制度体系和治理机制。

**数据采集**。将应用范围拓展至育人全过程，覆盖知识、能力、行为、心理各方面。建设两百多门跨学科、融"五育"的特色课程，伴随式采集全人数据，形成"五育"百余项数据耦合的学生数字画像。

**分析干预**。情智并举，帮助学生发掘成长潜质、激发学习兴趣、培育健康心理、夯实理想信念。实现多学科、多主体，知行间、"五育"间相互贯通的综合育人。已有多个成功案例。

**评价反馈**。以全过程全要素诊断性评价反馈，形成育人效果自我提升的逻辑闭环。

## （四）数智技术与情感教育双驱动的学校育人实践

图1 ▲
学生用云笔做练习，完成数据采集

### 第一，育人的全过程融合。

工业时代分科教学带来的学科脱节、知行脱节、"五育"脱节难题亟待破解。学校探索建构全人数字画像，情智并举、人技结合，分析干预。建立服务于学生身心健康成长的智能无干扰数据采集系统，实现伴随式、去屏化、系统化、全周期的数据采集（见图1）。将数字技术融入德智体美劳全育人环节、覆盖学科全领域，挖掘有效育人数据，创设多个场景，为采集难以测量的育人数据提供可能。

### 第二，教学的全流程优化。

学校建立了"备课、上课、作业、辅导、评价"教学五环节的关键应用与数字化高度耦合的教学组织管理机制。形成了数据驱动、广泛参与的备课模式，建设了"数字教学云题库"，该题库具备习题等教学资源的线上录入、标签设置、便捷调取等功能，教师还可以录入习题的解答文案和解析视频。同时，建立特有的"三三制"备课模式，实现备课过程线上化（见图2）、教学内容模块化、学生学情数据化。

● 智能可选、评教一体的授课模式。智能可选、评教一体的授课模式实现了课堂教学的"评教一体"和"数字孪生"，让翻转课堂、虚拟走班成为现实，加

图2 ▶
线上备课

强了对学生情感性、心理性数据的关注。

- 多向多样、精准适切的作业模式。依托数字技术创新作业模式，设计开发包含图像、音频、视频等多种形式的作业，通过家庭云厨房（劳动技术学科）、数学大擂台（数学学科）、云端双语直播室（英语学科）、家务一起做（劳动技术学科）等多类型作业，激发学生的学习兴趣，达成了多向度目标，提高了教师布置作业的精准度。与此同时，教师还可为特殊学生提供更适切的作业，切实减轻学生的作业负担，帮助学生学会学习、快乐学习。

- 高度耦合、联动互促的实施模式。高度耦合、联动互促的教学组织管理模式形成了教师备课会评、学生课堂表现会评、教师教学会评、作业会评、学情会评等五项制度。利用数字技术再造课堂教学中的部分场景，使教育教学更加生动直观。自主研发了可供多人同时开展数学协作学习的"数智云课桌"，依托虚拟现实和增强现实技术的"虚拟现实科学馆"、课本剧"云剧场"、艺术学习"云展馆"、劳动技术"云剪纸"，以及依托增材制造技术开展数字技术和劳动技术相关课程的智能建造"云工坊"等一系列新型教学平台，提升了课堂教学的生动性和直观性。

### 第三，评价的全要素诊断。

评价的方式更重视以人为本。评价的内容向过程性、增值性、综合性评价转变，从关注学习结果向关注学习过程、个体进步、全面发展转变。评价的使用向诊断性评价倾斜，努力找到每一位学生的"最近发展区"。

### 第四，教师的全方位发展。

以用促学，以研促用，近80%的教师开展了数字化课题研究，人技结合常态化融入教师一日教学生活各环节。分层培训、定制培养，全面提升教师的数智技能和育人能力。

## 三 主要成效

### （一）示范引领，形成可复制推广的成果

成果已在上海一所郊区薄弱小学全面复用四年并获得成功。学校原先只有700名学生，现在有1548名学生，从"招不满"到老百姓"抢着报"，其高质量的教育在区内获广泛声誉。连续获评上海市安全文明校园，连续三年获区教育系统综合改革励新奖，四年来获得市级奖项26项，35位教师获得市级奖项，593名学生获得市级奖项。

成果也在五省市数十所学校推广。学校在教育部、上海市举办的多个全国性

会议上做代表发言，成果获高度肯定。学校荣获相关省部级荣誉十余项。联合国、经济合作与发展组织等国际组织代表，全国近二十个省份的教育厅厅长曾造访学校。情感教育与教育信息化牵头人获中宣部"时代楷模"称号。"云笔"等多项数智技术应用获专利。成果被新华社、《人民日报》等中央媒体报道二十余次。

## （二）立德树人，有效促进学生全面发展与"五育"融合

育人新模式下，学生整体综合素质、学习兴趣、知行合一能力显著提升。连续四年的上海"绿色指标"监测结果显示，在保持学业水平领先的同时，学校学生学业负担指数持续下降。

近几年，逾六百名学生在公益、科技、文艺、体育等方面获奖。学生在全国学生体质健康测试中成绩逐年提高，最近一次合格率近99%。学生睡眠时间充足，课外运动时间全市领先。参与"一大会址"讲解的许多学生到中学、大学仍坚持参加红色场馆讲解工作。

# "学校大脑"：推动高质量育人的教育创新

浙江省杭州市建兰中学

## 一 问题提出

近年来，信息技术已在教育领域逐步推广应用。然而，囿于传统教育观念，先进应用技术无法真正触及学生的自主学习与个性成长。教学缺乏与人工智能的深度融合，难以真正实现智慧学习的教育变革。基于以上背景，杭州市建兰中学重新审视了信息技术与教育融合过程中的不足之处，深度思考了当下教育信息化改革中学校真正面临的问题。

### （一）缺乏"学生画像"，学情分析低效，难以"对症下药"

传统教学中，教师往往只通过学生的作业问题、考试成绩与课堂表现，结合自身教学经验来评价学生学习情况。学情分析缺乏客观数据的支持，学生的个性化问题不能精准呈现，导致学生的全面发展无法得到保障。

### （二）缺乏"精准指导"，重复作业过多，难以"减负增效"

当下，繁重的学习压力与冗长的作业时间过度挤占了学生的课余生活，却没有相应提升学生学习效果。究其原因，则是缺乏真正行之有效的"学生画像"，无法对个体进行精准指导。

### （三）缺乏"数智融合"，数字认知浅表，难以"智慧赋能"

大数据的广泛应用革新了教育理念及教学方式，使基于学生行为数据分析的教学逐步成为可能，但教师对于大数据的应用还大多停留在数据收集层面，对数据缺乏整体思考，无法推动学生的可持续发展，无法达成智慧学习的真正飞跃。

## 二　主要经验

### （一）数字化新基建："学校大脑"的平台优势

　　和人脑一样，"学校大脑"作为学校管理者、教师和学生的助手，对学校各个维度的数据进行实时搜集和分析处理，从而对学校的管理和教育教学方式进行变革（见图1）。

图1 ▲
"学校大脑"

　　"学校大脑"系统，以互联网为基础设施，由"感、知、用"三层架构组成。

　　"感"：数据采集。学校的课堂教学、育人活动、教师发展等教育教学过程，通过数字化工具，完成数据采集。

　　"知"：数据分析处理。数据中枢汇聚各个应用系统的数据，向上打通教育主管部门系统，完成数据清洗和结构化处理，进入计算平台。

　　"用"：数据应用与可视化。根据学校构建的考核指标，对数据资源进行可视化、诊断、预警等，把这些流动的、实时的、有生命力的数据转化为新的生产力，提升学校的管理和服务效能。

### （二）评价新样态：数据喂养的"五育"成长

　　基于"五育并举·融合育人"理念，以学生画像为基点，帮助每个学生寻找生长点，"学校大脑"通过学生画像细化了综合素质评价体系，形成自主发展成长报告（见图2），解决了评价标准模糊、单一的问题，多维、精准地对"五育"

▲ 图2

进行量化评定，助力核心素养培育，促进学生全面发展。

　　贯彻"在活动中修炼，在经历中成长"的德育主张，以班级日志、生涯教育等组成建兰育人活动，通过实时记录、评估、分析学生在活动中的表现，推动"五育并举·融合育人"的教育理念落地。

　　"建兰修炼"聚焦初中阶段学生的特点，为学生搭建个性化发展平台，帮助学生积累自身成长的过程性档案，真正让评价可见。

学生七年级入学时和两年后的能力分布雷达图

## （三）教学新逻辑：数据驱动的学教转型

　　正是有了"学校大脑"，教师的教由笼统、划一转向了基于数据的精准性教；学生由原来重复性的学转向了基于自我画像的学。

　　"学校大脑"让教师更了解学生，教师课堂例题的讲解、学习任务单的设计都基于学生的学情数据，课堂教学变得更具针对性。

　　精准的个性化作业为学生的学习提供了专属跑道。学生有私人订制的培养方案。通过精准的作业指导，让学习愈加匹配个体的最近发展区。

　　通过"学校大脑"的整体架构，实现学与教的方式转型，让教育均衡有了新的思路和做法。

## （四）教师新素养：数据支撑的教师成长

　　每一位教师在"学校大脑"的赋能下，都将成为数据的生产者、使用者和受益者。教师通过教育教学行为沉淀的数据在"教师画像"数据平台中以可视化的方式体现，从而反映教师当下具备与欠缺的核心素养（见图3），为其指明最具增长点的发展方向，促进教师有针对性地提升自我，构筑教师个性化成长环境。

数据平台的价值源于平台，但不止于平台。教师个人能力雷达图（见图4）的实质是一系列数据的诊断图，它对线下的教育教学活动的改进、教师培训方式与侧重点的转变等都发挥着重要作用；平台数据资源库实现了每一次培训的留痕，使教师培训落到实处，也为培训内容的不断改进提供了借鉴。

图3 ▼
建兰中学教师核心素养

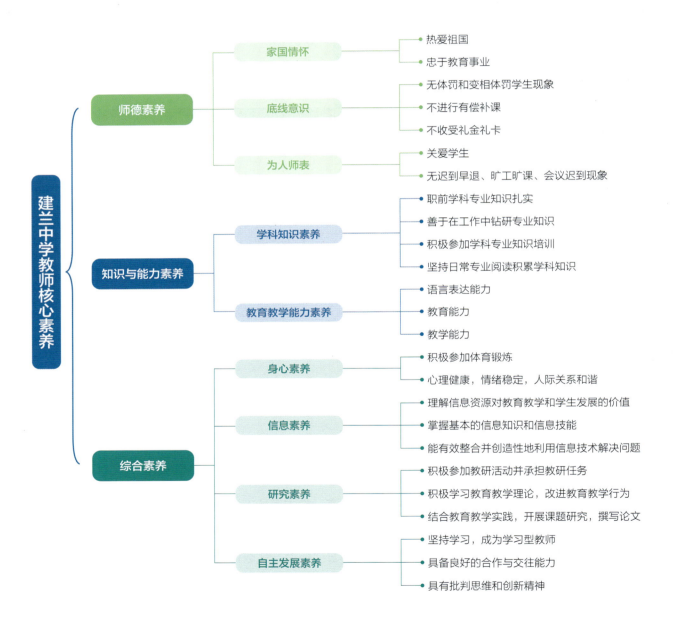

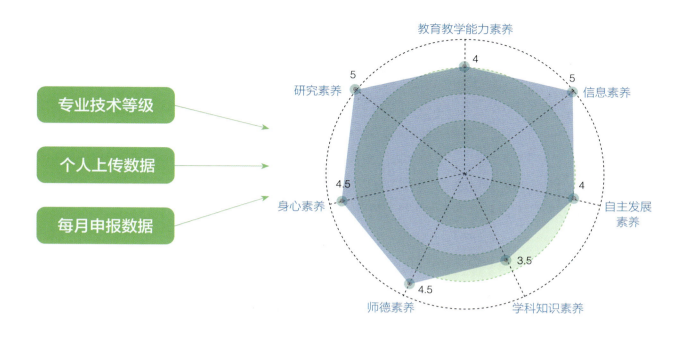

专业技术等级

个人上传数据

每月申报数据

▲ 图4
教师个人综合能力
雷达图的形成

## 三 主要成效

得益于数据的运用，"学校大脑"对学生的诊断更精准，真正实现了因材施教，使学生的学习效率、整体素质、学习素养得到提升；在研究实践过程中，形成了一系列创新有效的做法，为同类学校提供了众多建设性的经验，"学校大脑"得到有关领导和专家的高度评价，成为行业标杆。"学校大脑"辐射农村学校、特殊教育学校及职业技术学校等各类各级学校，有效促进了教育资源的均衡发展。

### （一）促进了我校学生的全面发展

"学校大脑"对学生学习的全过程做出了优化配置，真正做到了"减负增效"。"学校大脑"通过个性化作业匹配与精准问题诊断，改革低效作业与重复训练，达成对学生学习常态的"减负"；通过智慧课堂互动与课余兴趣拓展，创新学习方式与思维习惯，达成对学生学习素养的"增效"。这种基于精准数据的"减负增效"，不仅是对学生课业压力的疏解，而且是对学生全面发展的促进。

### （二）开拓了数智教育的理论创新

成功打造了被誉为"全国首创，浙江特色"的智慧学习新体系，提升了学生的学习效率、整体素质和学习素养，建构了数据赋能的操作模式，形成了智慧学习的先进理念，提供了减负增效的借鉴范例，创新了学生评价体系及平台，引领了智慧校园的建设潮流。

### （三）树立了智慧学校的建设标杆

自2019年云栖大会正式发布"学校大脑"以来，"学校大脑"联盟辐射14个省份、2个直辖市，350多所学校根据各自的校情、学情建设属于自己的"学校大脑"，全国各地近40万名学生享受到了教育数字化高速发展带来的轻负高质的学习体验。"学校大脑"有教师、学生和家长等直接和间接用户近108万人，该成果受到学术界高度关注以及社会广泛赞誉。截至2023年11月，"学校大脑"已沉淀4541万条学生行为数据，实现了37个计算模型。

不忘初心，砥砺前行。杭州市建兰中学以"学校大脑"为基础设施，以数字资源为关键要素，不断推动学校的教育教学变革、育人生态变革，让学校更会"思考"。展望未来，教育数字化的浪潮初显，我们愿与更多学校同行，坚持通过数字化减轻教师工作负担，以学生为中心提升教育效能；从"打破孤岛"到"应联尽联"，推进教育公平，使每一个孩子都能得到最好的发展，成为最好的自己。

# "微学习共同体" 开辟教育新天地
## 陕西省西安航天城第四小学

近十年来，数字化经历了三个阶段：CT（计算机技术）时代、IT（信息技术）时代、DT（数字技术）时代。但教育数字化目前还滞留在第二阶段——IT时代，一个依然把技术作为工具来促进教育发展的阶段。而教育数字化第三阶段的核心，是围绕教育内容数字化和教学过程数字化的教育流程再造。

**CT时代** 计算机技术 ➤ **IT时代** 信息技术 ➤ **DT时代** 数字技术

## 一 为什么？先行进入未来

2015年前后，中国已进入教育信息化2.0时代4年，运行国家智慧教育公共服务平台3年，之后国家密集出台教育信息化相关政策，大力推进基础教育数字资源建设与应用，促进数字技术与教育教学深度融合。

在使用国家智慧教育公共服务平台的过程中，陕西省特级教师团队与时代同频共振，探索如何以"探究数字教育资源建设应用场景和未来图景"为纽带，突破传统课堂中的时间和场地限制；如何帮助学生利用课余碎片化时间学习课堂没吃透的重难点；如何赋能家校融通，提升协同育人水平……。这也是学生、教师、家长、学校四方的迫切诉求。基于此，团队开始了构建"微学习共同体"的实践探索。

教育数字化转型背景下微学习共同体构建的实践探索

## 二 做什么？重构教育生态

"微学习共同体"针对以上困境，以立德树人为导向，以数字教育资源建设应用为主干，经4个阶段8年实践（见图1）形成"四位一体、四共融合"育人模式，即"学生、教师、家长、学校"一体，"共建、共学、共研、共享"学习空间相互融合。

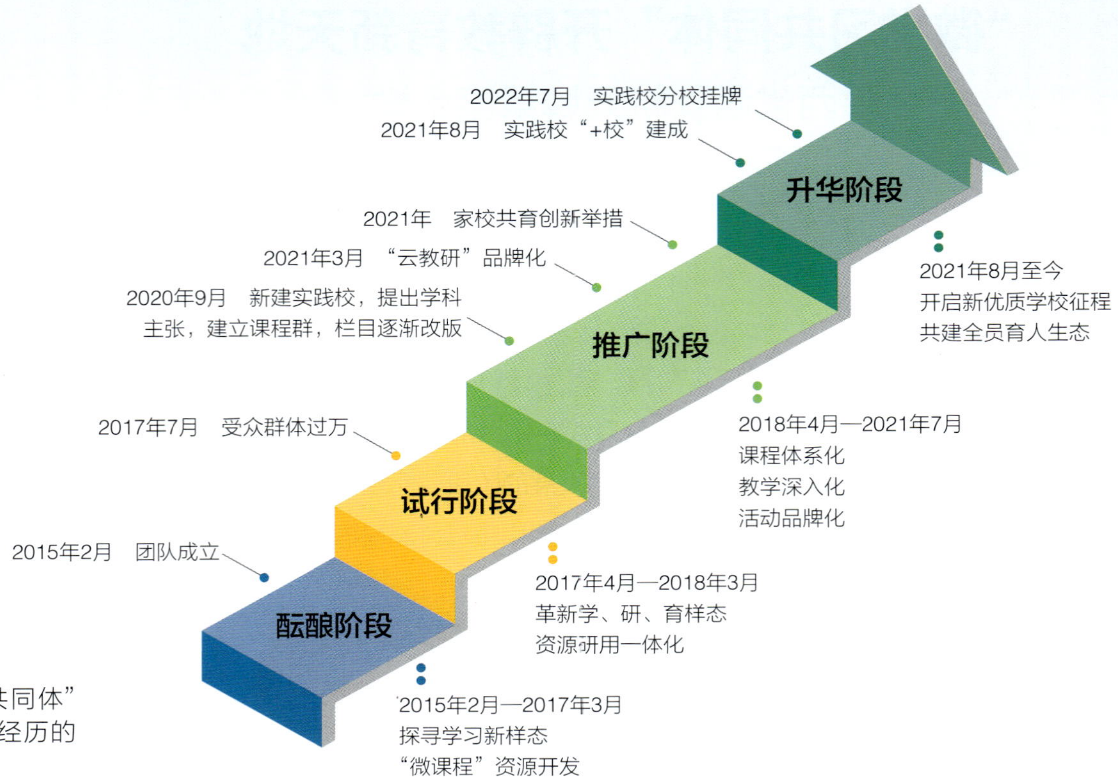
2022年7月　实践校分校挂牌
2021年8月　实践校“+校”建成
升华阶段
2021年　家校共育创新举措
2021年3月　“云教研”品牌化
2020年9月　新建实践校，提出学科
主张，建立课程群，栏目逐渐改版
推广阶段
2021年8月至今
开启新优质学校征程
共建全员育人生态
2017年7月　受众群体过万
试行阶段
2018年4月—2021年7月
课程体系化
教学深入化
活动品牌化
2015年2月　团队成立
酝酿阶段
2017年4月—2018年3月
革新学、研、育样态
资源研用一体化
2015年2月—2017年3月
探寻学习新样态
“微课程”资源开发

图1 “微学习共同体”实践探索经历的阶段

## （一）“微学习共同体”酝酿阶段（2015年2月—2017年3月）

思考引入微学习，打破学校单一的授课方式，使学习不再受时间和场地限制，学生可通过网络等掌握课堂重难点。聚焦思维重难点进行微资源研发，提高教学中网络资源的应用水平。组建团队，从学生个性化学习需求出发，开发“高、广、实、新”的微课程资源。

## （二）“微学习共同体”试行阶段（2017年4月—2018年3月）

开辟服务学生、促进教师专业成长和提升家长教育胜任力的微学习专栏。2017年4月，搭建以微信公众号为主载体的学习空间（见图2），形成“微学习共同体”雏形。

- **变革“学”的样态，以“微·学堂”打造学生泛在式学习范本**

研发丰富的、针对性强的微课程资源，满足学生自主、个性化学习需求。在主载体开设契合学生认知结构、激发学生学习动机、拓宽学生视野的“微·学堂”专栏，并细分十几个子专栏。栏目对所有学生免费开放，使学生学习兴趣有效激发、学习视野广泛拓展、学习能力普遍提升，家庭作业时间明显缩短（见图3）。

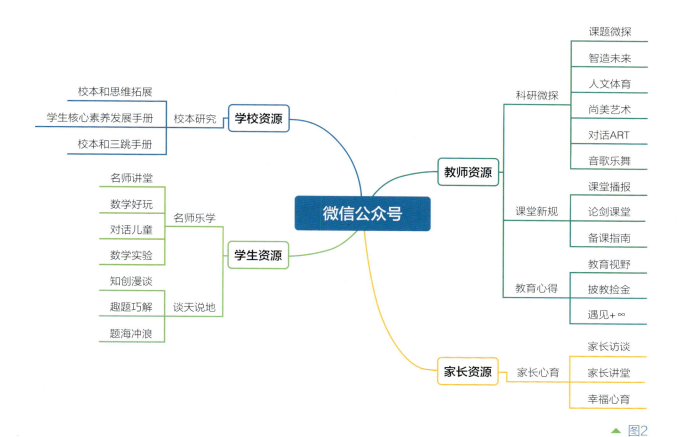

▲ 图2
微学习共同体主载体架构

▲ 图3
学生在自主学习微课程

● 变革"研"的样态，以"微·研究"深化资源研用一体化建设

"微学习共同体"研发微资源助推教师专业提升。在主载体开设聚焦课题研究、提升教研品质的"科研微探""课堂新规""教育心得"等栏目，并继续细分为针对教学研究、解读优质课、研读课标、备课指导、深化教育理念、践行健身育心理念、拓宽教育视野等方面的子栏目，实现教师实践的丰富化和合理化，推进资源研用一体化发展，提高数字教育资源融入教学的水平与程度。

● 变革"育"的样态，以"微·互动"集聚家校共育"强磁场"

在主载体开设指向性明确、教育理念先进、教育方式新颖的"家长心育"栏目，构建家庭教育指导服务体系。下设"家长讲堂""家长访谈"等子栏目，加强对家庭教育的价值引领，推动家长利用碎片化时间学习，保持教育观念、教育行动与学校同步，形成合力育人机制。

## （三）"微学习共同体"推广阶段（2018年4月—2021年7月）

2018年4月，"微学习共同体"辐射带动近百人加入，形成以特级教师、骨干教师为主的实践团队。2020年9月，"微学习共同体"主创团队扎根西安航天城第四小学（简称航天四小）继续深化微学习内涵，开发全学科体系化微课资源，变革学教样态，拓宽育人路径。

● 全学科微课程体系化，以微课程群创新实施国家课程校本化

2020年起，"微学习共同体"加大国家课程校本化实施路径的深度研究，资源构建更加体系化、课程化。在教育教学中，突出"微"特性，精心构建指向学生核心素养的"小蝴蝶"课程体系，形成"真味语文""思辨数学""SMART英语""思创科技""立体体育""悦享音乐""智绘美术""幸福心育"等以学科为主线的微课程群，实现五育融合，延展微教研、微学习内涵，深化教育教学改革。

● 线上线下混合式教学深入化，以学教新样态提升学生学习质量

"微学习共同体"紧密围绕航天四小的教育教学方向，推出"课前预学、课中共学、课后延学"三段式教学微课，并和传统教学方式有机融合，打造线上线下混合式学教新样态。其依靠新思维方式，借助微学习手段，加快了数字资源和"教与学"的融合，使学习不再单调和枯燥，学生学习过程中的创造力被激发，学习质量得到提升。

● "微学习共同体"活动品牌化，以育人新路径提升辐射影响力

2021年3月，航天四小第一届"云教研"活动举行。两年间，航天四小成功举办四届"云教研"活动，推出优质展示课44节（2023年已有67节），累计9万余人（2023年已有26万人）在线观看、评论，带动更多一线教师研修学习。长

期坚持的经典活动"家长云客厅"达到单场参与家长7000人次的好成绩。家长从学校教育的旁观者转变为教育的参与者、资源的开发者。

## （四）"微学习共同体"升华阶段（2021年8月至今）

"微学习共同体"主载体全面迭代更新，形成以"体系化、校本化"特性为引领的新格局，突破原有内容"散点式"局限，推动"教师-学生-家长-学校"四方力量同频共振，激发了学校的办学活力，为教育优质均衡发展提质提速。

▲ 图4
学生在学校智慧云屏终端学习

航天四小创设了"云端"多元学习场域，形成了"主载体+视频号+校园网+28块智慧云屏+班级公众号"的数字化载体，构建了"人人皆学、处处能学、时时可学"的个性化、适切的数字教育资源微学习空间（见图4）。

除微学习空间形成的"网络共同体"外，以兴趣潜能为纽带、核心素养为统领设置的"走班制"，为学生提供思想、学习、生活指导的"导师制"，红领巾学院施行的"校外优秀辅导员制"等也联结了"实体共同体"，"二体"交互重构了数字化赋能的育人体系。

## 三 做多少？变局中育新机

"微学习共同体"推出分科分级的公益微课353节，展现时代担当和教育情怀。8年来，成果辐射陕西省7个地市及浙江、福建、内蒙古、西藏等地，获基础教育国家级教学成果奖二等奖、陕西省基础教育教学成果奖特等奖。

### （一）学生"灵动乐学"

航天四小学生更乐于思考、敢于提问了，自主学习意识和能力更强了，更能灵活选择多样化的学习方式，协作与交流、互动与合作的能力更强了，创造力和创新潜力提升了，具备了一定的批判性思维和信息素养。51%的学生作业时间缩短，学生既学又研，自我建构和探究能力提升。仅2021年，学生在各类科技创新、学科竞赛、体育文艺、社会实践等活动中，获国家及省市奖励810人次。

## （二）教师"生动乐研"

"微学习共同体"赋予航天四小教师学习者、开发者、创造者多重身份，创新了教师的专业成长范式。教师参研国家级"十三五"课题一项，参研省市级规划课题十余项。

## （三）家长"智慧共育"

家长使用各种工具平台，辅助孩子学习，教育孩子更有抓手、有方法了；家长开始习惯使用数字技术与孩子进行互动，更注重培养孩子的创新思维、问题解决能力和实践能力；孩子放学后，家长常常陪着他们运动锻炼。"家长微讲堂"栏目充分利用优质家庭资源，为学校教育教学服务；"家长云客厅"单场直播参与达7000人次，受惠家长超1.5万人。

## （四）学校"辐射引领"

航天四小数字教育资源研发体系化，推出公益、适切的全学科微课1000余节、"小学AI微课堂"等相关图书6套，搭设服务师生、家长的10类25项栏目。学校仅办学2年，即发挥"创出一条路、蝶变两个区"的引领示范作用；2021年8月以来，航天四小"+校"及分校先后应用本成果，影响持续扩大。成果被人民网、新华网等媒体公开报道，得到省市教育科学研究机构的关注和支持，有力推动了区域教育优质均衡发展。

# 数字化技术赋能薄弱学校育人质量提升

## 湖北省武汉市武昌区三道街小学

## 一 学校背景

武昌区三道街小学坐落于长江之滨、黄鹤楼下，近80年的办学历史积淀了学校深厚的文化底蕴，多年的信息化办学让学校始终走在全国教育信息化名校的前列。12年前，这所流动儿童占90%的薄弱学校校园环境破旧、硬件设施落后、领导管理低效、教学水平堪忧、教学质量低下、生源年年递减……，学校亟须找到关键的突破口来解决薄弱学校育人质量提升的问题。

在"三个面向"教育思想影响下，学校凭借2000年教育部授予的全国信息技术实验学校的平台，本着"让每一个孩子平等享受优质教育"的理念，12年来通过数字化技术赋能课程、课堂、评价等，让一所薄弱学校成为全国教育信息化名校和武汉市教育均衡优质发展典型校。

## 二 主要经验

面对近90%流动儿童的生源现状，学校凭借全国信息技术实验学校的基础，以教育信息化提升课堂效率为切入点，助推学校全面、跨越式发展，在12年的时间内，收获了教育公平与效率并举的双效成果。

### （一）升华基于数字化技术赋能的育人新理念

教育信息化是对教育理念和教学模式的深刻变革，是促进教育公平、提高教育质量的有效手段。学校提出"让每一个孩子平等享受优质教育"的办学理念，让每一个流动的花朵享有最先进、最前沿的教育，以公平的、高期待的眼光对待薄弱学校学生，树立新型教育质量观。

### （二）建构数字化技术赋能学校育人质量提升的新生态

建构了数字化技术赋能下的教育新生态，即新基建（云、网、端一体化）、新空间（虚实结合）、新内容（人工智能、创客、生活实践）、新体验（数字资源）、新策略（项目学习）、新思维（思维导图）、新评价（数字画像）、新管理（数据驱动）。

## （三）确定学生四维核心素养发展目标

基于未来社会对人才的需求和校情，2014年学校提出本校学生发展四维核心素养——人文素养、思维素养、学习素养、科学素养，以发展的眼光对待薄弱学校学生。

四维素养从不同角度刻画21世纪人才必备的核心素养，它们之间既各有侧重，又相互紧密关联，形成一个整体。四大核心素养涵盖19个关键能力。

人文素养是归宿点和出发点。我们希望能让流动人口子女融入武汉这个大家庭，让学生"学会做人"：做一个有责任感的人，做一个有智慧的人，做一个有涵养的人，做一个有自信的人。它包含人文情怀、人文精神和人文知识3个关键能力。

思维素养是指思辨思维，也就是思考辨析能力。我们进一步将思维素养分为认识比较、演绎推理、分析论证、归纳总结、质疑批判、求异创新6个关键能力。

学习素养是学生在学习意识形成、学习方式方法选择、学习评估调控等方面的综合表现。本成果中，学习素养是指学生面向未来学习与生活所需的自我管理、自主学习、自我调节、自我评价等方面的综合素养，具体包括计划管理、计算能力、阅读习惯、倾听表达、乐学善思、自学能力6个关键能力。

科学素养即了解科学知识、了解科学的研究过程和方法、了解科学技术对社会和个人所产生的影响。本成果中，科学素养包含信息素养、科研能力、技术运用和实践创新4个关键能力。

## （四）建构数字化技术赋能的校本课程体系

学校建构了以四维素养为导向的"TOPS"课程，将小学14门国家、地方及校本课程，整合成为五大领域课程：品德与健康、语言与阅读、数学与思维、科学与技术、体育与艺术（见图1）。

◀ 图1
"TOPS"五大领域
课程

"TOPS"即主题（Theme）、组织（Organize）、实践（Practice）、分享（Share），是学校校本课程的核心要素。

在教材内容上进行大单元重组设计，按照结构化思维方式，将各学科知识重难点进行梳理，避免学科之间出现相同、重复、交叉的教学内容，结合未来教育，拓展、补充与学生能力有关的学习内容（人工智能、创客、生活实践等），形成每个学习领域的大单元主题板块。

基于学生核心素养的培养，课程实施按项目化学习的方式进行，由整体感知、探索建构、应用迁移、学习分享四个环节组成（见图2）。项目化学习突破了传统以教材为纲的课程，以问题解决和文化传承为导向构建项目化课程，实现了跨学科、个性化的学习，学生学习意识由被动转向主动，学习方式从单一走向混合，合作与探究使学习真正发生，促进了学生高阶思维和创新能力的发展，帮助学生在真实情境中获得解决问题的实践能力和经验。

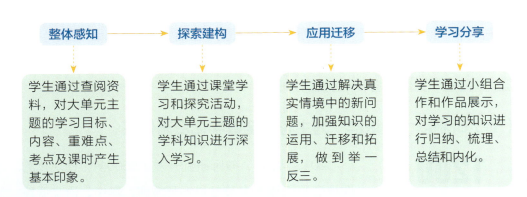

◀ 图2
项目化学习流程

## （五）发展云环境下"魔方课堂"教学模式

在"30+10"和"20+20"教学模式变革的基础上，学校率先在全省课堂教学中引进电子书包，建立基于技术、高交互的"魔方课堂"。"魔方课堂"在云环境下，利用信息技术为学习者提供丰富的学习资源，通过对大容量知识的搜索、整理、运用，激发学生学习兴趣，激活学生思维，实现课堂的高效率。

"魔方课堂"与魔方的对应点（见图3）是：以发展学生学习能力为中心点，以信息技术为中心轴，以课堂目标问题化、课堂资源激活化、课堂学习自主化、课堂任务合作化、课堂思维图式化、课堂反馈可视化为六个面，六个面环绕中心轴扭动，围绕中心点转动，从而达到六个因子的和谐统一。信息技术为六个因子提供支撑，建构云环境下的"魔方课堂"，从而实现课堂的高效。

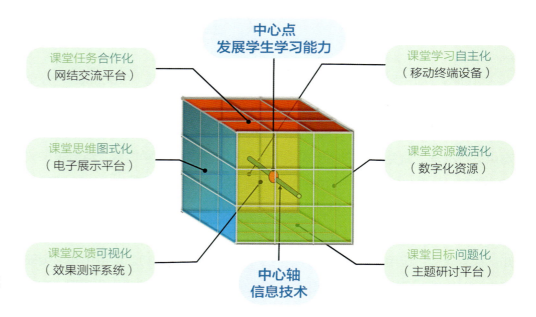

课堂任务合作化
（网结交流平台）

中心点
发展学生学习能力

课堂学习自主化
（移动终端设备）

课堂思维图式化
（电子展示平台）

课堂资源激活化
（数字化资源）

课堂反馈可视化
（效果测评系统）

中心轴
信息技术

课堂目标问题化
（主题研讨平台）

图3 ▶
"魔方课堂"与魔方的对应点

## （六）改善基于思维导图运用的思维品质

在全校、全学科、全学段鼓励师生运用思维导图：课上画总结思维导图，课下画预习、复习思维导图，课外画阅读思维导图，生活中画主题思维导图。

学校在全区召开了思维导图成果发布会，邀请思维导图专家开展了思维导图运用分享会，出版了图书《思维的力量》。

## （七）研制以"知识群"为主导的全数字化资源体系

**5500**多个
课程资源

**1200**多节
各科系列微课

**43904**份
电子教案

2013年至今，教师研制开发了5500多个模块化的课程资源和1200多节各科系列微课，其中，语文低段生字微课378节、数学全册例题微课498节、英语全册单词微课207节、体育游戏微课60节、科技制作微课68节。另有体音美系列慕课60节，行为习惯微视频20个，国家和省市获奖精品课20余节，生成了43904份电子教案。

通过直观、有趣的数字资源或主题学习资源，帮助学生理解和掌握难点内容，突破学生认知藩篱，丰富学生的学习经验，满足不同认知风格学生的需要，支持学生自主、合作、探究学习。

疫情期间，学校成为全省少有的每节课都是直播课的学校。学校撰写的"疫情下的课程设置与实施"案例获得湖北省案例评比一等奖。

## （八）研发基于数字画像的学生发展评价标准

学校建立了基于学生全面发展的评价体系，秉承"知识+能力、过程+数据、表现+素养、成长+成功"的评价理念，建立以"学生品德表现、身体健康、学习能力"为培养目标的三维综合评价机制，探索基于数据的评价方式。通过各类数据的汇集与分析，形成每一名学生的数字成长画像。

• **基于教育云平台管理大数据的学生公民素养发展评价**。学校将少先队红领巾争章办法和德育素质评价内容相融合，基于大数据赋能德育评价，构建了小公民素养发展评价体系，包含4个一级评价目标、19个二级评价目标，通过智慧校园平台，以"蜜蜂争章"的形式，让教师实时给予学生学习、生活、习惯、礼仪等方面的评价，动态呈现学生的行为表现，从而提高德育评价的及时性、可视性、客观性和全面性，构建了一个系统而科学的德育评价体系。

• **基于智能手环监测和诊断的学生身体健康发展评价**。学校研制了"小学生身体健康评价新标准"。身体健康评价分3个维度：一是肌体健康，二是行为健康，三是体能健康。

借助智能手环，自动采集学生3个维度、14项指标的所有数据，并在云平台进行分析整理，形成全面动态的学生、班级、年级身体健康报告单（见图4）。教师根据数据分析，对学生进行诊断、干预、指导，从而让学生掌握自我锻

▼ 图4
身体健康评价体系

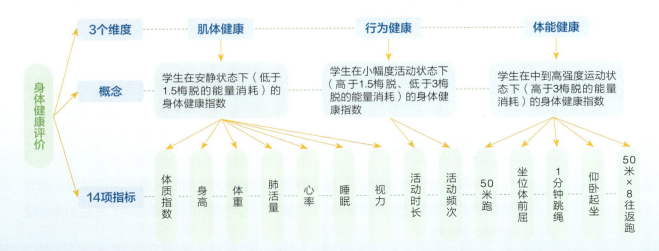

505

炼、自我调节的方法，树立健康第一的意识。

• **基于知识运用、问题解决的学生学习能力发展评价。**学生学习能力发展评价=学业评价（学科成绩）+关键能力评价（项目学习）。关键能力评价体现五大领域课程中学习能力、思维能力、解决问题能力、分享能力的总和。

学校评价方式的创新，让评价内容从单一的考试分数评价转向情境化、真实的综合能力评价，引导学生形成正确的价值观，重视提升学生运用知识解决问题的综合能力；让评价方法从定量评价转向定量+定性评价，用数据建模，记录每一名学生的成长轨迹，促进每一名学生的全面发展；让评价目的从甄别选拔转向促进学生全面个性发展，引导每一位教师形成正确的人才评价观；让评价（社会）影响从焦虑担忧转向和谐共赢，从而保障每一个家庭的和谐发展和社会稳定。

### 三　实践成效

### （一）学生素养大幅提升

学生的综合素养、关键能力得到全方位提升。12年来学生共计获得国家级各类奖项150多项，学生们脸上洋溢着自信、幸福、快乐的笑容。

学生成绩大幅提升。经过多年教育教学改革实践，学校科学、音乐、美术、道德与法治、体育、语文和数学等学科取得较好成绩。家长满意度大幅提高。

### （二）教师队伍同步发展

教师近百人次荣获全国奖项，培养出1位省特级教师、26位市区学科带头人（占比51%）、1位正高级教师、11位小中高教师、6位副校级干部。

### （三）学校办学品质显著提升

学校先后获得"国际生态学校""全国环境示范学校""全国首批基础教育信息化应用优秀案例""教育部网络学习空间应用普及活动优秀学校""'中国好老师'公益行动计划基地校""湖北省首批数字校园示范学校"等荣誉称号。

### （四）成果辐射效应较大

12年来，各地领导多次到校调研。学校作为全国校长跟岗培训基地、湖北省影子工程与跟岗生培训基地，影响较大。学校接待近千场参观，先进的理念辐射到全国各地。

# 数字赋能教与学，促进学校高质量发展的实践探索

北京理工大学附属中学

## 一 开展数字教育创新实践的背景

北京理工大学附属中学以"培养学生主动发展，引导教师专业学习，营造数字化的教育环境"为数字校园的建设目标，以创造优质教育，使学生生动、活泼、主动地发展为办学理念，多年来形成了"人文奠基，理工见长"的办学特色，为社会培养了大批优秀人才。

随着信息技术的快速发展，数字化已经成为当今社会的主要特征之一。北京理工大学附属中学在推进教育数字化、开展数字校园建设的过程中遇到的主要问题，首先是教学资源存储分散、标签不统一、质量不一致，学校难以体系化整合、累积、共享优质教学资源，教师难以高效便捷地应用各类教学资源；其次是学生的学业数据多元、繁杂，难以全方面收集，更难以整体统计、甄别关键数据并精准分析，形成班级个性化、学生个性化报告；最后，讲评课教学方式单一、效率不高，无法实现学生个性化辅导。面对上述难题，学校从优化工作机制入手，构建友好的数字化教育教学环境，理顺了学校各种教育教学资源的相互关系，深入挖掘和分析全场景的教学数据，沉淀校本教学资源。经过多年的探索实践，逐步形成了具有北京理工大学附属中学特色的数字教育创新实践模式。

秉持"从优秀到卓越"的办学愿景，从培养具有创新精神和实践能力的学生入手，北京理工大学附属中学紧跟时代的步伐，抓住数字化赋能教学质量提升的先机，面对主要问题积极探索数字化背景下教学理念、教学内容、教学方法、教学环境以及教学评价等各环节的变革与创新，将数字化技术融入教育教学，促进信息技术与教学深度融合，为培养新时代拔尖创新人才奠定坚实基础。在此过程中，积累了有关数字化技术赋能教育教学质量提升的宝贵经验。

## 二 主要措施与经验

在人工智能、智慧教育等现代信息技术飞速发展的背景下，数字技术与教学

深度融合已成为教育发展的必然趋势。为顺应这一趋势，我校利用人工智能、大数据分析等技术，在高质量教育资源构建、多元学业数据采集、智能批阅与精准分析、大数据精准讲评、个性化学习等方面展开了积极探索。

## （一）构建体系化数字资源库，从源头打造高质量教学资源

高质量的教学必须有丰富的、适合本校师生的教学资源作为基础，优质的教学资源是教师提升教学水平和教学质量的重要助力。我校结合教学工作的发展要求和教学资源的应用环境，利用专业在线教育平台构建体系化数字资源库，统一标签体系、分类标准，整合试题、微课等资源，建设适配性好、符合"三新"要求的知识体系。

截至目前，我校已建成了基于新课标、具有校本特色的覆盖初高中各学科的校本试卷资源601份，共包含14127道高质量试题，这些资源基于专题、知识章节、知识体系等分类方式在平台上有组织、有体系地标识和呈现，帮助全年级教师快速精准地检索资源，实现学校优质资源共享，从源头提升学校考试、作业设计质量，助力学校数据驱动精准教研教学及个性化自主学习的高效组织与实施（见图1）。

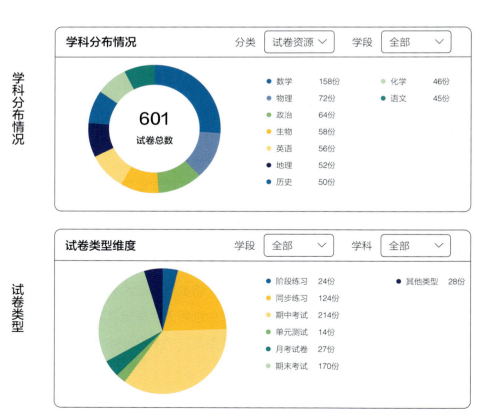

图1 ▶
我校校本资源分布

## （二）采集多元学业数据进行智能精准分析，助力精准教与学

　　作业与测验是教师检查教学效果、发现教学问题、改进教学方法、及时调整教学策略以及指导学生开展个性化学习的重要手段。教师依托专业在线教育平台、大数据精准教学系统，借助智能技术和体系化资源的优势，利用作业扫描、网上阅卷、手机拍照等多元的数据采集方式，实现学校日常考试、测练、练习作业等全场景学业数据的采集和精准分析，通过灵活配置满足新中考、新高考场景下的诊断分析需求及学校个性化需求，形成可信、多元、实用的评价报告。一方面帮助师生了解学生的知识缺陷、发现能力特长，另一方面挖掘班级共性薄弱点与教学重难点，建立双向教与学反馈机制，实现精准教学评价。

　　我校创造性地应用在线教育平台的人工智能批改技术，在高一、高二年级开展英语"百词周周练"活动（见图2）。单词拼写是英语教学的基础，每周教师都需要带领学生进行单词拼写的巩固练习，利用智能批改技术，系统智能识别单词拼写错误，对于学生书写不规范、无法识别的，再转交教师复审，极大减少了教师批改工作量，也降低了人工批改的误判概率。同时，智能系统会自动统计学生犯错频次并分析、显示学生具体的错误信息，教师可导出班级报告，形成班级高频错误单词档案，针对性巩固班级薄弱点。对学生来说，可以通过机器批改，培养注重书写规范、字迹清晰的习惯，以实战避免中高考时因书写不规范导致的丢分。

▼ 图2
英语"百词周周练"报告

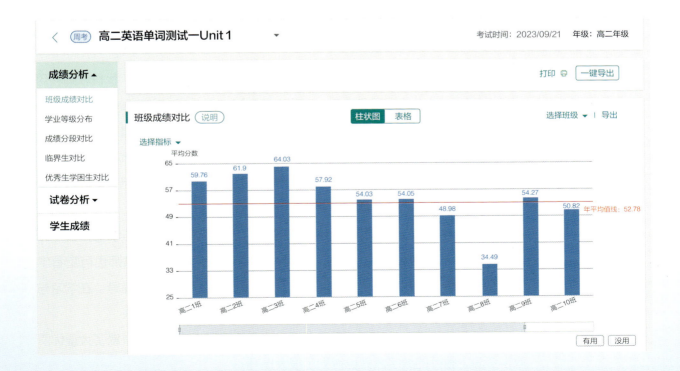

图3 ▼
英语作文智能批改
分析

在英语作文批改方面，机器阅卷通过自然语言理解技术对学生作文中单词拼写、语法表达等常见错误类型进行扣分点识别，定位具体失分点，并提供修改建议，让学生每写一次作文都有一次收获（见图3）。

### （三）提升讲评课效率，数据赋能个性化学习

试卷讲评是定位班级共性问题、反馈阶段性学情的黄金环节，我校教师利用大数据精准教学系统开展多维度、深层次的考试数据分析，发掘最值得在课堂上讲解的内容，发现学生的真实问题，提升试卷讲评课的效率和质量。课堂上聚焦核心主干问题、共性问题，通过分析学生错因、纠正学生错误、梳理解题思路、形成经验方法、拓展应用的流程让学生思维外显，让师生深度交流，拓展讲评课的广度，形成高效、有深度的讲评课堂。

通过大数据与学科知识图谱等核心技术，形成对每个学生的学情分析（见图4），为学生规划最佳学习路径，推荐针对弱项的专项练习；教师也可查看学生个性化报告，针对学生个性化问题，进行一对一、一对多专题辅导。在学习与应用中，数据变得有温度、有智慧，赋能学生的个性化学习与成长。

经过几年的努力，数字教育在学校中的应用场景越来越多，积累了大量优质教学资源，教师的数字素养也得到了很大提升。

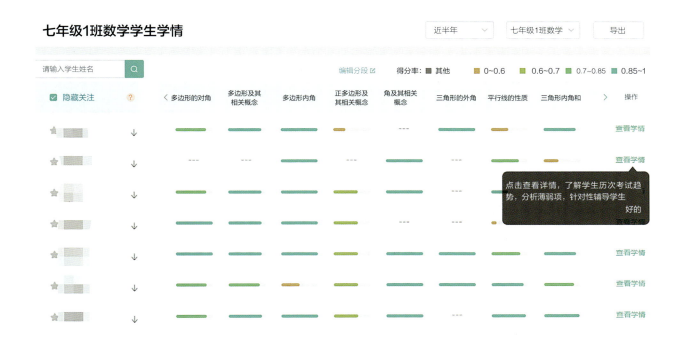

▲ 图4
班级学生学情报告

## 三 主要成效

### （一）精准感知，精准研判，精准干预，提高了教学有效性

我校不断优化数字教育，利用人工智能、大数据等技术开展全场景、全过程的教学数据智能感知和精准分析，实现对教学过程的精准表征和对学业问题的精准研判，并以此为基础对学生的学习进行精准干预，为教师设计精准化的教学改进方案。截至目前，我校已积累应用专业在线教育平台组卷1891套，考试459场次、2328科次，阅卷6506514份，教师查看智能统计报告916224次，教师开展精准试卷讲评40896次。教师在教学资源搜索、批改阅卷、数据统计分析等方面的能力都得到了显著提升。高一、高二常态化开展"百词周周练"；初一数学智慧作业应用162班次，形成学生档案5000余份。单词巩固、作业学情采集分析应用频率显著提升。数字化教育的实施将教师从机械、重复的数据采集、统计中解放出来，把宝贵的时间和精力聚焦于教学教研和学生，进而提升了教师的教学水平。

以2022—2023学年第二学期高一年级英语学科为例，数字化教育使原来无法关注到每个学生个体问题的单词巩固活动得以每周开展。通过一个学期的单词练习，高一英语单词掌握情况提升了8.54个百分点（见图5），同时教师也了解了年级、班级、学生的单词薄弱单元，可以有针对性地开展巩固练习。学生的单词基础扎实了，英语学科的整体能力和教学质量均有所提升：在2022—2023学年第二学期的考试中，D、E等学生占比减少了2.27个百分点，A、B等学生占比增加了7.45个百分点，学生学业质量有了显著提升（见图5）。

图5 ▶
2022—2023学年第二学期高一年级英语单词测验及考试情况

## （二）构建了体系化的校本教学资源库

经过多年的努力和迭代更新，我校已经基本建成了基于新课标、具有校本特色的覆盖初高中各学科的校本教学资源库，试题涵盖了各年级的所有考试学科，并持续更新试题库；此外，还有典型的课堂教学录像和配套的教学资料、电子图书等其他教学资源。

## （三）提升了数字时代全校师生的数字素养

强教必先强师，我校围绕数字化赋能教学方式的变革，注重教师的专业发展和能力提升，着力培养具备数字化素养和教学能力的教师队伍。教学中数字化技术所带来的数据分析与数据挖掘，能有效支持大数据循证的教师改变，推动从数据展示到知识标识、从技术热点到技术与教师智慧经验耦合的深化发展，在大数据价值挖掘的抽象原理与具体操作之间搭建起转化的桥梁，助力课堂教学提质增效。

学校高质量发展离不开数字教育的支撑。在《北京理工大学附属中学智慧校园建设方案》的整体规划下，学校将根据实际情况，不断优化数字教育在教育教学中的应用，促进数字技术与教育教学的深度融合，助力十二年贯通课程的建设与实施，创新人才培养方式，为培养新时代拔尖创新人才奠定坚实基础。

# "数·智"管理助力学校发展
## 广东省广州市番禺区市桥黄编小学

## 一 案例背景

市桥黄编小学是广州市番禺区的一所村居学校，"规模小、人数少、资源少"是学校过去的标签。学校每个老师都身兼数职，整日忙于教学、应付事务性工作，这成为困扰学校领导班子的难题。

进入数字化时代，学校如何基于现有的条件和人员配备，找到一种减负、提质、增效的管理模式？如何以数字化转型升级助力学校高质量发展，办好人民满意的教育？这是学校一直努力探索的问题。

2017年起，学校基于"番禺教育数字化中枢平台"，开发探索出一条用智能提质，用平台管平台，以数字化与学校教育教学、安全管理等深度融合为办学着力点和生长点的发展路径，扎实构建具有市桥黄编小学特色的数字赋能、融通育人的"小学校·大格局"学校管理工作模式。

## 二 主要经验

市桥黄编小学的"数·智"管理做法主要体现为"一平台统管理"（见图1）。"一平台"就是基于"番禺教育数字化中枢平台"建构的学校管理平台；"统管理"

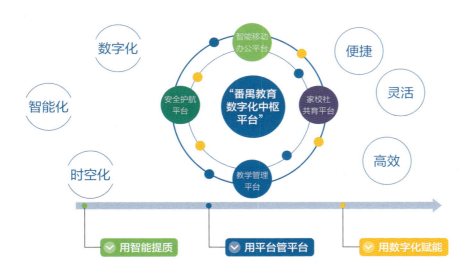

◀ 图1
市桥黄编小学
"数·智"管理
平台架构

是指将学校的各项事务性工作、教育教学工作、安全管理工作、家校社共育工作统一在平台进行管理，以简化流程、提高效率，赋能师生与学校发展。

## （一）构建智能移动办公平台，让事务性工作简单化

学校通过技术手段帮助老师们简化、优化事务性工作流程，实现简单、减负、便捷，提高工作效率。学校构建符合实际工作需要的智能移动办公平台，包含审批、汇报、公告、会议、问卷、学校主页、智慧监控及会议室功能。老师们动动手指就能在平台精准、高效地处理请假、教研课登记、获奖登记、校内外培训、校园设施报修、信息化运营维护等事务。相关的表格以及附件可以直接在后台导出，分门别类，有效解决了整理档案资料等问题。而信息一经提交，即可直接到达相关工作人员的手机中，既做到了多方知晓、缩短流程、提高效率，也在无形中生成了学校的过程性档案资料，使学校各部门沟通协调更便捷。

## （二）构建家校社共育平台，让班级管理数字化

家校社共育平台能促进家校社协同育人资源的全方位挖掘和整合，能打破学校、家庭和社会之间的数据信息壁垒。

**一是班级管理更安全**。家长入群需进行身份审核；群内若出现不良信息，"机器助手"会立即发挥管理敏感字功能，进行提醒……。系列技术手段保障了家校沟通群的信息安全。

**二是班级管理更高效**。平台设有"群发助手"，老师们根据信息的性质设置三种不同的要求（仅阅读、需确认、需电子签名确认），"群发助手"会在规定时间内点对点发短信提醒仍未阅读的家长。当需要归档时，则可以在"黄编教育记忆数字库"中形成通知电子回执，助力学校教育资料的归档，提高了老师们收发通知的效率。

**三是家校社育人更协同**。平台里的班级圈、家长交流圈广泛传播科学育人理念，整合教育力量与资源，使德育工作由学校向家庭辐射、向社会延伸，增强了家校社协同育人的合力，实现了"三全育人"，大大提升了育人效能。

## （三）构建教学管理平台，让成果交流可视化

除"双减"背景下对教育教学质量的实时监控与管理外，教学管理平台还可链接到课前、课中、课后，为构建"融乐"研学课堂提供丰富的资源。

**一是系统资源使用与分享，助力教师深度教研**。平台与国家、省、市各资源网站一键链接，为教师备课提供教学设计、微课、课件等12种不同的素材资源。教师基于平台开展集体备课，打破时空界限，实现资源共享与优化，为

高效扎实的课堂教学奠定基础。

**二是即时互动合作与反馈，助力高效"融乐"课堂**。平台通过课堂实时互动、优质资源远程共享，使孩子们的个性化学习更加便捷，促进教与学的全面融合。老师们通过堂上小游戏、积分排行榜等交互式游戏场景，创设信息化学习情境，促进实践内化，有效激发学生学习兴趣；个性化、层次化自主学习与小组合作学习相结合，学生们相互启发，质疑启思，学习过程充满了探究性和启发性；分层作业的设置可以做到因材施教；随堂小测即时反馈，让学生兴趣盎然，有竞争意识。平台可有效实现跨学科融合，为学生的个性化学习提供更多可供选择的资源和空间，助力课堂成为高效"融乐"的课堂，成为师生共同成长的课堂。

**三是个性化定制、展示与交流，助力学生均衡发展**。教师根据平台数据库生成学生学习小档案，进行个别辅导；平台为学生量身定制个性化的错题集，根据学生的错题分析成因，寻找对策，为学生个性化学习和个别辅导提供第一手资料。平台还包括云展厅，以线上美术展、音乐会、读书会、黄编文化宣讲、健康运动会等形式为孩子们搭建不受时间和空间限制的展示平台，助力学生的全面均衡发展。

### （四）构建安全护航平台，让安全管理实时化

安全护航平台设有多个"汇报"项目，教师和安保人员通过日常的简单操作，即可共同完成"安全台账"。在"无感"的操作下，平台可实现信息的快捷传递，精准发现校内外安全隐患，做到立行立改，并且让学校管理团队即时掌握第一手安全管理资料。

## 三 案例成效

"数·智"管理给黄编小学的教育教学、安全管理、家校社共育和学校管理注入了新的动力，助力学校驶进高质量发展的快车道。

### （一）"数·智"管理促进学校的高质量发展

6年的数字化转型升级，带动学校办学业绩稳步上升。从区薄弱学校到获得区教育综合评价进步奖、优秀奖，一年一台阶，学校实现了区排名前20%至前6%的跨越式发展。2023年10月，学校站在了国家会展中心（天津）的讲台，作为全国唯一的一个小学代表（也是广东省唯一的代表），在"推进教育数字化技术装备创新应用交流会"上向来自全国各地的同行、领导、专家做专题发言，介绍学校的"数·智"管理做法。

## （二）"数·智"管理促进学生综合素养提升

"数·智"管理平台为学生创造了更大的展示、交流空间，为学生自主化、个性化学习提供了更多的资源，学生在学习过程中更有创造性，自信心和规划意识更强；向下一学段学校输送的学生在体质健康、艺术修养、意志品质、学习能力等方面均得到较高的评价；学校体育、科技、艺术等学科特色愈加凸显，学生们在省、市、区级比赛中屡获佳绩。

## （三）"数·智"管理促进教师的专业成长

数字技术为教育教学赋能，构建了"大教研"平台，提升教研能力。在价值引领、数字赋能的背景下，教师团队在骨干培养、课题研究、开展市级和区级公开课等上均实现了较大进步。学校现有广州市名师工作室主持人1名，区教师培训专家1名，市级、区级骨干教师6名，名师工作室成员13名。学校教师人人参与课题研究。

## （四）"数·智"管理促进家校社共育的合力

"数·智"管理平台将"融合共建，相辅相成"的家校社共建理念传递给家长，良好的教育生态特色显著，并在区域内产生了一定的影响力。以学校安保护学岗为基础的家校社协同护学值岗做法在全区推广，学校被评为"绿色学校""网络安全示范校""文明校园"，同时，黄编村也被评为"卫生先进村""美丽乡村""垃圾分类示范村"，校、家、社形成真正的教育合力。

学校管理更高效、教师课堂更灵动、学生学习更自主、家校关系更融洽，这是学校的教育愿景，是教师和学生最真实的憧憬，也是学校数字化转型升级的目标。

# 信息一体化平台构架助力数字化校园建设与管理进阶

## 四川省成都市泡桐树中学

**一 背景**

在国家教育数字化战略行动的指引下，成都市青羊区积极探索教育数字化转型之路。青羊区以"智慧教育示范区（学校）"建设为驱动，强化区级管理职责，鼓励项目校先行先试，探索形成具有青羊特色的智慧教育实践范式。近两年，青羊区教育局共创建"教育部网络学习空间应用普及活动优秀学校"4所、省级"智慧教育示范校"5所、"四川云教"主播学校3所、"中央电化教育馆智能研修平台应用试点工作校"4所。

成都市泡桐树中学是青羊区教育局所属公办初级中学。依托区级政策支持，泡桐树中学自2014年建校起就从学习空间、学习方式、课程体系、学校组织等方面按照未来学校的模式进行了全方位的改革与探索。学校变革育人模式，实行全员选课走班，依托校园网络空间建设和数字化校园建设，通过统整课程、拓展学程、优化评价、改进关系，实现了从"用技术服务教"到"用技术支持学"的改变。学校先后获得"教育部网络学习空间应用普及活动优秀学校""四川省智慧教育学校""成都市未来学校的牵头学校""成都市综合素质评价基地校"等荣誉。

**二 经验**

学校推进数字化校园建设的过程大致为三个阶段，每个阶段的校园信息化建设有不同侧重。学校在实践过程中发现问题并凝练和反思，将其作为下一阶段的重点工作内容去解决和完善。

### （一）需求调研 模块建设

数字化校园建设初期需要实地参观、学习考察、实践摸索，从学校、教师、学生、家长不同角度调研其网络空间使用需求，并在此基础上进行模块化建设。

图1 ▲
信息化管理初始架构

在这一阶段，学校校园网络空间建设按照功能需求分三条主线同步推进（见图1）。第一条是教务管理线，以选课平台为核心进行课程管理、课程评价、学生管理、校园办公，重点关注学校课程管理与学生评价。第二条是教学辅助线，以智慧课堂平台为核心，关注课程实施和课堂教学变革，利用教学辅助手段拓展学习时空，提升教学精准度。第三条是学生管理线，以一卡通系统建设为核心，升级电子储物柜、电子门锁、食堂就餐卡等系统，为学生在校生活提供便利。

以上系统在运行数年后出现一些新的问题：各个信息化应用部署重教学、轻管理，导致学校缺乏统一的信息化行政管理系统，行政管理方面的数据管理和应用无法得到有效支持，制约了学校整体管理水平的提升；各个系统之间的数据无法互通，产生了"数据孤岛"现象，导致教学管理、学生管理和后勤保障等各方面的数据无法有效整合和共享；由于多个系统并行，数据需要人工在系统之间导出、导入，存在数据泄露和丢失的风险。

通过对以上问题的分析和凝练，学校确定了数字化校园建设后两步发展的基本思路：一是升级管理模块，二是数据整合。

## （二）系统升级 模块整合

教学辅助系统介绍

为强化管理，首先需要对三个核心板块的业务进行系统升级。在这个阶段，学校将网阅系统接入教务管理平台，优化学生评价、教师评价，提升教务管理系统的便捷性。教学辅助系统增强平板管控、教学管理及备课功能。学生管理系统升级为智能手环系统，依托智能手环的优势增加了有感和无感定位、家校飞讯、网络版门禁等功能，依据学校需求搭建学生安全管理控制后台及移动端小程序。

各个平台系统升级，强化了信息化系统的管理职能，形成更为翔实的数据流，为数据的二次利用打下了基础。

## （三）数据互通 中台搭建

各系统在升级的同时也产生了大量管理数据，这些数据的二次利用将提升管理功能，数据亟须互通。所以，第三阶段的建设目标为校园数字化转型。

学校进行全网大数据互通，建立属于学校的数据中台。数据中台不承担任何应用功能，只作为数据的存储中转站，通过接口实现与教务管理、教学辅助、学生管理三大系统的一对多数据交换。数据互通与整合，有利于数据的统筹利用，并保证了数据安全。

将智能手环系统升级为校园安全物联平台，依托教务教学基础数据，建立平安校园综合治理平台，并增加更多管理模块。

学校在本阶段开发数据中台和校园安全物联平台，采用软件工作室与校信息中心教师合作开发的模式，先模块开发，再系统整合，全程定制，保证开发的灵活性和学校在应用开发过程中的主导权。

 **成效**

### （一）创设数字化软硬件环境，为学生个别化成长提供空间

2018年以前，学校在借鉴学习和自主摸索的基础上，逐步确定学校、教师、学生、家长不同角色对网络空间的使用需求，并在此基础上进行模块化建设。在网络空间使用的过程中，根据不断产生的新需求持续优化。

搭建个性化的选课平台，实现了"一生一课表"，为个别化教育提供个性化课程。学校根据国家、地方和校本课程实施方案，整合学科类和综合实践类课程共计200余门，构建"课程池"，借助选课系统，采取必选、自选相结合的方式，开设分层、分时、分类课程。

搭建智慧教学平台，拓展学生学习时空，实现了个别化的教学与帮扶。学校师生一人一平板，学校和教育技术公司合作开发课堂教学系统，在课程资源建设、课前预习、课中教学、课后作业和个别学生辅导等方面形成闭环，满足学生个别化学习的需要。教师充分利用"慧道"课堂教学系统的功能，在部分学科领域进行课前预习、课堂检测和作业质量的统计，进行精准分析。

依托选课平台，探索学生综合素质评价研究，实现了学生成长的可视化。学校以学生发展核心素养的基本内容为框架，构建本校学生综合素质评价体系，定性评价与定量评价相结合、过程性评价与总结性评价相结合，引导学生结合评价进行自我管理和自主规划。评价结果以学分绩点的方式呈现，并将评价结果运用到学生的评优和推荐。

学生综合素质
评价介绍

搭建学业监测平台，帮助学生快速了解自身学业情况，实现自我分析与改进。学校与教育技术公司共同研究，搭建学生学业质量的监测平台，并通过课堂练习、小测验和阶段考试结果，形成每个学生的学科发展折线图和各学科发展情况的雷达图，为学生提供个别化解决方案，引导和促进学生自我诊断、自我改进。

### （二）扩展信息化功能，实现学校管理现代化

自2018年以来，根据信息化应用重教学、轻管理的实际情况，各平台系统加强了学生管理功能，基于信息化技术简化了管理难度。

优化"慧道"课堂教学互动功能，实现师生在线互动和生生互动功能，加强平板的管控功能及备课功能。

以手环为核心的各项应用及移动端小程序和学校视频监控网络等，实现了学生管理系统的整合，方便了学生的校园生活和学生管理，形成了学生除学业成绩外的行为画像，强化了无行政班模式下学生的德育。

校园安全物联平台的搭建，特别是移动端小程序的开发，实现了家校对学生行为数据的多维度采集和个别管理。学校管理层能够迅速、全面地掌握整个学校的基本运行情况，并做出对应的处置决策。

## （三）搭建学校的数据中台，便于海量数据储存、中转

近年来，学校通过开放接口、打通数据，搭建数据中台，实现账号密码统一，既方便老师们快捷使用，也方便学生和家长适时了解学生在学校的学习、成长情况。数据中台将系统产生的多类数据集中在一起，数据掌握在学校层面，降低了数据泄露或丢失的风险（见图2）。

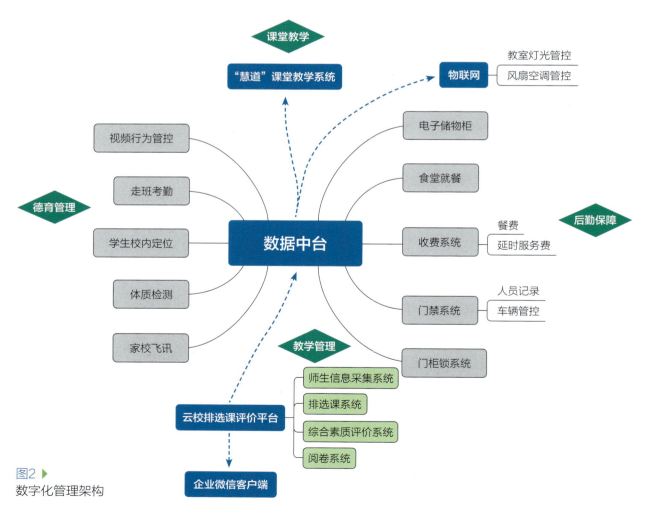

图2 ▶
数字化管理架构

信息化应用衍生的数据是学校的宝贵财富，数据中台使衍生数据可以再应用，进一步推动未来学校管理方式的变革。

泡桐树中学的信息化、数字化建设助推了数字教育的发展。展望未来，下一阶段学校将在既有结构中再增设一个行政管理系统，升级数据中心，开通双向接口，进一步加强数据整合，将所有应用融为一体，推进数字化校园建设走向智能化。

# 构建现代技术数字基座，支撑高质量校本教研

## 四川省成都市金沙小学

 **一 实践背景**

### （一）政策背景

随着新一轮科技革命和产业变革的深入发展，数字化转型成为教育改革发展的重要内容，也成为学校工作的应有之义。2019年11月教育部在《关于加强和改进新时代基础教育教研工作的意见》中明确提出，"校本教研要立足学校实际，以实施新课程新教材、探索新方法新技术、提高教师专业能力为重点"。自觉加入国家教育数字化战略行动浪潮，用信息技术赋能校本教研，营造广泛、开放的教学研讨环境，推动学习平台资源共享，是新时代学校高质量、内涵式发展的必由之路。

### （二）现实背景

成都市金沙小学毗邻金沙遗址博物馆，学校以"挖掘金沙文化服务教育"为办学思想，在"追逐梦想，从心绽放"的办学理念引领下，短短十几年从一所新建校成为"一校四区"格局的集团学校。随着班额的成倍扩大，新教师大量入职。为迅速建成一支高质量的教师队伍，学校因地制宜探索出"走课"这一校本教研机制，让教师带着一节深入研究过的课，走进走课组内不同的班级，进行多次课堂教学实践，每走一次，改进一次。

随着数字化浪潮的席卷，学校主动响应时代要求，积极利用现代信息技术构建数字基座，赋能高质量校本教研。当前，我校在四个校区各建设了一个智慧教室（包括主播室、观摩室和控制室），均配备了直播系统，助力走课有效落地、高效开展。

## 二 实践经验

信息技术赋能下的走课能够突破时间和空间的限制，提高校本教研质量和效率。因此，学校以全覆盖的网络为依托，将信息技术深度应用于走课的准备、实施和总结阶段，贯穿走课的全流程，为教师的深度教研提供技术保障，赋能课堂教育教学质量的提升。

完整的走课分为准备阶段、实施阶段和总结阶段，三个阶段又细化为具体可操作的十个步骤（见图1）。

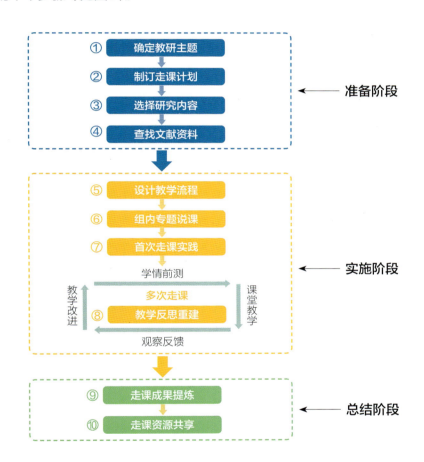

◀图1
成都市金沙小学
走课流程

长久以来，规范和严密的"三阶十环节"保证了每一堂课的质量，促进了学校教学质量的整体提升和教师队伍的飞速发展。

## （一）信息助力，做足走课准备

充分的走课前准备是高质量课堂教学的重要保障。为避免让学生当课堂的"小白鼠"，教师在走课前会进行深入的理论学习。学校给每一个走课组配备了知网研学平台的账号，并录制微课讲解研学平台的操作方法，如论文的下载、批注、收藏、导出等。通过扎实的理论学习，保证研究有的放矢。

由于每个班的班情和学情不一样，教师通过问卷收集数据，得到本班学生的学情反馈数据。学校为每个班级的学生建立了电子档案，走课教师可以查阅，以迅速了解每个班的大体情况，熟悉不同班级学生的学习习惯和学习风格。各学科组还根据不同的课型开发了学情前测表，让数据体现学情，真正地做到"备学生"。

## （二）技术支撑，做实走课实施

沉浸式的课程情境能帮助学生更好地融入课堂、参与课堂、获得情感体验。为此，我们鼓励教师运用音乐、图片、动画、视频等多媒体技术带给学生沉浸式的体验。学校信息技术中心对全校教师进行信息技术能力提升培训，帮助教师熟练掌握电子白板等多种硬件和软件的使用，使其更好地服务于课堂教学。

为了突破时间和空间的限制，实现跨共同体、跨校区深度研讨，学校专设智慧教室，配备了电子屏幕、音响及收音设备、全景式和定位式摄像头等，采用智能"录播+直播"系统，助力走课走实、走深。教师在执教时，可以点击"录制"对整个课堂流程进行多个机位录制，课后进行回看，有利于教师通过反复观摩找到课堂"病症"所在并改进。执教教师也可以利用直播系统生成链接，共享给任何想观摩的教师。观摩教师可以在手机或电脑端观看，还可以在评论区实时留言互动。优质流畅的课堂直播和多种形式的远程互动，打通了课上课下、课内课外、线上线下、本地异地之间的壁垒，有利于走课组内、走课组间以及跨校区走课组间的课堂观察和"会诊"。线上与线下相互结合，直播与回放互为补充，为高质量课堂教学赋能。

## （三）资源共享，做优走课总结

走课强调成果的提炼和转化，以及优质资源的共享和教师团队的共生。因此，学校建立走课互助资源库（见图2），由研究资源库和推广资源库组成。走课结束后，教师依据《成都市金沙小学走课资源清单》对自己的走课资料进行整理，所有资料全部以电子文档的形式归类。其中，研究资源库中的成果，由走课组内认定前30%的课为优质课，剩余70%为合格课。再从优质课中选出前30%作为精品课，后70%作为研究课。精品课存入推广资源库，而合格课和研究课"回流"进研究资源库中进行再次研究。

教师按照提交标准将资料"存入"资源包，在走课之前也可以根据需要到学校课程资源库中去"提取"资料，加以优化后，形成新的资源以便课堂利用，实现优质资源的共享。凡是已被推广资源库收录的课例，均实行"单渗透"原则，也就是说教师可以使用，但不能再将其作为自己的走课课题，这样既避免了教师

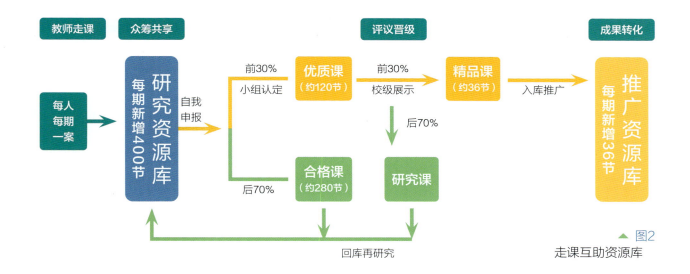

▲ 图2
走课互助资源库

只研究那几节所谓"好上"的课，同时又能让推广资源库中每学期都有不同的精品课源源不断地输入。

为了方便走课教师对课程资源包的取用，研究资源库和推广资源库都对资源包实行分工细致、层级明晰的四级目录归类管理模式。研究资源库由教师众筹共建，也供教师们使用，让教师在予与取之间共生共长。

### （四）巧借媒体，做好走课推广

为了让走课越走越远，需要借助自媒体这一"东风"。2023年4月，学校与中国教育报刊社出品的"好老师"APP深度合作，承办了第一届"教育创新"现场会。活动通过"好老师"客户端以及《中国教育报》视频号和百度号、明远教育书院平台同步直播。超过16万用户观看了现场会直播，借助视频号和直播平台，优质教学成果得以推广，学校影响力也逐步提升。

 实施成效

### （一）学生综合素质全面提升

教育数字化转型和信息技术赋能下的走课，带给学生更多优质的线上教育教学资源，丰富了学生的知识储备、拓宽了学生的眼界。丰富的声音、视频、图像资源为学生营造了沉浸式的学习情境，让学生从知识灌输的对象和外部刺激的被动接受者，转变为信息加工的主体，在情境体验和多元交互中激发学习潜能，综合素养不断提高，探究意识不断增强。

如在《刻舟求剑》一文的学习中，学生通过平板电脑的录音功能，录制音频

作业发送至后台。后台随机选取部分音频进行展示，请其他同学做评委，为音频作业打分，选出最佳作品并点评。学生的学习积极性和合作意识不断提高，良好的倾听习惯也逐渐养成。

## （二）教师专业素养不断提升

先进的人机交互系统、多元的网络平台为教师的自我学习、自我反思和同伴交流提供了技术保障，同时教师的信息技术水平不断提升，终身学习的观念逐渐形成。教师的教育观念从关注课堂教学向关注人转变，课堂上更加注重学生真实的反馈。教师不再单纯地追求教学之"术"，更加追求教学之"道"。教师逐渐形成面向事实、基于证据、关注细节的课堂观察与评价思维方式，从多个维度科学客观地去评价并改进课堂。在这种思维方式的影响和促进下，教师专业素养不断提升，成长显著可见。

## （三）学校影响力不断提升

在信息技术的加持下，学校以生为本、以创新为魂、以数字化为引擎、以资源共建为双翼，教育教学质量显著提升，社会影响力不断扩大。近年来，学校获得"2022年度四川省校园影视特色学校"等荣誉，并入选成都市青羊区"基于教学改革、融合信息技术的新型教与学模式"实验区实验校。学校"走课"校本教研改革被《人民教育》杂志联合二十多家媒体评为"中国基础教育改革典型案例"。

# 学校教育类脑智能化建设实践

## 广东省深圳市南山区珠光小学

## 一　创新实践背景

2017年，国务院颁布的《新一代人工智能发展规划》明确提出了人机协同的混合增强智能理念以及智能教育的发展方向，进一步推动了人工智能在教学、管理、资源建设等方面的应用。因此，开展教育领域的类脑研究，有助于进一步开拓人工智能+教育的变革之路与创新之路，将人工智能的新技术、新理念有效融入教育教学过程；同时，更需要通过构建教育类脑智能体来反哺技术发展，促进教育流程再造，提供人工智能教育应用场景的新方案。

深圳市南山区珠光小学基于科研引领、系统布局、多元协同、开放联动的基本理念，促进人脑与"类脑"（人工智能）的深度协同，以教育大数据为支撑，形成泛在教育神经网络，促进学习者、学习资源、学习数据以及虚实场景之间的融合贯通，建设类脑化校园，致力于以脑科学理论与实践成果全面优化教师教学策略与学生学习能力，以信息化技术全面优化教育管理机制与教学组织效率，以人工智能技术优化资源投放精度与个体学习效能。

## 二　实践创新举措与典型经验

珠光小学通过打造轻量化的智慧校园工具群，形成泛在教育神经网络，促进学习者、学习资源、学习数据以及虚实场景之间的融合贯通，从学、教、研、评、管五大方面提供融合信息技术的教育应用场景新方案。

### （一）学：构建智能化泛在学习系统场景

学校以应用为主导、以数据为驱动，坚持一体化和场景化的建设模式，自主设计和创新一批围绕学习者的工具，并打通不同工具之间的业务逻辑，探索管理、教学、教研、评价等业务场景与技术的深度融合，以学习者为中心，打造基于场景构建的轻量化智慧校园系统（见图1），实现软硬一体化、工具场景化、服务智能化、数据过程化与可视化。

图1 ▶
基于场景构建的轻
量化智慧校园系统

## （二）教：基于动态学情数据链的教学模式

依据"双减"政策和"新课标"，建立与学段、学科相对应的数据分析模型，构建基于动态学情数据链的教学模式，其框架由学情收集和分析、依据学情分层、教学设计、课堂教学（活动与练习）、课后练习、档案系统等构成（见图2）。

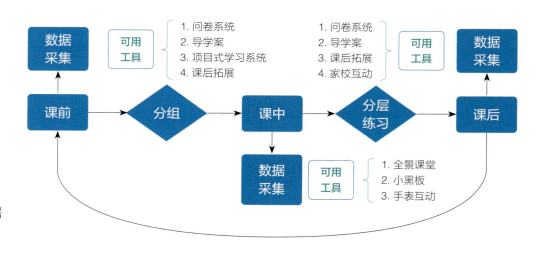

图2 ▶
基于动态学情数据
链的教学模式

基于动态学情
数据链的循证
教学模式

课前，教师基于学情数据进行学习者分析，从学生不同的准备水平、兴趣和风格出发来设计差异化的教学内容，形成差异化的教学设计。课中，依据教学设计分层实施，进行分组练习、课堂活动等，对每位学生或每个小组的学习全过程进行动态、实时、及时的诊断评价和反馈，并布置针对性的课后任务。在教育教学过程中，所产生的教师教学资源、教学过程数据、学生学习行为数据、学习评价数据等在整个教学场景中流转，形成学情动态数据证据链，支撑课前决策、课中诊断、课后延伸，从而形成基于动态学情数据链的循证教学模式。

## （三）研：差异化设计

课堂教学中，小组活动中的分组规则和角色承担，均考虑学生的分层情况；课堂练习活动也考虑学生的差异化，同时跟踪记录学生的练习表现，如参与情况、回答的速度和准确率等，将这些信息记录和汇总到学生档案系统中。

教师依据分层信息进行备课，针对各个层次的学生设定差异化的教学目标，识别其难点，并建立针对性的突破方式，在课堂练习和作业布置过程中也充分考虑各个层次学生的差异，从而使教学活动的准备更加个性化。

针对每位学生的不同情况，设计适应学生特点的差异化作业，使学生更好地巩固和延展所学的知识。差异化的作业有利于每位学生的知识巩固和拓展。同时，对学生作业质量的记录，包括成绩、高发问题、优势/弱势领域等信息，汇总到学生档案系统中，为后续教学设计提供有价值的输入。

## （四）评：数据地图

学校基于在数据应用方面的研究基础，充分利用软件、硬件与场景的一体化联动，对整个教育教学流程锚定了数据标签，为整个学校运营场景设定了数据探针，全方位、全过程地记录学生行为，对数据进行收集和分析，形成动态数据链，并建立"数据地图"，促进信息的同步、共享、流转、统计，构建个性化教育教学档案，形成学生发展大数据成长报告，实现教育评价动态化、一体化。

学生数据地图

大数据成长
报告

## （五）管：数据治理

学校在2019年获得ISO21001国际认证，建立以服务教师专业发展、学生身心健康成长为核心理念的治理体系，打造教师资源系统、激励文化系统、信息支持系统，以学生为中心、以运营为焦点、以员工为核心竞争力，依靠系统解决方案，引领学校快速发展。

学校数据中心

## 三 成效

### （一）大数据助力学校卓越治理

学校引入卓越绩效管理体系，建立了学校愿景、使命、价值观体系，确定了战略目标，制定了战略体系和实施路径，明确了发展方向和系统解决方案。基于卓越绩效治理体系，建设智慧校园，为学生、教师、学校发展提供一系列服务方案，用互通互联、集成式、经过整合的关键数据及时呈现学校治理状况，注重关联性，淡化因果关系，实现党建工作标准化、学校治理科学化、未来学校智慧化。

## （二）大数据助力教师专业发展

数据全过程、全覆盖地记录了教师考勤、工作量，以及教学、教研、班级管理、课题实验、课程开发等工作的有效成果。通过对学科专业发展数据、班级管理数据以及教科研数据的收集，结合包容性评价，建立学校核心竞争力与员工胜任力的关联，以驱动教师专业发展。

## （三）大数据助力学生健康成长

学校建成了学生健康成长云数据中心，信息技术提升了评价的便捷性、全面性，提高了评价的信度与效度，降低了评价工作给师生带来的负担，并留存海量数据为每位学生打造专属的成长档案，用数据向家长展示学生成长的情况，实现学生成长个性化。

# 构建科技创新后备人才培养新生态

## 广东省深圳市深中南山创新学校

### 一 开展数字教育创新实践的背景

深圳作为粤港澳大湾区的科技、教育、产业、金融"四融合"示范区，是创新驱动发展的核心动力源，国际一流的创新生态高地，也是部、省、市共建的重大战略平台。地处南山区的西丽湖国际科教城更是粤港澳大湾区国际科技创新中心的重要支撑，周边高科技研发企业林立，得天独厚的地理优势和科技创新氛围为深中南山创新学校带来了发展的机遇。

2018年5月，南山区政府、深圳中学与大疆公益基金会合作办学，成立深中南山创新学校，以"创新引领未来"为办学理念，以"科技创新"为办学特色，探索实践"启发创新兴趣及思维模式，培养实践及团队合作能力，形成实践与教育闭环"的创新教育理念，全面培养科技创新后备人才。建校五年，取得了丰硕的办学成果。

### 二 实践创新举措、典型经验

学校从课程开发、空间改建、方式变革、师资配备、评价机制等五个方面入手，着力构建创新人才培养的生态环境。

#### （一）引入资源，研发科创课程

学校自主开发二至七年级"未来发明家"系列STEAM课程，以项目主题形式融合科学、信息、创客、综合实践等内容，问题导入、任务驱动，加强成果意识，提升科学思维和实践操作能力，实现学习方式的变革。

将人工智能列入中小学课程内容中，根据不同学段特征，确定不同层次课程目标，建立科学的知识结构体系。小学阶段注重感知、体验，认识人工智能，逐步培养计算思维；初中阶段侧重理解人工智能的知识体系，培养高级计算思维，提升学生的科学思维和实践操作能力，辅助学习方式的变革。

学校与多家科技企业深度合作，共同研发教材，充分保证人工智能普及课、社团课正常开展及相关赛事参与。

每周举办的深创大讲堂活动，邀请院士、科学家、科技企业技术专家、优秀学长等来校讲座，发挥榜样的力量，在学生心中播下科技创新的种子。

### （二）围绕课程，重塑学习空间

为保证课程实施，学校在原有的3间电脑教室、4间科学实验室、6间理化生实验室基础上，充分利用大厅、走廊等非正式学习空间，创设科技感、体验式的文化氛围，建设"博物馆里的学校"。校园里随处可见临时布展区、个性化学习区、自由阅读区、自由讨论区、科普体验区、增强现实/虚拟现实沉浸区等学习场景，让学生体验"创意、研讨、实践、分享"的科学思维过程。

面积达1000平方米的"创客体验中心"，建有机器人、航天、STEAM等分类创客空间，支持学习者在真实环境中完成项目式学习，引导学生发现问题、做出假设、验证假设、得出结论，充分激发学习者的创新思维，培养学习者运用跨学科的知识解决生活中问题的综合能力。这里是科技创新人才的摇篮，也是未来发明家的"梦工厂"。

人工智能实验中心包含3间人工智能实验室，集中了多个人工智能教学平台和开源硬件产品，保障课程开展。

"科技农场"和"外星基地"由楼顶平台改建而成。"科技农场"建有空中花园与植物暖房，按"古代农具""传统农业""科技兴农""太空作物"分区。"外星基地"按"太空能源""发射装置""作物养殖""实验舱体"布置。这两个场地可展示、可实践，为学生提供课外实践场所。

实验研究中心拓展理化生实验室，常见的实验器材放置在讨论区，整层连廊变身为半室外实验区，随时为学生提供实践的机会，真正体现"人人皆学、处处能学、时时可学"的泛在学习理念。

### （三）精准数据，变革学习方式

引进人工智能智慧课堂平台，实现大数据支持的个性化学习。数学学科组率先探索"集中测—分散练—共性讲—个性学"四步个性化学习模式：第一步利用平台进行集中前测，平台自动收集数据并反馈每名学生的成绩分析；第二步学生完成"AI学同步练"的精准找弱项训练，完成"红翻绿"学习任务；第三步平台反馈班级完成情况、知识点正答率和学生作答时长，通过大数据助力教师精准掌握学情，教师针对共性问题集中讲解；第四步教师通过平台人工智能组卷限时练，学生根据个人的薄弱知识点进行个性化练习。平台自动收录每个人的错题本，并对两次检测的成绩、知识点掌握度做对比分析，反馈给教师。"大数据支持的个性化学习"应用效果显著。七年级试点班级A、B、C段人数大幅提升，且相较于非试点班级，学生对知识点的掌握程度更好，自学能力更强（见图1、图2）。

办好"深创云课堂"，推进混合式学习。按照教育部"基于教学改革、融合信息技术的新型教与学模式"实验校及"航天科创之星培养基地"的工作要求，学校开设了"深创云课堂"公益活动，招收有一定数学、科技基础的校内外六年级学生，随机编班，以多元智能及核心素养为理论依据，以"数学+科创"为主要教学内容及特色，探索"1+1+N"学习模式，即每周一次线上直播课，每月一次线下交流，平时线上观看数学微课、航天科创及科普e站内容。学期末依据线上测试成绩、线下现场表现、创新创意成果折合计算学分，颁发"深创云课堂"学时证明。"深创云课堂"开办两年来，共招收校内外六年级学生9000多名，充分发挥了名校优质资源的辐射作用。

◀ 图1
基于大数据的个性
化学习（一）

◀ 图2
基于大数据的个性
化学习（二）

## （四）发挥优势，扩充师资队伍

学校位于西丽留仙洞战略性新兴产业总部基地，周围科技企业聚势成峰，正加快打造国际化新一代信息技术研发中心。依托西丽湖国际科教城和南山区人工智能教育专家智库的优势，整合企业和其他社会资源，学校组建了三环科创教练队伍：内环由学校信息技术、科学、综合实践等学科专业教师组成，主要带校队训练；二环吸收部分创新意识强、教学水平高的其他学科教师加入，开展项目式学习；外环引进校外科创企业专业技术人员及部分有科技特长的家长志愿者，逐步建立起一支跨学科、爱创新的人工智能教练团队。

## （五）智慧校园，完善评价机制

目前，学校建有立体防控平安校园、基于人工智能感知的课堂行为分析、智慧作业、德育管理、过程性评价管理、成绩管理等"轻量化"应用系统平台，全面融合学生从入校到离校的各类场景数据记录，探索智慧管理、多维评价新模式。

图3 ▼
深中南山创新学校
创新教育模型

系统数据深度融合，实现年级差异、班级差异、学生个体差异的多维分析，精准匹配学生思想品德、学业发展、身心健康、审美素养、社会实践、创新素养等培养目标，教师按需开课，学生按需选学，实现"精准采集—精准分析—精准指导"的数据闭环，为学生提供数字画像，有效提高学生管理工作效率和水平。

学校积极参与深圳市科普教育学分制试点工作，以培养兴趣爱好、创新精神和实践能力为目标，将科学课堂表现、科技社团参与、科技节展示、科技课题研究、科技竞赛获奖等方面作为评价指标，分别赋值，探索校外科普教育实践活动与校内科技创新教育有机结合的新模式，满足学生个性化学习需求（见图3）。

## ③ 主要成效

## （一）学校社会影响力持续提升

近四年来，学校先后被评为教育部"基于教学改革、融合信息技术的新型教与学模式"实验校、共青团中央"小平科技创新实验室"、科技部"全国青少年人工智能培训认证基地"、深圳教育创新示范校、深圳市首批未来教育基地学校、深圳市科普基地、广东省优秀创客空间、深圳最受关注十大新锐学校、全国"航天科创之星培养基地"、深圳市人工智能实验学校、AMC8（美国数学竞赛）全球卓越奖学校、USAP（美国学术五项全能）通识教育示范学校，接待各级各类参观考察50余次，受到各级各类媒体专题报道200余次。学校积极承办"世界机器人大赛""深圳市科技节"等大型科创类活动、竞赛10余次。

## （二）学生科创竞赛获奖成绩斐然

学校针对科创人才的早期培养，形成了三级学生梯队建设：全校"未来发明家"课程作为普及层，让人人受益；30余个科创类社团和课后活动形成了第二级梯队；9名科创专业教师分别在人工智能、机器人、小课题、创客、发明、编程、信息学等不同赛道上，组织高水平校级训练队，参加更高级别比赛。

学校积极组织参加教育部认可的正式科技创新类竞赛及市、区教育主管部门开展的各项科创类赛事，为学生提供更多展示平台，四年来取得了优异成绩：300余人次获国家级奖项，900余人次在省、市、区各级各类科创竞赛中获奖。6人次获编程类国际赛事金奖，1名学生获2022中国青少年科技创新奖。

## （三）教师数字素养水平大幅提高

通过校本研修，教师们关注学科本质，深入融合智慧教育、人工智能教学思想，研究数字教育有关课题，积极探索教育教学领域的前沿技术和方法。2022年，全员高质量完成"信息技术应用能力提升工程2.0"试点校任务，提交各类案例60余篇，不断提高数据素养水平，推动学校教育教学的创新发展。

深中南山创新学校，正不断优化科技创新后备人才培养体系和科学教育资源配置，营造良好育人生态，夯实科技强国建设的人才培养根基。

# 让教学更出彩——技术赋能助力学校高质量发展

### 江苏省淮安市淮阴开明实验学校

## 一　主要问题

　　淮安市淮阴开明实验学校始建于2017年，是一所新兴的优质公办学校。学校建校伊始就明确了"主动适应每一个学生的成长需要"的办学理念，致力于追求"让每个人都有人生出彩的机会"的办学目标，形成"心有大爱、行求致远"的校训，"开明、协进、创新"的校风，"仁心、乐群、善教"的教风和"品直、学芳、行远"的学风，并逐步确立了"出彩教育"的发展主题。

　　2022年，淮安市淮阴区入选江苏省智慧教育样板区，开明实验学校也在同年建设成为江苏省智慧校园。作为区内一所领航学校，我校需要主动适应数字化时代的发展趋势，运用数字技术提高教育教学的质量和效率。所以，我校积极开展数字教育创新实践既是为了满足社会、家长对学校教育发展的需求，也是学校高品质发展的必然要求。

　　随着科技的进步和人们对学校教育的期望不断提高，传统的教育方式已无法满足现实的需求。因此，需要探索新的教育方式和技术手段以提高教育教学实效，提升家长和学生的满意度。

　　我校数字教育创新实践旨在解决的主要问题包括：

| 如何实现教育的数字化转型，提高教育的质量和效率 | 如何利用数字技术为学生提供更加个性化、多样化的学习体验 | 如何打破时间和空间的限制，使优质教育资源更加公平地分配给每位学生 |
| --- | --- | --- |

学校通过数字教育创新实践，推动了教学的数字化转型，有效提升了全体师生的信息素养。

## 二 主要做法

我校运用数字技术着重解决教育重点难点问题、推进学校教育数字化转型。

**一是利用好数字化教育平台，促进教与学模式变革。** 鼓励师生充分利用好数字化教育平台（见图1），每个月收集各个年级的教育教学资料并上传至对应的教育平台，实现了教育资源的累积和更新。鼓励教师积极参与各项竞赛评比活动，教师备课前先收看相关的教学视频，吸取经验后再备课并实施教学。学校还鼓励学生登录教育平台获取学习资源和信息，提高学习效率。在线课程、在线作业、在线考试等手段的应用，使学生可以随时随地进行学习。

**二是开展数字化教学评价。** 我校和智学网、学科网等合作，通过数字化方式，对学生的学习情况进行全面、客观的评价。通过数据分析，教师可以更加精准地了解学生的学习情况，为教学提供更加可靠的依据。同时，数字化教学评价也为学校的管理提供了更加科学的数据支撑，有效地提高了学校的管理水平。我校运用数字化管理工具，实现学校管理的数字化和智能化。通过数字化排课、数字化考勤、数字化评价等手段，提高学校管理的效率和精度，为学校的稳定运行提供保障。

**三是推广数字化学习方式。** 我校积极推广数字化学习方式，鼓励学生利用数字技术进行自主学习、合作学习和探究学习（见图2）。运用大数据、人工智能等技术，分析学生的学习情况，为每位学生提供更加精准的教学方案，实现个性化教

▲ 图1
利用数字平台进行教育教学活动

▲ 图2
推广运用数字化学习方式

学。通过智能推荐、智能辅导等手段，帮助学生找到适合自己的学习方式，提高学习实效。

## 三 主要成效

实施数字教育后，我校的教育教学方式发生了显著的变化，教学成果也极为丰硕。近年来，学校中考升学率稳居同级同类学校前茅，合格率100%、巩固率100%。尤其随着信息能力提升工程2.0专项培训工程的有效实施，我校教师开始积极采用数字化教学方式，有64节课被评为淮安市"停课不停学"优质课。教师通过多媒体教学和在线教育平台等，为学生提供更加个性化、多样化的教育服务。学生的学习方式更加灵活和多样化，学生可以通过在线课程、数字化作业和考试等方式进行学习。此外，学校的管理方式也变得更加数字化和智能化，数字化管理工具有效地提高了管理效率和精度。

概括来讲，数字教育对学校教育产生的影响主要体现在如下三个方面。

**第一，** 提高了教学质量和效率。数字化教学方式使教师可以更加生动形象地传授知识，丰富了教学形式，提高了学生的学习兴趣和效果。

**第二，** 培养了学生的信息素养和创新能力。数字化学习方式培养了学生的信息素养和创新能力，使得学生可以更加主动地参与到学习中，提高了学习效果，学习成绩和综合素质得到了全面提升。

**第三，** 促进了学校的数字化转型和升级。数字教育的实施使学校可以更加适应数字化时代的发展趋势，提高了学校的竞争力和社会影响力。

办学八年来，学校教育教学成绩显著，培养了大量道德好、学习优、个性鲜亮的初中毕业生，培育了一大批师德崇高、业务能力强、有创新力的优秀教师，形成了自己特有的文化氛围。学校各项教育教学工作得到上级部门的充分肯定。

# 塑造"未来"教师，面向未来而教

## 北京市海淀区中关村第一小学

北京市海淀区中关村第一小学（以下简称"中关村一小"）于2020年成为首批"未来路线图"领航实验学校。《"未来路线图"实验学校发展指南1.0》以"计划"理念为引领，汇聚教育创新资源，推动一批学校向数智时代的未来学校转型发展。

教师肩负为党育人、为国育才的重任，数智时代对教师提出了更高的要求，教师角色也在发生变化。为了帮助教师更快适应新时代背景下的角色转变，更好助力学生，学校依托专为教师设计的在线教学平台中的学科教学、学生管理、学校事务、专业发展、激励评价等5大维度、18套工具，构建了一站式全周期的教师工作发展场景，鼓励教师在数智时代积极学习新理念、新方法，应用现代化工具，助力教师工作提质增效、专业发展，通过教师全场景工作流，实现以数为智的科学治理，培养数智时代的优秀教师。

## 二 主要经验

### （一）聚焦"集团校教师发展"，形成"自主+合作"的教研文化

**创新实践跨校区线上协同备课模式，打通校区学科，促进跨学科教研。**第一，集团校五个校区的教师均应用协同备课系统，跨校区、跨学科在线备课、在线研讨，提交备课成果，分享教案、课件、学案等备课资源。第二，研讨过程自动记录，研讨文件自动保存，自动汇总、留存即时点评。第三，教师通过智能备课数据分析，发现短板、提高质量，按照"初备—复备—课后反思"的结构，自动形成一体化教案及教学反思闭环，实现教师教学水平整体提升。

**创新基于学校小项目研究的科研新模式，开展"世纪杯""启航杯"等评比活动，以赛促成长。**通过课题引导教师研究课堂教学，真正把教育科研与课堂教学有效结合起来，应用校本科研、资料提交等系统，鼓励教师参与校

级小项目研究、评比活动，激发教师参与科研的热情，实现科研常态化、协作化，促进教师学术成长。

**创新实践数据驱动教师课堂发展模式，联通新老教师，实现新老教师传帮带，师徒结对促成长。** 学校采用"师徒结对"的方法。"徒弟"备课完成后，可应用听课评课系统邀请"师父"参与，"师父"可进班听课或跨校区线上、线下进行课堂评价。通过评课数据形成课堂报告（见图1），促进教师教学反思，并不断改进教学，充分发挥骨干教师的"传、帮、带"作用。

**构建学校众创共享的教研文化，分享教师们的隐性知识以及优质资源。** 应用自生长校本知识中心平台，静默采集教师备课、布置与批改作业和科研、培训等教育教学活动的过程性数据，基于AI算法提炼显性的优质知识和隐性的优质教育教学方式，构建知识智能标签，形成智能推荐，反向赋能全集团校教师，实现众创共享、共同提升。

**应用教师评价系统，激发教师自主性及内驱力。** 应用教师评价系统，从科任教师、班主任、课程等维度进行全方位评价，鼓励学生从学习发展的角度评价教师的教学，激励教师提升教学水平及课程教学质量。

图1 ▼
课堂报告

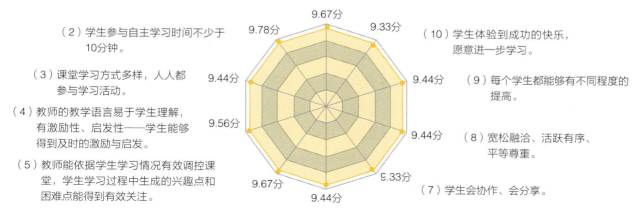

## Unit 6 jobs lesson 1 课堂报告

×××｜英语

**18**
评课教师

**95.1**
平均分

**1/1**
排名/总数

｜ 客观评价

（1）符合学生实际情况及课标相关要求，明确、具体、可操作。（10分）
9.67分

（2）学生参与自主学习时间不少于10分钟。
9.78分

（10）学生体验到成功的快乐，愿意进一步学习。
9.33分

（3）课堂学习方式多样，人人都参与学习活动。
9.44分

（9）每个学生都能够有不同程度的提高。
9.44分

（4）教师的教学语言易于学生理解，有激励性、启发性——学生能够得到及时的激励与启发。
9.56分

（8）宽松融洽、活跃有序、平等尊重。
9.44分

（5）教师能依据学生学习情况有效调控课堂，学生学习过程中生成的兴趣点和困难点能得到有效关注。
9.67分

（7）学生会协作、会分享。
9.33分

（6）学生有质疑意识，能提出有价值的问题，能发表独到见解，会倾听，并能够互相补充。
9.44分

## （二）"创新育人场景"，探索"新理念、新方法、新技术"服务

**采用新方法、新技术促进教师家校沟通，打造家校协同育人共同体模式。** 在家校互动中教师主动出击，通过导师育人系统，教师与家长的每一次沟通都可记录、可追溯，通过多维度数据记录分析，助力教师反思育人成果、改善育人方法，更精准地实现家校协同育人目标。

**创新学校课后服务预选课模式，深化课程改革，把更多课程学习的选择权交给学生。** 学校应用校本选课系统开展课后服务选修课、预选课，充分调研学生志愿，结合学校自身资源，最大限度实现教育资源合理利用，满足学生多元化的课程选择需求。

**创新"双减"下的作业质量管理与家校共育模式，基于跨时空理念，提高学生作业质量。** 应用校本作业系统评估作业质量，并由各学科教师提选优秀作业，进行不受时空限制的线上作业展评，打造"优秀作业荣誉墙"，以展促教、以展促学，进一步激发学生的学习兴趣和创造力，促进其全面发展和成长。

**应用混合教学系统，助力教师设计个性化任务，促进学生自主、个性化学习。** 通过平台助力教师设计学习任务，引导学生自主、个性化学习。通过对教与学的数据进行分析，教师可以在教学资源、教学模式、学生个性指导等方面不断改进。

## （三）"以数为智"，探索"数据治理"方向

**通过数据化提升学校治理水平。** 制订计划，以点带面，推动全集团校教师全场景应用，应用全场景教师工作发展平台自动采集教师数据，形成教师档案，生成业务罗盘，为学校治理提供决策支撑。

## 三 实施成效

## （一）"一划两案"保驾护航，一路创新，斩获成果

学校基于"一划两案"组织教师开展学科教研，促进教师理论学习与技能提升，实现"双减"下的增"质"教研。各校区教师积极主动参与学科教研活动，特别是在海淀区第九届"世纪杯"小学发展期教师教学基本功展示活动之际，学校组建以选手教师为中心、教学干部统筹推进、骨干教师专业引领、青年教师发挥信息技术优势进行有效辅助的备课团队，打造合作共赢的教研生态，斩获31项一等奖。

## （二）从"育人为本、技术赋能"原则出发，助力学生成长

通过全场景教师工作发展平台，助力学校高效发布各类选修课、课后服务课，为学生提供菜单式的选课服务，三个学期的选课，让学生积极参与学校的创新融合课程，全面发展。

平台也助力教师灵活发布作业展评活动，为优秀学生作业提供不受时空限制的展示平台，为其他学生提供学习和借鉴优秀作业的机会，激励了更多学生认真完成作业，提高作业质量，目前已有1587名学生的优秀作品获得了展评。

学校基于"育人为本，技术赋能"的原则，积极引导教师使用育人工具，要求育人事件有记录、可追溯。同时，教师以学生成长档案为纽带，高质量引导学生谈心，并不断优化与家长的互动方式，进行高效的家校沟通。目前集团校教师通过平台与家长进行了17967次沟通，实现育人轨迹和学生档案可视化。这一举措助力教师反思育人成果，改善育人方法，从而更精准地实现家校协同育人目标。

## （三）以点带面，逐步推进，实现数据治理转型升级

经过三年多的创新发展实践，学校构建了全场景教师工作发展平台支持下的一套行之有效的、线上线下相融合的教师专业发展模式，形成了可复制的方法体系。在平台助力下，以"工具+内容+模式"的方式落实了集团一体化，包括激励一体化、科研一体化、培训一体化、教学一体化、发展一体化和知识共享一体化，并通过校长管理罗盘、教师成长档案、学生学情分析等大数据工具，实现了从整体到局部、从宏观到微观的校园治理数字化转型升级。

## （四）辐射推广，协同并进，促进教育优质均衡发展

为促进教育优质均衡发展，促进教育公平，缩小教育在区域、学校、群体之间的差距，努力让每个孩子都能享有公平而有质量的教育，我校在中关村一小怀柔分校举办了第二届"数智时代教师专业发展"校长研讨会，并分享了"构建智能化全场景教师工作发展平台"实践经验与创新模式，以"融合资源，提升效能，创新服务"为主线，辐射推广，助力怀柔区教育事业均衡发展。

在实践过程中，我校成为教育部未来学校研究与实验计划"重大成果"示范基地，相关成果也入选了"教育部2023年度智慧教育优秀案例"。

中关村一小立足当下，面向未来，致力于塑造"面向未来而教"的教师，使他们具备前沿的教育理念、富有创新性的教学方法和强大的专业能力，能够为国家教育事业的发展做出贡献。我们相信，通过未来持续不断地将教师工作发展与平台创新应用结合，我们能够推动教育向更高水平迈进，为学生的成长和未来做出积极贡献。

# 三聚合一：提升教师数字素养的"助推器"

## 浙江省杭州市中国教育科学研究院杭州胜蓝实验中学

 **实施背景**

为进一步推进杭州市拱墅区教育改革创新，2022年7月，拱墅区人民政府与中国教育科学研究院决定在前三轮友好合作的基础上，共建教育综合改革实验区。围绕"新拱墅、高质量、共富裕"的发展精神，着重推进区域高质量数字化教育治理的研究与实践，办好与运河沿岸名区相称的教育。

拱墅区教育局积极探索数字时代育人方式的变革，分批分层打造区级数字教育创新（标杆）学校，推进"数字讲师品牌行动""数字素养提升行动""数字资源建设行动""数字教学应用行动"和"数字模式创新行动"五大行动，加速信息技术与学科教学的深度融合，提高教师信息化意识与实践能力，建设拱墅"数智教育"。

我校作为拱墅区数字教育创新学校、拱墅区第三轮深化义务教育课改提升工程"数字化教学"试点学校，依托浙江省教育科学规划课题"'轻悦'课堂：基于'四学'进阶的初中生学习样态变革的实践研究"，聚焦师训、课堂、作业，"三聚合一"提升教师数字素养，助推数字教育教学的融合，不断探索数字教育的新内容、新路径和新样态。

 **主要经验**

### （一）聚焦师训，增强教师数字化意识

**开展全员培训，增强数字意识**。学校教师全员参加浙江省中小学教师信息技术应用能力提升2.0工程，以线上学习与线下实践相结合的方式，提升教师信息技术能力。一是创新"1+X"研修模式，即一个50学分的必修课程学习+选修X项信息技术实用技能；二是聘请信息技术专家组建"蓝鲸"互助队，给教师"面对面、手把手"的信息技术指导；三是鼓励学校教师中的信息技术达

人上好"蓝鲸智课"示范课，开展实操演示培训，主动运用信息技术创新课堂教学。

**开创数字教研，提升研训质量。** 我校作为原中央电化教育馆智能研修平台应用试点学校，创新运用"AI智能分析系统"进行数字教研。我们立足于常态课，通过对学生数据、教师数据、课堂互动、课堂结构和课堂认知五个方面进行分析，开展包含"改进—迭代—循证"三环节的数字教研。例如，我校英语教研组创新实践"AI智能分析系统"循证课堂。基于学校"轻悦"课堂"四学"路径，采用"教研切片"的方式，进行课内片段数据、"一课三磨"数据对比分析，有针对性地改进教师教学行为和教学方式。

**开启"蓝鲸"培育，培养智能教师。** 建设"蓝田班"教师成长工程，全面提升教师团队的综合实力，创建"蓝鲸智云"项目，培养智慧智能教师。学校成立"校内+校外"的新型智能教师库，该库教师每学期开设基于移动智能终端的研讨课、展示课，实现学生间、师生间的良好互动，在技术运用中提升教师的数字能力。

## （二）聚焦课堂，创新教师数字化应用

**用好"学生课堂行为分析数据"，打造精准课堂。** 教师在课堂教学中利用"智慧课堂"软件获取全体学生的实时课堂行为数据，不断改进课堂，实现精准教学。例如，在课堂练习环节，学生在"智慧课堂"线上作答，教师端能够实时接收全体学生的答题数据，了解学生学习难点，及时改进教学方向；在课堂小组讨论环节，邀请"AI数字人"共同参与讨论，精准掌握学生学习思路，帮助学生在课堂中自主探究、深度学习。

**做好"教师实时评课数据记录"，打造"轻悦"课堂。** 学校将"轻悦"课堂评价量表录入网络教研平台，教师在听课时进行"轻悦"课堂评课数据的实时记录，开展精准评课。具体如下：一是教师根据"轻悦"课堂评价量表中的学习设计（20分）、学习过程（60分）、学习效果（20分）三大项目明确课堂观察的方向和内容，在听课过程中逐项打分和评价；二是平台自动记录、生成教师课堂教学能力矩阵分析（见图1）；三是上课教师研究分析自己的课堂教学能力矩阵分析图，不断改进优化课堂教学。

**理好"课堂数据多元对比指标"，打造数字课堂。** 作为拱墅区课堂循证试点学校，我们运用拱墅区"联课课堂AI智能分析平台"，组建课堂循证项目组，在平台进行课堂数据的收集与分析，根据课堂数据的过程性积累和多元对比，打造数字课堂。例如，分析同一位教师的两次课堂"S-T图"对比数据（见图2）可见，教师在第二次课上的语言曲线分布比较均匀，整节课更加流畅，气

氛也更加活跃。分析学生数据（见图3）可见，学生在第二次课上的发言总次数和总时长更多，参与度高，表现更加活跃。基于数据的前后对比，可以优化教师的教学设计，让数字赋能课堂教学。

▲ 图1
教师课堂教学能力矩阵分析

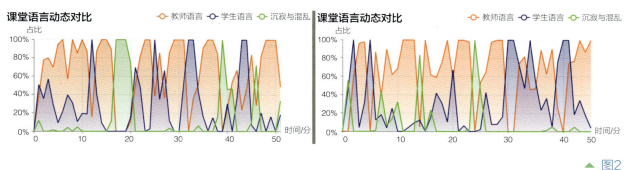

▲ 图2
教师的两次课堂"S-T图"对比数据

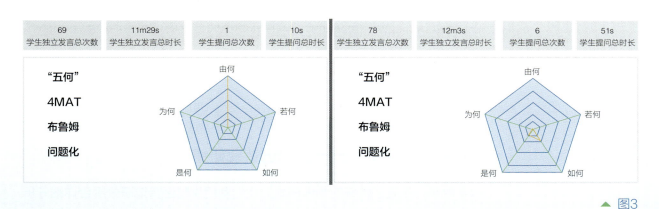

▲ 图3
学生的两次课堂"S-T图"对比数据

## （三）聚焦作业，提升教师数字化能力

**基于数据分析，学生作业分层布置**

在学校的"胜蓝大脑"数据平台上，教师运用"橙果智能笔"批改作业，"胜蓝大脑"数据平台会自动生成每位学生在作业中的知识点掌握情况。教师把学科作业按难度分为"飞越、超越、卓越"三档，根据"同档匹配，高档拓展"的原则，精准实施学生的分层分量作业管理，同时精准匹配跟进个性化的学生作业错题集。

教师将假期作业微课讲解视频上传至"胜蓝大脑"数据平台，学生进行线上学习，教师在线上为学生答疑。假期前教师对学生的作业错题集进行分析，根据新课程标准要求，编制假期作业，并录制好作业讲评视频，将作业视频适时推送给学生，方便学生在假期自学，教师在线上针对学生的疑问进行实时答疑解惑。

**基于数据上传，学生作业自主答疑**

**基于数据监测，学生作业过程管理**

学校积极探索形成"精挑细选—作业布置—作业上传—微课讲评—过程评价—优秀展示—总结留档"这一系统化的单元作业管理机制。一是远程监测，统计学生在"胜蓝大脑"数据平台中的视频观看次数和提问次数；二是现场监测，组织学生在学校"青秀台"展示自己的单元作业成果，可以讲解、演示等，根据学生展示情况评选出优秀作业。

## 三　实施成效

## （一）提亮数字师训，进一步增进智能研修

数字教研，改变了传统的师训模式。我们利用拱墅区智能研修平台详细分析并保留每一次教研活动的数据，形成了《教师参与教研&网络教研管理者操作手册》。英语组创新探索出基于"课堂AI智能分析"的教研新模式：上传课例—数据评量—切片诊断—持续改进，从经验判断走向数据实证，开启循证教研新模

式。2023年10月，英语组被评为杭州市先进教研组。

## （二）提质数字课堂，进一步打造智慧课堂

聚焦智慧课堂，让信息技术赋能课堂教学。近年来，我校积极探究数据驱动，全方位打造智慧课堂，成效显著。2023年，学校打造"数字优质课"14节、"数字精品课"82节，杭州市、拱墅区"共享优课"10节，"教育部基础教育精品课"1节；建立"轻悦"数字课堂资源库，有5人次在拱墅区第12届运河赛课节中获奖。

## （三）提升数字素养，进一步赋能教师成长

教师数字素养是教育数字化转型成功的关键。我们依托数字平台，开展数字教育教学，让教师的成长看得见。2023年，我校有教师被评为拱墅区"墅·智"讲师团成员、拱墅区智慧课堂第二批种子教师，校本研修项目方案《"1+X"模式推进教师信息技术能力提升》获评拱墅区校（园）本研修项目优秀方案。

# 数字强师：教师专业自主发展体系构建与实践

广东省广州市番禺区沙湾荟贤小学

## 一 案例背景：数字转型呼唤教师发展

　　广州，数字化发展的前沿阵地，立足湾区，面向全球，正在加速打造国家数字经济创新引领型城市。数字赋能，不仅成为广州经济华章中强劲的音符，也是广州教育蓝图中点睛的一笔。自2004年启动"教育e时代"工程以来，广州以教育信息化引领教育现代化，2019年成为教育部首批"智慧教育示范区"，率先实施教育数字化战略行动。身处穗港澳中心位置的广州市番禺区，早在2006年就成为广东省教育强区，在"上品教化"理念下，教育改革深深地烙上信息化的印记。数字资源、智慧课堂、智慧教研、智慧评价等创新动能持续发力，为"服务课改、促进创新、优质均衡"提供了重要支持。

　　番禺区沙湾荟贤小学于2019年开办，是数字沃土上孕育的校园新苗。在五年办学历程中，学校始终秉持"自在生长"理念，处处彰显着数字基因，在"智慧荟贤"的道路上坚定前行。强校必先强师，教师是教育数字化战略得以落地、教育模式得以变革的核心与关键。然而现实中，学校教师信息素养整体偏低，难以适应时代要求；专业发展缺乏数据支持，难以做到精准高效；专业研修被动跟随，难以消除学用鸿沟。如何通过唤醒和激励的方式，提升教师发展动力，助力教师精准研修，推动教师主动成长，是我们亟待研究的课题。

## 二 主要经验：数字基因催生强师体系

### （一）顶层设计，完善教师数字素养评价机制，唤醒发展自驱力

**第一，文化引领，制定数字强师行动方案，树立自我更新观念。**
　　目标清晰方能坚定前行。经过教师集体投票选定的"格局、担当、融合、创新"成为荟贤教师的核心胜任力，学校将数字应用要求融合在"智启未来·能方圆"的教风中，教师将"心怀阳光，自在生长"的校训摆在案头、印在心中。

学校制定《数字强师三年行动方案》，坚持立足应用、靶向学习、全员参与的原则，围绕提升信息化领导力、建立数字应用动力系统、培养数字应用引领团队、建设数字校园四大板块进行规划；成立"数字强师工作小组"，校长为组长，调动教学管理中心、教师研训中心、融创研究中心、后勤保障中心协同落实。

第二，评价支撑，设立数字应用胜任力指标，形成勇于创新的氛围。

信念需要转化为持续行动，科学评价就是源源动力。学校高度重视评价支撑，制定了一系列与数字应用相关的制度，包括研修、测评、评先评优、晋级、考核、分配等，形成了完整的自主发展激励评价机制，并探索"种子—新秀—骨干—名师—导师"发展路径，对不同层级教师数字应用胜任力提出明确要求，结合日常教学公开课、专项测评、专项展示、研修表现、学生调查等形式，面向全体教师定期开展数字素养测评，并组织进阶提升活动，发挥各层级教师的引领力、互助力，推动数字素养测评常态化。数字应用胜任力评价模型见图1。

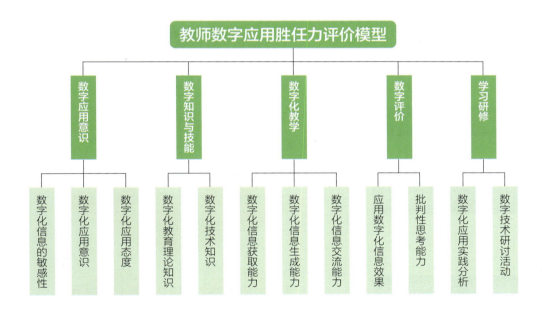

▶ 图1
教师数字应用胜任力评价模型

## （二）数智驱动，构建人机协同"智荟模式"，提升研修精准性

学校基于教师胜任力指标，以创立数智应用的"自在课堂"模式为重点目标，发挥目标牵引力，开展靶向培训，提供智力支持。

第一，长远眼光，提供数智环境与工具。

学校以长远眼光，营造虚实融合新环境，包括建立数字教学平台、智慧交互教学系统、多屏分组研讨系统、人工智能大模型等，并为帮助教师开展课堂教学精准测评，选用了两套课堂教学智能测评系统，让教师拥有便捷的自测自评数智工具，形成教师教学画像和发展曲线，为教师专业自主发展提供方向。

### 第二，建立流程，打造人机协同"智荟"研修模式。

深度决定高度，只有自测容易流于浅表。我校借助两套智能测评系统，融合人力观察分析，建立了人机协同"智荟"深度研修模式（见图2）。研修包含五步。一是确定主题。经过多次自主测评后，基于教师实际和学校教改的需要，确定研究主题。二是团队集备。组建以行政、科组长、一线教师为代表的研究主题团队，执教者主讲主备，团队研讨后进一步优化设计。三是人机协同观课。以系统智能测评为主，团队现场观测补充，辅之以课堂典型切片的分组观测，获取大量的数据及精准的分析报告。四是人机协同分析。对原始数据进行追根溯源的深度分析，厘清教师行为背后的思维局限或能力短板，学生表现背后的学习心理与发展规律，环节实施中的进阶原因或操作陷阱，以进一步优化课堂设计与实施。五是撰写报告。提出改进教学的具体操作和提升个人专业能力的路径构想，也可再定主题，创新重构课堂片段，最终提炼范式，提升教学能力。

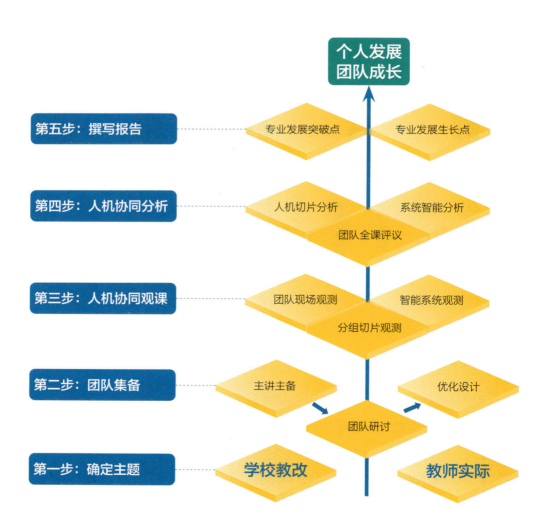

图2 ▶
人机协同"智荟"
深度研修模式

## （三）对标需求，打造教师专业发展"自在场域"，架起学用桥梁

**第一，靶向培训，以课堂为目标牵引教师发展。**

校本培训在内容上要匹配教师需求，在对象上要连接管理团队，提升其数字化领导力，并且设立智慧课堂实验项目，成立攻关小组，打造引领团队。动力上，以能给教师带来成就感、荣誉感的具体任务为动力源，如广东省教育"双融双创"活动、广州市教育教学信息化创新应用大赛、番禺区课博会等，把数字强师项目与具体应用结合。学校积极开拓渠道，提供丰富的研修资源，通过专家进校、外出观摩、网络研修、教学赛事以及校内研讨、分享、评价、考核等，实施信息化2.0整校推进，在任务中应用，在展示中强化，提高教师课堂数字应用能力。

**第二，改变形式，重构以教师为中心的研修文化。**

学校创新研修形式，组织以教师为中心的宽松自在的研修活动（见图3），如围绕学校课程建设、作业设计实施等开展的工作坊，围绕建设"智慧课堂"的"头马研修"，探讨数字应用理念的"世界咖啡"，围绕项目式、大单元教学的案例打磨，围绕"课堂上数字应用当与不当"的主题辩论，等等。每一次研修都是教师成长的宝贵资源。

**第三，建立共同体，探寻基于数据的教学测评与改进。**

学校建立了校内、跨校、跨省市、联高校的四层共同体：校内成立攻关小

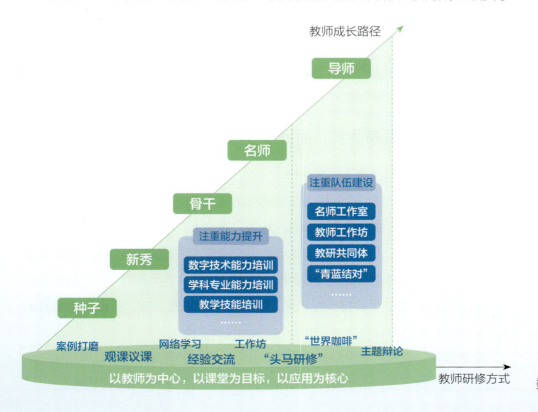

▲ 图3
数字强师常态研修

组、专题团队、名师工作室等开展校内研修；跨校建立共同体，与片区内多所学校联合，利用线下智慧培训平台，开展"双师课堂""青蓝结对"教学示范培训；学校以课题群的形式，围绕数字赋能的四大板块，推进数字应用的相关研究；学校依托华南师范大学、华东师范大学等高校和教育行政部门，积极加入数字化应用的相关项目，参加实验联盟、承担培训展示、落实课题攻关，在专家带动和任务推动下，引领教师教学改革发展。

## 三 主要成效：数字强师助推学校发展

### （一）完善教师数智评价机制，培养一批荟贤良师

数字评价，让教师对标前行。学校仅有30多名教师，却获得数字应用相关赛事奖励182项。其中8名教师成为省、市、区级数字化领头羊，有23名教师取得个人赛事区级以上成绩"0"突破，多个数字应用教学案例获省级一等奖，"我们是榜样宣讲团""我是农田度量师"等课例在全省做现场展示。多位教师走出校园，通过讲座、汇报、展示、案例辐射、送教等带动省内外同行共同进步。

### （二）赋能学生全面发展，提升学生创新能力

数字强师，师强学生。项目式学习中，四年级学生创编电脑闯关游戏，拍摄视频；五年级学生借助人工智能，学习、评价并修改剧本，通过分屏研讨系统自选主题，自主探究。学生阳光进取，各级各类赛事成绩日益突出，近两年在"全国青少年科技创新大赛"等科技创新类赛事上获省级以上奖励26项，让"德合知行·乐创新"真正成为荟贤学风。

### （三）构建教师发展体系，助推学校数字化转型

学校数字化应用成果入选2023年广州市教学成果培育项目，多个学校信息化案例获省、市级奖项，已然成为区域信息化窗口学校，吸引了众多名师、校长到校学习跟岗，并将成果推广到香港、潍坊、湛江等。

我校成为广东省人工智能应用试点校、广州市人工智能助推教师队伍建设实验校、广州市智慧阅读普及推广实验校、国家社科基金重大项目"人工智能促进未来教育发展研究"实验校。五年来，学校被国家、省、市、区级媒体报道90余次。

数字强师，以系统思维构建了教师专业自主发展的有效体系，让学校内生动力强劲，师生数字素养不断提升，带来荟贤师生"自在生长"的蓬勃生机。

第五部分

教育评价改革

# 智能时代未来卓越教师培养及评价的探索与实践

## 华东师范大学

一 案例背景

### 一 案例背景

　　智能时代的教育环境和教育生态都在发生深刻变化，如何通过以信息技术为核心的科技手段提升教育质量，实现大规模、精准化和个性化教育，成为当下学校教育面临的最大挑战。华东师范大学作为引领中国教师教育发展的"双一流"高校，一直将办好师范教育作为学校第一职责，不断探索未来卓越教师的培养路径。针对数字化转型新形势下的教师教育新需求，学校对师范生培养进行了整体思考和系统规划，在确立教师核心素养"两适应三胜任"（即适应全信息时代变化，适应新时代教育评价改革；胜任全教育理念下的教育实践，胜任基于真实问题的教学反思与研究，胜任终身自主学习与可持续专业发展）的基础上，进一步创建强沉浸感与高互动性的智能教育环境，记录和分析学习行为数据，重构课堂教学范式，革新能力评估体系，培养师范生率先探索智能教育研究成果的应用，主动求变、善于探索、引领未来（见图1）。

图1 ▶
教师核心素养
"两适应三胜任"

　　学校致力于智能时代下师范生培养新策略、新路径、新模式的探索与实践，努力解决如下问题：

　　智能时代未来卓越教师培养的理念与环境需要如何革新？

　　智能时代如何促进未来卓越教师个性化地学？

　　智能时代如何促进未来卓越教师创新性地教？

　　智能时代如何精准评价未来卓越教师的成长？

## 二 典型经验

### （一）革新教育理念，对标智能时代教师素养的新要求

**建成思维导向的通识教育体系**。学校建立了以思维培养为特色的"金字塔结构"的通识教育课程体系，培养师范生创新意识、批判性思维和问题解决能力，为师范生适应信息爆炸、复杂多变的教育生态打下坚实基础。

**优化师德养成教育**。学校紧扣立德树人根本任务，建设"不言之教"的校园环境和高雅大爱的校园文化，打造"润物细无声"的育人育德环境，提升师范生的德性修养。加强第一课堂与第二课堂的协同，将课堂教育、实践教育与养成教育相融合，基于真实教育情境开展课程思政和学科德育实践，培养师范生智能伦理的感性和人文关怀意识，提升其师德素养和育德能力。

**根植智能教育理念**。学校在卓越育人的基础上以"教育+人工智能"为理念引领开展智能教育研究，倡导"有温度的智能教育"，追求精准性与个性化，帮助师范生理解大数据、人工智能等技术的底层逻辑及其应用于教育领域的特征、场景，并推动智能教育理论和方法创新。

### （二）优化课程体系，适应智能时代学与教的新变化

**优化课程体系**。重构大学公共计算机课程体系，形成了"人工智能基础与应用""数据科学与人工智能基础""数字媒体与交互技术"等模块课程，培养师范生的计算思维和数据思维。开设以"人工智能时代的教育"为代表的通识课、以"人工智能的数学基础"为代表的专业课，深度改造"信息化教学设计与实践"等教师教育课程，融入深度学习、人机协同等理念。

**创新多形态教学模式**。大规模推进在线课程建设，推动实施基于案例和任务的混合式教学。华东师范大学自主研发"水杉在线"平台，构建了"学""练""测""创"一体化综合性学习社区，应用个性化导学、人工智能助教等辅助教学，探索数据驱动的循证教学法。开发了以课堂教学行为分析为特色的"EduMaster智慧课堂"和三维自适应学习系统，实现了智能支撑的差异化教学和个性化学习。通过多形态教学模式探索与实践，增强师范生对智能支撑的个性化教学的浸润式体验，持续影响并推动基础教育课堂变革与迭代。

### （三）强化教育实践，应对智能时代教学的改革

**打造平台开展线上线下相融合的教学实践**。打造教学能力实训平台和师范生基本教学技能训练虚拟仿真系统，覆盖观摩（见习）、模拟（微格）、实

践（实习）、反思（研习）等教学能力训练和指导全过程。依托一体化平台，实现了高校和基础教育学校在线实时开展双向教学观摩和研讨、现场/远程相结合的跟踪与指导。通过平台智能化的教学行为记录和分析，实现师范生的个性化训练和指导。"教、学、练、评、测、研"一体化的实训模式，有效促进了师范生课堂教学能力的螺旋式提升。

**联动上海基础教育一线开创教育实践新领域。**借助上海所具有的世界水平基础教育的优势，以师范生教学创新实训营为突破口，从2013年起，华东师范大学联合基础教育一线教师和教研员，共建共享跨学科创新教育平台，师范生和基础教育教师共同开发和实践智能教具研发、跨学科课程设计等具有鲜明智能时代特征的融合创新课程，提升师范生的跨学科教学融合能力和智能技术整合能力，促进三维自适应学习系统等智能教育研究成果在基础教育的应用。

## （四）改革评价体系，引领智能时代学与评的融合

**研制评价标准。**在《华东师范大学混合式课程标准（试行）》《中小学教师信息技术应用能力标准（试行）》《师范生信息化教学能力标准》的基础上，聚焦基础教育教学的核心环节与关键能力，还研制了《华东师范大学师范生课堂教学能力微认证规范》等师范生教学能力系列标准，地理等7门师范专业课程思政指南，科学指导和有效评价师范生的师德践行能力、基本教学能力、学科教学能力以及信息化教学能力。

**强化过程性评价。**依托"水杉在线"学习平台和大夏学堂学习系统，对师范生的学习实践进行过程性评价。依托教师教育实训平台，将师范生技能训练和见习、实习、研习过程记入电子档案，开展教学实践的过程性评价。依托师范生基本教学技能训练虚拟仿真，对师范生在训练过程中的表情、姿态、语音等进行大数据分析，在师范生教学技能训练中实现动态评价和个性化指导。依托"移动听评课"等系统，开展自评、互评、教师点评等。依托三维自适应学习系统等智能教育研究成果在基础教育的应用，让学生开展基础教育智能教育场景下的精准评价探索。

**健全多元综合评价。**学校积极探索和创新师范生教学能力评价模式，开发了一套以微认证为核心，开放式、数据驱动的师范生教学能力评价体系，通过系列微认证规范科学评价师范生的各项能力，绘制师范生教师职业能力达成"画像"，指导师范生自我规划和持续发展。

## 三 主要成效

### （一）师范生创新能力表现突出

近三年，围绕学科教学创新，919名师范生参与各级各类科创项目，7个聚焦教师教育的师范生研习项目荣获多个国家级奖项。8期跨学科教学创新实训营学生完成了一批智能教具和跨学科课程的研发，受邀在中学开设跨学科拓展课程，获得师生一致好评。

### （二）智能平台支撑教学创新影响广泛

《华东师范大学混合式课程标准（试行）》全面支持和指导了智能时代下的教学创新，多位教师在全国混合式教学创新大赛中获得特等奖和一等奖。该标准被全国混合式教学创新大赛等比赛吸纳和参考，并被安徽师范大学等多所兄弟院校借鉴。"水杉在线"学习平台打破了课中与课外、校内与校外的边界，吸引了同济大学、湖北大学等多所高校参与，取得区域间教学互动的良好效果。教师教育实训平台打造了一个多维度、多时空的师范生教学能力实训样板，获高等学校国家级实验教学示范中心十年建设成果展三等奖。与上海基础教育学校共建的跨学科创新教育平台开展了系列交流研讨、公益培训、课程设计大赛等活动，全国共9748人参与首期公益培训，208所中小学在职教师、20所师范院校师范生参加了首届跨学科课程设计大赛。

### （三）微认证评价体系受到多方肯定和运用

教师信息技术应用能力标准及其微认证评价体系得到了教育部、地方教育行政部门和兄弟院校的广泛认可，被吉林、广西、陕西等地采纳应用，并应用到"全国中小学教师信息技术应用能力提升工程2.0"中，实践成效明显。师范生课堂教学能力规范及其微认证评价体系被人民网、上海教育新闻网等多家媒体报道，北京师范大学、陕西师范大学、华中师范大学、内蒙古师范大学、四川师范大学等多所师范院校与我校交流。

### （四）智能教育研究与实践探索具有很强的引领性

学校在智能教育方面获省部级以上奖项达28项，教师发表研究论文80余篇，获批省部级项目30余项，形成发明专利、软件著作65项；联合上海市教育委员会共建上海智能教育研究院，承办三届世界人工智能大会教育主题论坛；2021年智能教育实验室获批教育部首批哲学社会科学重点实验室试点；2021年获批教育部第二批人工智能助推教师队伍建设试点单位。华东师范大学将继续在智能教育研究和应用方面发挥引领示范作用。

| **28**项 | **80**篇 |
| --- | --- |
| 获省部级以上奖项 | 发表研究论文 |
| **30**余项 | **65**项 |
| 获批省部级项目 | 形成发明专利/软件著作权 |

# 聚焦"微能力"撬动"做中学"
## ——测评体系赋能教师信息化教学能力发展的大规模实践

华东师范大学

## 一 背景

教师信息化教学能力是破解教育信息化发展瓶颈、促进教师专业发展、推进基础教育课程改革的要素，是信息化时代教师的必备素养。随着社会发展、教育改革的推进，教师信息化教学能力发展中的一些难题亟待解决：信息技术应用与教育教学融合深度不够、教师创新意识不足；教师信息化教学能力个体差异大，地区间发展不平衡；以培训为主的教师专业发展活动在规模化实施中难以满足多样化需求；专业发展活动针对性不强，"学用两张皮"现象严重；评价方式有限，精准化、规模化测评需求难以兼顾；教师信息化教学能力提升融入日常工作不够充分。

## 二 经验

评价是促进教师能力发展的有效手段，有助于精准定位能力短板和差异需求、引导教师学习与实践的方向和路径、改变教师专业发展的活动方式、激发教师主动应用的动力。因此，本团队聚焦教师能力评价设计，以"创新能力评价、赋能教师发展"为目标，通过构建以"微能力"为特征的教师信息化教学能力测评体系，助力教师"做中学"，赋能教师信息化教学能力发展。

### （一）评价思路创新：基于微能力和实践证据的测评思路，助力教师"做中学"

借鉴和吸收国际面向成人的能力评估方式"微认证"，构建了《中小学教师信息化教学能力测评指南》（以下简称《测评指南》），主要由信息化教学微能力框架（见表1）以及测评规范构成。30项微能力覆盖多媒体教学环境、混合学习环境以及智慧学习环境三类信息技术应用环境，以及学情分析、教学设计、学法指导和学业评价四个课堂教学环节。针对每一项微能力，应用表现性评价方式设计了测评规范，其框架包括能力维度、所属环境、实践问题、能力描述、提交指南与评价标准、实践建议。微能力测评具有能力导向、面向实践、细微精准、关注差异的特点，助力教师"做中学"，破解了学习与实践两张皮的难题。

表1 ▼
教师信息化教学微
能力框架

| 维度 | 信息技术应用环境 | | |
| --- | --- | --- | --- |
| | 多媒体教学环境 | 混合学习环境 | 智慧学习环境 |
| 学情分析 | A1技术支持的学情分析 | B1技术支持的测验与练习 | — |
| 教学设计 | A2数字教育资源获取与评价<br>A3演示文稿设计与制作<br>A4数字教育资源管理 | B2微课程设计与制作<br>B3探究型学习活动设计 | C1跨学科学习活动设计<br>C2创造真实学习情境 |
| 学法指导 | A5技术支持的课堂导入<br>A6技术支持的课堂讲授<br>A7技术支持的总结提升<br>A8技术支持的方法指导<br>A9学生信息道德培养<br>A10学生信息安全意识培养 | B4技术支持的问题发现与解决<br>B5学习小组组织与管理<br>B6技术支持的展示交流<br>B7家校交流与合作<br>B8公平管理技术资源 | C3创新解决问题的方法<br>C4支持学生创造性学习与表达<br>C5基于数据的个别化指导 |
| 学业评价 | A11评价量规设计与应用<br>A12评价数据的伴随式采集<br>A13数据可视化呈现与解读 | B9自评与互评活动的组织<br>B10档案袋评价 | C6应用数据分析模型<br>C7创建数据分析微模型 |

## （二）成果形式创新："标准+资源+模式+方法"的成果组合样态，为大规模培训提供了解决方案

成果包括三项核心内容，如图1所示。《测评指南》明确能力发展要求，成为教师能力诊断与提升的标准依据；测评平台、研训平台、培训课程、案例等研训资源，可系统支持规模化培训；基于微能力的教师和学校信息化发展模式为立足实践的信息化教学能力提升和学校发展提供操作路径；测评体系开发方法为成果的迁移和辐射提供理论依据。三种成果样态组合为大规模、差异化教师培训和能力提升提供了系统解决方案。

其中，构建形成的三种实践模式有力推动了教师和学校发展。

### • 基于微能力的教师信息化学习与实践模式

教师可从选择能力点、理解要求开始，通过教学、教研等方式开展基于实践的学习与反思。在此期间，可通过网络课程、直播答疑以及个别辅导等方式解决微能力学习与实践中的问题，形成并采集成果之后提交至平台，完成测评，如图2所示，该模式较好地支持了教师融入工作实践的学习。

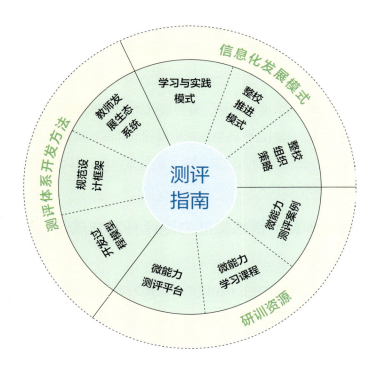

◀ 图1
成果构成

◀ 图2
基于微能力的教师
信息化学习与实践
模式

### • 基于微能力的学校信息化整校推进模式

基于微能力的整校推进模式具体可以分为四个步骤。

**第一** 学校确定信息化发展愿景和目标；

**第二** 学校设定教师能力点选择与参与要求；

**第三** 教研组依据学科细化要求；

**第四** 教师选择能力点参与学习与测评。

该模式显著体现了"以校为本"的组织实施特征，并较好地建立了教师个体发展与学校发展的内在关联。

### • 整校组织策略

基于各省能力提升工程2.0的优秀范例，本团队采用了案例研究、文献研究、最佳实践萃取等方法开展实施策略研究，形成了包含迁移准备、领导支持、团队协同、迁移条件、机制驱动、模式维持六个维度共计85条组织策略。

### （三）推进方法创新：坚持敏捷迭代的理念，持续吸纳和融合实践智慧

在构建《测评指南》、课程案例、发展模式等成果的过程中，持续面向教师和学校开展需求调研，同时注重典型案例和经验的萃取和吸纳，不断推动成果迭代更新。截至目前，依据微能力开发形成了课程资源库，共计500学时，以及具有示范和启发意义的信息技术应用案例共计274个。

### （四）设计理论创新：提炼微能力测评开发方法论，提升迁移辐射能力

系统提炼测评体系设计的技术和理论，为能力本位的教师评价和精准培训理念落实提供了可依循的方法论。

**微认证开发的过程模型**。微认证体系构建可分为四个阶段：角色分析、能力分解、认证规范开发、调研试用。

**微认证规范设计逻辑框架**。采用"以证据为中心"的评价设计思想，以及从能力模型到证据模型再到任务模型的设计逻辑，为构建能力与证据间的关联、能力与任务间的对应关系提供了一种转化与操作思路。

**基于微认证的教师发展生态系统架构**。基于教师专业发展的生态取向，有效支持教师发展的系统应该是在微能力测评、教师发展与认证评估组织架构之间形成相互呼应和数据对接的生态体系。

## 三 成效

### （一）助力全国性的教师专业发展工程

《测评指南》为全国31个省、自治区和直辖市以及新疆生产建设兵团能力提升工程2.0的规划、实施与评估提供了重要依据，为立足学校整校推进奠定了基础。截至2022年9月，成果惠及学校15.8万所、教师940万人。随着工程的推进，惠及学校和教师的数量还在持续增加。

本成果为能力取向的评估探索了一条立足实践、基于证据、细微精准的实现方式。该路径兼具个性化和大规模实施优势，为弥合教师研修与实践之间的鸿沟提供了解决方案，也为教师培训向立足实境、精准培训的专业化发展转向做出了示范。

## （二）支持教师和学校的信息化能力发展

30项微能力极大地满足了教师和学校的差异化发展需求。以学校为例，学校可基于本校信息技术应用环境类型、信息化发展与教师能力问题、信息化发展愿景等产生各具特色的整校推进方案。

调研数据显示，参训教师信息技术应用的效能感、创新活力和应用实践成效得到有效提升。参训教师在技术态度、技术效能和迁移能力等方面有显著提升。

## （三）推动各地创新实践成果产生

各地围绕30项微能力开展学习、实践与讨论，形成大批技术与教育教学融合的优秀案例，极大地丰富了教师信息化教学的视角和方法，激发了教师立足实践的技术应用创新意识。

湖南、广东、浙江等地基于成果开展了本地化创新，形成具有地方特色的教师信息化能力学习与测评体系。例如，广东省增加了智慧教育环境下的微能力点，天津市依据本成果研制了面向幼儿园教师的信息技术应用测评指南。

## （四）引领和推动教师能力评价方式的改革

截至目前，本团队通过专业指导、研究参与等方式支持了5套微能力测评体系的研制。

华东师范大学在推进"卓越师范生培养计划"中，先后研制并发布了"师范生在线教学能力微认证体系"和"师范生课堂教学能力微认证体系"，并在师范生中开展了认证活动及培养改革。以推进能力为中心的卓越师范生培养改革，为职前职后培养标准的衔接和联通提供了有效的实现方式。

## （五）研究成果获广泛认同

7篇直接相关的高水平研究论文、1项教育部课题、1项软件著作权等，为更大范围的迁移和辐射提供了可能。同时，相关成果近年来在国家级、省部级的论坛和研修班上进行专题报告30余次。

# 以评促教、双线并举：新时代卓越新闻传播人才培养与评价融合体系构建

中国人民大学新闻学院

## 一 开展数字教育创新实践的背景

本成果以培养党和国家在新闻舆论战线的高层次人才为根本任务，以新时代国家现代化发展需求和人的全面发展质量为导向，构建中国特色卓越新闻传播人才培养评价体系，以此驱动人才培养模式创新与流程再造，全面提升人才培养质量，造就具有家国情怀、全球视野的全媒化复合型卓越新闻传播人才。

本成果的特色是：坚持育人结果导向，以基于实践用人视角的人才培养质量综合评价标准体系建设驱动学校教育端的人才培养改革创新，建立从在校学习、毕业就业到职业发展全流程贯通、终生伴随式的长周期人才培养模式。同时，人才培养改革亦为质量评价注入新内容、提出新要求，形成互相促进、互相融合的大循环育人机制。

本成果的内容主要包括两大部分：一是以"复兴栋梁、强国先锋"为标准，构建中国特色的卓越新闻传播人才培养综合评价体系，为新时代新闻传播人才培养提供具有示范引领意义的参考；二是以人才评价促人才培养改革，形成马克思主义新闻观引领、国家战略响应型的新时代卓越新闻传播人才培养体系2.0版。

## 二 实践创新举措、典型经验

本成果是中国人民大学新闻传播学科多年来持续推进人才培养改革创新的结晶，以评价驱动培养是其创新的核心，具体的创新点主要体现在四个方面。

### （一）重质的思政教育新模式

以"重返历史现场，走进田野课堂"为特色，依托"中国共产党百年新闻事业与红色新闻文化数字记忆工程"和"中华人民共和国脱贫攻坚口述史工程"等项目，将第一课堂与第二课堂打通，教学、科研、思政融为一体，"筑基培魂"与"经世致用"有机融通（见图1）。

以评促教、双线并举：新时代卓越新闻传播人才培养与评价融合体系构建

◀ 图1
中华人民共和国脱
贫攻坚口述史工程

## （二）面向实践应用需求、以学生成长为中心的生态型培养体系

以新文科理念系统布局人才培养，打造6个以学生兴趣、特色成长为导向的人才培养特区，与法学、公共管理学等学科共建3个双学士项目，学院5个本科专业全部入选国家一流专业。

## （三）对国家社会需求的灵敏响应机制

快速响应国家加强国际传播能力建设的需求，构建多元立体国际传播人才培养体系。创设国际新闻与传播系；开办国际新闻与传播本科专业和国际传播二级学科，形成本硕博一体的国际传播人才培养体系；拓展人才应用场景，与其他高校合办西班牙语、法语班；与中国国际电视台等中央主流媒体和外交部、国家外文局等部门深度合作，以田野课堂模式在实战环境中培养国际传播人才（见图2）。

因应全媒体时代实践发展需求，全面升级实践育人机制，开设大数据与舆情分析、智能传播、战略传播等课程包；与《人民日报》等共建融媒体内容生产、传播技术、算法与平台运营类课程。

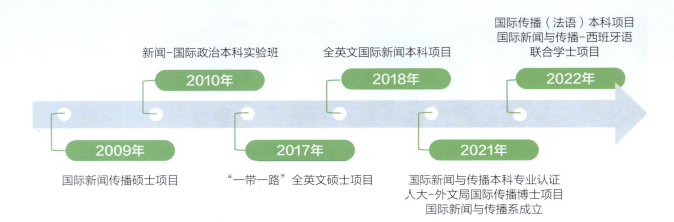

**图2** ▲
国际新闻与传播人才培养建设路线

2009年
国际新闻传播硕士项目

2010年
新闻-国际政治本科实验班

2017年
"一带一路"全英文硕士项目

2018年
全英文国际新闻本科项目

2021年
国际新闻与传播本科专业认证
人大-外文局国际传播博士项目
国际新闻与传播系成立

2022年
国际传播（法语）本科项目
国际新闻与传播-西班牙语
联合学士项目

## （四）以治理体系改革促人才培养发展

以综合素养为导向，完善学生评价标准，打通本硕博升学通道，以此驱动人才培养改革。培育高水平师资团队，实现"经师"与"人师"的统一；组建16个团队开展自主知识体系创新行动，以高水平科研反哺教学。

本成果将解决教学问题的方法总结为"一体、两翼、六支撑"（见图3）。

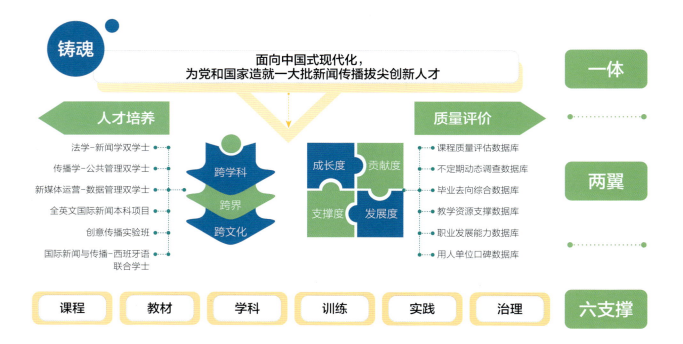

铸魂

面向中国式现代化，
为党和国家造就一大批新闻传播拔尖创新人才

一体

人才培养

法学-新闻学双学士
传播学-公共管理双学士
新媒体运营-数据管理双学士
全英文国际新闻本科项目
创意传播实验班
国际新闻与传播-西班牙语
联合学士

跨学科
跨界
跨文化

成长度　贡献度
支撑度　发展度

质量评价

课程质量评估数据库
不定期动态调查数据库
毕业去向综合数据库
教学资源支撑数据库
职业发展能力数据库
用人单位口碑数据库

两翼

课程　教材　学科　训练　实践　治理

六支撑

**图3** ▲
"一体、两翼、六支撑"的卓越新闻传播人才培养及评价融合体系

● "**一体**"，即"面向中国式现代化，为党和国家造就一大批新闻传播拔尖创新人才"，以此锚定基石。其中的关键是"铸魂"。本成果的探索方式是：以马克思主义新闻观为牵引，将教学、科研、思政三者全链路打通，第一、第二课堂有机勾连，打造全流程、全要素、全场景的大思政教育模式，实质性地提升思政教育质量。

- **"两翼"**，即"以学生为中心，培养与评价双线并举，以需求和质量评价为导向牵引培养"。

在人才"培养"这一翼，以跨学科、跨界、跨文化的人才培养特区支持学生的个性化、可持续成长，形成"技能-智识-德性"三位一体的育人模式，实现素养与技能、思政教育与专业能力培养的有机融合。

在质量"评价"这一翼，以党和国家需求及人的全面发展为导向，相应的评价体系涵盖职业信念与理想、伦理与精神、理论与知识、实务技能与交流能力、胜任力与领导力等多层级指标。

"培养"和"评价"两翼的相互作用、有机融通则通过四个维度的评估和反馈来实现，即成长度、贡献度、支撑度和发展度。"成长度"是人才成才的幅度，通过对在校生进行动态调查实现，涵盖课堂质量评估、学生期末问卷调查、毕业生获得感调查等形式，贯穿整个教学培养过程。"贡献度"是为党的新闻舆论事业服务贡献的程度，由毕业生就业综合数据库支撑。"支撑度"是具备的资源质量和支撑人才成长的效果，如课程、教材、制度保障等各种软硬件的水平。"发展度"是对学生毕业后职业发展能力和状况的评价，动态追踪毕业生的发展潜力和可持续发展能力，及时评价人才去向和流动情况，动态评价其发展（见图4）。

▲ 图4
中国人民大学新闻与传播学科人才培养综合评价指数

- **"六支撑"**，即人才培养与评价的六大支撑体系。

一是课程。学院设立7大教学创新团队，开展专业核心课程创新行动和新文科前沿特色课程创新行动，以5个国家级一流本科专业为依托，建设和升级金课与课程思政示范课20余门。

二是教材。以自主知识体系构建和课程体系改革推动教材建设，开展精品教材和案例库建设工程。

三是学科。发挥学校一流学科汇集优势，以学科交叉创新支撑跨学科人才培养；发挥一流学科示范引领作用，与国为16所高校新闻传播院系和主流新闻机构合作共建，以学科共同体建设涵养人才培养生态。

四是训练。以新文科理念构建"实验驱动教学"的训练体系；发挥全国虚拟仿真实验教学创新联盟新闻传播类委员单位作用，整合国内相关教学资源20余个，推动建立基于虚拟仿真的开放共享型实验训练平台。

五是实践。建设教学实践基地43个，推出本科生业界导师和职业成长导师"双师制"，强化"科研-实践"双向互动机制。

六是治理。涵养人才培养厚重文化环境，形成顶层设计、机制创新、人员保障三位一体的现代高校治理格局。

## 三　主要成效

### （一）实现了学生个性化培养和新文科知识图谱的再造，新时代卓越新闻传播人才培养模式更趋完善

学院5个本科专业均入选国家级一流本科专业；与法学、政治学、公共管理等学科联合的6个人才培养特区实现交叉融合，拓展了人才成长空间；基于全媒体知识逻辑的课程体系重构、实习实践平台的优化，使学生应对媒体深度融合需要的能力大大提升；本硕博贯通的学术拔尖人才培养项目造就一批学术新星。

人才培养经验受到《人民日报》、新华社、《中国教育报》、中国教育电视台以及相关学术期刊多次报道。在教育部首批新文科研究与改革实践项目评选中入选2项。

### （二）人才培养质量和人才可持续发展能力显著提升，对国家社会需求的响应度持续增强

建设期以来在校学生获得各类奖项2000余项，涵盖广告艺术、公共关系、数据新闻等国际与全国性学科竞赛、体育赛事。涌现了一批以"全国模范退役军人"、全国高校"百名研究生党员标兵"为代表的优秀学生和以北京市"十佳班集体"为代表的学生集体。

人民日报社、新华社、中央广播电视总台等用人单位对我院本科毕业生综合素质满意度高，面向学院招聘频次高、招聘量大；2009年以来，学院共培养国际新闻传播人才360余人，多数在人民日报、新华社等国际传播一线，分布于全球五大洲37个国家和地区。"人大新闻毕业生"的品牌效应不断强化。

## （三）打造人才培养共同体，示范、引领、协同新时代新闻传播教育

发挥新闻出版行业就业创业指导委员会主任委员单位作用，组织搭建新闻传播教育与实践用人单位的供需对接平台，编写行业人才市场状况年度报告，建立由教育界和实践界共同参与的学生创业就业指导委员会联席机制，促进人才培养上下游的互动。

对标国际一流院校人才培养标准，与中国人民大学评价研究中心合作出版内刊《高校决策参考》，最大限度凝聚国内外学科共识，研发制定卓越新闻传播人才质量评价指标体系。

合作共建国内16所高校新闻传播学科；牵头成立"红色新闻教育联盟""信息传播与少数民族地区社会发展教学研究共同体"；举办研究方法工作坊、马克思主义新闻观骨干师资培训班等，为兄弟院校培训骨干师资近千人次；近10年接受国内访问学者超100人；"明新青年访问学者计划"每年接收6—10人；每年接收兄弟院校交换学生近20人；每年负责培养北京印刷学院双培生15人；举办50多期学术深研会，全部面向兄弟院校开放。

# 数据赋能研究生学位论文
# 质量控制体系建设

## 上海大学

### 一 背景

学位论文质量是研究生综合素质和学校研究生教育质量的重要体现。2012年起，学校开始采用信息化手段精准掌握研究生学位论文质量状况，通过数据赋能驱动理念变革、引领策略方向、塑造质量文化，不断激发和提升师生质量意识，将质量关口前移，促进研究生培养质量提升。

围绕学位论文质量分析与控制，解决了如下教学问题：

• 传统的同行评议意见只用于评价单篇学位论文质量，如何将其整合并用于分析整个学科和全校的学位论文质量？

• 评议意见未能闭环反馈到培养各环节，如何推动培养各环节的制度举措更具有针对性？

• 随着评议数据不断积累和质量要求的持续提高，如何动态优化学位论文质量控制体系？

### 二 经验

上海大学现有26个一级学科博士点、41个一级学科硕士点、2个博士专业学位类别、27个硕士专业学位类别，年度学位授予人数为5500人左右。近年来，学校研究生教育从层次、类型和数量上发生历史性变革，以学位论文同行评议为撬动点，建立分析预警系统，形成精准改革举措，持续动态优化升级。

#### （一）重点难点问题

一是构建上海大学学位论文质量实时分析和预警系统，实时呈现学位论文选题性、学术性、创新性、应用性、规范性五个分指标和整体评价六个维度的质量分析，建立学校、学院、学位点和导师四个层面的学位论文质量精准画像，关口前移，强化质量监督。

二是精准实施论文质量控制的针对性举措，形成实时闭环全流程指导，通过夯实导师指导、强化课程建设、激发学生潜能、严控质量关口等多项措施，压实质量责任。

三是以成效检验升级学位论文质量控制体系一体化建设，打破培养质量数据"孤岛"现状，提升数据治理能力，强化质量意识。

## （二）创新举措与典型经验

**第一，围绕让数据"活"起来（见图1）的发展理念，构建论文质量实时分析和预警系统（见图2）。**

该系统基于不断累积的评议数据，从六个维度和四个层面对学位论文质量进行实时分析与动态监测，将评价单篇研究生学位论文质量的同行评议"死"数据，转变为能够提升整体研究生培养质量的"活"数据，通过数据统计与语义分析打通20年近6万份同行评议末端"信息孤岛"，实现学位论文质量数字化转型。

学位论文质量发展趋势图呈现学位论文质量六个维度和四个层面的趋势分析。分析各学院、不同层次、不同类型的学位论文历年评议中优秀、良好、合格和不合格的占比，系统展示研究生历年学位论文各档占比情况和发展趋势，公布各学院实时排名，对于质量呈现下滑趋势的进行重点关注、提前干预，最大限度实现学位论文质量控制。

学位论文质量预警热力图对论文总体质量和各分项指标相对较差的学位点和导师进行实时预警。分别对总评成绩和规范性不合格率最高的五个学科及导师予以红色或橙色预警，将学位论文规范性指标纳入教师绩效考核。查摆问题学

▼ 图1
让数据"活"起来，实现论文质量预警系统全覆盖

「"死"数据」→「数字化」→「数据统计与语义分析」→「动态监测与实时分析」→「质量画像」

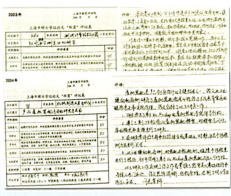

历年评审意见数字化

单篇论文的专家评价只影响
**1**个导师和**1**个学生（单体评价）

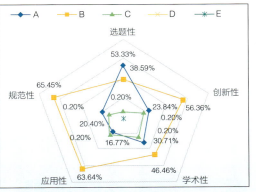

某学科历年博士论文指标等级雷达图

学科所有论文的**整体**评价助益
**全体**师生（整体评价）

各学科质量画像为排查研究生培养质量存在的薄弱环节、诊断制约学术素养和创新能力提升的短板提供重要依据

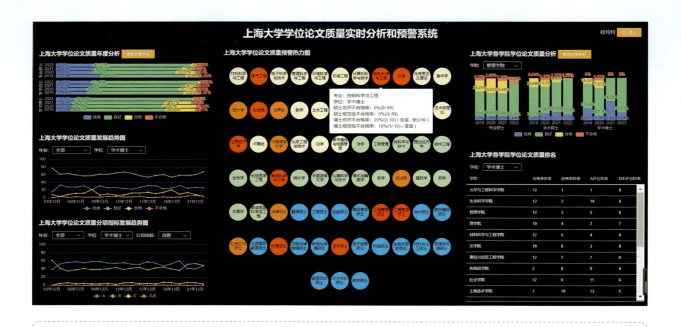

**20年**　　　　**41551名研究生**　　　　**59309份评议书**

图2 ▲
上海大学学位论文
质量实时分析和预
警系统

科、问题导师、问题学生，及时采取相应举措提升论文质量。

第二，突出让数据"用"起来的体系创新，实现论文质量实时闭环反馈。

基于分析和预警系统，增强学位论文质量控制的精准性与科学性，系统以定性与定量分析相结合的方式，将输出结果反馈到研究生培养各环节，提出提升质量的针对性举措并加以检验，从制度上优化完善论文质量控制体系，实现学位论文质量控制的动态闭环全流程指导（见图3）。

图3 ▼
上海大学实时闭环
质量控制体系

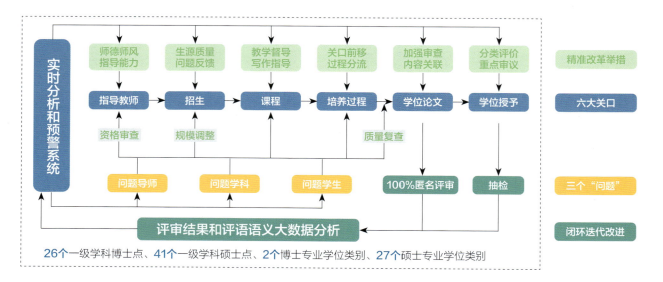

关口前移强化全流程学位论文质量控制体系。精准发现学校、学院、学位点在学位论文质量上的关键问题，使指导教师、招生、课程、培养过程、学位论文、学位授予六大关口的政策衔接更连贯，树立"全过程"质量责任意识，实现质量认知关口前移，确保学位论文质量控制举措落实落地。

实时闭环反馈完善学位论文质量控制体系。闭环反馈模式以数据分析结果为基础，聚焦学位论文薄弱环节、制约学术素养和创新能力的短板。抓好从选题到开题的创新性含量，开题时认定交叉学科学位论文归属和是否涉密，基于交叉学科和涉密学位论文较多的情况，每年审议招生资格、培养方案和课程体系。有实质性指导的导师需署名且应担责，确保导师的实质性指导和精力投入度，提高导师门槛。数据反馈到文献阅读研讨课、学术规范写作课、写作中心（见图4），提升学生写作能力，已出版和待出版"研究生学术论文写作"系列丛书共27册。课堂教学更注重培养学生的批判性思维，引导学生提出有质量的问题、有依据地质疑。学位点基于质量分析更新培养方案。学位会确定"抓两头、促一般"的改进策略及方向，通过分类评价重点审议质量一般论文、抽查学位论文修改情况、落实"质量复查小组"职责等严把质量关，着重审议博士学位论文的内容与代表性成果的关联度。

▼ 图4
协力打造写作中心，突出写作个性化指导

a. "三位一体"学术写作能力培养模式

b. 校级写作中心实训基地运行情况

c. 院部校联动、师生一体

d. 学术写作能力培养模式建设进程

**第三，聚焦让数据"亮"起来的治理模式，为学位论文质量控制提供策略支持。**

通过数据赋能实现以师生创新能力提升为核心的学位论文质量控制体系，将分析和预警系统、研究生培养、论文评议、导师管理、学位管理、学位会会议和优博评选模块等打造成一体化数据平台（见图5）。研究生教育治理模式的智能化转型突破了时间和空间的限制，实现"学生跑0次"，每年节省约50万元的打印邮寄费，为5000余名研究生100%"双盲"论文评议节省5天时间，特殊时期做到学生不滞留、质量不降低。

图5 ▼
完整的实时闭环质量控制体系检验改革举措成效

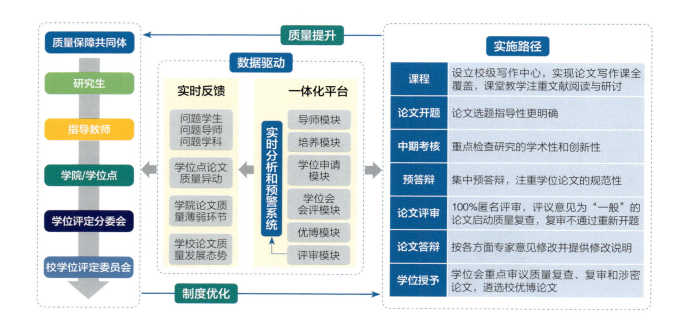

通过数据赋能不断强化学位点建设质量意识。根据各学科论文评议指标等级雷达图挖掘专家评语，深入分析不合格论文，明确学位点论文质量薄弱点。实施学位点负责人制度，严把导师评聘和上岗关，培养质量差的导师一票否决。

不断优化质量保障共同体。学位评定委员会、学院和学位点、师生组成同向发力的论文质量保障共同体，以"质量文化"重建主体内在关联性，通过各级导师培训、教学督导和学术沙龙等形成论文质量共识，让研究生既能潜心做研究，又能专心写论文，使师生从追求做"合格论文"到追求做"优秀论文"。

### （三）显著成效

随着研究生规模不断扩大、同行评议数据不断积累，学校研究生教育数字化由评议数据共享的基础阶段，发展到数据驱动下学位论文质量控制体系变革的发展阶段，再到目前人工智能与学位论文质量控制体系融合发展的跃升阶段，成为数字化转型的生动实践案例。

## （一）学位论文质量显著提升

学位论文评议合格率保持在97%左右，优秀率由15%稳步提升至20%左右，良好率由65%提升至76%。选题优秀率由30%提升至41%，创新性的优秀率由15%提升至22%。

## （二）研究生创新实践能力显著增强

导师指导投入度显著提升，选题面向科技前沿和国家需求，学生质量意识和创新意识显著提升。孙晋良院士团队开发用于国防与航空工业的复合材料，填补多项国内研究空白；吴明红院士团队在环境保护领域不断取得突破；无人艇团队研发的"精海"系列在海洋探测等领域发挥关键作用。这些都离不开研究生的巨大贡献。

研究生在《自然》（*Nature*）和《科学》（*Science*）上累计发表正刊论文4篇和子刊论文147篇。在中国研究生数学建模竞赛获一等奖18项，连续6年获奖数位列全国第一；在全国"挑战杯"和"互联网+"大赛中分别获得特等奖和金奖。在高等学校科学研究优秀成果奖（人文社会科学）、中国电影"金鸡奖"中均有研究生的重要贡献。

## （三）可复制、可推广的"上大经验"引起关注和共鸣

我校与北京大学、天津大学在2021年中国研究生院院长联席会年会上进行主旨报告，"上大经验"获得好评。在上海教育督导与评价国际论坛、上海市高等教育数字化转型工作推进情况新闻通气会、上海市学位授予信息工作会议等进行主题发言。"关于加强统筹、更好推进高等教育数字化转型的提案"获评第十三届全国政协优秀提案。相关成果和内容在《学位与研究生教育》《思想理论教育》《文汇报》《中国教育报》等报刊发表，并被人民网、央广网、中国教育新闻网等媒体报道。

## （四）数据驱动，服务上海高校研究生教育高质量发展

上海市教委与上海大学于2020年共同成立上海高校学科发展研究中心，搭建上海高校学科专业高质量发展数字化治理平台，提升研究生评价质量和治理能力，探索智慧教育新模式，多次向上海市提交相关成果要报。

# "职业特质画像"赋能高铁智能运维人才个性化培养

## 河南省郑州铁路职业技术学院

## 一 背景

我国高铁世界领先,高铁既是我国职业准入相当严格的行业,又是我国重要的安全苛求系统。从"全国铁路六次大提速"到"复兴号检测列车实现交会时速870公里",从"全国铁路实行高峰运行"到"中欧班列联通'一带一路'国家",从"世界第一条高寒高铁哈大高铁"到"我国首条智能高铁京张高铁",高铁运行呈现高速度、大运量、长距离、复杂环境、智能运营等特点。各种运行场景对行车安全要求严苛,对高铁司机等运营维护人员提出了风险感知、压力管理、应急处置等职业特质新要求。

郑州这座"被火车拉来的城市"是我国的"高铁心脏",全国铁路系统第一所独立设置的高等职业技术学院——郑州铁路职业技术学院正坐落于此。作为河南省教育厅与中国铁路郑州局集团共建学校,2009年学校牵头成立国家示范性职业教育集团——郑州铁路高等职业教育集团,深化产教融合、科教融汇,共同打造铁道机车国家高水平专业群,成为国家骨干高职院校、国家级优质高职院校、国家"双高计划"建设单位,为服务高铁安全智慧运行供给了一大批高素质技术技能人才。

为快速响应我国高铁对可靠的高素质技术技能人才的需要,学校以培养具备卓越职业特质的高素质技术技能人才为目标,与中国铁路郑州局集团共建河南省智慧教育与智能技术应用工程技术研究中心,开展高铁智能运维人才职业特质个性化培养的研究与实践,用数字技术、智能技术赋能人才培养,利用大数据、虚拟现实技术、人工智能技术持续深化改革,破解人才培养中存在的职业特质培养目标不明确、教学模式不适合、评价方法不科学等难题,为河南省国家智慧城市建设提供了人才支撑,为中国职业教育数字化贡献了"郑铁方案"。

二 经验

### （一）数字赋能教育教学，创新职业特质育人理念

学校对接高铁运营智能化升级，启动数字校园建设，提出了"坚守安全红线、绘制职业特质、培养精英匠才"育人理念，以服务高铁运行安全为准则，以职业特质培养为着力点，以指标明确、可监测、数据化、个性化的职业特质画像为突破口，突出多源信息耦合的复杂场景处置能力培养，通过培养、体验、实践、内化、升华等方式促进学生职业特质的形成，利用大数据关注每个学生职业能力的发展，为中国高铁持续领先世界供给精英匠才，为中国职业院校培养人才提供新理念。

### （二）科技支撑教育体系，构建"3722"职业特质画像

联合10余家企业、科研院所成立"高铁技术技能人才职业特质实验室"，共同组建计算机应用技术（高速列车智能运维方向）创新团队，利用大数据算法开展职业特质指标体系的研究。

**解析岗位作业任务** 解析动车组司机相关操纵规程，对火车头奖章获得者、全国铁路技术能手等30余位技能大师进行访谈、作业行为观测，进行认知工作分析。

联合20余名资深高铁运维专家编制"高铁司机职业特质调查问卷"，采用层次分析法（AHP法）确定职业特质指标数据及权重。 **确定职业特质指标**

**具象人才培养目标** 解析职业特质指标数据，按照目标层、准则层、指标层3个层次，情景意识、交流能力、自我管理、合作能力、领导力、决策能力、任务管理7个维度，判断和决策、合作意识、问题的确定和诊断等22个指标，绘制出"3722"职业特质画像（见图1），对职业特质人才培养目标进行定性和定量描述。

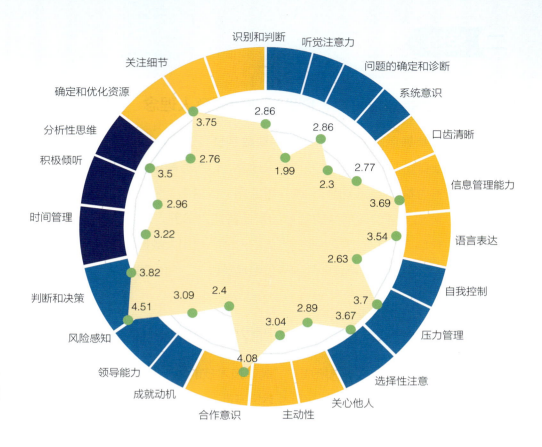

图1 ▶
高铁技术技能人才
"3722"职业特质
画像（示例）

## （三）仿真模拟现场情境，支持职业特质沉浸式训练

　　与行业领先企业共建高速列车产业学院，模拟高铁运行场景，再现企业作业案例，搭建可以开展浸润式培养的智慧训练中心，创新浸润式的场景化教学模式。

　　创设高铁作业场景：依据"3722"职业特质画像，引入企业真实案例，将职业特质训练项目凝练为12项高铁正常作业场景和非正常作业场景，营造了身临其境的"虚拟高铁企业"职场氛围。

　　开发教学资源：建立职业特质初级、中级、高级课程体系，破解高铁技术中的重难点问题70余个，开发了列车应急场景安全虚拟仿真训练、高速行车瞬间记忆能力训练等训练项目和《职业特质与列车运行安全》等3部职业特质立体化教材，建成虚实结合的国家专业教学资源库。

　　创建智慧训练中心：运用虚拟现实、5G等智能技术，将虚拟的高铁作业场景融入真实的动车组操作设备，创建高速列车应急协同仿真实训基地、铁路安全警示教育虚拟仿真实训基地等6大训练基地，使学生在场景训练中实现技能训练与职业特质训练相生相长，从单一能力发展转向复合能力的高阶发展，逐步形成准判断、快决策、精处理等安全苛求系统要求的职业特质。

### （四）构建人工智能评价模型，推进职业特质学评一体

基于人工智能构建职业特质评价模型，建立职业特质水平数据库，开展学生职业特质水平增值性评价、过程性评价，反馈个性化训练方案，推进学评一体。

选取典型场景，包括高铁正常运行、降级运行、故障运行和紧急状况等类型。建立数学模型：采用步骤加权、峰度偏度、欧几里得范数、支持度和任务时间占比等计算方法，从情景意识、决策、沟通、领导力和工作负荷5个维度对场景进行数学建模。采集特质数据：通过实验室相关设备在学生训练前、训练中、训练后采集学生在场景中执行任务时的心理、生理等多指标数据（见图2），根据模型计算出学生每个维度的职业特质数据。

▼ 图2
高铁技术技能人才职业特质数据采集场景

推进学评一体：与画像对比分析，准确评价学生的职业特质水平，反馈个性化的训练方案，从而科学、专业、客观地将学习与评价过程整合；在长期训练中持续监测，建立并完善学生职业特质水平数据库，进而开展学业水平的增值性评价和过程性评价，有效促进了学生参与训练的积极性、主动性，为提高教育评价的科学性、专业性和客观性提供了新思路。

## 三 成效

### （一）人才培养成效显著

实施以来，学生职业特质水平整体提升30%以上，铁道机车专业学生凭借卓越的职业特质获全国职业院校铁道机车专业学生技能竞赛一等奖，入选第46届世界技能大赛轨道车辆技术项目国家集训队，被授予"河南省技术能手"荣誉称号；我校毕业生定职时间较之前平均缩短了0.5年，比其他同类院校快20%；多名杰出校友多次担当重大提速试验和高铁新车型首发司机。

### （二）信息化教学成果不断涌现

学校获批教育部首批教育信息化试点单位、教育部职业院校数字校园建设试点院校、国家职业教育信息化标杆学校，"高速铁路智能运维虚拟仿真实训基地"被确定为国家级培育项目，获评国家级专业教学资源库2项、国家级精品在线开放课程9门、全国教材建设奖4项，计算机应用技术（高速列车智能运维方

向）创新团队被评为首批国家级职业教育教师教学创新团队，入选全国职业院校"双师型"教师队伍建设典型案例。

## （三）科研创新能力不断增强

教师团队积极围绕职业特质开展科研创新，学校获批河南省高速铁路运营维护工程研究中心、河南省轨道交通智能安全工程技术研究中心、河南省智慧教育与智能技术应用工程技术研究中心、河南省智慧教育工程研究中心等省级科研平台7个，高铁司机健康与安全研究协同创新中心获教育部认定；主持立项国家自然科学基金项目1项、河南省科技攻关项目3项，获批中国铁路郑州局集团科技研究开发项目17项，发表高水平论文4篇。

## （四）服务产业能力显著提升

学校职业特质培养模式获得行业企业高度认可，参与修订《电力机车应急故障处理》等职工培训教材，在全国18个铁路局推广应用；开展高铁驻站联络员、电力机车司机等各类社会培训，每年超2万人参加；为企业完成高铁司机等员工职业特质测评4477人次，实现了社会服务数量和质量双提升。

**2万** 人/年
各类社会培训

**4477** 人次
员工职业特质
测评服务

# 基于"人人通空间"推进中小学生
# 综合素质评价的改革与实践

## 湖南省长沙市教育局

### 一 改革背景

受传统智能理论和应试教育的长期影响，中小学生综合素质评价在实施过程中存在评价指标体系细化难、组织实施操作难、教育教学融合难、评价结果应用难等问题。经过近20年的实践与探索，长沙构建了横向沟通、纵向衔接的综合素质评价指标体系，搭建了融入课程、"五育"并举的学生成长平台，研制了问题导向、靶向定位的综合素质评价操作指南，自主开发了实时记录、互联互通的综合素质评价管理系统和"人人通空间"，建立了精准诊断、基于实证的综合素质评价运用体系，实现了综合素质评价科学化、智能化、常态化。

### 二 主要经验

#### （一）细化评价指标体系，搭建大数据收集模块

我市构建了立体多维的指标体系和可操作的评价标准，既解决了"具体评什么"的问题，又为采集学生资料搭建了数据框架。

**第一，设置"共性指标+个性指标"，形成可量化的育人模块。** 结合本地实际，完善了由5个一级指标、25个二级指标、27项实证材料组成的评价指标体系；三级指标则由学校按照"一校一案"原则个性化设计。学校在个性化指标的基础上，同步构建与之相适应的校本课程，搭建成长平台，支撑学生的全面发展。我市中小学校开发了艺术类、体育类、技能类、科技创新类、人文类、学科能力类6大类别100余门校本课程，为每个学生提供了更为适合的选择机会。

**第二，设置"定性指标+定量指标"，形成多样化的采集模块。** 思想品德、艺术素养、劳动与社会实践、心理健康等以定性指标为主，学业水平、体质健康等以定量指标为主，在"人人通空间"分别设计不同的采集模块，全方位、全过程记录学生成长，汇聚成长大数据。

**第三，设置"等级评价+综合评语"，形成可视化的数字画像。**评价结果分总体评价和综合评语两个部分：总体评价结果按照A（优秀）、B（良好）、C（合格）、D（待合格）四个等级呈现，基于各维度的评价标准，为学生成长大数据建模提供依据；综合评语则对学生某一阶段的综合素质予以整体描述。自动生成学期档案和毕业档案。档案突出立德树人主目标，刻画特长和潜能，清晰呈现学生成长轨迹、闪光点和发展空间、努力方向，为每个学生形成可视化的数字画像。

## （二）以"人人通空间"为纽带，汇聚过程性成长大数据

图1 ▼
长沙市网络学习"人人通"空间功能框架

针对过程性数据采集难、真伪难辨、保存不便等问题，我市依托"人人通空间"智能采集学生成长数据，实现了综合素质评价高效多元、开放互动（见图1）。

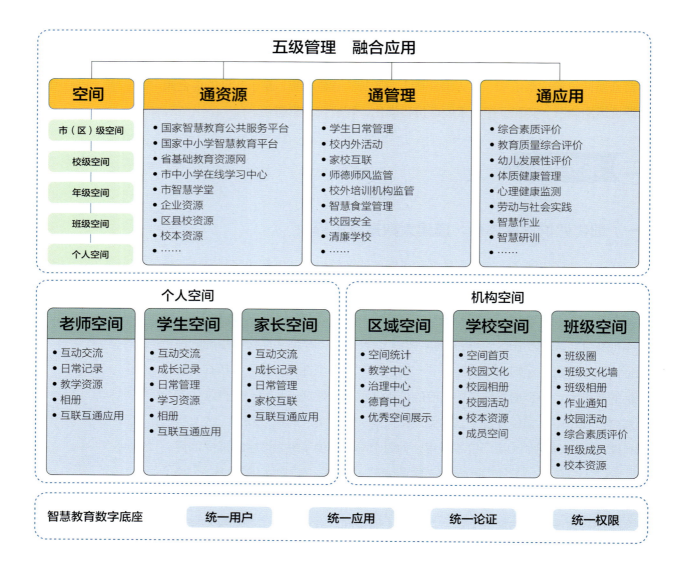

　　**第一，智能汇聚已有数据，实现信息共享。** 开发综合素质评价管理平台和"人人通空间"，联通学籍管理、教育质量综合评价、在线学习、社会实践活动和体质健康监测等28个系统，实现单点登录、互联互通、数据共享。系统已有的学生基础信息、学业成绩、体质健康信息、重要荣誉等各类关键数据，自动汇聚到管理平台，实现数据共建共享。

　　**第二，智能采集过程性数据，确保真实可靠。** 以"人人通空间"为纽带，集成智慧管理、智慧教学、智慧评价、智慧治理、智慧服务等各项应用和资源平台，伴随式、跨系统、无感知采集学生参与德育活动、体育运动、在线学习、社会实践等多场景的大数据。例如，学生到我市认定的公益场馆参加社会实践活动的时长、次数、机构评价等数据可同步共享到"人人通空间"。高信度的过程性数据有力支撑了小初高一体化纵向评价和德智体美劳全要素横向评价。

　　**第三，智能遴选实证材料，形成个性档案。** "人人通空间"运用模板开展写实记录，目前累计上传成长实证材料1.34亿份，统一存放至市"政务云"，保障数据安全和上传通畅。每学期结束后，学生通过快捷按钮将典型实证材料自动遴选到综合素质评价管理平台，形成个性化成长档案，既保证写实记录的有效性和规范化，又为分析学生综合素质发展状况提供数据支撑。

## （三）构建评价分析模型，引领学生全面而有个性发展

　　为充分发挥综合素质评价的育人功能，我市通过建立多种模型智能分析学生成长大数据，引导学生认识自我、自主发展。

　　**第一，建立过程性评价模型，规范评价程序。** 根据学生身心发展规律和区域实际，明确小学和高中按"写实记录—整理遴选—公示审核—形成档案—综合评定—材料使用"、初中按"写实记录—整理遴选—自评互评—抽样评价—公示审核—形成档案—综合评定—材料使用"等程序进行综合素质评价。同时，综合素质评价管理系统对每个程序和步骤都设置了规范性要求，实现了全流程智能化管理，确保了常态化实施。

写实记录 ▸ 整理遴选 ▸ 公示审核 ▸ 形成档案 ▸ 综合评定 ▸ 材料使用

**小学和高中**

写实记录 ▸ 整理遴选 ▸ 自评互评 ▸ 抽样评价 ▸ 公示审核 ▸ 形成档案 ▸ 综合评定 ▸ 材料使用

**初中**

　　**第二，建立多元评价模型，保障客观公正。** 依托综合素质评价管理系统开展多元评价，确保校际评价结果的客观公正：学生整理遴选实证材料形成档案，完成自评；学校自主选择分组评价或全班评价模式，组织学生开展同伴互评；教育行政部门组织专家对每个学校进行抽样测评，确定学校综合素质5个维度评定等级的比例；学校组织班级评定小组按抽样测评确定的等级比例，对全校毕业生进行综合评定。

　　**第三，建立智能分析模型，突出数据举证。** 为全面、精准掌握学生德智体美劳发展状况，我市先后构建了综合性评价、过程性评价、发展性评价等智能分析模型，运用雷达图、饼状图、柱形图等呈现方式，动态分析、直观展示学生成长历程。建立小学、初中、高中综合素质评价成长档案，记录学生成长轨迹，引导学生自我教育、自我成长。

　　**第四，建立结果运用模型，发挥育人功能。** 充分发挥综合素质评价的诊断、激励和引导作用，指导师生充分利用评价结果，将其作为指导学生成长、改进教育教学的重要依据，作为学生评优评先的重要参考，促进学生全面而有个性发展；建立"中考成绩+综合素质评价"的中招录取模型，打破了传统以学业考试成绩作为高中招生唯一录取依据的做法，推动从"育分"到"育人"的转型。

## 三　实施成效

　　推进中小学生综合素质评价改革，为我市中小学发展带来了生机和活力，促进了学生全面发展、健康成长，引导学校打造了品牌、形成了特色，推动了基础教育高质量发展。

**第一**　构建了科学、全面的综合素质评价体系，为区域和学校实施综合素质评价提供了一套可借鉴参考的实施理论、方法和案例。我市系统构建了综合素质评价体系，丰富了综合素质评价基本理论；全面探索了综合素质评价区域推进和校本化实施机制，形成了基于实践、问题导向的实施办法和典型案例。学校将学生综合素质评价与校本课程对接，加强课程建设。全市已建成42所省、市级课改样板校。

**第二**　探索了智慧教育与综合素质评价的深度融合模式，为区域和学校基于信息技术开展综合素质评价提供了一条可操作性的路径。依托人工智能、大数据、云计算等现代信息技术，我市建成覆盖全部学段、学科的中小学在线学习中心，现有本地优质学习资源3863个，登录超1292.7万人次;积极探索有效教学、高效教学、精准教学,注重差异化教学、个别化指导和精准化评价,智能教学助手应用率达80%,智慧赋能助推规模化因材施教;研制以"人人通空间"为纽带的综合素质评价管理系统,实现"一校一空间、一师一空间、一生一空间,人人用空间",累计上传成长实证材料7770多万份,形成学生自评、同伴互评、家长评价和教师评价相结合的多元评价方式,实现了信息技术支持下的多维立体化和精准个性化评价。

第三　有力推动了区域和学校综合素质评价的实施,极大促进了学生、学校、区域层面基础教育高质量发展。学生层面,构建"五育"并举育人新体系,提升了学生综合素养。近年来,我市中小学生在科技创新、竞技体育、艺术展演等活动中取得的成绩稳居前列。学校层面,改进育人方式,促进了优质特色发展。目前我市已创建全国文明校园等各类特色学校355所,位居全国前列。区域层面,深化了教育综合改革。我市被教育部遴选为全国基础教育综合改革实验区,成为智慧教育示范区;推进教育质量评价改革,多年发布普通中学教育质量综合评价报告,推广基于数据的有价值的研究结论和典型案例,营造了良好的教育生态。

# 构建普通中学教育质量增值评价
# 体系的实践探索

## 湖南省长沙市教育局

### 一　需求触发变革

数字化转型是世界范围内教育转型的重要载体和方向。随着教育质量综合评价改革的纵深推进，评价大数据赋能教育高质量发展的独特价值日益凸显。实践中，综合评价数据采集实施难、过程评价实施难、增值评价算法难、评价结果数据应用难等一系列瓶颈问题成为深化教育评价改革的堵点、痛点和难点。

历经十年探索，长沙市科学构建出普通中学教育质量综合评价指标体系、评价模型、实施路径、管理系统、应用范式，形成"三环两翼两抓手"区域评用互促生态系统（见图1）。以"从入口看出口、从起点看变化"的增值评价有效破解"唯分数、唯升学"顽疾难除、学校办学动力不足、教育功利倾向严重等制约教育发展的瓶颈，以"多模态数据汇聚、智能化模型分析、可视化地图呈现、循证式诊断改进"的智慧评价推进教育数字化转型，重构教育新生态。

图1 ▼
长沙市普通中学教育质量综合评价"三环两翼两抓手"区域评用互促生态系统

## 二 实践引领创新

### （一）完善评价指标体系，夯实综合评价数据底座

综合评价具有过程性，不像单纯的学业评价具有直观性和易操作性，因而如不破解标准单一、过程难操作、主观成分多等困难，则推进难度大，甚至可能流于形式。长沙市以教育部关于教育质量综合评价的总体要求为基础，构建了立体多维的指标体系和可操作的评价标准，以多样态评价数据为基础，既解决了"具体评什么"的问题，又解决了"用什么评"的问题，树牢科学育人风向标。

**第一，优化指标，构建序列化的数据体系。** 构建学生成长、教师成长、学校发展三维一体的指标体系；设计品德行为、学业发展、身心健康、审美素养、劳动素养、学业负担、师德修养、专业能力、教学效能、学校管理、办学特色、办学行为共12项关键性评价指标（见图2）；同时结合教育发展和评价需求，动态调整、增设评价指标，适时开展"双减"推进、家庭教育、心理健康等

▼ 图2
长沙市教育质量综合评价指标体系

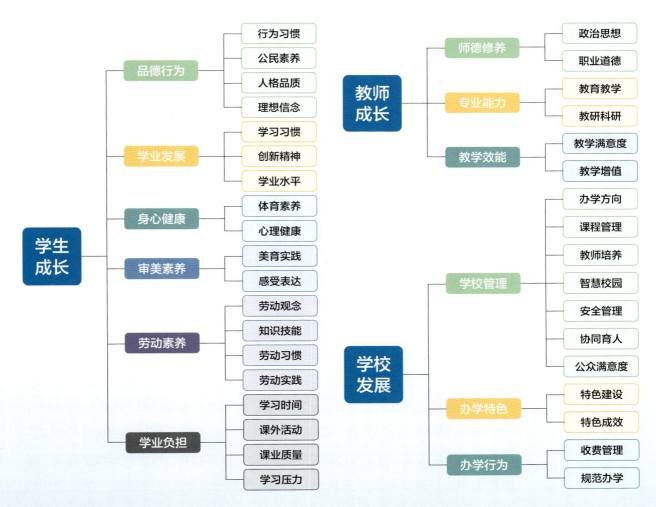

专题评价。在"多把尺子"之下，学校从"一列纵队"转向"多列纵队"，引导学校改变"唯分数"观念，树立科学教育质量观。

**第二，关注增值，强化有衔接的数据单元。**秉持"从入口看出口，从起点看变化"的增值评价理念，以每名学生为一个数据单元，坚持"数随人走"的观念，打通小学、初中、高中的学段壁垒，强化全教育周期内的学段衔接，用相同指标、同一结构、统一口径的方式采集起点数据、出口数据，增强数据的过程性、可比性。通过比对出口和入口，计算增值结果，关注学生、教师成长过程及学校的发展变化，以多评价指标的进步幅度考查学校或教师对学生影响的净效应，打破"以成绩定标签，以结果论英雄"的传统。

**第三，互联互通，实现多源头的数据融合。**建成中小学生在线学习、体质健康管理、综合实践活动、问卷测试等多个系统，伴随式采集数据，保证数据覆盖面广、信息量大；以"人人通空间"为中心，强化数据汇集，实现互联互通；打破数据孤岛，避免重复采集、多头采集；打通线上线下数据，通过自主开发的工具，将线下数据线上化，全样本采集学业相关因素数据。多源头数据的融合，奠定了综合评价数据多元交叉分析及管理溯源的基础。10年来，共有约64.4万名学生、18.3万名教师、2100名校长及60万名家长参与了教育质量综合测评。

## （二）创新综合评价技术，绘制区域教育质量数字画像

针对增值评价模式多变且烦琐、技术运用有限等问题，长沙市加强信息技术与教育评价双向赋能融合，攻关增值评价核心技术，保证了增值评价客观精准、智能高效。

**第一，升级增值评价技术，确保客观公正。**增值评价是长沙市教育质量综合评价的核心技术。评价团队基于测量学理论，借鉴国内外先进技术，实现增值评价技术从K均值聚类、多元回归模型、多层线性模型，到多水平SGP（Student Growth Percentile，学生成长百分等级）模型的应用突破。多水平SGP模型可解释性强，契合新高考选科模式下评价数据的特点，克服了评价中的"天花板效应"，能确保校际评价结果的客观公正。学校对此接受度高，打破了增值评价算法难、操作难、实施难的困局。

**第二，建立归因分析模型，实现循证诊断。**关联高敏感指标，进行学生成长多因素分析是长沙市挖掘数据潜能、探索教育规律的有力举措。长沙市综合运用差异检验、回归分析、结构方程模型等统计方法，探讨学业增值和相关因素的相互作用关系，从异动现象中诊断问题、预测趋势，探索教育教学规律，基于数据举证寻找教育教学生长点。例如，组合分析学生学业增值、学业负担情

况，明确学校发展类型，探究"高效低负"学校特征，破解减负之道；探究意志品质、情绪行为调控对学业成绩的影响机制，引导学生调控情绪行为，实现健康成长。

**第三，优化评价数字平台，实现高效智能。** 长沙市教育质量综合评价管理系统兼具数据批量导入、系统自动分析、评价报告自动生成等多重功能，实现了综合评价过程化、信息化、常态化。迄今已自动生成15份市级、115份区级、1645份校级综合评价报告。长沙市教育质量综合评价数据地图从1.0版、2.0版升级到3.0版，突破传统纸质报告信息边界，清晰呈现学生成长及学校发展轨迹、闪光点和努力方向，形成了可视化的学生"数字画像"及区域教育质量图谱。

## （三）深化评价结果应用，驱动区域教育评价数字治理

为改变当前综合评价结果应用受众面窄、实效性不强的现状，长沙市多措并举推进结果应用，变评价报告为行动指南，用好质量评价"助推器"。

**第一，发布评价报告，激发学校办学活力。** 长沙市连续六年召开评价报告新闻发布会，面向社会公布"学业增值+综合素质"发展靠前、低入口高增值、特色学校等不同类型学校名单，一批原本群众认可度不高、不起眼的学校在综合评价的推动下异军突起，进步幅度亮眼，赢得广大家长认可。这就打破了传统的以升学率评价学校办学质量的倾向，推动了学校从"育分"到"育人"的转型。

**第二，实施数智行动，形成三级应用联盟。** 启动教育质量综合评价结果应用"数智行动"，制定评价结果应用三年规划，遴选结果应用实验区3个、实验校35所，大力培育结果应用的专业团队，打造市、区、校三级应用联盟，真正发挥评价数据效用，落地区域评价数字化转型，推动综合评价改革走深落实。

**第三，形成应用路径，发挥评价育人功能。** 坚持"调""研"并重，积极探索结果应用机制及策略，形成了数字化转型视域下的长沙市普通中学教育质量综合评价结果应用"484"路径（见图3）。评用互促有力驱动了课堂变革、深度教研、科学决策、生态优化，评价结果常态化应用已成为长沙市教育系统以内需为驱动的自发行为。

图3 ▲
长沙市普通中学教育质量综合评价结果应用"484"路径

## 三　应用催生变化

　　十年来，通过推进综合评价的数字化，长沙市逐步促进了区域教学诊断分析最优化、评价反馈精准化、管理效能最大化，逐一破解了制约评价改革的难题，发挥了综合评价的指挥棒作用，推动了育人方式的深刻变革，区域教育新生态悄然形成。

### （一）促进了学生全面发展

**54.57%** **54.11%**
初中生　　　高中生

**对学习"很有兴趣"**

- - - - - - - - - - - - - - - - - - - - - -

**59.25%** **63.76%**
初中生　　　高中生

**学习时感到快乐**

　　学校、教师、家长更加关注学生学业进步幅度、品德行为、身心健康、兴趣特长等方面发展状况及学习负担状况，学生整体素质有所提升。评价数据显示，2022年长沙市90%的中学生国家认同度高、集体意识强；54.57%的初中生、54.11%的高中生对学习"很有兴趣"；59.25%的初中生、63.76%的高中生表示学习时感到快乐；初中学业领跑者学生占比较2021年上升了0.21个百分点；中小学生体质健康合格率、优良率连续三年增长。

### （二）驱动了教师专业成长

　　评价数据的驱动带来了教师育人理念的更新、专业素养的提升、教师职业的认同，促进了区域教师队伍高质量发展。2022年的评价数据显示，八成教师能够开展人机协同教学；78.54%的初中生、77.51%的高中生对任课教师的课堂教学感到"很满意或比较满意"，较2021年分别提升2.37个和1.68个百分点；70.64%的初中教师、72.4%的高中教师职业幸福感高，较2021年分别提高了7.07个和4.55个百分点。

### （三）激发了学校内生动力

增值评价理念下，各层次学校的办学积极性被激发，学校更有变革的活力了。通过对引领型、潜力型学校的经验挖掘，长沙市为学、教、管等提供了更为有效的策略，重塑了学校文化，促进了学校特色发展。评价数据显示，2022年长沙市初中学业引领型学校较2021年增加了5所；高中历史类、高中物理类学业潜力型学校分别较2021年增加了4所、2所；21所初中和9所高中体质健康与学业质量均为"高增值"。

### （四）增强了家校协同育人

长沙市广泛宣传综合评价中有关家庭教育的有益结论，例如"亲子锻炼有助于改善亲子沟通，降低家长教育焦虑，并能缓解孩子的轻度心理问题"，引导构建同心同向的协同育人模式。2022年长沙市教育评价数据显示，家长教育焦虑相对缓解，70%的中学生家长的家校沟通满意度较高；家长也更加重视自身成长，66.8%的中学生家长表示会及时更新教育理念，学习科学育儿方法。

### （五）服务了教育科学决策

评价团队整合近十年市、区、校三级教育评价大数据，建成长沙市教育大数据决策指挥中心，助推教育决策从"经验判断"走向"数据举证"，提高了决策的科学性、精准度。例如，根据评价数据显示的学生睡眠时间不足、学业负担偏重问题，将城区小学生上午上课时间调整到8:30，出台《长沙市减轻小学生过重课业负担的六项规定》；2019年对比分析智慧课堂对视力影响与学业提升情况，坚定推进国家级智慧教育示范区创建。

### （六）助推了教育数字化转型

长沙市教育质量综合评价管理系统的开发与应用、数据地图的迭代升级正推进着人工智能、云计算、大数据等新兴技术与德智体美劳教育全方位及"教学管评测"全链条的创新融合，助推了区域教育数字化转型。2022年长沙市教育评价数据显示，九成以上中学构建了虚实结合数字孪生校园；中学教师信息素养较高，八成教师主动开展数据驱动的精准教学；校长"数智力"引领学校数字化转型，七成校长善用大数据助力学校管理水平提升。

质量是教育的生命线，数字技术是提高教育质量的阶梯。今后，长沙市将进一步推进人工智能与教育评价融合创新，释放教育评价大数据价值，以评价牵引课堂教学深层次变革，创新教育教学和人才培养模式，服务区域教育高品质发展。

# "适合发展"教学数字技术支持与评价探索

江苏省南京市天正小学

## 一 开展数字教育创新实践的背景

"适合发展"教
学数字技术支
持与评价探索

　　"适合发展"是南京市天正小学的办学主张，即采用适合学生的教育教学方式，促进学生的发展。秉持这一主张，学校从2011年起系统地进行了实践探索，主要从学校文化、管理制度、课程教学、教师智慧和技术支持五个方面开展。

　　"适合发展"教学顺应了当前教育需求从"有学上"转向"上好学"的新形势，其真正有效落实离不开数字技术的支持。有以下四个要解决的主要问题：

**一是** 如何开发人工智能批阅学生作业系统，减轻教师批阅、统计等的工作量，让其有更多的时间进行教研和教学活动？

**二是** 如何及时捕捉和收集学生学习情况，帮助教师进行教学调整和个性化指导？

**三是** 如何建立教与学资源库和推送平台，让学生和家长通过手机、电脑等终端进行个性化学习？

**四是** 如何开发平台对学生综合素质适合发展进行评价，让评价主体更加多元，更好实施过程性、描述性和发展性评价？

## 二 实践创新举措与典型经验

　　从帮助教师开展智慧教学，促进学生"适合发展"的目的出发，南京市天正小学"适合发展"教学数字技术支持的研究与实践主要从以下三个方面进行。

### （一）开发智能批阅系统

　　教师花费在作业批阅上的时间相当多，这不仅导致了教师工作总量的增加，还消减了教师参与教学研究的积极性，减少了教师进行课堂教学和个别辅导的时间。为改变这种状况，天正小学与技术公司合作开发了人工智能批阅作业系统，其功能主要涉及两个方面。

**一是** 快速准确批阅作业。能够对填空题、选择题、判断题、竖式和横式计算题、应用题等题型进行准确批阅。批阅方式有纸质批阅和电脑批阅两种，纸质批阅设备可以在学生作业上呈现"√"、"×"和成绩，效果与人工批阅一样，符合学生学习习惯，相比人工批阅，批阅效率提升了46%。电脑或平板电脑批阅通过鼠标点击和手写完成，批阅结果可以电子形式呈现也可打印。

**二是** 在批阅作业的同时收集作业情况。可以描画学生个体和集体作业情况曲线图，收集的学生作业错误情况可以为教师的教学调整和个别辅导提供支持。

## （二）建立教学资源库，进行个性化推送

"适合发展"教学要为学生提供丰富饱满且富有结构的学习资源，创设尽可能大的自主学习空间。为此，天正小学全体教师以教材为中心开展学习资源的拓展。其拓展逻辑为"知识从何而来—知识如何展开—知识去往何处"，解决"为何学、如何学、有何用"的问题，让学生通过知识学习得到素养发展。拓展资源按照单元和课时标题进行编排，储存于网络云盘，师生共享。

教师通过社交平台，向家长和学生进行学习资源推送，包括"聪明题"、"童心教室"（奇思妙想、小研究）和"往期精彩"（补充讲解、优作展示）等栏目，延伸课堂所学内容满足不同学生的不同需要。

## （三）建设综合素质适合发展评价平台

当前，单一的评价是"适合发展"教学深入实施所面临的一大困境，为此，学校参与并合作开发了"学生综合素质适合发展评价系统"。

首先，构建综合素质评价指标体系。将评价内容统合为"学科类＋德育常规类"，以"能学"与"正行"为一级指标。学科类评价内容包括"我好学""我会学""我享学"3个二级指标。德育常规类评价分为"我体验""我传承""我收获"3个二级指标。基于6个二级指标又建构出具体的三级指标（见图1）。

其次，创新评价工具。将评价指标印制于成长卡片正面，背面的二维码用以采集相关评价信息（见图2）。当学生在某方面表现突出时，任课教师发放相应评价卡片，学生和家长扫描二维码便能明确获知具体评价信息。成长卡片作为评价工具契合小学生的心理特点，教师、学生、家长都参与评价，有仪式感地见证学生成长。

最后，开发评价操作平台。学校参与开发"小能手，正成长"——天正小学"适合发展"评价平台，支持网页、手机客户端，师生、家长均可随时登录，

| 一级指标 | 二级指标 | 三级指标 |
|---|---|---|
| 能学 | 我好学 | 预习充分、情绪饱满、学具齐全、着装到位 |
| | 我会学 | 认真倾听、乐于思考、勇于表达、积极练习 |
| | 我享学 | 作业认真、考核达标、乐学勤学、思行并进 |
| 正行 | 我体验 | 自我整理、整洁有序、热心服务、劳动为荣 |
| | | 积极申报、认真执行、团结合作、社会实践 |
| | 我传承 | 懂礼知仪、路队齐整、两操认真、课间文明 |
| | | 珍爱身心、爱绿护绿、爱惜粮食、勤俭节约 |
| | 我收获 | 积极挑战、创意体现、难点突破、智慧解决 |
| | | 活动过关、成功晋级、集体之星、素养提升 |

**以德为先**

正 · 能

**能力为重**

图1 ▶
天正小学"适合发展"的评价指标

评价指标说明
行动指标
学校特色图案
年级与学科
校名校徽

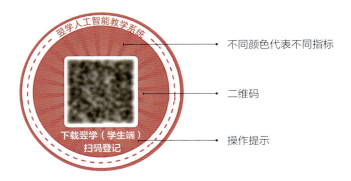

不同颜色代表不同指标
二维码
操作提示

图2 ▲
天正小学"适合发展"的评价卡片

上传相关文字、图片、语音、视频等多样化信息。该平台具有强大的云存储空间，支持大数据采集，较之于实物成长档案袋节省了大量的物理空间。各项评价指标信息经系统采集自动储存、归类、分析，全方位记录、分析学生多元发展的动态过程（见图3）。系统接受班级、年级组、学科组、校级管理员根据评价需求创建的活动任务，线上发布活动通知，生成并推送电子评价信息，还可以一键生成"小能手，正成长——天正小学学生适合发展成长记录册"。

生成的"小能手，正成长——天正小学学生适合发展成长记录册"与南京市教育局的素质报告书"我的成长脚印"形成互补。"我的成长脚印"记录的是学生的学科学业水平，采用等第评价，学期末进行，评价主体主要是教师。"小能手，正成长——天正小学学生适合发展成长记录册"则关注学生的综合素质发展，采取描述性评价的方式，随时进行记录，老师、学生和家长都可以参与评价。

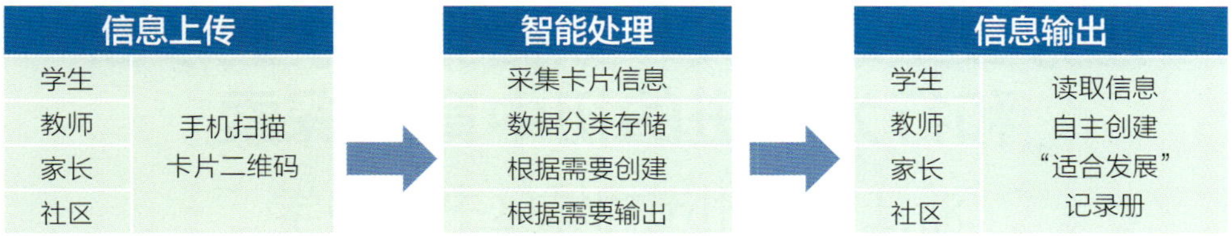

| 信息上传 | | 智能处理 | 信息输出 | |
|---|---|---|---|---|
| 学生 | | 采集卡片信息 | 学生 | 读取信息 |
| 教师 | 手机扫描 | 数据分类存储 | 教师 | 自主创建 |
| 家长 | 卡片二维码 | 根据需要创建 | 家长 | "适合发展" |
| 社区 | | 根据需要输出 | 社区 | 记录册 |

◀ 图3
天正小学"适合发展"评价平台的操作流程

## 三 主要成效

### （一）有效促进了学生综合素质发展和教师专业发展

据江苏省学业质量报告，学校2018年和2020年学生数学成绩分别高出省均分70分和71分。高层次思维能力发展指数2016年、2018年和2020年分别为76分、75.7分和78.3分，分别高于全省平均水平18分、29分和22分。

2020年的报告显示，学生品德行为指数为满分，劳动意识指数为82.7分，高出省均10分；体质指数为74.2分，高出省均12分；心理健康指数为91.2分，高出省均17分；学习自信心指数为90.6分、内部动机指数为84.8分，均显著高于省平均水平；抗学习压力指数高出所在区的平均水平20分；学生对教师教学方式的认同指数达98.7分，师生关系指数为93.6分，学校认同指数为94.5分。

### （二）合作研发指向学生"适合发展"的人工智能作业批阅系统与评价平台，取得几十项相关专利

#### 1. 人工智能批阅系统

各类标准纸型的作业、考卷都可导入系统实现智能批阅。系统提供电子、纸质答卷双留痕；提供年（班）级和学生个人学情统计，错题集结成错题本。系统可采集日常教学活动数据，从各个维度对学生成绩、班级的学习情况进行精确分析，生成报告，全面反映学校各年级各班级学情。

4年来，系统总计批阅305场次考试试卷，32229人次参与，节约时间1220小时，效率提升46%。

#### 2. 评价平台

平台支持不同年级学生的差异化评价。教师、学生、家长和社区人员都可作为评价主体参与评价，教师奖励评价卡片，学生将卡片带给家长，家长用手机扫描二维码将评价记入系统。系统可根据需要生成"小能手，正成长——天正小学学生适合发展成长记录册"。

4年来，云平台共计评价39458次，存储150GB图文影音资料，有效地推动了学校"适合发展"理念的实施，促进了学校高质量发展。

# 让分数呈现意义：数据驱动学业诊断和行为改进的初中育人探索

## 浙江省衢州市柯城区书院中学

浙江省衢州市柯城区是"基于教学改革、融合信息技术的新型教与学模式"实验区，以信息技术推动学校发展，以数据赋能促进教育创新，在教育信息化实践方面已经积累了较为丰富的经验。书院中学作为其中的实验校，也是浙江省首批精准教学实验项目学校和浙江省数字教育试点学校，自2013年起就开展基于数据的教学评价及相关内容研究并获得了突出的成果。

### 一 背景

教育的本质是育人，学校的教育质量观应从"成材"向"成人"转变。"分数"作为评价教育质量的重要依据之一，其功能长期以来被"窄化"，评价重结果、重选拔，轻知识、轻过程，引发社会焦虑。如何通过对"分数"进行数据挖掘，完善结果性评价，探索过程性评价，并以此指导学生学习、教师教学、学校管理等方面的行为改进，实现分数的育人意义，成为学校要面对的问题。

学校立足落实全面育人的新时代要求，着力满足提升学校质量、推动学校优质发展的强烈需求，在评价工作中注重坚决克服"唯分数"的顽瘴痼疾，坚持科学有效的评价方式，改进结果评价，强化过程评价，探索增值评价，健全综合评价，充分利用信息技术，提高教育评价的科学性、专业性、客观性。

在新的教育形式和时代要求下，如何融合信息技术，探索评价改革综合实践，淡化分数的划界功能、增强诊断功能，让"分数"呈现育人价值，进而实现"学生发展、教师成长、学校提质"工作目标，是社会的期盼，更是学校的追求。

### 二 主要经验

根据初衷背景、教育的政策要求和预期的工作目标，我们紧扣三大问题，明确并细化解决策略，做好经验总结和成果提炼。

## （一）三大问题

实现"分数"的功能转变，解决"改进结果评价、强化过程评价"的问题，要建立评价的诊断模型。以党和国家的育人方针、政策为导向，以科学的评价理论引领实践，通过建立诊断模型，形成学业诊断数据，改进结果评价；通过多元化视角下的长周期数据累积，探索过程性评价，以可解释的报告媒介引导学生、家长、教师就问题进行协商。

信息技术赋能行为改进，助力解决基于精准教学的"全面育人"问题，关键是数据结果如何服务于"全面育人"。要注重"能用""好用"，融合信息技术，以数为据，精准地引导学生学会学习、助推教师课堂转型，拓宽学校育人路径，落实全面育人。

综合推进"提质强校"，解决改进教学管理的机制建设问题，重点是实践成果如何迭代为长效机制。所有的变革归根结底是机制变革，关键是要通过教学管理改进的机制、体制建设，实现"提质强校"。需要依托数据创新管理方式，增强指导能力、决策能力、执行能力，激发活力，构建新的制度保障体系。

## （二）解决策略

回顾十年来的实践，学校通过专家引领、文献研究、试点实验、行动研究等方法推动了三大问题的破解。

**第一，围绕诊断模型建构，以问题为驱动，开展理论研究，形成价值认同。**

2013年4月起，学校以如何有效落实素质教育、推进全面育人为主题，开展了为期半年的调研论证。通过问、看、访以及走出去、请进来，广泛听取一线教师意见，结合管理层的工作思考，聚焦"唯分数——以分数排位，挫伤师生积极性"的真问题，指出其根本原因是评价体系不科学，教师没有评价知识和能力，缺乏科学高效的支撑工具，确定了"让分数呈现意义"的评价改革追求。

学校组织骨干教师聚焦从教育目标分类学到命题技术标准等理论知识，研习了《基于标准的教育考试：命题、标准设置和学业评价》《布卢姆教育目标分类学：修订版（完整版）》等书籍资料。其间，浙江大学张剑平教授等进校指导。通过专家引领，学校以泰勒和布卢姆的相关理论为基础，搭建了评价体系和数据结构的理论模型（见图1）。

2015年3月，学校通过两个月的系统开发，打造了"织布机"学业水平诊断平台，内测形成了多维度的可解

▼ 图1
教育测评三要素及其关系

释数据，开展基于"二维四类"的学业水平评价数据实践探索。

### 第二，围绕育人路径探索，以项目推动，引领整校推进，形成工作范式。

学校通过三年发展规划从顶层设计上确定了数据驱动的学业质量诊断和行为改进项目（见图2）。2015年，学校制订"以评促建"工作方案，成立以校长为组长的工作小组，明确流程节点和重点任务分工表并公示，其间多次邀请教研专家进校指导方案修正。

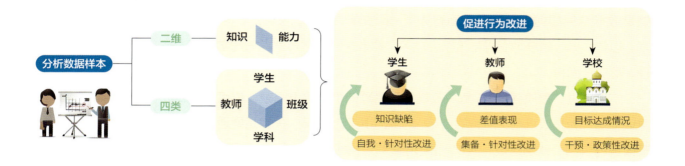

图2 ▲
数据驱动模型

以2015届6班的数学、科学两门学科为试点，运用"织布机"平台进行数据采集分析。经过一学期试点，产生了个人和班级知识点分析等系列数据。2016年2月，试点班每名学生的个性化成绩报告单出炉。试点期间，先后邀请考试评价技术、资深学科命题和信息技术学科专家等进校指导，修订完善《书院中学深化学业水平评价工作方案》，构建初步框架，形成工作范式。

2016年6月起，学校以课题"大数据背景下初中学业水平增量评价系统的实践研究"引领群团项目，围绕学教评的融合，聚焦课堂主阵地，以深化应用为重点，实现整校推进。围绕学生学习行为、教师教学行为、备课组集备行为三个维度，结合数据反复开展项目推动，自适应学习、先学后教、小组合作等形态先后出现，同步规划建设了学校育人课程，配套设计了深化"五育并举"的综合素质评价方案。由此深化了课改工作，开启了全面育人新阶段。

### 第三，围绕"教学管理改进"，以制度带动，深化综合应用，形成新型常规。

为保障项目实施，学校以机制建设为重点，以学校教学管理改进为主线，配套推进了教研组与备课组职能、校级评价工作流程、校本命题研修等制度要素的重构。2018年11月，成果在全区推广后，相关制度上升为区域范式，引发了区、校两级工作的系统变革。2020年，随着"双减"政策的执行，学校也将基于诊断的评价数据拓展为基于日常作业的数据，更及时有效地发挥了数据的育人价值。

# 三　成效

## （一）提供了适应改革需求的新型诊断模型

学校实践探索了目标分类理论的应用。将布卢姆认知领域的六类能力阶层调整为三类——了解、理解、应用（将分析、评价、创造纳入应用大类，并整合亚类），结合四类知识中的三类（事实性知识、概念性知识、程序性知识），形成了二维的"三三结构"（见图3）。该结构关联了知识属性与认知能力，达成了评价结果可描述的要求，推动了命题设计、课堂教学设计、作业设计三个领域的统一，实现了学教评的一致性。

进行多维度的数据观察，挖掘数据内涵。构建课程标准+目标分类学+学情实际"三合一"的逻辑结构，从知识属性与认知行为两个维度探索，挖掘了学生、教师、班级、学科四个层面40种结构化后的数据体例。开展不同应用场景的长周期数据采集工作，学业诊断数据的颗粒度从大到小、长短融合，形成了丰富的数据体系，实现了学校"分数"功能从"划界"向"育人"转变。

## （二）探索了基于精准教学的全面育人路径

立足于课堂育人，打造了数据驱动的"三环四步"高效课堂范式。通过自主探究、思维碰撞、感悟提炼三个环节和自学、互学、展示、巩固四个步骤的导学

▼ 图3
"三三结构"——
目标分类结构改进
过程

| | 了解 | 理解 | 应用 | 分析 | 评价 | 创造 |
|---|---|---|---|---|---|---|
| 事实性知识 | | | | | | |
| 概念性知识 | | | | | | |
| 程序性知识 | | | | | | |
| 元认知知识 | | | | | | |

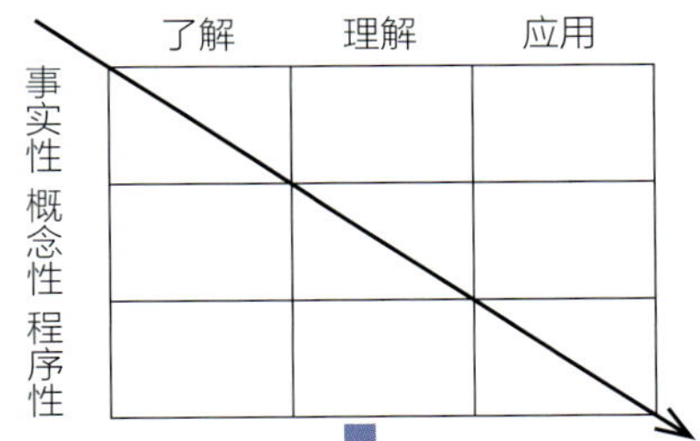

（改进为）

| | 了解 | 理解 | 应用 |
|---|---|---|---|
| 事实性 | | | |
| 概念性 | | | |
| 程序性 | | | |

| 姓名 | 考号 | 语文 | | | 数学 | | | 英语 | 社会 | | | 科学 | | |
|---|---|---|---|---|---|---|---|---|---|---|---|---|---|---|
| 徐某某 | 1801×× | 82 | | | 100 | 92 | | | 100 | 100 | | 88 | 67 | 83 |
| | | 69 | 100 | 67 | 100 | 75 | 69 | 92 | 100 | 87 | 67 | 100 | 96 | 100 |
| | | | | 80 | | 54 | | 90 | | | 63 | 100 | 100 | 71 |

| 班级 | 语文 | | | 数学 | | | 英语 | 社会 | | | 科学 | | |
|---|---|---|---|---|---|---|---|---|---|---|---|---|---|
| 初一（1）班 | 66 | | | 86 | 63 | | | 82 | 85 | | 82 | 67 | 60 |
| | 71 | 58 | 60 | 100 | 60 | 61 | 77 | 81 | 82 | 71 | 83 | 80 | 70 |
| | | | 72 | | 60 | | 60 | | | 64 | 97 | 64 | 72 |

单设计，有计划地驱动学生运用知识分析复杂的任务，以真正达到教学上的精准。

立足于课程育人，形成了结构关联的校园课程体系。各学科的目标设立统一了知识属性与认知行为的标准体系，大数据的学业诊断结果启发了对跨学科的共性能力的关注，引发了学校对"五育并举"全面育人的思考。

立足于环境育人，打造利于素养形成的新型学习空间。按照"人人皆学、处处能学、时时可学"的理念，创设开放式使用环境，服务学生实践探究能力的形成，为学生提供支持自主查阅学习情况、可以自主安排时间、可以自主开展探究的新型学习空间。

## （三）设计了学校教学管理的系统改进机制

通过课程标准向质量标准转化，设计提升教师素养的新机制。学教评一致性的实质在于三个环节的标准统一，核心在于教师能将课程标准有效地转化为质量标准。学校推动了教学管理从课程标准向质量标准转变，建立了教师命题素养提升机制，形成以评促教的教育样态。

通过制度向流程转型，设计教学管理闭环的新机制。针对集体备课制度效能低的问题，学校提出了制度建设向流程建设转型的思考，旨在以数为据合理设计关键环节，用闭环思维夯实常规、提升效能。

通过管理向治理演进，设计激发教育活力的新机制。丰富的数据报告切实改善了将分数进行横向比较的教育生态。学生端实现从以个性化诊断报告到精准练习、微课推送的转变。学校的教研组、备课组出现了向学术委员会演进的迹象，推动了学校综合治理向现代化迈进。

学校建构了结构化的学业数据库，探索了"分数"育人的新路径。十年来，形成了各类数据514GB，覆盖学生7221人次，提供学生诊断性报告497563份、学科教研报告2631份、支撑教师精准教学的讲评数据18633份。

学校实践推动了学教评一致性的改进，深化了课改育人新实践。十年来，先学后教、小组合作、自适应学习等多种学教方式形成，学校成为全省首批精准教学实验校和浙江省数字教育试点学校。

学校打造了教师成长的新平台。十年来，1人获评特级教师，3人获评市名师，4人获评市学科带头人，7人获评区级优秀教育人才。学校中考成绩稳步提高，教师专业化成长加快，社会美誉度不断提升。2022年，学校获评浙江省现代化学校。

# 创新数字化评价　营造区域育人新生态

浙江省杭州市拱墅区教育研究院

## 一　背景与挑战

人类社会进入人工智能时代，指向核心素养的教育改革已经成为当下世界各国的共识。为此，国家出台了相关的教育政策和课程方案加以落实。其中，教育评价改革是教育高质量发展的重要抓手。教育评价不仅要体现对教育规律和人才成长规律的尊重，还要回应教育改革的时代需求。如何在数字技术的赋能下，运用教育测量工具评价学生那些重要而又用传统纸笔测评难以测出或测准的素养，从而反馈教学、引导教学，落实"五育"并举，是教育实践中的难题，也是杭州市拱墅区教育研究院一直在研究的课题。

拱墅区作为浙江省数据驱动教育教学改进试点区和省小学生综合评价改革试点区，数字化教学评价是其中一个重要的试点内容，也取得了一些阶段性成果。2014年起，各小学设计表现性评价任务，以"游园乐考""模块过关""项目式学评"等形式开展项目式学评试点，随后扩展至小学中高学段和初中的学科及跨学科的表现性评价。针对在实践中发现的"测评目标不清晰、测评过程无依据、测评结果无数据"等问题，拱墅区从2018年开始探索数据驱动的项目式学评，逐渐从基于经验的评价走向基于数据和证据的评价。

## 二　创新举措与经验

### （一）技术创新

基于所面临的问题和实践理念，杭州市拱墅区教育研究院形成了指标项目量表操作一体化模型（简称iPRT模型），该模型包含内技术和外技术两个部分（见图1）。内技术主要指教育测量的理论依据和关键要素，包含三个部分：一是根据素养目标确定测评指标（Indicators），二是根据测评规范设计项目任务（Project），三是对照测评维度开发分析量表（Rubric）。外技术主要指服务测评管理、提供分析报告的数字化平台（Transformer）——杭州市项目式学评平台

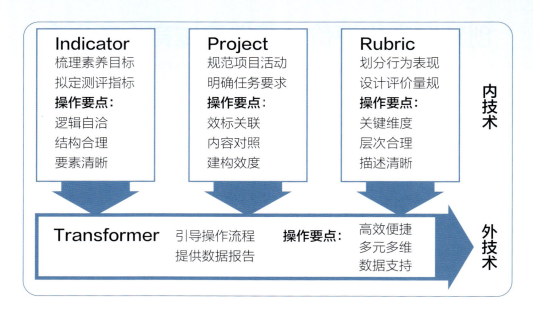

图1 ▶
包含内技术和外技术的iPRT模型

（简称PRT平台）。

内技术旨在解决测评目标不清晰、测评过程无依据等问题，设计思路是将关键因素用具有逻辑的流程连贯起来，从理论出发，用规范把关，主要流程是：首先从学校层面梳理育人目标，同时，根据学科课程标准中的素养目标，综合确定测评指标；其次，基于测评指标设计真实情境的项目任务；最后，结合测评指标和项目任务设计量规。

外技术旨在解决测评结果无数据的问题，数字化平台有助于规范操作，使过程留痕、结果可视化，基于数据分析的教学问题为后续的改进提供了依据。

iPRT模型是基于教育测量技术设计的一套流程规范的教育质量管理工具，据此开发的数字化平台（PRT平台）为开展教育评价改革的应用实践提供了技术支撑。经过多次迭代，该模型已经基本具备了规范测评设计、自动化处理评价管理的功能，为区域大规模开展教育评价提供了可能。

iPRT模型有以下四个特点。（1）实现了测评指标自主设定、测评任务因地制宜、测评规则不断完善的评价设计理念。（2）支持非纸笔测评。iPRT模型可以通过平板电脑或手机等数字化设备进行非纸笔测评，体现了灵活、便捷的特点。（3）提供即时的评价和反馈。iPRT模型可以对学生在各个能力和素养维度上的情况即时进行分析和反馈。帮助教师更及时地了解学生的学习状况，快速做出下一步的教学决策。（4）支持数据积累。通过积累多次测评数据，可以得出综合的结果和反馈，为教育管理提供更加全面、详细、稳定的依据。

## （二）实践应用

本着助研、助教、助学、助管的理念，拱墅区在数字赋能表现性评价的过程中，不仅注重区域教研员的引领作用，关注学校教师的科研能力和专业成长，更关注学生学习过程中的全面发展，并以数据驱动教育质量的有效管理。拱墅区推进iPRT模型的策略有两个：一是区域统筹，二是学校自主应用。

**第一，区域统筹，数据驱动教研引领。**

区域统筹的测评，由教研员在PRT平台中发布测评任务及评价量表，学校只需在指定时间安排师生在校内进行测评即可，测评数据传回区里统一处理。拱墅区已开展全区体育抽测和写字测评。在体育抽测中，区体育教研员组织教师编制体育表现性评价方案，运用iPRT模型设计流程，力求测评目标指向清晰，项目任务设计规范，测评量表标准可靠，数据解析度高。将这些测评信息输入PRT平台后，就能组织全区的体育测试（见图2）。

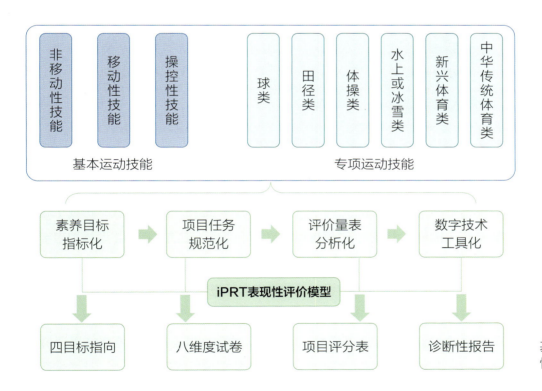

◀ 图2
基本运动技能表现性评价的实施路径

PRT平台能适配体育学科表现性评价的各类场景，将宏观课程融入具体项目，无需昂贵复杂的专用体测设备，仅用手机等移动设备就能快速、准确、高效地采集测评数据，测评结束后，分析结果可以发布在网页端，让学校、教师、学生和家长获得相应的报告（见图3）。

在整个过程中，使用者跟随PRT平台的规范流程逐步推进，降低了测评的操作难度，提高了测评效率。测评时，移动端的智能手机（或者平板电脑）可以通过量表打分、添加备注、现场拍照、录音、录像等方式提供多模态的测评数据，自动化的数据分析报告会即时呈现。全流程的测评数据能更全面地反馈学生

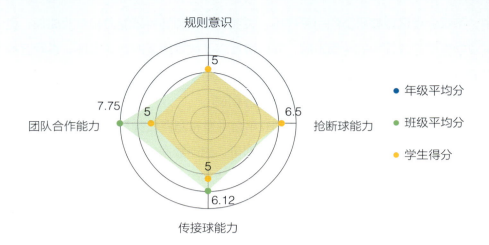

图3 ▶
体育培养方向学生
测评雷达图

|  | ● 年级平均分 | ● 班级平均分 | ● 学生得分 |
|---|---|---|---|
| 规则意识 | 5 | 5 | 5 |
| 抢断球能力 | 6.5 | 6.5 | 6.5 |
| 传接球能力 | 6.12 | 6.12 | 5 |
| 团队合作能力 | 7.75 | 7.75 | 5 |

的运动与健康素养，数据报告则精准地反映日常教学的弊端和优势，这些数据为教学问题的发现和改进提供了支持。

由区书法教研员发起的小学低年级书写测评项目经过多次迭代，形成了涵盖基础指标（执笔和坐姿）、过程指标（笔顺和速度）和结果指标（型体和错字）测评与分析的整体方案。教师运用数据分析报告（包括基础指标、过程指标和结果指标的相关分析），动态地设定成功标准以促进学生书写水平螺旋式提升，提高了区域整体书写教学水平，实现了该项目区域教研质量管理的数据驱动。整个书写测评项目通过应用iPRT模型，改变了以往忽视过程评价、泛化结果评价的弊端，将重点转移到关注书写要素、促进个体成长的诊断性评价上，让学生直观地感受到自己的优势与不足，让教师领会到自己书写教学的突破点。

**第二，学校自主应用，促进教师专业发展。**

PRT平台也服务学校开展自主测评。学科教研组是学校自主应用的核心力量，教研组开展集体教研，共同设计开发并迭代量表。结果数据只在校内分析和呈现。学校自主命题，自定标准，自行评价，体现学校的校本特色，激发教师的积极性，使自主测评成为学校育人目标落地的有效抓手。更有部分教师凭借优秀的信息素养，对PRT平台的测评数据开展自定义分析，二次创新，改进日常教育教学。例如，文津小学的美术教师运用iPRT模型设计了小学低学段美术表现性评价案例——"为医生叔叔放一朵烟花"，利用PRT平台生成的数据，对感性的美术进行了理性的分析，得到了创新性的结果，虽然"脑洞大开"，却达成了精准教学的目的。她将学生的评述、造型两个维度的测评数据作为分析对象，对143名学生画出气泡分析图（见图4），可以看出，两者存在一定的正相关，通过进一步的相关分析，发现其相关系数为0.38（$p<0.01$），存在显著正相关。这样一来，教师便可以创设多样的评述机会，让学生在日常得到训练，以培养并增强学生的动手造型能力。从这个角度来观察学生，学生的日常便会成为美育思考与探索的资源，这也是教师专业素养提升的高效路径。

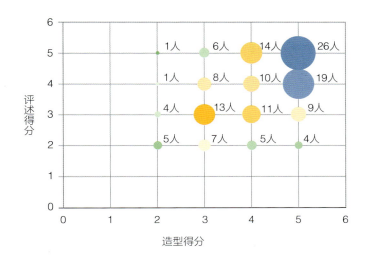

◀ 图4
造型-评述统计分析

## 三　成效与总结

　　截至2023年6月，PRT平台已服务浙江省97所学校，1962个班级，2417位教师，50061名学生。杭州市拱墅区发挥iPRT模型的指导和服务功能，促进学科素养落实到日常教学，帮助学校有序达成育人目标，在区内呈现百花齐放、精彩纷呈的教育质量管理新气象。得益于此，区域在"助研、助教、助学、助管"上也取得了一定的成效与经验。

### （一）带动教师科研，教师的综合能力得到了提升

　　应用iPRT模型设计项目式学评时，教师要依据课标，结合育人目标，从学科内容中归纳学科素养的观测点。教师的教育教学质量观念明显改善，育人理念更为丰富和多元，专业能力得到显著提升。

### （二）辅助教师教学，教师的教育观念和教育实践转变

　　教师从"知识立意"的评价走向"能力立意""素养立意"的评价，从立德

树人的高度审视素养评价的观测点，从学生发展的角度鉴赏和指导学生行为，同时通过评价结果改进教育教学。

### （三）通过目标驱动和标准前置，引导学生追求学习品质

iPRT模型将素养目标以评价维度的形式清晰地呈现在学生面前，起到了突出重点、引导自学的作用。学生可以针对自身定位学习目标和成功标准，自主监控学习过程和质量要求，凸显了评价的学习意义。

### （四）利于学校和区域管理，将素养教育融入学校和区域日常管理

量表的使用有利于将学校育人目标的落实情况直观地呈现出来，把看不见的素养目标转变成可培养的行为习惯，为区域和学校教育的内涵发展提供可靠的实践路径。

# 以评价数据驱动教育治理

## 陕西省西安市铁一中学湖滨学校

### 一 实践背景

学生综合素质评价是促进学生全面发展的重要手段，将评价理念落实为与教育数字化紧密结合的教育实践是教育高质量发展的重要课题。西安铁一中湖滨学校经过多年的探索与实践，建构了具有校本化特色的中小学生综合素质评价体系——"阳光评价体系"。该体系紧跟国家教育评价改革的步伐，依据中国学生发展核心素养建构多元、立体的学生综合素质评价内容。

在"阳光评价体系"的基础上，学校积极进行教育数字化创新，整合社会资源，开发了信息化评价工具——"阳光136"小程序，采集评价数据的同时推进数据生态建设，依据数据实施教育治理，进而构建基于教育大数据的信息化教育发展监测体系，不断丰富教育数据应用，支撑教育精准治理与科学决策。

在实施教育数字化战略行动过程中，学校紧密围绕促进教育管理数字化和深化教育评价改革，将自主构建的评价体系与数字化评价工具相结合，形成易于复制、便于推广的成果，仅用两年时间便在全国诸多学校实践，积累了丰富的评价数据以及用评价数据驱动教育治理的实践经验。

### 二 创新举措

以"阳光136"信息化平台为依托的学生综合素质评价体系坚持以立德树人为目标，利用信息技术促进综合素质评价理念创新，促进线上线下多元评价相结合，实现数据采集自动化、数据处理与分析智能化、评估结果可视化，实现教育评价模式变革与教育评价生态重构。

#### （一）建构科学多元的立体评价体系

**"五育"并举的评价指标体系。**学校依据学生发展核心素养，确立总体发展目标，设置3个一级指标，6个二级指标，12个三级指标。各指标有机联系、相互支撑、和谐共进，促使学生关注不同领域的自我成长，实现全面发展，并彰显个性。

**多元开放的学生成长路径。** 学校从学生心理特点出发，设计游戏式晋级规则，分为集阳光卡、得三级徽章、获二级称号、评"阳光好少年"四个阶段。纵向四阶与横向多模块相结合，构成立体式、多渠道发展路径，让每位学生在游戏中体验成功。多元开放的成长路径助力学生在评价过程中形成积极自信的心态。

**"四维多主体"评价实现协同育人。** "四维"指表现性评价、导向性评价、任务性评价及阶段性评价。"多主体"是指教师、学生、家长、社会参与评价，政府督查指导，实现全员育人。过程评价与结果评价结合、"家校社"协同育人的机制为学生搭建阳光多彩的成长空间。

## （二）实施"线上+线下"的动态评价方式

**线下评价通过终端采集数据。** 教师依据评价指标及观测点，在不改变教师教育教学习惯的前提下，通过发放阳光卡的方式对学生实施全面的评价。学生得到印有二维码的阳光卡后，家长可通过移动端小程序扫码上传数据，学生也可通过终端机自助扫卡，完成数据采集。

**多种通道实施线上评价。** 学校将小程序嵌入教室电子屏，发放虚拟阳光卡，实现课堂上的线上评价；教师也可通过移动端小程序为学生发放虚拟阳光卡；教师结合阶段性、任务性的评价规则，将体质健康、学业水平、获奖情况等数据上传后，后台可自动发放虚拟阳光卡。

图1 ▼
阳光少年自画像
（示例）

**评价数据汇集成动态画像。** 平台利用通过各种方式采集得到的个体数据，绘制动态变化的"阳光少年自画像"（见图1），记录学生成长中的点滴进步，强化以学生为中心的过程性量化评价，鼓励学生积极参与评价。

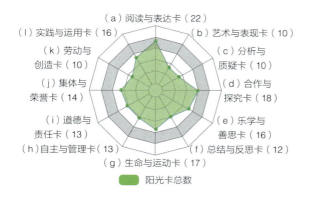

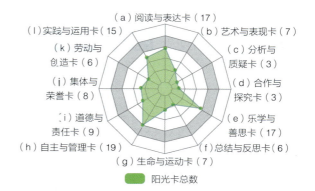

## （三）形成数据驱动教育生态治理的范式

**可视化评价结果监测学生成长。** 根据个体数据绘制成的"阳光少年自画像"可以让学生充分了解自己的成长足迹，并结合画像进行总结反思，制定下一阶段的目标。人人画像不同，人人获得成功，同时人人都需努力，评价结果既有诊断效果，又能提供明确导向。

**个体及群体数据促进教师因材施教。** 教师根据生成的学生个性化数据，判断和预测学生在学习、社交等方面的优势和劣势，并进行适当引导。班主任作为班级组织者、领导者和教育者，更加关注班级数据的波动，及时调整各项班级活动和教育管理措施。

**全校数据为学校科学决策提供依据。** 全体学生的评价数据汇集在一起，就形成了学校的整体数据。学校的评价数据一直处在动态变化中。管理者根据真实动态的评价数据，有针对性地改善某个领域的课程建设、教育活动等，并结合数据变化情况，反思教育活动效果（见图2）。以数据为依托，让学校的教育教学决策更加科学有效。

**区域数据库为教育生态治理提供方向。** "阳光评价体系"已在西安市长安区西部教育片区进行区域化实践，整个区域的数据库能清晰反映出每所学校的教育情况。学校正着手构建合适的研究与分析方法，实现教育数据与教育治理之间的深度融合，让管理者逐步形成依托数据思考教育发展和教育生态治理的思维方式。

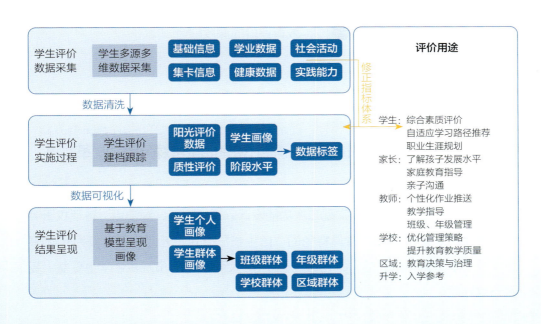

◀ 图2
大数据下的学生评价结果应用路径

## （四）打造科学的评价结果应用机制

**从"立即见效"到"长期跟踪"。** 教育应关注学生全面发展、持续发展与终身发展。通过信息化评价工具"阳光136"，教师既可以关注到学生某堂课、某个任务及某个时间点的进步，又能放眼长远，结合数据跟踪学生的长期变化。

**形成闭环式双向驱动机制。** 为更好发挥评价的导向、激励、调节等作用，学校以评价结果科学应用为导向，形成"行为观测—评价实施—数据汇集—智能分析—结果反思—改进行为"的闭环式评价机制，让评价与行动双向互动，让过程评价与结果评价双向互动。常态化评价积累的个体数据与整体数据，通过智能计算与分析，为学校教育决策提供科学依据，为教师课堂变革提供参考，为学生全面发展明确方向。

**培养学生责任感与使命感。** 学生在自主成长过程中，若某项数据达到一定节点，通过系统推送，便可获得相应的任务。各实践校根据校情向学生提供安全员、礼序员、各活动场馆管理员、各空间负责人等校内外公益岗位（见图3）。让学生参加社会公益活动，参与学校管理和决策，既能避免功利化倾向，又培养了学生的责任感和使命感。

"阳光评价体系"依托信息技术与平台，通过正面激励、多元评价引导学生自主成长，促进学生全面发展，做到教育数字化与教育评价的深度融合。

图3 ▼
学生在公益岗位上
服务（人工智能厅）

## ③ 主要成效

### （一）平台式架构的评价工具，辐射带动周边教育评价改革

为兼顾各地区不同生源、不同师资及不同类型学校的个性需求，学校将评价工具设计为平台式架构，以实现二次功能设计，指标框架、观测点、各项权重等均可自定义，形成实践校各具特色的"自生长"模式。近两年，学校为1000多所学校分享教育评价经验，并已推广至全国近百所学校，6万多名学生受益，受到一致好评。

## （二）线上评价与线下评价相融合，建立学生评价数据库

通过"线上+线下"的评价方式，强化过程评价，形成"动态自画像"式的结果评价，而学生评价数据的不断积累，也为探索增值评价创造了条件。经过多年的实践应用，"阳光136"已积累900多万条评价信息，形成涵盖多个维度的评价数据库。随着大数据时代的到来，教育评价正从"经验主义"走向"数据主义"，从"宏观群体"走向"微观个体"，从"单一评价"走向"综合评价"。以教育评价数据驱动教育管理变革的新型教育治理范式正逐步形成。

## （三）综合素质评价的数字化，驱动教育改革不断深入

"阳光136"信息化评价工具的开发与应用，突破了线下评价的单一模式，实现了线上评价与线下评价的结合；突破了教师单方面评价，加入学生自评，引入学校、家长和社会多元评价主体；突破了总结性评价的局限，强化了动态过程性评价。平台已为6万多名学生建立个人动态评价数字档案，为近10万名家长、3000多名教师提供终端服务。数据实时采集、数据智能分析、成长轨迹追踪、个体与群体数据汇集等由信息化带来的评价数据生态的变化，让学生的个性成长、教师的因材施教、学校的科学决策和区域教育的生态治理更加科学、便捷和有效。

# "一台三维五环"、"五育"融合画像助力学生全面发展

四川大学附属实验小学南区学校

## 一 实施背景

自2019年成为首批教育部"智慧教育示范区"创建区域以来，成都市武侯区始终践行"为学生发展提供适应的教育"的核心理念。《成都市武侯区教育事业发展第十四个五年规划（2021年—2025年）》总体目标之一即强调科学构建教育监测评价体系。武侯区以学生成长为中心，开展技术赋能下的学生综合素质评价，采集学习过程性数据，有效支撑学生综合素质评价方式和体系的构建；描绘学生"数据画像"，为学生个性化成长和未来职业生涯规划提供有力支持，助力面向智能时代的创新人才培养。

四川大学附属实验小学南区学校（以下简称"南区学校"）自2018年筹备之初，遵循"儿童事大"教育理念，将"五育"融合贯穿学生学习成长全过程。为每一位学生构建数据画像，以数据描绘学习与成长的全历程，帮助每个孩子全面、精准地挖掘优势潜能，以评价改革撬动学校教育教学内涵发展，从而实现学校"小小我，日日新"的育人目标，培养学生成为积极探索（?）、善于合作（%）、富有温度（℃）（"三个符号"）的人。

## 二 实践经验

南区学校在立德树人根本任务的引领下，落实中国学生发展核心素养培养，生发校本化的育人目标：培养积极探索（?）、善于合作（%）、富有温度（℃）的人，规划并打造以学校生态系统变革为基础的学生数据画像实践蓝图，逐步为每一位学生构建起一张完整、立体、多元的成长数据画像，赋能精准教学（见图1）。

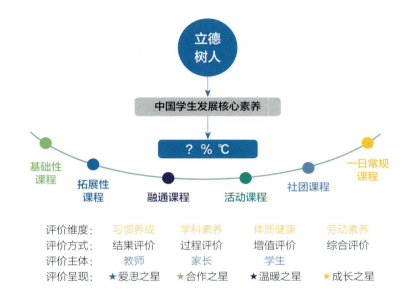

◀ 图1
学生画像基本范式

## （一）构建"一台三维五环"素养评价闭环

三年来，学校已建立"一台三维五环"模型（见图2），即以"云上南区"校园数字应用平台为基础，以"积极探索（？）、善于合作（％）、富有温度（℃）"为育人目标核心，遵循"定指标—建模型—做课程—采数据—做分析"的行动路径，逐步形成主体多元、内容多维、方法多样、成长多态的立体、科学、精准评价体系，构建了一个评估数据从采集到应用的闭环系统。

◀ 图2
"一台三维五环"
模型

## （二）打造数据基座"云上南区"

"云上南区"作为一个全面的校园数字应用平台，尽可能涵盖并联通学校数据场景（见图3），目的是通过一个平台，将学校的各个数据场景进行有效的整合，建立儿童成长数据画像的可靠基石。"云上南区"如同一座虚拟校园，不仅

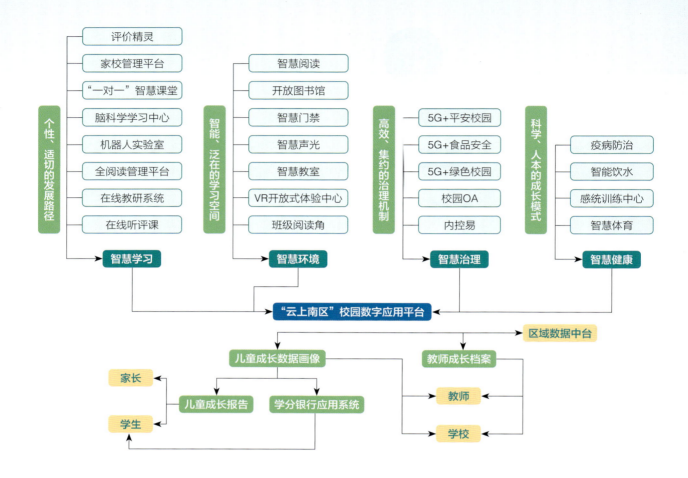

图3 ▲
"云上南区"场景

承载了学校中的各种教学活动，而且融合了技术与数据的力量，通过精准透明的方式，捕捉并记录下每个孩子在学习与成长过程中的点滴。

### （三）建设校本化指标体系

指标建设既要以终为始，也要充分考虑教师的实际应用。为保证科学性，学校邀请北京师范大学和华东师范大学的专家对评价指标进行了指导与修正，最终形成四层五维144个面向不同学段的具体指标，包括德育行为指标、学科素养指标、体质健康指标、审美情趣指标、劳动意识指标，为评价体系在实践中有效运行提供助力。为保证可实施性，学校全体教师共同参与评价的实施，确保指标内容在一线教学中可观察，可记录，明确直观，覆盖情感、态度、能力素养等方面，便于教师和家长进行观察与评价。

### （四）丰富数字化教育场景

学校通过构建丰富的教育场景，收集和汇聚学生的全方位过程性学习数据。

**打造沉浸式实践式场景。**结合儿童成长需求和教学实际，南区学校儿童成长数字画像系统涵盖了"脑科学+感统""班级评价""在线教研""体质健康""全阅读"五大场景，通过数字化过程，打破学科界限，以课程为依托，聚焦五大核心学习能力提升，关注学生心理、生理全方位的健康发展，促进良好行为习惯的养成，推动教师更深层次地准确把握教学定位。

**形成多元数据收集方式**。如何在日常教学中采集数据？教师根据教学情况，通过教室大屏、手机APP和二维码卡片三种便捷方式来记录评分，实现有针对性的过程评价。海量过程性数据保障了后期数据分析反馈的科学性。

## （五）借助"画像"精准教学

南区学校学生数据画像涵盖学生基本情况和"五育"维度，有评价数据的可视化图表，有学生自评、教师评语和家长寄语，有获奖和活动记录，有作品展示。每到期末，家长的"云上南区"小程序都会收到孩子的专属数据画像链接。

**使用可视技术展示学生成长轨迹**。南区学校基于"三个符号"评价体系精准定位学生的优势潜能或学习薄弱点，在文字记录和分数之外，聚焦孩子的"五育"各方面的发展变化。

**通过数据画像辅助教师因材施教**。学生数据画像清晰记录学生的成长状况。它帮助教师摆脱主观经验束缚，更客观全面地理解每个孩子，有利于根据学生个性特点制定差异化策略。

**利用数据画像强化家校共识合作**。学生数据画像让家长直观地了解孩子每一天的变化，使家长更容易理解学校的育人策略，促进家校在成长目标和教学方式上形成共识。

## （六）形成家校企协同育人模式

南区学校采纳并深化"三元四同五化"新模式。"三元"即学校、家庭和合作企业三方参与的运行机制。"四同"即校企双方共同建设符合育人需求的平台、共同促进育人目标的实现、共同改进过程中遇到的问题、共同发展实现合作共赢可持续。"五化"即专业化的评价指标体系是基础，常态化的平台使用是根本，场景化的多维度应用是关键，数据化的伴随式收集是核心，以及多元化的学生发展路径。

## 三 主要成效

## （一）为儿童个性化成长营造新样态

自应用以来，"云上南区"校园数字应用平台平均每年收集跨场景学生评价数据逾10万条，生成学生数据画像1622份。数据画像清晰呈现了学生的个性特点，尤其是学生在学习和能力发展上的优势会被肯定。细化的关注点将多元评价内容表现得十分具体可感。每一份学生数据画像，都全面、科学、客观地描绘了学生在德智体美劳方面的表现情况，形成了学生纵向发展和同伴横向比较的图像说明，为因材施教提供了依据。

针对个体学生，对异常数据进行规律总结、教育提示或异常行为预警。曾经的"学习困难户"小Y同学的转变就是一个例子。一年级孩子的分离焦虑通常不会超过半学期，但小Y对上学强烈的抵抗情绪延续到了一年级下学期。经过学校教师团队分析，小Y在学期初仅有少量的学习兴趣增值性评价记录，但团队合作的评价指标得分较高。据此，需要进行教学优化和多元激励，进一步激发小Y的学习兴趣，同时还应重视同伴影响，在班级里发展"同学夸夸群"，让小Y感受到班级温暖。随着相关举措的落实，小Y在学习习惯和学习兴趣方面的成长数据显著提高，学业成果也相应进步，各项评价指标趋好。小Y终于从"学习困难户"变成了"学习成长之星"，家长的焦虑得到减缓，班级的氛围更加融洽。

## （二）为教师差异化教学提供新可能

学生立体评价不但强化了传统评价的判断、预测、选择和导向等功能，而且延伸出分析、指导、改进、提升等功能，从"以知识为中心"转向"以学习者为中心"。教师借助数据修正课堂评价的侧重，修正教学策略，将评价从建立在经验-感知基础之上转变为建立在数据-分析基础之上，精准提升教育教学水平。这里的"数据"并不排斥经验，而是将"经验"变成"数据"，参与数据运算与分析。

数据帮助教师挖掘经验不易觉察的突破点。南区学校体育组教师通过分析2个年级共8个班的具体评价数据发现：二年级更注重"规则"类评价，一年级更注重"运动技能"类评价；一年级各指标分布相对平均，二年级课堂规则类指标得分明显偏高。由此进行讨论，教师们意识到，二年级的孩子对课堂新鲜感降低，造成上课秩序相对散漫。这引起了教师对规则类评价的关注，由此开展专项教研，强化二年级体育课堂教学设计的趣味性和参与性。

在实际工作中，南区学校逐步形成了以"首席信息官"为牵引，技术支持团队、创新应用团队和学科教师团队分层联动的推进模式，确保项目落地。同时围绕数据画像形成"省-市-区"三级智慧教育课题研究群，覆盖全校多数学科，帮助教师从实际教学需求出发，以信息化手段赋能教师专业成长。

### （三）为管理者精准化决策开辟新思路

凭借数据画像，学校管理者能把握全体学生的学习情况：一是监测动态，了解学生发展变化情况；二是防控风险，对学生存在的心理问题、学习问题、教育问题等预警信息进行及时处理；三是检验效益，了解教育政策、计划、举措等实施后对学生发展的影响；四是实施考核，对学校管理、教师教学等进行考核；五是获取信息，根据系统生成的数据报告和建议进行决策，改变治理策略。

例如，针对近来四年级孩子近视率上升的问题，学校开展专项会议，调取近视学生各项数据进行分析，发现近视学生平均体测成绩低于非近视学生，同时近视学生肥胖率高于非近视学生。因此，学校在优化作业结构之外，购置"AI体育小站"放在四年级学生的活动区域，鼓励孩子们走出教室动起来。

# 培养整全的人：以数智化赋能，构建"1+3"学生综合素质评价体系

## 四川省成都市泡桐树小学

### 一　学生综合素质评价亟待改进

在新时代背景下，教育评价的目标是促进学生德智体美劳全面发展，而不仅仅是考查学生的学业成绩。然而，传统的学生评价方式存在诸多问题，如：评价内容缺乏科学性，指标设置不周全，无法全面体现学生综合素质；评价过程缺乏严谨性，评价主体单一，评价依据主观，评价方法单一；评价结果缺乏关注度，评价反馈不及时，评价功能发挥不充分，评价效果不明显。这些问题导致学生评价与学生发展的需求脱节，影响了学生自信、自主、自律和自我发展能力的培养，也影响了教师的教学改进和家长的教育参与。

为了改革学生评价，成都市泡桐树小学结合地方背景和学校办学特色，积极探索学生综合素质评价的新模式，开展数字教育创新的实践。成都市泡桐树小学创建于1961年，以"桐悦文化"为核心，厚积学校文化、发展教育信息化、优化家校共育和实施评价改革，先后入选"教育部第一批教育信息化试点单位""教育部2019年度网络学习空间应用普及活动优秀学校""全国青少年计算机科技创新实践教育示范基地"。学校利用信息技术，为学生提供了个性化、多元化、开放式的学习环境，为教师提供了专业化、协作化、创新性的教学支持，为家长提供了互动化、参与化、共育化的教育服务。学校将学生评价与信息化有机整合，把学生、同伴、家长、教师、社会五个评价主体对"五育"的评价进行智能化处理，形成既方便操作，又能多角度提供真实数据、反馈学生状态的校本评价体系。

### 二　构建"1+3"学生综合素质评价体系

成都市泡桐树小学经过十余年的实践探索与理论研究，构建并实施了"1+3"学生综合素质评价体系。"1"是坚持一个中心，即以"'五育'并举，建构可操作的学生综合素质校本评价"为中心。学校将"综合素质校本评价"界定

为以"促进学生和谐发展"为目标，教师、学生、家长、社会共同参与，从一年级入学开始，到六年级毕业结束，围绕"五育"内容，全员、全面、全程地进行过程性记录和动态评价。"3"是贯彻"三全"育人理念，即全员、全面、全程。具体措施如下。

## （一）全员：多元主体评价，坚持客观真实

学校形成了学生自评、同伴乐评、家长悦评、教师测评、社会热评的全员评价五大策略，实现了评价的多元化和民主化。一是学生自评。学校每学期安排学生在评价平台上进行自我评价，从德智体美劳五方面进行自我认识、自我分析、自我评价、自我总结，形成自我评价报告，反思自己的优势和不足，制订自我发展目标和计划。二是同伴乐评。学校每学期在评价平台上安排学生进行同伴互评，对自己的同学或小组成员从德智体美劳五方面进行客观、公正、友好的评价，形成同伴互评报告，给予同伴肯定和建议，促进同伴之间的相互了解和相互帮助。三是家长悦评。学校每学期在评价平台上安排家长评价，对自己的孩子从德智体美劳五方面进行全面、真实、关爱的评价，形成家长评价报告，与孩子沟通和交流，指导和支持孩子的成长和发展。四是教师测评。学校每学期在评价平台上安排教师评价，对自己所教的学生从德智体美劳五方面进行专业、细致、科学的评价，形成教师评价报告，教师根据评价结果调整教学策略和方法，提高教学效果和质量。五是社会热评。学校每学期安排学生参与社会实践活动，如志愿服务、社区活动、公益项目等，邀请社会各界人士对学生从德智体美劳五方面进行评价，实现社会评价的多元主体参与，提高了评价的客观性和真实性。学校还利用评价平台的数据分析和指导功能，为学生提供了更有针对性和操作性的发展建议和帮助，促进了学生的个性化发展和成长。

## （二）全面："五育"并举评价，坚持全面发展

学校根据国家课程标准和学校课程方案，将学生综合素质评价的内容分为五个方面，即德育、智育、体育、美育和劳育，实现了评价的全面性和平衡性。在德育方面，评价学生的道德品质、公民素养、情感态度、价值观念等，培养学生的道德情操和社会责任感。在智育方面，评价学生的学业水平、学习能力、创新能力、思维能力等，培养学生的知识技能和学习兴趣。在体育方面，评价学生的身体素质、运动技能、健康习惯、体育意识等，提高学生的身体素质和运动能力。在美育方面，评价学生的艺术素养、审美能力、创造能力、表达能力等，培养学生的艺术鉴赏能力和美的情感。在劳育方面，评价学生的实践能力、动手能力、合作能力、创业能力等，培养学生的实践意识和劳动精神。学校将"五育"

评价的内容和标准，以清晰明了的方式，公布在学校的网站、微信公众号、电子屏幕等多个平台，让学生、教师、家长、社会等都能够了解和参与。学校还将"五育"评价的内容和标准，与学校的课程设置、教学安排、活动组织等多个环节相结合，形成了一个完整的评价体系，保证了评价的有效性和可操作性。

## （三）全程："动态轨迹"可视，展现发展状态

学校将学生评价与信息化有机整合，把五个评价主体对学生的评价进行智能化处理，形成既方便操作，又能多角度提供真实数据、反馈学生状态的校本评价体系。

**一是转化：数据"储蓄"成长信息，形成成长轨迹图谱。**学校借助银行储蓄和心理账户的概念，结合学校"桐悦文化"理念中泡桐树家族吉祥物的设计，创设泡桐树小学学生综合评价系统。教师根据学生的表现，以即时发放"泡泡五育币"的方式来评价学生。

日常教学中，教师借助"泡泡五育币"对课堂上积极参与学习、有精彩表现的学生给予鼓励；班级管理中，班主任借助"泡泡五育币"对积极参与集体活动、为班级做出贡献的学生进行激励；比赛活动中，教师借助"泡泡五育币"对积极参与、团结协作、成绩突出的学生进行相应的分值奖励。整个评价流程是线上和线下相结合的，通过物联网与大数据分析系统，将每一枚"泡泡五育币"与评价数据对应。经过简单的人脸识别或账号登录，再加上一个投币动作，就完成了评价数据采集（见图1）。详细的个人综合素养发展档案可以清晰地展示每一个孩子成长的轨迹。

图1 ▶
通过学生投币采集
评价数据

**二是展示：数据"开花"展示成果，形成成长成就墙。**学校利用评价平台的数据可视化功能，将学生的"五育"评价数据以表格、雷达图、柱状图、折线图等多种形式，直观地展示在学校的电子屏幕、教室的电子白板、班级的展示栏等多个位置，让学生、教师、家长、社会等多主体能够随时随地了解学生的综合素质评价结果、发展状态和成长轨迹。学校还利用评价平台的社交功能，让学生能够在平台上分享自己的评价成果，如作品、证书、奖状等，与同学、教师、家长、社会等开展互动和交流，由此形成学生的成长成就墙，展示学生的个性风采。

**三是促进：数据"结晶"指导发展，形成成长规划书。**学校利用评价平台的数据挖掘和诊断功能，对学生的"五育"评价数据进行深入的分析和比较，发现学生的优势和不足，为学生的个性化发展提供更有针对性和操作性的建议和帮助。例如，在学生体质评价方面，学校参照国家学生体质健康标准，制定校本测试项目标准，依据学生年龄构建评价模型，搭建学校体质健康大数据诊断平台，自动生成每一个学生的个性化运动处方。其中包括三个部分：一是体育素质评价，二是涵盖力量、速度、柔韧、协调、灵敏、耐力六个方面的身体素质六维分析评价，三是每个单项的成绩报告和运动建议。个性化的"小处方"不仅可以促进学生形成自主学习和自主发展的动力，还有助于体育教师实施教学计划和指导家长监督孩子锻炼。学校可以通过评价平台的数据预测和指导功能，根据学生"五育"评价数据的变化趋势和发展潜力，为学生制订更合理和可行的发展目标和计划，形成学生的成长规划书，指导学生的未来学习和生活。

## 三 学生综合素质评价实施成效

通过数智化赋能学生综合素质评价的实施，学生不断地了解自己、反思自己、完善自己，身心和谐发展。主要表现在以下几个方面。

### （一）提高了学生的自我认识和自我管理能力

学生综合素质评价改革后，学生通过自评、互评、家长评价、教师评价、社会评价等多元主体的评价，从多个角度了解自己在"五育"方面的情况，形成了自我评价报告，反思自己的优势和不足，制订自我发展目标和计划。学生还通过评价平台的可视化数据和动态反馈，及时了解自己的成长轨迹和发展状态，调整自己的学习和生活方式，培养良好的行为习惯和学习习惯。学校的调查数据显示，学生综合素质评价改革后，学生的自我认识和自我管理能力得到了显著的提升。

## （二）增强了学生的自信心和社交能力

学生综合素质评价改革后，学生通过"五育"评价，发现自己的特长和潜能，感受到自己的价值，树立了积极的自我形象和自尊心。学生还通过评价平台的社交功能，与同学、教师、家长、社会等多个主体进行互动和交流，分享自己的观点和建议，听取他人的意见和反馈，形成了独立的品性和良好的社会交往能力。学校的调查数据显示，学生综合素质评价改革后，学生的自信心和社交能力得到了显著的提升。

## （三）促进了学生的全面和个性化发展

学生综合素质评价改革后，学生通过对"五育"评价的平衡关注，实现了自身的全面发展。学校根据评价数据，为学生提供了个性化的学习指导和帮助，激发了学生的学习兴趣和创造力，培养了学生的学习能力和创新能力。例如，学校的"泡泡美德币"发放细则中设计了"积极策划、参与各类公益活动，并长期坚持下去"这一项目，鼓励学生自发设计、组织公益实践活动。多年来，学校孵化了数百个公益项目，包括"一杯水温暖一座城""为最辛苦的人送'红包'""宽窄文化宣传+""一张手帕一片蓝天""'泡枣'街头音乐会""电话亭变身计划""垃圾不落地"等项目，内容覆盖环境保护、困境人群关爱、城市文化传播等，引起社会广泛关注和强烈反响。参与这些活动以及评价的激励，激发了学生心中的善念，也让学生开阔视野，建立了社会责任感，彰显了新时代小学生敢担当、有作为的社会价值。

# 数字化评价赋能教与学的实践探索

## 北京交通大学附属中学

教育数字化是数字中国建设的重要组成部分，也是全面落实教育优先发展战略的重要路径。近年来，北京交通大学附属中学高度重视教育数字化工作，努力通过过程和结果追踪，深度挖掘数字背后的信息，回溯分析教与学的过程，建立科学的分析评价方案等，清晰把握学生发展趋势，为每个学生提供个性化的发展方案。一系列改革推动了数字化赋能学校的教与学，从结果数据评价驱动走向过程数据评价驱动。

北京市不断加大数字教育的建设力度，已基本建成全市范围教育数据共享交换的"数字基础底座"。一根网线，连接各校，一个平台，汇聚资源，为各校的特色发展提供了更大空间。海淀区位于教育高地，依托周边的大学和科研院所的人才和资源优势，海淀区的数字教育迅速崛起。北京交通大学附属中学也加快数字教育建设力度，以数字教育为抓手，将教育信息化作为学校教育变革的内生力量，形成数字化评价赋能教与学的北京交通大学附属中学模式，促进学生全面健康发展，提升教育教学质量，实现"学生在成长中体验快乐，教师在成功中体验幸福"的学校教育理念。

## 二 经验

### （一）数字循证分析，助推课堂教学质量提升

学校依托交互式电子白板、全过程自动化的高清录播设备、多媒体调研反馈等系列技术手段，进行数字循证分析评价，形成本校"三有课堂"实施、评价、改进的实践闭环，提升教学针对性和精准度，最大限度实现因材施教，助推课堂教学质量的提升。

**一是** 基于学生的认知起点，提升课堂教学的针对性和有效性，提升学生的课堂获得感。依据学生前测和调研访谈情况，清晰把握学生的起点，找准学生的学习区。基于课标要求，精心设计课堂教学：设计可量化、可检测的教学目标，以情境化素材和有梯度的问题链为载体，激活学生的思维，引领学生积极参与课堂，体验学习的乐趣，收获知识，提升能力和学科素养。在此过程中，教师依据课堂观察和自身教学智慧及时调控教学过程，并将课堂生成的问题作为教学的重要资源。

**二是** 以数字反馈为载体，进行教学反思，不断提升课堂质量。根据课前检测、课堂观察、课后访谈、课后作业、课后检测及课堂录播等数字资料，评价课堂实施效果，研讨反思，进行动态调整，形成设计、观察、评价、反思、调整的课堂实施反馈闭环，提升课堂质量。

**三是** 数字赋能集团联合教研，为集团课堂教学质量提升提供基础和保障。借助信息技术拓宽教研方式，采用校内集体备课、教研组深度研讨和集团联合教研相结合的方式，聚焦课堂教学实践中的真问题，开展系列研修活动。不同校区、分校依据实际需求参与研讨，实现"一校六址同步研"，教师足不出校参与培训，为课堂提质助力。

## （二）评价迭代升级，优化学生学业评价分析

**一是** 优化更新原有的学业分析平台。增加指向能力分级的数字评价和持续性过程评价的内容，同时，平台上增加了可以按照能力和内容板块检索的试题库和教材重点内容，有助于教师基于班级学生的学情，精选内容巩固提升。学生可以基于自身的知识漏洞和能力提升点，回顾教材，并有针对地进行训练，促进学生个性化发展。

**二是** 用好区数据，学习借鉴区数据模型建立本校数据分析常模（见图1）。学校数据分析分为三个层级：一是宏观层面的整体分析，注重对学校整体教学质量的评价；二是中观层面的学科和班级分析，注重对学科教学的诊断和班级水平的分析；三是微观层面的学生个体分析。每个层级有相应的分析维度：宏观层面了解本届学生总体发展趋势和在区里的水平；中观层面分析学生各素养能力板块和知识板块的得分情况，反观前期教学，找到亮点和提升空间，学科组通过研讨从整体上制定教学提升方略，各任课教师基于本班具体问题实施个性化教学调整，针对各组学生在各学科各小题上得分情况，找到不同组别学生的知识、素养和能力的提升点，基于能力和素养发展规律，制订短期和长线的培优提升计划，对不同群组学生实施分层提优；微观层面，班

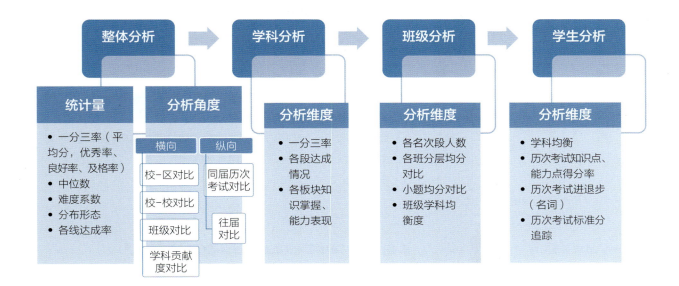

主任和教师通过对学生多次考试表现的追踪分析，了解学生总体发展趋势（见图2），任课教师分析学生历次成绩和能力素养发展情况，制订个性化辅导计划（见表1、表2），学生进行考后分析，和教师交流形成个性化提升方案，并进行过程性追踪反馈，实现学生个性化发展和全面提升。

▲ 图1
学校数据分析常模

## （三）强化数字评价，优化作业育人功能

借助数字技术对作业进行统计分析，梳理出班级整体问题，为教师推送相应的练习，帮助教师进行班级定向突破。通过学生个体作业反馈的问题，为个体学生推送相应的学习资源，促进学生个性化提升。作业作为课堂教学反馈评价的重要途径之一，有助于教师反观教学，找到问题环节，为日后教学改进提供重要数据。教师通过分析学生作业问题，了解学生知识掌握情况和能力素养发展状况，

▼ 图2
某学生历次成绩追踪

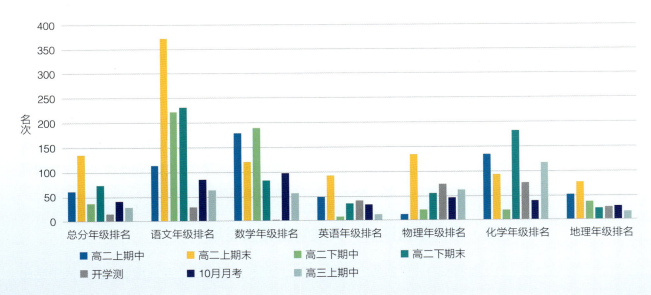

**1. 短期内容易提分的题目和知识**

（1）基本化学用语

| 题号 | 知识点 | 能力 | 问题与策略 |
|---|---|---|---|
| 2题 | 基本化学用语的书写 | 辨识记忆 | 问题：结构化学模块涉及知识点掌握不牢，核外电子排布的半满规则、物质化学键判断方法遗忘。<br>策略：布置相似习题巩固，巩固的过程中注意典型问题及常见错误，熟能生巧。<br>所需时间：2—3天。 |

2. 下列化学用语或图示表达正确的是

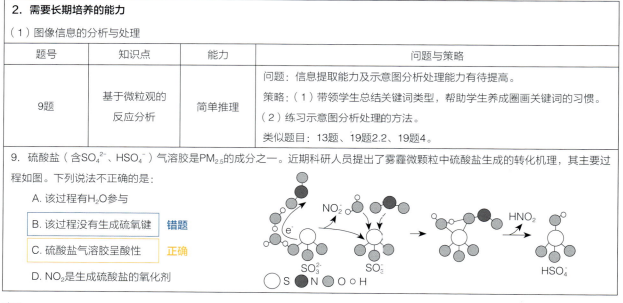

A. $2p_z$电子云图为

**错选**

C. $H_2O_2$ 的电子式：$H^+[\ddot{\underset{..}{O}}:\ddot{\underset{..}{O}}]^{2-}H^+$

**正确**

B. 基态$_{24}$Cr原子的价层电子轨道表示为 3d 4s

D. $NH_3$的VSEPR模型为

表1 ▲
基于学生水平，制订短期提升计划

**2. 需要长期培养的能力**

（1）图像信息的分析与处理

| 题号 | 知识点 | 能力 | 问题与策略 |
|---|---|---|---|
| 9题 | 基于微粒观的反应分析 | 简单推理 | 问题：信息提取能力及示意图分析处理能力有待提高。<br>策略：（1）带领学生总结关键词类型，帮助学生养成圈画关键词的习惯。<br>（2）练习示意图分析处理的方法。<br>类似题目：13题、19题2.2、19题4。 |

9. 硫酸盐（含$SO_4^{2-}$、$HSO_4^-$）气溶胶是PM$_{2.5}$的成分之一。近期科研人员提出了雾霾微颗粒中硫酸盐生成的转化机理，其主要过程如图。下列说法不正确的是：

A. 该过程有$H_2O$参与

B. 该过程没有生成硫氧键 **错题**

C. 硫酸盐气溶胶呈酸性 **正确**

D. $NO_2$是生成硫酸盐的氧化剂

表2 ▲
基于学生的水平，制订长期提升计划

制定个性化指导方案，为分层作业提供重要依据。另外，通过数字技术手段，收集学生完成作业的时间，有助于控制作业量，减轻学生过重课业负担。学科教师共同体深度教研，精心设计作业，做到减量提质。

## （四）重视增值评价，关注学生真实发展

增值能力评价含两个维度：学业增值和成长增值。学业增值方面，高中学业

入口分为两部分——初三学业水平测试成绩和高一前三次考试成绩，出口就是高考成绩。利用增值性评价的计算公式，可以核算得出学业增值。学生心理成长方面，包含抗压能力、心理健康程度、认知能力、情绪、思维模式、学习品质等。这部分测评数据的组成如下：一是区域每年一次的测试；二是中国科学院心理研究所的专家每学年进行的多次测评并持续追踪三年；三是教师和家长的质性评价。增值性评价有助于教师和家长关注学生的健康成长、促进学生的全面发展、实现育人的初心，符合学校的育人目标，即培养"感恩重责，阳光包容，博学笃行，健康雅趣"的学子。

## 三 成效

从实践探索的结果来看，数字化评价促进了学生学习，提升了教学效能，进而推动了学校教育教学质量提升。

### （一）促进学生个体全面发展

过去的评价方式大多数指向结果，评价方式单一，不利于激励学生。数字化评价着眼于学生学习过程，能及时捕捉学生的动态变化，有助于教师基于学生接受程度和能力提升空间，精心设计教学，提升教学的精准度，促进学生更好地学。数字化评价指向认知能力、情绪、思维模式、学习品质等成长指标，多角度的评价能更好地促进学生健康成长，全面进步。学校将历次数字化评价连续呈现，为学生制作画像，促进学生个性化发展。

### （二）推动教师团队专业发展

多维数字化评价将教学从基于经验转为基于证据。教师根据学生思维障碍点，有针对性地进行指导，提升学生思维水平和学科能力素养的同时，也提升了教师的专业化水平。评价也推动了教师教学理念的转变，从注重教师的教转向注重学生的学。此外，深度教研和集团联合教研，提升了教师的教研能力，促进了教师专业发展。

### （三）助推整体育人环境优化

多维数字化评价有利于社会、学校和家长关注学生能力提升和素养发展。评价的核心是人，学校教师着眼于学生的长期发展和个性化发展，采取相应的措施；家长不再只盯着分数和排名，而是着眼于孩子各项成长指标。孩子的幸福指数得到了很大提升，促进学生全面发展的育人环境得以形成。

# 构建多元动态评价体系　以数字化赋能特殊学生成长

## 广东省深圳市南山区龙苑学校

 **背景介绍**

《中国统计年鉴2021》数据显示，2020年底特殊教育在校生数高达88万人。2023年5月31日，深圳市南山区教育局召开了教育部"信息技术支撑学生综合素质评价"试点区工作部署会。南山区作为全国38个试点区之一，将利用数字化平台开展学生综合素质评价工作，通过过程性数据积累，提供学生综合素质画像，科教融合破解综评难题。

在特殊教育学校的日常教学中，教师会通过文字、图片、音视频等形式记录特殊学生的在校学习与行为表现，对学生形成评价，但以往的评价方式在实际应用中存在以下难点与痛点。第一，多全体，少个别。《第二期特殊教育提升计划（2017—2020年）》指出要落实"一人一案"，但目前仍存在学生无档案或是以班级档案、小组档案代替个人档案的情况。第二，多零散，难延续。学生档案记录较为零散，存在各学科分别记录、各学期分别存档的问题，没有延续性，难以看出学生的成长动态。第三，多载体，缺整合。学生的个别化教育计划（Individualized Education Program，IEP）、课堂学习情况、在校表现及在家表现等分别以不同形式通过不同载体记录，缺少整合，无法展现学生全貌。第四，重记录，难分析。对行为记录较多，而应对措施、处理结果、后续发展及针对性分析较少，导致借鉴意义较小。第五，单主体，缺互动。记录者多为教师，家长参与少，档案也仅作记录使用，缺少互动。

 **主要经验**

### （一）动态评价体系指标的确定

为了建立特殊学生的生态化档案，搭建特殊学生行为预警和反馈机制，我校探索建立本土化的特殊学生成长动态信息管理体系，赋能特殊学生多元发展评价建设工作。我校依托技术团队研发的特殊学生成长动态信息管理平台的评价体系设计了明确的评价要素，包含教师端和家长端两个用户端口，其中教师端包括学生管理、IEP、课堂管理、作业发布管理和在校行为表现管理五个板块，家长端包括学生在家行为表现管理及作业管理两个板块。

#### • 学生管理（学生信息）

记录学生的基本信息，包括姓名、性别、出生年月、学号、班级、入学时间，以及学生的障碍类型和障碍等级。标注是否为重点关注学生，如攻击性行为、特殊疾病情况等，学生受教育经历或机构康复经历及学生医疗史。

#### • IEP

IEP管理包含IEP制订和教育实施两部分。其中IEP制订部分包括学生的基本情况、个别化训练评估、个别化教育目标、问题行为干预、学期总结及建议。教育实施部分记录学生教育实施训练反馈，包括记录干预领域和训练反馈的记录。

#### • 课堂管理

课堂管理面向全体科任教师，记录每节课的教学内容和学生课堂表现。在教学内容中记录教学主题、教学目标和主要教学内容，同时可记录学生在该堂课的课堂行为表现，在一学期结束时给予学生期末学科评价和期末总结评价。

#### • 作业发布管理

教师在作业发布管理板块可以发布本学科的作业，发布到家长端供家长和学生查看作业内容。

#### • 在校行为表现管理

在校行为表现管理面向班主任团队，记录学生在校时的行为表现，涵盖异常行为记录以及进步行为记录两个方向，可将行为发生的情景以及前因后果记录在档案中。

#### • 在家行为表现管理

家长端可记录学生在家时的行为表现，记录学生异常行为或进步行为，对行为进行描述，供教师查看。

## （二）评价体系的数字化

**多渠道调研，搭建平台框架。**基于文献法、访谈法、调查法以及行动研究等方式，整合领域内专家意见后，学校确定了特殊学生成长信息化管理平台的要素，搭建好特殊学生成长动态信息管理平台框架（见图1）。其端口包括教师端、家长端和管理者端，其中教师端可以对学生、IEP、课堂、作业发布及学生在校行为表现进行管理，同时可以查看学生在家行为表现；家长端可以管理学生在家行为表现及作业；管理者端可以进行用户信息管理、基础数据维护及系统配置。

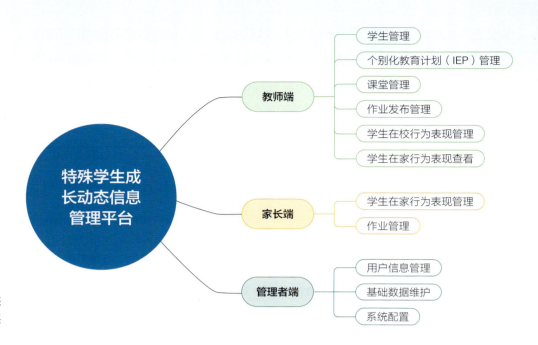

图1 ▶
特殊学生成长动态
信息管理平台框架

**两方通力合作，精准研发平台。**基于特殊学生成长动态信息管理平台框架，我校与北京邮电大学技术团队进行合作研发，推动平台落地。研发初期，通过与技术方多轮线上线下会议的沟通，形成了初始的管理平台。教师们对平台进行试用，针对发现的问题，结合教学实际，向技术团队提供优化意见，使平台得到进一步的修改与优化。目前，该平台包含网页端与微信小程序端两种操作界面，方便教师及家长实时记录学生成长动态。

**全员云培训，平台试运行。**为促进教师进一步熟悉与使用平台，我校对全校教师进行培训，制定了平台教师端、管理者端的操作说明手册。同时开展了平台教师端的试运行工作，初步开放了IEP管理板块，以检验平台功能稳定性和可靠性、实际应用效果。经过一段时间的试运行后，我校收集来自教师及学校管理人员对平台运行的反馈意见，技术团队随即对平台进行相应的针对性优化与更新。

**团队加强研讨，教师端全面投用。**随着项目的有序推进，项目组团队定时召开研讨会，深入讨论项目的进展情况、当前存在的困难问题和接下来的工作计划。学校逐步推广平台，在全面使用IEP管理板块的同时，也开放学生在校行为表现管理板块，使教师可以及时记录学生在校的行为表现。

2023年10月，我校再次对全校教师进行了平台的使用培训，对平台的操作方法进行了详尽的讲解及演示。平台进一步开放课堂管理板块，该板块面向科任教师，记录学生在集体课堂中的表现。科任教师在一个教学主题结束后对班级每一位学生的学习表现进行及时的记录，进而实现平台教师端的全面投用。

截至目前，我校已开通全部教师与家长的账号，全校学生的信息也逐一录入平台，个训学生的IEP与教育实施情况也在及时更新中。

## （三）平台的功能实现

**创新成长档案的记录工具**。特殊学生成长动态信息管理平台为教师和家长提供了创新型的档案记录工具，它的特点体现在个别化、便捷性、动态化、全时段、客观性五个方面。一是个别化，实现一生一案全覆盖，关注学生个体差异，尊重个性化发展；二是便捷性，移动端的投入使用使教师及家长实时记录学生动态成为可能；三是动态化，描绘学生从入学到毕业的成长轨迹，让学生的成长有迹可循；四是全时段，对学生在校表现及在家表现进行全面记录，实现家校共育，信息互通；五是客观性，多角色记录让档案更为客观全面。

**建立行为表现及应对措施的案例库**。对学生在校及在家的行为表现，及其应对措施、干预效果进行记录，形成各类行为的案例库，为教师的教育及管理提供支持。面对学生的问题行为，教师可在案例库中借鉴典型案例，总结经验做法，互相学习。面对学生的学情差异，教师亦可发掘同水平学生的数据记录，进行借鉴，组织教学内容。面对区域融合的距离限制，平台可实现数据共享，拉近区域各个融合学校间的距离。

**整合家校信息实现协同育人**。为了避免教师对学生成长的"一言堂"，同时减轻家校沟通时间成本，让家校信息资源实现互动、互鉴，通过平台，教师和家长可以建立特殊学生的成长档案，构建特殊学生信息网，搭建特殊学生行为问题预警机制平台及应对措施匹配平台。

## （四）基于动态评价优化对特殊学生的教育和支持

通过IEP管理、课堂管理、作业发布管理和学生在校行为表现管理板块，学校有效地统整了资源，为有特殊教育需求的学生提供精准的专业支持。学校数字管理平台的优势体现在三个方面：一是记录新入学学生的情况，生成该生的基线评估数据；二是根据学生个别化教育需求，记录学生的个别化教育计划以及个训实施过程；三是记录学生的课堂和课间表现，主要通过班级团队和科任教师对学生在课堂上或者课间的观察、互动，以视频、文字或音频的形式记录下学生的学习或者行为表现，对于特殊学生表现出的阶段性的问题行为，教师们也会将其记录下来，并由此展开讨论，寻求合适的介入和支持，以帮助学生改善行为，提高适应性。

## 三 主要成效

### （一）多元评价助力学生成长

随着平台全面投入使用，其在学生学业及行为干预方面的效果已初步显现。

> **案例：从IEP档案看学生在信息技术个训课上学习技能方面的能力提升——小林学打字**
>
> 小林是我校中年段的一名学生，他的IEP档案本学期有9条记录。第一条为该名学生的基本学情——他喜爱电子产品，但使用时存在刻板行为。基线评估结果显示，其模仿能力强，认识字母，但不会打字，不能准确击键，不懂指法。因此教师为其制定了长短期教学目标，设计了相应的教学策略。打开一份学期中的档案，我们看到小林的评估结果显示，他已经能够准确击键，但指法错乱，打字速度缓慢。再打开一份学期末的档案，发现此时的小林已经能够用正确的指法打字，且速度逐步提升。

通过档案记录，分析学生能力现状，教师能够针对学生的发展需求，开展符合学生现阶段能力的教学，同时对学生开展过程性评价、多元化评价，实施个别化教学，最大限度地促进学生能力发展。

### （二）数据挖掘助力教师教研

在该平台的支持下，学校开展了一系列教研活动，从数据出发对学生学情进行精准分析，实现教研数字化。学校与高校合作，将理论转化为实践，并通过特殊学生成长动态信息管理平台记录学生基线评估数据、干预策略方法以及干预后相关能力发展的情况，反过来为理论发展提供良好的数据支撑和实践论证。依托数字化平台，教师得以开展主题教研活动，及时调整教学目标，确定符合学生发展需要的教学内容，尊重学生个别化差异，实现个性化教学。

### （三）信息联动助力家校共育

"教师们对学生的行为记录让我们看到了教师的专业性，孩子在这上学，我们很放心。"这是我校高年级某位家长对教师专业度的评价。正是基于实实在在的数据记录、用数据说话，让家长对教师的专业能力有了信任，对学校的办学效果更为认同。还有家长说："现在我打开手机就能看到孩子在学校的表现记录，方便多了！"移动便捷的工具让家长能够随时了解孩子的在校情况，是家校沟通的高效手段。

## （四）数字化服务推动区域融合教育发展

借助信息技术的先进性与地处高新技术企业云集之处的地理优势，深圳市南山区龙苑学校联合南山区教育局、南山区特殊教育资源中心和各资源教室，以及相关业务部门，建立区域特殊教育需要学生数据库，为随班就读学生提供个性化的教育教学服务。搭建区域内融合教育数据与资源共建共享机制，建立特殊教育资源云平台，为提升普通教育教师与资源教师的专业知识和技能提供长效支持，致力于推动区域融合教育朝数字化、智能化与全面化方向发展，最大限度保障区域融合教育的高质量发展。

## （五）教研相长收获阶段性成果

在积极推广和使用平台的同时，我校也注重教育科研的发展，收获了项目的阶段性成果，助推我校高质量发展。我校联合高校专家在《中国特殊教育》上发表论文；2023年3月，我校平台成功完成国家版权局的计算机软件著作权登记。

# 数字化展评模式下学生自主学习能力培养的策略

江苏省淮安市东城开明中学

## 一 案例背景

　　虽然新课程改革已经实施十多年了，但传统的教学观、教师观、学生观根深蒂固，课堂上教师讲解为主、学生被动接受的现象依旧存在，这样的课堂难以激发学生的求知欲和探索欲，因此课堂上出现了一批不想学、不会学、学不会的学生。德国著名教育家第斯多惠曾指出，教师的艺术不单单存在于教师授课的过程中，还表现在唤醒学生的学习欲望、增进学生的学习深度、鼓舞学生的学习士气以及培育其具备终生学习的能力和素养。基于这种教育理念，一种能在课堂上展现学生蓬勃向上生命活力的课堂教学模式——"数字化展评模式"在东城开明中学付诸实践，有效激发了学生的自主学习能力。如图1所示，数字化展评模式授课前采用数字前端学习，让学生在自主探究中深度思考并发现问题，然后利用数字化设备进行知识探索；课中的展示评价，让学生在交流中点燃灵感的火花，探究解决问题的方案；课后的整理巩固，让学生在分层练习中感受成功。数字化展评模式简洁有效，探索优质高效，使学生真正成为课堂的主人，课堂也成为所有学生快乐学习、自信展示、合作共享的平台。

图1 ▶
"数字化展评模式"示意

## 二 主要做法

　　教育的目的是引领学生走向自我发展之路，作为课堂引领者的教师，要点燃学生的智慧火花，照亮学生的求知心灵，帮助他们从"要我学"到"我要学"。近年来，东城开明中学的教师们不断摸索、不断进步，以下结合学生的实际情况和数字化展评模式下的课堂教学实例，对数字化展评模式的主要做法进行概括。

### （一）利用校园数字化教育平台，采用课堂与实践相结合的模式

　　数字化教学可以提供更丰富的研究资源和更多样的研究方式，它能激发学生的研究兴趣，同时还能培养他们的动手操作能力和创新能力。由上级部门在我校投资建设的彩虹少年关爱基地，是一个科技创新教育实践基地。教师利用这一平台，开展集知识性、趣味性、参与性于一体的高效课堂。教师将所学内容提前分发给各个小组，学生做好充分的课前准备。然后教师带领学生进行实地体验（见图2），提升他们自主学习和积极探索的能力。

◀ 图2
数字化展评模式课堂教学

### （二）利用数字化教学设备，展出自我风采、评出优秀作品

　　我校运用平板电脑和电子白板搭建"智慧课堂"。课前学生使用平板电脑下载学习资源，观看教师录制的微课，预习重要知识点，并完成导学案。教师批阅导学案，扫描上传至平台，通过大数据分析学情，从学生掌握的实际情况出发，进行个性化分层备课。课堂上，学生分组合作探究、质疑讨论，积极向教师和同学分享展示；教师屏幕广播，让教学动态信息瞬间直达；学情即时统计，让课堂重难点明确。多种互动模式，让整个课堂灵动起来，优化了学生的学习过程。在课堂评价环节，运用数字化展评模式，对各小组探究成果进行自评、他评、师

评：自己的评价蕴含纠正与自勉；同学的评价充满关心与帮助；教师的评价饱含赏识与激励。在展示的过程中，所展出的不一定是优生的佳作，也可以是部分环节欠佳的作品，同时善意地提醒优秀的学生和小组不可以取笑带有瑕疵的作品和小组，本着善意指导、友好合作、互帮互助的优良作风，润入"真善美、和为贵"。数字化展评模式让课堂每个环节畅通无阻，让学生的求知欲望在指尖流动起来。

### （三）巧用数字化教学设备，提升任课教师的综合素养

"要给学生一碗水，教师自身必须要有源源不断的活水。"教师只有熟练操作数字化教学设备，才能游刃有余地高效驾驭课堂。根据学校制定的"智慧型教师"培养模式，教师们通过课堂展示、智慧沙龙、微课制作评比等方式，提高自身专业水平和综合素养。我校所有教师都能熟练掌握智学网、江苏省名师空中课堂、学科网等教育服务软件平台的使用方法，通过数字化教学评价，对学生的学习情况进行全面、客观的评价。学校为了培养新时代的智慧型教师，定期举办专家名师进校园系列专题讲座活动，组织教师外出参观学习，学习更加先进的数字化课堂教学模式和先进理念。

## 三　主要成效

数字化展评模式给学生提供了便利的自主合作探究条件，锻炼了学生的自主学习能力和创造能力，使他们更加主动地参与到学习中，提高了其学习效率。数字化展评模式不仅扭转了传统课堂理念、提升了教师的学科素养，还推动了学校教科研工作的迅速发展。近几年，我校教师积极踊跃报名参加省、市、区级的智慧课堂创新教学大赛。一位教师在"领航杯"江苏省信息化教学优质课大赛区级选拔赛中荣获特等奖。多位教师的作品在淮阴区第二届中小学智慧课堂创新教学大赛中荣获一等奖。学校也多次获得淮阴区教育信息化先进集体表彰。我们一定要坚持数字化展评模式，继续前行在数字化展评教学研究的道路上，迎接展评之花，收获展评之果。

# 附录：案例撰稿人名单

案例提供单位按拼音顺序排列，撰稿人按供稿署名顺序排列。

安徽财贸职业学院　方春龙

安徽大学　杜鹏程

安徽工商职业学院　范生万

安徽省合肥特殊教育中心　郑学兰　阮玉婷

北京大学　张进江　郭艳军　刘建波　陈斌　张志诚　秦善　周勇义

北京工业职业技术学院　张丽丽　刘兰明　李石磊　曹明兰　李静　朱溢镕

北京交通大学附属中学　葛玉红

北京理工大学　嵩天

北京理工大学附属中学　张国春　严水冬

北京师范大学　余胜泉

北京师范大学教育学部　朱旭东　宋萑　王晨　刘立　张春莉　武法提
　　刘伟　赵娜

北京市海淀区教育委员会　杜荣贞

北京市海淀区中关村第一小学　邓翼涛　陈志豪

重庆城市管理职业学院　田奇恒

重庆电力高等专科学校　伍家洁　宗伟

重庆建筑工程职业学院　张银会

重庆市九龙坡区教育信息技术与装备中心　洪竟雄　牟静　周建玲　刘鋆

重庆市南岸区教育信息技术与装备中心　张胜　王正

东南大学　陈志斌

福建省福州职业技术学院　李秋斌

福建省石狮市仁爱学校　肖东风　许迎迎

福建省厦门实验中学　徐爱君

复旦大学　周葆华

广东省东莞市商业学校、东莞市机电工程学校、东莞日报社　曹永浩

广东省广州市白云区教育局　李春明　王贤　罗文峰　张琦

广东省广州市荔湾区教育发展研究院　陈锦波　李毓嘉

广东省广州市番禺区教育局　林洁容　麦叶勇　黎柏雄　麦镜荣

广东省广州市番禺区沙湾荟贤小学　黄慧英　蔡玉燕

广东省广州市番禺区市桥黄编小学　袁幸玲　麦叶勇　何小华

广东省广州市越秀区东风东路小学　彭娅　卜晓薇　黄云

广东省广州市中国教育科学研究院荔湾实验学校　杜学君　叶颖青　王晓珊

广东省广州市中国教育科学研究院荔湾实验学校　段雪珂

广东省深圳市龙华区外国语学校教育集团　陈凤葵

广东省深圳市南山区机关幼儿园　刘红丽　董文婷　甄哲

广东省深圳市南山区教育局

广东省深圳市南山区龙苑学校　白锋亮　陈梅浩　张凯莉

广东省深圳市南山区珠光小学　王智慧　李文韬

广东省深圳市深中南山创新学校　钟蔚涛　杨为中

广东省顺德职业技术学院　姚美康

国防科技大学　尚建忠　潘孟春　徐晓红　洪华杰　张连超　肖军浩　文晓希

河南省黄河水利职业技术学院　何宽　王勤香

河南省新乡医学院　赵俊强

河南省郑州铁路职业技术学院　张磊

河南职业技术学院　李桂贞

黑龙江农业经济职业学院　聂洪臣

湖北省武汉市武昌区三道街小学　尹慧红

湖南汽车工程职业学院　邓志革

湖南省长沙市教育局　缪雅琴

湖南省教育厅　夏智伦

华东师范大学　魏非　闫寒冰　李树培　樊红岩　赵娜　杜龙辉

华南理工大学　高松　等

华南师范大学　胡小勇

华南师范大学化学学院　钱扬义

华中师范大学　胡亚敏

华中师范大学　王后雄

江苏省常州机电职业技术学院　沈琳

江苏省常州信息职业技术学院　李春华

江苏省淮安市东城开明中学　彭晓英　刘凤周

江苏省淮安市淮阴开明实验学校　丁明清

江苏省淮安市淮阴师范学院第二附属小学　李学芹

江苏省南京市天正小学　王九红

江苏省南京卫生高等职业技术学校　张宁新

江苏省苏州工业园区教育学会　葛虹

江苏省无锡机电高等职业技术学校　朱军

江西省九江职业技术学院　肖雄

辽宁省大连东软信息学院　张冬青

陆军军医大学第一附属医院　张倩

南方科技大学教育集团（南山）第二实验学校　唐晓勇　梁勇　罗媛媛　徐副海　郑诗莹

南方科技大学教育集团（南山）第二实验学校　唐晓勇　梁勇　王思思　陈晓粧　雷亚新

南京大学　李满春

宁夏回族自治区教育信息化管理中心　王骋　李小卫　李永涛　潘雄武

清华大学　于歆杰

清华大学继续教育学院　张文雪

山东大学　王震亚

山东省日照市朝阳小学　安丰顺

山东省潍坊新纪元学校　周远生

陕西省西安航天城第四小学　杨勇

陕西省西安市铁一中学湖滨学校　王刚

陕西省西安铁路职业技术学院　滕勇

陕西省西安中学　薛党鹏

上海大学　田立君

上海市长宁区教育局　熊秋菊

上海市黄浦区卢湾一中心小学　吴蓉瑾

上海市黄浦区学前儿童发展监测中心　王燕

上海市吴淞中学　闫白洋

上海外国语大学　潘煜

四川财经职业学院　李代俊

四川大学附属实验小学南区学校　金艳　王瑞　枫姜莱

四川省成都市第七中学　易国栋

四川省成都市第十二中学初中部　何欢

四川省成都市金牛区机关第三幼儿园　高翔

四川省成都市金沙小学　钟樱　刘玥廷　刘小徐

四川省成都市龙江路小学武侯新城分校　刘檩　吴艳

四川省成都市泡桐树小学　黄艺竹　陈熹

四川省成都市泡桐树中学　曾笙　陈斌　邹虑

四川省成都市青羊区教育局　杨顺莹　张勇　邵开泽　杨顺莹　郑松涛　张航　刘小平　黄晓燕　魏彤晨

四川省成都市实验小学　李蓓　夏英　王威威

四川省成都市武侯实验中学　邓澜　赵毅　胡德桥

四川省成都市棕北中学　张宏　杨毅

四川省教育科学研究院　宋怀彬

天津大学　高文志　马骁飞

天津电子信息职业技术学院　李平

天津市第十九中学　卢冬梅

天津市教育科学研究院　耿洁

同济大学　蒋昌俊

西南财经大学　唐晓勇

厦门大学　杜兴强

浙江大学　陈文智

浙江经济职业技术学院　刘颖

浙江省杭州市拱墅区教育研究院　狄海鸣

浙江省杭州市建兰中学　饶美红

浙江省杭州市中国教育科学研究院杭州胜蓝实验中学　姚琴

浙江省湖州市爱山小学教育集团　黎作民

浙江省宁波市北仑区小浃江小学　叶磊

浙江省宁波市北仑区新碶中学　乐纳红　余静　王凯彦

浙江省衢州市柯城区书院中学　周昭斌　汪海田

浙江省温州市教育科学研究院　徐海龙　徐明　王光明

中国人民大学　靳诺　吴付来　齐鹏飞　王易宋　学勤　何虎生　郝立新　张智　王衡　马慎萧

中国人民大学新闻学院　周勇

中南大学第二附属小学　肖慧